KB177513

NICOLAVS MACCHIAVELLVS

마키아벨리(1469~1527) 크리스토파노 델 알티시모

▲마키아벨리의 집
피렌체 근교 페르
쿠시나의 산탄드
레아

1512년, 메디치 3
남 줄리아노가 귀
환하고 장관직에
서 쫓겨난 마키아
벨리는 이듬해 반
메디치 음모로 투
옥되었다가 교황
레오 10세 취임
특별 사면으로 풀
려난 뒤 이 집으
로 들어와 죽을
때까지 살았다.
오늘날 박물관으
로 쓰이고 있다.

A NICCOLO' MACHIAVELLI

CHE QUI MEDITO' E PROPUGNO' LA LIBERAZIONE D'ITALIA

SCRIVENDO LE SUE OPERE IMMORTALI

SULL'ARTE DI REGGERE E DIFENDERE CON ARMI PROPRIE GLI STATI

———————

IL COMUNE DI S.CASCIANO

POSE QUESTA MEMORIA

NEL QUARTO CENTENARIO DALLA NASCITA

DEL GRANDE STATISTA ITALIANO

◀기념 명판

교황 알렉산데르 6세(1431~1503, 재위 1492~1503)

체사레 보르자(1475~1507) 보르자는 교황 알렉산데르 6세의 사생아로 정치권력에 매달렸던 교활하고 야심 많고 사악한 기회주의자였다. 그러나 마키아벨리는 교황군의 총지휘자였던 그를 이상적인 군주 본보기로 예시했다.

▲시뇨리아 광장에서 화형당하는 사보나롤라(1498)

▶사보나롤라(1452~1498)
1494년, 프랑스군 피렌체 침공으로 메디치 가문이 폐망하고 사보나롤라가 피렌체공화국을 통치하게 된다. 그가 교황 알렉산데르 6세의 부패를 공개적으로 고발하자, 파문과 함께 이단으로 유죄판결을 받고 화형에 처해졌다.

▼사보나롤라가 화형된 곳에 설치된 표지

피에로 소데리니(1450~1522)　사보나롤라가 처형되고 이어 피렌체공화국 수장이 된 소데리니는 마키아벨리를 중요한 자리에 기용하여 그의 외교 재능을 발휘하게 한다.

마키아벨리 초상화 산티 디 티토. 1498년 사보나롤라의 처형 일주일 뒤, 피렌체 정부청사에서 실시된 투표에서 마키아벨리가 피렌체 외교담당 제2서기장으로 선출된다.

교황 율리우스 2세(1443~1513, 재위 1503~1513) 1506년 교황이 피렌체에 용병을 요청하자, 마키아벨리가 사절로 파견된다. 그는 피렌체에 '국민군' 창설의 절실함을 느끼고 법령을 마련한다.

POTENTISSIMVS · MAXIMVS · ET · INVICTISSIMVS · CÆSAR · MAXIMILIANVS
QVI · CVNCTOS · SVI · TEMPORIS · REGES · ET · PRINCIPES · IVSTICIA · PRVDENCIA
MAGNANIMITATE · LIBERALITATE · PRÆCIPVE · VERO · BELLICA · LAVDE · ET
ANIMI · FORTIDVDINE · SVPERAVIT · NATVS · EST · ANNO · SALVTIS · HVMANÆ
M · CCCC · LIX · DIE · MARCII · IX · VIXIT · ANNOS · LIX · MENSES · IX · DIES · XXV
DECESSIT · VERO · ANNO · M · D · XIX · MENSIS · IANVARII · DIE · XII · QVEM · DEVS
OPT · MAX · IN · NVMERVM · VIVENCIVM · REFERRE · VELIT ·

막시밀리안 1세(1459~1519, 재위 1486~1519) 신성로마 황제·독일 군주·오스트리아 대공. 1507년, 루이 12세가 이탈리아를 침입하자, 막시밀리아 1세도 남하하면서 피렌체에 남하비용을 요구했다. 피렌체는 부담금 경감을 위해 마키아벨리를 사절로 파견했다.

루이 12세(1462~1515, 재위 1498~1515) 프랑스 왕·밀라노 공작·나폴리 군주. 1507년, 루이 12세가 이탈리아를 침입했다. 1510년, 피렌체는 프랑스와 교황 사이의 선택을 강요받는다. 마키아벨리는 프랑스에 사절로 파견되어 피렌체의 중립을 지켜낸다.

로렌초 디 피에로 데 메디치 우르비노 공작(1492~1519) 마키아벨리는 《군주론》 최종판을 우르비노 공에게 헌정했다.

프랜시스 베이컨(1561~1626)　영국의 정치·철학·법률·문학·과학자. "우리는 인간이 해야 할 일과 하지 말아야 할 일을 쓴 마키아벨리를 포함한 여러 사람들에게 많은 신세를 졌다."

존 애덤스(1735~1826, 재임 1797~1801) 제2대 미국 대통령. 존 애덤스는 국정운영의 실제에 관하여 합리적으로 기술한 마키아벨리를 존경했으며, 군주제·귀족제·민주제가 혼합된 정치 체제에 찬성하는 마키아벨리의 저작을 활용했다.

NICCOLÒ MACCHIAVELLI

피렌체 우피치미술관 바깥 회랑의 벽감에 있는 마키아벨리상

피렌체 산타 크로체 성당 안에 있는 마키아벨리 무덤

▲《군주론》(1513) 권두화 및 속표지

▶《전술론》(초판 발행 1521) 영국판
속표지 런던, 1573.

World Book 266
Niccolò Machiavelli
IL PRINCIPE/THE ART OF WAR

군주론/전술론
마키아벨리/황문수 옮김

동서문화사

디자인 : 동서랑 미술팀

군주론/전술론
차례

군주론

전술론

마키아벨리에 대하여

Il Principe
군주론

메디치 가계도

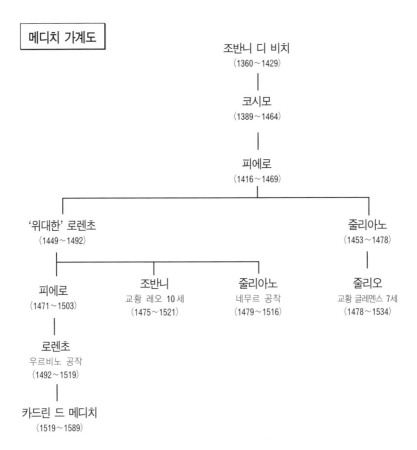

조반니 디 비치
(1360~1429)

코시모
(1389~1464)

피에로
(1416~1469)

'위대한' 로렌초
(1449~1492)

줄리아노
(1453~1478)

피에로
(1471~1503)

조반니
교황 레오 10세
(1475~1521)

줄리아노
네무르 공작
(1479~1516)

줄리오
교황 글레멘스 7세
(1478~1534)

로렌초
우르비노 공작
(1492~1519)

카드린 드 메디치
(1519~1589)

르네상스 시대 교황 계승 순서

식스투스 4세 (1471~1484)* * 재위기간

이노켄티우스 8세 (1484~1492)

알렉산데르 6세 (1492~1503)

피우스 (비오) 3세 (1503)

율리우스 2세 (1503~1513)

레오 10세 (1513~1521)

로렌초 데 메디치 전하께 올리는 글

니콜로 마키아벨리

마키아벨리는 《군주론》[1]을 피렌체의 지배자 줄리아노 데 메디치(1479~1516)에게 바치고자 했다. 그러나 그가 일찍 세상을 떠나 그의 조카이자 로렌초 대공의 손자 로렌초 데 메디치(1492~1519)에게 책을 바쳤다. 이 헌사는 제26장과 함께 본문보다 뒤늦게, 1516년 무렵 씌어졌다. 로렌초도 우르비노를 재정복한 뒤 곧 죽었으므로 《군주론》을 읽지 못했을 것이다.

군주의 은총을 받으려고 하는 사람은 그가 소중히 여기는 것이나 군주가 받고 기뻐할 것을 가지고 군주를 찾는 일이 관습화된 듯합니다. 그렇기 때문에 군주들은 말, 무기, 비단, 보석 등을 비롯하여 군주의 위엄에 어울릴 만한 장신구를 선물받는 일이 자주 있습니다.

저 또한 전하에 대한 보잘것없는 충성의 표시를 가지고 찾아 뵙고 싶습니다. 그러나 제가 지닌 것이라고는 소중하고 존중할 만한 것이 그다지 없으며, 있다면 오직 근래에 일어난 일에 대한 오랜 세월에 걸친 경험과, 고대사와 관련된 끊임없는 독서로써 터득한 위인의 행적에 대한 지식뿐입니다.

특히 이것은 시간과 정성을 들여 고심과 노력을 기울여서 상세히 조사해 온 지식이므로 이제 그 지식을 한 권의 작은 책으로 정리하여 전하께 올리려 합니다.

이 책이 전하께 어울리는 선물이 되리라고는 생각지 않습니다. 오랜 나날에

---

[1] 《군주론》책 이름이 원전에는 기입되지 않았다. 저자가 친구인 프란체스코 베토리에게 보낸 1513년 10월 편지에 '여러 가지 정치 양식을 논하여 나라를 얻고, 보전하고, 잃게도 되는 정치 본연의 자세를 명백히 하는 군주론 (De principatus)이라는 작은 책'이라 씌어 있는 것이 책이름의 유래이다.

줄리아노 데 메디치　　　　　로렌초 데 메디치

걸쳐 온갖 시련과 위험을 무릅쓰고 제가 연구한 사항을 짧은 날들 안에 읽어 보실 수 있도록 온 힘을 기울였으므로 그 정성을 전하께 바치고자 합니다. 또 그것이 제가 할 수 있는 최대의 선물임을 너그러우신 전하께서는 굽어살피시어 흔쾌히 받아 주시리라 믿습니다.

이 작품에 대해 말씀드리면, 저는 많은 저자들이 저마다의 논제를 서술할 때 흔히 쓰는 문구 끝의 불필요한 운율(Clausule : 중세의 산문에서 흔히 쓰이던 수사법의 한 가지)이나 과장된 미사여구나 비유나 겉치레의 요란한 수식 등은 사용하지 않았습니다. 왜냐하면 이 작품이 오로지 제재의 독창성과 주제의 중요성으로 받아들여지기만을 바랄 뿐이기 때문입니다.

신분이 낮고 비천한 자가 대담하게도 군주의 정치를 논하고 지적한 일을 주제넘은 일이라고 꾸짖지 말아 주시기 바랍니다. 그것은 풍경화가가 산이나 언덕의 특성을 관찰하려고 평지에 서기도 하고 저지대의 특성을 살펴보려고 산꼭대기에 서기도 하듯이, 민중의 성격을 충분히 알려면 군주의 입장이 되어 봐야 하고, 군주의 성격을 제대로 알려면 민중의 처지에 서 봐야 하기 때문입니다.

하오니 전하께서는 부디 선물을 보내는 저의 심정을 헤아리시어 보잘것없는 이 선물을 받아 주시기 바랍니다. 전하께서 만일 이 책을 소중히 받아 주시고 읽어 주신다면, 운명과 전하의 여러 자질에 의해 전하께 약속되어 있는 위대한 자리에 이르게 될 것이며, 또한 그것만이 더 바랄 수 없는 저의 소망이라는 것도 아시게 될 것입니다. 그와 동시에 전하께서 그 높은 곳에 계시면서도 때로는 이러한 음지에도 눈을 돌려 주신다면 제가 얼마나 부당한 학대를 견디고 있는지도 헤아리실 수 있을 것입니다.

제1장
군주국의 종류와 성립 방법

프란체스코 스포르차

오늘날까지 인류를 다스려 온 국가나 정부는 모두 공화국 또는 군주국 중 어느 하나였다. 군주국이란 통치자의 혈통을 이어받은 자가 오랜 시일에 걸쳐 왕위를 차지해 온 세습 군주국이거나, 새로 탄생한 군주국을 가리킨다. 새로 탄생한 군주국은 프란체스코 스포르차*1가 통치하기 시작한 밀라노와 같은 새로운 국가와, 에스파냐 왕*2이 지금 다스리는 나폴리 왕국*3처럼 한 군주가 본디의 세습 영토에 손발과 같이 병합한 새로운 국가도 있다.

그런데 이렇게 해서 얻어진 영토에는 군주 통치 아래 살아온 곳과 공화제 아래서 자유롭게 살아온 곳이 있다. 또 영토를 획득하는 방법에는 다른 나라의 무력을 이용하는 방법과 자기의 무력을 행사하는 방법이 있으며, 또한 운에 따르는 경우와 능력에 달린 경우가 있다.

---

*1 스포르차 가문은 용병대장 출신으로 밀라노의 영주인 필리포 마리아 비스콘티의 딸과 결혼했다. 장인이 죽은 뒤 스포르차는 밀라노 군주의 자리에 올랐다.

*2 페르난도 5세(1452~1516) : 아라곤 왕. 나폴리·시칠리아 왕으로서 페르디난도 3세. 1469년에 카스티야 왕국의 왕인 엔리케 4세의 여동생 이사벨과 결혼. 1479년 아라곤 왕위를 계승하면서 카스티야와 합병하여 에스파냐 통일 국가를 탄생케 했다. 1492년 에스파냐 남부의 그라나다 왕국을 정복하여 국토를 회복했고, 1504년에 나폴리를 점령했다.

*3 아라곤의 페델리코 1세의 지배에 있다가 1501년 에스파냐·프랑스와 동맹군에 의해 점령되었다. 1504년 에스파냐의 페르난도 5세가 프랑스군을 격파하고 영토로 삼았다.

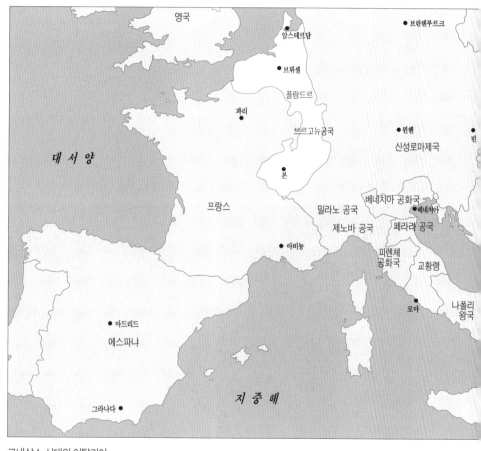

영국

대 서 양

암스테르담

브뤼셀

플랑드르

파리

브르고뉴공국

본

프랑스

밀라노 공국

제노바 공국

아비뇽

마드리드

에스파냐

그라나다

지 중 해

브란덴부르크

핀헨

신성로마제국

빈

베네치아 공화국

베네치아

페라라 공국

피렌체
공화국

교황령

로마

나폴리
왕국

르네상스 시대의 이탈리아

제2장
세습 군주국에 대하여

공화국에 대해서는 《정략론》 제1권에서 자세히 논하기로 하고, 여기서는 군주국에만 한정하여 앞선 분류에 따라 논의를 펼쳐나가기로 한다. 그리고 군주국은 어떻게 통치하고 유지할 것인가를 논하기로 하자.

먼저 군주의 혈통을 대대로 이어온 세습 군주국이 새로운 군주국보다 나라를 다스리기가 훨씬 쉽다는 점을 말할 수 있다. 왜냐하면 앞의 경우에는 조상이 행한 정책을 충실히 지키면서 불의의 사고에 적절히 대처하기만 하면 충분하기 때문이다. 이렇게만 한다면 뜻하지 않은 강대한 세력에 의해 지위를 빼앗

페라라 공(알폰소 데 에스테)   교황 율리우스 2세

기지 않는 한, 군주는 평범한 능력만 지니고 있어도 나라를 잘 다스려 나갈 수 있다. 만일 나라를 빼앗기는 일이 있더라도 침략자에게 사소한 불운이 닥쳐오면 나라를 되찾을 수 있다.

이런 실례로서 이탈리아의 페라라 공(에스테 가의 에르콜레 1세)을 들 수 있다. 만일 이 군주가 대대로 왕위를 이어 온 가문 출신이 아니었던들 1484년에 있었던 베네치아군의 공격이나 1510년에 율리우스 교황의 공격을 견디지 못했으리라.[1] 세습 군주는 민중을 학대할 이유나 필요가 거의 없으므로 자연히 존경을 받게 된다.

그러므로 상식 밖의 비행을 저질러 미움을 받지 않는 한, 마땅히 민중에게 호감을 사게 된다. 게다가 왕위가 오래 지속될수록 혁신의 동기와 생각도 사라져 버린다. 하나의 변혁은 반드시 또 다른 하나의 변혁을 불러오는 화근을 남긴다.

---

[1] 이상적인 군주였던 에르콜레 데 에스테가 죽자, 뒤이어 그 아들 알폰소 데 에스테가 페라라 공이 되었다. 그는 강력한 포병부대를 창설하여 교황 율리우스 2세의 공격을 막았다. 베네치아 공격을 막은 것은 에르콜레 데 에스터였다.

제3장
복합형 군주국에 대하여

그러나 새로 이루어진 군주국에는 여러 난점이 따르게 마련이다. 먼저 완전히 새로운 군주국은 아니지만, 본래 있던 군주국에 손과 발처럼 병합된 새로운 군주국을 예로 들기로 하자. 거기서 일어나는 변혁은 모든 신생 군주국이 겪어야 하는 자연 발생적 문제에서 생겨나게 된다.

이 문제란 신생 군주국에서는 민중의 생활이 차츰 나아지리라 믿고 지배자를 갈아치우려는 것이며, 이런 신념 아래 손에 무기를 들고 지배자에게 맞서게 된다. 그러나 민중의 이런 생각은 잘못되었다. 왜냐하면 전보다 나빠졌다는 사실을 경험으로써 알게 되기 때문이다.

이런 사태가 발생하는 또 하나의 원인은 새로 군주가 되려는 자가 부하 병사들의 난폭함으로써, 또한 점령 뒤에 일어나는 온갖 가해 행위에 따라서 민중에게 피해를 끼치게 되기 때문이다. 이럴 경우 정복자는 나라를 차지하는 데 있어 피해를 끼친 모든 사람들을 적으로 만들고, 특히 그를 지원해 온 사람들까지 이미 약속한 대로 대우해 줄 수 없기 때문에 자연히 멀어지게 마련이다. 그렇다고 은혜를 입은 지원자들에게 강력한 대응책을 마련하기도 힘들다. 그러므로 아무리 강력한 군사력을 지닌 군주라도 어느 지역을 침입하려면 그곳 주민의 지원을 받아야 한다.

예를 들어 프랑스 왕 루이 12세는 단숨에 밀라노를 점령했다가 순식간에 이를 잃고 만 일이 있다.*¹ 이때 루도비코 모로 공이 소수의 자기 부하만으로 루이 12세를 쉽게 물리칠 수 있었던 일도 다 여기에 비롯한다.*² 즉 그곳 주민들

＊1 루이 12세(1462~1515) : 샤를 8세가 즉위할 때 반란에 가담했다가 체포된 일이 있었으나, 사면된 뒤 왕과 함께 이탈리아 원정에 나섰다. 샤를 8세에 이어 왕위에 오른 뒤에도 이탈리아 정복에 주력했으나 결국 패배하여 물러났다. 국내적으로는 안정되어 국민의 신임을 받았다.
＊2 루도비코 모로 공(1451~1508) : 루도비코 스포르차. 프란체스코 스포르차의 아들. 에스테 가

루이 12세　　　　　　　　　　　　루도비코 모로 공(루도비코 스포르차)

은 루이 왕을 위해 성문을 열기는 했지만 뒤에 그들의 생각이나 미래의 행복에 대한 기대가 빗나갔음을 알고부터는 새로운 군주를 더는 받아들일 수 없었다.

　그러나 일단 반란이 일어났던 나라를 되찾게 되면 그 다음에는 쉽게 빼앗기는 일이 없다. 군주가 이런 반란의 기회를 통해 반역자를 처벌하고, 수상한 자를 규탄하며, 스스로의 약점을 보완하여 앞으로의 대책을 확고히 세울 수 있기 때문이다. 그래서 첫 번째는 루도비코 같은 이가 국경 변경에서 한바탕 싸움을 벌여 프랑스로부터 밀라노를 되찾았지만 그 뒤 프랑스 왕으로부터 밀라노를 되찾는 데는 전세계가 프랑스에 맞서 프랑스 군대를 전멸시키고 이탈리아에서 퇴각시켜야 했다. 이것은 앞에서 말한 원인 때문이다. 그럼에도 밀라노를 두 번씩이나 프랑스로부터 되찾을 수 있었다.

　첫 번째 탈환에 대한 일반적인 원인은 앞에서 말했으므로 이번에는 두 번째 원인을 알아보기로 하자. 이 경우 프랑스 왕은 어떤 대책을 세웠으며, 만일 다

─────────

문의 사위. 조카의 섭정으로 있다가 그 지위를 빼앗아 밀라노 공이 되었다. 프랑스에 패배한 뒤 스위스에서 죽었다.

른 자가 프랑스 왕의 입장에 처했더라면 빼앗은 나라를 그대로 장악하기 위해 이 프랑스 왕보다도 어떤 좋은 정책을 세울 수 있었겠는지를 알아보기로 하자.

여기서 먼저 주의할 점은 정복자가 새로운 영토를 얻어 본국에 합칠 경우에, 두 영토가 같은 지방이고 언어도 공통될 때와 그렇지 않을 때가 있다는 것이다. 그것이 공통된 데다가 그곳 주민이 아직 자유로운 생활을 모를 때라면 영토를 차지하는 일은 참으로 간단하다. 그런 영토를 영구적으로 확보하려면 이제까지 지배하던 군주의 혈통을 근절함으로써 가능하다. 그 밖의 일은 주민에게 그전 그대로의 생활을 계속하게 하면 풍습의 차이가 없기 때문에 주민들은 모두 평온하게 살아갈 수 있다.

예를 들어 전에 프랑스에 병합된 부르고뉴·브르타뉴·가스코뉴 및 노르망디 등은 바로 그런 경우이다. 비록 언어상에 얼마쯤 차이는 있어도 풍습은 서로 비슷했으므로 쉽게 통합이 되었다.

이런 나라를 정복하는 군주는 그 점령지를 유지하는 데 특히 다음의 두 가지에 유의해야 한다. 그 하나는 그 영토에서 예부터 내려오는 군주의 혈통을 뿌리부터 없애는 일이며, 또 하나는 그곳에 기존했던 법률이나 세제에 손을 대지 않는 일이다. 이런 방법을 쓰면 빠른 시일 내에 새로운 지역과 기존의 공국은 완전히 융합할 수 있게 된다.

한편 언어, 풍습, 제도가 다른 지역의 영토를 새로 지배하게 될 때는 여러 문제가 따르게 마련인데, 그것을 다스리는 데 많은 노력과 함께 행운이 따라야 한다. 이 경우 효과적인 최선의 대책은 정복자가 그 지방에 가서 정주하는 것이다. 이 대책은 영토의 유지를 한결 확고히 하고 영속적이게 한다. 예를 들어 투르크의 그리스에 대한 정책이 바로 그것이다.

만일 투르크의 군주가 그곳으로 이주하지 않았더라면 다른 어떤 방법을 찾았다 하더라도 결국 투르크는 그 나라를 유지할 수 없었을 것이다. 현지에 정주하면 불온한 기미가 보일 때 재빨리 살펴서 대책을 세울 수 있으나, 떨어져 있으면 사건이 커진 다음에야 알게 되므로 대책을 세울 수 없다. 또한 군주가 현지에 살고 있으면 부하를 관리하여 부하들이 영지를 빼앗는 일 따위는 일어나지 않는다. 한편 주민들도 무슨 일이 있을 때 군주에게 직접 호소할 수 있으므로 안심하고 살아갈 수 있다. 주민에게 충성심이 생기면 군주를 따르는 마음이 차츰 두터워지며, 반역심을 품을 때도 군주를 두려워하게 된다. 특히 외부에서 이 나라를 공격하려고 꾀하는 자도 매우 신중을 기하게 된다. 그러므로 군주가 새 영토에 살고 있으면 그 나라를 빼앗기란 매우 어렵다.

그 밖에 또 한 가지 대책은 영토의 중요한 전략 지역 한두 군데에 주민을 보내는 일이다. 이 방법을 취하지 않는다면 아무래도 기병대나 보병대를 많이 주둔시켜야 한다. 이주민의 경우에는 경비를 많이 들이지 않아도 된다. 그 파견과 유지에는 자비를 들이지 않을 수도 있고, 또는 약간의 비용으로 충당할 수도 있다. 특히 새로 정주하게 되는 이주민 때문에 논과 밭이나 집을 빼앗겨 피해를 입는 원주민들이 생기지만, 그들은 영토 전체로 본다면 일부에 지나지 않는다. 이렇듯 피해를 입은 무리는 언젠가는 뿔뿔이 흩어져 빈곤해지므로 군주에게 해를 끼치지는 못한다. 그 밖의 원주민은 이런 굴욕을 받지 않으므로 대부분 안심하고 생활할 터이며, 내심 그런 피해가 자기네 신상에도 일어나지 않을까 하는 공포심에서 잘못을 저지르지 않으려고 몹시 조심할 것이다. 결국 이주민은 경비가 적게 드는 데다 매우 충실하고, 원주민들을 해치는 일이 적을 것이며, 또 만일 해를 준다 해도 피해자들은 지금 말했듯이 빈곤에 허덕이다 뿔뿔이 흩어지므로 큰 위협은 되지 못할 것이다.

어쨌든 알아 두어야 할 것은 민중이란 머리를 쓰다듬거나 없애 버리거나, 둘 가운데 하나를 택해야 한다는 사실이다. 왜냐하면 사람은 작은 모욕에는 보복하려고 하나, 너무나 커다란 모욕에는 감히 보복할 엄두를 내지 못하기 때문이다. 따라서 타인에게 해를 가할 때는 보복의 우려가 없도록 해야 한다.

그런데 이주민 대신 주둔군을 두게 된다면 엄청난 비용이 들어 국고 수입을 주둔군이 모두 쓰게 된다. 이렇게 되면 영토를 얻은 일이 오히려 손해를 가져오게 된다. 게다가 그 군대를 여러 주둔지로 이동시킴으로써 영토 전역에 해를 끼치게 되므로, 민심이 소란해지고 숱한 원주민에게 피해가 가므로 많은 사람이 적으로 되고 만다. 원주민들은 제압당한다 하더라도 자기네 나라에서 살고 있으므로 언제나 적이 될 수 있는 소질은 지니고 있다. 따라서 어느 면으로 보나 이주민은 도움이 되지만 주둔병은 무익하다고 할 수 있다.

그 다음, 풍습이 다른 지역을 다스릴 경우에 군주는 인접한 약소 국가들의 맹주가 되어 스스로 보호자 노릇을 해야 한다. 또한 그 지역의 강력한 국가에 대해서는 국력이 약화되도록 노력을 기울여, 돌발 사건이 일어나더라도 자기 나라와 맞먹는 강한 외부 세력이 개입하지 않도록 경계를 게을리하지 말아야 한다. 왜냐하면 쓸데없는 야심과 공포심이 원인이 되어 자기 나라에 불만을 지닌 사람들이 외부 세력을 끌어들이는 예가 많기 때문이다.

옛날, 아이톨리아인이 로마군을 그리스 땅에 끌어들인 일이 그 좋은 예이다. 로마군이 각지로 진출할 수 있었던 것은 각 지방의 주민들이 호응해 왔기 때문이다.

상식적인 일이지만 예를 들어 어느 강력한 군주가 외부에서 침입해 오면 그 지방의 모든 약소국은 자기네를 지배하던 군주에 대한 원한으로 곧 외부 세력을 따르게 된다. 그래서 이런 약소국들은 힘들이지 않고 손쉽게 차지할 수 있다. 약소국은 그 지방을 정복한 나라와 재빨리 결속하고자 하기 때문이다.

그러나 여기서도 한 가지 유의할 점은, 그런 약소국에 지나치게 큰 세력이나 권한을 주어서는 안 된다는 것이다. 언제나 자기 세력을 중심으로 해서 이 약소국의 지원으로 강력한 나라들을 쓰러뜨리기만 하면 완전히 그 지역의 패자가 될 수 있다. 이런 방법을 충분히 세우지 않는 자는 손에 들어온 것도 그 자리에서 놓치기 일쑤며, 영토를 유지하는 동안에도 헤아릴 수 없는 곤란과 재난이 계속될 것이다.

로마인은 그들이 차지한 지방에서 이 방침을 잘 지켰다. 그들은 둔전병을 보내어 식민지를 세우고 약소국을 억눌러 세력을 장악했다. 그리고 강국에 대해서는 이를 쳐부수고 한편으로는 제3의 외부 세력의 평판이 높아지지 않도록 유의했다.

그 실례로 그리스 지방의 일을 들기로 하자. 로마군은 아카이아인과 아이톨리아인을 자기 편으로 끌어들이는 한편 마케도니아 왕국을 치고, 시리아 왕인 안티오코스 3세를 쫓아냈다. 특히 아카이아인과 아이톨리아인의 공적이 있었지만 양국의 영토 확장을 허용하지 않았고, 마케도니아 왕인 필리포스 5세가 협력을 청해도 먼저 그의 세력을 약화시킨 뒤에야 비로소 자기 편으로 삼았다. 한편 안티오코스가 강대한 세력을 지니고 있었음에도 그 지방의 영토를 그에게 양보하는 일은 하지 않았다.

시리아 왕 안티오코스 3세

로마인은 이렇게 지혜로운 군주라면 누구나 마땅히 해야 할 일을 했다. 현명한 군주란 단순히 눈앞에 보이는 일만이 아니고 먼 장래에 있을 분쟁도 헤아려야 하며, 모든 노력을 기울여 이에 대처해야 한다. 위험이란 미리 알면 쉽게 대책을 세울 수 있지만 코앞에 닥쳐올 때까지 그냥 보고만 있으면 그 병은 악화되어 불치병이 된다.

의사들이 흔히 말하기를, 폐질환은 초기에 발견하기는 어려우나 빨리 손을 쓰면 치료가 쉽다. 이와는 반대로 빠른 시일 안에 손을 쓰지 않으면 시간이 흐름에 따라 병은 쉽게 발견되지만 치료는 어렵게 된다. 국가의 정치에서도 마찬가지 일이 일어난다. 즉 지혜로운 사람은 멀리서도 재난의 싹이 트는 것을 알아보기에 재난은 쉽게 가라앉힐 수 있다. 이와 반대로 이를 미리 알지 못하고 일이 겉으로 드러날 때까지 방치해 둔다면 대책을 찾을 수 없게 된다.

이런 점에서 로마인은 화근을 미리 예견할 수 있었기 때문에 늘 대책을 세울 수 있었다. 또 전쟁을 피하기 위해 재난을 모르는 체 넘기는 일은 절대로 없었다. 왜냐하면 전쟁은 피할 수 없으며, 망설이다 보면 적을 이롭게 할 뿐이라는 것을 잘 알고 있었기 때문이다. 그래서 로마인은 필리포스 왕이나 안티오코스를 이탈리아 본토로 맞아들여 싸우는 일을 피하고 그리스 본토에서 싸움을 시작했다. 로마인은 그 무렵 이 전쟁을 원하기만 했다면 얼마든지 피할 수 있었을 것이다. 그러나 그들은 그러기를 바라지 않았다. 로마인은 오늘날 약삭빠른 사람들이 입버릇처럼 이야기하는 '좋은 시기를 조용히 기다린다'는 수법은 환영하지 않았으며, 차라리 자기 능력과 사려 분별의 방법을 택했다. 그 이유는 원래 시간은 모든 것을 구현시키며 선이나 악이나 구분 없이 몰고 오기 때문이다.

그러면 여기서 프랑스로 화제를 돌려 프랑스가 이런 사항을 실제로 행했는지의 여부를 살펴보기로 하자. 샤를 8세*³보다 루이 12세의 이야기를 하는 편이 낫겠다. 루이 왕은 아주 오랫동안 이탈리아에 영토를 소유했기 때문에 그에 대한 행적을 충분히 조사할 수 있다. 그는 풍습이 다른 지역의 영토를 다스릴 때는 마땅히 해야 할 일과 정반대 되는 일을 했음을 알 수 있다.

루이 왕이 이탈리아에 침입한 것은 베네치아의 야망에 유혹받았기 때문이다. 베네치아는 루이 왕의 침입을 계기로 롬바르디아 영토의 반을 얻고자 했다. 그렇다고 루이 왕의 이 방침을 비난하는 것은 아니다. 왜냐하면 이탈리아에 근거지를 세우려던 왕으로서는 이 지방에 자기 편은 아무도 없는 데다 모든 성문이 굳게 닫혀 있었으므로 그때 그는 상대를 가리지 않고 우호 관계를 맺어야 할 처지에 놓여 있었기 때문이다. 그가 취한 방침은 만일 다른 방면에서 실패만 하지 않았던들 훌륭하게 성공했을 것이다.

어쨌든 루이 12세는 롬바르디아를 손아귀에 넣자, 삽시간에 샤를 8세가 잃어버렸던 명성을 되찾게 되었다. 제노바는 항복했고 피렌체 공화국도 그의 편을 들게 되었다. 만토바 후작, 페라라 공작, 벤티볼리오 가문,*⁴ 포를리 백작부인,*⁵ 파엔차, 페사로, 리미니, 카메리노, 피옴비노의 제후들, 루카, 피사, 시에나 공화국은 다투어 그의 편이 되려고 몰려들었다. 그때서야 베네치아 공화국은 그들이 취한 정책이 경솔했다는 사실을 알아차렸다. 베네치아는 롬바르디아의 영토 몇 군데를 손에 넣으려다가 루이 12세에게 이탈리아 반도의 3분의 1의 지배자로 만들어 버린 것이다.

그런데 여기서 생각할 문제는 루이 왕이 앞에서 제시한 정책을 베풀어 자기 편이 된 여러 나라를 굳게 단결시키고 보호해 줬더라면 그다지 힘들이지 않고 이탈리아에서 그 자리를 지켜 나갈 수 있었을 것이라는 점이다. 루이 왕 편이 된 나라들은 수는 많지만 모두 국력이 약해서, 교회 또는 베네치아에 대해 공통된 위협을 느꼈기에 마침내 프랑스 왕에게 의지하게 되었다. 따라서 프랑스

*3 샤를 8세(1470~1498): 프랑스 왕 루이 11세의 아들. 나폴리 왕국을 점령하여 메디치 가문을 몰아냈다. 그러나 나폴리 귀족의 반란으로 물러나고 나폴리는 에스파냐령이 되었다.

*4 지오반니 벤티볼리오(1438~1508): 볼로냐를 다스리다가 율리우스 2세에게 패퇴하여 죽었다. 제19장 참조.

*5 본명은 카테리나 스포르차. 지오반니 메디치와 세 번째 결혼했으나, 만년에 수도원에 들어가 여생을 보냈다. 제20장 참조.

왕은 이런 나라들의 힘을 빌려 그즈음 세력을 떨치던 다른 나라도 정복할 수 있었다.

그러나 루이 왕은 밀라노에 입성하자마자, 알렉산데르 교황의 로마냐 지방 정복 계획을 지원하는 등 역행위를 해 버린 것이다. 그는 이런 정책을 쓸 경우 이제까지 그의 수하에 있던 사람들과 자기 편이 되었던 여러 국가를 놓치게 되어 자기 처지가 약화된다는 것, 그리고 권위와 교권을 지닌 로마 교회에 더 큰 속권(俗權)을 줌으로써 로마 교회가 강대해지리라는 것 등을 미처 생각하지 못했다.

이렇듯 그는 최초에 실패를 한 이후로 다른 실패를 거듭하게 되어, 마침내는 알렉산데르 교황의 야심을 꺾고 교황이 토스카나 지방의 지배자가 되는 것을 막기 위해 다시 이탈리아를 침입해야만 했다. 나아가서는 로마 교회의 세력을 강화시켰고 자기 편을 잃은 것도 부족하여 다시 나폴리 왕국을 탐내어 그 왕국을 에스파냐 왕과 분할하고자 했다.

그 무렵 루이 왕은 거의 단독으로 이탈리아의 지배자로 군림할 수 있게 되는데도 귀찮게도 상대를 끌어들인 격이 되었다. 이는 이 지역에서 그에게 불만을 품은 야심가에게 도움이 될 수 있는 인물을 모셔다 준 거나 다름없게 되었다. 나폴리 왕국에는 그에게 공물을 바칠 만한 왕을 앉혀 놓아야 했는데, 이런 왕 대신 오히려 자기를 쫓아낼 자를 그 자리에 앉혔던 것이다.

영토를 넓히고자 하는 욕구란 매우 자연스럽고 마땅한 욕망이다. 따라서 능력 있는 자가 영토를 더 얻으려고 하면 이는 칭찬을 받으면 받았지 비난을 받지는 않는다. 그러나 능력도 없는 자가 어떤 희생을 치르고서라도 그것을 손에 넣으려 한다면 이는 그릇된 일로 비난받아 마땅하다. 만일 프랑스가 독자적인 병력으로 나폴리를 차지할 수 있었다면 당연히 해볼 만한 일이었으리라. 그러나 그런 능력을 갖지 않은 이상 분할해서 영유한 일은 잘못이었다. 롬바르디아 지방을 베네치아인과 나눈 것도 이탈리아에 프랑스 왕이 근거지를 만든다는 점에서는 이해가 가지만, 그 뒤에 있었던 분할은 이런 필요에서 벗어난 일이므로 비난의 대상이 된다.

따라서 루이는 다음의 다섯 가지 실패를 했다고 볼 수 있다. 즉 약소국을 없애

교황 알렉산데르 6세

버린 일, 교황 알렉산데르 6세[*1]의 세력을 이탈리아에서 강화시킨 일, 매우 강력한 외국 군주 에스파냐 왕 페르난도를 이 나라에 끌어들인 일, 그곳에 본인이 정주하지 않은 일, 이주민을 보내지 않은 일이다.

게다가 루이가 베네치아 공화국의 영토를 탈취하려는 여섯 번째의 과실, 즉 캄브라이 동맹에 가담하여 베네치아 공화국을 쳐부순 일만이라도 저지르지 않았던들, 이상의 다섯 가지 실패도 왕이 살아 있는 동안은 그다지 해가 되지는 않았을 것이다. 다시 말하면 그가 베네치아를 친다는 것은 로마 교회가 강대하게 되기 전이나, 에스파냐를 이탈리아로 끌어들이기 이전 단계에서는 이치에 맞는 일이며 꼭 필요한 일이었을 것이다. 그러나 이런 정책을 범한 이상 베네치아는 절대로 몰락될 수 없음을 알아차려야 했다.

예를 들어 베네치아를 그대로 강력한 상태로 두었다면, 다른 세력들이 롬바르디아를 쳐들어오는 일 따위는 없었을 것이다. 베네치아로서는 자국이 롬바르디아의 맹주가 되지 않고서는 어떤 정책에도 동의하지 않았을 것이기 때문이다. 한편 제3국으로서도 롬바르디아 지방을 일부러 프랑스로부터 빼앗아 베네치아에게 넘겨줄 리는 절대로 없었고, 또한 이 두 나라에게 정면으로 충돌할 만한 용기도 아마 없었을 것이다.

이에 대하여 루이 왕이 로마냐 지방을 알렉산데르 교황에게 양보하고 나폴리 왕국을 에스파냐에게 양보한 것은 전쟁을 회피하기 위해서였다고 주장하는 자가 있다면, 앞에서 말한 근거에 따라 나는 이렇게 대답하겠다. 전쟁을 회피하기 위해 혼란을 그대로 계속해서는 안 되며, 전쟁은 피할 수 없을 뿐더러 주

---

*1 교황 알렉산데르 6세(1431~1503) : 본명은 로드리고 보르자. 에스파냐 출신 교황. 권모술수에 능했던 교황으로 사생아를 두었다. 마키아벨리가 이상적인 군주로 내세운 그의 사생아 체사레 보르자와 함께 이탈리아를 괴롭혔다.

저하다 보면 당신에게 손해만 불러올 뿐이라고.

또한 이런 루이 왕의 정책에 대해 루이 왕이 자기의 이혼 문제*² 와 루앙의 대주교를 추기경으로 취임 조건*³으로 맺은 전쟁 협력의 약속을 이행한 데 불과하다고 그를 변명하는 이가 있다면, 앞으로 군주는 어떻게 서약을 지킬 것인가에 대하여 논의할 때 여기에 대해 답할(18장에서) 것이다.

이런 이유로 루이 왕이 롬바르디아를 잃은 것은 정복지를 훌륭히 지키려는 군주들이 마땅히 따라야 할 방침을 하나도 행하지 않았기 때문이다. 따라서 그 상실 자체는 조금도 이상할 게 없고, 오히려 당연한 결과라고 할 수 있다.

페르난도 2세
에스파냐 왕. 이사벨 여왕과 공동 군주로서 카스티야 왕을 겸했다. 에스파냐의 여러 왕국을 통일하고 이때부터 제국주의 팽창기로 들어섰다.

그런데 이 문제에 대하여 알렉산데르 교황의 아들 발렌티노 공작(체사레 보르자)이 로마냐 지방을 점령했을 무렵, 나는 루앙의 추기경과 낭트에서 대화를 나눈 일이 있다. 그때 루앙의 추기경은 이탈리아인은 전쟁이라는 것을 모른다고 하기에 나는 프랑스인은 정치를 모른다고 반박하고, 만일 그들이 정치를 알았다면 로마 교회 세력을 그렇게 크게 되도록 하지는 않았을 것이라고 말했다. 또한 경험으로 봐서 뚜렷한 것은 로마 교회와 에스파냐가 이탈리아에서 큰

─────────────

＊2 루이 12세는 루이 11세의 딸과 결혼했다. 샤를 왕이 죽자, 왕의 미망인이었던 브르타뉴 공국의 앤이 소유한 영지를 탐냈다. 루이 12세는 앤과 결혼하기 위해 교황 알렉산데르 6세에게 로마냐 정벌 때 도와주기로 약조하고 이혼 허가서를 받아냈다.
＊3 루이 12세는 루앙을 추기경으로 진출시킴으로써 차기에 교황 진출의 발판으로 삼고자 했다.

세력을 얻은 것은 결국 프랑스 때문이라는 것이다. 더구나 프랑스 왕의 몰락은 바로 이들이 야기했다는 것이다.

이런 사실에서 일반 원칙을 발견할 수 있다. 이는 거의 틀림없는 규칙일 것이다. 즉 타인을 강하게 만드는 자는 스스로를 자멸시킨다. 그 이유는 강하게 되는 자는 그를 그렇게 만드는 이의 술책과 권력으로 그렇게 되는데, 일단 강하게 된 뒤에는 바로 이 두 가지 수단을 두려워하기 때문이다.

제4장
알렉산드로스 대왕에 의해 정복당한 다리우스 왕국이 대왕이 죽은 뒤 그의 후계자들에게 승복한 이유

새로 차지한 영토를 유지하기가 얼마나 어려운 일인가를 생각할 때, 다음 사실에 대하여 의문을 갖는 사람이 있을지도 모른다. 마케도니아 왕 알렉산드로스는 고작 수년 사이에 아시아 중근동 지방의 지배자가 되었고, 그 지방을 정복하자마자 죽었다. 그런 나라에서는 으레 반란이 일어날 듯한데, 실제로 알렉산드로스의 후계자들은 나라를 유지했다. 동료 간에 영토 쟁탈전은 있었을망정 영토 유지의 어려움은 느끼지 않았다. 이것은 무엇 때문일까?

알렉산드로스 대왕 흉상

나의 답변은 이렇다. 먼저 모든 군주국은 두 가지 양식으로 다스려진다. 하나는 한 사람의 군주와 그 군주가 인정하는 대신들이 국정을 보좌하는 양식이다. 또 하나는 한 사람의 군주와 봉건 제후로 이루어지는 것인데, 이 제후는 군주와는 관계없이 예부터 내려오는 혈통에 따라서 저마다 자기 위치를 확보한다. 특히 이 경우에 제후는 저마다 자기 영토와 영민을 보유하고 있어서 주민들은 그들을 영주로 모시고 자연스런 충성을 표현한다. 그러나 한 사람의 군주와 신하만으로 다스려지는 나라에서는 군주는 더 큰 권력을 지니고 있으며, 군주보다 더 높은 지위에 있는 자는 있을 수 없다. 그래서 민중은 누구에게나 대신과 관리에 대한 복종심만으로 대하게 되고 특별한 친밀감을 갖는 일은 없다.

알렉산드로스 대왕

  이처럼 다른 두 종류의 정치 양식의 실례로는 최근의 투르크의 술탄과 프랑스 왕을 들 수 있다. 투르크는 현재 통치자 한 사람이 다스리고 있으며 나머지는 모두 그의 신하들이다. 통치자는 나라를 산자크(Sangiag)라는 여러 행정 구역으로 나누어서 거기에 행정관을 보내 자기 마음대로 지배하고 있다.

  한편 프랑스 왕은 예부터 내려오는 수많은 제후에 둘러싸여 있다. 제후는 저마다 영내에서는 주권자로 인정받으며, 주민들은 그를 따른다. 제후들에게는 특권이 있는데 이 특권은 국왕이라도 마음대로 건드릴 수 없다. 따라서 이 두 나라를 비교해 볼 때 투르크의 경우에는 정복하기는 어렵지만 일단 정복한 뒤에는 쉽게 통치할 수 있음을 알게 된다.

  투르크 왕국을 정복하기 힘든 이유는, 거기서는 침략자가 그 왕국의 신하들로부터 유인받는 일이 어렵고, 군주 측근에서 반란이 일어나 외부 세력의 침입이 쉽게 이루어진다는 일은 도저히 바랄 수 없기 때문이다. 이는 앞서 말한 이유, 즉 정치 형태에 기인한다. 왜냐하면 부하는 완전히 예속되어 있으므로 그들을 타락시킨다는 일은 매우 어려운 일이며, 만일 타락자가 생겼다 하더라도 앞에서와 같은 이유로 민중까지 동조시킬 수는 없으므로 반란의 성공은 기대하기 힘들기 때문이다.

알렉산드로스 대왕(좌측)과 다리우스 왕(중간)의 전투

따라서 투르크를 공격하려는 자는 먼저 적이 일치 단결하여 저항한다는 것을 염두에 두어야 한다. 상대편의 내부에 기대를 걸기보다는 자력(自力)을 믿어야 한다. 그러나 일단 투르크를 쳐부수어 두 번 다시 군대를 소유하지 못하도록 제압한다면 군주의 혈통을 가진 자들 말고는 아무것도 두려워할 것이 없다. 따라서 군주의 혈통을 없애 버리면 민중 편에 설 자는 없게 되며, 두려워할 자도 존재하지 않게 된다. 이리하여 전쟁 전에 그곳 민중에게 기대를 걸지 않았던 이 승자는 점령 뒤에도 민중을 두려워할 필요가 없다.

한편 프랑스 왕국과 같은 정치를 하고 있는 나라에서는 이와는 반대 현상이 일어난다. 그곳에는 변혁을 바라는 무리와 불만을 품는 세력이 있기 마련이어서 제후 가운데 한 사람만 자기 편으로 끌어들이면 그 나라의 침입은 매우 쉽다. 그리고 이미 제시한 이유로 승리를 얻을 수 있다. 그러나 일단 그 나라를 통치하려면 그때까지 침략자를 지원했던 사람들과 반대했던 사람들로부터 어려운 문제가 잇따라 나온다. 더구나 이런 경우에 새로운 변혁의 지도자격인 여러 제후가 뒤에 도사리고 있기 때문에 군주의 혈통을 없애 버리는 일만으로는 문제가 해결되지 않는다. 그러므로 불만을 품은 세력들을 만족시켜 주지도 못하고 그들을 없애지도 못하므로 언젠가는 다시 그 나라를 빼앗기게 된다.

이제 페르시아의 다리우스 3세[*1]의 왕국이 어떤 정치 형태를 가졌는지 살펴보자. 이 나라는 투르크 왕국과 비슷하다는 것을 알 수 있다. 따라서 알렉산드로스는 다리우스 왕과 정면 충돌하여 그의 영토를 빼앗을 수밖에 없었다. 다리우스가 죽고 전쟁이 끝난 뒤의 알렉산드로스의 통치는 앞서 말한 이유로 평탄하게 되었다. 또 알렉산드로스의 후계자들도 서로 결속만 했더라면 그대로 평화로운 생활을 즐길 수 있었을 것이다. 사실 내부 불화로 생긴 소요 말고는 아무 일도 없었다.

이에 반하여 프랑스 왕국과 같은 정치 형태를 취한 나라에서는 이처럼 평온할 수는 없었다. 그래서 에스파냐, 프랑스, 그리스 같은 나라에서는 각 지방의 수많은 제후가 앞장서서 로마인에 대한 반란을 끊임없이 일으켰다. 로마인은 그런 반란이 이어지는 동안에는 영토 확보에 큰 불안을 느꼈다. 그러나 로마 제국의 세력이 팽창하고 통치가 장기화함에 따라 옛 제후의 기억도 사라졌으며, 비로소 확고한 지배자가 되었다. 그리고 로마인은 다시 서로 다투며 저마다가 권력을 행사하던 지역을 지배했다. 그 지역에서는 예부터 내려오는 군주의 혈통은 끊겼으므로 로마인만이 지배자로서의 지위를 인정받게 되었다.

이상의 모든 사실을 감안한다면, 알렉산드로스 대왕이 중근동 지방의 점령지를 쉽게 통치할 수 있었던 이유와, 에피루스 왕 피루스나 그 밖의 여러 군주가 정복지 통치에 무척 곤란했던 이유를 알게 되었을 것이다. 이는 정복자의 능력 여하에 따른 결과라기보다는 정복지 사정의 차이 때문이라고 할 수 있다.

---

*1 다리우스 3세(기원전 ?~330) : 페르시아 아케메네스 마지막 왕. 알렉산드로스 대왕과의 이수스 전투에서 패전 뒤, 가족을 버리고 도주했다가 박트리아에서 피살되었다.

제5장
점령되기 전에 자치적이었던 도시나
군주국 다스리는 방법

앞 장에서 이야기한 것처럼, 주민들이 스스로 만든 법률 아래에서 자유롭게 생활해 오던 국가를 점령했을 경우, 그 나라를 다스리는 데에는 세 가지 방법이 있다. 첫째, 그런 도시를 멸망시키는 일이고, 둘째, 그곳에 군주 자신이 이주해 사는 것이며, 셋째, 그들에게 예전의 법률 아래서 살도록 허용해 주어 공물을 바치게 하고, 그 영내에 군주와 밀접한 우호 관계를 유지할 과두정치를 실시하는 일이다. 이 경우 정권은 완전히 군주의 힘으로 이루어지게 된다. 따라서 이들은 군주의 호의와 영향력을 잃어버리는 날에는 자신들의 존속이 위협받으므로 전력을 다해 나라를 다스리려 노력할 것이다. 일반적으로 자유로운 생활을 해 온 도시를 다스리는 데에는 다른 어떤 방법보다도 이처럼 시민을 이용하는 방법이 가장 훌륭하다고 볼 수 있다.

그 실례로서 스파르타인과 로마인을 비교해 보자. 스파르타인은 아테네나 테베를 통치하는 데 있어서 과두 정치 체제를 수립했으나 그 뒤 이 나라들에 대한 통치권을 잃었다. 로마인은 카푸아·카르타고·아만티아를 통치할 때 이 나라들을 다 멸망시켰으므로 두 번 다시 빼앗기는 일이 없었다. 그러나 로마인이 그리스를 다스릴 때에는 스파르타인이 한 것처럼 주민들의 법률에는 손을 대지 않고 자유롭게 내버려두었으나 성공하지 못했다. 그래서 자신들의 통치를 위해 하는 수 없이 여러 도시들을 멸망시켜야 했다. 그런 나라를 통치하려면 멸망시키는 일 이외에는 확실한 방법이 없다.

이제까지 자유로운 생활을 누려 온 도시의 지배자가 되어 그 도시를 멸망시키지 않는 자는 오히려 그들로 인해 파멸 당할 것이다. 이런 도시는 자유라는 이름과 종래 제도에 어긋난다는 명목으로 계속 반란을 일으킬 것이기 때문

아크로폴리스 유적
스파르타는 그리스의 도시국가 중 가장 강력한 군대를 만들었다. 스파르타의 아크로폴리스에서는
그 무렵의 모습이 투영된 투구 쓴 전사상, 방패와 창을 들고 투구를 쓴 아테나 상 등이 발굴되었다.

이다.

이런 경향은 세월이 흘러도, 은혜를 베풀어도 쉽사리 주민의 머리에서 사라지지 않는다. 특히 군주가 어떻게 대하든 상관없이 내분이 있거나 주민들이 흩어지지 않고서는 그 자유나 제도를 잊지 않을 것이며, 무슨 사건이 일어날 때마다 반항하려 들 것이다. 100년간이나 피렌체 공화국의 지배를 받아 온 피사가 다시 사건을 일으킨 것은 그 좋은 예라 할 수 있다.

이와 달리 군주의 지배 아래 살아 온 도시나 지방의 주민들은 군주의 혈통이 끊기면 복종하는 습관이 있는 데다 군주를 잃었지만 동료 가운데 누구를 군주로 추대할 수도 없고, 그렇다고 자유로운 생활을 할 수도 없으므로 우물쭈물할 뿐 무기를 들고 맞서는 일이 없다. 따라서 군주는 쉽게 그 도시를 손아귀에 넣을 수 있고, 시민들로부터 몸을 지키기도 쉽다.

그러나 공화 정치를 해 오던 도시의 경우에는 증오심도 한결 강하고 복수의 염원도 끈질기다. 시민들은 그 기분을 쉽사리 버리지 못하며 잃어버린 자유를 잊지 못한다. 따라서 가장 안전한 방법은 그 시민을 말살하든가 군주 자신이 그곳으로 이주하는 수밖에 없다.

제6장
자신의 힘과 능력으로 지배하게 된 신생 군주국

군주와 영토가 완전히 새로운 군주국에 대하여 논의하기 위해 위대한 인물을 인용하더라도 그리 놀랄 일은 아니다. 그 이유는 인간이란 거의 타인이 먼저 지나간 길을 따라 그 선인의 행동을 본뜨면서 살아가려 하기 때문이다. 그러면서도 선인의 길을 그대로 따르기는 매우 어렵고, 더구나 그 인물의 능력에 도달하기는 매우 힘든 노릇이다.

그러므로 현인은 위인이 걸어온 발자취를 더듬어 위대한 인물을 선택해 모범으로 삼아야 한다. 이는 자기 능력이 그 인물까지 이르지는 못한다 하더라도 적어도 그 근처까지는 가서 냄새 정도는 맡을 수 있기 때문이다. 이것은 지혜로운 사수가 취하는 방법과 같다. 만일 사수의 목표가 너무나 먼 거리여서 그 활로써 도저히 쏠 수 없음을 깨달았을 경우 그는 목표보다 훨씬 높은 곳을 겨냥한다. 이것은 사수가 그 높은 곳을 맞히려는 게 아니라 이렇게 높이 겨냥함으로써 가능한 한 그 목표물 가까이에 화살이 날아가도록 하기 위해서이다.

새로운 군주국을 통치하는 데 대한 어려움은 그 나라를 정복한 군주의 능력에 달려 있다고 할 수 있다.

그때까지 군주가 아니었던 한낱 시민이 군주가 되었을 경우에는 마땅히 따르는 능력과 운 중 어느 하나로 일을 처리해 나가 어느 정도 곤란은 감소하겠지만, 이 경우에는 운에 지나치게 의지하지 않는 사람이 좀더 안전하다. 또 영토를 가지고 있지 않기 때문에 마지못해 군주가 이주하게 되면 사태는 차츰 안전하게 된다.

여기서 운에 기대지 않고 자신의 능력으로 군주가 된 인물을 꼽아 본다면,

모세의 홍해도섭
모세를 따라 홍해를 건너는 유대인들. 로마, 스파르타 미술관

특히 뛰어난 자로서 모세, 키루스*¹, 로물루스*², 테세우스*³ 등을 들 수 있겠다. 그 가운데 모세는 신의 명령에 따라 단지 실천했을 뿐이므로 논의의 대상이 되지 않을지도 모른다. 그러나 그는 신의 은총으로 신과 대화할 수 있는 자로 뽑혔으니 그것만으로도 찬양의 대상이 될 수 있으리라.

다음으로 여러 나라를 점령했거나 건국한 키루스나 그 밖의 인물을 살펴 볼 때, 그들은 모두가 훌륭한 왕이었다. 그리고 그들 개개인의 행위나 규율을 고찰해 보면 그처럼 위대한 스승(신)을 가졌던 모세와 크게 다르지 않음을 알 수 있다.

더구나 그들의 행적이나 생애를 연구해 볼 때, 운수면에서 다만 좋은 기회를 얻었다는 것 말고는 별다른 점이 없었다. 그리고 그 좋은 기회라는 것도 그들에게 재료를 주었을 뿐이고 그 재료로 작품을 만든 것은 그들 자신이었다. 다

*1 이집트를 제외한 전 오리엔트를 정복한 페르시아의 왕으로, 포로로 잡혀 있던 유대인들을 해방시켰다.
*2 알바 왕의 손자이지만 버림받고 후에 로마를 건국했다.
*3 그리스 신화의 인물로 반인반우의 미노타우로스를 잡은 일화로 유명. 아테네를 건국했다.

로마의 건국자 로물루스
로물루스와 동생 레무스는
태어나자마자 버려졌으나 암
늑대가 젖을 먹여 키움으로
써 살아나 로마를 세웠다.

시 말해 이런 기회가 없었더라면 그것을 추구하여 관철할 의욕이 생기지 않았을 터이며, 또 그런 능력이 없었다면 그 기회는 무의미했을 것이다.

이런 의미에서 유대인들이 노예 상태에서 벗어나 모세의 뒤를 따르고자 결의한 이면에는, 유대인이 이집트에서 노예 신분으로 학대받았기에 모세가 그런 유대인을 만나는 일이 필요했다. 마찬가지로 로물루스가 로마의 국왕이 되고 조국의 건설자가 될 수 있었던 것은, 그가 알바에 있지 않고 생후 곧 버림받은 몸이 되었기 때문이다.

또한 키루스 왕의 경우도 페르시아인이 메디아의 지배에 불만을 품었고 오랜 태평세월로 메디아인이 연약해져 있었던 것이 기회가 되었다. 테세우스 또한 자기 능력을 발휘하는 데는 분열 상태의 아테네인을 만나지 않고서는 어려운 일이었다. 이처럼 여러 가지 좋은 기회가 그들을 성공으로 이끌었으며, 그들의 뛰어난 능력이 기회를 살렸다. 그래서 그들의 조국은 한층 번영하여 영광을 찾게 되었다. 이들과 같이 자신의 능력으로써 군주가 된 자들은 나라를 정복하는 데는 곤란이 따랐지만 막상 나라를 다스리기에는 별 어려움이 없었다.

이들이 맞닥뜨린 어려움이란 나라를 세워 안전을 꾀하는 데 따르게 마련인 새로운 질서와 새로운 정치 양식에서 발생하는 것이다. 이 경우 새로운 질서를 확립한다는 것은 실행하기도 어렵고 성공하기도 힘들며, 위험하다는 점을 충분히 고려해야 한다. 왜냐하면 이런 군주는 옛 질서 아래에서 편히 살아오던 사람들을 모두 적으로 만들 가능성이 있기 때문이다. 또한 새로운 질서 안에서 살고자 하는 사람들은 내키지 않는 마음으로 소극적인 지지자로 따라올 뿐이다. 그 이유는 조금이나마 유리한 법률을 가진 새로운 집권층을 두려워하고, 새로운 것에 대한 확신이 설 때까지 인간은 본능적으로 불신하기 때문이다. 그러므로 적이 된 자는 공격의 기회를 잡기만 하면 언제나 동료와 함께 결속하여 거세게 대항해 오지만, 그 지지자들은 군주 편에 적극적으로 서지 않는다. 따라서 군주는 이들과 함께 궁지에 빠질 수 있다.

그러므로 이 문제를 충분히 검토하기 위해서는 먼저 개혁을 시도하는 군주가 과연 자력으로 할 것인가 아니면 다른 사람의 힘에 기댈 것인가를 알아볼 필요가 있다. 다시 말해서 자기 일을 이룩하기 위해 원조를 필요로 하느냐, 아니면 자력으로 처리할 수 있느냐의 문제이다. 도움을 필요로 하는 경우에는 반드시 재난이 일어나 아무 일도 달성하지 못한다. 반대로 자력으로 힘을 발휘했을 때에는 궁지에 빠지는 일은 그다지 없다. 그래서 무장을 한 예언자는 승리를 차지할 수 있으나, 말뿐인 예언자는 멸망하고 마는 것이다.

그것은 이미 언급한 이유 외에도 민중의 천성이 변덕스럽다는 것을 들 수 있다. 민중에게 어떤 일을 설득하는 일은 쉽지만 설득된 상태로 언제까지나 그들을 잡아 두기란 어렵다. 그러므로 말로써 되지 않으면 힘으로 믿게 하는 대책을 찾아야 한다.

모세, 키루스, 테세우스, 로물루스 또한 만일 무력을 갖고 있지 않았던들 그들의 율법을 오랫동안 민중이 지키도록 할 수는 없었을 것이다. 오늘날에도 수도사 지롤라모 사보나롤라*4의 예가 이를 말해 준다. 대중이 이 수도사의 말을 믿지 않게 되자, 그는 자기가 만들어 놓은 새 제도와 함께 망해 버렸다. 결국 이 수도사는 일단 자기를 믿었던 민중을 무슨 방법으로라도 잡아 두며 믿

---

*4 지롤라모 사보나롤라(1452~1498) : 이탈리아 페라라 출생. 교황과 교회의 타락한 것에 회의를 품고 도미니쿠스 교단의 수도사가 되었다. 그는 종교개혁을 부르짖고, 메디치 가문을 비난했다. 초기에는 추종자들이 많았으나 차츰 대중의 신뢰를 잃었다. 끝내는 교황으로부터 파문당하고 화형에 처해졌다.

사보나롤라　　　　　　　　화형당하는 사보나롤라

지 않는 자들을 믿게 하는 수단을 갖지 못했다.

　그와 같은 자들은 행동을 하는 데 있어서 큰 곤란을 갖게 하며 가는 곳마다 위험이 따르게 마련이다. 그러므로 이는 능력으로 극복해 나갈 수밖에 없다. 그러나 일단 그 위험을 이겨내면 존경받게 되고, 또한 자기 지위를 시기하는 자들을 없애 버리면 세력은 강해지고 안정되며 명예와 번영을 누리게 된다.

　앞선 예와 비교는 안 되지만 그래도 상응하는 점이 있기에 여기서 말하고자 한다. 바로 시라쿠사의 히에론 왕*5의 경우이다.

　그는 한낱 평민에서 시라쿠사의 군주가 되었다. 그 또한 좋은 기회를 갖게 되었다는 점 말고는 특별한 운은 없었다. 좋은 기회란 그가 당시 학대받던 시라쿠사의 민중들로부터 대장으로 뽑혔다는 사실이다. 그리고 그게 바탕이 되어 마침내 실력으로 군주가 된 것이다.

　히에론 왕은 평민이었을 때부터 이미 충분한 능력을 가진 사람이었다. 어느 책에서 저자가 '이 사람이 군주로서 모자라는 점이 있다면 다만 다스릴 나라

─────────────

*5 히에론 2세(기원전 ?~215, 재위 기원전 265~215). 시칠리아 섬에 있는 시라쿠사의 전제 군주. 선정을 했다고 전해진다.

가 적다는 것뿐이다' 말했을 정도였다. 그는 옛 군사 제도를 없애고 새로운 제도를 확립했으며, 옛 우호 관계를 버리고 새로운 우방을 맺었으며, 이를 바탕으로 자기 군대와 우방과 손을 잡자 그 토대 위에 여러 사업을 할 수 있었다. 따라서 그는 나라를 손안에 넣기까지는 많은 시련을 겪었으나 일단 나라를 다스리게 되면서부터는 과히 큰 고생은 겪지 않아도 되었다.

제7장
타인의 힘과 운수로 얻어진 신생 군주국

　한 개인의 신분으로 다만 운수가 좋아 군주가 된 자는 군주의 지위에 쉽게 올라갔지만, 나라를 다스리는 데에는 대단히 어려운 시련을 겪게 된다. 그는 그 자리를 거저 얻은 것과 같으므로 도중에 아무 어려움이 없었을 것이다. 그러나 그 자리에 오르는 순간부터 온갖 곤란한 일이 닥쳐온다. 금전이나 타인의 호의로 군주가 된 자들도 마찬가지이다. 예를 들어 다리우스 왕이 자신의 안전과 영광을 위해 그 나라를 지키려고 군주의 자리에 오르게 한 많은 사람들, 즉 그리스의 이오니아나 헬레스폰트의 도시를 다스리게 된 많은 사람들 사이에 일어난 사건을 보면 쉽게 알 수 있다. 또한 병사들의 부패로 말미암아 지배자의 자리에 오른 황제들 또한 마찬가지이다.

　이런 자들은 그들에게 나라를 넘겨준 자들의 호의와 운수 덕분에 그렇게 된 데 불과한데, 이 두 가지는 모두 변화하기 쉽고 불안정하다. 그들은 그 지위를 유지할 방법도 모르고 능력도 없다. 방법을 모른다는 것은 그들이 훌륭한 재능이나 능력이 있는 인물도 아닌 데다가 이제까지 한낱 시민으로 살아 왔기 때문에 지도하는 방법을 모른다는 것이다. 또한 지위를 유지할 수 없다는 것은 자기 편이 되어 충성을 바치는 무력이 없다는 것이다. 게다가 갑자기 이룩한 나라는 마치 솟아나자마자 급속히 자라나서, 뿌리를 뻗고 가지를 내리기 전에 처음 닥치는 악천후로 쓰러져 버리는 식물과 같다. 앞서 말한 것과 같이 갑자기 군주가 된 자가 운수 좋게 굴러들어온 호박을 간직하기 위해서는 재빨리 대책을 세울 만한 기량이 없으면 불가능한 일이다. 즉 다른 군주가 미리 준비한 여러 기초를, 즉위하자마자 곧 갖출 수 있는 기량이 있어야만 한다.

　지금까지 말한 두 가지 방법, 즉 능력으로써 군주가 되느냐, 아니면 운수에 따라서 군주가 되느냐에 대해 현대인의 기억에 생생히 남아 있는 실례를 두 가지 들기로 하자. 그것은 프란체스코 스포르차와 체사레 보르자의 경우이다.

프란체스코는 적절한 수단과 자신의 훌륭한 능력으로써 평민에서 밀라노 공작이 되었다. 따라서 그가 나라를 차지하기까지는 숱한 고난을 겪었지만 다스리는 단계에서는 조금도 어려움이 없었다.

그와 반대로 발렌티노 공작이라 불리는 체사레 보르자는 아버지 교황 알렉산데르 6세의 덕으로 나라를 얻기는 했으나, 아버지가 세상을 떠나자 그 지위를 잃고 말았다. 하지만 보르자가 비록 프랑스 왕 루이 12세의 군대로부터 지원받아 영토를 얻기는 했지만 사려 깊고 능력 있는 자로서 해야 할 일, 즉 자기 세력의 팽창을 위해 해야 할 일은 모두 했던 것은 사실이다.

앞서 말했듯이 모름지기 인간은 일찌감치 기초를 닦아야지 뒤늦게 기초를 닦으려면 몇 배의 노력이 필요하다. 본디 거기에는 건축가의 노고가 필요한 데다 건물 그 자체도 튼튼한 것이 못 되기 때문이다.

여기서 발렌티노 공작이 취한 발자취를 살펴본다면, 그는 장래의 자기 세력을 세우기 위해 기초를 훌륭히 닦았음을 알 수 있다. 내 생각으로는 새로운 군주로서 그 이상 본받을 만한 실례는 없다고 본다. 그러므로 여기서 그를 논하는 것도 뜻이 있으리라 믿는다. 그의 방침이 성공하지 않았다 해도 그것은 그의 죄는 아니었다. 결국 그것은 악의적인 운명의 일격에 따른 것이었기 때문이다.

알렉산데르 6세가 자기 아들인 발렌티노 공작을 훌륭하게 만들려고 했을 때 그 무렵에는 물론 장래에도 수많은 어려움이 있으리라는 것을 알았다. 첫째로 교황령에 속해 있기는 했지만 실제로 지배력이 미치지 않았던 로마냐 지방과 마르케 지방에 아들을 군주로 앉히는 것 말고는 별 도리가 없었다. 교회의 영지를 빼앗으려 해도 밀라노 공작과 베네치아 공화국이 절대로 동의할 리 없었으며, 파엔차와 리미니는 이미 베네치아 공화국의 보호 아래 있었던 것이다.

그 밖에도 이탈리아의 병력, 특히 교황이 이용할 수 있을 만한 병력은 교황의 강대화를 두려워하는 자들의 손에 들어가 있음을 알고 있었다. 다시 말해서 모든 병력은 오르시니와 콜론나의 양가 및 그 추종자의 지휘하에 놓여 있어서 믿을 수가 없었다. 따라서 그가 할 수 있었던 것은 이 질서를 어지럽히고

여러 나라를 혼란에 빠뜨림으로
써 그 나라의 일부를 자기 지배
아래 두는 일이었다. 이때 마침 베
네치아 공화국이 다른 이유로 다
시 프랑스군을 이탈리아로 끌어
들이려고 모의하고 있었기에 교란
시키기에는 참으로 좋은 기회였
다. 교황은 베네치아의 계획에 반
대하지 않았을 뿐 아니라 루이 12
세의 이혼을 허가해 줌으로써 이
를 한결 원활히 만들었다. 그래서
루이 왕은 베네치아 공화국의 지
원과 알렉산데르 교황의 허가를
얻어 이탈리아로 침입해 왔다. 루
이 왕이 밀라노로 쳐들어가자, 교
황은 루이 왕으로부터 병력을 빌
려서 로마냐 지방의 공략에 들어
갔다.

체사레 보르자
발렌티노 공작. 체사레는 프랑스의 도움을 받아 이
탈리아를 통일하려 했다. 피렌체는 마키아벨리를 사
신으로 보내 위험으로부터 벗어나고자 했다. 체사레
를 만난 마키아벨리는 그가 이탈리아를 통일할 수
있는 이상적인 군주로 여기게 된다.

　　그러자 로마냐 지방은 교황군에게 굴복했다. 발렌티노 공작은 로마냐 지방
을 점령한 뒤 콜론나 가를 쳐부수고, 그 영토를 확보한 다음 다시 영토를 넓히
려 했다.

　　그러나 그때 발렌티노 공작에게는 뜻하지 않았던 두 가지 장애가 나타났다.
그 하나는 그가 이끄는 군대의 충성심에 의심이 가는 일이었고, 또 하나는 프
랑스의 진의를 알 수 없었던 일이었다. 다시 말해 이제까지 신임했던 오르시니
계 용병대가 공격시 말을 잘 듣지 않아, 정복 자체를 저해하려고 할뿐더러 점
령지까지 빼앗으려 들지 않을까 하는 의심과, 루이 왕에 대한 같은 걱정이 앞
섰던 것이다. 오르시니 가의 군인들은 파엔차를 차지한 직후 볼로냐 공략에
나섰을 때 그 공격 태도에서 무언가 냉담한 반응을 보였는데, 이것이 걱정의
원인이 되었다. 한편 루이 왕의 경우에는 우르비노 공국을 점령한 뒤 토스카나

지방으로 쳐들어가려 할 때 왕이 이 공격을 반대하는 편에 서게 됨으로써 그 진의를 의심하게 되었다. 거기서 발렌티노 공작은 앞으로는 타인의 무력이나 호의에 기대지 말아야겠다고 깊이 깨달았다.

발렌티노 공작은 먼저 로마에서 오르시니 가와 콜론나 가 양당파의 세력을 꺾어 버렸다. 즉 양당파에 가담했던 귀족들을 많은 보수를 주어 자기 손아귀에 넣은 다음, 저마다 자질에 따라 군사 또는 정치 임무를 줌으로써 후대했다. 이렇게 되니 몇 개월도 되기 전에 그들의 마음은 당파에 대한 충성심을 잃고 공작에게 충성을 바치게 되었다.

그 다음에 공작은 콜론나 가의 지도자들을 분열시키고 오르시니 가의 주요 인물들을 섬멸시킬 기회를 엿보았다. 마침 그 기회가 찾아와 그는 수단껏 기회를 이용했다. 그 무렵 발렌티노 공작과 교회의 세력이 커지는 일은 끝내 그들의 멸망을 불러온다는 것을 오르시니 가의 사람들은 늦게나마 깨닫고, 페루자 근교 마조네에서 회합을 가졌다. 이 회합이 동기가 되어 우르비노 반란과 로마냐의 소란이 일어나 공작은 수많은 위험을 겪게 되었다. 그러나 공작은 프랑스 군의 지원으로 이 사건을 진압하는 데 성공했다.

이리하여 권력을 되찾은 공작은 프랑스와 그 밖의 외부 세력에 의지했던 무모한 계획을 버리고 간계를 쓰기로 했다. 그가 교묘하게 본심을 숨겼으므로 오르시니 가는 파올로를 내세워 화해를 제의해 왔다. 그러자 발렌티노 공작은 파올로에게 금전, 의복, 말 등을 선사하여 상대를 안심시켰다. 그래서 단순한 그들은 세니갈리아에서 발렌티노 공작의 술책에 빠져들었다.

이렇게 해서 상대편의 지도자들을 죽이고 그 추종자들을 자기 편으로 포섭함으로써 공작은, 우르비노 공국과 아울러 로마냐 지방의 전역을 손에 넣게 되었고, 자기 세력의 기초를 확고하게 닦아 놓았다. 특히 로마냐의 주민들이 그의 지배 아래 번영을 누리자 그를 환영하게 되었으므로 그 지방의 민심을 파악할 수 있었고, 훌륭한 자기 세력이 생겼다고 공작은 믿게 되었다.

이런 일들은 주목할 만한 가치가 있어 다른 사람들도 모방할 필요성이 있다고 믿기에 여기에 언급하고자 한다. 즉 로마냐 지방을 자기 손에 장악한 공작은 그때까지 그 지방을 지배해 온 자들이 무능력하기 짝이 없어 민중을 올바

알렉산데르 6세와
아들 체사레 보르자

르게 다스리기는커녕 민중의 것을 빼앗고, 단결시키기는커녕 분열의 원인을 만들고 있었음을 알게 되었다. 그래서 이 지방에는 싸움과 온갖 폭력 사태가 난무하고 있었다. 이에 그는 이 지방의 평화를 되찾고 군주적 권위에 복종하게 하려면 민중에게 선량한 정치를 베풀어야 한다는 사실을 깨달았다.

그래서 그는, 비정하지만 기민한 레미로 데 오르코(Remirro de Orco)에게 큰 권한을 주어 로마냐로 파견했다. 그는 짧은 시일 내에 이 지방의 평화를 되찾았고 명성을 떨치게 되었다. 그 뒤 공작은 지나친 권한은 민중의 반감을 살 염려가 있다 하여 레미로의 권한을 줄이기로 했다.

그래서 그 영내에 민사 재판소를 설치하고, 뛰어난 장관을 임명했으며, 각 지방에서 선출된 변호사를 그곳에 두도록 했다. 또한 발렌티노 공작은 이제까지의 엄한 다스림에 조금이나마 민중의 반감이 있음을 깨닫고, 그런 반감을 가라앉혀 민심을 완전히 잡고자 했다. 그래서 그때까지의 모든 잘못된 행동은 자기 탓이 아니라 대리인의 냉혹한 성격 탓이었음을 넌지시 보여 주려 했다. 드디어 공작은 기회를 잡아 어느 날 아침 체세나 광장에서 레미로의 시체를 두 토막 내어 피묻은 칼과 함께 모든 사람 앞에 공개했다. 이 처참한 광경에 민중은 통쾌한 기분과 아울러 전율을 금하지 못했다.

이제 다시 본론으로 돌아가자. 이리하여 발렌티노 공작은 아주 강력해졌고 자기 나름대로 무력도 갖추어, 공격해 올 만한 전력을 지닌 이웃은 거의 격파했으므로 맞닥뜨린 위험은 어느 정도는 극복한 셈이었다. 이제 정복을 계속할 때 걸리는 유일한 존재는 프랑스 국왕 루이 12세밖에는 없게 되었다. 왜냐하면 늦게나마 자신의 과실을 깨달은 프랑스 왕으로부터 이제는 도저히 지원을 얻을 수 없음을 잘 알고 있었기 때문이다. 그래서 그는 새로운 지원자를 구하고자, 프랑스군이 가에타를 공격 중인 에스파냐군과 대전하기 위해 나폴리 왕국으로 쳐들어갔을 때는 프랑스에 기회주의적인 태도를 취했다. 이는 다시 말해 프랑스 세력권에서 벗어나 자기를 확립해 보려는 몸부림이었다. 만일 알렉산데르 교황이 살아 있었다면 그것도 쉽게 성공할 수 있었을 것이다. 눈앞의 문제에 대해서 발렌티노 공작은 이러한 정책을 취했다.

그러나 미래 일에 대해서는 로마 교회의 새로운 계승자가 자기 편이 되리라고는 믿지 않고, 오히려 알렉산데르가 자기에게 준 것까지도 빼앗지 않을까 하는 의구심마저 있었다. 따라서 발렌티노 공작은 다음의 네 가지 방법으로 미리 자기를 보호하려고 계획했다. 첫째, 이제까지 그가 빼앗은 영토 제후들의 혈통을 완전히 단절시켜 새로운 교황에게 간섭할 구실을 주지 않도록 할 것, 둘째, 앞서 말했듯이 로마의 귀족들을 모두 자기 편으로 끌어들여 그들로 하여금 새로운 교황의 힘을 견제케 할 것, 셋째, 추기경 회의를 자기 편에 유리하도록 할 것, 넷째, 현재의 교황이 생존 중에 충분한 세력을 만들어 독자적으로도 공격에 대처할 수 있게 한다는 것이다.

이상의 네 가지 정책 중 세 가지는 알렉산데르 교황이 살아있을 때 이미 이루었고, 네 번째 정책도 거의 달성되어 가고 있었다. 즉 발렌티노 공작은 점령한 모든 영지의 제후들을 거의 살해했고 아주 소수만을 살려 두었다. 또한 로마의 귀족은 그의 손에서 좌우되었고 추기경 회의에서는 과반수를 지배하게 되었다. 마지막으로 새로운 영토에 대한 정복도 토스카나의 지배자가 되려는 계획을 세워, 재빨리 페루자와 피옴비노를 점령하여 그의 피사를 보호 아래 두었다.

특히 프랑스는 더 이상 신경쓰지 않아도 되었기에—왜냐하면 프랑스군은 이미 에스파냐군의 손에 의해 나폴리 왕국에서 쫓겨났고 어느 나라건 프랑스와는 우호를 맺지 않으려 하므로—발렌티노 공작은 다시 피사를 공격했다. 그

로마 교황청을 뒤로 한 체사레 보르자
마키아벨리가 가장 이상적인 군주의 예로 삼았던 체사레 보르자는 교활하고 야심 가득찬, 무절제한 권세가였지만 지배자로서는 유능했다. 이 그림은 체사레가 아버지인 교황 알렉산데르 6세를 방문했다가 끌려 나오는 장면이다(교황은 독살당했고, 체사레는 중병 상태).

러자 루카와 시에나는 공작을 두려워함과 동시에 피렌체 공화국에 대한 경쟁의식도 있어서 즉시 항복했다. 이렇게 하여 피렌체 공화국도 궁지에 몰리게 되었다.

만일 여기서 발렌티노 공작이 계속 성공했더라면—알렉산데르가 죽을 때까지는 확실히 성공했었지만—이미 많은 세력과 명성을 얻어 자력으로 일어설 수 있었을 것이며, 운명이나 타인의 힘에 기대지 않고 자기 세력과 능력만으로 버티어 나갈 수 있었으리라.

그러나 공작이 칼을 뽑은 지 5년 만에 알렉산데르는 죽었다. 교황이 죽자 공작에게 남겨진 것은 다만 로마냐의 영지뿐이었고, 다른 영지는 적대하는 양대 강국 프랑스와 에스파냐 세력 사이에서 허공에 뜨게 되었다. 게다가 공작 자신은 중병에 걸려 있었다.

그러나 발렌티노 공작은 뛰어난 용맹심과 능력을 가진 사람으로서 민중을 다스리는 법과 쳐부수는 재주를 충분히 지녔기에 짧은 시일 안에 견고한 토대를 세웠다. 그렇기 때문에 만일 강대국의 공격을 받지 않고, 또 그 자신의 건강만 허락했더라면 어떤 시련이라도 이겨 나갈 수 있었을 것이다.

발렌티노 공작의 기초 작업이 얼마나 훌륭했던가는 다음의 사실로도 알 수 있다. 로마냐는 1개월 이상이나 그의 재기를 기다렸다. 로마에서는 그가 다 죽어가는데도 여전히 그에 대해 아무 공격이 없었다. 또한 발리오니 가(家), 비텔리 가, 오르시니 가의 무리들이 로마를 침입했지만 그들의 반란에 동조하는 자는 없었다. 발렌티노 공작은 자기가 원하는 인물을 다음 교황으로 앉히지는 못했지만, 최소한 그가 싫어하는 자를 교황 자리에 앉히지는 않았다. 그래서 만일 알렉산데르가 임종했을 때 그가 건강하기만 했더라면 모든 것이 순조롭게 이루어졌을 것이다.

율리우스 2세가 선출되던 날, 발렌티노 공작은 나에게 이런 이야기를 했다. 즉 그는 아버지가 세상을 떠나면 무슨 일이 일어나리라는 것을 미리 생각해 두었으며 또한 거기에 대한 대책도 세워 놓았는데, 단지 아버지가 세상을 떠날 때 자기도 같이 죽을 운명이란 것만은 예견하지 못했다고.

발렌티노 공작의 모든 정책을 돌아볼 때 나는 그를 비난할 수는 없다. 오히려 이미 말한 것과 같이 운명이나 타인의 무력으로 정권을 잡은 자들이 반드시 따라야 할 인물로 그를 추천하고 싶다. 그 이유는 그의 위대한 용기와 높은 뜻을 고려할 때, 그가 취한 방법 이외의 행동은 생각할 수 없기 때문이다. 발렌티노 공작의 계획을 좌절시킨 것은 오로지 알렉산데르 교황의 단명과 그 자신의 병뿐이었다.

그러므로 적으로부터 방비하는 일, 자기 편을 늘리는 일, 힘이나 꾀로 승리를 거두는 일, 민중으로부터 사랑받으며 동시에 두려워하게 하는 일, 병사에게는 명령을 지키게 하는 동시에 존경받는 일, 군주에게 해를 끼치거나 끼치려는 자들을 섬멸시키는 일, 낡은 제도를 새로운 방법으로 개혁하는 일, 엄격하면서도 정중하고 관대하면서도 활달한 처세, 충실치 않은 군대를 폐지하고 새로운 군대를 조직하는 일, 국왕이나 영주들과 친교를 맺어서 자기에게 존경심을 갖게 하고, 해를 가하는 것을 주저하게 만드는 일, 이상의 모든 사항이야말로 새로운 군주국에서 반드시 필요한 일이라고 생각된다면, 발렌티노 공작의 정책에서만큼 생생한 실례를 볼 수는 없을 것이다.

다만 한 가지 비난할 수 있는 것은 율리우스를 교황으로 선택한 일이다. 앞서 말했듯이 공작은 자기 마음에 드는 자를 교황으로 뽑을 수는 없었다 하더라도 어떤 자가 교황 자리에 앉는 것을 막을 수는 있었을 것이다. 그렇다면 그가 해를 끼쳤던 추기경이나, 교황이 되면 그를 두려워할 추기경들 가운데 한 사람을 교황 자리에 오르도록 용납해서는 안 되었다. 왜냐하면 인간은 공포심이나 미움으로도 해를 끼치는 일이 있기 때문이다. 그가 학대했던 자들이란 산 피에로 애드 빈쿨라(교황 율리우스 2세가 된다), 조반니 콜론나, 산 조르지오(라페엘로 리아리오), 아스카니오(스포르차) 등이었다. 그 밖의 사람들도 모두 교황이 되면 그를 두려워할 사람들이었다.

다만 예외로 루앙의 추기경(조르주 당브와주)과 에스파냐 출신의 추기경이 그를 두려워하지 않았다. 전자는 프랑스 왕국과 결부되는 세력이었기에 그를 두려워하지 않았고, 후자는 혈연 관계(보르자 가는 에스파냐 출신이다)인데다가 은혜를 입은 적이 있기 때문이었다. 그래서 공작은 무슨 수를 쓰더라도 에스파냐 출신을 교황 자리에 앉혔어야만 했다. 그게 무리한 일이라면 루앙의 추기경을 추대했어야 했다. 결코 산 피에로 애드 빈쿨라를 인정해서는 안 되었다. 위인들 사이에서는 지난 날의 원한이, 새로운 은혜를 베풂으로써 깨끗이 씻어진다고 생각하면 큰 잘못이다. 끝내 발렌티노 공작은 교황 선출에서 잘못을 저질러 파멸을 부르고 말았다.

제8장
사악한 방법으로 군주가 된 인물들

한낱 평민에서 군주가 되는 방법에는 또 두 가지가 있다. 이 방법들은 이제까지 말했듯이 완전히 운이나 능력에 따른 것이 아니므로 이야기하지 않을 수 없다. 이 둘 가운데 하나는 공화국을 다룰 때 더 상세히 설명하게 될 것이다.

그 두 가지 방법이란, 도리에 어긋나는 모독적 수단으로 군주의 자리에 오르는 경우와, 한낱 시민이 동료 시민들의 지원으로 그 나라의 군주가 되는 경우이다. 먼저 첫째 방법을 논하면서 고대와 현재로부터 두 가지 실례를 들어 해설하고자 한다. 이는 내 생각으로는 필요한 이에게는 실례를 모방하는 게 이론보다 훨씬 간편하다고 보기 때문이다.

시라쿠사의 왕이 되었던 시칠리아의 아가토클레스(기원전 361~289)는 평민 중에서도 특히 비천한 신분이었다. 질그릇 만드는 집안에서 태어난 그는 일생을 방탕하게 살아왔다. 그러나 그는 악행에도 불구하고 심신에 활력이 있어서, 군대에 들어가자 순조롭게 계급이 올라 시라쿠사의 사령관까지 되었다. 이렇게 지위가 확보되자, 아가토클레스는 언젠가는 군주가 되겠다고, 그것도 이제까지는 다른 사람의 승인을 얻어 허락받았던 일을 전혀 남의 신세 지지 않고 폭력으로 권력을 차지하겠다고 마음먹었다. 그리고 시칠리아에 군대를 끌고 쳐들어 온 카르타고의 하밀카르에게 그 계획을 말해 양해를 얻은 다음, 어느 날 아침 국정에 대한 중요한 심의가 있다면서 시라쿠사의 시민과 원로들을 소집했다. 그리고 미리 정해두었던 신호로 원로원 의원과 도시의 부유한 자들을 부하 병사의 손으로 모조리 죽였다. 살육이 끝나자 그는 도시를 점거하고, 시민의 저항도 없이 군주 자리에 올랐다.

그 뒤 아가토클레스는 카르타고 군대에게 두 번이나 패하고, 결국에는 포위 공격까지 당하게 되었다. 그러나 그는 그 도시를 방비하는 데 그치지 않고 방비는 일부 군사에게 맡기고, 나머지 병력을 이끌고 아프리카를 공격했다. 이로 말미암아 짧은 시일 내에 시라쿠사의 포위망은 해제되고, 카르타고 군은 궁지에 몰려 그와 화해를 맺어야만 했다. 그 결과 카르타고는 아프리카의 영유만으로 만족하고, 시칠리아를 아가토클레스에게 넘겨주게 되었다.

따라서 아가토클레스의 행동과 일생을 볼 때 그의 성공에 운명은 아무런 역할을 하지 않았다. 또 했다 하더라도 고작 몇 번에 지나지 않았다. 그는 누구의 원조도 받지 않고 온갖 어려움과 위험을 이겨내면서, 군대에서 각 계급을 착실히 밟아 마침내 군주의 자리에까지 올라갔다. 그 뒤에도 위험을 무릅쓴 용맹한 정책으로 자신의 자리를 유지했다.

그렇다고 해서 동향 사람들을 학살하고, 자기 편을 배신하고, 신의없이 무자비하게 종교심을 저버린 일을 능력이라고 부를 수는 없다. 이런 수단으로는 지배권을 잡을 수는 있어도 영광을 차지할 수는 없다. 하지만 아가토클레스가 위기를 이겨내면서 보여 준 기개나, 역경을 물리칠 때의 굽힘 없는 정신은 다른 뛰어난 장군과 비교해서 아무런 손색도 없다고 본다. 그럼에도 그의 수많은 악행과 이루 말할 수 없는 언어 도단의 잔학성 및 비인도성 때문에 훌륭한 인물로 평가되지 못한다. 운이나 능력과는 무관하게 이룬 것을 운이나 능력이라는 동기에 귀착시킬 수는 없다.

현대의 예로는, 교황 알렉산데르 6세 때 페르모의 올리베로토가 있다. 그는 어려서 아버지를 잃고 삼촌인 조반니 폴리아니 아래서 양육되었다. 청년이 되자 비텔리 가문의 파올로에게 보내졌다. 그 뒤 파올로가 죽자 그의 동생인 비텔로초 밑에서 일하게 되었다.

올리베로토는 영리하고 심신이 용맹스러워 순식간에 그 군대에서 으뜸가는 지도자가 되었다. 그러나 남의 아래 있는 것이 괴로웠던 그는, 조국의 자유보다도 예속 상태를 바라는 페르모의 일부 시민의 협력과 비텔리 가의 도움을 얻어 페르모를 차지하기로 결심했다.

올리베로토는 먼저 조반니 폴리아니에게 서신을 보내, 오랫동안 집을 떠나 있으니 고향에 돌아가 삼촌을 만나 뵙고 싶고, 자기 상속 재산도 어느 정도 정리하고자 한다고 했다. 그리고 자기가 여태까지 노력해 온 것은 고향 사람들에게 자신이 헛되이 세월을 보내지 않았다는 것을 보여 주기 위한 오직 한 생각에서였으며, 그래서 친구와 부하를 100명쯤 이끌고 당당히 방문하기를 원하니 페르모의 시민들이 정중히 맞이해 주도록 삼촌께서 주선해 줬으면 한다고 했다. 그렇게 되면 단지 자기 혼자만의 명예가 아니라 양부(養父)인 조반니의 명예도 드높아질 것이라고 덧붙였다.

조반니는 조카를 위해, 페르모의 시민들에게 정중히 환영하게끔 했다. 올리베로토는 며칠 동안 삼촌 집에 묵으면서 몰래 흉악한 간계를 꾸미고 기회를 노렸다. 어느 날 올리베로토는 성대하게 연회를 베풀고 조반니 폴리아니를 비롯해 페르모 시의 상류 인사들을 모두 초대했다.

어느덧 연회가 끝나고 여흥도 끝날 무렵, 올리베로토는 갑자기 화제를 돌려 알렉산데르 교황과 그의 아들 체사레 보르자의 비범함과 그 활동에 대해 말을 꺼냈다. 그 화제를 조반니와 모든 사람들이 와글와글 떠들어대자 그는 갑자기 자리에서 일어나더니, 이런 이야기는 비밀 장소에서 조용히 하는 편이 좋을 것이라 하며 다른 방으로 물러났다. 이에 조반니를 비롯한 시민들도 그의 뒤를 따랐다. 그들이 자리에 앉자마자 숨어 있던 병사들이 뛰어나와 조반니와 그 밖의 시민들을 모조리 죽였다.

학살이 끝나자 올리베로토는 말을 타고 시내를 돌아다니며 행정 장관들을 건물째 에워쌌다. 그러자 시민들은 공포에 못 이겨 그의 명령에 복종하게 되었으며, 그는 새로운 정부를 세워 그 자신이 군주로 앉았다. 자기에게 맞서는 불만을 품은 세력은 몰살해 버리고, 민정과 군사 제도를 개혁했다. 그래서 군주의 자리를 빼앗은 지 1년도 되지 않아 그는 페르모 시에 안전한 지위를 확보했을 뿐 아니라 모든 이웃 나라에게 두려운 존재가 되었다.

앞서 말한 대로 체사레 보르자가 시니갈리아에서 오르시니 가와 비텔리 가의 사람들을 붙잡았을 때, 올리베로토가 만일 보르자의 책략에 빠지지 않더라면 그는 아가토클레스와 마찬가지로 실권하지는 않았을 것이다. 끝내 그는 외삼촌을 죽인 1년 뒤에 시니갈리아에서 그에게 나쁜 지혜를 가르쳐 준 비텔로초와 함께 교살딩하고 말았다.

아가토클레스를 비롯해 그 밖의 사람들이 배신과 잔혹한 일을 일삼아 왔음에도, 저마다 제 나라에서 오랫동안 평안하게 지낼 수 있고, 외적을 막아 내고,

시민들의 반란도 전혀 없었던 것은 무슨 이유일까? 보통 대다수의 지배자는 그 잔혹함 때문에 전시에는 물론 평화시에도 나라를 유지하기 어려운데, 그들은 어떻게 해서 성공했을까 하는 의문이 생길지도 모른다.

　이런 차이점의 원인은, 잔혹함이 서투르게 사용되었는가, 아니면 교묘하게 사용되었는가 하는 데 있다고 생각한다. 잔혹함이 훌륭히―만일 악에서도 '훌륭히'라는 말을 쓸 수 있다면―사용되었다는 것은 자기 입장을 지키기 위해서 필요상 한 번은 그것을 행사했지만 그 뒤 더 이상은 거기에 집착하지 않고, 가능한 한 부하들에게 도움이 되는 방법으로 돌아선 경우를 말한다. 반면 서투르게 사용되었다는 것은 처음에는 사소하게 시작된 잔혹함이 시간이 흐름에 따라 멈추기는커녕 갈수록 심하게 행사되는 경우를 말한다. 먼저 방법을 존중하는 자는 아가토클레스처럼 신과 민중의 도움을 얻어 자신의 위상을 개선할 수 있으나, 후자인 경우에 자신의 권력을 유지하기는 무리한 일이다.
　이렇게 볼 때 나라를 빼앗을 경우 정복자는 잔혹한 가해 행위를 여러 차례 행할 것이 아니라 한꺼번에 치르도록 하고, 다시는 되풀이하지 않는다는 약속으로 민심을 수습한 다음 은혜를 베풀어 민심을 잡아야 한다. 겁쟁이 노릇을 하거나 그릇된 의견으로 어리석은 일을 저지르는 자는 늘 위험을 벗어나지 못한다. 계속되는 위해가 원인이 되어 부하도 군주를 믿지 않게 되고, 군주 또한 그런 부하는 완전히 신임할 수 없게 된다.
　요컨대 가해 행위는 한번에 해내야만 된다. 그렇게 해서 짧은 시일 내에 끝내면 그만큼 민중의 분노도 쉽게 사라지게 된다. 반대로 은혜는 민중이 오랫동안 음미하도록 조금씩 베풀어 줘야 한다.
　또한 군주는 신하들과 생활을 같이함으로써 뜻밖의 사태로 신하들의 행동이 빗나가지 않도록 주의해야 한다. 왜냐하면 일단 사태가 바뀌면 서둘러 진압하려 해도 이미 때는 늦으며, 그때 가서 은혜를 베푼다 해도 약점만 드러내는 격이 될 뿐 어떤 도움도 되지 못하고 누구도 그것을 고맙게 여기지 않기 때문이다.

제9장
시민형 군주국에 대하여

　다음으로는 어느 극악무도한 개인이 허용할 수 없는 폭력 방법으로 군주 자리에 오르게 된 게 아니라, 동료 시민의 후원으로 군주가 되는 경우를 말하고자 한다. 이것이 바로 시민형 군주국이다. 이 경우 군주가 되는 것은 모두 능력과 행운으로써가 아니라, 오히려 행운을 잘 이용하는 재주에 따라서이다. 여기서 군주가 되는 길은 민중의 지지를 얻는 경우와 귀족의 지지를 얻는 경우가 있다. 민중은 귀족의 명령을 받거나 억압당하는 일을 피하려 하며, 귀족은 민중에게 그들의 권력을 휘둘러 억압하려 하기 때문에 이렇게 대립되는 당파는 늘 있어 왔다. 도시에 존재하는 이 두 가지 다른 기질로부터 군주제나 공화제나 무정부상태 중 어느 하나의 결과가 나타난다.

　군주제는 민중이나 귀족 중 어느 한편이 기회를 잡음으로써 이루어진다. 귀족들은 자기들이 민중에게 대항할 수 없다는 사실을 알게 되면, 동료 가운데 한 사람에게 명성을 집중시켜 그 인물을 군주로 만들고는 그들 자신은 이 군주 뒤에 숨어서 자신들을 보호하려 한다. 반대로 민중들도 귀족들에게 저항할 수 없음을 알게 되면, 자기들 중 어느 한 사람을 추대하여 그 인물을 군주로 세워 그 권력 아래서 자기들을 보호하려 한다.
　그런데 귀족의 지지로써 군주가 된 자와 민중의 지지를 얻어 군주가 된 자를 비교해 보면, 전자가 군주의 자리를 유지하는 데 훨씬 큰 어려움을 겪게 된다. 그 까닭은 귀족의 지지를 받은 군주는 스스로를 군주와 똑같이 여기는 여러 귀족들에게 둘러싸여 자기 뜻대로 그들을 명령하거나 조종할 수 없기 때문이다.
　이와 비교할 때 민중의 후원으로 군주가 된 자는 어느 정도 독립된 처지에 있게 되고, 주위에는 복종심 없는 자는 거의 없으며, 만일 있다 해도 매우 소수에 지나지 않는다. 또한 귀족들의 욕망을 채워 주려면 제3자에게 해를 끼치지 않는 아주 떳떳한 방법으로 할 수 없으나, 민중의 경우에는 그렇지도 않다. 왜냐하면 민중의 소원은 귀족의 욕망에 비해 너무도 온당할 뿐 아니라, 귀족은 권력으로 억압하려는 데 비해 민중은 억압당하지 않는 것만을 바라기 때문이다. 또한 민중은 절대다수이므로 민중을 적으로 돌리는 군주는 마음이 편할 수 없지만 귀족은 소수이므로 안심할 수 있다.

군주가 민중을 적대시할 경우에 생기는 최악의 사태는 민중으로부터 버림받는 일이다. 그러나 귀족을 적대시하여 귀족으로부터 버림받거나 저항받는 것은 두려워할 필요가 없다. 왜냐하면 귀족은 눈치가 빠르고 이기적이라 자기의 안전을 위해서는 재빨리 승산이 보이는 쪽(군주)으로 쏠리기 때문이다. 또한 민중이란 늘 생활을 함께해야 하고 군주 마음대로 그들을 바꿀 수도 없지만, 귀족은 경우에 따라 적당히 귀족들의 작위를 수여할 수도 없앨 수도 있으므로 자신이 원하는 만큼 그들의 권력을 조절할 수 있다.

이 점을 더 명백히 하기 위해 귀족에 대해서 주로 두 가지 형태로 나누어 말할 수 있다. 즉 상대하고 있는 귀족이 완전히 운명을 같이할 인물인가 아닌가 하는 문제이다.

만일 그가 군주와 끝까지 행동을 함께할 사람이면 그를 찬양하고 소중히 다루어야 한다. 그리고 복종하지 않는 귀족은 두 가지 태도로 나누어 취급해야 한다. 하나는 그들이 소심하거나 본디 결단력이 없기 때문에 복종하지 않는 경우이다. 그런 경우에는 그들을 등용해야 한다. 특히 훌륭한 학식을 지닌 자일수록 더욱 그래야 한다. 왜냐하면 이렇게 함으로써 군주가 한창 융성할 때는 그들도 군주를 존경할 것이며, 또 군주가 역경에 처한다 해도 그들은 두려워할 만한 자들이 못 되기 때문이다.

또 하나는 야심이 있어서 복종하지 않는 자들이다. 이것은 군주의 일보다도 자기들의 일만을 생각하는 증거이므로 군주는 이들을 경계해야 하며 적과 다름없이 여겨야 한다. 이들은 역경에 이르러서는 반드시 군주를 망하게 하는 쪽의 편이 되기 때문이다.

한편 민중의 지지로 군주가 된 자는 언제나 민중을 자기 편으로 잡아 두어야 한다. 민중은 다만 억압당하는 것만을 싫어하므로 이것만 주의를 하면 민중을 잡아 두는 일은 그다지 어려운 일도 아니다. 또한 민중의 반대를 무릅쓰고 귀족의 후원으로 군주가 된 자도 무엇보다 민심을 잡도록 힘을 기울여야 한다. 그것은 민중의 보호자로 행동하면 비교적 쉽게 이룰 수 있다. 사실 인간이란 자기에게 해를 끼치리라 생각했던 자로부터 오히려 은혜를 입게 되면, 보통 때 은혜를 받은 것보다 몇 배나 더 고마움을 느끼게 되는 법이다. 그래서 민중은 본디 자기들의 지지로 군주가 된 자에게 더욱 깊은 호의를 갖게 된다.

그 밖에도 군주가 민심을 파악하는 데에는 여러 수단이 있다. 그러나 그것은 상황에 따라 달라지기 때문에 일정한 법칙을 세울 수 없어 여기서는 생략하기로 한다. 결론적으로 군주는 민중을 언제나 자기 편으로 잡아 두어야 한다. 그렇지 않고서는 역경에 처할 때 대책을 세울 수 없게 된다.

스파르타의 군주 나비스*¹는 그리스군과 승승장구하는 로마군의 포위 공격을 잘 감내해 조국과 영토를 지킬 수 있었다. 그런 위기를 맞았을 때도 그는 몇몇 사람들의 위협만 제거함으로써 족했다. 다시 말해서 그가 평상시 민중을 자기 편으로 잡아 두지 않았더라면 그렇게 무사히 끝나지는 못했을 것이다.

이런 내 의견에 '민중을 토대로 삼는 자는 진흙 위에 토대를 잡는 것과 같다'는 낡은 속담을 들어 반박할지도 모른다. 인민의 의지를 얻어 권력을 차지한 한낱 시민이 적이나 고관에게 억압당했을 때 이 진흙의 기틀인 민중을 믿고, 그들이 꼭 자기를 구해 주리라 생각할 때는 이 속담이 꼭 들어맞는다. 이를테면 로마의 그라쿠스*² 형제나 피렌체의 조르조 스칼리*³의 경우처럼 뒤늦게 민중에게 속았다고 깨닫게 되는 것이 좋은 예이다. 그러나 군주가 민중 위에 터전을 세우고, 지도적인 입장에서 결단력을 가지고 역경에 처했을 때도 당황하

---

*1 나비스(기원전 ?~192, 재위 기원전 207~192) : 스파르타 전제 군주. 기원전 201년에 아카이아 인의 침략을 받아 대패했고, 기원전 195년에 로마군에 대패한 뒤 아르고스에 항복했다가 피살되었다.
*2 그라쿠스(기원전 169~133) : 형 티베리우스와 동생 가이우스의 그라쿠스 형제. 로마 공화제 말기의 개혁자로 모두 피살되었다.
*3 조르조 스칼리(?~1382) : 피렌체의 치옴피의 난(1378~1382)의 지도자. 공화국의 정권을 빼앗아 성공한 것 같았으나, 곧 민중의 지지를 잃은 데다 오만함으로 인해 피살되었다.

지 않고, 모든 준비를 게을리하지 않으면서 일반 대중의 마음을 용기와 규율로써 잡고 있다면, 결코 민중으로부터 버림받는 일은 없을 것이며 확실한 토대에 서 있다는 자신을 가질 수 있다.

그러나 이런 군주는 민주제에서 전제 체제로의 변천기에는 위기에 부닥치게 된다. 전제 군주는 직접 정치를 하든가 혹은 여러 대신을 통해 다스리게 되기 때문이다. 후자의 경우 군주의 처지는 더욱 불안정하며 위험하다. 왜냐하면 이런 경우에 군주는 대신에게 휘말려드는 것이 보통이기 때문이다. 특히 대신들은 군주가 역경에 처할 경우에 때로는 군주에게 반항하거나 명령에 거역하기도 하며 마침내 군주 자리까지도 빼앗아 버리기도 한다.

더욱이 군주는 위기에 빠졌을 때 절대적 권력을 휘두를 여유가 없다. 왜냐하면 줄곧 대신의 명령만을 받아 오던 시민이나 근방의 영민들은 위기시에 군주의 명령을 들으려 하지 않기 때문이다. 따라서 고난에 처했을 때 군주가 신뢰할 수 있는 것은 극소수에 불과하다. 그러므로 군주는 민중이 군주의 필요성을 느끼는 평화시의 태도만을 보고 평가해서는 안 된다. 평화시에는 누구나 다 충실하고 헌신적이다. 죽음이 저 멀리 있을 때에는 모두가 군주를 위해서는 목숨이라도 바칠 것처럼 말한다.

그러나 막상 역경에 처해서 군주가 그런 민중이 정말로 필요할 때는 도저히 헌신적인 민중을 찾아볼 수가 없다. 이런 경험은 경험 그 자체가 위험천만이므로 일생에 한 번 정도밖에 겪을 수 없을 것이다. 그러므로 지혜로운 군주는 늘 어떤 사태가 일어나든 시민들로 하여금 자기 정권이 꼭 필요하다는 것을 느끼게끔 대책을 마련해 두어야 한다. 그렇게 되면 시민은 군주에게 언제까지나 충성을 다할 것이다.

제10장
군주국의 힘은 어떻게 평가되어야 하나

이런 군주국의 성질을 밝히는 데 있어서 또 다른 관점이 필요하다. 이는 어떤 사태가 일어났을 때 군주가 자력으로 국가를 지켜나갈 수 있는가, 아니면 계속 제3자의 조력을 필요로 하는 나라인가 하는 문제이다. 더 구체적으로 설명한다면 자력으로 국가를 지켜 나갈 수 있는 군주란, 풍부한 인적 자원과 재력으로 어떤 침략자에도 맞서서 전쟁을 수행하기에 충분한 군대를 조직할 수 있는 자를 말한다. 이와 달리 제3자를 필요로 하는 군주란, 전장에서 적과 맞설 수 없어서 자신의 성 안에 피신해서 적의 공격을 방어해야 하는 자를 말한다.

첫 번째 경우는 앞서 말한 것과 같고, 또 앞으로도 필요에 따라 언급하고자 한다. 두 번째 경우에는 이렇게 조언하고자 한다. 군주 자신이 성의 방비를 굳건히 하고 필수품을 갖출 것, 그리고 성 밖의 영지는 신경 쓰지 말 것 등이다. 아무튼 성의 방비를 충분히 하고, 신하에 대한 정책도 앞서 살펴본 것과 같이, 또한 앞으로도 언급하는 것과 같이 해 나가면 공격하는 측에서도 다시 한 번 생각해 볼 것이다. 왜냐하면 인간은 어려움이 따라오는 계획에는 반드시 반대하기 마련이라서 그 성의 방비가 견고하고 군주가 민중의 미움을 받지 않는 것을 안다면 감히 쉽게 공략할 수 없음을 알기 때문이다.

독일의 도시국가들은 매우 자유스러울 뿐 아니라 농촌지역의 영토를 그다지 가지고 있지 않다. 이런 도시국가들은 자기들 편의상 황제에 복종하는 경우는 있지만, 황제나 인접한 유력 군주를 두려워하시는 않는다. 그 까닭은 이 도시국가들은 견고한 성벽으로 방비되어 있어서 누구의 눈에도 쉽게 무너질 것 같지 않기 때문이다. 즉 이 도시들은 모두 강력한 성벽이나 호수로 둘러싸여 있고 대포도 부족함이 없이 준비되어 있다. 또 도시의 창고에는 1년을 버티

자력으로 국가를 지켜 나갈 수 있는 군주는, 어떤 침략에서도 맞서 싸울 수 있는 군대를 갖추고 있어야 한다.

기에 넉넉한 음료수와 식량과 연료가 비축되어 있다. 또한 하층 계급 사람들이 국가의 도움 없이도 잘 먹고 살 수 있고, 너나할것없이 1년간은 일할 수 있는 일거리가 주어지고 있다. 그럴 수 있는 충분한 원자재를 언제나 확보하고 있으며, 이로써 하층민들이 생계를 유지한다. 게다가 군사 훈련을 중요시하여 이를 육성하기 위한 여러 규정이 있다.

이상 말한 것을 종합해 보건대, 강고한 성을 가진 데다 민중의 미움을 받지 않는 군주는 외부의 공격을 받는 일은 있을 수 없다. 만일 공격받았다 하더라도 침략자는 창피를 당하고 도망가는 것이 고작이다. 왜냐하면 세상일이란 장담할 수 없어서 군대를 이끌고 1년간이나 한 성을 포위한다는 것은 도저히 있을 수 없기 때문이다. 그래도 여전히 반박하는 사람이 있을지도 모른다.

이를테면 시민이 성 밖에 개인 재산을 갖고 있는 경우에는 사재가 파괴되고 황폐해지는 것을 보면 참지 못하게 될 것이며, 자기 개인의 사욕으로 군주에 대한 소속감은 완전히 잊어버리게 될 것이라고. 이런 위기에 대해 나는, 강력하고 용감한 군주라면 이러한 위기를 다음과 같은 방법으로 쉽게 이겨낼 수 있다고 생각한다. 즉 그의 신민들을 '재난은 오래 계속되지 않을 것이다'라는 희망으로 그들의 용기를 북돋워 주거나, 적의 잔인함을 들어 공포심을 자극하거나, 또는 지나치게 불만을 표시해 온 사람들을 교묘하게 처리하는 방법으로 위기를 극복할 수 있다.

또 하나의 이유는 다음과 같다. 적군은 그 지역에 쳐들어 가면 마땅히 성 밖 외곽지역을 불사르고 약탈할 것이다. 그러나 그 시기에는 아직도 성 안의 분위기는 방어 의욕에 불타 있을 것이다. 그러므로 초기에는 군주가 두려워해서는 안 된다. 왜냐하면 며칠이 지나 시민의 기력이 쇠진할 때쯤이면 시민은 이미 타격으로 불운한 꼴이 된 다음이니 어쩔 수 없게 되기 때문이다. 그렇게 되면 시민들은 군주의 나라를 지키기 위해 자신들의 집과 재산을 없앴으므로, 군주가 반드시 자기들에게 그 은혜를 보상해 주리라 기대하고 더욱 군주와 단결하게 된다.

인간이란 그 성격상 은혜를 받을 때는 물론 은혜를 베풀 때에도 마찬가지로 의리를 느끼는 존재이다. 이로 미루어 볼 때, 예를 들어 성이 포위되더라도 식량만 넉넉히 비축해 놓고 적절히 방위한다면, 시민의 인심을 잡아 두는 일은 현명한 군주라면 그다지 어려운 일은 아닐 것이다.

제11장
종교적 군주국에 대하여

이제 남은 것은 종교적 군주국에 대한 것뿐이다. 이런 나라에서 시련은 국가를 소유하는 그 과정에 있다. 국가를 능력이나 용기 또는 행운에 의해 일단 소유하게 되면 그 현상을 유지하기란 매우 쉽다. 이런 국가는 종교에 바탕을 둔 강력하고도 특색 있는 옛 제도로써 다스려지기 때문에 군주가 어떤 태도로 생활하든 간에 그 나라는 유지되기 때문이다. 이런 군주는 국토를 방위할 필요도, 민중을 애써 다스릴 필요도 없다. 비록 군주가 국가를 방위하지 않은 채 내버려 둔다 하여도 빼앗길 염려가 없다.

민중도 정치에 무관심하다. 그들은 군주를 배신할 생각도 하지 않고, 그럴 힘도 없다. 따라서 이런 국가는 태평 세월을 누릴 수 있다.

그러나 이런 국가는 인간의 마음이 감지할 수 없는 초월적인 권능에 따라서 다스려지기 때문에 여기서는 더 이상 언급하지 않기로 한다. 왜냐하면 신에 의해 칭송되고 유지되는 나라를 논하는 것은 오만하고, 신을 두려워하지 않는 소행이 되기 때문이다.

그러나 다음과 같은 사정을 묻는 자가 있을지도 모른다. 이탈리아 권력자들은—누구나 인정하는 군주는 말할 것도 없고, 봉건 귀족과 군후 영주까지도 포함해서—알렉산데르의 출현 이전까지는 로마 교회의 세속적인 권력을 너무 대수롭지 않게 생각했다. 그러다가 오늘날에는 로마 교회가 프랑스 국왕까지도 놀라게 하고, 또 프랑스 왕을 이탈리아로부터 추방하여 베네치아 공화국을 망하게 할 만큼 강대하게 된 것을 보고 그 원인은 무엇일까 하고 궁금하게 여기는 사람들도 있을 것이다. 이 사건은 여기서 그 중요한 점을 다시 생각해 보는 것도 무의미한 일은 아닐 것이다.

교황 식스투스 4세
식스투스 4세는 교황령을 이탈리아 국가권력으로 만든 강력한 교황이다. 교황 앞에 서 있는 사람이 교황의 조카이자 후에 율리우스 2세가 되는 줄리아나 델라 로베로 추기경이다.

　프랑스의 샤를 왕이 이탈리아를 침입하기 전에 이탈리아는 교황, 베네치아 공화국, 나폴리 왕국, 밀라노 공국, 피렌체 공화국의 지배하에 있었다. 이 강대국에는 그 무렵 크나큰 걱정이 두 가지 있었다. 하나는 외부 세력이 이탈리아에 침입하지 않을까 하는 것과, 또 하나는 그들 가운데 어느 한 나라가 영토 확장을 시도하지 않을까 하는 것이었다. 그 가운데서도 가장 경계 대상은 교황과 베네치아 공화국이었다. 베네치아를 누르기 위해서는 페라라를 방위했을 때 보았듯이 나머지 나라들이 모두 단결하는 일이, 또 교황을 누르기 위해서는 로마의 봉건 귀족들을 잘 이용하는 일이 필요했다. 그들은 오르시니 가와 콜론나 가로 파벌을 이루어 계속 분쟁을 일으켰으며, 교황의 눈앞인 로마에서도 무기를 들고 다투어 교황의 권위를 약화하고 불안정하게 만들었다.
　때로는 식스투스 4세와 같은 과감한 교황이 나타난 적도 있지만, 그의 행운

교황 레오 10세
교황 양쪽에 치오리오 데 메디치와 데로시 추기경이 서 있다. 피렌체 메디치 대공의 차남으로, 13세에 추기경이 되었고, 37세에 교황이 되었다. 문인과 예술을 사랑하여 학예·미술을 보호하였다. 성 베드로 성당 건축을 위하여 면죄부를 팔다가 이를 비판한 루터를 파문함으로써 종교개혁의 원인이 되었다.

과 영특함도 이런 문제를 극복할 수는 없었다. 거기에는 교황들의 단명도 원인이 되었다. 교황의 재위 기간은 평균 10년 정도였는데 그 짧은 기간에 교황이 이 양쪽 당파 중 어느 하나를 완전히 제압하기는 힘든 일이었기 때문이다. 예를 들어 한 사람의 교황(오르시니 계)이 콜론나 가를 거의 제압했다 하더라도, 다음에는 오르시니 가를 적대시하는 교황(콜론나 계)이 자리에 올라 다시 콜론나 파를 등장하게 한다. 그렇다고 오르시니 가를 완전히 멸망시킬 만한 여유가 있는 것도 아니다. 이로 말미암아 이탈리아에서는 교황의 세속권은 거의 무시당하는 사태에 이르렀다.

그런데 알렉산데르 6세가 출현하여 교황이 금전과 무력을 가지면 어떤 힘을 드러낼 수 있는가를 역대 교황 중에서 가장 뚜렷이 보여 주었다. 그는 발렌티노 공작을 이용하여 프랑스군 진출의 좋은 기회를 포착했고, 앞장에서 말했듯이 세력 확장에 성공했다. 알렉산데르의 의도는 로마 교회보다 그의 아들 공작의 세력을 강대하게 하는 데 있었으나 교황이 한 일은 결과적으로 로마 교회의 융성을 가져왔다. 교황이 죽고 공작이 몰락한 뒤에 그 과업을 이어받은 것은 로마 교회였기 때문이다.

그 뒤 율리우스 교황(율리우스 2세)이 나타났을 때 로마 교회는 한결 융성해졌다. 로마냐 지방 전부를 지배하고, 이미 알렉산데르 압제 아래 무력해진 로마 봉건 귀족들과 그 당파 사람들의 세력을 제거했다. 거기다 율리우스는 알렉산데르 치세 이전에는 없었던 축재의 수단인 성직 매매까지 행했다. 율리우스는 이렇게 전임자의 발자취를 따랐을 뿐 아니라 그것을 더 넓혀 볼로냐를 차지하고, 베네치아 공화국을 공략하여 이탈리아에서 프랑스를 축출하는 데 거의 성공하게 되었다. 더구나 율리우스는 무엇이나 자기 개인을 위해서가 아니라, 로마 교회의 세력을 키우기 위해 일했으므로 명성이 더욱 드높아졌다.

나아가서 율리우스는 오르시니·콜론나 두 당파에 대해서는 세력이 이미 약화된 그즈음 상태에서 더 이상 재기하지 못하도록 했다. 이 두 당파에도 개혁의 지도자가 없었던 것은 아니었으나 다음의 두 가지 사태가 그들의 움직임을 구속했다. 하나는 로마 교회의 세력이 강대해서 그들이 두려워하고 있었다는 것이고, 또 하나는 어느 한 파벌이라도 이끌 수 있는 추기경이 없었다는 사실이다.

추기경들은 늘 당파 간 반목의 원인이었다. 이들 추기경들은 로마 안팎에서 당파를 이루었고, 봉건 귀족들은 자신들이 속한 당파를 지지할 수밖에 없었다. 이와 같이 고위 성직자들의 야심이 원인이 되어 봉건 귀족들 사이에 알력과 분쟁이 일어났다.

이리하여 교황 레오 10세는 오늘날과 같은 강력한 교회 국가를 가지게 되었다. 다른 교황들은 무력으로써 교회를 다스렸더라도, 이 교황은 어질고 옳은 마음과 덕성으로 국가를 더욱 번영케 하고 모든 이의 존경을 받길 바랐다.

제12장
군대의 종류와 용병에 대하여

처음에 내가 살펴보고자 하던 군주국의 성격은 이미 자세히 설명했다. 또한 각국의 장단점과 그 원인도 살펴보았다. 그리고 이런 국가를 정복하고 유지하려 할 때 여러 군주들이 취한 태도도 살펴보았다. 이제는 앞서 말한 어느 국가에나 해당되는 공격과 방비에 대한 일반적인 것을 알아보기로 한다. 군주로서는 좋은 토대를 구축하는 것이 얼마나 중요한가 하는 것은 이미 말했다. 이를 소홀히 하면 반드시 파멸의 길을 밟게 된다. 그런데 예부터 군주국이든, 복합형 국가든, 신생 군주국이든 간에 가장 중요한 바탕이 되는 것은 좋은 법률과 훌륭한 군대이다. 훌륭한 군대가 없는 곳에 좋은 법률이 있을 수 없고, 훌륭한 군대가 있어야 비로소 좋은 법률이 있을 수 있다. 여기서는 군대에 대해 논하기로 한다.

예부터 군주가 자기 나라를 지키기 위해 가질 수 있는 무력은 본국 군대, 용병대, 외국 원군, 이 세 가지를 혼합한 혼성군 등이 있다. 이 가운데 용병대 및 외국 원군은 도움이 되지 못하고 위험하다. 어느 군주가 용병대로 국가의 기틀을 세웠다면, 장래의 안정을 보장할 수 없게 된다. 그 이유는 용병은 통솔하기 어렵고, 야심적이며, 규율이 없고, 충실하지 않기 때문이다. 동료 사이에서는 용맹스러운 듯하나 적중에 들어가면 비굴하기 짝이 없다. 신에 대한 두려움도 없고 인간에 대한 신의 또한 지키지 않는다. 그러므로 당신의 파멸은 당신에 대한 공격이 지연되는 만큼 늦추어지고 있는 것에 불과하다.

결국 평상시에는 용병들에게 시달림을 받고 전시에는 적군에게 시달림을 받게 된다. 그 이유는 용병이 전쟁터에 나가려는 것은 고작 얼마 안 되는 급료가 목적일 뿐 그 밖에 아무런 동기도, 감정도 없기 때문이다. 더구나 그 급료는 군주를 위해 죽음을 각오할 만큼 큰 액수도 아니다. 그들은 전쟁이 없을 동안에는 군주에게 충성을 맹세하지만 일단 전쟁이 터지면 달아나거나 사라져 버린다. 이 점은 일부러 강조하지 않아도 알 수 있다. 왜냐하면 현재 이탈리아의 몰락은 오랫동안 용병대를 믿어온 데 그 원인이 있기 때문이다.

물론 일부 용병들은 어떤 특정한 사람 편을 들어 어느 정도 효과를 올리기도 하고 서로 다투어 용맹함을 발휘하는 것같이 보이기도 한다. 그러나 일단 외국군이 침입하면 단숨에 그들의 정체가 드러난다. 그렇기 때문에 프랑스 왕 샤를은 이탈리아를 분필 한 자루*¹로 점령할 수 있었다. 이 사태에 대해 사보나롤라는 그 책임이 도덕적으로 타락한 이탈리아인에게 있다고 했는데 이것은 사실 그대로이다. 그러나 문제의 책임은 군주에게 있었다. 따라서 벌을 받은 것 또한 군주 자신이었다.

나는 여기서 이런 군대가 가지는 결함을 더 명백히 하고자 한다. 용병대장에는 유능한 인재와 그렇지 않은 인물이 있다. 용병대장이 유능한 자일 경우에, 그는 고용 군주를 압박하거나 군주의 뜻을 어기고 제3자의 세력을 제압하여 자기 개인의 번영을 꾀하므로 신뢰할 수 없다. 반면 무능한 인물이라면 그 군주를 파멸로 이끌어 갈 것이다.

그러나 여기서 용병이든 아니든 인간은 무기를 잡으면 그런 일쯤은 할 수 있지 않느냐고 반박하는 자가 있을지도 모른다. 그에 대해서는 군주 또는 공화국은 군대를 어떻게 사용할 것인가를 설명함으로써 그 답으로 삼고자 한다.

군주는 스스로 자기 군대의 최고 통수로서 행세해야 되며, 공화국에서는 그 나라의 시민을 장군으로 파견해야 한다. 파견한 시민이 무능력하다고 판단되는 경우에는 즉시 경질해야 한다. 반대로 유능하다고 생각될 때는 목적에 벗어나지 않도록 법률로 규제해야 한다. 사실 경험을 통해서 보더라도 자립한 군주나 군비를 갖춘 공화국은 비교적 번영해 온 반면, 용병대는 손해를 끼쳤을 뿐 아무런 도움도 되지 못했다. 또한 공화국에서도 자신의 군대를 가진 공화국이 외국 군대에 의존하는 공화국보다 한 시민이 권력을 탈취할 위험성이 적었다.

로마와 스파르타는 몇백 년 동안 군비가 잘 갖추어진 덕분에 독립을 유지했

---

*1 샤를 8세의 이탈리아 원정은 '분필 전쟁'이라 불리고 있다. 왜냐하면 프랑스군이 이탈리아에 입성했을 때 병사들이 묵고 싶은 집 대문에 분필로 표시만 하면 될 정도로, 조금도 저항을 받지 않았기 때문이다.

다. 스위스도 충분한 무력을 지니고 있었으므로 완전한 독립을 유지했다. 용병을 불러들여 그 결과가 어찌되었는가를 보여주는 좋은 예로 고대 국가 카르타고를 들 수 있다. 카르타고는 지휘관이 카르타고 시민이었음에도 로마와 제1차 전쟁(포에니 전쟁)이 끝난 뒤부터 용병의 공격을 받기 시작했다.

마케도니아의 필리포스 2세(알렉산드로스 대왕의 아버지)는 에파미논다스[*2]가 죽은 뒤 테베 시민에 의해 추대되어 그 장군으로 선출되었다. 그러나 승리를 거둔 뒤에 시민의 자유를 빼앗아 버렸다.

또한 밀라노는 필리포 공작[*3]이

용병대장 흉상
용병은 전투에 소홀하고 규율이 없기 때문에 그 무렵 이탈리아 군주들은 전쟁을 수행하려면 용병대장과 약정부터 해야 했다. 그리하여 마키아벨리는 징병제를 강력 주장한 것이다.

죽은 뒤 프란체스코 스포르차를 고용하여 베네치아 공화국에 대항하도록 했다. 그러나 이자는 오히려 카라바조에서 베네치아군을 격파하자, 고용주인 밀라노를 제압하기 위해 베네치아와 결탁했다. 스포르차의 아버지도 최초의 나폴리 여왕 조반나 2세의 용병대장으로 고용되자, 여왕의 군대를 갑자기 해산해 버렸다. 그래서 여왕은 왕국을 빼앗기지 않기 위해 아라곤 왕가의 신세를 져야 했다.

이와는 반대로 베네치아와 피렌체에서는 용병을 이용하여 저마다 지배 세력

---

*2 에파미논다스(기원전 401~362) : 테베의 군인·정치가. 기원전 371년 레욱트라에서 스파르타군을 격파, 기원전 370년에 펠로폰네소스 침략, 기원전 361년 만티네이아에서 스파르타군을 격파한 뒤 중상을 입고 전사했다.
*3 필리포 공작(1392~1447) : 필리포 마리아 비스콘티로, 갈레아초의 아들. 후손이 없어 사위인 프란체스코 스포르차가 밀라노의 왕이 되었다.

을 확장하면서도 용병대장이 군주가 되는 일도 없었고 오히려 통치자를 지켜왔다고 반문한다면, 나는 그 원인을, 피렌체의 경우에는 다만 운이 좋았다고 할 수밖에 없다. 왜냐하면 위협이 될 만한 실력 있는 용병대장 중의 일부는 승리를 거두지 못했으며, 다른 일부는 반대에 부딪쳤으며, 나머지 사람들은 다른 방면에 야심을 품고 다른 곳으로 갔기 때문이다.

승리를 거두지 못한 자란 존 호크우드*¹가 바로 그렇다. 그는 승리를 거두지 못했으므로 그 충성심의 정도는 알 수 없으나 만일 그가 승리를 거두었다면 피렌체는 그의 뜻대로 되었을 것이다. 스포르차 가 출신들은 언제나 브라치오 가 출신의 군대와 경쟁관계였기 때문에 두 파벌은 서로 견제했다. 예를 들어 프란체스코(스포르차 가)가 롬바르디아 지방에 야심을 가진 반면, 브라치오 가 는 로마 교회와 나폴리 왕국에 야심을 품었다.

또 하나 근래에 일어난 사건에 눈을 돌려 보자. 피렌체 공화국은, 앞서 평민의 신분에서 큰 명성을 얻게 된 파울로 비텔리라는 자를 용병대장에 임명한 일이 있었다. 만일 그가 피사를 차지했다면 피렌체는 무슨 수를 써서라도 그와의 관계를 유지했을 것이다. 그가 만일 적 측의 용병으로 넘어갔더라면 대책을 마련할 수 없었을 것이고, 그렇다고 그대로 내버려두었더라면 피렌체인들은 그의 명령에 복종해야만 했을 것이다.

이제는 베네치아의 경우이다. 이 나라의 발전상을 볼 때, 베네치아는 자력으로 전쟁을 하고 있을 동안 착실히 발전했음을 알 수 있다. 즉 내륙에서 작전을 펼치기 이전에는, 귀족들이나 하층 계급에 이르기까지 함께 무장하고 용감하게 싸웠다. 그런데 내륙에서 싸움을 하기 시작한 뒤(14세기 이후)부터는 이 용감한 기풍은 없어지고, 이탈리아 본토의 습성에 따라가려 했다. 내륙으로 세력을 뻗치던 초기에 베네치아는 아직 영토라는 것은 거의 없는 상태였으나, 국위만은 드높았기에 용병대장쯤 두려워할 이유가 없었다.

그런데 카르마뇰라*²의 통솔로 영토 확장을 계획했을 때 베네치아는 정책

---

*1 영국 출신 용병대장 조반니 아쿠토라고도 함.
*2 프란체스코 부소네 카르마뇰라(1390~1432) : 베네치아의 용병대장. 필리포 공작의 부하였으나, 후에 장군이 되었다. 필리포의 의심을 받자, 적국인 베네치아군으로 들어가 대군을 이끌고 필리포 공작을 격파했다. 그러나 베네치아는 그에게 밀라노 공작과 내통했다는 혐의를

에파미논다스의 죽음

의 실패를 뼈아프게 느끼게 되었다. 베네치아인들은 처음에 그가 이끌어서 밀라노 공작을 쳐부쉈을 때 그를 능력 있는 인물로 인정했으나, 한편으로는 그가 전쟁에 열의가 없다는 것도 알아차렸다. 그래서 그를 더 이상 고용해도 앞으로의 승산은 없다고 생각했다. 그러나 이제 와서 점령한 지역을 잃기는 싫었으므로 그를 해고할 수도 없었다.

베네치아는 결국 국가의 안전을 위해 그를 살해할 수밖에 없었다. 그 뒤 베네치아는 용병대장 자리에 베르가모의 바르톨로메오[*3], 로베르토 산세베리노,[*4] 피틸리아노 백작[*5] 등을 차례로 임명했다. 그러나 그들은 새로 영토를 획

씌워 처형했다.

[*3] 바르톨로메오 콜레오니(1400~1475) : 15세기 베네치아의 용병대장·사령관, 최고 전략가. 페라라 공격전에서 전공을 세우고 장군이 되었으나 전사했다. 마키아벨리는 이탈리아에서 가장 탁월한 장군이었다고 격찬했다.

[*4] 로베르토 산세베리노(1430~1474) : 이탈리아의 귀족이자, 나폴리 왕국의 해군 제독. 1463년 살레르노 최초의 왕자가 된다.

[*5] 피틸리아노 백작(1442~1510) : 본명은 니콜로 오르시니. 바일라에서 벌어진 전투의 베네치아 군 용병대장.

득하기는커녕 오히려 기존의 영토를 잃어버릴까봐 걱정할 지경이 되었다. 사실 베네치아 공화국은 800년에 걸쳐 심혈을 기울여 얻은 영토를 바일라에서 고작 하루 만에 잃은 적도 있었다. 요컨대 이런 용병들이 가지고 오는 수확이란 시간만 걸리고 보잘것없는 것인데 반해, 그 손실은 눈 깜짝할 사이에 엄청났다.

이상으로 오랫동안 용병대에 의해 좌우되던 이탈리아 국내의 실례들을 살펴보았다. 다음에는 이 제도의 기원과 발전을 살핌으로써 좀더 효과적으로 용병제가 지닌 문제점을 해결할 수 있도록, 한번 고대로 거슬러 올라가 보자.

이탈리아에서 어떻게 황제 권력이 물러가고 교황의 세속적인 권력이 대두하기 시작하여 명성을 떨치게 되었는지, 어떻게 이탈리아가 수많은 국가로 분열되었는지를 알아야 한다. 그 많은 대도시가, 황제의 비호 아래 그 도시를 제압했던 귀족에 맞서 무기를 들고 일어났을 때, 로마 교회는 세속적인 권력을 확대하기 위해 이 도시들을 원조했다. 또 그 밖의 많은 도시에서는 시민 스스로가 나라의 지배권을 장악하기에 이르렀다.

그래서 이탈리아는 로마 교회와 몇 개의 공화국 손안으로 들어가게 되었으며, 성직자나 시민은 본디 무기를 다룰 줄 몰랐기 때문에 용병을 고용하게 되었다. 이런 성격의 군대를 널리 알리게 한 이는 로마냐 출신의 알베리코 다 코니오*[6]였다. 그의 훈련을 받고 세상에 나간 자는 꽤 많았는데, 그중에서도 브라치오와 스포르차 두 사람은 그 무렵의 이탈리아를 좌우하는 자였다. 이 두 사람 이후로도 많은 인물이 배출되어 오늘날까지 용병대를 지휘하고 있었다. 그리고 그들이 세운 혁혁한 전공의 결과 이탈리아는 샤를 왕에게 쫓겨나고, 루이 12세에게는 약탈당하고, 에스파냐의 페르난도 왕에게는 천대받고, 스위스 병사에게는 창피를 당하게까지 되었다.

용병대장들이 취한 방법은 먼저 그들의 평판을 높이기 위해 보병대를 헐뜯는 일이었다. 그런 행동을 하게 된 것은 그들에게는 영토가 없는 데다 모든 것이 그들의 태도 여하에 달려 있었으며, 또한 소수의 보병으로는 명성을 떨칠 수도 없었고, 그렇다고 해서 다수의 보병을 거느릴 능력도 없었기 때문이다. 그래서 용병대장은 충분히 거느릴 수 있고 소수로 명성도 떨칠 수 있는 기병만을

---

*6 본명은 알베리코 다 바르비아노. 로마냐의 코니오 백작. 교황 우르바노 6세의 지시로, 잘 훈련된 성 조르단을 편성한 뒤 여러 전투에서 승리하여 교황 친위대장이 되었다.

거느렸다. 결국 2만 명의 부대가 있다면 보병은 고작 2천 명도 안 되는 정도였다.

또한 용병대장들은 자기 자신들 및 병사의 노고와 공포심을 없애기 위해 노력했다. 전투에서는 죽이지 않고 포로로 했으며, 몸값은 받지 않기로 했다. 그리고 야간에는 성을 공격하지 않았다. 성 안에 있는 자들도 적의 야영을 기습하지 않았다. 야영 주위에는 방책과 참호를 설치하지 않았고, 그 야영도 겨울철에는 하지 않았다. 이런 모든 일들은 전쟁의 불문율로 인정되었고, 앞서 말했듯 고통과 위험을 피하

피렌체를 포위한 프랑스군
이탈리아에서 침입한 샤를 8세의 대규모 군대는 무자비한 살육전을 감행하여 이탈리아의 용병 군대를 전멸시켜 버렸다.

기 위한 방법이었다. 그래서 마침내 용병은 이탈리아를 노예와 치욕의 땅으로 전락시키고 말았다.

르네상스 시대의 이탈리아

제13장
외국 원군·혼성군·자국군

그 밖의 무의미한 병력으로는 외국 원군이 있다. 이것은 다른 유력한 군주에게 그 군대와 함께 지원해 줄 것을 요청하여 파견된 군대이다. 예를 들면 율리우스 교황도 외국 원군을 청한 적이 있다. 그는 용병의 실정을 잘 알고 있었으므로 페라라 공격 때는 원군을 청하기로 했다. 율리우스는 에스파냐 국왕 페르디난도에게 병력과 무력의 원조를 요청하여 타협이 되었다. 그러나 이런 군대는 그 자체로는 가치가 있으나 반드시 이를 불러들인 쪽에 해를 끼친다. 왜냐하면 원군이 지면 군주는 멸망하게 될 것이고, 이기면 이기는 대로 군주는 그들의 포로가 되기 때문이다.

이런 실례는 역사상 얼마든지 찾아볼 수 있다. 그런데 나로서는 교황 율리우스 2세의 색다른 실례를 주목하고자 한다. 그가 페라라를 탐낸 나머지 외국인 수중에 자기를 온통 맡겨 버린 듯한 정책을 쓴 것은 경솔한 일이었다. 하지만 그는 운 좋게도 그 그릇된 정책에서 오는 결과를 피할 수 있었다. 즉 그의 원군이 라벤나에서 패배했을 때 스위스군이 갑자기 궐기하여 그를 비롯한 제3자의 예상을 뒤엎고 승리에 날뛰는 적군을 무찌른 것이다. 그래서 교황은 적의 포로가 될 신세도 면했고, 자기 원군과는 관계없이 다른 병력으로 이기게 되었다.

피렌체 공화국은 무력을 전혀 갖고 있지 않았기 때문에 피사 공략 때 프랑스군 1만 명을 불러들였다. 그 결과 피렌체는 말할 수 없는 위험에 처하게 되었다.

콘스탄티노플의 요한네스 6세는 주변 국가에 맞서기 위해 투르크군 1만 명을 그리스에 끌어들인다. 그런데 이 외국군은 전쟁이 끝나도 돌아가려 하지 않았다. 그리스의 이교도에 대한 예속은 여기서부터 시작되었다.

이런 예를 보건대 승리를 원하지 않는 군주가 있다면 그에게 외국 원군을 이용하라고 권하고 싶다. 왜냐하면 외국 원군은 용병대보다 훨씬 위험하기 때문

현명한 군주는 외국 원군, 용병을 끌어들이지 않고 자국군을 선호한다. 외국 원군으로 얻어진 승리는 참다운 승리가 아님을 알기 때문이다.

이다. 외국 원군의 병력이라면 파멸은 확실하다. 외국 원군의 병사들은 모두 단결하여 제3자의 군주에게 충성을 바친다. 이에 반해 용병의 경우는 모두 하나가 되어 있지도 않은 데다 군주에게서 급료를 받고 있기 때문에 예를 들어 전쟁에서 이겨 군주를 위협한다 하더라도 그러기에는 많은 시간과 좋은 기회가 수반되어야 한다. 그리고 그들의 장군으로 임명한 용병들은 군주를 위협할 만한 권력을 쉽게 잡을 수 없다. 요점을 말하자면 용병대에 가장 위험한 일은 그들이 겁을 먹는 일이고, 외국 원군에 있어서는 그들이 용감하게 싸우는 일이다.

따라서 현명한 군주는 늘 이런 병력을 피하고 자기 나라 군대에 기초를 둔다. 그리고 외국의 병력으로써 얻어진 승리는 참다운 것이 못 되며, 제3자의 힘으로 이길 바에야 자력으로 싸우다가 패하는 것을 바라게 될 것이다.

여기서 나는 체사레 보르자가 취한 행동을 일례로 들어 보겠다.

보르자 공작은 스스로 외국 원군과 함께 로마냐에 들어가 순전히 프랑스 군사로만 이루어진 군대를 이끌고 그 병력으로 이몰라와 포를리를 점령했다. 그러나 그는 그 군대에 불안을 느껴 용병 쪽이 위험이 적다고 보고, 오르시니와 비텔리의 용병을 불러들였다. 그런데 막상 겪어 보니 그들도 충실하지 못하여 불안과 위험한 기미가 보였으므로 그들을 해고하고 자기 나라 군대로 바꾸었다. 그들 병력의 차이는, 보르자 공작이 프랑스군만을 인솔했을 때 및

다윗 베르니니 작

오르시니와 비텔리의 용병을 고용했을 때의 평판과, 자국 병사와 자력만으로 밀고 나왔을 때의 평판을 비교해 보면 명백할 것이다. 즉 자국군만을 이끌게 되자 보르자 공작은 높은 명성을 떨쳤다. 그가 자기 군대를 완전히 장악했다는 것이 세상에 알려지자, 그에 대한 평가도 최고도에 달한 것이다.

나는 실례로서 최근 이탈리아에서의 일만 소개하려 했으나 그보다 앞서 이름을 떨친 인물로 시라쿠사의 히에론의 이야기를 덧붙여야겠다. 히에론은 시라쿠사의 민중에 의해 추대되어 군대의 지휘관이 되었다. 그러나 히에론은 그 무렵 그의 지휘 아래 있던 용병부대가 마치 이탈리아의 용병부대처럼 아무 쓸모 없다는 것을 알게 되었다. 그래서 히에론은 이들을 유지하는 것도, 해산시키는 것도 위험하다고 생각하여 그들을 모두 참살해 버렸다. 그리고 이후로는 용병은 전혀 쓰지 않고 자기 병력만으로 싸움을 하기로 했다.

이와 비슷한 예로 구약성서 《열왕기상》의 한 인물을 생각해 보기로 하자. 즉 다윗은 블레셋 용사인 골리앗과 싸울 것을 사울 왕에게 제의했다. 사울

왕은 그를 격려하기 위해 자기 무기와 갑옷을 다윗에게 주었다. 다윗은 이를 잠깐 걸쳐 봤으나, 자기로선 충분히 활용하지 못할 것 같다고 사양했다. 그리고 자기의 투석기와 단검만을 들고 적중으로 뛰어들었다. 말하자면 남의 무기란 몸에 맞지도 않아 부담이 될 뿐이고, 그렇지 않으면 거북한 것을 참아야 한다.

루이 11세의 선친인 샤를 7세는 자기 능력과 행운으로 프랑스를 영국으로부터 해방시켰다. 그때 그는 본국의 군비를 강화해야 한다는 사실을 깨닫고 왕국 내에 기병과 보병으로 된 제도를 실시했다. 그러나 그의 아들인 루이 왕은 보병대를 폐지하고 스위스 용병을 고용하기 시작했다. 이 실정(失政)은 다음 왕에게까지 영향을 미쳐 프랑스 왕국의 위기를 불러오는 원인이 되었다. 왜냐하면 보병을 완전히 폐지했기 때문에 기병은 외국에 보병의 원조를 청하게 되었고, 따라서 결국 스위스 용병의 이름만 높이고 프랑스 군대는 약화시키고 마는 결과가 되었기 때문이다. 그래서 언제나 스위스 보병과 협동 작전을 해야 하는 습관이 생겨 스위스 병사 없이는 승리할 수 없다고 생각하게 되었다. 따라서 프랑스군은 스위스의 개입 없이는 단독으로 행동할 수 없게 되었고, 또 스위스 용병 없이는 적에게 속수무책인 지경에까지 이르렀다.

이렇게 되어 프랑스군은 일부는 용병, 일부는 자국 병사인 혼성군 형태가 되었다. 이런 혼성 부대는 단순한 외국 원군, 또는 단순한 용병군 병력보다는 훨씬 뛰어나지만 그래도 자국군에 비교하면 형편없이 뒤떨어졌다. 따라서 만일 프랑스 왕국이 샤를이 구축한 군사 조직을 육성하고 유지했더라면 결코 패하는 일이 없었을 것은, 앞서 말한 예를 봐도 충분히 알 수 있을 것이다.

생각이 얕은 사람은 처음 단맛에 속아, 속에 숨어 있는 해독을 알아차리지 못하고 일을 시작해 버린다. 이것은 앞서 말한 소모성 열병과 마찬가지이다. 그러므로 군주의 자리에 있는 자가 재난이 눈앞에 닥칠 때까지 모르고 있다면 이는 현명한 군주라 할 수 없다. 그러나 이런 통찰력을 지닌 자는 극소수에 지나지 않는다.

여기서 다시 로마 제국이 멸망하게 된 최초의 원인을 살펴보면, 고트인을 용

병으로 고용하기 시작한 데*¹ 모
두 원인이 있음을 알게 된다. 그것
이 동기가 되어 로마 제국의 위세
는 떨어지기 시작했고, 그 용맹성
마저 로마 제국의 손을 떠나 고트
인에게로 옮아갔다.

샤를 7세
프랑스를 영국으로부터 해방시켰고, 자국 군비 강화의
필요성을 절감하고, 기병·보병 징병제도를 실시했다.

여기서 나는 이렇게 결론짓는
다. 자기 군대를 지니고 있지 않으
면 어떤 군주국이라도 평안할 수
없다. 오히려 일단 위기에 처하게
되면 자신을 지켜 나갈 힘이 없
으므로 모든 것을 운명에 맡기게
된다.

'자력에 의지하지 않는 권세나
명성만큼 약하고 믿지 못할 것은 없다*²라는 말은 이제까지 지혜로운 사람들
이 부르짖어 온 의견이며 잠언이었다.

자기 무력이란 신하 및 시민, 또는 군주의 부하로 조직된 군대를 말한다. 또
기타의 무력이란 용병군 또는 외국 원군을 말한다. 자기 무력을 조직하는 수단
에 대해서는 내가 앞서 인용한 네 사람, 즉 체사레 보르자, 히에론 왕, 다윗, 샤
를 7세, 알렉산드로스 대왕의 아버지 필리포스 왕을 비롯한 여러 군주국과 공
화국이 어떻게 무장을 갖추고 어떻게 군사 조직을 했는지를 살펴보면 쉽게 알
수 있을 것이다. 나는 그런 방법들을 절대적으로 믿는다.

---

*1 4세기 끝 무렵. 로마 황제 발렌티니아누스와 테오도시우스가 많이 고용했다.
*2 타키투스, 《연대기》 XⅢ, 19.

제14장
군사에 대한 군주의 임무

군주는 전투, 군사 조직, 훈련 이외에 어떤 목적도, 배려도, 직무도 가져서는 안 된다. 이것이 통치자에 속하는 유일한 임무이다.

이 일은 본디 군주 자리에 있는 자에게 그 나라를 보전하는 힘이 될 뿐만 아니라, 한낱 평민에서 군주의 자리까지 올라가게 하는 원동력이 되기도 한다. 이에 반해 군주가 무력 이외에 사치스러운 취미에 마음을 쏟게 되면 나라를 잃는 것은 분명한 일이다. 그러므로 군주가 나라를 잃는 첫째 원인은 바로 이 직무를 소홀히 하는 데 있으며, 군주가 되는 기초도 이 직무에 정통한가 여부에 달렸다.

프란체스코 스포르차는 무력을 지니고 있었으므로 한 평민에서 밀라노 군주가 되었다. 그러나 그의 자식들*1은 군사를 귀찮은 것이라고 피했기 때문에 평민으로 전락해 버렸다.

무장을 갖추지 않은 폐해는 여러 가지가 있으나 특히 문제되는 점은 사람들이 군주를 얕본다는 것이다. 이 '얕본다'는 것은 뒤에서도 이야기하겠지만 군주로서는 엄중히 경계해야 한다.

사실 무력을 가진 자와 가지지 않은 자는 엄청난 차이가 있었다. 예를 들어 무력을 지닌 자가 무력을 지니지 않은 자에게 스스로 복종한다거나, 무력을 지니지 않은 자가 무력을 지닌 자에게 둘러싸여 안이하게 있다든가 하는 일은 있을 수 없다. 왜냐하면 서로 얕보고 의심하는 자들끼리 함께 일한다는 것은 도저히 불가능하기 때문이다. 요컨대 군사에 정통하지 않은 군주는 부하로부터 존경받지 못하며 군주도 부하를 믿을 수 없다.

---

*1 프란체스코 스포르차의 두 아들, 즉 장남 갈레아초 마리아는 살해되었고, 차남 루도비코는 프랑스 루이 12세에게 인질로 잡혀가 그곳에서 죽었다.

로마인과 이민족의 싸움 4~5세기에 고트인과 반달인 등의 이민족들이 서로마 제국에 침입해 왔다. 476년에 서로마 제국은 소멸되었고, 이탈리아는 이민족의 지배 아래 들어갔다.

이런 식으로 생각하면 군주는 한시도 군사상의 훈련을 염두에서 떠나게 해서는 안 될 것이다. 그리고 평상시에도 전시를 능가하는 훈련을 해야 한다. 이 훈련에는 두 가지 방법이 있다. 하나는 행동으로 하는 것이고, 하나는 두뇌를 사용해서 하는 것이다. 행동으로 하는 데는 병사를 잘 조직화하고 군사 훈련을 행함은 물론 수렵을 통해 심신을 단련해야 한다. 또 이로 인해 각 지형의 특징을 파악하여 산의 기복 상태, 계곡의 모양, 평야의 생김새, 하천과 늪지대의 특징을 잘 알아 두어야 한다. 군주는 이런 점에 특히 유의해야 한다.

이런 지식은 다음의 두 가지 뜻에서 이롭다. 첫째, 자기 나라를 더욱 잘 알게 됨으로써 국방에 좀더 깊은 이해를 갖게 된다. 둘째, 각 지형의 개념을 알고 지리에 밝게 되어 어떤 지방에 가도 새로운 지형의 특징을 쉽게 파악할 수 있게 된다. 예를 들어 토스카나 지방의 구릉·계곡·평원·하천·늪 등은 다른 지방의 지리적 조건과도 비슷한 점이 있다. 그러므로 한 지방의 지형에 익숙해지면 다른 지방에 가도 쉽사리 알 수 있게 되는 것이다. 결국 이런 지식이 없는 군주는 지휘관으로서 마땅히 갖추어야 할 가장 중요한 자질을 지니지 못하는 셈이다. 왜냐하면 이 지식이야말로 적군을 추적하고, 야영지를 결정하고, 군대를 전진시키고, 전투 대열을 정하고, 적의 요새에 대해 유리한 진을 칠 수 있게끔 하기 때문이다.

아카이아 동맹의 지도자였던 아카이아인의 군주 필로포이멘*²에 대해서는 역사가들에 따라 갖가지 찬사가 나왔지만, 특히 그가 평상시에도 전술만 연구했다는 점을 칭찬하고 있다. 그는 친구들과 야외에 나갔을 때도 그들과 이런 말을 자주 주고받았다고 한다.

"적이 저 언덕을 점거했고 우리가 이곳에 포진하고 있다면 어느 편이 더 이로울까? 이곳 진형(陣形)을 어떻게 써야 적의 공격을 막아낼 수 있을까? 그리고 우리가 후퇴하려면 어떻게 하면 좋을까? 또 적이 후퇴하면 우리는 어떻게 추격해야 할까?'

그는 이런 말을 하면서 산책길에서도 부대에 일어날 상황을 친구에게 제기해서 친구의 의견을 듣고, 또 자기 의견도 말하는 등 여러 가지 논거를 거듭해 자기 전술을 강화해 나갔다고 한다. 그는 이처럼 계속 인식을 넓혀 갔기에 스스로 군대를 이끌게 되었을 때, 어떤 우발적인 사건이 일어나도 대책을 세우는

군사에 대한 군주의 임무
군주는 군사 조직과 군사 훈련에 역점을 두어야 한다고 마키아벨리는 강조한다.

---

*2 필로포이멘(기원전 253~182) : 아카이아 동맹을 이끈 그리스의 명장으로, '마지막 그리스인'이라고 평한다. 셀라시에 전투(기원전 222~221)에 공을 세워 대장군이 되었다. 스파르타 왕 나비스(재위 기원전 204~203)를 격파하고, 메시나 전투에서 포로가 되어 죽었다.

아킬레우스와 헥토르의 싸움
기원전 500~480년 경, 대영박물관

데 당황하지 않았다.

한편 두뇌를 써서 훈련하기 위해서는 군주는 역사물을 읽고, 그를 통해 위인의 행적을 연구해야 한다. 전쟁을 치르는 데 있어서 위인들이 어떻게 지휘했는지를 알아보고, 그들의 승패 원인이 어디에 있었는지를 검토하여 하나의 모범으로 삼아야 한다. 그리고 위대한 인물이 밟아 온 길을 뒤따라야 한다. 그 위대한 인물 또한 그들 이전에, 세상 사람들에게 칭송을 받고 영광을 누렸던 위대한 인물을 모범삼아 그 행동과 업적을 늘 좌우명으로 삼았다.

예를 들어 알렉산드로스 대왕은 아킬레우스를, 카이사르는 알렉산드로스를, 스키피오는 키루스를 모범으로 삼은 것처럼 말이다. 그리고 크세노폰이 쓴 키루스 왕 전기를 읽으면, 스키피오의 일생은 키루스 왕을 얼마나 훌륭히 모방했는가를 알 수 있다. 또한 스키피오가 절제와 온화함, 인간미와 관용면에서 크세노폰이 묘사한 키루스 왕과 얼마나 닮았는지도 알 수 있을 것이다.

총명한 군주는 마땅히 이런 위대한 인물들의 태도를 존중해야 한다. 평상시에도 게으름 피우지 말고 노력하고 실천하여 역경에 처했을 때도 충분히 이겨나갈 수 있어야 한다. 즉 운명이 뒤바뀌었을 때도 운명을 견디어 나갈 수 있는 마음가짐이 있어야 한다.

제15장
인간, 특히 군주가 칭송이나 비난받는 경우

그러면 군주는 신하나 자기 편 사람들에게 어떤 태도를 취하고, 어떻게 다스려야 하는지를 살펴보기로 하자. 이 논점은 많은 사람들이 여러 가지로 저술했으므로, 여기서 내가 새삼스럽게 이 문제를 다룬다면 틀림없이 주제의 취급 방법이 다른 저자와 달라질 것이다. 그러므로 나를 건방지다고 생각할지도 모르겠다.

그러나 내가 의도하는 것은 독자에게 직접 도움이 될 것을 쓰려고 하는 것이다. 상상의 세계보다 구체적인 진실을 추구하는 편이 도움이 되리라고 생각한다.

세상 사람들 중에 현실 속에 존재하지도 않고, 또 알려지지도 않는 공화국이나 통치권에 대해 상상하는 이가 많다. 그러나 사람이 어떻게 살아가야 하느냐 하는 문제 때문에 현재 사람이 살아가고 있는 실태를 허술히 보아 넘기는 자는 자기를 보존하기는커녕 눈 깜짝할 사이에 파멸을 불러오게 될 것이다. 일반적으로 행해지는 것을 행하지 않고 무슨 일에서나 선(善)을 내세우고자 하는 사람은 좋지 않은 사람들 속에서 파멸을 면하지 못할 것이다. 그래서 권력을 유지하려는 군주는 선하기만 해도 안 되고, 악인이 되는 법도 알아야 하며, 또한 그 태도를 때에 따라 행사도 하고 중지도 할 줄 알아야 한다.

그러면 군주의 처신에 대하여 일어날 수 있는 일은 제쳐 두고 실제 인물에 대해 알아보자. 인간은, 특히 군주는 그 신분이 높기 때문에 세평에 오르내리게 되는데, 이 경우 당사자의 기질 속에 있는 어떤 면이 두드러지게 비난이나 찬사를 받는다. 예를 들어 어떤 사람은 너그럽다거나, 또 어떤 사람은 인색하다는 평을 받는 일이 바로 그것이다.

그리고 또 이런 식으로도 평판한다. 즉 저 사람은 잘 베풀지만 이 사람은 욕심이 많다든가, 저 사람은 잔인하지만 이 사람은 자애심이 많다든가, 저 사람은 신의가 없지만 이 사람은 의리가 있다든가, 저 사람은 인간미가 있지만 이 사람은 거만하다든가, 저 사람은 음탕하지만 이 사람은 순결하다든가, 저 사람은 겉과 속이 다르지 않지만 이 사람은 교활하다든가, 저 사람은 융통성이 없지만 이 사람은 있다든가, 저 사람은 근엄하지만 이 사람은 경박하다든가, 저 사람은 경건하지만 이 사람은 신을 믿지 않는다든가 등……

아리스토텔레스와 알렉산드로스
아리스토텔레스가 왕자(후에 알렉산드로스 대왕)의 개인교수가 되어 가르치고 있다.

물론 여기 열거한 기질 중에서 좋은 점만을 갖춘 군주가 최고로 찬양받으리라는 것은 누구나 인정할 것이다. 그러나 인간이란 하나에서 열까지 다 갖출 수는 없으므로, 한 군주가 좋은 기질을 모두 지니고 훌륭히 지켜 나간다는 것은 불가능한 일이다. 그러므로 군주는 세심하게 주의해서 자기 나라를 빼앗기는 수치스러운 악덕의 오명만은 피해야 할 것이고, 가능하면 나라를 빼앗기는 일과는 무관한 오명이라 하더라도 이를 피해야 한다. 후자의 경우가 불가능하다면 너무 신경 쓰지 말고 되는 대로 내버려두는 게 좋다.

하지만 어떤 악덕을 행사하지 않으면 나라를 유지하기 힘든 어쩔 수 없는 경우라면 오명 따위는 생각하지 말고 행사하는 것이 좋다. 왜냐하면 미덕처럼 보이는 것도 그것을 행하다 보면 자신을 파멸로 이끌어 가는 수도 있으며, 이와 달리 악덕으로 보이지만 그것을 행사함으로써 자신의 안전과 번영이 유지되는 경우도 있기 때문이다.

제16장
관대함과 인색함에 대하여

앞서 말한 군주의 기질 중에서 먼저 첫 번째 것을 논한다면, 관대하다고 인정받는 일은 확실히 좋은 일이라고 생각된다. 그러나 그 행위가 명망 없는 일반적인 너그러움이라면 오히려 해를 입게 된다. 고결한 행동을 하는 것이 통칙으로 되어 있는 입장에서, 고결한 행동을 하면 남의 눈에 띄지 않을 뿐더러 오히려 다른 오명까지 뒤집어쓰게 된다. 그 이유는 많은 대중으로부터 너그럽다는 평판을 들으려면 반드시 사치에 기울게 되기 때문이다. 그래서 군주는 그런 일에 자신의 전 재산을 탕진하게 된다. 게다가 관대하다는 평판을 계속 듣기 위해서는 결국 민중에게 터무니없는 짐을 주게 되고, 무거운 과세를 하고, 또 어떻게 해서든지 돈을 우려내려고 한다. 이렇게 되면 백성의 원한을 사게 되고,

▶가이우스 율리우스 카이사르(BC 100~44)
로마의 장군으로 갈리아를 정복하는 등 눈부신 승리를 거두었고, 내전을 진압하고 정적들에게 너그러이 대했다. 그러나 그들에게 암살당하게 된다.

아우구스투스(BC 63~AD 14)
본명 가이우스 옥타비아누스. 어머니가
카이사르의 질녀이다. 카이사르가 암살되
자 유언장에 자신이 후계자로 지명되었음
을 안다. 반대파와 추종자 사이의 내전을
겪으면서 카이사르 암살자들을 축출하고,
로마 제국의 초대 황제가 된다.

자신도 가난해져서 누구에게서도 존경받을 수 없게 된다. 따라서 그 관대한
기질 때문에 이 군주는 매우 소수에게만 은혜를 베풀었을 뿐 대다수의 사람
을 해치게 되는 셈이다. 그는 불만의 징조를 느끼게 될 것이며, 그의 권좌에 대
한 최초의 위협이 그에게 중대한 시련으로 다가올 것이다. 군주가 이를 알아차
리고 몸을 빼려고 하면, 이번에는 즉시 인색하다는 악평을 듣게 된다.

　요컨대 군주가 관대하다는 미덕을 보이고 세평을 한 몸에 지니려 한다면 자
기에게 불리한 일을 초래할 수밖에 없다. 따라서 지혜로운 군주는 인색하다는
평판에는 신경 쓰지 말아야 한다. 일단 군주가 검소해서 세입을 풍부하게 하
고, 외적으로부터 몸을 지켜 주며, 민중에게 부담을 주지 않고 전쟁을 할 수 있
는 사람이라고 알려지면 시간이 흐름에 따라 이 군주는 더욱 너그럽다는 평을
듣게 된다. 이렇게 되면 그는 수많은 사람들에게서 재산을 빼앗지 않고도 관대
한 행동을 하는 것이 되고, 소수에게만 특별한 은혜를 베푸는 일이 없기에 인
색하다는 말을 듣게 된다.

　우리 시대의 위대한 업적은 인색하다는 사람의 손에 의해서만 이루어졌으
며, 그 밖의 사람들은 모두 멸망했다. 예를 들어 교황 율리우스 2세는 교황 자

리에 오를 때까지는 너그럽다는 평판을 이용했다. 그러나 그 뒤에는 전쟁을 치르기 위해 평판이 떨어지는 것 따위는 생각하지도 않았다. 또한 현재의 프랑스 국왕 루이 12세는 국민에게 과도한 세금을 물리지 않고도 몇 차례에 걸친 전쟁을 감행해 왔다. 이것도 오로지 장기간에 걸친 절약 습관이 엄청난 추가 경비를 충당할 수 있었기 때문이다. 현재의 에스파냐 왕 페르난도 5세도 만일 그가 관대하다는 평을 받았더라면 도저히 그처럼 많은 전투에 몸을 바쳐 승리를 거두지 못했을 것이다.

그렇기 때문에 군주는 백성으로부터 금품을 약탈하는 일이 없도록 하기 위해서도, 자기 방어를 위해서도, 가난해져서 경멸당하지 않기 위해서도, 탐욕자가 되지 않기 위해서도, 인색하다는 평판쯤은 조금도 신경 쓰지 말아야 한다. 이것은 지배자로서의 지위를 얻게 하는 하나의 악덕이기 때문이다.

만일 어느 누가 카이사르가 그 너그러운 씀씀이로 로마 제국을 얻었고, 또한 많은 사람들로부터 관대했다고 인정받았기 때문에 지극히 높은 자리에 앉지 않았는가 하고 반박한다면, 나는 다음과 같이 대답할 것이다. 그 사람은 이미 군주가 된 사람인가, 아니면 앞으로 군주가 될 사람인가를 먼저 생각해야 한다고 말이다. 앞의 경우라면 관대한 일은 그에게 해가 된다. 그러나 뒤의 경우라면 너그럽다고 보일 필요가 있다. 카이사르는 로마 제국에서 권력을 추구하던 사람 가운데 하나였다. 그런데 그가 권력을 차지한 뒤에도 그 낭비벽을 고치지 않고 계속 그런 생활을 했더라면 아마 그의 정권은 멸망했을 것이다.

또한 누군가, 많은 군주들이 더없이 관대하다는 세평을 받으면서도 사적 승리를 거두지 않았느냐고 반박한다면, 이에 대해 나는 이렇게 대답할 것이다. 군주가 돈을 쓸 때도 자기 돈이나 신하의 돈을 쓸 경우가 있고 타인의 돈을 쓸 때가 있다. 첫 번째 경우라면 인색해야 할 것이다. 그러나 두 번째 경우라면 얼마든지 관대해도 좋다.

이를테면 군주가 군대를 인솔하고 공격해 들어갈 때 전리품을 얻고, 약탈을 행하고, 마음대로 징벌하며, 남의 것을 마음대로 좌우할 수 있다면 그때는 한껏 너그러워야 한다. 그렇지 않으면 병사들이 뒤따르지 않을 것이다. 즉 당신이나 당신의 신하들 것이 아니라면, 키케로나 카이사르나 알렉산드로스처럼 얼마든지 관대하게 행동해도 무방하다. 남의 것을 낭비하더라도 그것은 당신의 평판을 떨어뜨리기는커녕 오히려 한결 더 드높이기 때문이다. 이와 반대로 군주 자신의 것을 낭비하면 끝내 그 자신에게 해가 돌아온다.

그렇지만 관대함처럼 자기 자신을 탕진해 버리는 일은 없다. 너그러움을 발휘하다 보면 모르는 사이에 실천할 수 있는 능력을 잃게 된다. 그렇게 되면 빈곤해지고 남에게 업신여김을 받든가 또는 빈곤에서 벗어나려고 탐욕스러워져 남의 원망을 사는 것이 고작이다.

그런데 남에게 업신여김을 받는 것과 원한을 사는 일은 군주가 엄격히 경계해야 할 일이다. 관대함은 이 가운데 어느 한쪽으로 당신을 이끌어 가게 된다. 그래서 너그럽다는 평판을 얻으려 발버둥치다가 결과적으로 탐욕자가 되어 미움과 오명을 사게 된다면, 오명만을 얻고 미움은 사지 않는 인색한 군주가 되는 편이 훨씬 현명할 것이다.

제17장
잔인함과 인자함, 존경과 두려움의 평판 중
어느 것이 나은가

앞서 말한 군주의 기질을 좀더 이야기하자면, 모든 군주들이 잔인하다기보다는 인자하다는 평판을 받기 원한다는 것을 알 수 있다. 그러나 이런 온정도 서투르게 사용하는 일이 없도록 신경 써야 할 것이다. 예를 들어 체사레 보르자는 잔인한 인간으로 알려져 왔다. 그러나 그의 잔인함은 로마냐의 질서를 회복하고, 그 지방을 통일하여 평화와 충성을 지키는 결과를 가져왔다. 그렇다면 피렌체 시민이 냉혹하다는 악평을 피하려고 피스토이아의 붕괴를 수수방관한 데*¹ 비하면 보르자가 훨씬 더 자애로웠음을 알 수 있다. 따라서 군주는 자기네 백성을 단결시키고 충성을 지키게 하려면 잔인하다는 악평쯤은 신경 쓰지 말아야 한다. 그것은 자애심이 너무 깊어서 혼란 상태를 불러와 마침내 시민들을 죽거나 약탈당하게 하는 군주에 비하면, 소수의 몇몇을 시범적으로 처벌하여 질서를 바로잡는 잔인한 군주가 훨씬 인자한 셈이 되기 때문이다. 또한 후자의 경우에는 군주가 명령한 처형이 한 개인을 해치는 것으로 그치지만 전자의 경우에는 국민 전체를 다치게 하기 때문이다.

그런데 신생 국가는 그만큼 위험도 많기 때문에 신생 군주가 잔인하다는 평판을 면할 수는 없다. 그래서 베르길리우스는 디도*²를 통해 이렇게 말하고 있다.

---

*1 피스토이아에서는 두 파의 권력자 사이에 투쟁이 계속되었다. 이때 피렌체는 처음에 양 당파의 지도자를 쫓아내고 평화를 회복하려는 정책을 썼다.

*2 베르길리우스의 《아이네이스》에 나온다. 디도는 재산가인 그녀의 남편 시카이오스가 그녀의 오빠 피그말리온에게 살해당하자, 재산을 싣고 아프리카로 도망간다. 그곳에서 그녀는 카르타고 시를 건설한다. 어느 날 아이네이아스가 트로이 전쟁 후 항해 중에 도움을 요청하기 위해 방문한다. 디도는 아이네이아스를 사랑하게 되나 제우스 신은 그들 사이를 떼어 놓는다. 너무도 큰 자존심의 상처를 입은 디도는 나뭇더미 위에서 자결하고 불타버린다.

"나에게 주어진 냉혹한 운명과 아직 확립되지 않은 나라의 불확실함이 나로 하여금 국경을 구석구석 감시하게끔 했노라."

그러나 군주는 경솔하게 남을 믿거나 경거망동해서는 안 되며, 자기 그림자를 두려워해서도 안 된다. 그리고 상대편을 지나치게 믿어 분별 없이 군다든가 아니면 너무 불신에 사로잡혀 편협하지 않도록 사려와 인간미로써 침착하게 일을 해 나가야 할 것이다.

여기서 또 하나의 문제가 생기게 된다. 즉 사랑을 받는 것과 두려움의 대상이 되는 것 중 어느 쪽이 좋은가 하는 점이다. 누구나 양쪽을 다 갖추었으면 하는 대답을 할 것이다. 그러나 이 두 가지를 동시에 갖추기란 어려운 일이다. 따라서 만일 그 가운데 어느 하나를 택해야 한

베르길리우스(기원전 70~19)
로마의 시인. 만토바 출생. 로마에서 활동하면서 옥타비아누스의 도움을 받았다. 서사시 《아이네이스》를 썼다. 단테는 《신곡》에서 베르길리우스를 칭송했다.

다면 사랑받는 것보다는 두려움의 대상이 되는 편이 훨씬 안전하다. 그것은 인간에 대해 일반적으로 다음과 같은 말을 할 수 있기 때문이다.

본디 인간은 은혜도 모르고 변덕이 심하며, 위선자인 데다 뻔뻔스럽고, 신변의 위험을 피하려 하고, 물욕에는 눈이 어둡기 때문이라고. 그래서 당신이 은혜를 베푸는 동안에는 모든 사람이 당신 뜻대로 되고, 그들은 피와 재산과 생명과 아이들까지도 당신에게 바친다. 그러나 이것은 앞서 말했듯이 그럴 필요가 그다지 없을 때뿐이다. 막상 군주가 궁지에 빠지면 그들은 등을 돌린다. 따라서 그들의 약속만 완전히 믿고 있던 군주는 다른 준비를 모두 소홀히 해 멸

한니발

망하고 만다. 숭고한 정신과 위대함에서가 아니라 보수로 매수한 우정은 그만큼의 값어치밖에 없으며, 영원한 가치가 있는 것이 아니므로 유사시에는 힘이 될 수 없다.

또한 인간은 두려워하던 자보다도 애정을 느끼던 자에게 더 가차없이 해를 입힌다. 그 이유는 본디 사람은 사악하므로 단순히 은혜로 맺어진 애정쯤은 자기와 이해 관계가 얽히는 기회가 생기면 곧바로 끊어 버리기 때문이다. 그러나 두려워하는 자에게는 그들 자신이 처벌이라는 공포로 묶여 있기에 결코 모르는 척할 수 없다.

즉 두려움의 대상이 되는 것과 원한을 사지 않는 일은 얼마든지 양립할 수 있다. 이것은 군주가 자기 시민의 재산이나 그들 부녀자에게 손을 대지 않으면 반드시 할 수 있는 일이다.

또 기어코 유혈 소동을 일으켜야 할 경우에는 적당한 구실과 그럴 만한 이유를 내세워야 한다. 그러나 인간은 아버지가 죽임을 당한 일은 곧 잊을 수 있어도 자기 재산의 손실은 여간해서 잊지 못하므로 남의 소유물에 손을 대는 일이 있어서는 안 된다. 물품을 빼앗기 위한 구실은 얼마든지 있을 수 있다. 그렇기 때문에 일단 약탈을 해 본 군주는 남의 것을 빼앗기 위한 구실을 언제나 발견하게 된다. 이에 비해 피를 흘리게 하는 구실은 그리 손쉽게 얻을 수 있는 것이 못 된다.

그러나 군주가 군대를 이끌고 많은 병사들을 지휘하게 되었을 때는 잔인하다는 악평 따위는 문제삼을 필요가 없다. 이런 평판 없이는 군대의 결속을 꾀하고 군사 행동을 취할 수 없기 때문이다. 한니발*³의 그 눈부신 활약의 이면에는 이런 점도 포함되어 있다. 그는 수많은 인종이 뒤섞인 대단히 방대한 군단을 이끌고 이국 땅에서 전쟁을 일으켰지만, 전세가 유리할 때나 불리할 때나 그의 군단에서는 병사끼리의 내분이나 지휘관에 대한 반란이 전혀 발생하지 않았다. 이는 바로 한니발의 비인도적인 잔인성 덕분이었다. 부하 병사들의 눈에는 몇 가지 덕성과 아울러 잔인한 기질을 지닌 그가 늘 숭고하고 두려운 인물로 비쳤던 것이다. 이런 기질 없이 덕성만 지녔더라면 그는 그

스키피오

만한 성과를 올릴 수 없었을 것이다. 특히 이 점을 깊이 고찰하지 못했던 저술가들은 한편으로는 그의 위업에 경탄하면서도 그 성공의 주된 원인이었던 잔인성만 비난한다.

덕성만 갖고는 한니발이 성공하지 못했으리라는 것은 스키피오*⁴의 경우를 보면 알 수 있다. 스키피오는 동시대에서뿐 아니라 고금을 통하여 참으로 뛰어난 인물이었다. 그런데도 그의 부하 병사들은 에스파냐에서 반란을 일으켰다. 그것은 군사 훈련에는 불필요한 자유를 부하 병사들에게 허용했던 그의 지나친 온정주의 때문이었던 것이다.

---

*3 한니발(기원전 247~183) : 카르타고의 용감한 장군. 기원전 218년 제2차 포에니 전쟁 때 알프스를 넘어 로마군에 대승했으나, 후에 로마군의 지연 작전에 패하여 귀국한 뒤, 정적의 배신으로 망명 생활 중 자살했다.
*4 스키피오(기원전 236~184) : 로마의 장군 아프리카누스. 기원전 209년 에스파냐의 카르타고군을 격파했고, 다음해 로마의 에스파냐 지배를 확립했다.

파비우스 막시무스 쿵크타토르

그 때문에 그는 원로원에서 파비우스 막시무스 쿵크타토르[*5]로부터 로마 군대를 부패시킨 장본인이라는 탄핵을 받고 말았다. 또한 로크리아인들은 스키피오가 파견한 장관 때문에 원성을 산 일이 있었다. 그런데 스키피오 자신은 그 백성들의 원한을 보상하려 하지도 않았고, 그렇다고 그 장관의 횡포를 규탄하려고도 하지 않았다. 이것은 그의 너그러운 기질에서 생긴 처사였다. 그래서 어떤 이는 원로원에서 스키피오의 변호에 나서, 스키피오는 남의 잘못을 나무라기보다는 스스로가 잘못을 저지르지 않으려고 노력하는 사람이라고 설명했다. 스키피오가 만일 이런 기질을 가진 채 사령관의 지위에 머물렀다면 그의 영광과 명성은 시간이 지남에 따라 흐려졌을 것이다. 그러나 그는 원로원의 지시에 따라 생활했으므로 이 해로운 기질은 겉으로 드러나지 않았을 뿐더러 그를 끝내 영광의 자리에 앉게 해 주었다.

그러면 여기서 두려움의 대상이 되는 것과 사랑받는 것 중 어느 편이 나은가 하는 논제로 돌아가 결론을 내리기로 하자. 백성이 군주를 사랑하는 것은 그들의 뜻이다. 또한 백성이 군주를 두려워하는 것은 군주의 선택에 달려 있다. 따라서 현명한 군주는 본래 자기 방침을 밀고 나가야 하며, 남의 생각에 의존해서는 안 된다. 다만 앞서 말한 것과 같이 미움을 사는 일만은 가능한 한 피하는 게 좋다.

[*5] 파비우스 막시무스 쿵크타토르(기원전 ?~203) : 로마의 군사령관·정치가. 제2차 포에니 전쟁(기원전 218~201) 때 지연 전술로 카르타고의 한니발을 격퇴했다. 5번이나 콘술을 지냈다.

제18장
군주는 어떻게 신의를 지켜야 하나

한 군주가 신의를 지키며 기만책을 쓰지 않고 공명정대하게 산다는 것은 얼마나 칭찬받을 만한 일인가는 누구나 다 알고 있을 것이다. 그러나 오늘날에는 신의 같은 것은 전혀 개의치 않고, 간계로써 사람들을 혼란케 한 군주가 오히려 위대한 업적을 성취한다. 결국 그들이 신의에 바탕을 둔 군주들을 압도해 왔음을 알 수 있다.

싸움에 이기려면 두 가지 방법이 있는 것을 알아야 한다. 그 하나는 법에 따른 것이고, 다른 하나는 힘에 의한 것이다. 전자는 인간 본연의 수단이고, 후자는 짐승의 수단이다. 그러나 많은 경우 앞의 방법만으로는 불충분하므로 후자의 도움을 받아야 한다. 즉 군주는 짐승과 인간을 교묘히 부릴 줄 알아야 한다. 이 점에 대해서는 옛 저술가들이 군주들을 넌지시 일깨워 주고 있다. 예를 들면 그 저술가들은 그리스 신화에서 아킬레우스를 비롯한 많은 고대의 군주들이 반인반마(半人半馬) 케이론에게 맡겨져 교육을 받았다는 사실을 적어 놓았다. 여기서 반인반마의 지도를 받았다는 이야기는, 군주는 반드시 이런 양쪽의 기질을 다룰 줄 알아야 한다는 뜻이다. 그 가운데 어느 한쪽이 모자라도 군주의 자리를 오래 유지할 수 없다는 것을 말하는 것이다.

이처럼 군주는 짐승의 성질을 적당히 배울 필요가 있는데, 그런 경우에는 여우와 사자의 성질을 배우도록 해야 한다. 왜냐하면 사자는 책략의 함정에 빠져들기 쉽고, 여우는 늑대를 당해 내지 못하기 때문이다. 함정을 알아차리는 일은 여우여야 하고, 늑대의 혼을 빼려면 사자여야 한다. 그저 단순히 사자의 용맹만을 믿고 안심하는 자들은 이 점을 잘 모르고 있다.

그렇기 때문에 지혜로운 군주라면 신의를 지키는 일이 오히려 자기에게 불리할 경우나, 약속을 했을 무렵의 동기가 이미 없어졌을 경우에는 신의를 지킬 수도 없고, 또한 지켜서도 안 된다. 물론 이런 가르침은 만일 세상에 모두 선한 인간만 있다면 올바른 가르침이 아니다. 그러나 인간은 사악한 존재라 당신에 대한 신의를 충실히 지켜 주지 않을 것이니 당신도 그들에게 신의로 얽매일 필요는 없다. 게다가 군주에게는 신의의 불이행을 합법적으로 내세울 만한 구실은 얼마든지 있는 법이다.

그 예로는 근래에 일어난 일에서도 무수히 들 수 있다. 또한 군주의 불성실로 말미암아 얼마나 많은 평화 협정이나 약속이 깨지고 효력이 사라졌는가를 제시할 수도 있을 것이다. 그리고 여우의 기질을 잘 구사한 군주가 좋은 결과를 얻게 되었다는 사실도 뚜렷이 알 수 있다. 하지만 이러한 기질은 능숙하게 분장할 줄 알아야 하며, 감쪽같이 위장도 해야 하고 때로는 뻔뻔스러워져야만 한다. 인간은 매우 단순하기 때문에 눈앞의 필요성에 따라서 동요되기 쉽다. 그러므로 속이려 들면 속아넘어가는 인간은 얼마든지 있는 법이다.

그런데 최근의 실례 가운데 그냥 넘길 수 없는 것이 하나 있다. 그것은 알렉산데르 6세의 일이다. 이 교황은 사람을 속이는 일만 생각했고 그 일에만 열중해 왔다. 그 수단 방법 또한 끝이 없었다. 이 교황처럼 효과적인 활약을 하고, 어떤 약속에서 과장된 서약을 하면서도 그 약속을 완전히 무시한 사람도 없었다. 그러면서도 그의 속임수는 뜻대로 이루어졌으니 그만큼 인간의 단순성을 잘 알고 있던 사람도 없을 것 같다.

요컨대 군주는 앞서 말한 여러 좋은 기질을 모두 갖출 필요는 없다 하더라도, 갖춘 듯이 보일 필요는 있다는 것이다. 아니, 더 대담하게 말한다면, 그런 훌륭한 기질을 갖추고 언제나 존중하는 것은 오히려 해로우며, 갖추고 있는 것처럼 보이는 바로 그것이 더 유익하다. 즉 자비심이 많다든가, 신의가 두텁다든가, 인정이 있다든가, 겉과 속이 같다든가, 경건하다든가 하는 것을 믿게 하는 그것이 바로 필요하다. 그러면서도 만일 그와 같은 태도를 버려야 할 경우에는 전혀 반대 기질로 바뀔 수 있어야 하고, 또한 전환의 수단을 알고 있다는 자신감을 늘 갖고 있어야 한다.

군주라 하면, 특히 신생 군주라면 나라를 유지하기 위해서는 신의도, 자비도 버리고, 인간미도 잃고, 반종교적인 행동도 때로는 취해야 한다는 것을 알아 두어야 한다. 즉 일반인에게 좋은 사람으로 통하려는 생각만을 소중히 여기고 있을 수 없다는 것이다. 그래서 군주는 운명의 방향과 사태의 변화에 따라 자유자재로 행동할 수 있는 태도가 필요하다. 또 앞서 말했듯이 가능하다면 좋은 일도 저버리지 말아야 하며, 그러면서도 하는 수 없이 필요한 때는 나쁜 일에도 발을 들여놓을 줄 아는 것이 중요하다.

아킬레우스를 가르치는 케이론
트로이의 영웅 아킬레우스는 반인반마 켄타우로스 케이론의 가르침을 받았다.

그렇기 때문에 지금 이야기한 다섯 가지 기질에 어긋나는 말을 군주가 입에 담는다는 것은 매우 조심해야 한다. 그리고 군주를 찾아보고 그의 말을 듣고자 하는 사람에 대해서는 군주가 어디까지나 성실하고, 신의가 두텁고, 겉과 속이 같고, 인정미가 넘치고, 신실한 인물이라고 생각하게끔 마음을 써야 한다. 더구나 그중에서도 마지막 요소인 종교심이 몸에 밴 듯이 보이는 것만큼 중요한 일은 없다.

인간은 거의 직접 만지는 것보다는 보는 것만으로 판단해 버리는 경우가 많다. 그 이유는 눈으로 보는 것은 누구나 할 수 있으나, 손으로 만지는 것은 몇몇 사람들에 한해서만 허용되기 때문이다. 모든 사람들이 겉으로만 당신을 볼 뿐, 실제로 당신을 속속들이 아는 사람은 매우 적은 수에 지나지 않는다. 더구나 이 몇몇 사람도, 자기들을 보호하는 나라의 위력이 되는 다수 국민의 의견에 군이 반대하려 들지는 않는다. 게다가 사람의 행동, 특히 군주의 행동에 대해서는 반박할 수 있는 재판소가 없으므로 다만 결과만을 보게 된다.

사자와 여우 두 기질
이 그림은 청년기의 사냥개 같은 열정, 중년기의 사자 같은 용기, 노년기의 여우 같은 교활함을 보여 준다. 마키아벨리는 '군주는 사자의 힘과 여우의 교활함을 겸비해야 한다' 말했다.

그래서 군주는 오로지 전쟁에 이기고 나라를 유지하는 일이 으뜸이다. 그렇게 하면, 그 수단은 훌륭하다고 누구에게서나 칭송받을 것이다. 대중은 언제나 표면만을 보고, 일의 결과만을 보고 평가하기 때문이다. 더구나 이 세상은 대중이 있을 뿐이며, 이 대중이 버티고 있는 자리에 소수가 파고들 여지는 없다.

에스파냐 왕 페르난도 5세는 입으로는 평화와 신의를 외치면서 실은 두 가지를 다 반대했다. 하기야 만일 그가 두 가지를 존중했다면 오늘날에 이르기까지 그의 명성과 국토는 여러 차례 빼앗겼을 것이다.

제19장
경멸과 미움을 피하는 방법

　이제 앞에서 지적했던 군주의 기질 중에서 중요한 것은 대충 이야기했다. 그러므로 나머지 기질은 이와 같은 표제로 한데 묶어 간단히 살펴보고자 한다. 계속 말한 일이지만 군주는 경멸을 당하는 일이나 미움을 사는 일은 피해야 한다. 이것만 피할 수 있다면 군주의 임무는 반드시 성취할 수 있으며, 달리 파렴치한 행위가 있더라도 이렇다 할 위험이 닥치지는 않을 것이다.

　군주가 가장 큰 미움을 사는 일은 앞서 말했듯이 신하의 재산을 강탈하거나 부녀자에게 손을 대는 일이다. 이 일은 스스로 경계해야 한다. 인간이란 재산과 명예만 빼앗지 않는다면 그럭저럭 만족하고 살아가는 존재이다. 따라서 군주가 싸워야 할 적은 몇몇의 야심가뿐인데, 그들의 야심을 누르는 수단은 여러 가지가 있어서 그리 어렵지 않다.

　군주가 경멸을 당하는 이유는, 변덕이 심하고 경박하며, 여성적이고 무기력하며, 결단력이 없다고 보여질 때이므로 군주는 이런 것을 하나의 암초로 생각하고 크게 경계해야 한다. 그와 동시에 자기 행동 속에는 위대함이라든가 용맹심, 신중함, 강직함이 엿보이도록 노력해야 한다. 그리고 신하 개개인의 다툼에서도, 한번 내린 결단은 절대로 철회하지 않도록 하며, 또 누구든지 가리지 않고 군주를 속인다거나 농락하는 일은 감히 생각도 할 수 없다는 인식을 갖게 해야 한다.

　이런 평판을 들었던 군주만이 사람들로부터 많은 존경을 받았다. 존경받고 있는 군주에게는 여간해서 반란을 일으킬 수 없다. 또한 군주가 뛰어난 인물이어서 부하들로부터도 경애받고 있음이 널리 알려지면 군주에 대한 공격을 기도하는 일은 그리 쉽지 않다. 왜냐하면 보통 군주는 두 가지 근심을 갖고 있기 때문이다. 하나는 신민이 일으키는 내우(內憂)이고, 또 하나는 바깥 세력에서

오는 외우(外憂)이다.

후자에 대해서는 훌륭한 군비와 뛰어난 동지들이 있으면 막을 수 있다. 그리고 훌륭한 군비가 있으면 뛰어난 동지들은 반드시 얻을 수 있다. 그 나라가 전에 내란으로 어지럽혀진 일이 없고 대외 관계도 안정되어 있을 때는 국내는 안정을 유지할 수 있다. 혹시 대외 관계가 시끄러울 때라도, 이미 말했듯이 국내 질서가 잡히고 국력이 쇠하지 않는 한 어떤 공격이라도 반드시 견뎌 낼 것이다. 그것은 앞서 말한 스파르타의 나비스의 행동에서도 살펴보았다.

국외 정세가 시끄러워지기 전에 신민 가운데 혹시 남몰래 반란을 꾀하는 자가 없는지를 감시해야 한다. 이 점에 대해서는 군주가 백성으로부터 원한을 사거나 경멸당하는 일이 없고, 백성이 군주의 통치에 만족하고 있다면 안심할 수 있다.

군주가 반란을 모면하는 유효한 대책의 하나는 백성들로부터 미움을 사지 않는 것이다. 왜냐하면 반란을 일으키는 자는 반드시 군주를 죽이면 백성들은 만족할 것이라고 생각하기 때문이다. 그러나 본디 반란자에게 따르는 곤란은 사전에 짐작하기 힘들어서 만일 군주의 죽음이 백성의 노여움을 불러일으킨다면 그런 일을 꾀하려는 반란자들의 용기는 좌절될 것이다.

이제까지 반란은 자주 일어났지만 경험에 비춰 봐도 반란이 성공한 예는 매우 드물다. 반란은 홀로 일으킬 수는 없고, 보통 불만이 가득 차 보이는 자에게서 도움을 받지 않을 수 없기 때문이다. 여기서 당신이 이 불평분자들에게 본심을 털어놓는다면 그게 바로 그들의 불만을 해소할 수 있는 기회를 주는 것이 된다. 바꿔 말하면, 상대편은 당신의 본심을 앎으로 해서 자기들의 이익을 공공연히 요구해 온다. 상대편은 이쪽에 붙으면 확실한 이익을 얻을 수 있겠다든가, 저쪽에 붙으면 아무래도 믿을 수 없고 위험이 많을 것이라는 등의 생각을 하게 된다. 그리고 당신과의 약속을 지켜 어디까지나 군주에게 철저한 적이 되든가, 아니면 군주에게 둘도 없는 친구로서 동조하든가 둘 중 하나가 된다.

간단히 정리하여 말한다면, 본디 반란을 일으키는 측은 공포, 동료들에 대한 시기심, 형벌에 대한 두려움 때문에 겁을 먹고 있다. 이와 반대로 군주 측은 군주로서의 권위와 법률, 그리고 동지들과 국가의 가호가 있어 군주의 한몸을 지키고 있다. 이런 상황 외에 군주가 백성으로부터 두터운 신망을 받고 있다면,

아무리 분별이 없는 자라도 그리 쉽게 반란을 일으키지는 못할 것이다. 그러잖아도 반란을 일으키는 자는 거사를 도모하면서 공포에 사로잡힌 상태이다. 하물며 이 경우에는 민중이 적이 되기 때문에 범행 뒤에도 공포가 뒤따르기 때문에 어디에 몸을 숨길 수조차 없게 된다.

조반니 벤티볼리오

이 문제에는 얼마든지 예를 들 수 있다. 그러나 여기서는 우리 조상이 겪은 단 하나의 역사적 사실만을 들기로 하자. 현재의 안니발레 영주의 조부로 옛날 볼로냐의 군주였던 메세르 안니발레 벤티볼리오는, 칸네스키 가(家) 사람들의 모반에 의하여 살해되었다. 그래서 그의 집에는 아직 갓난아이였던 아들 조반니 벤티볼리오만 남게 되었다. 그런데 안니발레가 살해된 직후 오히려 민중이 봉기하여 칸네스키 가의 일족을 몰살해 버렸다. 이것은 그 무렵 벤티볼리오 가문에 쏠린 민중의 신망에서 일어난 일이었다. 더구나 이 민중의 신망은 참으로 깊었다.

안니발레가 죽은 뒤 그 가문에는 볼로냐의 통치자가 될 만한 사람이 없었다. 다만 소문으로 그즈음 피렌체의 어느 대장간 아들 산티 벤티볼리오가 실은 벤티볼리오 가문의 혈통을 이은 자라는 것이 시민들의 귀에 들어갔다. 그래서 볼로냐 시민들은 피렌체까지 가서 그에게 도시의 통치를 임시로 맡기기로 했다. 이렇게 해서 조반니가 정무를 맡을 수 있는 나이가 될 때까지 산티 벤티볼리오에게 정치를 맡겼다.

이런 점으로 미루어 결론을 짓는다면, 군주는 민중의 호감을 사고 있는 한은 반란에 신경 쓸 필요가 없다. 그러나 민중이 적의를 품고 미움을 갖게 될 때는 모든 일에, 또한 누구에게나 조심해야 한다.

그래서 질서가 잡힌 나라나 현명한 군주는 귀족들을 실망시키지도 않고 동시에 민중을 만족시켜 그들이 안심하고 살 수 있도록 주의를 기울여왔다. 요컨대 이것이 군주가 해야 할 가장 중요한 일 가운데 하나이다.

오늘날 질서가 잡혀서 통치가 잘 되고 있는 국가가 몇 있으니, 프랑스 왕국도 이에 속한다. 이들 나라에서는 국왕의 자유와 안전에 밑받침이 되는 훌륭한 제도들을 많이 볼 수 있다. 그중에서도 가장 뛰어난 제도는 고등 법원과 그 권위이다.

처음부터 이 나라의 제도를 개혁한 사람들은 권력자들의 야심과 횡포를 환히 알고 있었기 때문에 그들을 바로잡기 위해서는 제약이 필요하다고 생각했다. 동시에 이들 귀족에게 일반 민중이 공포에 찬 증오를 품고 있음을 알았기 때문에 민중의 보호도 생각하게 되었다. 그러나 이런 심정을 군주 개인의 관심사로 나타낸다면 민중 편에 서는 게 되어 귀족들의 원망을 사게 되고, 그렇다고 귀족들 편에 서면 민중의 원망과 미움을 받게 되므로, 이는 피해야 한다고 생각했다. 그래서 제3자인 재판관을 정하여 국왕이 책임지는 일 없이 큰 세력을 누르고 작은 세력을 보호할 수 있게 했다.

참으로 이 정도로 뛰어나고 용의주도한 제도는 없으며, 국왕과 국가의 안전을 지키는 데 이만큼 훌륭한 제도는 없을 것이다.

이 사실에서 또 하나 유의해야 할 점이 있다. 그것은 미움받는 역할은 다른 자에게 떠넘기고 군주는 고맙게 여길 일만을 해야 한다는 것이다. 결론을 되풀이하면, 군주는 권력자들을 존중하는 한편 민중의 미움도 받지 않도록 해야 한다.

그러나 적지 않은 사람들이 로마 황제의 생애와 죽음을 살펴보면서 이렇게 생각할지도 모른다.

'로마 황제들 중에는 인생을 고상하게 살며 위대한 성품을 갖추고 있었음에도, 제국을 잃거나 또는 부하들의 반란으로 살해된 자가 있었다. 이것은 당신이 말하는 것과는 정반대의 예가 아닌가?'

이 반론에 답하기 위해 나는 몇몇 로마 황제의 기질을 재검토하고, 그들이 파멸한 원인이 앞서 내가 지적한 것과 모순되지 않는다는 것을 명백히 밝혀 두려고 한다. 아울러 그즈음의 사건들을 살펴볼 때 주목할 만한 사건이 무엇이 었는지도 고찰하기로 하자. 그 점에 대해서는 철학자 마르쿠스 아우렐리우스[1]

---

[1] 마르쿠스 아우렐리우스(121~180) : 161~180년까지 로마 황제. 로마 제국의 황금 시대 상징
이며, 또한 스토아 철학자로서《명상록》을 저술했다. 재위 동안 남부를 평정하고, 포로 석방

황제부터 막시미누스 황제에 이르기까지 로마 제국의 제위를 계승한 황제들을 살펴보면 충분하다. 즉 마르쿠스의 아들 콤모두스,*2 페르티낙스,*3 디디우스 율리아누스,*4 세베루스,*5 카라칼라*6와 그의 아들 소카라칼라, 마크리누스,*7 헬리오가발루스,*8 세베루스 알렉산데르,*9 막시미누스*10 등의 황제들이다.

여기서 먼저 염두에 두어야 할 것은, 다른 군주 국가에서는 단순히 귀족의 야심과 민중의 반란에만 맞서면 되지만, 로마 황제의 경우에는 병사

마르쿠스 아우렐리우스(121~180)

들의 횡포와 탐욕에도 견디어내야 하는 또 다른 어려움이 있다. 더구나 이것은 고질적이어서 많은 황제의 파멸의 원인이 되기도 했다. 일반적으로 백성들은

과 황무지 개척, 변경 방비 등의 공을 세웠다.

*2 콤모두스(161~192) : 마르쿠스 아우렐리우스의 아들로, 아버지에 이어 황제에 올랐으나, 포악하여 참살당했다.

*3 페르티낙스(126~193) : 마르쿠스 아우렐리우스 때 부장을 지냈고, 콤모두스의 죽음으로 황제에 올랐다. 즉위 3개월만에 친위대의 반란으로 피살되었다.

*4 디디우스 율리아누스(135~193) : 페르티낙스가 피살된 뒤 혼란을 틈타 황제에 올랐으나 원로원이 인정하지 않아 2개월만에 처형되었다.

*5 세베루스(146~211) : 카르타고 출신으로, 마르쿠스 아우렐리우스 때 부장을 지냈고, 율리아누스가 황제를 참칭하자 그를 타도하고 황제로 추대되었다.

*6 카라칼라(188~217) : 세베루스의 아들. 아버지가 죽자 아우 게타와 함께 공동 황제에 올랐으나, 이듬해 아우를 죽이고 단독 황제가 되었다. 로마 최대의 폭군으로 마크리누스에 의해 암살되었다.

*7 마크리누스(164~218) : 카라칼라 황제를 암살하고 황제에 올랐다. 안티오크 전투에서 헬리오가발루스에게 패하고 처형되었다.

*8 헬리오가발루스(204~222) : 엘라가발루스라고 한다. 카라칼라의 서자. 마크리누스를 쳐부수고 황제에 올랐다. 실정과 낭비로 인해 근위대에게 암살당했다.

*9 세베루스 알렉산데르(208~235) : 헬리오가발루스가 암살되자, 그의 조카로서 황제에 올랐다. 현명하고 단정한 황제였으나, 군대의 반란으로 피살되었다.

*10 막시미누스(173~238) : 세베루스 알렉산데르에 이어 황제에 올랐으나, 포악하여 참살당했다.

평화를 사랑하고 온화한 군주를 따르는 데 반해, 병사들은 호전적이고 거만하고 잔인하며 탐욕스런 군주를 원한다. 그러므로 병사들과 백성들을 동시에 만족시키기란 매우 어려운 일이다. 더구나 병사들은 군주가 백성들을 그런 태도로 대하고 병사들의 급료를 올려줘서 자기네들이 탐욕함과 잔학성을 만끽하게 해주기를 원했다. 그렇기 때문에 기질이나 정치 경험이 부족하여 이 양쪽 세력을 충분히 눌러 버릴 만한 명성을 얻지 못한 군주는 반드시 멸망했다. 예를 들어 대다수의 황제들은, 특히 평민의 신분에서 황제가 된 자일 때는 이 상반된 상황에 직면하면 병사들을 만족시키는 것에만 신경 쓰고, 백성들을 괴롭히는 일에 대해서는 무시하는 태도로 나왔다. 이런 식의 결정은 어쩔 수 없는 일이기는 하다. 군주는 본디 아무에게서도 원한을 사지 않는다는 것이 불가능하기 때문이다. 먼저 군주가 할 일은 모든 사람들로부터 미움을 받지 않도록 노력해야 하는 것이다. 이것이 실행되지 않을 경우에는 특히 세력 있는 집단의 미움을 피하도록 노력해야 한다. 지금 말했던 평민 신분이었던 황제는 더 강력한 지원이 필요해서 백성에게보다는 병사들 편에 섰다. 그러나 이 방침이 과연 그 황제에게 도움이 되었는지의 여부는 황제가 병사들 사이에서 얼마나 명성을 유지할 수 있느냐에 달려 있었다.

이런 원인으로 해서 마르쿠스나 페르티낙스, 알렉산데르는 모두 겸허한 생활을 했고, 정의를 사랑하고 잔혹함을 미워했으며, 인정이 있고 인자했음에도 불구하고 마르쿠스 한 사람을 제외하고는 모두 비참한 최후를 마쳤다.

마르쿠스만이 명예에 빛나는 생애를 보내고 죽었는데, 이것은 그가 상속법에 따라서 제위를 계승한 것이어서 자기 지위를 병사들이나 백성들로부터 특별히 인정받을 필요가 없었기 때문이다. 그런 데다가 많은 미덕을 몸에 지니고 사람들로부터 존경을 받았으므로 일생 동안 양쪽 세력을 통제할 수 있었고 한 번도 원한을 사거나 경멸받았던 일이 없었다.

그러나 페르티낙스는 병사들의 뜻을 거역하고 황제로 선정된 사람이었다. 더구나 병사들은 콤모두스 황제 치하에서 멋대로 생활을 즐겨 왔던 터였다. 그런 것을 페르티낙스가 규율 있는 생활로 이끌려 하자 병사들은 도저히 참을 수가 없었다. 그 때문에 황제는 원한을 사게 된 것이다. 더구나 황제는 노령이었기 때문에 경멸까지 받았다. 그래서 그는 제위에 오르자마자 일찍감치 피살되고

마르쿠스 아우렐리우스 황제의 기념주 로마 시대 아우렐리우스 황제의 마르코만니족과 사르마티아족에 대한 승리를 기념하기 위해 건조된 것으로, 그즈음의 보병·기병 이동 모습을 상세하게 표현했다(2세기 끝무렵).

세베루스

말았다.

　그런데 여기서 생각해 둘 것은 사람의 원한이란 악행뿐 아니라 선행에서도 생긴다는 것이다. 그렇기 때문에 군주가 나라를 보전하려면 가끔 좋지 못한 일도 하지 않을 수 없었다. 군주가 군주의 자리를 지키기 위해서 자기 편으로 삼아야 할 필요가 있다고 판단을 내린 백성이나 병사나 또는 귀족이라는 집단이 부패했다면, 그들의 욕구를 채워 주기 위해 군주는 나쁜 풍조에 물들 수밖에 없다. 그렇게 되면 이런 경우 선행은 군주의 적이 된다.

　여기서 이야기를 알렉산데르로 옮기기로 하자. 이 황제는 선량하기 이를 데 없는 인물이었고, 그런 면에서 많은 칭송을 받아왔다. 그중에서도 특히 14년에 걸친 재위 기간 가운데 재판을 거치지 않고 황제에게 살해된 자가 한 사람도 없었다는 것은 가히 칭송받고도 남음이 있다. 그러나 한편으로 이 황제는 여성적이고 어머니가 하라는 대로 정치를 한 인물이라는 점에서 경멸당했다. 그래서 끝내 군대의 음모로 인해 살해당하고 말았다.

　다음에는 콤모두스, 세베루스, 안토니누스 카라칼라, 막시미누스의 기질을 검토해 보자. 그들은 모두 매우 잔인하고 욕심이 많았다. 그들은 병사들의 소망을 채워 주기 위해서는 백성들에게 온갖 부정을 서슴지 않고 자행했다. 그래서 그들 황제는 세베루스만을 제외하고는 모두 비참한 최후를 마쳤다.

　세베루스는 충분한 역량을 몸에 지녔기 때문에 백성을 학대했건만 병사들을 자기 편에 잡아둠으로써 통치를 언제나 잘 할 수 있었다. 그것은 그의 역량이 병사들에게나 백성들에게도 참으로 존경할 만한 것으로 인정되었기 때문이다. 그의 역량은 백성을 망연자실한 상태로 빠뜨리는 한편 병사들에게는 황제

를 존경하게끔 했고 만족을 느끼게
했다.

이 황제의 행동은 새 군주로서는
대단했으므로 여기서 다시 그가 얼마
만큼 교묘하게 여우와 사자의 기질을
발휘했는지를 간단히 설명하기로 한
다. 앞서도 말했듯이 이 성질이야말로
군주가 꼭 지녀야 할 본보기이다.

본디 율리아누스 황제의 소심함
을 꿰뚫어 보았던 세베루스는 그 무
렵 자기 지휘 아래 있던 스클라보니

카라칼라

아*¹¹ 주둔 군대에게, 전에 친위대의 손에 살해당한 페르티낙스의 복수를 위해
로마로 진격할 것을 호소했다. 그리고 이를 구실로 해서 자기가 제위를 노리고
있다는 눈치는 조금도 보이지 않고 군대를 로마로 진격하게 했다. 더구나 그의
출동이 전해졌을 무렵, 이미 그의 군대는 이탈리아에 도착해 있었다. 그가 로
마에 다다르자 원로원은 벌벌 떨면서 그를 황제로 선출했고 율리아누스를 죽
였다.

이 일을 계기로 나라 전체에 군림하려는 소망을 품은 세베루스 앞에는 두
가지 난관이 놓이게 되었다. 그 가운데 하나는 아시아였다. 그곳에는 아시아
방면의 군사령관 니그리누스가 황제를 자칭하고 있었다. 또 하나는 서쪽의 군
사령관이었다. 여기서는 알비누스가 마찬가지로 제위를 엿보고 있었다. 그래서
세베루스는 이 둘을 동시에 적으로 돌리는 것은 위험하다고 보고, 니그리누스
를 먼저 공격하고 알비누스는 책략으로 다스리려고 했다.

세베루스는 우선 알비누스에게 편지를 보냈다. 자기는 원로원이 추대한 황제
이지만 이 황제의 존엄을 알비누스와 함께 누리고 싶어 '카이사르'(황제)의 칭호
를 보내고, 원로원의 결정에 따라서 알비누스와 나는 동렬에 서게 되었다고 알
렸다. 알비누스는 이를 곧이곧대로 받아들였다.

───────────────
*11 현재의 오스트리아, 헝가리, 유고슬라비아 일대.

이윽고 세베루스는 니그리누스와의 싸움에서 이겨 그를 죽이고, 동방의 사태를 수습한 다음 로마로 돌아왔다. 그리고 원로원에 호소하여 알비누스는 자기가 베푼 은덕을 조금도 고맙게 생각하지 않고 변절해서 오히려 자기를 죽이려 하고 있으니 아무래도 이 배은망덕한 자를 그냥 둘 수는 없다고 주장했다. 그러고 나서 그와 대결하기 위해 프랑스로 떠나 그의 영지와 생명을 빼앗았다.

세베루스의 이런 행위를 면밀히 살펴본다면 누구나 거기에서 사자의 용맹성과 여우의 교활함을 느낄 수 있을 것이다. 또한 모든 사람들로부터 두려움의 대상이 되었고, 더구나 군대로부터 미움받지 않은 인물임을 발견하게 될 것이다. 그러므로 입신 출세한 그가 그만한 위세를 유지했다 해도 그리 놀라울 일은 아니다. 즉 그를 둘러싼 높은 평판이 그의 탐욕스런 평판에 대한 백성의 증오를 줄곧 억누르고 있었다.

그 다음은 그의 아들인 안토니누스 카라칼라이다. 그 또한 걸출한 데가 있었다. 백성의 눈에도 경이적으로 보였고 병사들에게도 인기가 있었다. 그것은 그가 전사 기질로 어떤 곤란도 견뎌냈으며, 미식이나 기타 모든 유약한 것을 가까이하지 않기 때문이다. 군인들은 그런 그를 모두 경애했다. 그러나 그의 용맹성과 잔인성은 보통을 넘어서는, 참으로 전대미문의 것이었다. 일반인을 많이 살해한 다음 수많은 로마 시민과 알렉산드리아의 주민들을 남김없이 몰살해 버렸을 정도였다. 그 때문에 세상의 모든 사람들은 그를 증오하게 되었고, 끝내는 측근들조차 그를 무서워하게 되었다. 그래서 결국 안토니누스 카라칼라는 군대를 사열하던 중 한 백인대장의 손에 살해당하고 말았다.

여기서 유의해야 할 점은, 어떤 집념을 지닌 인간의 결단으로 나오는 살해 행위는 군주라 할지라도 피할 수 없다는 것이다. 왜냐하면 죽음을 각오한 인간은 상대가 누구라 할지라도 위해를 가할 수 있기 때문이다. 그러나 이런 경우는 여간해서 없는 것이므로 군주는 신경 쓸 필요가 없다. 군주로서는 자기가 부리는 자들과 측근에서 정사(政事)에 이바지하는 자들에게는 중대한 위해를 가하지 않도록 노력해야 할 필요가 있을 뿐이다.

예를 들어 안토니누스가 범한 것이 바로 그것이었다. 그는 어느 백인대장의 형제를 무도하게 죽였고, 더구나 그 백인대장마저도 언제나 위협했다. 그러면서도 그는 그 백인대장을 자기 군대의 수비대장으로 두었다. 이런 것은 너무도 무분별한 파멸을 불러들이는 행동이었고 사실 그대로의 결과를 가져온 셈이 되었다.

그러면 이제 콤모두스 황제를 생각해 보자. 그는 마르쿠스의 아들로서 상속법에 따라서 제위를 계승한 사람이었기 때문에 제위를 유지하는 데는 매우 편한 처지였다. 요컨대 아버지의 발자취를 그대로 따르기만 하면 되었다. 그러면 병사도 백성들도 만족했을 것이다. 그러나 그는 잔인하고 야수적

콤모두스

인 성질을 지녔다. 따라서 그는 백성들에게 탐욕스러움을 한껏 발휘하려고 했다. 콤모두스는 군대를 자기 편으로 이끌기 위해 오만한 군대를 만들고 말았다. 그 밖에 황제의 존엄성은 생각하지도 않고 스스로 투기장에 내려가 검투사를 상대로 싸우는 등 황제의 품위를 벗어나는 천한 행위를 자행했다. 이런 행동으로 병사들에게서까지 경멸의 눈총을 받게 되었다. 이처럼 증오와 경멸을 받게 되었기 때문에 끝내 음모를 받아 죽임을 당했다.

이제 남은 막시미누스의 기질만 설명하면 된다. 이 황제는 더없이 호전적이었다. 앞서 말한 알렉산데르 황제의 연약함에 진저리가 난 군대가 황제를 죽이고, 막시미누스를 제위에 추대했다. 그러나 그도 그 지위에 오래 머물지는 못했다. 다음 두 가지 이유로 미움을 사고 경멸을 받게 되었기 때문이다. 그 가운데 하나는, 옛날 트라키아에서 목동 노릇을 했을 만큼 비천한 집안 출신인데, 이 사실이 잘 알려지면서 모든 면에서 경멸당하는 원인이 되었다. 또 하나의 사정은 다음과 같다. 그는 로마 황제에 추대되었음에도 스스로 로마로 가서 황제의 자리에 앉을 생각을 하지 않았다. 그러면서 그동안에 그의 장관을 보내어 로마를 비롯한 로마 제국의 각지에서 가혹한 잔학 행위를 하게끔 했다. 그 때문

에 그는 결과적으로 잔인한 사나이라는 평판을 얻고 말았다.

그래서 세상 사람들은 모두 그의 비천한 혈통을 경멸하고, 그의 잔인무도함을 증오하게 된 것이다. 그렇게 되자 먼저 아프리카가 황제를 배반했고, 이어서 로마의 원로원이 온 백성들과 함께 반기를 들었으며, 마침내 이탈리아 전체가 그에 대한 반란을 일으켰다. 게다가 황제의 군대까지 거기에 가담하게 되었다. 즉 아퀼레이아*¹²의 공략을 맡았던 그의 군대는 포위 전략에 어려움을 겪고 있다가 끝내 황제의 잔인함을 참지 못하게 된 것이다. 황제에 대한 반대 세력이 너무도 많다는 사실을 알고는 황제에 대한 두려움도 사라져 그를 살해하고 말았다.

나는 헬리오가발루스, 마크리누스, 율리아누스는 이야기할 생각이 없다. 왜냐하면 그들은 너무도 경멸받아 곧 멸망했기 때문이다.

그러면 이제 결론으로 들어가기로 하자. 생각건대 오늘날에는 옛날처럼 군주가 상식을 벗어난 수단으로 자국 병사들에게 만족을 줘야 하는 그런 어려움은 그다지 없다. 물론 오늘날에도 군주는 병사에게 얼마쯤의 배려는 해야 한다. 그렇기는 하나 지금의 군주는 모두 옛날 로마 제국의 군대처럼 오랫동안 일정 지역에 주둔하면서 그 지역을 지배하고 행정업무를 관장하는 군대는 갖고 있지 않다. 그래서 문제는 쉽게 해결될 수 있다. 게다가 로마 시대에는 백성보다도 병사들이 권력을 갖고 있었으므로 군주는 마땅히 백성보다도 병사들의 환심을 사려고 했다. 그러나 오늘날은 투르크 황제와 이집트 술탄을 제외하고는 어느 나라에서나, 병사들보다도 백성들이 권력을 지니고 있으므로 군주는 병사들보다도 백성들의 환심을 사야 한다.

여기서 투르크 황제를 제외한 것은 이 나라에는 1만 2천 명의 보병과 1만 5천 명의 기병이 언제나 국왕을 보필하고 있어서 나라의 안태와 세력이 그들 병사의 손에 달려 있기 때문이다. 따라서 황제는 군대와의 친선을 도모해야 한다. 마찬가지로 이집트에서도 모든 것이 병사들의 손안에 달려 있다.

특히 이집트의 술탄은 다른 군주국과는 다르다. 이 나라는 세습 군주국 또

---

*12 아퀼레이아(Aquileia) : 이탈리아 북동부에 위치한 도시.

는 신 군주국이라고도 부를 수 없으며, 교황국과 비슷하다. 즉 군주의 아들이 군주의 계승자가 되는 것이 아니라, 선거권을 가진 사람들의 손에 의해 군주가 뽑혀 군주의 자리에 오르게 된다. 이 제도는 예부터 내려오는 것이므로 새삼 신생 군주국이라 부를 수는 없다. 거기에는 신생 군주국이 반드시 겪어야 하는 어려움이 전혀 없다. 그것은 아무리 군주가 새롭다 해도 나라의 제도 자체는 오래전부터 정해져 있는 것이기 때문이다.

그러면 다시 본론으로 돌아가자. 아무튼 이제까지의 논의를 고찰해 보면 앞서 말한 황제들의 파멸 원인이 증오와 경멸을 받은 데 있다는 것을 잘 알 수 있다. 동시에 그 황제들 가운데 어떤 사람이 취한 겸허한 태도와 또 다른 사람이 취한 잔혹한 태도는 전혀 달랐지만, 그러면서도 저마다 거기서 성공한 자나 비참한 최후를 마친 자가 나온 것은 어디에 기인하느냐 하는 것도 잘 알 수 있었을 것이다.

신생 군주였던 페르티낙스와 알렉산데르의 경우, 상속법에 따라서 군주의 자리를 이은 마르쿠스를 닮고자 한 것은 유해무익한 일이었다. 같은 뜻에서 카라칼라나 콤모두스나 막시미누스가 세베루스를 모방하려 했다 해도 그들이 세베루스의 업적을 따를 만한 충분한 역량을 갖고 있지 않은 이상 위험한 일이 된다. 따라서 신생 국가의 새 군주는 마르쿠스의 행동을 모방해 봐야 아무 소용 없으며, 또 세베루스의 행동을 따르려고 애쓸 필요도 없다.

그렇기는 하지만 세베루스로부터는 나라의 기초를 닦는 데 필요한 방책을, 마르쿠스로부터는 이미 안정되고 견고한 나라를 훌륭히 유지해 가는 알맞은 방책을 본받을 필요는 있다.

제20장
요새 구축 등의 군주가 하는 일들이 유익한가

어떤 군주는 나라를 안전하게 유지하려고 백성들을 무장 해제시켰다. 또 어떤 군주는 통치 아래 있는 여러 도성의 분열을 꾀했다. 또 어떤 군주는 자신에 맞서는 적을 일부러 만들고, 어떤 군주는 정권 초기에 자기에게 불신감을 품은 사람들을 회유하는 데 노력했다. 어떤 군주는 요새를 짓고, 어떤 군주는 성을 무방비 상태로 내버려두거나 파괴했다.

이런 대책에 대하여 일정한 판단을 내리려면, 각 군주들이 결단을 내리기까지의 각국의 특수 사정을 고려해야 할 것이다. 그러나 여기서는 자료가 허용하는 범위 내에서 총괄적인 논의를 하고자 한다.

새로 군주가 된 자로서 백성들을 무장 해제시킨 자는 이제까지 아무도 없었다. 오히려 백성들이 무장되어 있지 않은 것을 본 새 군주는 반드시 그들을 무장시켰다. 백성을 무장시키면 그 병력은 바로 자기 힘이 되기 때문이다. 또 그에 대해 딴 생각을 품고 있던 자는 충실해질 것이고, 본디부터 충성을 서약했던 자도 그대로 잡아둘 수 있기 때문이다. 그래서 백성들도 단순한 백성에서 새 군주의 지지자로 변하게 되는 것이다.

만일 백성 전체를 무장시킬 수 없을 때는, 이미 무장된 자들에게만 특별한 은혜를 베풀면 그 밖의 자들에 대해서는 안심하고 대처할 수 있을 것이다. 더구나 그 둘 사이에 나타나는 대우의 차이로 말미암아 무장된 자는 군주에게 은혜를 느끼게 된다. 한편 무장되지 않은 자들도, 무장된 자는 위험성도 크고 책임도 무겁기 때문에 보상을 더 많이 받는 것이 마땅하다고 해석하여, 그의 태도를 그대로 받아들일 것이다.

그러나 만일 백성들의 무장을 해제시켜 버린다면 백성들의 마음에 상처를 입히는 결과가 되고 만다. 그리고 백성들을 겁이 많다고 보았거나, 충성심이 부

상트 앙드레 요새
프랑스 남동부 론 강을 끼고 아비니용의 맞은편에 있는 견고한 요새.

족하다고 봄으로써 그들을 믿지 못한다는 증거를 보인 셈이 된다. 어느 쪽이든
이렇게 되면 백성들이 군주를 미워하게 된다. 그리고 군주는 무방비 상태로 있
을 수 없으므로 마지못해 용병제를 택하게 된다. 그러나 이 군대는 앞서 말했
듯이 충실한 군대가 못 된다. 용병은 아무리 훌륭하다 해도 강력한 적군이나
격분한 백성으로부터 군주의 몸을 보호할 만큼 충성스럽지는 못할 것이다. 그
렇기 때문에 새로 군주의 자리에 오른 이는 반드시 국내에서 군대를 조직해
왔다. 역사에는 이런 예들이 얼마든지 있다.

한편 기존의 국가에다 새로 수족처럼 다른 국가를 병합시킨 경우를 생각해 보자. 이런 경우에는 정복시에 그를 지지해 주었던 자들을 빼놓고는 모두 비무장 상태로 내버려둬야 한다. 군주를 지지했던 자들도 시간이 흐르고 기회가 있을 때마다 연약하게 만들어야 한다. 그리고 군주는 측근자인 부하 병사들로만 자국 병력을 조직해야 한다.

우리 조상이나 현인이라고 존경받던 사람들은, 피사를 다스리려면 요새가 있어야 하고, 피스토이아를 다스리려면 파벌 전쟁이 필요하다고 입버릇처럼 말해 왔다. 이에 따라 그들은 점령 지역을 원활히 다스릴 수 있도록 그 지역에 분열 상태를 조성했다. 이 대책은 이탈리아에 어느 정도 평화의 균형이 유지되던 시대에는 해볼 만했을 것이다. 그러나 오늘날에도 그것이 일반 원칙으로서 그대로 통용된다고는 볼 수 없다. 왜냐하면 이 분열 정책이 효과가 있다고는 여겨지지 않기 때문이다. 아니 오히려 세력이 약한 측은 외국 세력과 반드시 결탁하게 되기 때문이다. 그래서 강한 쪽은 대항할 수 없게 된다. 따라서 일단 적이 쳐들어오면 이렇게 분열된 도시는 당장 멸망하리라는 것은 뻔한 노릇이다.

이제까지 말한 이유에서, 베네치아 공화국은 그 지배 아래 여러 도시에 교황파(겔프 파)와 황제파(기벨린 파)라는 두 파벌을 만들었다. 베네치아는 두 당파 사이의 유혈 참사는 막았지만, 실제로는 두 당파의 의견 대립을 부추겼다. 이것은 각 시민들이 항쟁에 몰두하여 베네치아에 대해 결속된 힘으로 대항해 오지 못하도록 하기 위해서였다.

그러나 이미 아는 바와 같이, 이것은 베네치아 시민의 이익은 될 수 없었다. 왜냐하면 베네치아가 바일라의 전투에서 패하자 일부 도시, 즉 베로나·비첸차·우디네·파도바 등은 곧 용기를 되찾아 본디의 영토를 다 차지했기 때문이다. 따라서 이와 같은 수단은 특정한 군주국의 약점을 드러내는 일에 불과하며, 이런 내부 분열책은 강인한 군주국에서는 결코 허용될 수 없는 것이다. 평화라면 이런 수단으로 백성들을 손쉽게 조종할 수 있어 효과를 거둘 수도 있겠지만, 일단 전쟁이 터지면 이 정책이 실패한다는 것은 분명한 사실이다.

군주가 자기 앞에 닥치는 고난과 반대를 이겨내면 위대한 군주가 된다는 것은 마땅한 노릇이다. 그렇기 때문에 운명의 여신은 새 군주를 거물로 성장시키

동고트족의 로마 공성, 6세기

고자 할 때 세습 군주와는 달리 꼭 평판을 얻어야 할 그들에게는 일부러 적을 만들어 전쟁을 하도록 강요한다. 그래서 새 군주가 거기서 승리하게 되면 적이 더 높은 곳으로 올라갈 수 있게 해준다. 많은 사람의 의견을 들어 보면, 총명한 군주는 기회만 있으면 간계를 써서라도 적대 관계를 만들어 이를 극복함으로써 한결 더 세력을 확대한다고 한다.

그런데 군주, 특히 새 군주에게는 정권을 잡을 초기에 의심스럽게 보이던 자일수록, 맨 처음 미덥게 보이던 자보다도 훨씬 충성스럽고 도움이 되는 수가 가끔 있다. 시에나의 군주 판돌포 페트루치*¹의 경우가 그러했다. 그가 처음 나라를 다스리기 시작할 때는 자기를 믿지 못하던 사람들과 함께 나라를 다스렸다. 특히 이 문제에 대해서는 사정에 따라 저마다 다르므로 총괄적으로 그렇다고 말할 수는 없다.

다만 여기서 말해 두고 싶은 것은, 군주의 자리에 올랐을 무렵 새 군주에게 적의를 품었던 사람들일지라도 자력으로는 자신의 지위를 유지하지 못할 만큼 충분히 강력하지 못한 사람들을 자기 편으로 끌어들일 필요성이 있다는 것

---

*1 판돌포 페트루치(1450~1512) : 의부 니콜로 볼게제를 살해하고 시에나의 영주가 되었다.

이다. 군주는 아무 때라도 그들을 끌어들이는 일은 쉽게 할 수 있다. 더구나 이 사람들은 이미 알려진 악평을 실제 행동으로써 만회해야겠다는 필요성을 충분히 알고 있는만큼 군주에게 충성을 바치게 마련이다. 그래서 그저 안일한 기분으로 봉사하며 자기 이익만 생각하는 사람들보다는 이런 사람들에게서 군주는 훨씬 큰 이익을 얻을 것이다.

또한 이 문제의 중요성으로 보아, 군주를 위해 꼭 말해 둘 것이 있다. 그것은 상대국의 국내 지원을 발판으로 새로 나라를 얻은 군주는 이 지원자들이 어떤 동기로 자기 편을 들어 주었을까 하는 점을 신중히 생각해야 한다.

만일 지원해 준 사람들이 새 군주에 대한 자연스러운 존경심에서가 아니라 오로지 그전 나라에 대한 불만 때문에 협력한 것이라면 그런 자들을 동지로 삼는 군주는 몹시 어려운 문제를 짊어지는 셈이 된다. 왜냐하면 새 군주로서도 그들의 기대를 만족시킬 수는 없기 때문이다.

고금의 역사에서 몇 가지 실례를 들어 보자. 결국 예전 군주에 대한 불만 때문에 신 군주에게 호의를 보이고 그를 떠받들어 자기 나라를 정복하게 하는 자들을 자기 편으로 삼기보다는, 그전 정권에 만족하고 그대로 새 군주의 적이 된 사람들을 자기 편으로 삼는 편이 훨씬 쉽다는 것을 알게 된다.

종래의 군주들은 나라를 방위하기 위해, 반란을 꾀하는 자들을 막기 위해, 또 갑작스러운 습격을 피할 수 있는 안전한 대피소로 삼기 위해 요새를 세우는 습관이 있었다. 이 수단은 예부터 내려왔으므로 나도 그 점에는 박수를 보낸다. 그럼에도 오늘날에도 니콜로 비텔리 경*2 같은 이는 나라를 수호하기 위해 일부러 치타 디 카스텔로의 두 보루를 허물어 버린 일이 있다.

우르비노 공작인 구이도발도*3는 앞서 체사레 보르자에게 쫓겨 자기 지배 지역에서 벗어났다가 다시 영토로 돌아오자, 곧 이 지방의 요새를 완전히 파괴해 버렸다. 그는 요새만 없다면 두 번 다시 나라를 빼앗기는 일은 없으리라 판단한 것이다. 벤티볼리오 가의 사람들이 볼로냐에 복귀했을 때도 같은 방법을

---

*2 유명한 용병대장. 메디치 가의 지원으로 치타 디 카스텔로의 영주가 되었으나, 1474년 교황 식스투스 4세에 의해 추방되었다가, 교황이 죽은 뒤 피렌체 군대의 도움으로 복귀했다.
*3 우르비노 대공 1세의 아들.

취했다.

요컨대 요새는 때에 따라 유효하게도 해롭게도 되는 것이다. 또 일면으로는 당신에게 도움이 되어도, 다른 면에서는 당신에게 좋지 않을 때도 있다.

따라서 다음과 같은 결론을 내릴 수 있다. 즉 국외 세력보다 자국민을 두려워하는 군주는 요새를 만들어야 한다. 그러나 자국민보다 국외 세력을 두려워하는 군주는 요새를 구축해서는 안 된다.

일찍이 프란체스코 스포르차는 밀라노에 요새를 세웠지만 스포르차가 자신들에게는 나라의 모든 분쟁보다도 더 재난의 씨앗이 되었으며, 앞으로도 그럴 것이다. 그러므로 최상의 요새가 있다면, 그것은 민중의 미움을 사지 않는 것이다. 왜냐하면 어떤 요새를 구축한다 해도 백성들의 미움을 샀다면 요새는 당신을 구해 주지 않기 때문이다. 민중이 반란을 일으키면 반드시 민중 편에 서려는 세력이 나타나게 마련이다.

현대에는 요새가 군주에게 도움이 된 예는 볼 수 없다. 다만 예외로서 남편 지롤라모 백작*⁴이 살해되었을 때의 포를리 백작 부인*⁵의 경우가 있다. 백작 부인은 요새 덕분에 민중의 습격을 피해 밀라노의 구원을 기다릴 수 있어서 나라를 되찾았다. 더구나 그 무렵에는 다행히도 민중에게 가세할 만한 국외 세력이 전혀 없었기 때문이기도 하다. 그러나 뒤에 이 부인이 체사레 보르자로부터 공격을 받아 민중이 외적과 결탁했을 때는 요새가 완전히 무용지물이 되었다. 그러므로 이때도, 또 전에도 요새를 짓기보다는 민중의 미움을 사지 않았더라면 부인에게는 훨씬 안전했을 것이다.

이상의 여러 사실에 비추어 볼 때 나는 요새를 구축하는 자에게나 그렇지 않은 자에게나 똑같이 찬사를 보내고자 한다. 그러나 요새를 지나치게 믿어 민중의 미움을 사는 것을 신경조차 쓰지 않는 자는 비난을 면할 수 없다.

---

*4 교황 식스투스 4세의 조카. 로렌초 암살 주모자.
*5 카테리나 스포르차. 조부는 프란체스코 스포르차, 숙부는 루도비코 스포르차이다. 1488년 남편 지롤라모 리아리오가 민중의 폭동으로 살해되자, 어느 요새에 숨어서 루드비코 일 모로의 원군이 오기를 기다려 군주의 자리를 지켰다.

제21장
군주가 존경받으려면 어떻게 해야 하나

군주가 존경받으려면 무엇보다도 큰 사업을 일으켜 몸소 모범이 되어야 한다. 오늘날에 와서는 에스파냐의 현재 국왕 아라곤 가의 페르난도[*1]가 좋은 예이다. 페르난도는 한낱 약소한 군주에서 명성과 영예를 지닌 가톨릭 제1의 국왕으로 성장한 사람이니 새 군주라 해도 무방할 것이다. 그런데 페르난도의 실제 행동을 잘 관찰해 보면 모든 것이 대규모인데다 어딘가 모르게 특출한 데가 있음을 알 수 있다.

페르난도는 왕위에 오르자 곧 그라나다를 공격했는데 이 행동이 나라의 기초를 굳혔다. 그는 국내가 평화롭고 아무런 방해의 염려가 없을 때 이런 행동을 했다. 말하자면 카스티야의 봉건 제후들의 인심을 이 군사 행동에 집중시켜서, 전쟁만 생각하고 국내의 개혁 문제는 생각하지 않도록 한 것이다. 그동안에 페르난도의 명성은 높아졌고 제후가 모르는 사이에 그들에 대한 페르난도의 지배력이 확고해졌다.

페르난도는 로마 교회와 민중의 돈으로 군대를 유지할 수 있었으므로 장기간에 걸친 전쟁으로써 군사력의 기초를 확고히 할 수 있었다. 그 군사력은 뒷날 그의 명성을 높게 했다. 그 밖에도 페르난도는 다시 대단한 업적을 이룰 수 있도록 종교를 구실삼아 광신적인 잔학성으로 에스파냐의 이슬람교도와 헤브루인을 국내에서 쫓아내고 약탈을 자행했다. 참으로 그의 행동만큼 참혹한 실례는 없을 것이다.

이어서 페르난도는 또한 같은 구실로 아프리카를 공격하고 이탈리아 국내까지 침입했으며 나중에는 프랑스까지 공격했다. 그래서 이처럼 페르난도는 쉴새

---

*1 페르난도(1452~1515) : 아라곤 왕으로서 카스티야 왕녀 이사벨과 결혼하여 공동 통치자가 됨으로써 두 나라 군대를 합병하여 그라나다를 공략했다. 교황으로부터 '가톨릭 부부 왕'의 칭호를 받았다. 페르난도 5세.

페르난도와 이사벨

없이 대단한 일을 계획하고 수행했다. 그리하여 백성들은 늘 정신 못 차릴 정
도로 감탄했으며, 그의 사업에 열중했다. 이런 행동은 세상 사람들에게 반대
행동을 일으킬 여유를 주지 않았고, 숨돌릴 틈 없이 이루어졌다.

  군주가 국내 정치에서 위대함을 나타내는 보기 드문 실례를 제시해 두는 것
도 큰 도움이 되는 일이다. 이를테면 밀라노의 군주인 베르나보 공작이 취한
행동이 바로 그렇다. 이 군주는 누구든지 좋든 나쁘든 시민 생활에서 남다른
행동을 하면, 그 사람에 대한 상벌에 대해 세상을 떠들썩하게 하는 방법을 택
했다. 따라서 군주는 자기의 행동 전반에 걸쳐 거물이고 뛰어난 재능을 가진
사람이라는 세평을 얻도록 노력해야 한다.

  그리고 군주는 어디까지가 자기 편이고 어디까지가 적이라는 것을, 다시 말
해 어떤 자를 지지하고 어떤 자를 적대시한다는 것을 뚜렷이 밝힐 때 대단히
존경을 받게 된다. 이런 방침은 어느 경우를 떠나서 어중간한 입장보다 훨씬 유

효하다. 인접한 두 세력이 무기를 들고 대립하면 어쨌든 둘 가운데 하나가 승리를 하게 마련이다. 이때의 승리자는 당신이 두려워할 존재거나 아니면 두려워할 만한 존재가 아니다. 어느 경우든 군주는 자기 입장을 명백히 해서 훌륭한 전쟁을 치르는 편이 훨씬 이롭다.

첫 번째 경우, 즉 승리자가 두려운 존재일 때는 입장을 뚜렷이 해두지 않는다면 당신은 반드시 승리자의 밥이 된다. 그뿐만 아니라 패자 측의 울분을 풀어 주는 요소가 되기도 한다. 그리고 이런 때는 자기를 지키려 해도 명분이 서지 않고 숨겨 주는 사람도 없게 된다. 왜냐하면 승리자는 역경에 처했을 때 도움이 될 수 없는 수상한 자를 동지로 삼으려 들지 않으며, 한편 패자 측도 자기 운명을 걸고 무기를 들려 하지 않았던 자를 받아들이려 하지 않기 때문이다.

옛날 안티오쿠스가 아이톨리아인의 요청으로 로마군을 쫓으려고 그리스로 진격했을 때 안티오쿠스는 본디 로마군의 편이었던 아카이아에 사절을 보내어 중립을 지켜 줄 것을 제의했다. 한편 로마군도 자기들을 위해 무기를 들고 궐기해 달라고 그들을 설득했다. 그래서 아카이아는 이 문제를 평의회에서 심의하게 되었다. 안티오쿠스의 사절은 회의에서 중립을 권했는데 로마의 사절은 다음과 같이 반박했다.
"그들의 권유에 따르면 전쟁에 개입하지 않는 것이 당신네들에게 가장 유리하다고 합니다. 그러나 이처럼 당신네 이익을 무시한 논법도 없습니다. 그런 짓을 하면 당신네는 아무런 혜택도 받지 못하며, 존엄성도 유지하지 못하고, 다만 승리자의 전리품이 될 뿐입니다."

이처럼 당신 편이 아닌 자가 중립을 요구해 오든가, 또는 무기를 들고 궐기해 달라고 요청해 오는 일은 흔히 있다. 이때 결단력이 없는 군주는 주로 맞닥뜨린 위험만을 회피하려고 중립의 길을 택한다. 그리고 대부분의 경우 그 군주는 멸망해 버린다.
이에 반해서 어떤 군주는 용감하게 어느 쪽을 지지한다는 자기 입장을 분명히 밝힌다 하자. 이럴 때 만일 가세했던 편이 승리를 거둔다면 혹 그자가 강

전투도 살바토르 로사, 나폴리, 카포디몬테 미술관

력하여 당신을 마음대로 움직일 수 있다고 해도 승리자는 당신에 대해 감사한 마음을 갖는다. 그리고 우정으로써 인연을 맺게 된다. 더욱이 인간이란 그런 당신을 학대하여 배은망덕한 본보기가 될 정도로 타락하지는 않았다. 게다가 승리를 거두었다 해서 승리자가 아무런 배려도 없이, 특히 정의에 대한 배려를 하지 않아도 될 만큼 완벽한 승리는 있을 수 없다.

또한 가세했던 편이 패배한 경우에 당신은 그자의 옹호를 받게 된다. 그리고 힘껏 당신을 성원해 준다. 즉 당신과 운명을 함께 나누는 동행자가 되어 주는 것이다. 그래서 언젠가는 당신에게 운이 다시 찾아올 수도 있다.

두 번째 경우, 즉 싸우고 있는 자 중에서 어느 편이 이기든지 당신이 두려워할 것이 없는 경우이다. 이럴 때 당신은 가세하는 문제에서 크게 신중을 기해야 한다. 왜냐하면 당신이 정말 지혜롭다면, 다같이 당신의 도움을 필요로 하는 존재임에도 이 두 쪽 중에서 한쪽만을 돕는 것은 다른 한쪽을 멸망시키는 결과가 되기 때문이다. 만일 이겼다 하더라도 역시 당신 뜻대로 움직일 수 있다는 것뿐이고, 당신의 원조를 떠나서는 이길 수도 없다.

여기서 유의할 것은 앞서 말한 대로, 군주는 꼭 필요한 경우 말고는 자기보다 강한 자와 손을 잡고 제3자를 공격해서는 안 된다는 것이다. 그것은 승리를 거두어도 그자의 포로가 되기 때문이다. 군주는 될 수 있는 한 남의 뜻대로 되는 일은 피해야 한다.

일찍이 베네치아 공화국은 프랑스와 동맹을 맺고 밀라노 공작 루드비코 일 모로에게 대항했다. 그러나 그들은 뒷날 베네치아를 파멸로 이끌게 되는 그 동맹을 맺지 않을 수도 있었을 것이다. 하지만 교황과 에스파냐가 군대를 이끌고 롬바르디아 지방을 공격했을 때의 피렌체 공화국처럼, 동맹을 피할 수 없었던 상황에서는 어느 한쪽에 가세하지 않으면 안 된다.

아무튼 어느 나라건 언제나 안전책만을 취할 수는 없다는 것을 알아야 한다. 아니 오히려 늘 불완전한 방침을 택해야만 한다고 생각해야 한다. 그것은 사물의 원칙으로서, 하나의 시련을 피했다고 해서 다음에 또 고난이 없으리라는 법은 없기 때문이다. 그러므로 사려 깊은 사람이라면 여러 가지 고난의 성질을 살펴서 될 수 있는 한, 해가 적은 것을 훌륭한 방책으로 택해야 한다.

그리고 군주는 실력 있는 자를 아끼고, 한 가지 재주에 뛰어난 자를 칭찬할 줄 알아야 한다. 아울러 시민들이 상업·농업 및 기타 모든 업무에 대하여 안심하고 저마다 직책을 다 할 수 있도록 북돋워야 한다. 또한 시민들이 재산을 군주에게 빼앗길까 두려워 자산을 늘리는 것을 게을리하고 부과될 세금이 무서워 상거래를 삼가는 일이 없도록 세심한 주의를 기울여야 한다.

그뿐만 아니라 기특한 마음씨를 가진 자나, 자기네 도시나 나라를 어떻게 해서라도 번영시키고자 하는 자들에게는 포상을 준비해야 한다. 이 밖에도 1년 가운데 알맞은 시기에 축제나 모임을 가져 민중을 이에 몰두시켜야 한다.

그리고 도시는 직업 조합이나 지방 단체로 나누어져 있어 각각 그 집단 사람들을 고려해서 기회 있을 때마다 그들과 회합을 갖고, 스스로 풍부한 인간미와 넓은 도량을 보여 주어야 한다. 그러면서도 군주의 엄격한 위엄을 지니고 있어야 한다. 이는 어떤 경우에도 절대로 소홀히 해서는 안 된다.

제22장
군주의 측근들에 대하여

군주가 대신을 선정하는 일은 결코 쉽지 않다. 군주의 생각에 따라 좋은 인재를 얻을 수도 있고, 또 무능한 인물을 쓰게 될 수도 있기 때문이다. 따라서 어떤 군주가 총명한지 아닌지를 알아보려면 먼저 군주의 측근들을 보면 된다. 측근들이 유능하고 성실하면 그 군주는 총명하다고 평가할 수 있다. 그것은 군주가 그들의 실력을 알아볼 수 있는 사람이고, 그들이 충성을 다 할 수 있게 이끌고 있기 때문이다. 반대로 측근이 무능할 때는 그 군주에게 좋은 평가를 내릴 수 없다. 그것은 그가 사람을 가려 뽑음에서 이미 잘못을 저지르고 있기 때문이다.

예를 들어 시에나의 군주 판돌포 페트루치의 재상인 안토니오 디 베나프로를 아는 사람들은, 그를 재상으로 거느리고 있다는 사실만으로도 판돌포가 아주 뛰어난 군주임을 알게 될 것이다.

대체로 인간의 두뇌에는 세 종류가 있다. 첫째로 자기 스스로 이해하는 것, 둘째로 남이 이해한 것을 알아차리는 것, 셋째로 자기도 이해할 수 없고 남도 이해할 수 없는 것의 세 가지이다. 첫 번째 두뇌가 가장 우수하고, 두 번째 두뇌는 조금 우수하며, 세 번째 두뇌는 무능하다고 할 수 있다.

판돌포는 첫 번째 정도는 못 된다 하더라도 두 번째 정도는 되고도 남았을 것이다. 왜냐하면 그 자신은 창의성이 부족하지만, 남의 말과 행동의 잘잘못을 가려내야 할 때 재상의 좋은 행동은 칭찬해 주고 나쁜 행동은 바로잡아 왔기 때문이다. 그러면 재상 쪽에서도 군주를 속이지 않고 순순히 복종하게 되는 법이다.

그러면 군주는 어떻게 대신의 인품을 알아낼 수 있을까? 이에 대해서는 절대로 잘못 보는 일이 없는 식별법이 있다. 그 대신이 당신의 일보다 자기 일을 먼저 생각하고 모든 행동에서 자기 이익을 추구하는 인물로 보인다면, 이런 사람은 결코 좋은 대신이 될 수 없다. 따라서 군주도 마음을 놓을 수 없게 된다. 왜냐하면 나라를 위탁받은 인물은 자기 일을 생각할 게 아니라 늘 군주의 일을 생각해야 하기 때문이다. 또 군주와 관계 없는 일은 절대로 염두에 두어서는 안 되기 때문이다.

입장을 바꿔 말하자면, 군주는 대신들에게 충성심을 갖게 하기 위해 그에게 명예를 주고, 생활을 풍족하게 해주고, 은혜를 베풀어 명예와 관직을 함께 안겨 주는 등 그의 신상에 대한 일을 배려해 줘야 한다.

요컨대 군주는 대신들에게 군주인 자기 없이는 도저히 살아갈 수 없다는 것을 알게 하고, 분에 넘치는 명예를 주어 더는 명예를 바라지 않도록 하고, 넉넉한 재물을 주어 그 이상의 재산을 탐내는 일이 없도록 하고, 분에 넘치는 직책을 주어 변혁을 두려워하게끔 인식시켜야 한다. 군주에 대한 대신의 태도도, 대신에 대한 군주의 태도도 이렇게만 된다면 서로 믿을 수 있게 된다. 그렇지 못할 경우에는 둘 중 어느 한쪽에 반드시 나쁜 결과가 생길 것이다.

제23장
아첨꾼은 어떻게 피할 것인가

여기서는 매우 중요한 문제, 즉 군주가 피하기 어려운 잘못에 대해 말하고자 한다. 이 잘못은 군주가 꽤 사려 깊은 사람이든가, 인물을 고르는 데 매우 능숙하지 않고는 모면할 수 없는 곤란한 일들이다. 즉 궁정에서 흔히 볼 수 있는 아첨꾼에 대해서이다.

인간은 자기 자신과 자신의 활동에 지나치게 만족한다. 그런 점에서 남이 말하는 대로 속아 버리기 때문에 이 아첨이라는 질환에서 몸을 지키기란 참으로 어렵다. 더구나 이를 막으려다가는 우습게 보이게 될 위험성도 있다. 본디 아부에서 자기 자신을 지키는 수단은, 자신은 진실을 듣더라도 결코 화를 내지 않는다는 것을 사람들에게 알리는 방법 말고는 없다. 그렇다고 누구나 당신에게 솔직하게 말할 수 있게 된다면, 당신에 대한 존경심은 순식간에 사라지고 말 것이다.

이렇게 생각할 때 사려 깊은 군주가 택할 길은 제3의 길이어야 할 것 같다. 즉 군주는 국내에서 현명한 사람들을 뽑아서 이 사람들에게만 군주에게 사실대로 말할 수 있는 자유를 주고, 더구나 그것은 군주가 묻는 문제에 한할 뿐 다른 일은 허용하지 않는 것이다. 군주는 거기서 제반 사항에 대한 일을 그들에게 묻고, 그들의 의견을 들어 그 뒤에는 혼자서 자기 나름대로 결단을 내려야 한다.

더구나 이런 조언 전체에 대해서도, 또 개개의 조언자에 대해서도 솔직하게 말하면 말할수록 환영받는다는 뜻을 충분히 알도록 처신해야 한다. 또 그들 이외에는 다른 어떤 사람의 말도 듣지 않고, 군주 자신이 결단한 일은 실행하며, 그 결단을 끝까지 관철시켜야 한다.

그렇게 하지 않으면 반드시 간신에게 농락당할 것이며, 잡다한 의견이 나올 때마다 자기 의견을 번복하여 군주는 존경받지 못하는 결과가 된다.

막시밀리안 1세

이 일에 대해서 최근의 예를 하나 인용하고자 한다. 현 신성 로마 제국 황제 막시밀리안*1의 신하인 루카(Luca Rinaldi)는 이 황제의 인품을 이렇게 말했다.

"황제는 아무에게서도 조언을 들으려 하지 않았고, 또한 무엇 하나 자기 뜻대로 하는 일이 없었다."

이것은 황제가 지금 말한 방침과는 정반대로 행동한 결과이다.

이 황제는 비밀리에 하는 것을 좋아하는 사람이었다. 그는 자기 계획은 누구에게도 말하지 않았고, 또 어떤 의견도 들으려 하지 않았다. 그러나 실행 단계에 가서는 그 계획이 알려지고 전모가 명백해지기 마련이다. 그의 주변에 있는 사람들에게서 이의가 제기되면 마음이 약한 황제는 계획을 곧 철회했다.

이렇게 되자 오늘 시작한 일이 내일이면 허물어지고, 이 황제가 도대체 무엇을 희망하고 무엇을 계획하고 있는지를 아무도 이해할 수 없게 되었다. 마침내 황제의 결단은 신용할 수 없다는 사태에까지 이르고 말았다.

그러므로 군주는 늘 남의 의견을 들어야 한다. 그것은 남이 말하고 싶을 때가 아니라 자기가 원할 때 들어야 한다. 아니 군주가 물을 때 말고는 군주에 대하여 감히 조언할 수 없다는 사실을 누구나 알 수 있게 해야 한다. 그리고 심문할 때 군주는 도량이 넓은 질문자가 되어야 한다. 질문 사항에 대해서는 참을성 있고 진실한 태도로 들어야 한다. 그렇지만 황송한 나머지 대답을 주저할 때는 불쾌한 표정을 지어야 한다.

---

*1 막시밀리안(1459~1519) : 독일의 왕이며 신성 로마 제국의 황제(로마 교황을 수호하는 제국의 왕이라는 뜻의 칭호). 밀라노와 나폴리를 차지하기 위해 프랑스와 개전하고, 베네치아에 대항했으나 실패했다.

총명한 군주라는 평판을 듣는 사람은 사실 그 자신의 소질보다 측근에 훌륭한 조언자가 있기 때문이라고 평하는 사람들이 많다. 그러나 그런 생각은 오해이다. 왜냐하면 다음과 같은 어김없는 일반 법칙이 있기 때문이다. 즉 군주가 총명하지 않으면 남의 의견을 잘 받아들일 수 없다는 것이다. 다만 그 군주가 한 측근에게 의존하여 그에게 정무를 전면적으로 맡기고, 특히 그 측근자가 매우 사려 깊은 자일 경우는 예외이다.

　이런 경우에는 모든 것이 잘 운행되겠지만 이 국정 담당자는 머지않아 군주에게서 나라를 빼앗게 되어 오래 계속되지는 못한다. 게다가 조언자들은 저마다 사리사욕만 생각할 것이다. 이렇게 되면 군주는 그들의 의견을 어떻게 조정하고 어떻게 이해해야 좋을지 알 수 없게 된다. 사람이란 필요에 의해 선행을 강요받지 않으면 사리사욕에 빠지기 쉬운 법이라서 당신에 대해서도 반드시 나쁜 짓을 저지르게 될 것이다.

　결론을 내리면, 누군가 훌륭한 조언을 했을 때 그 조언은 마땅히 군주의 깊은 사려에서 나오는 것이지, 훌륭한 조언에서 군주의 깊은 사려가 나오는 것은 아니라는 것이다.

제24장

이탈리아 군주들은 왜 나라를 잃게 되었나

　이상에서 말한 사항을 신중하게 지키기만 한다면 새 군주는 세습 군주나 다름없이 존경받게 된다. 그뿐 아니라 세습 군주보다도 국내에서의 지위가 안정되고 한결 견고해진다. 새 군주의 행동은 세습 군주보다도 훨씬 주목을 끌며 그 인물이 역량 있다고 사람들의 인정을 받으면, 전통 있는 집안의 군주보다도 민심을 모으고 민중과의 결속이 더욱 탄탄해진다. 왜냐하면 인간은 과거의 일보다도 현재의 일에 마음이 끌리게 되기 때문이다.

　현재의 일에 행복을 느낄 때는 이를 즐길 뿐 다른 것은 바라지도 않는다. 아니 그뿐 아니라 이 군주가 어떤 잘못을 저지르지 않는 한, 무슨 일에나 군주를 수호하려고 나서게 된다.

　여기서 다시 새 군주가 나라의 기초를 닦고 제대로 된 법률과 강한 군대와 훌륭한 모범으로 나라를 강화한다면 더욱더 큰 영광을 누리게 된다. 그 반면 군주로 태어났으면서 군주 자신의 사려가 부족하여 나라를 잃었을 때는 이중으로 수모를 겪는다.

　최근 이탈리아에서 나폴리 왕[*1]이나 밀라노 공작,[*2] 또 그 밖의 군주들처럼 나라를 잃은 군주들을 살펴보면 다음과 같은 결함을 찾아볼 수 있다.

　첫째, 군사면에서 앞서 이야기한 이유에 따른 공통된 결함을 갖고 있다는 것, 둘째, 그들 가운데 누가 민중의 미움을 샀든가, 아니면 민중의 편을 들어서 귀족으로부터 몸을 지키는 방법을 모르고 있다는 결함을 갖고 있다. 전장에 군대를 투입할 수 있을 만큼 강인한 나라가 이런 결함만 없었다면 결코 나라를

＊1 아라곤 가의 프레데릭 1세. 에스파냐 왕 페르난도와 프랑스 왕 루이 12세의 동맹군에 의해 1503년 나폴리 왕국을 상실했다.
＊2 루드비코 일 모로(루도비코 스포르차) : 루이 12세에 의해 1499년 군주의 자리를 빼앗겼다.

잃는 일은 없을 것이다.

알렉산드로스 대왕의 아버지가 아닌, 티투스 퀸투스에게 패한 마케도니아의 필리포스는 공격해 온 로마나 그리스의 국력에 비하면 그리 큰 나라를 갖고 있는 것이 아니었다. 그래도 그는 용사였고, 민심을 사고 귀족을 누르는 방법을 알고 있었기에 적군에 맞서 여러 해 동안 전쟁을 지탱할 수 있었다. 그래서 결국은 몇 개 도시의 지배권을 잃기는 했으나 자기 왕국만은 확보할 수 있었다.

루도비코 일 모로(루도비코 스포르차)

따라서 오랜 세월에 걸쳐 군주 자리에 있었던 이탈리아 군주들이 나라를 빼앗겼다 해서 이 책임을 운명으로 돌릴 수는 없다. 이는 그 군주의 무력함에서 비롯하는 것이다. 즉 날씨가 좋은 날 폭풍우를 생각하지 않는 것이 인간 공통의 약점이듯 그들도 평온한 시대에 사태가 어떻게 변할지는 생각하지 않았던 것이다. 그리고 그들은 일단 역경에 처하면 오로지 달아날 궁리만 하고, 자기를 지킨다는 일은 생각하지 않았다. 그리고 점령자들의 횡포에 견디지 못한 민중이 자기를 다시 불러 주기만 하늘같이 믿고 있었다.

달리 방법이 없었다면 그렇게 생각할 수도 있으리라. 그러나 이 방법만을 믿고 다른 대책은 모두 포기해 버렸다는 것은 참으로 잘못된 일이다. 그것은 마치 누군가 일으켜 주겠지 하고 스스로 쓰러지는 격이다. 아무도 일으켜 주는 자가 없을지도 모른다. 혹시 있다고 하더라도 그런 일은 당신 자신이 이룩한 일이 아니고 유약하고 비겁한 일이다. 결론은 오로지 당신 자신과 당신의 역량에 바탕을 둔 대책만이 훌륭하고 확실하며 영구적이다.

제25장
운명은 인간사에 얼마나 영향력을 미치며,
또 어떻게 대처해야 할 것인가

　본디 이 세상일은 운명과 신의 지배에 따르는 것으로, 인간이 아무리 머리를 쓴다 해도 이 세상의 진로를 수정할 수는 없다. 아니 대책조차 세울 수 없다. 또 예부터 오늘날까지 많은 사람들이 이렇게 생각해 왔다는 것을 나도 결코 모르는 바는 아니다. 이런 사람들의 의견을 따르자면, '무슨 일에나 땀 흘려 애쓸 필요 없고, 운명에 맡기는 것이 최선이다' 이런 결론이 나온다.

　특히 오늘날에 와서는 인간의 생각을 완전히 초월한 대격변을 밤낮으로 보고 있기 때문에 이런 견해는 갈수록 허용되는 경향이다. 그리고 이런 사실에 생각이 미칠 때 때로는 나도 어느 정도 그들의 의견에 솔깃하게 된다. 그러나 인간의 자유로운 의욕은 무슨 일이 있어도 잃어서는 안 된다. 예를 들어 운명이 인간 활동의 절반을 주재한다고 해도 적어도 나머지 반은 우리의 지배에 맡겨져 있다고 생각된다.

　운명의 여신을 다음과 같은 파괴적인 강에 비유해 보자. 이 강은 노하면 강물이 들판으로 넘치고, 수목이나 건물을 무너뜨리고, 이쪽의 흙을 저쪽으로 옮긴다. 누구나 다 그 격류를 보고 도망치고, 누구나 다 저항할 길이 없어 그 앞에 굴복하고 만다. 그러나 강이 이런 성질을 지니고 있다 해도 평온할 때 미리 제방이나 둑을 쌓아 방비를 단단히 해둘 수는 있다. 그래서 강물이 불더라도 제방을 넘어오지 못하게 하거나 강물이 제방을 넘더라도 맹위를 떨쳐 해를 가하는 일이 없도록 할 수는 있다.

　운명에 대해서도 똑같은 말을 할 수 있다. 운명은 아직 저항하는 이 없는 곳에서 힘을 한껏 드러내며, 또 제방이나 둑이 없어 저지할 힘이 없다고 보이는 곳에서 맹위를 떨친다.

오늘날 이탈리아는 격변하는 세계의 중심지이자 진원지이다. 이탈리아를 살펴보면 여기가 바로 제방도 없고 둑도 없는 강변이라는 것을 알 수 있다. 만일 이탈리아에 독일이나 에스파냐, 또는 프랑스와 같이 적절한 힘이 준비되어 있었더라면 이런 홍수도, 오늘날과 같은 큰 격변도 일어나지 않았으리라. 이상의 예로, 운명에 대한 일반적인 대책이 어떤 것인가는 충분히 알았으리라 생각된다.

운명의 바퀴
철학의 여신이 포에티우스에게 운명의 여신으로부터 벗어나도록 경고하고 있다. 운명의 여신이 바퀴를 돌리자, 운명에 조종당하는 네 가지 모습이 오르내린다.

이것을 좀더 고찰해 보면 어떤 군주가 오늘은 융성했다가 내일은 멸망해 버리는 일이 자주 일어난다. 더구나 이 군주의 성격이나 기질은 그동안 전혀 변한 것이 없어 보이는 데도 이런 일이 일어나는 이유에 대해 말하기로 하자. 이 사태는 앞서 상세히 말한 대로이다.

그것은 운명에 완전히 의존해 버리는 군주는 운명이 바뀌면 망한다는 이유에서 비롯한 것으로 생각된다. 시대와 상황의 변화와 함께 자기가 나아갈 길을 일치시키는 사람은 성공하고, 반대로 시대와 자기가 걷는 길이 일치되지 않는 사람은 실패하리라 생각된다.

인간은 영광이나 부와 같은 저마다의 목표를 향해 여러 길을 걷고 있다. 신중하게 하는 자가 있는가 하면 과감하게 하는 자도 있고, 폭력을 휘두르는 자가 있는가 하면 교묘하게 하는 자도 있으며, 또 어떤 사람은 참을성이 있고 또 어떤 사람은 성급하다든가 하는 식으로 각자가 모두 다른 길을 걸어 목표에 이르게 된다.

똑같이 치밀했던 두 사람이 한쪽은 그 목표에 도달하고, 다른 한쪽은 다다르지 못하는 수가 있다. 또 한 사람은 용의주도한 사람이고 다른 한 사람은 과단성 있는 사람일 때와 같이, 저마다 다른 기질을 가졌으면서도 둘이 다 성공하는 경우도 있는 것이다. 이것은 그들이 가는 길이 시대에 맞느냐 맞지 않느냐에 달려 있다. 즉 두 사람이 똑같이 행동해도 목적에 이르는 자와 그렇지 못하는 자가 생기고, 또 두 사람이 반대로 행동해도 같은 결과를 가져올 수 있다는 것은 바로 여기에서 비롯된다.

그리고 번영하거나 망하는 일도 여기에서 기인한다. 만일 시대와 상황이, 신중하고 끈기 있게 나라를 다스리는 군주에게 적합하다면 융성하게 된다. 반대로 시대와 상황이 변했는데도 군주가 자기 방침을 바꾸지 않는다면 망하고 만다. 그러나 시대와 상황에 적응하는 지혜로운 인간은 사실 그리 흔치 않다. 왜냐하면 인간은 타고난 성질대로 기울기 쉽고, 거기서 헤어나기는 어렵기 때문이다. 또 하나의 이유는, 하나의 길을 걸어 번영을 얻은 사람은 그 길에서 떨어져 나올 마음이 좀처럼 일어나지 않기 때문이다. 그래서 용의주도한 사람은 일단 과감히 행동할 때가 와도 팔짱만 끼고 있다가 멸망을 면치 못하는 것이다. 시대와 상황에 맞춰 이 사람이 성격을 바꾼다 해도 운명이 변할 리는 없다.

무슨 일에서나 과단성 있게 처리해 나가던 교황 율리우스 2세는 시대와 상황이 그의 방침과 부합했으므로 으레 좋은 결과를 초래했다.

예를 들어 그가 조반니 벤티볼리오가 살아 있을 무렵의 볼로냐에 대해 도전한 최초의 싸움을 생각해 보자. 베네치아 공화국은 그의 계획을 좋게 생각하지 않았다. 에스파냐의 왕 페르난도 5세도 같은 심정이었고, 프랑스와 함께 그의 이런 행동을 서로 논의하기도 했다. 그런 상태에 둘러싸여 있으면서도 이 교황은 본디 지닌 용맹성과 과단성으로 스스로 원정 길에 나섰다. 그리고 그의 이 진격으로 에스파냐와 베네치아를 공중에 뜬 상태에서 손아귀에 넣어 버렸다. 전자는 공포심에서였고, 후자는 나폴리 왕국의 영토를 모두 되찾고 싶은 강한 욕구가 작용했기 때문이다.

한편 프랑스 왕 루이 12세도 교황의 뒤를 따르게 되었다. 그것은 교황이 움직이는 것을 본 프랑스 왕이 베네치아 공화국을 무릎 꿇게 하기 위해 교황과 손잡기를 바랐고, 또한 병력의 원조를 거절하면 교황의 기분을 거슬리게 된다고 판단했기 때문이다.

그래서 교황 율리우스 2세는 그 과감한 행동으로 이제까지 어떤 교황의 인도주의적인 총명함으로도 미치지 못했던 일을 성취했다. 다른 교황이라면 거기서 결론이 나고, 모든 준비가 갖추어지기를 기다렸다가 로마를 출발했을 것이다. 그러나 그렇게 했다면 그는 결코 성공하지 못했을 것이다. 그렇게 되면 프랑스 왕은 무수한 구실을 마련했을 것이고, 다른 나라들도 무언가로 그를 위협했을 것이다.

이 교황의 다른 여러 행동에 대해서는 생략하겠다. 그 밖의 행동은 모두 이와 비슷하며, 한결같이 좋은 결말을 가져왔다. 그는 단명했기 때문에 나쁜 경험은 하지 않아도 되었다. 만일 신중한 방법이 요구되는 시대까지 생존했더라면 그는 끝내 파멸의 길을 걸었을 것이다. 그는 타고난 성질대로의 태도를 결코 버리지 못했을 테니까.

이쯤에서 결론을 내리기로 하자. 운명은 변화한다. 그래서 사람이 자기 방법을 고집하면 운명과 사람의 생활 태도가 일치할 경우에는 성공하지만, 그렇지 않은 경우에는 불행한 결말을 맞게 된다. 나는 용의주도하기보다는 오히려 과단성 있는 편이 낫다고 생각한다. 운명의 신은 여신이기 때문에 그 신을 정복하려면 난폭하게 다루어야 하기 때문이다. 운명은 냉정한 생활 태도를 지닌 자에게보다도 이런 과단성 있는 사람들에게 고분고분한 것 같다. 요컨대 운명은 여신이므로 그 여신은 언제나 젊은이에게 이끌린다. 젊은이는 신중함보다는 거칠고 대담하게 여자를 지배하기 때문이다.

제26장
야만족으로부터 이탈리아를 해방시키기 위한 권고

이제까지 논의해 온 사항들을 돌이켜보고 나는 혼자서 다음과 같이 생각해 보았다.

'그렇다면 현재의 이탈리아에 새로운 군주가 명예를 드날릴 수 있는 알맞은 시기가 찾아왔단 말인가? 또 한 사람의 현명하고 역량 있는 군주에게 명예를 안겨 줌과 동시에 이탈리아 국민 모두에게 행복을 가져다 줄, 새로운 형태를 이룰 수 있는 제반 상태가 과연 국내에 이루어졌는가?'

새 군주에게 현재 모든 일이 좋은 상태인 것 같으니 지금처럼 적절한 시기는 일찍이 없었던 것으로 보인다.

앞서도 말했지만, 이스라엘 민족이 이집트에서 노예였다는 사실은 모세의 역량을 알게 했고, 페르시아 사람들이 메디아인의 핍박을 받았기 때문에 키루스 왕의 위대한 용기를 알 수 있었으며, 아테네 사람들이 분열되었기에 테세우스의 뛰어난 역량도 알게 되었다.

그렇다면 오늘날 이탈리아 사람들의 어떤 하나의 습속을 정확하게 알기 위해서는 이탈리아가 지금 눈앞에 보는 것처럼 절망적인 상황에 봉착하고, 헤브루 민족 이상으로 노예화되고, 페르시아 사람들보다도 더 혹사당하고, 아테네 사람들보다도 더 뿔뿔이 흩어져서 지도자도, 질서도 없고, 박살당하고, 짓밟히고, 발가벗겨지고, 찢겨져야 한다. 즉 이루 말할 수 없는 황폐한 상황이 되어야 한다.

그래도 현재까지는 신이 한 인물, 즉 체사레 보르자에게 이탈리아의 속죄를 명한 것처럼, 한 줄기의 서광이 비친 것처럼 보였을 때도 있었다. 그러나 안타깝게도 그는 활동의 절정기에 운명에 의해 버림받았다. 그래서 마치 숨을 거둘 듯한 이탈리아는 그저 자기 상처를 아물게 해줄 인물, 그리고 롬바르디아 지방

동방박사의 행렬 동방박사 행렬을 묘사한 이 벽화에는 '로렌초'가 동방박사로 그려져 있다. 팔라초 메디치 리카르디 궁내 예배당 벽화, 피렌체

에서 거듭되는 약탈이나, 나폴리 왕국과 토스카나 지방의 착취에 종지부를 찍어 줄 인물, 또 오랜 세월에 걸쳐 곪아터진 상처를 치료해 줄 인물이 나타나기를 기다리고 있다.

누구나 뚜렷이 알 수 있듯이 이탈리아는 이제 이 야만인들의 잔학성과 횡포에서 자신을 구해 줄 인물을 보내 주기를 신에게 기도하고 있다. 또 누구의 눈에나 명백하게 비치듯이, 이탈리아는 깃발을 들고 궐기하는 사람만 있다면 언제라도 따라나설 마음의 준비가 되어 있다.

그러나 오늘날, 행운과 역량을 갖추고 신과 로마 교회의 자비로운 지지를 받아 지금의 교황 레오 10세를 낳은 명예로운 가문인 당신*¹의 집안이 이 속죄의 행렬에 앞장서지 않는 이상, 이탈리아가 기대하는 희망은 찾아볼 수 없을 것이다.

만일 내가 앞서 열거한 모세, 키루스, 테세우스의 위업이나 일생을 당신이 생각해 준다면, 이 일은 그다지 어렵지 않을 것이다. 그들은 보기 드물게 경탄할 만한 사람들이긴 했으나 역시 인간이었고, 그 가운데 누구를 놓고 보아도 지금처럼 혜택받은 기회를 갖지 못했다. 그들의 위업은 이번의 임무만큼 정의에 입각하지 못했고 또 쉬운 것도 아니었다. 또 당신만큼 신의 가호를 받고 있지도 않았다. 이것은 참으로 정의로운 과업이다.

'어쩔 수 없는 전쟁은 정의로운 전쟁이며, 무력 외의 그 어떤 희망도 없을 때는 무력 또한 신성하다.'*²

이 기회는 아주 유리하다. 이런 호기가 마련되었을 때 내가 앞서 지표로 말한 사람들의 방법을 쓰기만 하면 곤란한 일은 있을 리 없다.

그뿐 아니라 이제는 신이 개입된, 세상에서도 희귀한 불가사의까지 나타나 있는 것을 알아주기 바란다. 바다는 갈라지고, 구름은 당신의 길잡이가 되며, 바위에서 샘이 솟고, 이 땅에는 하늘에서 '만나'*³가 내리고, 모든 것이 당신의

---

*1 뒤에 우르비노 공이 된 로렌초 데 메디치.
*2 고대 로마의 역사가인 티투스 리비우스의 《로마사》 9권에 나오는 내용.
*3 이스라엘 백성이 하느님의 은총으로 받았다는 음식물. 《출애굽기》 참조.

위엄에 다투어 이바지하려고 한다. 이제는 당신의 활동만을 기다릴 뿐이다. 신이 모든 것을 맡아하지 않으려는 것은 우리로부터 자유로운 의욕을 빼앗지 않고, 우리 인간에게 있는 조금의 영광을 없애지 않으려는 배려 때문이다.

메디치 가의 문장

고명한 당신 가문에 기대하는 이 유업, 다시 말해 앞서 말한 어느 이탈리아 지도자들*4도 이루지 못한 일에 대해 놀랄 필요는 없다.

또한 이탈리아의 군사력은 이 나라에서 일어난 수많은 변혁이나 전쟁의 소용돌이 속에서 멸망한 것처럼 보이더라도 놀랄 일은 못 된다. 이것은 이탈리아의 낡은 군사 제도가 적절하지 못하고, 새로운 제도를 생각해 내는 사람을 얻을 수 없었기 때문이다. 따라서 새로운 법률을 정하고, 새로운 제도를 정비하는 일은 신흥 군주에게 무엇보다도 큰 명예를 안겨 주는 것이다. 이상의 것이 굳건히 뿌리를 뻗고 훌륭하게 자라면, 이 군주는 존경받고 찬양받게 될 것이다.

더구나 이탈리아에는 이런 새로운 형태를 받아들일 내부 요인이 결코 없는 것이 아니다. 머리에는 힘이 없으나 손발에는 큰 힘이 있다. 이를테면 결투나, 소수인끼리의 투쟁*5을 살펴보면 이탈리아인이 힘이나 민첩함이나 재지에서 얼마나 뛰어난가를 알 수 있을 것이다.

그러나 일단 군대라는 형태가 되면 이탈리아인은 그렇지 못하다. 이것은 지도자들이 유약해서 일어난다. 각 개인은 지력이 있으므로 남에게 복종하려 들지 않으며, 또 누구나 다 지력이 있다고 생각한다. 아직까지 한 사람도 역량이나 운명에서 남을 승복시킬 만한 뛰어난 인물이 나타나지 않았다. 이것이 원인이 되어 오랫동안, 즉 과거 20년에 걸친 수많은 전투에서 한 부대가 모두 이탈

*4 프란체스코 스포르차나 체사레 보르자를 암시한다.
*5 이탈리아인의 개성이 발휘된 1503년의 바를레타 전투.

페트라르카

리아인들로만 구성된 부대일 경우에는 반드시 나쁜 결과를 초래했다. 그것을 실증하는 일로, 타로 전투를 비롯해서 알레산드리아·카푸아·제노아·바일라·볼로냐·메스트리의 전투가 있다.

따라서 저명한 당신네 가문이, 옛날 각국의 해방에 힘을 바쳤던 그 위인들*6의 뒤를 계승하려면, 무엇보다도 먼저 모든 군사 행동의 참된 기반이 되는 자국의 병력을 갖추는 일이 중요하다. 이것이야말로 믿을 수 있고, 거짓 없는 우수한 병사를 얻을 수 있다. 그리고 그들 병사의 개개인이 훌륭하다면 전체적으로는 단 한 사람의 군주의 지휘를 받고, 그 군주에게 인정과 후대를 받음으로써 더 우수하게 될 것이다. 이탈리아인의 용맹으로 이방 병사들로부터 나라를 지키려면 이런 자국 군대를 정비하는 일이 무엇보다도 필요하다.

예를 들어 스위스나 에스파냐의 보병대는 무섭다는 정평이 나 있다. 그러나 양군에는 저마다 결함이 있기 마련이어서 제3의 군사 체제인 민병제의 보병군으로 그곳을 찌르면 대항할 수 있을 뿐 아니라 충분히 양군을 막을 수 있다. 에스파냐군은 기병 부대에는 막아내지 못한다. 또 스위스군은 전장에서 그들과 필적할 만한 완강한 보병대를 만나면 기세가 꺾인다. 그래서 예부터 오늘날에 이르기까지의 경험으로 알게 된 것은, 에스파냐군은 프랑스 기병대를 막아내지 못하고, 스위스군은 에스파냐 보병대를 막아낼 수 없다는 것이다.

특히 후자에 대해서는 여태까지 경험할 기회가 그리 없었다. 그러나 뜻밖에도 라벤나 전투에서 증거가 나타났다. 이때 에스파냐 보병대는 스위스군과 같은 전투 대형을 취한 독일 부대와 교전하게 되었다. 그런데 에스파냐 보병은 민첩한 몸과 손에 쥔 방패 덕분에 독일군의 창 밑으로 뛰어들어가 교묘히 자기

---

*6 모세·테세우스·키루스.

몸을 보호하면서 독일군을 파죽지세로 공격했다. 그때 기병대가 단숨에 덤벼들지 않았더라면 독일군은 전원 몰살당했을 것이다.

그러므로 양군 보병대의 결함을 각각 알고 있으면, 기병대에도 저항할 수 있고 보병대도 두려워할 필요가 없는 하나의 새로운 체제를 세울 수 있다. 그리고 이것은 알맞은 무기를 선택하고 전투대형을 새롭게 바꾸는 일로 이룩할 수 있다. 더구나 이런 체제가 새로이 정립될 때 새 군주에게는 명성과 위세가 약속될 것이다.

그러므로 이탈리아가 오랜 세월 뒤에 한 사람의 구세주를 얻기 위해서라도 이 기회를 절대로 놓쳐서는 안 된다.

오늘날까지 이방인들의 침입에 고통받던 이탈리아의 각처 사람들은 얼마나 경모하는 마음으로 이분을 맞이할 것인가! 얼마나 보복에 대한 갈망을 갖고, 얼마나 충성의 일념으로, 얼마나 사랑하는 마음으로, 얼마나 눈물을 흘리며 이분을 맞이할 것인가! 이에 대하여 나는 뭐라 표현해야 할지 모르겠다. 그렇게 되면 군주에게 닫혀진 어떤 문이 그 앞을 가로막는단 말인가! 어느 백성이 이분에 대한 충성을 거절한단 말인가! 어떤 질투심이 이분에게 대항한단 말인가! 어느 이탈리아인이 이분을 따르기를 거부한단 말인가. 이 야만족의 지배는 누구에게나 못 견디는 일이다.

그러니 명예로운 당신 가문은 정의의 싸움을 할 때의 그 용기와 희망을 안고 이 책무를 짊어져야 한다. 그래서 당신이 높이 걸어놓은 깃발 아래 조국이 고귀하게 빛나고, 당신의 지도 아래 페트라르카[7]의 다음 시구가 현실화되기를 바란다.

미덕은 광포한 공격에 대항하여
무기를 들고 일어섰노라.
싸움은 곧 끝나리라.
이탈리아의 민심에
그 옛날의 용맹이 아직 사라지지 않았거늘.[8]

---

[7] 프란체스코 페트라르카(1304~1374) : 이탈리아 르네상스 시대의 서정 시인.
[8] 페트라르카, 《My Italy》 Ⅳ.

The Art Of War
전술론

제1장 시민군에 대하여

1. 코시모 루첼라이

코시모 루첼라이가 세상을 떠난 뒤에는, 아첨을 떨게 하는 원인이나 아첨을 떠는 게 아닌가라는 의심을 받을 염려가 완전히 없어졌기 때문에, 나는 그를 칭찬해도 누구의 비난도 받지 않으리라 믿을 뿐만 아니라, 여기서도 코시모 루첼라이를 스스럼없이 칭찬할 것입니다. 지금도 나는 그 이름을 떠올릴 때면 어김없이 눈물이 흐릅니다. 나는 이제까지 그를 지켜봐 왔는데, 그는 친구들로부터 훌륭한 친구로, 고향 마을사람들로부터는 그곳 시민이 되어주길 바라는 기대를 한 몸에 받고 있었습니다. 친구들을 위해 모든 것을 기꺼이 바쳐 헌신하던 그가(이제 와서 그 영혼에게 기대할 것도 없지만) 재산을 얼마나 모아두었는가, 그를 주춤거리게 만든 곤란한 일이 그의 신변에 어떤 해를 가했는가, 그리고 이 일로써 그가 고향 마을 사람들로부터 돈을 받았는가를 나는 모릅니다.

나는 자유로이 공언할 수 있습니다. 이제까지 내가 지인이 되거나 사귀고 있던 사람들 가운데, 그 위대함과 높은 사회적 지위에도 불구하고, 그 심정에 이토록 친근함을 느낀 인물은 사뭇 없었습니다. 그는 젊은 나이에 숨을 거두었지요. 아직 명예도 얻지 못한 채 타인을 위해 자기 용기조차 발휘하지 못하고 그냥 세상을 떠나버리기 위해 태어난 게 아니라면서 분통해하며 말한 것 말고는, 그는 친구들에게 무엇 하나 불만을 이야기하지 않았습니다. 자신이 좋은 친구로서 죽어가는 것 말고는 그로서 말할 게 없음을 잘 알고 있었기 때문입니다.

그럼에도 우리에게는 우리와 똑같이 그를 이해하는 다른 사람들 또한, 그의 활약이 아직 펼쳐지지 않았다는 것 때문에 그에게 칭찬할 가치가 없다고 생각하는 사람은 아무도 없습니다. 그의 지적 날카로움을 남겨둔 기록은 얼마 되지 않지만 그의 운명은 큰 장해가 되지 않기에 연애를 할 때에 대한 서술이나 문체를 통해 이 사실을 분명히 알 수 있습니다. 그가 연애를 하고 있지는 않았으리라 생각되지만 운명이 그 자신을 보다 훌륭한 활약으로 이끌기까지, 자신에게 주어진 시간을 헛되이 쓰지 않기 때문에 그는 소년 시절부터 시를 짓기 시작했습니다. 그러면서 그의 주된 관심이 시 짓기에만 쏠려 있었다면 얼마나 잘 그 자신의 시적 정취를 발전시킬 수 있었겠는가, 더 나아가서 얼마나 큰 명예를 시 짓기를 통해 얻을 수 있었겠는가, 이에 대해 나는 분명하게 깊은 감개를 담아 확신할 수 있습니다.

그럼에도 운명이 그런 훌륭한 친구를 우리에게서 떠나보냈기 때문에 나로서는 그의 추억을 만끽하고 그에 의해 어떤 다른 문제가 날카로이 추구되어 신중하게 논급되고 있는가를 충분히 좇아 적어두는 것 말고 할 수 있는 일이 없습니다.

2. 코시모 정원에서의 담론

파브리지오 콜론나 경이 코시모의 정원에서 그와 주고받은 담론만큼 신선한 것은 이제까지 없었습니다(그곳에서는 거의 파브리지오 콜론나 경에 의해 전쟁 문제에 대한 논의가 진행되어 코시모로부터는 이에 대한 날카롭고 신중한 질문이 몇 개씩이나 날아왔다). 이때, 나는 다른 몇몇 친구들과 함께 자리해 있었기 때문에 이날의 기억은 아주 또렷이 남아있습니다. 그곳에 모여 있던 코시모의 친구들이 그의 시편을 읽고 있었기 때문에 그의 생기 넘치는 시편 내용을 생생하게 기억하는 것입니다. 심지어 어떤 이는, 그 시를 지은 현장에 자신이 없었음을 안타까워했고 어떤 이는 군대의 생활 사정에 대해 유익한 지식을 얻었을 뿐만 아니라 시민생활에 대해서도 보다 현명한 탐구자로부터 뜻 깊은 것들을 배웠다고 기뻐했습니다.

파브리지오 콜론나 경은 본디 오랫동안 가톨릭 왕(스페인 왕)을 위하여 영광스럽게 군대를 지휘해왔지만, 현지의 롬바르디아에서 돌아왔을 때는 어찌 되었든 피렌체를 통과할 때였으며 며칠 동안은 그 도시에서 지내고 그곳 대공각하(메디치가의 피에로 장남 로렌초)를 방문하면서 또 다른 귀현 신사도 만난 것으로 알려졌지만 이분들은 모두 그와 이전부터 교제하고 있던 문벌이었습니다. 그래서 코시모의 정원에 이분들이 초대되었던 것입니다. 자신이 느긋하게 담론할 수 있을 뿐만 아니라 긴 시간에 걸쳐 회담할 수 있다는 게 그들을 초대한 이유였습니다. 또한 이 사람들이 기대를 걸고 있는 이런저런 문제에 대해 그의 의견을 듣거나 질의응답을 서로 시도하기 위해서였습니다. 코시모는, 이 회의에서 그의 생기 넘치는 여러 질문들을 이야기함에 있어 온 하루를 다 써버릴 생각이었습니다.

이 때문에 파브리지오는 그의 바람대로 귀환하여 그의 다른 신뢰하는 친구들과 함께 코시모로부터 초대를 받았습니다. 이 친구들 가운데에는 부온델몬티, 바티스타 델라 팔라, 루이지 알라만니가 있었습니다. 그들은 모두 코시모가 매우 좋아하는 친구들로, 열심히 같은 연구를 해 나아가는 젊은이들이었습니다. 그들의 훌륭한 재능은 그들 자신이 매일, 매 시간 칭찬받기 때문에 칭찬 이야기는 이쯤에서 생략하겠습니다. 파브리지오는 시간과 장소를 가리지 않고 위대한 명예를 얻은 이로서 출석자 모두로부터 그 영예를 칭송받았습니다.

연회의 떠들썩한 분위기가 가라앉고 환영식 순서가 일단락되어, 명예를 문제로 삼는 일에 관심이 많은 귀족이 출석한 자리는 서둘러 끝이 났지만, 해가 길고 꽤나 더운 날이었기 때문에 코시모 씨는 자신의 희망을 보다 만족시키기 위해 그 더위를 피하는 시간을 이용하여 그의 저택 정원에 커다란 나무가 그늘을 드리운, 사람들 눈에 잘 띄지 않는 곳으로 손님들을 데리고 가 그늘에 자리를 잡았습니다. 그곳에는 여러 종류의 풀들이 수많은 사람들에게 밟혀 형체를 알아볼 수 없이 무성했으며 우리가 앉는 곳은 구름을 찌를 듯이 키가 큰 나무들의 녹음에 둘러싸여 있었습니다.

파브리지오는 남달리 그곳을 좋아하며 칭찬했고 그 수목에 다가가 키 큰 나무들을 유심히 관찰하였는데, 그 가운데 몇 그루 나무들의 이름은 분명히 알 수가 없어, 깊은 생각에 빠져 있었기 때문에 이 모습을 바라보던 코시모는,

"당신은 여기 있는 나무들 몇 그루쯤은 그 이름을 모르시는 모양인데, 그렇게 보기 드문 나무들은 아닙니다. 이 나무들은 고대 사람들에게 더 익숙하고 흔한 것들입니다."

이렇게 파브리지오씨에게 속삭이면서 그 나무들 이름을 그에게 가르쳐주었습니다. 코시모의 할아버지 베르나르도가 정원 나무들을 가꾸기 위해 얼마나 노력을 기울였는지 이야기하자 파브리지오는,

"나도 지금 그렇게 생각하고 있었습니다. 이곳과 이 정원 나무들이 커가는 것을 보면 어느 왕국(나폴리왕국)의 몇몇 군주들이 머릿속에 떠오릅니다. 고대의 작은 숲과 나무그늘이 그 군주들을 기쁘게 해주었기 때문입니다."

그러다 나무들에 대한 이야기는 그만두고 머릿속으로 무언가를 생각하는

듯했는데, 이윽고 다음과 같은 말을 했습니다.

"물론 당신을 비난하는 것은 아니지만 나는 이 나무들에 대해 나의 의견을 펼치고 싶습니다. 다만 나로서는 여러 친구들과 이야기를 나누고 온갖 문제들을 담론하려는 것일 뿐, 절대로 그들을 비방하려는 게 아니니, 비난하듯이 들리지는 않으리라 믿고 있습니다. 그런데 그 사람들(나폴리 군주들)이 강인하고도 늠름한 고대인들을 본받아 행동했다면 얼마나 좋았을까요? 나태하고 편안한 생활을 누리느라 고난과 역경 속에서는 상처입고 꺾여버린 약한 나무들이 아니라, 태양의 열기 속에서도 절대로 착오와 퇴폐를 따르지 않는, 진실로 완전한 고대인의 양식을 본받았다면 말입니다. 내가 이렇게 말하는 건, 일찍이 로마인들이 이런 쾌락에 빠져 기고만장해 있을 때 내 조국이 멸망해버렸기 때문이지요."

이에 코시모는 대답을 했지만 그의 이야기나 다른 이의 대답은 물론 때로는 그들의 말을 되풀이해서 말해야 하는 번거로움을 피하기 위해, 나는 여기서 다른 이에 대한 이야기는 꺼내지 않고 다만 발언을 했던 이들의 말만을 기록하려 합니다.

3. 고대인의 생활을 본받기는 어려운가.

코시모 : 당신께서는 제가 전부터 생각하던 문제점에 도화선을 당겨버렸습니다. 그래서 이 기회에 당신께서 여과 없이 제게 말씀해주셨으면 합니다. 나는 당신께 거침없이 질문할 생각이기 때문입니다. 그래서 만일, 질문을 하거나 대답을 하던 중에, 내가 다른 이의 말을 변명하거나 또는 비난하더라도 그것은 단순히 변명이나 비난을 하려는 게 아니라 당신으로부터 진리를 듣기 위함입니다.

파브리지오 : 그렇습니까. 나는 당신이 질문 받은 모든 일에 대해서 내가 변명할 뿐인 일을 말씀드렸기 때문에, 나로서는 그걸로 충분하다고 생각합니다. 말씀드린 일이 진리인가, 부정한가에 대해서는, 당신 판단에 맡기겠습니다. 나는 당신이 내게 이런 질문을 해주어 참으로 기쁩니다. 당신이 내게 하는 질문 중에는 배울 것들이 많아서, 아마도 당신이 내게 대답을 얻는 경우 또한 마찬가지라 할 수 있겠지요. 그리고 때로는 현명한 질문자가 질문에 대해 사람들에

게 무언가를 가르칠 기회를 얻고 더 나아가서 더욱 많은 사람들에게도 가르침을 줄 수 있기 때문입니다. 다른 사람들은, 이에 대해 질문 받을 일이 없었다면 절대로 이 지식들을 얻을 수 없었겠지요.

　코시모 : 나는 당신의 첫 질문으로 되돌아가려고 합니다만, 나의 할아버지와 내 나라 군주들이 취약하지 않고 강건하게 우뚝 서서 고대인이 해낸 일들을 본받으려 하는 것은 참으로 지혜롭다고 생각합니다. 또한 나는 다른 문제에 대한 변명은 잠시 미뤄두려 합니다만, 그저 내 가문 일은 변명을 해두려 합니다. 나는, 나의 할아버지께서 삶을 통해 취약한 생활을 너무나도 싫어하는 분이셨지만 당신께서 그토록 칭찬할 만큼 엄격한 생활을 좋아하는 분이셨다고는 크게 믿지 않습니다. 게다가 나의 할아버지께서는, 당신 인격형성에서도, 또 당신 자식들 인격에서도, 그런 생활은 추종할 수 없음을 실감하고 있었던 듯합니다. 이렇게 말하는 까닭은, 그가 태어난 때가 매우 퇴폐적인 시대였기 때문에, 그 무렵에 일반 사회생활로부터 도피하리라는 마음이라도 먹었다면 누구에게라도 경멸당하고 악담을 들었겠지요. 만일 디오게네스처럼, 한여름 한낮의 태양 아래에서 누군가가 알몸으로 모래 위를 걸어간다면, 또 한겨울에 눈 위를 맨발로 걸어간다면 누구라도 그를 미쳤다 생각하겠지요. 그리고 만일, 스파르타인처럼 몹시 힘들고 고생스럽게 괴로움을 참고 견디며 생명에 어떤 집착도 없는 사람을 만들고, 죽음으로 과감하게 돌진하는 인간을 만들어내기 위해 일부러 농촌에서 제 아이를 키우는 이가 있다면, 또한 그 아이들을 넓은 하늘 아래서 잠을 자도록 하고 머리나 손발을 어떤 것으로도 감싸지 않은 채 차가운 물로 목욕시켰다면, 그 사람은 인간이기보다 오히려 동물이 아닌가라는 비웃음과 우롱을 받았겠지요. 만일 누군가가 파브리카스처럼 양식만을 중시하고 금화를 무시했다면, 그 사람을 극소수의 사람들이 입에 발린 말로 칭찬하더라도 누구도 그에 동의하지 않을 것입니다. 그렇다고 해도 오늘날 생활을 보고 따름을 겁내면 고대인을 버리는 것이 됩니다. 그러나 그리 놀라지 않고 고대 제도를 본받으려는 자는 누구라도 그 제도를 따라할 수 있습니다.

　파브리지오 : 당신은 지금, 내가 낸 문제들 가운데 당신 할아버지에 대한 문제들을 많이 언급했는데, 당신이 말한 것들은 모두 진실이라고 생각합니다. 그

러나 나는, 오늘날 생활에 충분히 합치하고 그와 함께 매우 인간적인 다른 몇 가지 제도는 조금 전에 이야기했던 엄격한 제도만큼 많은 예를 들지는 않았습니다. 그래서 나는, 오늘 어느 도시의 지도자 계급으로 나아갈 수 있는 사람이라면 고대 제도를 어렵지 않게 이끌어낼 수 있으리라고 생각합니다.

나는 아직 내가 생각하는 로마인에 대해서는 무언가 예를 들어 이론을 펼치지는 않았습니다. 그래서 만일, 우리가 로마인 생활이나 그 공화국을 고찰한다면, 로마인의 이런저런 문제들을 오늘날 새로이 좋은 것으로서 남아있는 어떤 도시제도 가운데 추출하는 일은 그렇게 어렵지 않으리라고 생각합니다.

코시모 : 고대 제도와 비슷한 것으로서 현재, 당신께서 소개하려는 것에는 어떤 게 있습니까?

파브리지오 : 미덕을 명예로 삼아 칭찬하고 포상을 내리는 것, 가난을 업신여기지 않는 것, 군대의 제도, 명령을 존중하는 것, 시민들이 서로 존경하고 편 가르기를 하지 않는 생활을 하며 공익보다 사익을 존중하지 않는 것, 그 밖에 오늘날에도 쉬이 적용할 만한 사회적 관습을 따르는 것. 누군가가 이 제도들을 충분히 이해한 상태에서 올바른 방향으로 이끌어 간다면 큰 어려움 없이 받아들일 수 있으리라 생각합니다. 이 제도에는 진리가 매우 쉽고 명료하게 드러나서 도시국가에서 생활하는 어느 누구라도 받아들일 수 있을 것이기 때문입니다. 그래서 이것들을 체제화한 사람은 인간이 더욱 풍요로운 생활을 하고 행복해질 수 있도록 하는 그늘을 드리우는 나무를 심었습니다.

코시모 : 나는, 이제까지 당신께서 하신 어떤 이야기에도 반박하지 않겠습니다. 다만 이 이야기에 더욱 쉽게 판단을 내릴 수 있는 입장에 있는 여기 계신 분들께서 판단해주시기를 바랍니다. 나는 오히려, 고대인의 엄격하고 위대한 행동을 따르지 않는 사람들을 비난하는 당신께 내 의견을 말씀드리고자 합니다. 나는 이 방법으로 내 생각이 보다 뚜렷하게 펼쳐지리라 믿습니다. 그러면서 나는, 그 행동에 있어 고대인을 따르지 않는 사람들을 당신께서 왜 비난하는지 듣고 싶습니다. 더 나아가 당신의 전업인 전쟁에서 어떤 전투가 가장 훌륭하다고 생각하는지를 직접 듣고 싶습니다. 그리고 당신이 이제까지 고대인의 어떤 전술을 응용했는지, 고대인의 방법에 대해 어떤 유사성을 분명히 할 수

있었는지, 이 모든 점들에 대해 우리는 아직 당신의 대답을 듣지 못했습니다.

4. 전쟁의 호기와 준비

파브리지오 : 당신은 내가 기대한 점에 이르렀습니다. 내 의견은 다른 무엇도 덧붙일 만한 문제를 남겨두지 않았고 나 또한 이 점에서는 이렇게 말하는 게 좋지 않았을까라는 희망도 없기 때문입니다. 간단한 변명으로 얼버무릴 수 있을지도 모르지만 시간이 허락된다면 당신도 나도 만족할 만큼 충분한 토론을 했으면 좋겠습니다. 어떤 일이 이루어지기를 간절히 바라는 사람은 무엇보다 진지한 마음으로 그에 대한 준비를 해두어야 합니다. 우연히 기회가 찾아왔을 때, 자신들이 예전부터 계획했던 일을 곧바로 실현하기 위함입니다. 모든 준비가 신중히 진행될 때는 그 내용을 누구도 알 수 없기에, 좋은 기회가 오기 전에 그것이 분명치 않다거나 태만하다고 비난할 수는 없습니다. 그러나 좋은 기회가 왔을 때, 아무 일도 하지 않으면 그 사람은 충분히 대응할 만한 준비를 해두지 않았고 어느 상황을 고려하지 않았기 때문에 그 본색이 드러나게 됩니다.

그래서 나는 고대인 제도에 오늘날의 군제를 적용하기 위해 내가 창안한 계획을 뚜렷이 할 만한 어떤 좋은 기회도 아직 오지 않았기에 만일 내가 오늘날 군제를 고대인 제도로 편성하지 않더라도, 나는 당신이나 다른 분들이 이 점을 항의하지 않으리라 생각합니다. 따라서 이러한 나의 변명이 당신의 비난 섞인 질문에 충분한 대답이라 생각합니다.

코시모 : 과연 좋은 기회가 아직 오지 않았다는 건 나도 확인했고 당신의 의견 또한 타당하다고 생각합니다.

파브리지오 : 그러나 나는 좋은 기회가 이제까지 왔는가 안 왔는가에 대해서는 당신을 포함해서 의심해 봐도 좋으리라 생각합니다. 그렇기에 당신이 내 말을 듣고 싶다면 나는 미리 어떤 준비를 해 두어야 하는지, 어떤 좋은 기회가 찾아와야 하는지, 그리고 그 준비가 효과를 발휘하지 못하거나 기회가 찾아오지 못하도록 막는 어떤 문제가 있는지에 대해 내 생각을 명확히 하고 싶습니다. 또한 반대 정황이 일어났을 때에는 이 문제가 실현해내기 어려운 것이 되

는가, 그리고 어떻게 실현해내기 쉬운 것이 되는가, 이러한 점들에 대해서도 내 생각을 분명히 하도록 하지요.

코시모 : 지금까지 거론된 문제들보다 더 흥미롭군요. 나와 이 자리에 계신 분들 모두 당신께 더 말씀을 부탁드리는 걸 죄송스럽게 여기지만 당신께서 이 야기하기를 지루해하지 않는다면 우리는 마땅히 기쁜 마음으로 들을 것입니다. 아마도 이 논의는 틀림없이 길어질 테니, 당신께서 허락하신다면 이 자리를 함께한 친구들도 참가할 수 있도록 부탁드리고 싶습니다. 그리고 바람이 하나 있습니다만, 우리가 이런저런 성가신 문제를 꺼내면서 당신의 이야기를 중간에 끊어버릴 수도 있음을 이해해달라는 것입니다.

파브리지오 : 코시모 경, 당신이나 다른 젊은 친구들이 내 이야기에 참가해 준다면 나도 무척 기쁩니다. 그러면 젊은 친구들도 군대 문제에 큰 관심을 가 지고 내 말을 믿을 수 있게 되겠지요. 나이가 들면 어느새 머리카락은 하얘지 고 몸속 흐르는 피는 차갑게 식어버립니다. 게다가 이 사람들은 전쟁에 도움을 주지 않고 그중에는 이미 구제할 수 없는 이도 있습니다. 그들은 시간의 흐름 과 결점이 없는 법질서가 지금처럼 살아있음을 어쩔 수 없는 일이라 믿지요.

그러니 여러분, 편안히 그리고 부담 없이 질문 해주십시오. 이는 내가 잠시 휴식시간을 갖기 위함이며 여러분 마음속에 품고 있는 의문을 남겨두지 않았 으면 하기 때문입니다.

5. 직업군인이라고 해서 꼭 좋은 군인은 아니다.

파브리지오 : 자, 그러면 당신이 전쟁을 나의 전업이라고 지적한 부분부터 시 작하겠습니다. 사실 나는 이제까지 고대 제도에 있어 어떤 부분도 인용한 적이 없습니다. 이렇듯 전쟁을 수단으로 하는 제도 아래에서는, 전쟁이든 평화든 어 떤 시대의 인간일지라도 정직하게 살아갈 수 없습니다. 이를 위한 편법이 있다 고 하더라도, 공화국이나 왕국이 아니면 이 편법으로서 인용할 수 없음을 지 적해두고 싶습니다. 따라서 공화국이나 왕국이 규제받을 때는, 이 전쟁을 위한 편법이 시민이든 신민이든 마음대로 이용되어서는 안 되며 만일 선한 사람일지 라도 그 항상적인 실천자가 되어서는 안 됩니다. 어떤 시대에서든 전쟁으로 이

익을 얻으려고 하면 그 인물은 탐욕과 기만에 가득 찬 난폭자임에 틀림없으며 그에게 필요한 것이기 때문에 그를 선한 사람이라 할 수 없는 많은 내용이 담겨 있기에, 그를 선인이라 할 수 없습니다. 또 이 편법은 평화로운 시대에는, 그 내용을 유지해서는 안 되었기에 상류층 시민이든 소시민이든 어떤 사람에 의해서든 전쟁을 위한 편법을 실천하려는 사람은 절대로 선한 사람일 수가 없습니다. 따라서 그런 사람이 되면, 평화로운 때에도 먹고 살기 위해, 전쟁이 일어나면 많은 이익을 얻거나 전쟁이 끝나지 않기를 기대할 것입니다. 이 두 가지 생각에 하나만 해당해도 선한 사람이라 할 수 없습니다. 적을 대할 때처럼, 아군에게도 강탈을 일삼고 횡포하며 잔학행위를 아무렇지 않게 저지르는 군인은, 어떤 사회에서도 자신을 전쟁을 위한 편법으로 길러내려는 야망을 갖고 있습니다. 전쟁을 지속하기 위해 군사령관들마저 자신을 고용해준 시민들을 기만하면서 평화보다 전쟁을 바라게 되겠지요. 그래서 만일 평화가 오게 되면 월급을 받지 못하고 먹고살기 어려워지기 때문에 우두머리들은 불법적으로 행운의 신을 앞세우는 깃발을 내세워 가차 없이 농촌 지역을 약탈하고 돌아다니곤 하는 것입니다.

6. 용병군대의 상태

파브리지오 : 당신은 기억하십니까? 전쟁은 끝났지만 이탈리아에 수많은 병사들이 남아 도적떼들 이상으로 큰 집단을 이루어 '중대'라는 이름으로, 점령지 거주자들에게 공납을 강요하고 이탈리아를 돌아다니며 약탈을 일삼았던 역사적 사실을 말입니다. 또 로마인과의 첫 전쟁이 종결되었을 때, 큰 소동 끝에 카르타고인에게서 선출된, 마토와 스펜디우스라는 두 지휘관에 통솔된 카르타고 병사들이, 로마인과의 전쟁을 끝낸 그 로마인에게보다도, 카르타고인에게 너무나도 광폭한 전쟁을 일으켰다는 역사적 사실을 읽어보셨습니까? (B.C.241~237)

내 아버지 시대의 일이지만, 프란체스코 스포르차는 화려한 생활을 유지하기 위해 그를 용병대장으로 고용한 밀라노인을 속였을 뿐만 아니라 밀라노인의 자유를 빼앗고 그 나라 군주 자리를 차지했습니다. 한편, 특정 개인을 위한 편법으로 군사력을 운용해온 이탈리아의 무장들은 모두 그와 비슷했습니다. 그래서 만일, 그들 집안이 악랄한 수단으로 저마다 밀라노공이 되지 않았다면,

그들은 비난을 받기는커녕 크게 칭찬을 받았겠지요. 그들의 삶을 분석해보면 알 수 있겠지만, 그들은 남들에게 도움 되는 일은 무엇도 하지 않는, 밀라노공처럼 죄 많은 사람들이었습니다. 프란체스코의 부군 스포르차는, 조반나 여왕을 강제로 아라곤 왕의 품속으로 던져버렸습니다. 그리고 그녀를 몰아내 적중에 무방비 상태로 두고 와버렸는데, 이는 그저 자기의 야망을 채우고 그녀에게 큰돈을 받거나 그녀의 영지를 빼앗기 위함이었습니다. 브라치오의 경우도 이와 비슷한 방법으로 나폴리 왕국을 점거하려 시도했었습니다. 만일 그가 패배하지 않고 라퀼라의 땅에서 죽임을 당하지 않았더라면 그 목적을 이루었을 테지요.

이처럼 무리한 방법, 그 사람들 고유의 특기를 급료획득 수단으로 쓰려는 사람들이 줄곧 존재해왔음을 알 수 있습니다. 당신은 나의 이 이유를 보증해주는 '전쟁은 도적을 만들고 평화는 그들을 교수형에 처한다'라는 속담을 알고 계시겠지요. 다른 직업으로는 생활할 수 없는 사람들이나 병사 가업으로서 자신을 고용해주는 주인을 만나지 못한 자, 권세를 위한 악덕을 실현하기 위해 함께 힘을 합치는 방법을 잘 알고 있는 만큼 훌륭한 능력을 갖추지 못한 자, 이런 녀석들은 반드시 늘 강도짓을 할 수밖에 없으니, 정의를 바탕으로 이 사람들을 쫓아가 없애버려야 한다고 생각합니다.

7. 고대 명장들의 태도

코시모 : 당신께서는 급료를 목적으로 한 무장들의 이 특기를 가치 없는 듯 이야기하여 나의 본디 인식을 바꾸어버렸습니다. 이제까지 나는, 군인은 자신이 가진 특기를 너무나 훌륭한, 명예로운 임무를 위해 수행하는 이들이라고 생각해왔습니다. 이 때문에 당신께서 제대로 설명해주지 않는다면 나는 도무지 받아들일 길이 없습니다. 왜냐하면 명장의 특기가 고작 당신께서 설명하신 급료획득이라면 카이사르나 폼페이 그리고 스키피오나 마르켈루스, 나아가 신과 같은 숭배와 존경을 받는 로마 장군들, 그들의 명예가 어떻게 생겨났는지 나로서는 도저히 이해할 수 없기 때문입니다.

파브리지오 : 나는 아직, 내가 전제한 모든 점에 이야기를 끝낸 것이 아닙니다. 두 가지 문제가 있습니다. 하나는, 선인은 자신을 위해 앞서 말했던 편법적

행동을 하지 않는다는 것. 또 하나는 공화국이든 왕국이든 질서와 제도가 잘 확립된 곳에서는, 그 시민이나 신하가 군사력을 편법으로 쓰는 것을 허용치 않는다는 것입니다. 첫 번째 문제에는 이미 제 생각을 다 말씀드렸기 때문에 두 번째 문제를 이야기하겠습니다. 그리고 당신의 마지막 질문에 답하겠습니다.

폼페이, 카이사르, 카르타고와의 마지막 전쟁을 치른 뒤에 로마에 남아있던 폼페이나 카이사르와 비슷한 장군들, 이 모두는 선인이 아니라 그 용맹함으로 칭송받던 자들입니다. 게다가 그들 이전의 영웅들은 용맹과 선덕을 모두 갖추었지요. 후자의 경우는 자신의 특기를 통해 전쟁을 직업으로 생각지 않았기 때문에 그런 결과에 이르렀으며 앞서 내가 이름을 거론한 장군들은, 자신의 특기로써 전쟁을 이용해왔습니다.

공화국이 아직 이런 악덕에 물들지 않았을 때는 위대한 시민은 누구든 이런 장사와 같은 방법으로 평화로운 때에 자기 권세를 유지하려 들지 않았으며 법을 어기고 농촌을 돌아다니면서 강도짓을 하고 조국의 땅을 약탈, 살육하지 않았고 온갖 방법으로 자기 권세를 세우려는 시도조차 하지 않았습니다. 여론을 대표하는 대표자를 제도적으로 조직화하기 위해, 원로원 폭정을 억제하고 어떤 시대에도 편법으로서의 전쟁으로 전제 군주적 모욕을 주는 일은 용서받을 수 없기 때문에 아무리 신분 낮은 사람이라도 그 맹세를 깨려고 하지 않았던 것입니다. 한편 장군들은 승리에만 만족하고 조국애를 마음에 품은 채 본디 생활로 돌아갑니다. 또 장군들에게는 부하가 있는데, 그 병사들 또한 큰 야망을 품었으면서도 무기를 버리고 얻는 것 하나 없이 모두 자기 생활을 뒷받침해주는 본디 특기(생업)로 돌아갑니다. 누구도 전쟁 약탈품을 탐하거나 전쟁을 직업으로 삼는 편법으로 생활의 질을 높이려 하지 않았습니다.

상층 시민의 경우는, 마르쿠스 아틸리우스 레굴루스의 사례를 통해 명확한 추론을 내릴 수 있겠지요. 그는 로마 군대의 사령관으로서 아프리카에 부임하여 카르타고인을 거의 정복 직전까지 몰아세웠는데, 그때 자신의 영유지 노예가 반란을 일으켜 이를 진압하기 위해 조국으로 돌아와도 된다는 허락을 받으려고 원로원을 찾았습니다. 이 경우 불 보듯 뻔한 사실은, 만일 그가 전쟁을 자신을 위한 편법으로서 이용해왔다면, 그리고 전쟁으로 부를 쌓으려 했다면 그는 이미 수많은 영지를 전리품으로서 획득했을 것이기 때문에, 제 고향 농지 반란을 진압하기 위해 원로원에 허락을 받으러 갈 필요는 없었으리라는 겁니다. 만일 그가 하려고 마음만 먹었다면 자기가 소유한 모든 가치 이상의 것을 차지할 수 있었을 것입니다.

8. 로마인과 군대

파브리지오 : 이처럼 선덕을 갖추고, 전쟁을 자기를 위한 편법으로서 이용하려 들지 않았던 로마군대의 지휘관들은 육체노동, 위험, 명예 말고는 전쟁으로부터 무엇도 기대하지 않았습니다. 그들은 충분히 명예로운 전쟁 결과를 거두었을 때에도 고향으로 돌아가 본디 생업에 몰두하기를 바랐습니다. 하층계급 사람들이나 군대 병사들 또한 같은 상황 속에서 생활하려 했습니다. 이런 사람들 누구라도 군대에서 제대하기를 바랐으며 군대에서 근무하지 않을 때에는 제대하기를 바랐던 것 같습니다. 이는 여러 사례들로써 분석해볼 수 있습니다.

본디 로마인의 경우, 시민으로서 갖고 있는 중요한 특권으로서 자기 의지와 달리 군 복무를 강제 당하지는 않았습니다. 그래서 로마는 선한 정치가 계속되는 한(이는 그락쿠스 시대에 끝이 나지만) 로마군대를 생업으로 인식하던 이는 한 사람도 없었습니다. 그에 따라 로마에서 악덕을 저지르는 군인은 매우 소수였으며 그들 모두는 엄격한 처벌을 받았습니다. 그러나 선한 정치가 계속되는 평화로운 도시에서도 군대에 의해 전쟁 계획은 세워지지요. 전쟁이 일어났을 때는 가장 필요하고도 명예로운 것으로 여겨져 로마 공화국 사람들도 전쟁을 직업이라 생각하고 곧 이런 방향으로 나아가지 않을 수 없게 됩니다. 또한 이런 사회정세 속에서 이제까지의 생각을 군대에서 그대로 갖고 있는 사람조차, 선인이라 부를 수 없으며 자치지배를 실현하는 어떤 도시에서도 선정(善政)을 행하고 있다 할 수 없게 되었습니다.

9. 왕국과 군대

코시모 : 이제까지의 이야기는 아주 재미있게 들어 무척 만족스럽고 지금 당신께서 내린 결론에도 동감합니다. 그리고 공화국 이야기 또한 참으로 옳으신 말씀입니다. 그런데 왕국 이야기는 잘 모르겠습니다. 군주는 특별히 그 군대를 자기 생업이라 생각하는 사람들에게 추종을 받는 존재가 아닙니까?

파브리지오 : 선정이 두루 미치는 왕국에서는 전쟁으로 장사를 하려는 직업

적 군인들은 물론 없는 편이 좋습니다. 그들이야말로 왕실을 미끼로 삼으며 참주(僭主) 궁정인이 되어버리기 때문입니다. 현재 왕국에 대해서는 어떤 경우에도 이야기하지 않으셨으면 합니다. 나는 현재 왕국이 선정을 펼치고 있다는 판단에는 반대합니다. 선정을 실시하는 왕국이라 해도 군대 안에서가 아니면 그들의 왕에게 절대지휘권을 주지 않기 때문입니다. 왕국의 경우만은 긴급 결의권이 필요합니다. 그리고 이것이 왕의 유일무이한 권한인 것입니다. 그 밖의 경우에는 의회 승인 없이 어떤 일도 거행할 수 없습니다. 국왕에게 조언을 해주는 이런 사람들은, 평화로운 때에도 전쟁을 꾸미는 인간이 왕의 곁에 없도록 늘 경계해야만 합니다. 의회 없이는 왕의 생명을 끝까지 지켜낼 수 없습니다.

그러나 나는, 이 문제를 찬찬히 추진해가야 하며 오늘날 존재하는 왕국에서 또한 곧바로 완전하게 뛰어난 왕국을 추구해서는 안 된다고 생각합니다. 물론 국왕으로서는 오늘이라도 당장 전쟁을 자기 생업이라 여기는 사람들을 경계해야만 합니다. 정예 군대가 보병이라는 것은 의심할 여지가 없습니다. 만일 군주가, 그 부하인 보병을 평화로운 시기에 고향으로 돌려보내어 저마다의 생업으로 돌아가도록 하는 제도를 생각해내지 않는다면, 그 군주는 끝내 자멸해버리고 말 것입니다. 전쟁을 직업으로 생각하는 사람들로 이루어진 보병군대만큼 위험한 무리도 없기 때문이며 또한 그렇게 된다면 만일 당신이 군주라 할지라도 늘 전쟁을 치르고 있어야 함은 물론, 계속해서 병사들에게 급료를 줘야 하고 더 나아가서는 그 보병들이 당신으로부터 왕국을 빼앗아가지 않을까라는 위험에 사로잡히게 되기 때문입니다. 그리고 늘 전쟁 상태에 있다는 건 불가능한 일이고 병사에게 마냥 급료를 주기도 어렵습니다. 따라서 틀림없이 당신은 권력을 잃는 위험 속에 빠져버리게 되겠지요.

10. 직업군인은 나라를 멸망시킨다.

파브리지오 : 앞서 내가 이야기했듯이, 내가 말하는 로마인은 그들이 현명하고 선덕을 갖추고 있는 한, 시민이 자기 생업으로 보병군대를 편성함을 절대로 용서치 않았습니다. 실제로 언제나 전쟁을 하고 있었기 때문에 그들은 전쟁으로 먹고 살아갈 수가 있었지만 이를 허락해서는 안 되는 것입니다. 게다가 시민들로 이루어진 영속적 보병군대를 편성할지도 모른다는 위험을 없애기 위한 종래의 군대제도를 유지할 수 없게 되자, 로마인들이 그 구성원을 바꾸게 되었

습니다. 이제까지 그들의 제도로서 15세를 징병 나이로 정하여 군대를 편성해 왔는데, 이번에는 18세에서 35세까지라는 인생의 전성기로 두 손도 시력도 서로 조화가 잘 이루어진 시기의 남성을 채용하게 된 것이지요. 이 나이 때 체력은 웬만해선 잘 저하되지 않으며 악랄한 행위 또한 뒷날의 퇴폐적 시대에 그들이 저지르는 일 만큼 뻔뻔스럽지는 않습니다.

먼저 옥타비아누스가, 뒤이어 티베리우스가 공익보다 자기 권세에 더욱 집중하여 자신이 로마인들을 보다 쉽게 지배하기 위해, 그리고 로마제국 보병군대를 영속적으로 유지하기 위해 로마인 무장해제에 들어갔습니다. 이때 로마인은, 자신들이 로마의 시민이나 원로원을 통제하기에 충분치 못하다고 판단했기 때문에 근위사단이라 불리는 장군 직할군대를 꾸렸는데, 이 군대는 로마시 성벽 주위에 주둔해 있어, 요새 하나를 완전히 맡고 있었습니다. 그로부터 로마인들은, 그 군대로 불려가 군무를 자기 생업으로 자유로이 이용함을 허락받았습니다. 곧 그 병사들은 로마인에게 위협을 가하게 되고 원로원에게도 위험천만한 존재가 되어 로마제국의 유해한 존재가 되어버립니다. 그 결과, 여러 많은 황제가 그들에게 살해당하거나 그들이 황제를 선임하고 추방하기에 이르렀지요. 그래서 때로는, 같은 시대임에도 불구하고 온갖 군대에 의해 선출된 수많은 황제들이 존재하기도 했습니다. 그렇게 로마제국은 분해되고 마침내 멸망에 이르고 만 것입니다.

이리하여 군주들이 안심하고 통치하려면 보병군대가 전쟁을 할 수 밖에 없는 상황에 이르렀을 때, 군주에 대한 충성심에 기쁜 마음으로 전장에 뛰어들고 평화가 왔을 때에는 기꺼이 고향으로 돌아가는, 그런 병사들로 군대를 편성해야만 했습니다. 따라서 군주는 군대 말고도 다른 직업으로 생활을 할 수 있는 인물을 뽑아야 하는 것입니다. 그래서 군주는 평화가 찾아왔을 때, 부하인 제후들이 저마다 자기 영토 백성들을 통치하기 위해 귀환하고 호족들이 그 장원 감독으로 귀국하며 보병들은 저마다 본디 직업으로 돌아가도록 해야 합니다. 그래야만, 이 사람들은 평화를 유지하기 위해 기꺼이 전장으로 뛰어들게 되겠지요.

코시모 : 분명 당신의 논리에는 깊은 고찰이 담겨 있습니다. 그럼에도 당신의 이야기는 내가 이제까지 생각하던 것과 대부분 대립하기 때문에 아직 어떤

의문도 내 마음속에서 사라지지 않았습니다. 이렇게 말하는 이유는, 여태까지 나는 제후나 호족들이 평화로운 때에도 전쟁을 수단으로 삼아 세력을 유지하는 걸 자주 보았기 때문입니다. 이는 제후나 공화국으로부터 당신의 동료들이 월급을 받는 것이나 마찬가지입니다. 그리고 나는 중기병(重騎兵)이 계속해서 월급을 받으며 근무하고 있음을 알고 있으며 도시나 요새의 방어를 위해 수많은 보병들이 주둔해있는 것도 압니다. 이러한 사례들을 보면, 평화로운 시기에도 모든 사람을 위해 군대를 배치해두어야 하지 않을까요?

파브리지오 : 나는 평화로운 시기에 몇몇 병사들이 배속되어있다는 점에 있어서 당신처럼은 생각지 않습니다. 그렇게 하지 않으면 안 되는 다른 이유는 존재치 않는다는 가정 아래 말씀드리자면, 당신이 지적한 장소에 남아 있는 부대라 함은 매우 소수를 뜻합니다. 이것이 당신에게 해드릴 수 있는 대답입니다. 전쟁에 필요한 보병에 비해 평화로운 시기에 주둔한 병사들이 얼마나 적은 수인지를 잘 생각해보십시오. 요새나 도시는 평화로운 시기에도 방위되고 있는데, 일단 전쟁이 일어나면 훨씬 더 많은 수의 병사들이 그곳을 지키게 됩니다. 전쟁 중에는 전장에 배치되었던 병사들이 그곳에 더해지죠. 그리고 전장에는 말할 것도 없이 엄청난 수의 병사들이 배치되는데, 그들 모두 평화가 찾아오면 제대하게 됩니다. 그래서 아주 극소수의 부대로 국한된 국가의 방위조치마저, 법왕 율리우스나 여러분 피렌체인 누구라도 전쟁을 바라면서 다른 직업을 갖지 않으려는 병사가 얼마나 무서운 존재인가에 대해서는 이제까지의 경험으로 잘 알고 계시겠지요. 여러분은 그 방위병의 난폭함을 몸소 체험하고 그들 대신 스위스 용병대를 배치시킨 것입니다. 이 사람들은 법을 바탕으로 꾸려졌으며 수많은 자치주에서 올바른 선발을 거쳐 징집되었습니다. 이런 구조이기 때문에, 평화로운 때 저마다가 어떤 일을 하는가에 대해서는 더 말할 것도 없겠지요.

그리고 말씀하신 중기병에 대한 의견입니다만, 그들이 평화로운 시기에도 월급을 받으면서 대기하고 있다는 점을 해명하기란 참으로 어렵다 생각됩니다. 그러나 깊이 고찰해보면, 이에 대해서도 쉽게 답변을 드릴 수가 있습니다. 중기병을 평화 시에도 편성하고 있는 제도라 함은, 퇴폐적인 제도이며 절대로 건전한 제도가 아닙니다. 이 사람들이 전쟁을 자신의 생업으로 여기고 있기 때문입니다. 그들이 나타나는 어느 나라나 전쟁을 일으킬 수 있도록 무질서를 만들어

내려고 날마다 호시탐탐 기회를 엿보고 있습니다. 따라서 중기병으로서 이 계획이 잘 진행되지 않거나 군대로 편성되기 어려워지면 그들로서는 이보다 큰 손해를 용납할 수 없게 됩니다. 그럼에도 내가 이제까지 설명했듯이, 프란체스코 스포르차와 그의 부친인 페르시아의 브라치오 등은 때때로 이 중기병을 편성하고 있습니다. 덧붙여 이 중기병을 왜 편성했는지 이유는 명확하지 않지만, 이는 분명 퇴폐적인 제도이며 고위 관료들의 쓸데없는 짓이 될 게 틀림없습니다.

11. 시민군대에 대해

코시모 : 그렇다면 당신께서는 중기병 없이 그 모든 일들을 해 나아가실 생각입니까? 아니면 어떤 이들, 어떤 방법으로 편성하실 셈입니까?

파브리지오 : 나는 프랑스 왕이 사용한 방법과 다른 군대편성 방법을 쓸 생각입니다. 프랑스 왕국의 방법은 위험성을 안고 있으며 우리의 것으로 하기에는 어려운 점이 많습니다. 그래서 나는 고대 제도에 준한 것을 추천합니다. 그들은 신민으로부터 기병대를 창설했습니다. 또한 전쟁이 끝난 평화로운 시기에도, 그들 자신의 생업으로 살아갈 수 있도록 제대시켜 고향으로 돌아가도록 했습니다. 이 논의는 앞서 조금 이야기해 두었으니, 잠시 뒤에 더 깊게 논의해 보도록 합시다.

자, 만일 이 기병군대가 군사행동을 통해 생활을 이어나갈 수 있다고 하더라도 평화로운 시기에 이 군대는 퇴폐적인 제도로서 탄생될 수가 있습니다. 평화로운 시기에 지휘관에게 급료를 주면서 어느 정도의 기간 동안 군대를 유지할 것인가에 있어서, 이 제도는 퇴폐적이라고밖에 표현할 수가 없습니다. 왜냐하면 현명한 공화국에서는 이런 평화로운 때에 누구에게도 급료를 주지 않습니다. 지휘관은 전쟁이 일어나면 공화국 시민들을 징집해야만 하며 평화를 되찾고 나면 그 시민들을 모두 본디 직업으로 되돌려 보내야만 합니다. 이와 마찬가지로, 지혜로운 군주라면 병사에게 평화로운 때에 보장금을 주어서는 안 됩니다. 만일 지급한다면 그에 상응하는 이유가 있어야만 하지요. 즉 어떤 훌륭한 공적을 세웠다거나 평화로운 때와 상관없이 전시와 마찬가지의 가치 있는 인물로 인정받은 경우 말입니다.

이쯤에서 나에 대해 말하고 싶습니다만, 물론 나는 이제까지 전쟁을 내 직업으로 삼아 이용해본 적이 한 번도 없습니다. 내 직업은 부하를 통솔하여 군주나 봉건 제후를 섬기는 일입니다. 그들을 섬기기 위해서는 평화를 사랑하고 전쟁이 왜 일어나는가를 알아야만 합니다. 내가 섬기는 왕(가톨릭왕 페르디난도)은 내 일에 보장금을 지원해주지 않습니다. 전쟁을 잘 이해하고 있으며 평화로운 시기에는 그의 자문(諮問)에도 응하고 있습니다. 그래서 그가 만일 현명하고 자기 자신을 소중히 여긴다면 내가 하는 일을 수행할 수 없는 자를 자신의 곁에 두려고는 하지 않을 것입니다. 왕이 자신의 곁에 극단적인 평화애호자나 극단적인 전쟁애호자를 둔 경우, 그는 큰 잘못을 저지르는 것이나 마찬가지입니다. 나는, 이제까지 내 처음 설명에 이어서 더 이상 말씀드릴 것이 없습니다. 만일 내 설명이 당신을 만족시켜드리지 못했다면, 현대 전쟁을 고대인 체험과 비교하는 일이 얼마나 어려운가를 조금이라도 이해해 주셨으면 합니다. 그래서 지혜로운 사람이라면, 어떤 준비를 해두어야 하는지, 또 고대인의 체험을 실현하려 들 때 어떤 기회에 그것을 원할 수 있는지, 이런 점들에 대해 쉽지 않음을 이해할 수 있으리라 생각합니다. 그래서 나의 논의가 당신에게 폐가 되지 않았다면, 나는 고대 제도의 몇 가지 분야를 현재의 제도와 비교해볼 생각입니다. 그러면 당신도 이 문제를 완전히 이해해나갈 수 있게 되겠지요.

　코시모 : 우리는 이 문제에 대한 논점을 들어보려 했는데, 마침 당신의 말씀이 우리의 생각과 딱 들어맞는군요. 이제까지의 말씀 매우 감사드리며 남은 부분에 대해서도 당신 말씀을 듣고 싶습니다.

　파브리지오 : 이제까지의 내 설명이 당신 마음에 든 모양이니, 이 문제를 처음부터 설명해보고자 합니다. 이렇게 하면 문제점을 더 명확히 해드릴 수 있을 테니, 전보다 더 쉽게 이해할 수 있을 것입니다.

　전쟁을 일으키려는 사람의 목적은, 전쟁으로 그 적과 싸워 전투로써 승리를 거머쥐는 데 있습니다. 그리고 이러한 결과를 기대한다면 군대를 만들어야만 하지요. 또 군대를 편성함에 있어, 병사들을 징집하여 전투편성을 위해, 소부대, 대부대의 행진, 전투대형 훈련이나 숙영(宿營 군대가 훈련이나 전쟁을 수행하기 위하여 병영 밖에서 머물러 지내는 일) 연습 등을 하면서 적의 출현에 대비하여 어느 때는 멈추고 어느 때는 전진을 하며 이것들을 잘 짜 맞추어 연습을 해야만 합니다. 이 과목들은 전장에서 필요한 전투기술의 조합이며 따라서 가장 필요하고 명예로운 전투기술입니다. 적군에 대비해 전위부대를 유리하게 배치하는 법을 알고 있는 자는, 전투작전 중 실수가 있더라도 본디 상태를 잘 유지할 수 있습니다. 이런 일상의 훈련을 계속해오지 않은 자는 다른 특수조건 속에서 충분히 활동하려고 해도 그 전투에 명예를 가져올 수 없습니다. 당신이 만일 어떤 전투에서 승리하게 되면 당신이 이제까지 범한 과오는 사라져버리겠지만 이와 마찬가지로 한 번이라도 승리하지 못하면 당신이 여태껏 쌓아온 선행은 모두 헛된 게 되어버리기 때문입니다.

12. 시민군대의 편성

파브리지오 : 이 때문에 맨 먼저 필요한 것은 병사로 삼을 사람들을 얻는 일이며 그러려면 병사들을 징집해야만 하지요. 고대인은 이를 위해 병사들을 공모했습니다. 반대로 우리는 선발 방식을 택했습니다. 명예로운 명칭을 붙여 그들을 공모하는 것입니다. 나는 그들을 선발병이라 부르고 싶습니다. 이제까지 전쟁의 원리를 설명해온 사람들은 따뜻한 나라의 시민들을 병사로서 징집하려 했습니다. 따뜻한 나라에 사는 사람들이 열정과 신중함을 모두 갖추고 있기 때문입니다. 이에 반해 더운 나라 사람들은 선천적으로 신중함은 갖고 있지만 정열이 없으며 추운 나라 사람들은 열정은 있지만 신중함이 부족합니다. 이 원칙은 온 세계 군주 자리에 있는 사람들에게는 적절히 고려해야 하는 훌륭한 견해입니다. 이 원칙에 따라 군주는 자신이 생각하기에 알맞은 인물을 여러 지역에서 신중히 선발해야만 합니다. 그래서 누구나 군대편성에 이용할 수 있을 만한 원칙을 제시하게 되면 공화국이든 왕국이든 자국의 군대를 고온지역이나 한랭지역, 온난지역 출신이더라도 선발하지 않을 수 없다는 결과에 이르게 됩니다. 고대인의 사례를 보면 알 수 있듯이, 나라마다 모인 군대를 훌륭한 병사로 단련시켰습니다. 인간 본성에 부족한 점이 있더라도 전투기술을 단련함으로써 보강할 수 있기 때문입니다. 이 전투기술은, 터득하기만 하면 본성 이상의 가치를 발휘합니다. 그러나 여러 농촌에서 병사들을 뽑을 경우에는 그렇게 될 수 없지요. 앞서 이야기한 경우에 덧붙여 더욱 강조하고 싶은 것은, 한 속령지에서 보다 훌륭한 자를 선발하는 게 문제이며 또 병역을 바라지 않는 자라

도 그것을 희망하는 자와 마찬가지로 징병검사를 실시하는 군주의 권한에 대해서도 고찰할 필요가 있겠지요. 그래서 복속하고 있는 곳이 아닌 지방에서는 선발할 수가 없습니다. 왜냐하면 당신의 것이 아닌 나라에서 병사를 모을 수는 없기 때문입니다. 따라서 속령지에서 채용을 기뻐할 만한 사람들에 한해 모집을 할 필요가 있습니다.

코시모 : 지원병들 가운데서도 선발되는 이가 있는가 하면 합격 못하는 이들도 있기 때문에 이런 의미에서 그들을 선발병이라 부르는 모양이군요.

파브리지오 : 어떤 측면에서 보면, 당신 말이 옳다고 할 수 있습니다. 그러나 이런 선발방법에서도 제도 그 자체의 여러 결점을 고려하지 않으면 안 됩니다. 지금까지도 선발수속이 제대로 실현되지 않았던 일이 몇 번 있었습니다. 첫 번째 문제점은, 여러분에게 복속하고 있는 인민으로서 병사가 되기를 희망하는 이들이 반드시 최적격자라고는 할 수 없고 오히려 속령지에, 좋지 않은 본성을 가진 자가 적격인 경우가 있다는 것입니다. 그들이 게으르고 믿는 종교가 없으며 가출까지 한, 틈만 나면 마구 욕설을 내뱉는 도박꾼에 온갖 악행을 저지르는 불량배일지라도 그들은 기꺼이 병역에 복무하려 합니다. 이 불량배들의 습성이 올바른 군제도에 완전히 정반대라고는 할 수 없습니다. 이런 경우, 미리 정해둔 병사 수를 넘어설 만큼의 사람들이 군역에 응모했을 때는, 여러분은 그 안에서 원하는 사람을 선발할 수가 있습니다. 그러나 그만큼 응모자 수가 많지 않으면 선발은 좋은 제도가 아닙니다. 게다가 많은 경우, 여러분이 필요로 하는 만큼의 병사들을 모을 수 없을 것입니다. 따라서 여러분은, 이 불량배들을 모두 채용할 수밖에 없게 되지요. 그리고 이렇게 되면 그들을 선발병이라 부를 수 없으며 돈으로 모은 보병이 되는 것입니다. 이탈리아나 독일을 뺀 다른 지역에서는 군대편성을 할 때 이 제도를 쓰고 있습니다. 오늘날 이 제도는 군주의 지휘권에 따르지 않고 응모자 의지에 일임된 듯 보입니다. 따라서 현재 우리로서는 고대 군대제도를 어떻게 하면 현재 상황 군사제도에 인용할 수 있을까, 이 점이 고려되어야만 합니다.

코시모 : 그렇다면 어떤 방법을 취해야 할까요?

파브리지오 : 내가 말하고 싶은 건, 군주는 인민들 가운데서 병사를 선발할 뿐만 아니라 군주의 권위로써 그것을 실시한다는 점입니다.

코시모 : 그렇다면, 그 선발에서 고대의 제도를 취한다는 말씀이십니까?

파브리지오 : 그렇습니다. 잘 알고 있듯이, 군주국의 경우 병사에게 명령을 내리는 이는 그들의 군주 또는 귀족이며 공화국의 경우는 잠정적이지만 시민이라 할 수 있습니다. 그래서 다른 방법으로는 잘 이루어지지 않습니다.

코시모 : 왜입니까?

파브리지오 : 이 점은 조만간 말씀드리겠습니다. 다른 방법으로는 잘 진행될 수 없다는 것만 알아두시길 바랍니다.

13. 시민병 출신과 적령기

코시모 : 그렇다면 자기 나라 안에서만 선발을 실시해야만 한다는 말씀이십니까? 그 나라 도시나 농촌에서 병사들을 선발하는 게 좋다고 판단해야만 할까요?

파브리지오 : 이제까지 이 점에 대해 써온 사람들은 모두, 농촌에서 병사들을 골라 뽑는 게 더 낫다고 말합니다. 농촌에서 선발된 병사는 자유롭지 못한 상태에 익숙하고 고생을 잘 견디며 뜨겁겐 내리쬐는 태양 아래에서도 잘 지냅니다. 나무 그늘을 필요로 하지 않고 능숙하게 용구를 쓰며 참호를 파거나 무거운 것들도 잘 옮기고 교활하거나 악하지도 않다는 것이 그 이유이지요. 만일 보병과 기병 두 종류 병사들을 모두 써야 한다면 보병은 농촌에서, 기병은 도시에서 선발해야 한다고 생각합니다.

코시모 : 당신께서는 병역 적령기를 몇 살부터 몇 살까지라고 생각하십니까?

파브리지오 : 내가 새로이 시민군을 짜야 한다면, 17세에서 40세까지를 채용하겠습니다. 그리고 이미 군대의 제도가 존재하며 그것을 내가 개혁한다면 17세 나이에 한하겠습니다.

코시모 : 지금 말씀하신 연령의 차이점을 잘 모르겠습니다.

파브리지오 : 답변 드리지요. 군대가 아직 창설되지 않은 시점에서 시민군을 만들어야 할 때에는, 적당하다고 생각되는 연령층 사람들 모두에서 뽑아야 하겠지요. 병역기간은 앞서 이야기했듯이 무엇보다도 훈련에 잘 견딜 수 있어야 한다는 게 그 필요조건입니다. 그럼에도 만일 이미 편성된 군대에서 징병검사를 해야 한다면 그 보충병은 17세를 적령기라 생각합니다. 다른 많은 시대를 보아도 이 나이대 사람이 많이 선발되었다는 기록이 있습니다.

14. 시민군의 효용
코시모 : 그렇다면 당신께서는, 우리나라 것과 같은 제도를 실현하고 싶으신 거군요.

파브리지오 : 사실은 그렇습니다. 그렇게 자세히 아는 건 아니지만 당신 나라에서 행하는 편성 제도 안에서, 군대를 무장하고 그들로부터 지휘관을 뽑아 훈련하고 편성해야 한다는 게 본디 제 뜻입니다.

코시모 : 당신께서는 그 군사제도를 칭찬하시는 것입니까?

파브리지오 : 제가 왜 그것을 쓸데없다고 생각하겠습니까?

코시모 : 그렇다면 무엇 때문에 수많은 지식인들이 늘 이 군제에 결점이 많다고 하는 걸까요?

파브리지오 : 군제로 지식인들이 나를 비난하는 건 아마 반대 생각을 하고 있기 때문일 것입니다. 내 생각이 교활하다면서 왜곡하여 생각하는 거죠.

코시모 : 험담은 어느 세상에나 있는 법이지요. 우리를 위한 것이라면 어떤 의견이든 지지합니다.

파브리지오 : 이 문제는 여러분의 약점이 아니며 제도 그 자체의 결점도 아니니 안심하셔도 좋습니다. 이 점에 대해서는 이미 처음에 당신 자신이 해결해 두었음을 기억하고 계시겠지요.

코시모 : 당신께서는 이 문제에 대해 가장 감사받을 일을 하셨습니다. 다만 나는 이렇게 험담을 늘어놓는 사람들이, 잘못을 인정했음을 말해두고 싶군요. 당신께서 그 이론의 방위를 보다 잘 해나갈 수 있기 때문입니다. 그들은 이렇게 말합니다. 그 제도는 무익하며 우리가 그것을 실천한다면 나라를 망치게 될 수 있다, 이는 실행하기 너무나 힘든 계획이며 그로써 국가를 마음대로 움직이는 사람은 무척 간단하게 국가를 무너뜨릴 수 있으리라고 말입니다. 그 사람들은 또, 로마인을 예로서 인용합니다. 로마인들은 시민군 때문에 자유를 잃었다면서, 베니스나 프랑스왕을 예로 들어 그 시민군들이 쿠데타를 일으키지 않도록 다른 나라 군대를 이용했고 또한 그 왕은 그 인민들을 쉽게 정복하기 위해 그들을 무장해제해버렸다고 말하는 것이지요. 게다가 시민군들을 무익한 것이라 칭하며 경계합니다. 그들이 무익한 것이라 주장하는 두 가지 이유가 있습니다. 하나는 경험해보지 못한 이에 의한 편성이고 또 하나는 병사들에게 폭력을 가져다준다는 것입니다. 군사훈련을 근본적으로 익히는 것은 시민군에게는 불가능한 일이며 강제적으로 병사가 된 자로부터 더 나은 결과를 바랄 수도 없다는 게 그들의 주장입니다.

파브리지오 : 지금 당신의 사안에 대한 비판은, 그 문제설정이 나와 그렇게 다르지 않은 사람들의 이해인데, 이 점은 앞으로 당신에게 분명히 설명하지요.
먼저 무용론에 대한 것입니다. 나는 어떤 군사력을 가진 군대라도 독자적 체제의 군대만큼 이로운 것은 없다 말하고 싶습니다. 그리고 내가 말한 방법이 아니고서는 독자적 체제의 군대를 편성할 수 없습니다. 이 사실은 이미 논의의 여지가 없지요. 나는 이 문제로 더는 시간을 낭비하고 싶지 않습니다. 고대 수많은 역사적 사례 모두가 내 편이 되어줍니다. 내가 말한 모병제는 병사 경험

없음과 불량배들의 폭력성이 지적받고 있지만, 경험 없음이 용기를 잃게 하고 폭력이 사회를 불안케 할 수도 있겠지요. 그러나 이 사람들을 무장시키고 훈련시켜 편성함으로써 용기나 체험은 이루어질 수 있습니다. 이 점은 이 논의가 계속됨에 따라 당신도 이해할 수 있을 것입니다. 다음으로 폭력성에 대한 이야기입니다만, 군주의 명령으로 군직에 있는 병사는 누구든 폭력을 휘두르거나 제 마음대로 행동하면 안 된다는 점을 당신도 잘 알고 있었으면 좋겠군요. 내가 앞에서도 말했듯이, 자유의지란 꽤나 귀찮은 것입니다. 선발을 하지 않는다면 지원자 수는 오히려 줄어들 테고 마찬가지로 단순한 폭력은 나쁜 결과를 초래할 것입니다. 그래서 그 중간 방법을 취해야 한단 말입니다. 그 방법은, 자유주의에만 의하지 않고 그렇다고 단순히 폭력이라 할 수도 없습니다. 인민이, 여기서 지금 지적되고 있는 지장과 방해보다도 군주의 분노를 더 두려워하는 경우에, 그들은 자기 군주에 품고 있는 외경심에 크게 영향을 받을 것입니다. 그래서 이런 경우 여기서 말하는 방해란, 나쁜 결과를 가져다주기 때문에 느낄 수밖에 없는 불안을 초래하지 않는 자유의지와 결합된 폭력으로 변해버립니다. 나는 이 지장과 방해를 깨부술 수 없다고 말하는 것이 아닙니다. 로마 군대는 이따금 승리를 거두었습니다. 한니발 군대도 마찬가지입니다. 이러한 경우를 보면, 다른 어떤 군대도 절대 패배하지 않는 군대를 편성해낼 수는 없음을 알 수 있습니다. 따라서 당신이 말하는 지식인분들도, 그저 한 번의 실패로 나의 제안이 무익한 것이라 오해해서는 안 될 것입니다. 실패한 경우에는 그 이유를 명확히 알아내어 승리할 수 있을 테이고 또 실패를 거듭할 수 있음을 염두에 두어야만 합니다. 그래서 이 점을 추구한다면, 절대로 군제의 결점에 그 이유가 있는 게 아니라, 아직 완성에 이르지 못한 우리의 군제 그 자체에 이유가 있음을 알 수 있겠지요. 앞서 말했듯이, 당신이 말한 그분들은 이제 군제를 비난하는 일은 그만두고 그것을 다시 강화하는 일에 힘써야 할 것입니다. 어떻게 이 체제를 실현해낼 것인가, 이 점에 대해서는 당신도 차츰 이해할 수 있으리라 생각합니다.

자, 그렇다면 군제 스스로 지휘관을 뽑을 경우, 그 지휘관에 의해 정치권력을 빼앗기는 게 아닌가라는 의문을 이야기해보지요. 무기는 시민이나 신하의 배후에 있는 법률이나 조령에 의해 주어지는 것이며 절대로 위험하지 않습니다. 오히려, 그것들은 매우 유익하며 이른바 무기에 의해 무장하지 않는 경우보다 확실하게 반란이나 내란으로부터 도시를 지켜낼 수 있을 것입니다.

로마에서는 400년 동안이나 자유가 계속되었는데, 그때에도 무장은 하고 있었습니다. 스파르타에서는 800년 동안이나 무장을 하고 있었지요. 그 밖에 비무장국가도 많았지만 자유로운 상태는 40년이 채 안 되었습니다. 왜냐하면 도시는 무장을 필요로 하기 때문입니다. 그래서 도시는, 그 독자적 군대를 갖지 않을 때 급료를 주고 용병을 고용합니다. 그러나 용병군단은 독자적 자국군대보다 훨씬 빨리 그 나라 공익을 침해할 수 있습니다. 그들은 매수되기 쉬우며 권력을 얻으려 획책하고 있는 시민들이 그들을 이용하려 들기 때문입니다. 시민들은 보다 쉽게 용병들을 매수하기 위해 어느 정도 재산이 있어야만 하지요. 그렇게 무장하지 않은 인민을 탄압하는 것입니다. 이와는 또 달리, 그 도시는 하나는커녕 적 둘을 두려워할 수밖에 없습니다. 외국의 군세를 이용하는 도시는 스스로 고용한 외국인과 시민과의 사이에 대해 두려움을 품고 있지만 이 두려움이 마땅하다는 것은, 처음에 조금 다루었던 프란체스코 스포르차를 떠올려보면 알 수 있겠지요. 독자적 군대를 가진 도시는 그 시민에게만 두려움을 갖고 있습니다. 독자적 군대를 가짐에 대해 이야기할 수 있는 이유들 가운데, 나는 이 말을 하고 싶습니다. 공화국이든 왕국이든 그 나라 법령 아래, 그 나라에 살고 있는 같은 인민이 자국을 위해 무장하고 방위해야 한다 생각지 않는 나라는 이 세상 어디에도 없다는 것입니다.

15. 시민군대와 베네치아인 실패

파브리지오 : 그럼에도 베네치아인이, 그들의 다른 법규와 마찬가지로, 이 문제를 선견지명으로 규제했다면 세계에 군림하는 신왕국을 건설했을 테지요. 그들의 최초 입법자에 의해 독자적 방위체제가 제도화되었으니, 이 점에서 더욱 베네치아인은 비난할 만합니다. 그럼에도 그들은 땅 위에 영지를 갖고 있지 않았기 때문에 무장군대의 활약은 오로지 해상에서 이루어졌습니다. 바다 위에서 그들은 용감하고 씩씩한 해전을 치른 것입니다. 전투로써 그들은 스스로 무장하고 그들의 조국을 강대하게 만들어왔습니다. 그런데, 어쩔 수 없이 비첸차를 방위하기 위한 육상전투를 하게 되었기 때문에 그들은 육상전투요원으로서 시민군을 파견해야만 했습니다. 이때 베네치아인은 만투아 제후를 그 지휘관으로 고용했습니다. 이것이야말로, 베네치아인이 하늘을 찌를 듯한 기세로

스스로를 강대하게 하기 위해 자기 발을 잘라버린 불길한 결단이라 할 수 있습니다. 그들은 바다 위에서의 전투를 어떻게 잘 해 나아갈 것인가는 잘 알고 있었지만 육상전투는 자신들에게 무척 어려우리라 생각했습니다. 그러나 이토록 지나친 경계는 베네치아인에게 현명하지 못한 행동입니다. 왜냐하면 구름과 바람, 식수나 승조원을 고려한 전쟁에 숙달된 해상전의 지휘관이라면 부하에 대한 배려심만 가지고도 전투 가능한 육상의 지휘관이 되는 건 오히려 쉬우며 육상 지휘관이 해상 지휘관을 하는 게 더 어렵기 때문입니다. 우리 로마인들은 육상 전투에 숙달했지요. 해상전은 익숙지 않지만요. 해상전에서 강력한 카르타고와 교전하게 되었을 때, 그들은 해상전에 익숙한 그리스인이나 스파르타인을 고용하지 않고 이 전쟁의 역할을 육상에 파견해 둔 시민군에 맡겨두어, 마침내 승리를 거두었습니다. 그래서 만일 베네치아인이 시민들 가운데 한 사람을 참주로 만들지 않고 이런 수단을 취했다면 그들의 염려는 사려가 부족했다고 할 수 있겠지요. 왜냐하면 앞서 내가 이 문제 취지에 대해 다룬 점에 덧붙여, 만일 해상전투 준비를 갖춘 한 시민이 해상도시에서 절대로 참주가 될 수 없었다면 하물며 육상 무장군대에서도 참주가 될 리 없지 않았겠습니까?

앞서 언급한 경우에서 통찰해야만 하는 것은, 시민의 손에 쥐어진 무기가 그들을 참주로 만드는 것이 아니라, 그 도시를 참주제로 만들어버릴 만한 정부의 나쁜 법령이 참주를 만든다는 것입니다. 베니스는 훌륭한 정부를 갖고 있었기 때문에 시민의 무장에 위축하지 않았습니다. 그리하여 베네치아인들의 결단은, 사실 그들에게 보다 큰 명예와 보다 큰 행운까지 가져다주는 원인이 되었지만 그 결단이 꽤나 소홀해졌다고 할 수 있습니다.

또 전투훈련을 받은 인민을 보유하지 않기 위해 프랑스 왕이 저지른 실수에 대해서입니다만(이에 대해서는 여러분이 예로 들고 계시지만), 이는 독자적 감정을 가진 사람이라면 누구나 이런 결점이 이 나라의 정책 자체를 만들어냈다고는 판단할 수 없기에 오히려 이런 졸렬한 정책이 이 나라를 약하게 만들었을 뿐입니다. 그런데 아무래도 저는 지금 본 주제와 많이 멀어져버린 것 같군요. 독자적 군대를 만드는 일 말고는 다른 군대에 대해 전혀 생각해볼 수 없다는 것, 그리고 독자적 무장군대란, 하나의 군대를 편성하는 방법으로서 다른 어떤 방법으로도 이 군대를 대체할 수 없으며 나아가 다른 방법으로는 군대법규를 제정할 수 없음을 말씀드리려 했습니다. 만일 당신이 로마에서, 그 최초 왕들이 창설한 군제에 대해 이제까지 한번이라도 읽은 적이 있다면 그리고 특히 세르비우스 툴리우스에 대해 읽어보았다면, 그 도시를 방위하기 위해 오늘날 군대와 마찬가지로 긴급사태에 따라서 고전고대의 군제를 편성할 수 있었음을 잘 알고 있을 것입니다.

16. 시민군의 선발조건

파브리지오 : 우리는 오늘날, 군제의 선발방식을 시민 선발로 바꾸려 합니다. 낡은 군제를 개혁해야만 하기에, 17세 사람들을 채용한다면 어떨까라는 내 의견을 새로이 펼쳐볼까 합니다. 새롭게 군대를 편성해야만 하는 경우에, 그에 도움이 되려면 17세에서 40세까지 나이 안에서 사람들을 채용해야만 합니다.

코시모 : 적령자들 가운데서 선발할 때, 당신은 그들의 생업에 대해 무언가 차별을 두려 하십니까?

파브리지오 : 로마의 작가들은 그러고 있습니다. 매부리, 어부, 요리사, 포주, 그 밖의 오락적인 일에 종사하는 이는 누구든 채용하기 꺼려했지요. 그들이 채용하길 바라는 자는 토지경작자(농부), 대장장이, 제철공, 목수, 도살꾼, 사냥꾼과 같은 사람들입니다. 그러나 나는 인간의 장점을 그들 직업으로 판단한다는 의미에서 직업 차별은 하지 않습니다. 하지만 생업이 능률적으로 쓰일 수 있는 것만큼 좋은 일은 없다고 생각합니다. 이 이유에서, 토지 경작에 익숙한 농부만큼 이토록 유력한 직업은 없을 것입니다. 이 직업은 다른 직업보다 훨씬 적응력이 높기 때문입니다. 농업에 이어 대장장이, 목수, 제철공, 석공 순이라 할 수 있습니다. 이 직업들을 충분히 이용하는 건 이로운 일입니다. 이 사람들이 익혀둔 기술은 많은 직업에서 활용할 수 있으며 당신이 병사를 채용하는 경우에도, 이렇게 두 방면 노동력을 가진 병사를 채용하는 건 참으로 유망한 일입니다.

코시모 : 그렇다면, 어떤 점에서 군역에 활용할 수 있는가 없는가를 구별할 수 있습니까?

파브리지오 : 나는 조만간 군대를 편성할 때, 선발방법에 관련된 신군대 편성

규정을 이야기하고자 합니다만, 그것은 옛 규정을 개혁하기 위해 선출방법을 어떤 식으로 할 것인가를 이유로 삼는 일이나 마찬가지입니다. 따라서 내가 말하고 싶은 것은 병사로서 당신이 선출해야만 하는 인물의 장점은, 체험적으로 그 본인의 선량한 행동으로써, 또는 어떤 통찰력(감)으로써 식별할 수 있습니다. 그렇다고는 해도 미덕의 증거에 있어서, 처음으로 징병검사를 받는 사람이나 긴 시간 검사를 받았던 적 없는 사람은 분간해낼 수 없습니다. 이리하여 군역경험이 없는 경우는 통찰(감)로써 식별할 수밖에 없습니다. 이 통찰(감)은 응모자의 나이, 직업, 신체에 따릅니다. 첫 두 조건에 대해서는 앞서 말했듯이, 제3조건을 설명해 드리지요.

이제까지 사람들 사이에서는 병사로서 키가 큰 사람이 선망되어왔습니다. 그런 이들 가운데 한 사람으로 피로스가 있습니다. 또 어떤 이는 그 신체의 강건함 덕분에 선발되었습니다. 카이사르가 그러했습니다. 신체나 정신이 건전한 사람은, 두 팔과 두 다리 더 나아가 예의가 바른 몸동작으로부터 통찰할 수 있습니다. 그래서 이런 사람들은 다음과 같은 점도 지적합니다. 즉 생기 있고 맑은 눈을 가진 자, 튼튼한 목, 넓은 가슴, 근육질의 두 팔, 기다란 손가락, 단단한 복부, 둥그렇고 튼실한 엉덩이, 군살 없는 다리와 발목, 이런 요건들이 어떤 경우에나 민첩하고 강건한 남자의 것이라 여겨지지요. 그래서 민첩함과 강건함이라는 두 자질은 병사라면 누구에게나 요구됩니다. 덧붙여 그들이 정직한지, 예의가 바른지 이런 일상적 관습도 주목해야만 하겠지요. 그 밖에 군대 안에서 부도덕한 일이 터지거나 행실이 좋지 않은 무리들이 뽑히기도 합니다. 이는 부정으로 가득한 환경이나 난폭한 정신 속에 무언가 칭찬할 만한 특질, 즉 용기를 드러낼 수 있는 자라는 확신에 따른 일이었음에 틀림없습니다. 나는 이러한 용기가 쓸데없다고는 생각지 않습니다. 오히려 필요하다고 생각합니다.

17. 로마인의 선발방법

파브리지오 : 당신에게 이 선발방법의 중요성을 충분히 이해시키기 위해서, 당신은 로마의 집정관이 그 대권을 장악한 첫 시점부터 로마 군대를 선발함에 있어 생각해낸 그 방법을 연구해보아야 할 것입니다. 사실은 이 경우 선발된 자는 잇따라 발생한 전란 때문에 선임 병사와 신병의 혼성부대에서 활동했는데 고참에 대해서는 전력을, 신병에 대해서는 통찰력으로 선발할 수가 있었

습니다. 그래서 다음과 같은 것들을 주목해야만 합니다. 즉 이 선발방법이 즉각 이용되어야 한다는 것입니다. 곧바로 훈련을 시작하여 유사시에도 활용될 수 있도록 해야 합니다. 그래서 유사시를 대비하여 편성하는 모든 군제에 대해서는 앞에서도 말해왔고 앞으로도 이야기토록 하겠습니다. 아직 군대를 만들지 않은 나라에서 어떤 군대가 편성될 수 있는가를 당신에게 명확히 말씀드리는 게 내 의도이기 때문이지요. 이런 나라에서는 즉각적으로 군대를 이용하기 위해 선발을 시작할 수가 없습니다. 그러나 군대를 편성하는 관습이 있는 나라에서는, 게다가 군주의 권위로써 그것이 시행되는 곳에서는, 곧바로 군대를 훌륭히 조직할 수가 있습니다. 그 예로서 로마와 오늘날 스위스인들을 보면 알 수 있습니다. 여기서 뽑힌 사람들 가운데 만일 신병이 있다면 다른 많은 사람들과 함께 그 부대에서 생활함에 익숙해져 있을 테고 이 부대생활 속에서 선임 병사와 신병이 서로 결합된 훌륭한 부대를 만들어낼 수 있습니다. 그럼에도 로마에서는, 황제들은 상설 무장군대를 보유하기 시작하자마자 막시미누스 황제 시대만 보더라도 알 수 있듯이 병사들을 훈련하기 위한 교관을, 그들이 초년병부대라 부르던 그 신병부대에 투입시켰습니다. 로마인은 자유를 유지할 수 없었지만 이 신병부대 훈련이 그 도시 안에서 행해진 것입니다. 도시에서 젊은 이들을 훈련시키기 위해 군사교련을 하는 것이 마땅한 일처럼 여겨졌지요. 그러나 그 결과, 그곳 시민들이 선출되어 전장으로 나아가게 되었을 때, 그들은 전투 예행연습에 충분히 익숙했기 때문에 실전에서도 쉽게 자신을 그 상황에 적응할 수 있었습니다. 그런데 황제가 그 뒤에 이런 일상적인 정기훈련을 폐지하고 나서는, 내가 이제까지 당신에게 설명해온 것과 같은 방법을 취할 수밖에 없게 된 것입니다.

이쯤에서 로마 징병검사를 이야기하자면, 전쟁 수행의 중임을 맡고 있는 로마 집정관들이, 이를 위한 대권을 차지했을 때(그들 가운데 한 사람은 로마 군대 핵심 로마인으로 구성된 2개 군단을 통솔하는 관습이 있었기에), 그들이 24명의 레기온(군단) 호민관을 임명하고, 그들을 군단마다 6명씩 배속했습니다. 이 장교의 임무는, 오늘날 우리가 보안장교라 부르는 자의 임무와 같았습니다. 집정관은 이윽고 무기를 가지고 다니기에 알맞은 로마인 모두를 징집했으며 또한 단독군단으로 독립한 레기온 저마다에게는 군단호민관을 배속했습니다. 그 뒤, 집정관들은 제비뽑기로 먼저 징병검사요원의 군단 부장교를 선출하고 그곳에서 뽑힌 자들 가운데 최고의 인재 넷을 골라, 그 안에서 한 사람을 제1레기온 군단 호민관으로 임명했지요. 그리고 남은 셋은 저마다 제2군단, 제3군단, 제4 군단 호민관으로 임명받는 것입니다. 그 넷 말고도, 집정관은 네 사람을 더 선 출하여 그중에서 최초 한 사람은 제2군단의 군단 호민관으로, 남은 셋 가운데 두 번째 사람이 제3군단으로, 세 번째 사람이 제4군단으로, 마지막 네 번째 사 람이 제1군단에 배속됩니다. 덧붙여 새로이 네 사람이 더 선출되어, 제3군단이 첫 번째 장교를 선택하고, 제4군단이 두 번째 장교를, 제1군단이 세 번째 장교 를, 네 번째 사람은 제2군단을 위해 남게 되는 것입니다. 이런 선출방법은 끝없 이 변화하기 때문에, 선출된 장교와 군단과의 관계가 차츰 평등해지고 군단은 저절로 균형이 잡힙니다. 앞서 이야기했듯이, 이런 선발은 오늘날에도 시행할 수 있습니다. 그 훌륭한 임무가 실제로 군단에서, 병사를 잘 길러낼 수 있기 때 문입니다. 물론 이 병사들 모두는 충분히 군사훈련을 받아왔습니다. 이 경우에 는, 통찰로서도 체험으로서도 징병검사를 해볼 수 있습니다. 그러나 새로이 군 단을 만들고 이를 위해 특정기간만 징병검사를 할 수밖에 없을 때에는, 누구라 도 그 나이와 체험에 기대어 이른바 통찰 말고는 달리 방법이 없습니다.

18. 시민군의 병사들 수와 대우

코시모 : 참으로 옳은 말씀입니다. 그러나 당신이 다른 논의로 들어서기 전 에, 병역 체험자가 없는 경우에 징병검사를 실시해야만 할 때, 통찰력으로 행할 수밖에 없다는 당신의 설명에 대하여, 한 가지 문제가 떠올랐기에 당신에게 물 어보고자 합니다. 내가 이제까지 여기저기서 들었던 우리 군제에 대한 비판은, 거의가 인원수에 대한 것이었습니다. 많은 사람들은, 최소한도의 인원이 채용되 어야 한다는 것과 그 결과로서 보다 훌륭한 병사가 보다 좋은 과정을 통해 선 발된다는 것, 병사들에게 불편함을 주지 않을 수 있다는 것, 그리고 병사들이 만족할 만한 몇 가지 포상이 그들에게 주어진다는 것, 이로써 그들은 아무런 불만 없이 지휘에 기꺼이 따른다는 것입니다. 이 점들에 당신의 의견을 듣고 싶 습니다. 당신이 소군단보다 대군단을 바라는지, 또 소군단이든 대군단이든 병 사들을 선발할 때 어떤 방법을 택할 것인지, 이런 점들 말입니다.

파브리지오 : 말할 것도 없이 소군단보다는 대군단이 더 형편이 좋고 필요합

니다. 오히려 대부대를 조직할 수 없는 경우, 완전한 군단을 편성할 수 없는 경우에 그렇게 물어보아야 하겠지요. 나는 반대 의견을 가진 자들이 주장하는 이유 모두를 이야기하면서 당신에게 간단히 답변 드리겠습니다.

인구가 조밀한 곳의 소부대는, 예를 들어 토스카나에서처럼 보다 훌륭한 병사를 채용할 수 없었을 뿐만 아니라 징병검사를 해도 선발이 엄격하게 이루어지지 않았습니다. 따라서 병사를 선발함에 있어, 만일 병역 경험만을 그 판단의 기준으로 삼으려 한다면 어느 지방에서도 그 경험이 선발 기준이 되는 알맞은 경우는 거의 찾아볼 수 없지 않을까요? 왜 경험자가 적은가, 그들은 전장에 나가 있습니다. 그 적은 사람들 가운데서도 소수는 다른 경험을 따로 두고, 어찌 되었든 선발되어 자격을 얻었다는 것만으로도 자긍심을 느끼는 자가 포함되어 있음이 분명하기 때문입니다. 어떻게 해서든 이런 곳에서 선발되어야만 하는 병사는, 그 선발기준을 경험이 있는 자로 제한하지 말고 다른 방면의 통찰력으로써 뽑을 필요가 있습니다.

누군가 이런 필요성을 느꼈을 때, 예를 들어 내가 식별하려는 경우, 20명의 훌륭한 젊은 응모자들에 대해 어떤 이유를 붙이더라도 그 안에서 누구를 채용하고 누구를 채용하지 않을지를 알 수 있지요. 여기서 나는 어떤 의문점도 없이, 어떤 사람이든 병사를 무장시키고 훈련시키기 위해서는 실제 얼마쯤의 실수는 용서해도 좋지 않을까 생각합니다. 그 방법에 대해서입니다만, 어떤게 가장 좋을까는 누구도 알 수 없습니다. 훈련 중에 그들을 실제로 시험해보고, 정신력과 활동력을 제대로 인정받기까지, 따라서 징병검사 뒤에 보다 확실한 선발방법을 실시한다는 문제를 남겨두어야 합니다. 즉 이 경우에는 보다 훌륭한 병사를 채용하기 위해 소수의 사람들을 선출한다는 방법은 전혀 생각해낼 수 없다는 것입니다. 자, 국가와 그 인민을 자유로이 한다는 것에 대해서입니다만, 내가 말한 군제는 크고 작음에 상관없이 병사에게 어떤 불편함도 주어선 안 된다는 게 나의 의견입니다. 여기서 말하는 군제는, 가진 직업에 따라 병사를 채용하지 않고 병사가 자신의 직업을 계속해나갈 수 없도록 구속하지도 않습니다. 그들은 그저 안식일에만 훈련을 위해 모일 의무가 있을 뿐입니다. 따라서 이 훈련은 국가는 물론 병사 개인에게도 손해 보는 일은 아닙니다. 오히려 젊은이들에게 즐거움을 줍니다. 왜냐하면 젊은이들이 안식일에 오락장에서 저속한 놀이를 즐기는 대신 기꺼이 이 훈련에 참가하려 들기 때문입니다. 무기

조작은 무척 신기한 일이며 젊은이들에게는 흥미로운 것으로 여겨집니다.

　소수의 사람들에게 급료를 지불하고 그로 말미암아 복종심을, 더 나아가서는 만족감을 유지함에 대한 가능성 문제입니다만, 병사에게 주는 급료지급 면에서 그들을 만족시킬 만한 계속적인 지급방법이 잘 이루어질수록 소수 인원 군단을 꾸리기가 어려워진다는 게 제 의견입니다. 예를 들어 5천 명으로 이루어진 보병군단을 창설하여 그 병사들이 만족할 만큼 급료를 준다면, 적어도 한 달에 2천 두카트(옛날 화폐의 이름)를 지급해야만 합니다. 첫 단계로서, 이 보병 인원수로 한 군단을 이루기엔 충분치 못합니다. 이 지급액은 한 나라가 부담하기에 지나치게 큰 금액입니다. 그럼에도 만족할 만큼 인원수를 확보할 수 없는 상태에서 국가로부터의 임무를 훌륭히 수행해야 할 의무가 주어지는 것입니다. 그런데 이런 제도를 만들기 위해 여러분은 애써왔는데, 그 군사력은 너무도 작고 의지하거나 당신의 정책 무언가를 실현하기에는 충분치 못합니다. 만일 당신이, 병사들에게 더 많은 돈을 주거나 또는 병사들을 더 많이 채용한다면 차츰 그들에게 급료를 주기가 더 어려워지겠지요. 만일 당신이 그들에게 더 적은 돈을 지급하고 더 적은 인원을 채용한다면 병사들은 그 상황에 더 만족감을 느끼지 못하고 당신에게도 아무런 도움이 되지 않는 사람이 되어버리고 말 것입니다. 따라서 군단편성에 대해 이론을 펼치는 이로서, 병사가 고향에서 생활하는 동안에도 급료를 주어야 한다는 사람의 이론은 실제로는 불가능하며 무익한 일입니다. 물론 전쟁 중에 병사가 생활을 이어나갈 수 있도록 급료를 지급하는 건 마땅히 필요한 일입니다. 그러나 병사들이 평화로운 때에 제가 말한 이 군제가 어떤 불편함을 일으킨다면(저는 그런 사태를 경험해본 적은 없지만) 한 나라 안에 편성된 군단이 가져다주는 불편함에 대해 공익 전체로 보았을 때 보상을 필요로 하게 될 것입니다. 이 군단이 없다면 어떤 일도 확보할 수 없기 때문입니다.

　결론을 말하자면, 급료를 받을 수 있기 때문에 소부대를 희망하는 사람이나 당신이 예로 든 다른 이유를 갖고 있는 사람은 이 문제에 대해 어떤 생각도 하지 않는 게 아닐까요? 더 나아가 내 의견에 변명을 덧붙이자면, 병사가 일으키는 끝없는 장해를 생각하여 과연 여러분의 손으로 몇 사람을 제대시킬 수 있을지, 그 방법으로 끝내 소수부대는 사라져버리고 말 것입니다(소수 인원은커녕 하나의 병사도 남지 않으리라). 여러분이 대군단을 갖고 있다면 소부대든 대부대든 여러분의 선발 목표에 응하여 이용할 수 있습니다. 군단은 그 행동에서도 명예에서도 여러분에게 봉사해야 하지만, 이 경우보다 대부대 쪽이 여러분에게 보다 큰 명예를 가져다줄 것입니다. 덧붙여 말하자면, 훈련된 병사를 확보하기 위해 당신이 신병군단을 편성할 경우, 만일 당신이 여러 장소에서 소수 인원을 등록하게 되면, 이 사람들은 서로 너무 먼 곳에서 살아가고 있기 때문에 훈련을 위해 그들을 집합시킬 경우, 그들 자신이 불편함을 느낄 게 틀림없습니다. 게다가 이런 훈련을 하지 않는 군대는, 그들이 말하듯이 무익한 것이 되어버리고 맙니다.

19. 시민군은 국가에 무질서를 불러오는가.

코시모 : 여기까지 설명해주신 덕분에 질문에 대한 답을 잘 이해할 수 있었습니다. 그러나 나는 지금 다른 의문을 갖게 되어, 당신이 그 의문에 명확히 설명해주시면 참으로 감사하겠습니다. 무장한 한 군대의 병사는 사회적 무질서, 싸움, 그 밖에 국내 혼란을 불러온다고 사람들은 말하더군요. 이 점은 어떻게 생각하십니까?

파브리지오 : 그것은 어떤 근거도 없는 의견입니다만, 그 이유를 말씀드리지요. 그런 종류의 무장군대는 두 방면에서 무질서를 일으킨다고 할 수 있습니다. 하나는 그들 자신 안에서, 또 하나는 다른 사회인에 대해서입니다. 군단 그 자체에서 그 일을 멈추지 않는 경우에는, 이 문제를 쉽게 해결할 수 있습니다. 왜냐하면 그 시민군단 안의 싸움에 있어서는 시민군을 잘 통제하면 되기 때문입니다. 그들을 편성함에 있어, 무기와 함께 지휘권을 주었으니까요. 만일 당신이 군단을 편성한 나라에서, 그 군단의 병사를 무장하지 않아도 될 만큼, 또 그들의 분대장이 없어도 될 만큼 여간해서 전쟁이 잘 안 일어난다면 다른 나라에게 이 군단은 매우 잔인한 존재가 되어 이 병사들을 어떤 방법으로든 통제할 수 없게 될 것입니다. 질서를 잘 유지하는 군단은, 무장이 되도 안 되도 군 규율에 복종합니다. 당신이 그들에게 임명한 분대장이 악해지는 원인을 만들지 않는다면 그들은 결코 악해질 수 없습니다. 그렇다면 이 분대장을 임명하는 방법을 말씀드리지요.

만일 당신이 군단을 편성한 나라에서, 병사를 무장하여 무질서를 만들어낸 경우에는, 병사를 이끌고 지배하는 일만을 목적으로 합니다. 그들은 그들 자신의 무기나 분대장을 가지고 있지만 그 무기는 전쟁에 쓰이지 않고 분대장은 분쟁을 자극하기 때문입니다. 따라서 이 군단에는 전쟁에 쓰일 만한 무기를 병사에게 주고 분쟁을 진압할 분대장을 임명합니다. 이 나라가 누군가에게 공격을 당했다면 그들은 그 소속 분대장 곁에 다시 모이게 되지만 이 분대장은 그 인기를 유지하기 위해 평화를 위함이 아닌, 보복을 위해 병사를 격려하는 것입니다. 그러므로 이 반대 상황을 만들어내기 위해 분대장을 공적인 직무로 정해놓지 않으면 안 됩니다. 이 방법이면 분쟁의 원인을 없애고 일체적인 체제 질서의 원인이 준비될 수 있습니다. 또 질서는 유지되고 있지만 우유부단한 성질의 지방에서는, 그 기력의 결여로 인해 오히려 통일이 유지되는 것입니다. 질서에 상관없이 그저 분쟁을 좋아하는 자는 질서에 반대되는 행동을 하는 습성이 있기에 그들의 비도덕적인 사회관을 뜯어 고쳐서 공익을 위해 일하는 사람으로 바꾸어야만 합니다.

타인에게 해를 가하지 않기를 바라는 경우에는, 그들을 이끌고 있는 분대장에 따르지 않고서는 이 일을 기대할 수 없음을 고려해야만 합니다. 또한 이 분대장들이 무질서를 바라는 경우에는, 이들에게 불합리한 권위를 주지 않도록 주의해야겠지요. 그래서 당신은 이런 권위를 저마다의 상황에 의해 스스로가 확립해 나아가야 하는 것이라 생각해야 합니다. 그리고 어느 곳에서 태어난 사람을 그 땅의 분대장으로 임명치 말고 어떤 자연적인 연결고리가 없는 땅에서 그를 분대장으로 임명해야 할 것입니다. 상황은 말이지요, 해마다 분대장이 어떤 정치권력으로부터 다른 정치권력으로 옮겨감에 따라 교대하는 듯한 체제상 문제에 대해 제도화하지 않으면 안 될 것입니다. 같은 사람이 계속 권위를 가지면 그들 사이에서 수많은 배타적인 계층이 탄생하기 때문입니다. 이러한 계층은 너무나 쉽게 군주국에 손해를 끼칩니다.

20. 아시리아왕국과 로마제국의 지휘관 비교

파브리지오 : 이를 이용하는 사람에게 어떤 의의가 있는가, 또 이를 고려하지 않으면 어떤 손해가 생기는가, 이 차이는 아시리아왕국이나 로마제국의 사례를 보면 이해할 수 있습니다. 아시리아와 로마는 천 년 동안이나 어떤 반란도 내란도 없이 지낼 수 있었습니다. 이는 그 부대를 지휘, 감독하기 위해 임명

된 지휘관들의 근무지를 해마다 바꾸었기 때문에 가능했던 일이라 할 수 있습니다. 카이사르 집안의 계보가 끊기고 부대 지휘관들 사이에 때때로 내란이나 황제에 맞선 지휘관들의 모반이 일어났습니다. 이는 같은 정권 안에서 지휘관을 교대하지 않고 계속 복역시켰기 때문이며 로마제국의 경우도 다른 이유를 생각해볼 수 없습니다. 그래서 최초 로마황제 몇몇과 하드리아누스, 마르쿠스, 세베루스 등과 함께 로마제국의 명성을 그 뒤에도 유지했던 몇몇의 황제들 사이에서도 충분히 찾아볼 수 있는 상황은, 사령관들을 교대시키는 일이 관습화되어있는 것, 게다가 어떤 의문점도 없이 조용하고 마땅한 일로서 시행된다는 것입니다! 사령관들은 늘 반란을 꾀할 기회가 없었고 황제 또한 그들을 두려워할 이유가 없었으며 원로원은 황제의 임기가 끝나 그 선출기간에는 가장 큰 권위를 부여받기 때문에 선임에서도 보다 편리했습니다. 그러나 이에 대립하는 제도에 대해서는 태만한 자에 의하든 주의가 깊지 않은 자에 의하든 좋은 예든 나쁜 예든 여기서 말씀드릴 수는 없습니다.

코시모 : 내 질문이 당신의 군제론 절차를 벗어난 것입니까? 그것은 징병검사에 대해서 우리가 지금 다른 논의에 접어들었기 때문입니다. 만일 내가 이제까지 논의하지 않았을 법한 문제가 남아있다면 나는 비난받아도 좋습니다.

21. 시민군과 기병

파브리지오 : 다음으로 드릴 말씀은 무척 흥미로울 것입니다. 군단을 편성하려는 사람이라면, 이 논의가 필요할 것이기 때문입니다. 많은 사람들에게 비난받더라도 이 군제라면 징병검사 첫 역할이 이 땅에서 행해지길 바라기 때문에 나는 다른 장으로 들어서기 전에 기병요원의 징병검사에 대해서도 이야기해볼까 합니다. 고대에는 부자들 가운데서 그 병사의 나이와 체격을 고려하여 한 군단에 300명을 선발했습니다. 저마다 집정관의 통제를 받는 기병 수는 600명을 넘지 않았지요.

코시모 : 당신은 고향에서 훈련을 하고 그 필요에 따라 효과적으로 이용할 수 있는 제도로서 기병군단을 편성한단 말씀이십니까?

파브리지오 : 물론 필요합니다. 그러니 자기 무기를 갖길 바라는 자와 기병을 직업으로 삼으려는 사람들 가운데 선발하기를 바라지 않는 사람들이 아니면 편성할 수가 없습니다.

코시모 : 어떻게 그들을 선발하면 될까요?

파브리지오 : 나는 로마인의 제도를 따르려 합니다. 오늘날에는 다른 직업 영역에서 쓰는 방법인데, 부유층 안에서 선발하여 지휘관을 임명합니다. 그들을 무장, 훈련하는 거죠.

코시모 : 그들에게 급여는 어떻게 주면 좋을까요?

파브리지오 : 한 마리 말을 키우는 데도 꽤 많은 돈이 들어갑니다. 만일 당신 부하에게까지 급여를 주면 오히려 불평을 듣게 되겠지요. 때문에 한 마리 말을 키우기 위한 비용과 말이 죽었을 때를 위한 비용을 지급할 필요가 있습니다.

코시모 : 당신은 몇 명을 모아 편성할 생각이십니까? 그리고 그들을 어떻게 무장시킵니까?

파브리지오 : 당신은 다른 주제를 꺼낼 생각이신가 보군요. 나는 먼저 보병을 어떻게 무장해야 하는지, 전투가 벌어지기 전에 어떤 준비를 해두어야 하는지 이야기한 뒤에 때를 봐서 그 답변을 해드리도록 하지요.

제2장 시민군의 무기, 훈련, 전투대형

1. 로마인의 무기

파브리지오: 병사가 징집으로 선발되면, 그들을 무장시키지 않으면 안 됩니다. 이를 실현하려면, 고대인이 어떤 무기를 썼는지를 연구하면서 가장 좋은 것을 골라야 하지요. 로마인들은 자신들의 보병군단을 중보병과 경보병으로 구분해두고는 경(輕)무장을 한 보병은 경보병이라 불리었습니다. 이 이름에서 생각해보면, 그들은 투석기, 석궁, 노궁(弩弓 : 예식 때에 쓰던 활의 하나)을 지닌 모든 보병을 가리킨 것이라 생각됩니다. 그들 대부분은 팔에 끼워놓은 방패로 머리 쪽을 보호했습니다. 그리고 계급을 무시한 채 중장비의 보병으로부터 조금 떨어진 곳에서 싸웠습니다. 이 중장비 보병은 어깨까지 오는 갑옷과 무릎까지 내려온 보호구, 조끼를 입고 정강이와 팔에는 보호대를 찼습니다. 세로 2브라차(약 1.3미터), 가로 폭 1브라차(약 61센티미터)나 되는 커다란 방패도 갖고 있었는데, 그 위 테두리는 강타에도 견딜 수 있는 강한 철을, 지면에 닿아도 닳지 않도록 아래 테두리에도 철을 둘러놓았습니다. 공격에 맞서 중장비 보병은 1.5브라차(약 92센티미터) 크기의 검을 왼쪽 옆구리에, 오른쪽 배 옆에는 단검을 휴대하면서 그 손에는 필룸이라 불리는 투창이 쥐어졌지요. 그렇게 전투가 개시되면 그들은 적에게 쥐고 있던 창을 던졌습니다.

이 정도가 로마인의 주된 무기이며 그들은 이 무기들로 세계를 정복했습니다. 그래서 고대 로마를 연구하는 역사가는, 앞서 말한 무기 말고도 마치 쇠꼬챙이와 같은 창을 휴대했다고 말하는데, 내 생각에 커다란 방패를 든 병사가 어떻게 무거운 창을 쓸 수 있는지 잘 상상이 가지 않습니다. 만일 병사가 그 창을 두 손으로 휘둘렀다고 한다면 큰 창은 불편했을 겁니다. 그 창의 무게만 보더라도 한 손으로 휘두를 무기가 아닙니다. 무기 말입니다만, 창을 충분히 다룰 수 있을 만큼 간격이 넓은 제1선(진지선)의 경우만 빼고 생각하면 창과 같은 무기를 들고 방진에서 싸우거나 대열을 짜서 싸우기에는 병사에게 불편했을 것입니다. 또 전투의 성질상, 뒤에 있는 대열은 직접 적을 만날 수 없기 때문에 그 대열에 있는 병사로서는 자기 전투력을 제어당할 수밖에 없습니다. 이 병사들은 큰 위험에 부딪힐 일이 없지만 전투가 불편하다면서 가로 한 줄로 서게 되면 위험해질 수밖에 없습니다. 그래서 길이 2브라차(약 1.3미터)가 넘는 무기는 모두 이런 간격이 좁은 전투에서는 전혀 도움이 되지 않습니다. 두 손으로 창을 쥐고 움직이려 한다면 방패가 막아주지 못하는 곳은 위험하기 때문이지요. 이런 종류의 창으로는 자신이 맡고 있는 적 한 사람도 막아낼 수 없을 것입니다. 만일 당신이 한 병사로서 방패를 들고 창을 휘두른다고 했을 때, 어중간하게 사용할수록 다루기 더 힘들어질 것입니다. 당신의 뒤에 있는 병사들이, 당신이 창을 다루는 것을 방해하면서 다음 줄 또 다음 줄 수많은 창으로 당신의 등을 쿡쿡 찔러댈 테지요. 아마 로마인들은 이런 종류의 창을 휴대하지 않거나 휴대한다고 하더라도 그것을 그리 많이는 사용하지 않았을 것입니다. 저명한 티투스 리비우스가 쓴 역사서에도 나오는 전투 장면을 읽어보면 창에 대한 이야기가 거의 나오지 않음을 알 수 있습니다. 반대로, 그는 병사들이 필룸(투창)을 던진 뒤, 곧바로 검을 쥐었다고 기록했습니다.

  나는 공격할 때 긴 창보다는 로마인들처럼 검을 쓸 생각입니다. 방어에는 앞서 말한 무기와는 다른 무기를 방패와 함께 사용하면서요. 그리스인들은 로마인만큼 방어에 있어 그토록 요란한 무장을 하지 않았습니다. 그러나 공격을 할 때면 검보다는 긴 창을 썼습니다. 마케도니아 방진을 이룬 밀집전투대형에서는 특히 그러했지요. 마케도니아인은 사리사라고 불리는 창을 휴대했는데, 그 길이는 실로 8.5브라차(약 5.2미터)에 이르렀고 그러면서 적세를 뚫고 그 방진대형을 유지한 것입니다. 역사가들 중에는 그들이 방패를 갖고 있었다 말하는 사람도 있습니다. 앞서 말한 이유를 보더라도, 어떻게 그들이 사리사라고 불리는 긴 창과 방패를 함께 지닐 수 있었는지는 분명치 않습니다. 또 에밀리우스 파울루스가 마케도니아의 왕 페르세우스와 맞서 싸운 전쟁에서도 나는 그들이 방패에 어떤 생각을 갖고 있는지에 대한 기록을 읽어본 적이 없습니다. 다만 사리사 불리는 창을 갖고 있었기 때문에 로마인이 그들을 정복하기 힘들었다는 기록만 남아있지요. 그래서 상상을 해보니, 마케도니아인 방진대형은 다른 나라에 없던 것이라 생각됩니다. 오늘날에는, 스위스인의 대형과 비슷하죠. 그들은, 그 군단 공격을 할 때나 방어를 할 때나 그 강력한 힘이 긴 창 사리사

안에 담겨 있었습니다. 로마인들은 스위스인들의 무기뿐만 아니라 머리에 깃털을 단 보병까지도 칭찬을 아끼지 않았습니다. 그 깃털은 전우들에게 아군으로서의 기대를 품게 하고 적군에게는 두려움을 느끼게 했으니까요.

2. 로마인과 기병대

파브리지오 : 다음으로 기병대의 장비에 대해서입니다만, 초기 고대 로마 기병은 원형 방패 하나를 들고는 그것으로 자기 머리를 보호하고 다른 부위는 적에게 드러나 있었습니다. 그들은 검과 가늘고 긴 작대기 끝 부분에 뾰족한 철을 매단 창을 들고 있었기 때문에 방패를 단단히 들고 있기가 어려웠지요. 여기서 창은 분전하는 사이에 꺾이거나 깨져버려 무방비 상태가 되면 상처를 입을 수밖에 없었습니다. 이 시대가 조금 지나자, 기병과 보병 모두 같은 장비를 갖추게 되었습니다. 그러나 그들은 원형의 조그만 방패밖에 가지고 있지 않았기 때문에 방패는 사각형으로 만들고 창끝을 갈래로(그 끝이 두 개로 갈라진 것) 나눈 것을 사용했습니다. 이로써 그들은 자기 방어도 편해지고 한편으로는 더 효과적인 공격도 할 수 있었습니다. 이런 장비들로 우리 로마인은 기병은 물론 보병까지 온 세계를 정복한 것입니다. 이렇듯 이제까지의 효과를 보면, 그들이 지금 그 무엇보다도 뛰어난 능률로 잘 무장된 군단을 가지고 있었음을 알 수 있습니다.

티투스 리비우스는 저작 '로마사'에서 이 점을 이야기합니다. 적군과 비교하면서 그들은 다음과 같이 말합니다. '그런데 로마인은 미덕과 함께 그 무기와 군기의 창조로 발군이 되었다.' 이렇게 말이지요. 그런데 나는 덧붙여 승리 그 자체보다도 승리자가 갖고 있던 그 무기를 강조해왔습니다. 그래서 나로서는, 이것이 현재 장비 양상에 대해 이론을 펼칠 때에도 충분히 알맞다고 생각합니다.

3. 보병장비의 현황

파브리지오 : 보병은 현재 방어용으로서 철로 이루어진 흉갑을 입고 공격용으로는 그들이 비카라고 부르는 길이 9브라차(약 5.2미터)의 창을 가집니다. 끝이 날카롭기보다 둥글다고 할 수 있는 검을 휴대하지요. 이쯤이 오늘날의 보병이 갖추는 일반적인 무장입니다. 등이나 팔꿈치에는 거의 장비를 하지 않고 머

리에는 어떤 무장도 하지 않습니다. 이런 경우 어떤 이는 큰 창 대신 창과 방패를 지니기도 하지만 그 창은 여러분도 잘 알고 있듯이 3브라차(약 1.8미터) 정도 길이입니다. 그 창끝은 마치 도끼처럼 휘어져 있습니다. 그리고 그 안에는 화승총을 갖고 있는 자도 있습니다. 이 화승총은 불꽃의 폭발로, 고대 투석기나 노궁이 하던 역할을 해내고 있었지요. 이 무기들은 독일인이나 특히 스위스인에게서 발견할 수 있습니다. 스위스인은 빈곤하더라도 자유로이 살아가기를 바라기 때문에 마그나 군주(독일)의 야심에 맞서기 위해 필요로 해왔으며 지금도 필요로 하고 있습니다.

마그나의 군주들은, 부유층이기 때문에 기병을 길러낼 수 있지만 스위스인은 가난해서 그럴 수가 없습니다. 여기서 스위스인은 기병인 적들로부터 보병을 방어하기 위해 고대 군제의 재편성을 추구하면서 스스로를 기병의 습격으로부터 지켜내기 위해 화승총을 만들어낸 것입니다. 누구나 긍정하듯이, 기병에 맞설 이 필요성 때문에 보병은 전혀 무익하다 하지 않고 누구나 고대의 군제를 실천해왔으며 요즘도 그것을 유지해 연구를 계속해나가고 있습니다. 때문에 그들은 무기로 창을 휘두르는 기병에 대항하기 위해서뿐만 아니라 그들을 이기기 위해서는 화승총이 가장 유익한 무기라고 생각했습니다. 그로부터 독일인은 이 무기와 군제 덕분에 더욱 대담한 적이 되어 1만 5천명 또는 2만 명 병사 수로써 기병으로 이루어진 대군을 물리쳤습니다. 25년 전부터 오늘날까지의 이에 대한 많은 예를 보았습니다. 이 무기와 군제를 바탕으로 한 스위스인의 용기 가득한 이야기가, 충분히 유력한 증거가 되지요. 샤를 왕이 이탈리아에 침입한 뒤, 여러 나라 사람들은 그들의 방법을 따르게 되었습니다.

4. 로마인의 것과 현대의 것 비교

코시모 : 그렇다면 당신은 이 독일인과 고대 로마인 어느 쪽 장비가 더 뛰어나다고 생각하십니까?

파브리지오 : 말할 것도 없이 로마인 장비이지요. 그래서 두 나라의 장단점을 당신께 말하고자 합니다. 이미 말했듯이, 무장한 독일의 보병은 기병에 맞서 이길 수가 있었습니다. 그들은 엄청난 속도로 진군하면서도 장비의 부담이 적기 때문에 자기 군단을 편성하고 유지할 수가 있었지요. 반면, 그들은 온

갖 공격에 노출될 수밖에 없습니다. 멀든 가까운 곳에서든 그들은 완전히 장비하고 있으면서도 그 장비들이 가볍기 때문에 그렇게 될 수밖에 없는 것입니다. 그들은 도시나 저항이 거센 전투에는 알맞지 않습니다.

그러나 로마인은 이제까지의 사례가 알려주듯이, 기병에도 대항하고 승리를 거머쥐었습니다. 그들은 멀든 가깝든 거리에 상관없이 어떤 공격에도 자신을 지켜낼 수가 있습니다. 그들이 갖춘 장비로부터 보호받기 때문입니다. 그들은 공격에도 편리하고 방어에도 편리한 큰 방패를 갖고 있습니다. 밀집대형에서도 그들은 독일인이 창보다 검을 갖고 있기 때문에 큰 효과를 볼 수 있습니다. 독일인은 검을 갖고 있지만 방패가 없기 때문에 그들의 검은 어떤 경우에도 유효하게 쓰일 수가 없습니다. 로마인은 안전하게 도시를 공격할 수 있습니다. 방패로 머리는 물론 몸 전체를 충분히 보호받을 수 있습니다. 때문에 로마인의 경우는, 장비가 너무 무거워서 그것들을 모두 갖추고 걸어 나아가기에 불편하다는 점을 빼면 달리 어떤 불편한 점도 없다는 것입니다. 이 장비의 무게로부터 비롯된 난점은, 늘 장비를 갖추고 있는 습성과 육체노동으로 강인한 육체를 만듦으로써 극복되었습니다. 그렇게 그들은 장비에 익숙해져서 불편함을 신경쓰지 않게 된 것입니다.

여러분은 다음을 이해해야만 합니다. 보병으로서 다른 보병이나 기병과 싸울 수밖에 없다는 것입니다. 그래서 기병의 침입을 막아낼 수 있는 기병이 아니면 쓸모가 없습니다. 저항을 할 수는 있더라도 그들은 다른 나라의 보병이 자신들보다 충분히 장비를 갖추고 있거나 보다 잘 편성되었다고 해서 상대를 절대 두려워해서는 안 됩니다. 따라서 여러분이 독일 보병이나 로마 보병에 대해 고찰한다면, 독일 보병은 기병에 이기기 위해 준비해 왔음을 알게 될 것입니다. 그럼에도 그들은 로마인이 완전무장한 병사로 편성된 보병과 싸우는 것은 참으로 위험하다고 말할 수밖에 없습니다. 독일인보다는 로마인이 이런 점에서 뛰어나다고 할 수 있겠지요. 그리고 로마인 병사는 보병과 기병을 이길 수 있지만 독일인은 기병의 경우에만 제한됩니다.

코시모 : 더 특수한 사례를 들어주시면 보다 잘 이해할 수 있을 것 같습니다.

파브리지오 : 그렇다면 이렇게 생각해보십시오. 우리 역사를 살펴보면, 로마인 보병이 무수히 많은 기병을 이겼다는 사례를 찾아낼 수 있을 것입니다. 또 그 장비의 약점에서, 또는 적의 장비가 더 좋다는 점 때문에 로마인이 다른 나라 보병에 패배했다는 사례를 본 적이 없겠지요. 이는, 만일 그들의 무장방법에 결점이 있다면 다음과 같은 두 가지 방식 가운데 하나를 택했음에 틀림없습니다. 그들이 자신의 것보다 더 훌륭한 무장형식을 알았을 때 그들은 절대로 그 새로운 지식을 보다 진보한 것으로 인정하지 않거나 또는 다른 나라의 형식을 받아들여 본디 자신의 것은 버렸겠지요. 그러나 그들은 어느 쪽 입장도 취하지 않았습니다. 이 결과로, 그들의 무장형식은 다른 나라의 어떤 것보다도 훌륭하리라는 것을 쉽게 추측할 수 있습니다. 이렇게 되면 더는 독일 보병에 대한 문제가 생기지 않겠지요. 그들과 마찬가지로 잘 편성된 너무도 강력한 보병과 싸울 수밖에 없을 때마다, 그들에게는 상대의 결점이 더욱 뚜렷이 보였습니다. 그리고 적군과 마주칠 때마다 자신들 무장이 훌륭하다고 의식했습니다.

5. 스위스 보병과 카르마뇰라 휘하 병사와의 대전

파브지리오 : 필리포 비스콘티가 1만 8천의 스위스 보병에게 공격당했을 때, 그 무렵 군사령관이었던 카르마뇰라 백작을 적과의 전투에 파견했습니다. 그는 6천의 기병과 몇 되지 않는 보병을 이끌고 적진으로 나아갔지만 부하를 적진의 너무 깊숙한 곳에까지 보내는 바람에 그는 큰 피해를 입고 후퇴할 수밖에 없었습니다. 이때, 카르마뇰라 백작은 무척 주의 깊은 인물로서 곧바로 무장한 적군의 강력함을 알아차렸습니다. 적군의 기병이 얼마나 우세한가, 적군에 비해 약한 자기 군단의 기병, 또 편성된 적군 보병보다 자기 군단 기병이 어찌나 약한가를 깨달은 것이지요. 그는 자신의 부하를 모두 재편성하고 스위스병사의 실태를 재확인하면서 말에 탄 부하를 내려오도록 보병으로 바꾸었습니다. 그 뒤, 그는 재편성한 군단의 부하들을 이끌고 스위스인과 맞서 싸웠기 때문에 3천 명을 뺀 모두를 죽여 버릴 수 있었습니다. 그는 누구 하나 살려두지 않고 모두 죽여 버렸기 때문에 스위스인들은 가지고 있던 장비들을 모두 버리고 항복할 수밖에 없었습니다.

코시모 : 그런 경우, 스위스 보병에게는 어떤 단점이 있었습니까?

파브리지오 : 앞에서도 말씀드렸지만, 당신이 아직 이해 못하신 듯하니, 한 번 더 말씀드리지요. 독일의 보병은, 앞에서 조금 이야기했듯이, 몸을 지켜내기 위해서는 거의 무장을 하지 않습니다. 그들은 공격용 무기로서 창과 검을 가지고 있습니다. 그들은 이런 무기를 가지고 그 전투대형을 취하면서 적을 해치우기 위해 전장으로 나아갔던 것입니다. 카르마뇰라 백작이 무장한 부하들을 보병으로 바꿔버렸음에도 독일군은 의연히 거의 무장을 하지 않은 상태 그대로 적을 무찌르려 검을 든 채 앞으로 나아갔습니다. 카르마뇰라 백작은 검을 휴대한 스위스군이 적군에게 가까이 다가갈 수 있도록 명령했습니다. 스위스군은 독일군에게 가까이 다가갔을 때에도 충분히 싸울 수 있을 만한 완전한 무장을 하고 있었기 때문입니다. 이런 상황에서 만일 스위스 병사가 창을 들었다면 자기 몸 가까이까지 다가온 적을 창으로 공격할 수가 없게 되어버렸을 것입니다. 스위스군은 방패로 적들의 창을 막고 이제는 무용지물이 되어버린 검에 의지하여 전투를 계속했습니다. 스위스인은 그렇게라도 하지 않으면 무장이 충분하게 되지 않은 상태에서 적에게 몸을 노출하게 되는 것입니다. 이 경우, 양쪽의 장점과 단점에 대해 고찰하려는 사람은 누구라도, 장비가 충분치 못하다면 적을 피하는 것 말고는 다른 길이 없음을 이해할 수 있을 테지요.

첫 백병전(적에 육박해서 칼·창·총검 등으로 싸우는 전투)에서 승리를 거두고 살아남아 상대의 창에 첫 일격을 가하는 일쯤은 그리 어려운 일도 아닙니다. 이때 전투원들은 충분히 무장하고 있기 때문이지요(어떻게 그들이 동시에 자신의 장비를 바꾸어버렸는가를 여러분께 분명히 말씀드렸을 때, 여러분은 충분히 이해했으리라고 생각합니다). 전투부대가 이동하더라도 그들은 상대 가슴팍에 닿을 때까지 전진하기 때문에 그들은 필연적으로 서로에게 접근해 나아갑니다. 만일 상대가 든 창에 의해 몇몇 병사가 죽임을 당하거나 다른 이는 무기를 팽개치고 도망쳐버리더라도 살아남은 자들만으로도 승리를 확신하기엔 충분한 인원수라는 것입니다. 이 때문에 카르마뇰라 백작은 수많은 스위스 병사들의 학살을 무릅쓰고 승리를 거두어, 희생은 조금밖에 치르지 않아도 되었습니다.

코시모 : 카르마뇰라 백작의 부하는 보병이었지만 중무장을 하고 있었기 때문에 승리를 거둘 수 있었던 것이군요. 그들이 그토록 훌륭히 증명해냈으니,

우리도 그들과 마찬가지로 보병을 중무장해야 한다고 생각합니다.

6. 검과 창의 전투

파브리지오 : 과연 그러하군요. 그러나 로마인이 어떤 식으로 무장을 했는가에 대해, 이제까지의 내 설명을 기억하신다면 당신은 카르마뇰라 백작 따위는 생각조차 하지 않겠지요. 왜냐하면 머리를 투구로, 가슴은 흉갑과 방패로 보호하여 정강이 받이와 장갑을 착용한 병사는 창으로부터 몸을 보호하여 중무장한 보병보다 적들 틈새로 파고들기에도 알맞기 때문입니다. 최근 사례를 이야기해보지요.

나폴리왕국 속령이었던 시칠리아에 스페인의 보병이 왔을 때의 일입니다. 프랑스에 의해 바를레타 포로가 된 곤잘로를 구해주기 위해 그들이 온 것이었습니다. 부하로서 중무장한 병사와 독일인 보병 약 4천 명을 이끄는 우비니 각하가 그들을 응전하게 되었지요. 독일 보병들이 눈앞에까지 닥쳐왔습니다. 독일 병사는 허술한 창을 휘두르며 스페인 보병을 공격해갔습니다. 그러나 스페인 병사는 그 원형 방패와 민첩한 몸동작으로 그들의 검이 독일 보병의 가슴팍에 닿을 수 있는 곳에서 독일인과 백병전을 벌였지요. 이리하여 독일인 보병 대다수는 전사하고 승리는 스페인에게로 돌아갔습니다. 라벤나 전투에서 얼마나 많은 독일인 보병들이 목숨을 잃었는지 다들 알고 계실 테지만, 이 또한 같은 이유에서 비롯된 일입니다. 스페인 보병은 독일 보병을 살상 가능한 거리에까지 가까이 다가간 것입니다. 프랑스 기병에게 지원을 받는 상황에까지는 이르지 않았지만 스페인 보병은 독일 보병을 모두 죽이기로 했습니다. 스페인 보병은 같은 방법인 접근전법으로 안전한 입장을 유지했습니다. 그러므로 내가 내린 결론은, 뛰어난 보병은 기병에 저항할 수 있을 뿐만 아니라 다른 보병에게도 두려움 없이 맞설 수 있다는 것입니다. 이는 내가 이제까지 이야기해왔던 무장이나 군제에 의해 개발된 것이라 할 수 있지요.

코시모 : 그렇다면 당신은 병사를 어떻게 무장할 생각이십니까?

파브리지오 : 나는 로마인과 독일인의 무장을 이야기해보고자 합니다. 병사들 반을 로마인의 것으로, 나머지를 독일인 것으로 무장시키는 게 좋다고 생

각합니다. 만일 6천의 보병들 중, 나중에도 이야기하겠지만 3천의 보병에게 로마인의 방패를 들게 하고 2천명에게는 창을, 천명에게는 화승총을 들게 하지만, 창과 화승총은 독일인의 것으로 하는 겁니다. 그들의 무기라면 우리는 충분히 만족할 것입니다. 왜냐하면 백병전이나 기병의 습격을 경계하기 위해 창 부대를 이용했습니다. 그리고 창과 검을 든 자에게는 창을 지원해주고 내가 앞서 말했듯이, 전투를 승리로 이끌었지요. 그래서 나는 훌륭히 편성된 보병은 오늘날의 어떤 보병도 쓰러트릴 수 있다고 확신합니다.

7. 기병과 장비

코시모 : 당신 설명을 들어보니 보병은 잘 이해되었습니다. 이제부터 당신이 생각하는 기병의 가장 유망한 점을 현재든, 고대든 가르침을 주시면 감사드립니다.

파브리지오 : 오늘날 기병은 고대인이 사용치 않던 아치형으로 휘어진 안장과 등자 덕분에 마음 놓고 말을 탈 수 있었습니다. 안전하게 무장도 할 수 있었지요. 완전무장한 기병은 몸이 무거워진 탓에 고대 기병에 비해 움직임이 힘들어졌습니다. 이 점이 문제가 된다고 해도 나는 결코 기병을 낮게 평가하지 않습니다. 여태까지 말한 것처럼, 우리시대에 이르러서도 기병은 때때로 보병에게 창피를 당하곤 합니다. 하지만 이제까지 말한 무기 편성을 갖춘 보병에 대항할 수 있다면 기병은 크게 환영받을 수 있을 것입니다. 아르메니아 왕 티그라네스는 15만 기병대를 이끌고 루쿨루스가 지휘하는 로마군과 격전을 벌였습니다. 이 로마 기병단에는 카타프라티(Cataphracti, 갑옷 무사)라고 부르는 오늘날 중무장한 병사들과 비슷한 모습의 군사들이 많이 있었습니다. 트그라네스는 준비된 군대와 별개로 기병 6,000명, 보병 2만 5천명으로 이루어진 별동대를 이끌고 전장으로 나아갔습니다. 그는 적진을 바라보며 "저 정도 병력이라면 외교사절단만으로도 충분하다" 비웃어버렸다고 합니다. 하지만 그는 패배하고 말았습니다. 이 전쟁을 기록한 어느 역사가는 패배의 원인이 모두 카타프라티의 자만에 있었다고 말합니다. 사람과 말 얼굴 전체를 감싸는 투구는 눈앞을 가려 적을 제대로 바라 볼 수 없게 했으며 장비도 터무니없이 무겁게 만들어져 말에서 떨어졌을 때 다시 말에 올라타거나 재빨리 몸을 일으키는 기동력을 드러낼

수 없었습니다. 따라서 보병보다 기병에게 의존하는 시민이나 왕국은 약체이며 언제나 파멸 위기에 노출되어 있다고 할 수 있습니다.

우리 이탈리아에서도 똑같은 상황을 쉽게 찾아 볼 수 있습니다. 이탈리아는 외적의 약탈과 침략으로 멸망했습니다. 이는 군단을 모두 기병으로만 꾸렸기 때문입니다. 기병은 보병을 지원하고 돕는 역할로 배치하되, 군단 주력 부대로 편성하는 것은 바람직하지 않습니다. 따라서 기병을 편성할 때 알맞은 판단력이 필요합니다. 군단 편성 근본 원칙에 따라 기병은 2순위로 둬야 합니다. 전쟁터에서는 적군을 패주, 괴멸시키고 군량 보급로를 차단해야만 하지요. 그러나 양쪽 군대가 행군하다가 갑작스럽게 부딪쳐 벌이는 밤 전투에서 기병은 다른 임무를 수행하기보다 먼저 도망치는 적을 끝까지 뒤쫓아야만 합니다. 이런 관점에서 볼 때 기병은 보병의 역량에 비해 훨씬 뒤떨어지게 마련이지요.

8. 파르티아 기병군단

코시모 : 그러나 나는 두 가지 의문을 묻고 싶습니다. 먼저 파르티아인[1]은 기병을 뺀 나머지 병력을 전쟁에 이용했지만 로마인과 함께 세계를 둘로 나누어 가질 수 있었습니다. 그것이 어떻게 가능했을까요? 그 다음 보병이 어떤 방법으로 기병과 싸우는지, 그리고 보병은 왜 강력하고 기병은 열약한지 궁금합니다. 이런 의문들에 대답해주시면 좋겠습니다.

파브리지오 : 설명하겠습니다. 먼저 전쟁 문제에 대한 내 의견이 모두 유럽 영역 안에 있음을 미리 말씀드립니다. 아시아 역사를 함께 논해도 좋을지 모르겠습니다만, 굳이 당신에게 파르티아인의 형편을 분명히 설명할 필요는 없으리라 생각합니다. 파르티아 군제는 로마군과 완전히 정반대였습니다. 파르티아인 군단은 모두 기병으로만 이루어졌고 전투 할 때 질서도, 대열도 없이 마구 뒤섞여 돌진만 했습니다. 이는 오로지 운을 하늘에 맡긴 전법이라 할 수 있습니다. 반대로 로마 군단은 보병들이 접전을 벌이면서 질서정연하게 움직였습니다. 이 전법이면 전장이 넓든 좁든 승리를 거둘 수 있습니다. 게다가 로마 군단 보병은 파르티아인 기병보다 우월하기까지 했습니다. 그러나 파르티아인은

---

[1] 파르티아인 : 중앙아시아 스텝 지역 출신. 말 타기의 달인으로 전력 질주하는 말 위에서 후방을 향해 활을 쏘는 '파르티안 샷'에 능하다.

운 좋게 전쟁에서 승리했습니다. 파르티아 영토는 매우 드넓었습니다. 해역은 약 1,600킬로미터에 이르고 강에 닿는 데까지 사흘이나 걸렸습니다. 그렇게 넓은 영토임에도 주민은 많지 않았지요. 따라서 무거운 무장을 하고 이동이 느린 로마 병력으론 재빠른 기병이 지키는 땅을 아무런 피해 없이 돌파할 수 없었습니다. 파르티아 기병은 오늘은 이곳에 있었으나 싶으면 다음 날은 약 800킬로미터나 더 멀리 떨어진 곳에 있었습니다. 그러니 기병만으로도 우위를 차지할 수 있었지요. 크라수스*2 군단도 멸망시키고 마르쿠스 안토니우스 군단 또한 위기에 빠트릴 수 있었다 합니다.

9. 보병은 기병을 이긴다.

파브리지오 : 하지만 나는 앞서 이야기했듯이 로마군을 유럽 바깥 지역 군단과 비교하여 생각하고 싶지 않습니다. 로마인과 그리스인이 과거에 편승한 일과 오늘날 독일인 전쟁 방법을 말씀드리겠습니다. 우리는 여기 그대의 다른 질문, 즉 어떤 방식을 가진 군제와 어느 정도의 역량으로 보병이 기병을 이길 수 있었는지 살펴보겠습니다. 먼저 기병이 보병처럼 어느 장소에서든 쉽게 진출 할 수 있는 병사가 아님을 말씀드립니다. 군제를 바꾸려 할 때, 기병이 보병 진형으로 완전히 바꾸려면 시간이 오래 걸리기 때문입니다. 보병은 형태를 갖추는 과정에서 전진하는듯하다 후퇴하고 후퇴하는듯하다 전진하며, 정지하는 듯하다 전진하고 전진하는듯하다 정지하는 행동을 끝없이 반복합니다. 때문에 기병은 보병을 따라잡지 못합니다. 예컨대 어떤 돌발적인 사건으로 혼란이 일어났을 때 즉각 평정을 찾는다 해도 기병은 어려움 없이는 스스로 그 체제를 쉽게 회복할 수 없습니다. 그러나 보병이라면 재빨리 바로 잡을 수 있죠.

때때로 용기 있는 병사가 겁 많은 말을 타고, 겁쟁이 병사가 발 빠른 말을 타는 경우가 있습니다. 보병의 결속이 기병의 어떤 공격에도 저항할 수 있다는 것은 누구나 인정하는 사실입니다. 말은 본능적으로 위험을 감지하기 때문에 어떻게 해서든 위험 속으로 들어가지 않으려 애쓰는 신중한 동물입니다. 말이 가진 힘이 기병을 전진시키고 후퇴시키는 것이라면, 반대로 말의 기운을 이끌

---

*2 기원전 53년 로마 삼두정의 일인이었던 크라수스가 4만 명의 병력을 이끌고 파르티아 원정을 감행하였으나 파르티아의 수레나스가 이끄는 1만의 기병에게 패배하여 크라수스는 사망하였고 전사자는 2만, 포로 1만여 명을 남김.

어내기보다 후퇴시키지 않으려 하는 게 훨씬 더 힘들 것입니다. 말은 채찍을 휘두르면 나아가지만 검이나 창을 보면 달아나려는 습성이 있습니다. 그래서 예나 지금이나 기병은 보병의 결속을 절대로 얕보면 안 되었고 맞서 이기기 어려운 존재였습니다. 그런데 만일 당신이 군마가 질주하면서 흥분하여 더욱 광폭해질 때 그 위에 올라탄 자는 누구나 말을 걷어차며 광폭한 행동을 멈추려고 할 텐데, 말은 기병이 들고 있는 창을 보고 흥분할 게 아닌가, 이런 이론을 펼친다면 나는 이렇게 말하고 싶습니다. 군마는 창끝을 향해 격돌해야 함을 알게 되면, 그 즉시 싸움을 의식하면서 전의(戰意)를 잃어버리고 풀이 죽어 달리기를 주저하거나 적 앞에서 마구 도망가려 합니다. 당신이 몸소 체험해 보고 싶다면 말을 벽으로 달리게 해보십시오. 말은 절대로 달리지 않을 것입니다. 또 다른 예로 카이사르가 헬베티족과 전투하기 위해 프랑스 원정을 떠났을 때 일입니다. 그는 자신은 물론 기병 군단 모두를 말에서 내리게 한 뒤 이동케 했는데 군마가 싸움보다 도주하려는 본능이 더 강함을 알고 있었기 때문이라 합니다.

10. 기병의 습격으로부터 보병을 지켜내는 방법

파브리지오 : 말이 지닌 본성적 장애 때문에 지휘관은 가능한 말이 걷기 어려운 진로를 선택해야 합니다. 보병 지휘관은 현지 특징을 잘 활용하지 않으면 부대를 유지할 수 없는 사태에 이르게 됩니다. 병사들이 언덕을 넘어 행군할 경우, 이곳에서는 기병의 급습으로부터 벗어날 수 있습니다. 또 평지를 행군할 때보다 들판은 물론 경작지나 임야가 더 안전하다 할 수 있죠. 관목지대나 제방 근처에 있으면 군마의 급습으로부터 보호받을 수 있지만, 경작지는 포도 또는, 과일나무들이 심어져 있어 말이 지나가기 힘듭니다. 그대도 전쟁에 나가게 되면 분명 겪게 되는 일일 것입니다. 앞서 말했듯이 말은 장애물을 만나면, 아무리 작은 장애물일지라도 싸울 의지를 잃어버리기 마련이지요. 그럼에도 이 한 가지는 그대에게 꼭 말해둬야겠군요. 로마인은 군제를 중시하고 장비를 절대적으로 믿고 있습니다. 기병으로부터 자기 몸을 보호하기 위해 전군이 작전을 알아차리지 못하는 장소를 찾고 기병의 습격에 대비해 부대를 지키고 적군을 무찌를 수 있는 눈앞이 탁 트인 지형을 신중히 골라야 했습니다. 고대나 현재 관습에 따라 보병이 능력을 갖추기 위해선 늘 훈련을 해야 했습니다. 전쟁하기에

앞서 로마인이 일상적인 훈련으로 강력한 보병 군단을 만들었다는 점을 명심하십시오. 게다가 나무랄 데 없는 인물들을 골라 뽑아 완전히 무장했을 뿐만 아니라, 훈련에 모든 노력을 기울였습니다. 이런 훈련을 거치지 않았다면 로마인은 훌륭한 병사로 성장하지 못했을 것입니다. 훈련은 다음과 같이 3단계로 나뉘어 있습니다.

제1단계 육체를 단련하고 방해물에 맞서 민첩하고 예리한 행동력 기르기.
제2단계 무기장비 및 조작법 훈련하기.
제3단계 전투나 진지 방어 훈련 임무를 수행하여 지키기.

어느 부대든 훈련 3대 원칙이 반드시 필요합니다. 행군, 전투, 숙영 모든 훈련이 잘 이행되었음에도 좋은 성과를 거두지 못했을 때가 있습니다만, 이 원칙이 잘 지켜졌다면 지휘관의 평판은 그런대로 좋을 것입니다.

11. 로마인과 군사훈련

파브리지오 : 따라서 고대 공화국에서는 관습과 법에 따라 원칙을 지키면서 전쟁 대비 훈련을 게을리 하지 않았습니다. 로마인들은 달리기, 장애물 높이뛰기, 역도 등 육상운동으로 민첩함과 기민함, 체력을 단련했습니다. 이 세 가지 능력은 병사에게 요구되는 필수조건입니다. 적군에게 준비할 시간도 주지 않고 적지를 빼앗을 때나 추격하는데 큰 도움이 됩니다. 기민함은 적을 뒤쫓아 도랑을 뛰어넘거나 제방을 가로지르는데 유리합니다. 체력은 무기를 갖추거나 적의 습격을 받아 격퇴시킬 때 중요한 역할을 하지요. 덧붙여 로마인은 어려운 고비를 이겨낼 수 있는 건장한 육체를 만들기 위해 끊임없이 무거운 짐을 들고 운반 연습도 했습니다. 힘든 원정을 갈 때 무기뿐만 아니라 며칠 분의 양식까지 함께 가지고 다녀야 하는 일이 자주 일어나니까요. 고된 훈련을 견뎌내지 못한다면 진정한 병사가 될 수 없습니다. 어느 누구라도 훈련 없이는 큰 위험에서 벗어날 수 없을 뿐 아니라 승리의 명예 또한 쟁취할 수 없음을 기억하시기 바랍니다.

무기 조작 군사훈련을 말씀드리겠습니다. 로마 병사는 다음과 같은 방법으로 훈련받았습니다. 먼저 지휘관은 병사들에게 실제보다 두 배쯤 되는 무기를 착용하게 합니다. 그리고 전쟁터에서 써야 할 칼보다, 훨씬 무거운 납봉을 들게 했습니다. 또 병사들에게 길이가 6피트(약 1.8미터)나 되는 말뚝을 땅에 박게 한 뒤 그 말뚝을 꺾거나 찌그러뜨리지 않을 만큼 힘을 발휘하는 방법으로 체력 훈련을 시켰습니다. 병사들은 적군을 대할 때와 마찬가지로 말뚝과 싸우며 방패와 검을 들고 훈련했습니다. 머리나 얼굴을 내리 칠 때 또는 옆구리, 다리 등을 습격하고 정면을 공격할 때도 납봉을 썼습니다. 이런 훈련을 거치면서 병사들은 다음과 같은 신중함을 가집니다. 즉, 훌륭한 병사라면 스스로를 지키면서 적군에게 타격을 주는 방법을 숙련하고 너무나 무거운 무기를 들고 있음에도 가볍게 무기를 휘두를 수 있는 자세 말입니다. 로마인은 병사들이 거의 모든 힘을 잃어 방어할 수 없거나 적군 몸이 조금밖에 보이지 않아 칼로 내리치기보다 찌르는 방법이 더 효율적일 때 칼날보다 칼끝을 활용토록 했습니다. 찌르기 검법은 적군에게 몸이 많이 노출되지 않아 방어가 쉽고 다음 공격을 준비하는데도 수월합니다.

고대 로마인이 이렇게 작은 문제까지 고려했다고 해서, 이상하게 여길 필요는 없습니다. 접전에서는 아주 작은 이점이라도 매우 중요시되었기 때문입니다. 이제 와서 여러분께 새로운 논점을 제시하려는 게 아닙니다. 이점에 대해 역사가들이 늘 말하고 있음을 알고 계시기 바랍니다. 고대인들은 전쟁에 대비해 잘 훈련된 병력을 많이 보유하는 것이 국가 복지와 안보에 가장 큰 도움이 된다고 여겼습니다. 돈이나 보석이 아니라 군에 대한 믿음만이 두려움으로부터 자신들을 지켜줄 수 있다 확신했습니다. 다른 문제라면 시간이 흘러도 어떻게든 저지른 과오를 바로 잡을 수 있습니다. 그러나 전쟁에서 발생한 과오는 그 즉시 치명적인 피해를 낳아 돌이킬 수 없게 됩니다. 맞서 싸워야 하는 한 자신감은 병사를 용감하게 만듭니다. 전투 방법을 체득했다는 자각만으로도 전쟁이 두렵지 않기 때문입니다. 따라서 로마는 시민들에게 전투가 있을 때마다 단련에 힘쓰고 실전에서 쓰는 것보다 훨씬 더 무거운 창을 목표물에 던지게 했습니다. 이런 훈련은 투척 기술을 숙달시킬 뿐만 아니라 근육을 단련하고 팔 힘을 키우게 했습니다. 또 활을 쏘고 투석기를 던지며 전쟁이 벌어진 때 맡은 역할을 잘 해낼 수 있도록 훈련받았습니다. 따라서 모든 무기 마다 교관이 붙었습니다. 꾸준히 훈련 받은 병사들은 불타는 전투정신과 날쌘 동작으로 모든 사태에 임할 수 있었습니다. 따라서 병사들은 전투대열에서 행군하고 몸을 움직여 자기 위치를 지키는 것 말고 달리 배울 것은 없었습니다. 오랜 군대 생활을 통해 대열을 유지하는 방법을 잘 터득한 고참병들과 혼성 군단을 이룸으로써 전투기술을 쉽게 배웠기 때문입니다.

12. 로마인에게 군사훈련을 배우라.
코시모 : 오늘날 병사를 양성하기 위해 어떤 훈련을 합니까?

파브리지오 : 그것은 이제까지 내 설명만으로도 충분할 것입니다. 예를 들면 달리기 연습, 완력 기르기, 점프 훈련, 실제 쓸 무기보다 더 무거운 장비착용, 노궁이나 활쏘기 등입니다. 경우에 따라서 신병기인 화승총도 추가하려고 합니다. 그리고 이런 훈련이 우리나라 젊은이 모두가 받을 수 있도록 제도화되길 바랍니다. 나는 젊은이들 일부가 군역에 선발될 수 있도록 애쓰며 관심을 기울이고 있습니다. 그래서 축제일마다 반드시 훈련을 시킬 생각입니다. 또 젊은이들에게 수영을 가르칠 것입니다. 수영은 무척 이로운 기술입니다. 늘 강가에 다리가 놓여 있거나 배가 준비되어 있진 않기 때문입니다. 만약 그대 부대원이 수영을 할 줄 모른다면 많은 부분에서 불리할 것이고 효과적으로 행동할 수 있는 좋은 기회를 모두 놓쳐버리고 말 것입니다. 로마인은 젊은이들이 캄푸스 마르티우스(군신광장)에서 스스로 단련해야 한다는 것 말고 다른 제도는 생각하지 않았습니다. 게다가 티베르 강이 근처에서 흘렀기 때문에, 육상 단련에 지쳤을 때 물에 들어가면 심기일전 할 수 있었으므로 그 뒤로 훈련 일부 항목으로 수영도 하게 되었습니다. 고대인과 마찬가지로 나는 병사들이 말을 능숙하게 탈 수 있도록 훈련시키고 싶습니다. 이것 또한 매우 중요한 일입니다. 승마기술 습득과 더불어 말도 사람을 태우고 움직이는 데 익숙해져야 합니다. 고대인은 승마 훈련에 목마를 썼으며 누구의 도움도 받지 않고 말을 탈 수 있도록 병사들을 훈련했습니다. 그리고 훈련이 끝나면, 병사들은 지휘관 앞에서 말 탈 준비 자세를 취하고 신호에 따라 말에 올라탑니다. 이때까지 '준비'와 '기마'를 목마로 숙련해온 것입니다. 현재 이 훈련 양식을 적용하고 있는 지역은 서부 지방의 한 도시 밖에 없습니다. 그러나 어떤 공화국이든 어느 군주국이든 젊은이들에게 훈련시킬 각오가 돼 있다면 절대로 어려운 일은 아닙니다. 이 도시는 어떤지 말씀드리지요. 먼저 모든 주민을 몇 개의 방위조직으로 나누어 전쟁에

서 쓰는 무기 종류에 따라 소집합니다. 저마다 창, 긴 창, 활, 화승총을 갖고 있습니다. 때에 따라 미늘창대, 장창대(長槍隊), 궁대(弓隊), 철포대라 부르기도 합니다. 주민들은 자기가 어느 부대에 등록하길 바라는지 명확히 밝혀야 합니다. 연령이 높거나 또 다른 이유 때문에 전쟁에 도움이 되지 않는 주민이라도 어느 조직에든 반드시 참가해 선서토록 합니다. 그리고 축제일에 미리 지시받은 무기를 사용하여 늘 훈련에 힘써야 합니다. 주민들은 저마다 도시 군사령관들에게 지정받은 공적중요지구에 소집되며 훈련은 반드시 그 장소에서 실시되어야 합니다. 조직에 소속되어 있는 사람들 중 선서 하지 않은 사람은 별개이지만, 훈련에 필요한 비용을 함께 나누어 냅니다. 서부 지방 도시에서도 하고 있으니 우리도 할 수 있습니다. 우리의 부주의로 좋은 제도를 놓쳐선 안 될 것입니다. 위와 같은 훈련으로 고대인은 뛰어난 보병 군단을 보유할 수 있었고, 오늘날 서부지방 도시는 우리보다 훨씬 뛰어난 보병을 갖추게 되었습니다. 고대인은 고향에서 공화국 군단이 했던 것처럼 똑같이 훈련했고 군단 안에서도 앞서 말해온 이유로 고대 황제들을 따라 훈련해왔습니다. 그러나 우리는 젊은이들을 고향에서 훈련시키는 게 썩 내키지 않습니다. 농촌의 경우, 우리의 속령지가 아니라면 지시할 수 없고 더욱이 그들 자신이 원하는 훈련이 아니라면 의무화할 수 없기 때문입니다. 이로써 이와 같은 훈련을 계속해 나아가기 위한 법제가 무슨 이유로 무시되어왔는지 오늘날 이탈리아 공화국이나 군주국이 왜 약해졌는지 그 근원을 말씀드렸습니다.

13. 군사훈련에 대해

파브리지오 : 이제 우리 군제 문제로 되돌아갑시다. 먼저 병사들을 강하게 키우고 몸을 가볍게 만들어 민첩한 동작을 훈련시키는 것만으론 훌륭한 군단을 만들기에 충분치 않음을 말씀드립니다. 또한 병사들은 군단에서 생활하는 법과 신호나 악기, 지휘자의 호령에 따른 동작을 모두 배워 익혀야 합니다. 오랜 시간 서 있거나, 후퇴, 전진, 대열을 유지하면서 싸우는 방법도 익혀야 합니다. 이런 훈련이 없다면 아무리 정확하고 주의 깊게 훈련을 계획, 실천했다 하더라도 좋은 훈련을 받았다고 평가할 수 없습니다. 훈련받지 않고 질서를 지키지 않는 거친 병사는 겁쟁이이며 질서를 따르는 시민보다 훨씬 약한 사람입니다. 조직이란 사람의 두려움을 없애지만, 반대로 조직이 없으면 용기는 사라져

버립니다. 당신은 내가 말하는 바를 잘 이해하겠지만, 이 점은 반드시 잘 알고 계시기 바랍니다. 전쟁에 맞서 병사 훈련을 실시하는 각국 군대나 그 군단 안에 핵심 요원을 키우고 있음을 잊지 마십시오. 핵심 요원의 이름은 수없이 변화해왔지만, 그 인원수는 거의 바뀌지 않았습니다. 주로 핵심 요원은 800개 병력 중 6명이었다고 합니다. 이 대대병력을 가리켜 로마는 레기온,*³ 그리스는 팔랑크스, 프랑스는 카테르배라고 불렀습니다. 이와 같은 제도가 오늘날 스위스에 남아 있습니다. 이들은 고대 군대 전통을 그대로 따릅니다. 흔히 우리가 바탈리온(대부대(大隊))이라 부르는 이 대대 이름은 로마어로 만들어진 것입니다. 그렇게 대대는 모든 나라에서 몇 개 소대로 나뉘어 그 나라 특성에 맞게 제도화되었습니다. 지금 내 이야기는 모두 역사를 바탕으로 한 것이므로 모두 사실임을 잘 알고 있을 것입니다.

우리는 고대나 현대 군제 어느 기준점을 따라 똑같이 군제를 만들 수 있습니다. 로마인은 5,000명에서 6,000으로 구성된 레기온 연합군을 10개 중대로 구분했습니다. 내가 바라는 것은 여단을 10개 보병 대대로 구분하여 6,000명으로 보병을 편성하는 것입니다. 우리는 각 보병 대대를 450명으로 하고 있지요. 중장비병 400명과 경장비병 50명으로 구분됩니다. 중장비병은 검과 방패를 가진 병사 300명과 대형 방패병과 창병 100명으로 이루어집니다. 경장비병은 저마다 화승총, 노궁, 삼지창, 원형 방패로 무장합니다. 이것을 고대인은 일반적으로 원형 방패병이라 불렀습니다. 때문에 보병 10개 대대는 방패병 3,000, 창병 1,000명, 원형 방패병 500명을 보유하게 됩니다. 모두 합해서 4,500명이죠. 그러나 앞서 말했듯이 우리는 보병 6,000명을 꾸려야 하므로 보병 1,500명을 추가할 필요가 있습니다. 먼저 창을 가진 1,000명은 창병 예비대라 부릅니다. 여기에 추가한 경보병 500명은 원형 방패병이라 부르지요. 내가 보병에게 기대하는 대로 반은 대형 방패병, 나머지 반은 창병, 기타 무기를 가진 병사, 이렇게 나눕니다.

나는 보병 대대마다 대대장(나라에서 파견된 자로서 시민과 국가 입장을 잇

---

*3 로마의 군단. 시대에 따라 1개 로마 군단은 병력이 3,000명에서 6,000명 정도에까지(현대군의 연대에서 여단급 병력 규모 정도)로 변화되어 편성되었으며 레기온은 10개 대대로, 1개 대대(코호르트)는 6개 중대로, 1개 중대(백인대 : 켄투리아)는 100명으로 구성되었다. 주 병력 이외에 지원 부대로 기병, 포병(투석병), 공병을 편성 육성하였다. 로마제국 전성기에는 30개 군단까지 운영되었음. 넓은 뜻으로 해석할 때는 로마 군대를 지칭하기도 함.

는 중요한 직책), 백인대장 4명, 분대장 40명, 정규 원형 방패병에 대해서는 분대 장 4명을 배치하고 싶습니다. 1000명 창병에 대대장 3명, 백인대장 10명, 분대 장 100명, 원형 방패 예비대는 대대장 2명, 백인대장 5명, 분대장 50명을 배치합 니다. 덧붙여 총사령관 한 사람을 임명하겠습니다. 또 대대장마다 깃발과 트럼 펫, 탬버린을 가진 군악병도 함께 데리고 말입니다. 여단은 10개 보병 대대에서 이루어지며 대형 방패병 3,000명, 정규 창병 1,000명, 예비 창병 1,000명, 정규 원형 방패병 500명, 예비 원형 방패병 500명으로 구성됩니다. 나는 모두 합해 6,000명 군단이 되길 바랍니다. 이 중에는 분대장 5,00명, 군악병 15명과 기수 15명, 백인대장 55명, 여단 국기와 군악대를 함께한 여단 군악대장, 이들을 거느 린 대대장 15명을 포함합니다. 앞서 설명한 군제는 지금까지도 몇 차례 말해왔 으니, 더 이상 군제나 보병 대대 편성과 훈련 방법을 잘못 이해하는 일은 없을 것입니다.

14. 기본 훈련

파브리지오 : 따라서 내가 말하고 싶은 요점은, 여러 왕국과 공화국에서 부 대를 조직할 때 시민을 위와 같은 무장이나 집단으로 편성해야 할 뿐만 아니 라, 나라가 유지될 수 있을 만큼 여단을 짜야 한다는 것입니다. 시민 배분 군사 편성 기초 훈련은 보병 대대별 수준에 맞게 훈련하면 충분할 것입니다. 단, 보 병대대 병사는 군단 내 다른 부대와 함께 한 공동작업 효과를 자기 것으로 만 들지 못하더라도 이익이 되는 분야만 훈련해선 안 됩니다. 부대 안에서는 저마 다 두 가지 다른 종류의 임무를 주기 때문입니다. 하나는 각 보병 대대 안에 서 병사가 해야 할 임무, 또 하나는 각 부대 안에 다른 병과(兵科)소속인 병사 와 혼성 여단을 만들 때 이뤄야 하는 임무입니다. 첫째 임무를 잘 해내는 병사 라면 그다음 임무 또한 잘 할 것입니다. 그러나 대대 규율을 모른다면 어느 것 도 지키지 못합니다. 따라서 대대 각 구성원은 전장에 나갔을 때 지형 특징에 따라 편성 대열을 유지하며 행군하고 대대 행동 강령에 자신을 적응시키며 군 악병이 전달하는 악기 음을 주의 깊게 들어야 합니다. 즉 악기 음 신호에 맞춰 무장갤리선을 젓는 병사처럼 먼저 무엇을 하고, 언제까지 그 위치를 지켜야 하 는지, 언제 전진, 후퇴해야 하는지, 또 무기와 얼굴은 어디를 바라봐야 하는지 등 모든 문제를 고민해야 합니다. 어디서나 어느 자세이든 칼끝을 흐트러뜨리

지 않을 만큼 잘 사용하고 지휘자의 명령에 따른 악기 음에 맞춰 곧바로 맡은 구역으로 돌아가는 것을 잘 이해한다면 온 대대 모두 같은 행동을 하는 한, 평소 훈련처럼 전투에서도 잘 해낼 수 있을 것입니다. 오늘날 이런 통일된 훈련이 제대로 평가받고 있진 못하지만, 평화로운 시기에는 반드시 1년에 한두 차례 꼭 여단 모두를 훈련에 참가시켜 군의 통합 대형을 철저히 가르쳐야 합니다. 전투에 참가했을 때를 떠올리면서 각 부대는 정면과 측면을 지키고, 구조 능력을 키우면서 반복 훈련해야 합니다.

15. 지휘관과 훈련

파브리지오 : 더욱이 사령관은 눈에 보이는 적군과 보이지 않지만 결코 방심할 수 없는 전군의 공격에 대비해 병력을 배치해야 하는 처지이기 때문에 모든 경우의 수를 헤아리면서 병사를 훈련해야 합니다. 어떤 방법으로도 행진할 수 있도록 병사를 철저히 교육하고, 필요하다면 한 방향에서 공격할 때와 다른 방향에서 공격할 때 병사들이 어떻게 하면 사령관 지휘에 맞추어 잘 따를 수 있는가를 몸소 현장에서 감독하고 전투방법을 충분히 가르쳐야 합니다.

먼저 사령관은 병사의 주의를 끄는 곳에 있는 적군공격훈련을 시킬 때 병사들에게 무엇을 먼저 해야 하는지, 적군의 기세에 밀려 물러날 때 어디로 후퇴하고, 후퇴한 뒤 누가 대신 그 위치를 이어받을 것인지, 또 상부에서 내려오는 명령이나 악기 신호음에도 따라야 함을 모두 가르쳐야 할 것입니다. 실제 전쟁에서 병사들이 두려워하지 않고, 원하는 전술로 전투 훈련, 공격 훈련 연습을 해야 합니다. 용감한 부대란 처음부터 용맹한 사람이 모여 만들어지는 게 아니라 날마다 꾸준히 훈련받은 병사들이 뭉쳐 이뤄지는 것입니다. 만일 지금 전투대형 최전선에 있다면, 적군에게 압도되었을 때 어디로 후퇴해야 하는지, 나 대신 누가 뒤를 이을 것인지, 나를 도와줄 주변 인물까지 나는 모두 알고 있으므로 언제나 용감하게 싸울 수 있습니다. 또 만약 전투대형 두 번째 줄에 있을 때 격퇴되어 어쩔 수 없이 후퇴하게 된다 해도 나는 두렵지 않습니다. 왜냐하면 나는 내 부대가 승리하도록 이끌기 위해서 어떤 일을 해야 하는지 모두 알고 있기 때문입니다.

이와 같은 훈련은 새로운 부대를 편성할 때 가장 중요한 요건이며 일반 부대에서도 마찬가지입니다. 로마인들이 어릴 때부터 부대 편성 지식을 갖고 있었다 하지만 적군에 맞서 진격하기 훨씬 오래 전부터 계속적으로 지휘관들에게 훈련되어 왔다는 사실은 분명합니다. 요세푸스*4는《유대전쟁》에서 다음과 같이 말하고 있습니다. "로마 군단은 훈련을 계속한 덕분에 나라를 지키려 전쟁터로 나간 민중들마저 전투에 큰 도움이 되었다고 합니다. 그들은 전투대형을 지키면서 싸우는 방법을 잘 알고 있었습니다. 그러나 만일 여러분이 곧바로 전쟁터에서 적들과 싸워야 하는 군단을 신병부대로 구성하려 한다면 훈련 없인 개인으로서나 군 전체로서나 어떤 전과도 이룰 수 없음을 알아야 합니다. 훈련은 반드시 필요하므로 노력과 성과를 충분히 알아야 할 것을 명심하되 신병의 훈련을 게을리 하면 안 됩니다. 뛰어난 군사를 키우기 위해서 사령관들이 언제나 병사들을 응원하고 가르치며 어떤 존경이나 이익도 바라지 않으면서 끊임없이 앞장서서 싸워왔음을 명심하시기 바랍니다."

16. 보병 대대의 훈련과 대형

코시모 : 아무래도 이제까지 논의한 이론이 당신 말씀을 조금 벗어난 듯합니다. 당신은 보병 대대 훈련 방법을 명확하게 말씀하지 않았습니다. 이제까지 모든 군단과 전투에 대해서만 이야기하셨지요.

파브리지오 : 옳은 말씀입니다. 사실 내가 그 군제를 이뤄내고 싶은 애정이 있고 그렇게 하지 못했을 때 받을 슬픔 때문이었습니다. 그럼에도 나는 현재 여러 징후에 휘둘릴 수밖에 없습니다. 앞서 이야기했듯이 가장 중요한 것은 보병 대대 훈련에서 대열을 유지하도록 가르치는 것입니다. 따라서 당신은 병사에게 치오시올라(chiocciola, 달팽이) 훈련을 실시해야 합니다. 앞서 보병 대대는 중보병 400명이 포함된다고 말씀드렸는데, 그 수는 병력을 고려하면 기본 인원수가 되겠습니다.

중보병 400명은 80명씩 5열종대로 섭니다. 그리고 빠르게 또는 천천히 모이게 하거나 흩어지도록 합니다. 이 훈련은 말보다 행동으로 보여주는 게 더 정확합니다만, 훈련을 마친 뒤에 필요한 연습은 또 없습니다. 군대훈련에 익숙한 병사들이라면 누구나 이 훈련에서 어떻게 행동해야 하는지 숙달할 수 있을 테

---

*4 서기 37년 예루살렘에서 태어난 유대 제사장 가문의 후손이다. 서기 73년 일어난 마사다 전투를 기록하여 후세에 알려진 역사학자.

니까요. 이 행진은 병사들이 대열을 유지하면서 나아감을 익히게 하는 것 말고 다른 목적은 없습니다. 이제 이 보병대대와 똑같은 형태를 만들어 나아가도록 합시다.

나는 보병 대대에 세 가지 기본 대형을 제안합니다. 첫 번째, 완전한 강력 대형을 만들어 2개 방진대형을 이루려합니다. 두 번째, 가장 중요한 점인데 사각형 돌기 전선을 가진 방진대형을 만듭니다. 세 번째, 방진 중앙부에 광장이라 불리는 공간 지대를 만들어 대형을 이루는 것입니다. 앞서 말한 대형 중에 첫 번째 대형은 다른 2개로 바꿀 수 있습니다. 또 다른 대형은 대열을 중복합니다. 즉 제2열이 제1열로 들어가고, 제4열이 제3열로 들어가며, 6열이 제5열로 들어가도록 진행하는 것입니다. 열마다 5명씩 80열이었던 배치를 각 10명 40열이 되도록 합니다. 이어서 다음과 같은 방법으로 맨 앞 종대를 중복시키고 대형을 또 다른 대형에 이어 합칩니다. 이리하여 1열 20명으로 20열 대형이 됩니다. 방진 2개가 거의 완성되는군요. 이렇게 되면 종렬, 횡렬 모두 같은 인원수인데 횡렬이 바로 접할 만큼 가까워야 합니다. 또 종렬은 2브라차(약 1.2미터)쯤 떨어져 있어야 하고요. 따라서 방진은 횡렬 좌우 줄보다 종렬 앞뒤가 좀 더 길어집니다. 우리는 현재 보병 대대 전면, 측면, 배후와 부대 전체 구조를 반복하여 논의하고 있습니다. 이제 본대 정면 부분을 말씀드리겠습니다. 등 쪽은 본대 배후를 말하며 옆은 본대 측면으로 이해해 주시기 바랍니다. 나아가 대대 50명 상비 원형 방패병은 다른 대열과 함께 구성되지 않고, 보병 대대가 편성될 때에만 본대 측면에 배치됩니다.

17. 보병 대대의 제2전투대형

파브리지오 : 보병 대대 제2전투대형 조합방식은 다음과 같습니다. 제1형보다도 뛰어난 것인데 병사들이 대형을 어떻게 이루는지 그대가 직접 봐주셨으면 좋겠습니다. 그대는 보병 대대 편성 병사, 장교 인원수를 알고 어떤 무장을 하는지 기억할 것입니다. 따라서 본대 대형은 가지런히 세로 20열로, 즉 1열에 20명씩입니다. 그 가운데 정면 5열까지 창병부대, 배후 15열에 방패병이 있습니다. 백인대 2개 집단이 정면과 뒤쪽 끝에 배치되며 후방에 지휘 장교(고대인들이 '배후 담당자'라고 불렀던 백인대 임무를 거행하는 자)도 세웁니다. 참모장교는 기수, 나팔수와 함께 긴 창대 5열째 방패부대 15열째 사이에 위치하고 있습

니다. 분대마다 측면에 위치하되, 분대장은 저마다 병사들을 마음대로 휘두를 수 있어야 합니다. 그리고 분대 좌측을 맡은 병사는 우측에, 분대 우측을 맡은 병사는 좌측에, 원형 방패병 50명은 대대 측면과 뒤쪽 끝에 위치합니다.

일반적으로 보병 대대가 행진할 경우, 본대가 이런 대형을 유지하길 바란다면, 다음과 같이 정렬해야 할 것입니다. 이제까지 그 방법에 대해선 말씀드리지 않았지만 무엇보다 대대를 400명, 5열 종대로 되돌려 놓을 것을 생각해야 합니다. 본대 맨 앞에서든, 뒤쪽 끝에서든 원형 방패병을 떼어놓고, 본대를 별동대로 만듭니다. 백인대마다 양 날개에 있던 20열을 본대 바로 뒤쪽 끝에 따라붙도록 편성하고, 마찬가지로 창병 5열과 나머지 방패병도 그 뒤쪽 끝에 붙입니다. 대대장은 나팔수, 기수와 함께 움직이면서 장창병과 제2백인대 공간에 위치합니다. 즉, 방패병이 있던 자리에서 세 사람 위치가 결정됩니다. 분대장 20명은 제2백인대 좌측에 있고 나머지 20명은 마지막 백인대 우측에 위치합니다. 그래서 창병 지휘 분대장에게도 창을 가지고 다니도록 해야 합니다. 방패병 지휘자도 마찬가지로 방패를 지니고 있어야 하지요. 때문에 당신이 행진하면서 대대 정면을 전투배치로 다시 조직하려 한다면, 제1백인대 20열을 정지시키고, 제2백인대를 이어서 기동시켜 제1백인대 오른쪽으로 우회시키면서 행렬이 가지런해질 때까지 이동하게 한 뒤 제1백인대 20열이 멈춰 서 있는 나란한 곳에 정지토록 합니다. 이어서 제3백인대가 나아가는데 오른쪽으로 우회하면서 맨 앞 백인대 측면에 붙이면서 마찬가지로 맨 앞이 나란해질 때까지 나아갑니다. 제3백인대가 정지하면 다른 제4백인대가 앞 대열과 같은 순서대로 움직입니다. 그리고 정지해 있는 제 1백인대 우측을 따라 또한 오른쪽으로 돌면서 전진하고, 또다른 맨 앞 백인대 옆에 나란히 정지시킵니다. 이 행렬이 끝나면 2개 대대만 맨 앞을 떠나 대대 양 날개에 붙습니다.

대대는 이제까지 부족하게나마 그대에게 말해 온 방법으로 조직할 수 있습니다. 원형 방패병은 최초 대형에서 배치된 것과 같이 대대 측면에 전개합니다. 여기서 말하는 최초 대형은 대대를 2개 방진으로 만든 것인데 직선적인 종대에 맞서 중복선으로 구성한 대형입니다. 즉 대대 측면에 전개하는 대형을 측면에 맞서 중복시키는 것입니다. 첫 번째 대형은 아주 쉽게 짤 수 있습니다. 두 번째 대형은 매우 일반적이고 정확하게 조합할 수 있기에 당신이 원하는 대형으로 바꿔 구성할 수 있을 것입니다. 첫 번째 대형은 병력에 의존할 수밖에 없기 때문에 만일 1열 5명으로 이루어져 있다면 여러분은 10명으로 해야 하고, 10명이라면 20명으로, 20명이라면 40명으로 두 배씩 바꿔서 편성해합니다. 따라서 1열 횡대를 배로 늘려가기 때문에 앞 열을 15명, 25명, 30명, 35명으로 구성할 수 없습니다. 따라서 여러분은 맨 앞 열 5명부터 시작되는 인원 배수에 따라 짜야 합니다. 그러므로 어느 군단에 속한 사람들은 앞 열을 600명에서 800명으로 보병 편성 계획 구성을 생각하기도 합니다. 그러나 이런 인원수로 1열 횡대에서 2열 횡대로 바꾸기는 힘들 것입니다.

오늘 내가 제안한 내용은 무척 쉬울 테니 그 대형도 실전이나 훈련 때 대형 변환이 쉬운 것으로 받아들여야 할 것입니다. 따라서 지금 당장이라도 내가 말한 대열 방식을 터득한 병사를 확보하는 게 매우 중요함을 그대에게 말해두고 싶습니다. 그러니 결국 내가 조언한 보병 대대 내용에 따라 병력을 보유, 병영 안에서 훈련하기, 전진과 후퇴 연습하기, 지나가기 어려운 지점을 대열이 흐트러지지 않게 연습 등 이 모든 훈련을 실행하는 것이 무엇보다 필요할 것입니다. 훈련을 충분히 이겨 낼 수 있는 병사야말로 곧 군에 도움이 되는 병사이니까요. 이런 병사들이라면, 눈앞에서 적군을 본 경험이 없더라도 고참병이라 부를 수 있습니다. 또 반대로 이런 훈련과 경험이 없다면 수없이 많은 전쟁에 참여했을지라도 신병으로 평가받을 수밖에 없습니다. 다음으로 가늘고 긴 종대를 이루었을 때 병사들을 동시에 전투대형에 배치하고 행군할 때 일어나는 문제를 말씀드리겠습니다. 병사들이 배치에 따르고 나서 특정 지형이나 적의 움직임에 따라 발생한 돌발 상황으로 혼란에 빠졌을 때 곧바로 대형을 정리할 수 있도록 일깨워야 해야 합니다. 이는 매우 중요하고도 어려운 작업입니다. 충분히 훈련해 경험을 쌓도록 해야 할 것입니다. 고대인도 무던히도 애를 썼는데 이런 훈련을 실시할 때 2가지가 요구됩니다. 첫 번째, 대대에 알아보기 쉬운 표시를 붙이기, 두 번째, 늘 같은 대형을 유지하기입니다. 이렇게 해 두면, 보병은 대대에서 늘 같은 대열 안에 있게 됩니다. 예를 들어 어느 병사가 처음에 2열에 편성되었다면 늘 대대 안에서 똑같은 자리를 지키게 됩니다. 따라서 이 병사는 언제나 그 대형 안에 있을 뿐만 아니라 같은 위치에 있는 것입니다. 그러므로 부대를 구분하기 위해선 분명한 부대 표시를 해둘 필요가 있습니다.

따라서 대대마다 다른 깃발을 꽂아야 합니다. 대대장이나 백인대장 머리에 저마다 명확하게 알아볼 수 있는 깃털 장식을 달아야 합니다. 분대장이 대형을 판단할 때에도 매우 중요한 점입니다. 이 문제에 부딪힌 고대인은 위대한 표기 방식을 만들었는데 고심 끝에 자기 고유 번호를 투구 앞부분에 적어 놓고, 저마다 제1분대장, 제2분대장, 제3분대장…… 이렇게 불렀습니다. 고대인들은 여기에 그치지 않고 병사라면 누구나 자신이 속한 대열 번호와 그 대열 안에 속한 열의 위치를 방패 앞에 적게 했습니다. 병사들은 이런 표시 방법에 매우 익숙했기 때문에 큰 혼란에 빠지더라도 곧바로 자기 대형으로 쉽게 복귀할 수 있었습니다. 대대 깃발이 꽂힐 장소만 분명하게 정해져 있다면 백인대나, 분대장 위치도 한눈에 알아볼 수 있기 때문이죠. 이어 서로가 잘 아는 간격에 맞추어 좌측 사람은 좌측으로, 우측 사람은 우측으로 돌아가게 됩니다. 그 준칙과 표시를 잘못 판단한 경우, 보병은 곧바로 그 대열 고유 위치로 돌아가 자기 자리를 확인하면 되는 것입니다. 예를 들어, 당신이 처음으로 표시해 둔 뚱뚱보 지휘관들과 멀리 떨어져 있다 해도 마땅히 본디 자기 대형으로 돌아갈 수 있습니다. 하지만 어떤 표시도 해 두지 않았다면 돌아가기 어렵겠죠. 이런 방법은 병사들에게 신중한 훈련과 교육을 실행하여 이끌어야 하지만 한번 배워 익히면 번거로운 일은 없을 것입니다.

　신병은 고참병에게 훈련받습니다. 병사들은 일정 기간 특정 지역에서 훈련을 받으며 전쟁에서 자기 역할을 잘 해내는 존재가 됩니다. 필요하다면 측면과 배후에 있는 부대를 맨 앞으로 보내거나, 맨 앞에 있는 자를 측면, 후방에 보내 언제든지 대형변환이 가능토록 교육해야 합니다. 이는 매우 쉬운 일입니다. 병사는 명령 받은 부대로 이동만 하면 되니까요. 만약 병사들이 훈련하는 동안 어느 쪽으로 얼굴을 돌렸다면 그 위치가 맨 앞이 되도록 이동해야 합니다. 그리고 측면전개를 했을 경우, 대형은 상호 간격을 무시한 채 전개될 수밖에 없습니다. 왜냐하면 맨 앞에서 뒤쪽 끝까지 그다지 여유 거리가 없기 때문입니다. 그러나 한쪽 측면에서 반대 측면까지는 거리가 꽤 됩니다. 보통 대대 간격에서 볼 때 완전히 반대라 할 수 있지요. 때문에 군사교육이나 대형전환이 병사들에게 알맞은지 판단해야 합니다. 이런 사항은 조금도 유별나지 않습니다. 병사들이 쉽게 숙달할 수 있어야하니까요. 또 모든 대대가 행군 방향을 바꿀 때, 마치 한 개체가 된 것처럼 움직이는 연습도 늘 해둘 필요가 있습니다. 이는 강도 높은 훈련과 진지함이 요구됩니다. 예를 들어 좌측면으로 전환 할 때 왼쪽 배후열은 정지해야 하고, 계속 정지하고 있는 병사부터 가장 가까운 병사에 이르기까지 조금씩 움직여야 합니다. 오른쪽 배후열에 있는 병사는 절대로 달려선 안 됩니다. 그렇지 않으면 모든 대대 병사는 큰 혼란에 빠질 것입니다.

부대가 어떤 장소에서 다른 장소로 이동할 때, 전선에 배치되지 않은 대대가 전방 호위를 하지 않아도, 측면 또는 뒤쪽 병사들이 전력으로 싸워야 하는 일은 늘 일어났습니다. 이런 돌발 상황에 대비해 측면 또는 배후 전력을 편성해 둘 필요가 있습니다(바라건대 대대원들은 자기 위치를 확실히 정하길 바랍니다. 전위대 측면에서 창병대와 분대장, 백인대, 참모장교가 저마다 자기 위치에서 행동해야 하기 때문입니다). 그러나 이런 대형을 이루려면 병사를 배열하여 1열 5명으로 80열 대형을 만들어야 합니다. 즉, 모든 창병대에 맨 앞 20열, 최초와 최후 위치에 분대장 5명, 나머지 뒤쪽 60열은 창기병으로 배치하여 세 개 백인대가 되도록 편성합니다. 따라서 백인대 저마다 최초 열과 최후 열에서 분대장이 됩니다. 대대장은 기수와 나팔수를 데리고 최초 방패 백인대 중앙에 섭니다. 백인대장은 저마다 백인대 맨 앞에 배치됩니다.

만약 창병대가 좌측면으로 이동하기를 원한다면 그대는 우측면에도 백인대를 중복 배치해야 할 것입니다. 또 우측면에 서 있는 병사가 좌측으로 움직이기를 바란다면, 여러분은 우측에서도 군단을 중복 편성해야 합니다. 즉 이런 대대는 한 측면에는 창병대를 두고, 맨 앞과 배후에 분대장을 두고, 맨 앞 부대에 백인대를 두면서 그 중앙에 대대장을 세우게 되는 것이지요.

이렇게 만들어진 대형은 행진하는 동안에도 그대로 유지됩니다. 대원들은 대대 측면을 정면으로 이동시키는 동안 적군이 습격해 왔을 때 창병대 측면에 들어올 공격에 미리 대비해야 합니다. 즉, 앞서 말한 방법에 따라 대대는 종대와 지휘관 방향을 바꾸게 됩니다. 모든 병사는 저마다 자기 위치에 머물고 백인대는 어떤 어려움도 없이 재빠르게 그 위치로 움직입니다. 병사들은 맨 앞쪽으로 이동하여 배후를 바라보며 싸워야 합니다. 창병대는 대대 안에 있으면서 후속대에 포함되는 대형이기 때문에 종대를 이루어야 하지만, 이를 편성하기 위해 다른 형식을 사용해야 한다는 건 아닙니다. 백인대는 저마다 대대 편성 과정에서 맨 앞 창병대 5열와 함께 구성되며 뒤쪽에도 같은 역할을 수행할 병사들이 배치되곤 합니다. 나머지 측면대은 내가 처음 말씀드렸던 대형을 분석해봐야 합니다.

18. 양익 전투대형

코시모 : 이제까지 당신은 이런 편성이 구체화됨에 따라 대형 전체를 마치 하나의 대형으로도 만들 수 있음을 말씀하셨습니다. 만약 450명 보병 대대가 독자적으로 전투할 때 부대 편성은 어떻게 구성해야 합니까?

파브리지오 : 먼저 지휘관이 창병대를 배치할 장소를 선택해야 합니다. 다음으로 뒤를 잇는 부대들은 어떤 측면에서든 이제까지 말한 대형 편성과 크게 다르지 않습니다. 왜냐하면 현재 대대 전투대형 편성 방법을 그대로 이용하기 때문입니다. 그렇지만 앞으로 당신이 관리해야 할 대형에 도움이 될 만한 규칙은 없습니다. 다만 나는 앞서 설정한 것과는 별개로, 대대 대형 편성 두 가지 방법을 좀 더 명확히 하기 위해서 당신 질문에 답해드리겠습니다. 지금까지 단한 번도 이용된 적 없으며 대대가 고립되어 다른 우군과 공동전선을 이룰 수없는 때 쓰는 방법입니다.

만약 당신이 좌우 돌출 날개를 가진 양익 대형 배치 방법이 필요하다면 먼저 1명 5명씩 80열을 만들어야 합니다. 중앙에 백인대를 두고 열마다 좌측 2명이 창병, 우측 3명 방패병을 배합한 열을 25열로 만들고 백인대 뒤에 배치합니다. 그리고 맨 앞 5열 뒤의 열, 즉 20열 사이에 20명 분대장을 배치합니다. 창병과 방패병 사이에 배치된 병사는 창을 갖고 있는 자를 빼고 창병과 함께 그 자리에 있어야 합니다. 이와 같이 25열을 만든 다음 다른 백인대를 배치합니다. 이 백인대는 그 후속대로서 방패병 15열을 이끕니다. 그 방패병 배후에는 군악병과 기수 사이에 대대장이 있고 그 뒤에 제3백인대가 배치됩니다. 이 백인대는 배후에 25열을 이끌고 있지요. 또한 병사들마다 1열 오른쪽에서 3명까지 방패병으로, 왼쪽에서 2명까지 창병으로 구성됩니다. 앞 열에서 제5열까지 별개로 두고 뒤쪽에 분대장 20명이 창병과 방패병 사이에 하나하나 배치됩니다. 그리고 1열 후방에 제4백인대가 이어집니다.

위와 같이 짜인 대형에 두 날개가 펼쳐질 수 있도록 대대를 만들기 위해선 먼저 그 뒤쪽에 있는 25열과 함께 제1백인대를 정지시킵니다. 그리고 제2백인대는 뒤에 있는 15열과 함께 이동하여 오른쪽 방향으로 전진케 하고 25열 오른쪽을 따라 제15열이 있는 데까지 나아가, 그 선에 도달했을 때 정지하게 합니다. 이어서 배후에 있는 15열 방패병과 함께 대대장이 이동해야 합니다. 언제나 오른쪽을 주의하면서 처음에 이동한 15열 오른쪽을 따라 행군하고 맨 앞 행렬이 10분 전에 만들어진 군단과 같은 곳에 멈춥니다. 이어서 25열과 그 뒤 제4백인대를 거느리고 있는 제3백인대가 이동합니다. 마찬가지로 오른쪽을 주의하면서 가장 뒤쪽 15열 방패병 오른쪽을 따라 행군하고 맨 앞에 도달해도 정지하지 않고 이어서 행군하여 25열 가장 뒤쪽과 위치가 같아질 때까지 나아갑니다.

이런 나아감과 멈춤이 끝난 시점에서 최초 15열 방패병 맨 앞 백인대는 그 위치에서 출발하여 왼쪽 날개 부분 대대 바로 뒤까지 전진합니다. 이런 식으로 맨 앞 양 날개에 저마다 2개 측익소대를 두고, 1열 20명씩 25열로 된 견고한 대대로 변형하게 됩니다. 측익소대는 저마다 1열 5명씩 10열입니다. 또 두 날개 사이에 공간 하나가 남는데, 병사가 옆으로 나란히 줄을 서면 10명이 들어갈 만한 넓이입니다. 양 날개 측익소대 중간에는 지휘관이 위치합니다. 소대 저마다 맨 앞에 백인대가 있고 본대 후방 양익에도 백인대가 있습니다. 즉 측면 종대 안에 2열 창병과 분대장 20명이 있는 것입니다.

양익소대는 양쪽 공간에 대포를 설치하는 데 효과적입니다. 또 대형 차량도 가지고 있다면 더욱 큰 도움이 됩니다. 원형 방패병은 창병에 접근하여 측면종열에 따라 모두 정지하고 있어야 합니다.

따라서 정면 공간을 가진 두 날개 모양 대대 대형으로 변형하고 싶다면 1열 20명씩 15열부터 8열을 취해 2개 측익소대를 돌출지점 위에 배치합니다. 이제까지 측익소대 병사는 앞에 있는 공간 뒤에 편성됩니다. 여기에는 대형 차량이 배치되고, 지휘관과 대대 깃발이 세워집니다. 또 대포가 없을 때는 대대장이나 대대 깃발은 정면 한 줄로, 또는 측면을 따라 배치됩니다(이 대형은 한 대형만으로도 갖출 수 있는 대형입니다. 단 경계지역을 통과해야 하는 경우로 제한합니다). 견고한 대대라면 측익소대 공간 부분이 없어도 괜찮습니다. 단 중무장하지 않은 병사를 지키기 위해선 측익대형이 꼭 필요합니다.

19. 스위스인 대형

현재 스위스인은 이런 많은 대형을 가지고 있습니다. 그중에서 십자형 대형이라는 게 있습니다. 이것은 대대 측익(側翼)소대 사이에 화승총 소대가 배치돼 있어 적의 습격으로부터 본대를 완전하게 방어할 수 있습니다. 또 전투 중에 서로를 보호할 수 있으므로 여러모로 좋습니다.

나는 많은 대대가 어떤 방식으로 서로 협력하여 전투를 할 수 있는지 명확히 말하고자 합니다. 결코 단일 대대 여러 대형에만 집중할 생각은 없습니다.

20. 창병예비대와 원형 방패병 예비대

코시모 : 대대 안에서 병사를 훈련할 때 취해야 할 대형에 대해서 내 나름대로 충분히 이해되었다고 생각합니다. 그러나 내 기억이 맞는다면 10개 대대 문제를 별개로 본다고 해도, 1,000명 창병 예비대 및 500명 원형 방패병 예비대를 본대에 결합할 방법을 말씀하셨는데, 왜 그대는 병사들을 징집해 훈련하려 하지 않으십니까?

파브리지오 : 마땅한 질문이라 생각됩니다. 내가 가장 주력해서 연구하는 문제이기도 합니다. 최소 백인대 또는 집단별로 단일 대대마다 훈련해야 한다고 생각합니다. 나는 이들 예비대를 일반 대대에 비추어 이용하기보다 오히려 호위나 약탈과 같은 일반적인 특별 근무에 임하도록 이끌어야 한다고 생각합니다. 특히 원형 방패병의 경우, 그들을 한 데 섞어서 편성치 말고, 자기 고향에서 저마다 훈련하게 해야 한다고 생각합니다. 예비대 임무는 저마다 개별적으로 전투에 참가하는 것이기 때문에 다른 전우와 함께 훈련할 필요는 없습니다. 특수한 활동력을 넉넉히 발휘할 수 있도록 훈련하면 충분하다는 뜻이죠. 물론 반복해서 말하는 것이 귀찮다는 건 아니지만 흔히 병사들은 그 대열 지키는 방법을 알고 있으며 대형에서 저마다 위치를 인식합니다. 따라서 적군 부대와 그 지형이 대형을 붕괴시켰을 때 재빨리 원위치로 돌아갈 수 있는 방법을 이 대대 안에서 훈련해야 함을 말씀드려왔지요. 대대 편성을 숙지할 경우 하나의 대대 대형을 어떤 방식으로 유지할지, 부대 안에서 자기 임무가 무엇인지 언제라도 쉽게 떠올릴 수 있기 때문입니다.

군주국이나 공화국이 이와 같은 편성과 훈련 속에서 고난을 이겨내고 활기찬 분위기를 이끌어냈다면 반드시 그 나라에는 훌륭한 군인이 있음을 뜻합니다. 이 나라는 인접한 나라보다 우월한 처지에 서 있으며 스스로 법을 제정할 수는 있어도 다른 나라 법을 받아들일 순 없습니다. 그러니 내가 이제까지 말한 것처럼, 군사, 편성제도가 무시되고 그 우수성이 제대로 평가되지 않았기에 오늘날 우리 사회가 어지러운 것입니다. 따라서 우리나라 군단은 조금도 훌륭하다 말할 수 없습니다. 우리나라 시민들이 천성적으로 유능한 두뇌와 몸을 가지고 있다고 해도, 절대 군사력을 발휘할 수 없을 것입니다.

21. 군마에 대해
코시모 : 그러면 당신은 각 대대에 군마를 몇 마리 두려 하십니까?

파브리지오 : 제1단계로 나는 백인대장이나 분대장이라고 해도 행군 중에 말을 타는 것은 인정치 않습니다. 만약 대대장이 말을 타고 싶어 할 때도 노새만 인정하겠습니다. 나는 차량에 말 2필, 백인대장마다 1필, 3명의 분대장에 2필을 인정합니다. 그 상황에 대해서는 앞으로 말씀드리겠지만, 우리는 말 4필과 함께 숙영합니다. 따라서 대대마다 말 36필을 데리고 있게 되지요. 마땅히 야영용 텐트, 조리용 식기류, 그리고 숙영 시 필요한 도끼나 철봉 등이 필요한데 반드시 함께 가지고 다녀야 합니다. 또 가능하면 병사들이 필요한 여러 물건도 함께 가지고 다니는 게 좋습니다.

22. 지휘관의 임무
코시모 : 지휘관은 부대마다 반드시 있어야 할 존재라고 생각합니다. 그러나 지휘관이 많으면 병사들 사이에 혼란이 일어나지 않을까 염려됩니다.

파브리지오 : 그 대대마다 지휘관들이 총지휘관을 잘 따르지 않는다면 분명히 그런 일들이 일어날 것입니다. 그러나 총지휘관을 잘 따른다면 그 대대 안에 질서는 잘 지켜집니다. 반대로 총 지휘자가 없다면 대대를 이끌 수 없겠지요. 장소마다 세워진 벽들은 일반적으로 많은 기둥이 필요하기 때문입니다. 그래서 현재 대대 편성이 확립되어 있지 않더라도, 구성된 병사의 수가 적거나 또는 정예부대로 만들어져 있다 해도 지휘관은 반드시 필요합니다. 병사 저마다가 지닌 능력으론 패배를 막을 수 없기 때문입니다. 생각해보십시오. 군대 안에 10명의 병사보다 좀 더 용기 있고 정력적이며 권위를 가진 지휘관 한 사람이 꼭 필요하기 마련입니다. 뛰어난 지휘관은 부하를 정확히 파악하여 전투에 앞장서 나아가게 합니다. 이제까지 내가 말한 내용, 즉 우리가 부대마다 배속시킨 지휘관은 부대깃발, 군악병만 보더라도 군대에 필요하다는 점을 알 수 있

을 것입니다. 그러나 누구나 저마다 임무를 충실히 수행하지는 않습니다. 분대장은 상부에서 명령받은 것을 수행하려는 마음이 있다면 내가 앞서 말한 바와 같이 자기 병사를 명확히 통솔하고 함께 생활하며 하나가 되어 임무를 완수해내면서 명령에 복종하도록 만들어야 합니다. 분대장마다 대열을 정해진 위치에 세우기 위해, 마치 안내자나 안내봉처럼 장소마다 배치되는데 그렇게 하지 않으면 대열 유지는 물론 병사가 자기 위치로 돌아가는 것 또한 불가능해집니다. 오늘날 우리는 그들에게 특별한 임무를 수행시키기 위해 일반 병사보다 월급을 더 많이 주는 것 다른 혜택을 주지 않습니다.

그런 일이 기수에게서도 일어나고 있습니다. 누구나 부대 깃발이 있는 곳을 확실히 알고 그 깃발 주위 지역을 지키기 위해 정확한 위치를 알고 있으며, 늘 그곳으로 돌아와야 합니다. 때때로 병사들은 깃발이 이동 또는 정지함에 따라 언제 움직이고 멈춰야 하는지 잘 알고 있습니다. 한 군단 안에는 많은 단위부대가 형성되어 있으며 단위부대마다 깃발과 지휘자가 요구됩니다. 지휘관과 깃발만 있으면 병사는 왕성한 정신력을 지닌 사람으로서 용기를 갖게 됩니다. 따라서 보병대는 깃발을 따라서 진격하고 깃발은 악기 음률에 따라 이동해야 합니다. 잘 훈련된 병사라면 악기 음만으로도 충분히 지휘할 수 있습니다.

23. 악기음으로 지휘하기

병사들이 악기 음률에 따라 발을 맞추어 행진할 때 지휘관이 좀 더 쉽게 명령을 내릴 수 있습니다. 고대인들은 휘파람, 횡적(橫笛), 악기를 어떻게 잘 다룰 수 있었을까요? 무희가 선율에 맞춰 춤을 추듯 발걸음을 옮기다 보면 실수는 거의 일어나지 않습니다. 이와 마찬가지로 병사들 또한 악기 음률에 동작을 맞추어 걷다보면 혼란에 빠질 일이 없습니다. 그래서 행군 방향을 바꾸거나 병사들의 사기를 올려야 할 때, 또는 냉정하게 움직여야 할 때 악기 음은 여러 번 변합니다. 악기 음률을 부르는 이름에도 여러 종류가 있습니다. 도리스인 악기 음률은 흔들림 없는 군건함이 스며있고, 프리지아인은 격렬하고 과감한 선율을 퍼트렸습니다. 책상 앞에 앉아 있던 알렉산더 대왕은 어느 프리지아인 연주를 듣고 마음이 동요되어 갑자기 칼자루에 손을 댈 정도였다고 합니다. 우리도 악기 음률로 전투방법을 재현해볼 필요가 있지 않을까요. 만약 이것이 어렵다면 악기 음률로 병사들을 지휘하는 그 신호가 무엇을 뜻하는지 잘 생각해야 합니다. 악기 음을 듣고 있을 때 병사들이 아무런 생각도 하지 않는다고 여기면 안 됩니다. 지휘관은 어느 누구라도 훈련을 통해 병사들이 선율에 익숙해지도록 훈련시키며 의도한 대로 대형을 만들고 바꿀 수 있습니다. 그러나 현재로서는 악기 선율이 소음을 만들어낸다는 것 말고는 어떠한 효과도 인정받지 못하고 있습니다.

24. 명장의 출현 배경

코시모 : 당신은 군사문제를 연구하고 계시니 요즘 전쟁터에서 군사훈련을 받을 때 나타나는 겁쟁이 같은 모습, 혼란, 대범함이 어디에서 나오는지, 꼭 가르쳐주셨으면 합니다.

파브리지오 : 기꺼이 그 문제에 대답하겠습니다.

유럽에는 전쟁터에서 공을 세운 인물이 무척 많았는데, 아프리카에는 그만큼은 없고, 아시아에는 이름조차 알려지지 않은 인물만 남아있음을 당신도 잘 알고 있을 것입니다. 세상에는 1, 2개 공화국과 소수 공화국만 있을 뿐입니다. 그래서 이런 현상이 일어나는 것입니다. 유럽은 수많은 왕국과 무수한 공화국이 있습니다. 인간은 군주나 공화국에서 왕으로 추대 받아 유명해지길 바라고, 능력을 과시하려 합니다. 때문에 권력을 가진 자가 많은 곳에선 유능한 인물들이 그 뒤를 따라 이어지고, 반대로 권력을 가진 자가 적은 곳에선 뛰어난 인물이 나오기 힘든 것입니다. 아시아에는 니누스,[*5] 키루스,[*6] 아르타크세르크세스, 미트리다테스 인물이 있었는데, 이들과 비교할만한 인물들이 거의 없는 게 현실입니다. 또한 아프리카에는 고대 이집트 인사를 빼면, 마시니사, 유구르타 및 카르타고 공화국에서 탄생한 몇몇 장군 이름을 꼽을 수 있습니다. 그렇지만 유럽 역사에 남은 유명 인물에 비교하면 훨씬 적다고 할 수 있지요. 만일 시간이 흘러감에 따라 사람들 기억 속에서 잊히는 일이 없었다면 더 많은 뛰어난 인물들이 남아 있었을 것입니다. 세상에는 필요에 의해, 또는 정열적인 성격에

---

*5 아시리아 제국의 창건자. 니누스 혹은 니네베를 건설하고 아시아의 거대한 부분을 정복했던 전사.

*6 키루스(키루스 2세) : 페르시아 제국의 건설자(재위 기원전 559~529)로 메디아, 리디아, 박트리아, 발로니아 등을 함락시켜 이집트를 제외한 오리엔트 전체를 지배한 정복 군주.

의해, 강대국가가 많을수록 그만큼 활력을 가진 이들이 많은 법입니다. 아시아에 유능한 인물이 매우 적은 이유는 어떤 왕국이 한 지역에서 너무 오래 집권했고 강력했기 때문에 긴 세월동안 편안한 시대가 이어지면서 공적을 세울 인물 배출이 어려웠기 때문입니다. 아프리카에서도 비슷한 문제가 일어나고 있습니다. 다만 카르타고 공화국만큼은 많은 인물을 낳고 있습니다. 본디 공화국에는 왕국보다 뛰어난 인물이 더 많습니다. 공화국에서는 용기를 명예로 여기지만, 왕국에서는 용기를 두려워하기 때문입니다. 공화국에선 능력 있는 인물을 양성하지만 반대로 왕국에선 없애려 합니다.

당신은 유럽 대륙에 공화국과 군주국이 많음을 알고 있을 것입니다. 다른 나라에 두려움을 가지고 있었기에 군사 제도를 정력적으로 유지하고, 뛰어난 공적을 세운 인물에게 명예를 주는 것을 마땅한 일이라 여겼습니다. 그리스나 마케도니아 왕국을 빼면 거의 공화국이었고 곳곳에선 뛰어난 인물들이 많이 나왔지요. 이탈리아에는 로마인, 삼니움인, 토스카나인, (알프스 기슭의)고트인이 있었습니다. 프랑스와 독일에도 많은 공화국, 군주국이 있었고 스페인도 마찬가지입니다. 오늘날 로마인 영웅에 비하면 다른 뛰어난 인물 이름은 거의 찾아볼 수 없는데 그 이유는 역사가의 음모에서 비롯된 것입니다. 역사가들은 정복자에게 명예를 줘야 한다고 생각한 모양입니다만, 삼니움인이나 토스카나인은 그 예로 온당치 않습니다. 150년 동안이나 로마인과 격전을 치렀지만 뛰어난 인물들을 배출해내지 못했기에 패배하고 말았으니까요. 프랑스나 스페인도 매한가지입니다. 또한 역사가들은 특정 인물의 유능함을 칭찬하기보다 자유를 지키기 위해 힘썼던 인민들의 인내를 더 높이 치켜세우기도 했습니다.

25. 로마제국

파브리지오 : 수많은 강국이 존재하는 곳에서 유능한 인물이 많이 나오는 건 사실입니다. 필연적으로 많은 강국이 멸망함에 따라 나라의 활력도 잇따라 소멸될 수밖에 없으니, 그에 따라 활력 넘치는 인물이 나올 가능성도 적어집니다. 로마제국은 후반에 영토를 확대하여, 유럽의 많은 군주국과 공화국, 아프리카, 아시아 여러 지역을 거의 정복했습니다. 그러니 로마가 없었다면 이 나라들은 활력으로 가득 찬 상태에서 어떤 것도 잃지 않았을 것입니다. 때문에 아시아와 마찬가지로 유럽에서도 능력 있는 인물이 줄어가기 시작했습니다. 로

마에 활력이 가득했을 땐 이미 퇴폐한 국가였고, 세계 모든 나라도 몰락하고 있었던 것입니다. 이 제국을 약탈하기 위해 아시아인이 침입했습니다. 이때 로마 제국은 이미 타국 활력을 빼앗았고 자신도 유지할 수 없는 상황이었습니다. 야만인에게 침입을 받은 로마제국은 영토가 거의 분단되어 패배했는데, 과거에 넘치던 활력은 더 이상 살아나지 않았습니다. 그 이유는 중 하나는 로마가 멸망했을 때, 모든 제도를 되살리기 위해 어떠한 노력도 하지 않았다는 점, 나머지 하나는 오늘날 살아가는 방법이 되기도 한, 크리스트교의 우책으로 고대인이 한 것처럼 스스로를 지키기 위한 필요 수단을 택하지 않았다는 점입니다. 전쟁에서 패한 인민들은 살해당하거나 또는 영구 노예가 되어 비참한 삶을 살았습니다. 영토는 점령되어 파괴되고 주민들은 포로가 되었으며 모든 재물은 빼앗겨 세계 곳곳으로 흩어져버렸지요. 전쟁에 패배한 인민은 누구라도 도탄에 빠져 고통을 견디기 힘들었습니다. 이런 두려움에 떨게 되면 사람들은 강력한 군제를 보유하고 그 군제를 통해 공적이 있는 자를 칭송해야 한다고 느낍니다. 그러나 오늘날 앞서 말씀드린 공포정치는 거의 해소되었습니다. 전쟁에서 패배했을지라도 살해당하거나 오랜 세월동안 포로로 잡혀 있는 일은 줄어들었습니다. 포로가 되어도 쉽게 자유를 찾을 수 있었습니다. 도시는 수많은 반란이 일어나 혼란에 휩싸여도 저절로 붕괴되진 않습니다. 주민들은 재물을 잃지 않고 지킬 수 있죠. 그러나 도시 주민들은 세금 내는 것을 가장 두려워했습니다.

따라서 시민들은 위험이 다가온 것을 두려워하지 않고, 도망갈 수 있기에 군대를 편성하거나 혹독한 훈련을 견디려 하지 않았습니다. 한동안 유럽에는 고대와 비해 지휘관 수가 매우 적었습니다. 프랑스인은 한 왕에게 복종했으며, 스페인도 같은 상황이었습니다. 이탈리아는 소국으로 나뉘어 있고 약소 도시는 정복자에게 발견되어 식민지가 되곤 했습니다. 강력한 도시국가들은 붕괴를 결코 두려워하지 않았던 것 같습니다.

26. 도시국가는 용기가 아닌 재물을 바란다.

코시모 : 최근 25년을 살펴봐도, 수많은 토지 약탈 사건이 일어났고 많은 왕국이 무너졌습니다. 민중을 위해 고대인 제도 중 몇 가지를 활용해야 하는 것 아닐까요.

파브리지오 : 참으로 마땅한 말씀입니다. 약탈당한 지역을 잘 관찰해보면, 국가의 주요 도시가 아닌 군소 도심임을 알게 될 것입니다. 밀라노가 아닌 토르토나가, 나폴리가 아닌 카푸아가, 베니치아가 아닌 브레시아가, 로마가 아닌 라벤나가 약탈당했으니까요. 이 지역을 지배했던 지도자들은 생각을 바꾸기는커녕 세금으로 그 도시를 되살 수 있다고 한결 확고한 생각을 품었으니까요.

이런 흐름으로 볼 때, 그들은 군사훈련을 받아들이기 힘든 일이라고 여겼기에 전쟁에 대비한 훈련을 견디려 하지 않았습니다. 그래서 지배를 받던 소도시인들은 공포를 느끼고 있음에도 자력구제 세력을 만들지 않았습니다. 군주들은 나라를 잃었을 때도 일을 제대로 수행하지 않았고, 시민들도 무슨 일을 해야 할지 몰랐으며 나라를 다시 살리려 하지 않았습니다. 나라를 잃는다고 해서 자유마저 빼앗기리라 여기지 않았고 자기 힘으로 다시 국가를 일으켜 세우기보단 그저 운명과 함께 흘러가려고만 했기 때문입니다. 그들은 활력을 거의 잃었기 때문에 나라 일조차 운명이 지배한다 여기고, 그 운명이 자신을 지배토록 바랐으며 자신이 지배할 생각은 하지 못했습니다.

내가 지금까지 논해온 것을 뒷받침할 예로서, 독일을 살펴보시기 바랍니다. 독일에는 많은 군주국과 공화국이 있었고, 활력이 넘쳤습니다. 오늘날 군대제도 가운데 뛰어나다 여겨지는 것은 모두 독일인의 영향을 받은 것입니다. 그들은 언제나 자기 나라 일을 열심히 했고 적국에 복종하고 따르는 것을 고통으로 여겼습니다(이는 다른 나라에선 거의 신경 쓰지 않았던 점입니다). 모두 영주를 존경하고 나라를 위해 일하며 성의를 다했습니다.

나는 오늘날 우유부단한 풍조 원인을 명확히 밝혀 낼 생각입니다. 그러나 당신이 나와 같은 생각인지, 어떤 의문을 품고 있는지 모르겠습니다.

27. 보병 대대와 기병대의 조합

코시모 : 아닙니다. 오히려 이제까지 우리가 이해하고 있던 모든 부분을 지지합니다. 마침내 우리가 주요 문제에 이르렀으니, 이제 그대가 기병대를 이 보병대대에 어떻게 조화해 나아가야 하는지, 지휘관은 어떻게 행동해야 하며 또 어떤 무장을 해야 하는지를 가르쳐주시기 바랍니다.

파브리지오 : 내가 그 점을 잊었다고 생각하시는 건 아니겠지요. 하지만 당신

이 이상한 게 아닙니다. 아직 두 가지 이유를 말씀드리지 않았으니까요. 첫 번째 이유는 군단의 핵심이며 무엇보다도 보병이 가장 중요한 위치를 차지한다는 점입니다. 또 다른 이유는 기병은 보병만큼 타락하지 않다는 것입니다. 오늘날 기병은 고대 기병보다 강력하지는 않지만 거의 견줄 만한 힘을 지녔습니다. 게다가 조금 전에 나는 훈련 방법을 모두 말씀드렸습니다. 따라서 나는 경기병, 중무장한 보병과 마찬가지로 오늘날 양식으로써 기병을 무장시키려 합니다. 경기병에 섞여 있는 몇몇 화승총병과 함께 노궁병이 되길 바라기도 합니다. 화승총은 전쟁에 큰 도움이 되지는 않습니다만, 다음과 같은 방법으로 큰 힘을 드러냅니다. 화승총을 쏘면 기지를 지키고 있던 농촌 사람들이 깜짝 놀라 멀리 도망갑니다. 20명 중무장보병보다 훨씬 효과적이죠.

나는 경기병 병력을 꾸릴 때 로마 군단을 따라 여단마다 기병 300기 이상 배치하는 방법은 도움이 되지 않는다고 봅니다. 중기병, 경기병 모두 150기면 좋다고 생각합니다. 여기에 저마다 지휘관을 붙이면 15명 분대장이 생깁니다. 이어서 부대마다 나팔수와 부대 깃발을 배치하고 중기병, 경기병 10기마다 짐말 5필, 짐말 2필을 편성합니다. 짐말은 텐트, 식기류, 자귀(나무를 깎아 다듬는 연장), 철 말뚝, 여유가 된다면 그 밖에 부품과 기재를 운반하기 위함입니다. 그러나 중기병마다 4필 말을 가지고 있다고 해서 편성에 아무런 도움도 되지 않는다고 여기지 마십시오. 대대를 비난하는 것이나 마찬가지입니다. 독일에서도 중기병은 자신이 타고 다니는 말을 추가로 가지고 있었으며 중기병 20기마다 마차에 필수품을 실어 군단 맨 끝줄로 이동시켰습니다. 로마 기병대는 자기 말만 가지고 있었는데, 트리아리 노병들이 근처에 숙영하면서 기병대 말을 돌봤습니다. 로마인이 했던 일을 오늘날 독일인이 따라하고 있으니 우리도 할 수 있는 것입니다. 이를 하지 않고 있음은 우리 잘못입니다. 기병 대대들은 다른 보병 부대들과 함께 편성되어 훈련받습니다. 대대가 군단에 통합되어 군사 행동을 취해야 할 때마다 몇 번씩 병사들을 모이게 합니다. 이로써 병사들은 어떤 필요성보다 그 이상의 것을 재인식할 수 있게 됩니다. 이 점은 앞으로도 계속 보충하여 설명하겠습니다. 그 다음으로 우리는 적군과 맞서 싸우고 승리하기 위한 군단 편성 방법을 논의할 것입니다.

제3장 군사훈련의 미래성

코시모 : 논의할 목표가 바꿨으니 질문자도 바꾸는 게 좋을 것 같습니다. 다른 사람들에게 열등감을 느낄만한 주제에 뻔뻔하게 나서서 의견을 말하고 싶지 않기 때문입니다. 나는 주도권을 포기하고 친구들 가운데 논의하고 싶은 이에게 모두 맡기려 합니다.

차노비 : 당신이 계속 이야기해주니 고마웠는데 이제 더는 사회를 보고 싶지 않다면 누가 그 역할을 이어가면 좋을지 알려주셨으면 좋겠습니다.

코시모 : 파브리지오에게 부탁하고 싶습니다.

파브리지오 : 그렇다면 내가 그 역할을 하지요. 나는 여기 모인 사람들이 베니치아인 방식으로 계속 논의를 해 나아가기를 바랍니다. 가장 어린 사람부터 이야기를 풀어 나가는 형식인데, 군사훈련은 누가 뭐라 해도 젊은이를 위해서입니다. 게다가 그들은 훈련을 실천하기 위해 서두르고 있으므로 문제를 이야기하는 데 가장 적합할 것입니다.

코시모 : 그렇다면 루이지군. 당신과 관련된 일이군요. 나라면 질문자가 되는 일이 무척이나 기쁠 것 같습니다. 그러니 당신도 질문자 역할이 마음에 쏙 들 것입니다. 이제 본 주제로 넘어갑시다.

1. 로마 군단의 편성

파브리지오 : 먼저 그리스인이나 로마인이 저마다 실행했던 군단 부대 편성 방법을 살펴보겠습니다. 우리는 고대 역사가들이 남긴 기록 덕분에 지금 이 문제를 읽어보고 토론할 수 있습니다. 군단 병사들을 완전하게 훈련하고 싶다면,

나는 여러 특수한 문제들은 빼고 고대인을 따라야 한다고 생각하는 부분만 모아서 설명하고 싶습니다. 즉 내가 전투할 때 어떤 군단 편성 방법으로 실전에 맞서 싸우며 모의전 병사 훈련 방법은 또 어떻게 하는지 분명히 말씀드리겠습니다.

그동안 전투 편성을 맡은 이가 저지른 큰 과오는 전투에서 부대를 한번 쓰고 말거나 또는 한 번의 교전이나 행운에 모든 것을 맡기는 태도에서 비롯된 것이라 할 수 있습니다. 때문에 어느 부대를 다른 부대 속에 다시 투입시키는 고대 로마인 편성 양식을 모두가 잊어버렸습니다. 이를 사용하지 않으면 앞 대열 병사 뒤로 계속되는 행렬에 병력 투입을 할 수 없어 지원을 기대할 수 없고 전투하는 가운데 서로 대열에 합류할 수 없습니다. 로마인은 이런 대형 취급 방식을 일찍이 실현했습니다. 로마인이 채택했던 군단 편성 방법을 따르려면 먼저 로마인이 레기온 저마다 창병대, 주력 보병 부대, 제3전열부대로 나누었던 점을 눈여겨봐야 합니다. 창병대는 규칙에 맞는 밀질대형을 갖추고 군단 맨 앞에 배치됩니다. 이어서 부대 배후에 주력 보병대가 따라 옵니다. 서로 충분한 간격을 둔 대형으로 배치됩니다. 나아가 주력부대 바로 후방에 제3전열부대를 배치합니다. 필요하면 자신들의 대열 속에 주력부대나 선두의 창병대까지 섞어 넣을 수 있는, 충분한 간격을 둔 대형입니다. 로마인은 투석기병, 석궁병, 경보병을 보유했었는데 창병대—주력부대—제3전열부대로 이루어진 편성에는 넣지 않고, 기병과 보병 중간 부대 군단 맨 앞에 놓았습니다. 때문에 경무장병이 가장 먼저 전투를 시작하며, 만약 승리가 확정되면 물론 매우 드문 일이지만 잇달아 승리를 거머쥐곤 했습니다. 만약 경보병이 후퇴해야 한다면 부대 측면으로 물러나거나, 이런 상황에 대비해 넉넉히 갖춰진 부대 사이로 후퇴합니다. 또는 중보병이 아닌 부대 병사들 사이로 빠져나갈 것입니다. 경보병이 본디 위치에서 후퇴하면 맨 앞 창병대가 적군에게 창을 던지기 위해 그 자리로 이동합니다. 만약 적군이 더 강하다고 생각되면, 창병대는 충분한 간격을 두고 주력부대로 서서히 후퇴해가면서 다함께 전투를 계속합니다. 두 부대 모두 패배한다면 제3전열부대 대열로 들어가 병사들은 통합된 부대가 되어 다시 전투를 시작합니다. 이 부대마저 패배한다면 더 이상 손 쓸 길이 없습니다. 병사들 스스로 부대를 재편성, 재정비할 어떤 방법도 남아있지 않기 때문입니다. 본대측면에 위치하는 기병대는 주력부대를 중심으로 두 날개 쪽에 소대별로 배치되어 있습니다. 상황에 따라 적군 기병대와 맞붙어 싸우거나 보병 부대를 지원합니다.

세 번이나 대형을 재편성하는 이 방법은 마지막 상황에 이르면 세력을 회복하는 것이 불가능합니다. 그렇게 되면 운명이 당신을 세 번이나 버리는 셈이지만 그 반대로 적은 세 번이나 승리를 거두어 더 많은 세력을 거느리게 되기 때문입니다.

2. 그리스인 전투 대형

로마인과 다르게 그리스인은 방진대형 안에서 대형변환에 필요한 전투력 회복 조치를 고민하지 않았습니다. 방진대형이란 여러 지휘관이나 많은 소대가 함께 편입되는 것인데, 하나의 유기체라기보다 첨병대(尖兵隊)[전방을 지키는 부대 앞에서 경계 · 수색의 임무를 맡은 부대]와 같다고 할 수 있습니다. 그리스인이 선택한 방법은 하나의 부대가 다른 부대를 돕는 것이었습니다. 로마인처럼 어느 부대가 후퇴해 다른 부대에 편입되는 것이 아니라 그 부대에 다른 부대가 섞여 다음과 같은 방법으로 행동했습니다. 즉 로마인 방진대형은 몇 가지 병렬을 되풀이하여 만들어낸 것입니다. 내가 생각하기에 가로 1열마다 50명이라 예상합니다. 그리고 적군과 부대 맨 앞을 바라보며 진군했습니다. 먼저 병렬 전체에서 가장 맨 앞 6열만 전투합니다. 병사들이 썼던 '사리사' 창은 매우 길어 제6열에 선 병사 창끝이 제1열에 닿았다고 합니다. 전투하는 가운데 맨 앞 줄에서 병사가 전사하거나 부상을 입어 쓰러지면 바로 뒤에 있는 제2열 병사들이 그 자리를 채웁니다. 제2열이 빈 곳엔 제3열 병사들이 들어갑니다. 이렇게 후방에 있는 병사들이 전방 빈 곳을 채워 나가므로 맨 앞 대열은 늘 원형을 유지할 수 있는 것입니다. 모든 행렬은 언제나 완전하게 메워졌고, 마지막 열만 빼고 빈 곳은 아무데도 없습니다. 마지막 열은 빈 곳을 메워야 하므로 배후 열이 없는 채로 전진합니다. 제1열에서 입은 타격은 마지막 열 결원으로 드러나지만 제1열은 완전하게 채워집니다. 이 병렬 대형은 열이 흩뜨려지자마자 빠르게 본디 대형을 갖출 수 있습니다. 아무리 대군이더라도 병사들이 쉽게 움직일 수 있기 때문이지요. 로마인은 처음 방진밀집대형을 이용한 뒤 레기온에 그리스인과 똑같은 대형을 사용했습니다. 그러나 후기에 이르자 로마인은 이 대형에 만족하지 못하고 레기온을 많은 부대로 구분하여 대대나 중대를 만들었습니다. 이제까지 말해왔듯이 로마인은 이런 소집단이 더욱 활동적이고 용맹하므로 서로가 지킬 수 있는 대대를 편성해야 한다고 판단했던 것입니다.

3. 스위스인 전투 대형

오늘날 스위스 보병대대는 모두 방진밀집대형을 취합니다. 대부대이고 단단한 편성으로 구성되어 병사와 부대가 서로 도울 수 있습니다. 전투할 때는 대대 중 한 대대가 다른 대대 측면을 보강합니다. 이 대형은 고대 로마인 전투대형처럼 제1대대가 후퇴할 때 그 뒤 제2대대로 편입할 수 있도록 대형 간격을 충분히 두진 않습니다. 그렇지만 대대끼리 돕도록 아래와 같이 대형 배치를 유지했습니다.

먼저 제1대대를 맨 앞에 두고, 오른 날개 후방에 제2대대를 배치합니다. 제1대대가 지원이 필요하면 제2대대가 앞으로 나와 이들을 돕습니다. 제3대대는 적군 화승총대 사정거리 밖으로 벗어나 제1, 2대대 후방에 배치됩니다. 즉 제1, 2대대가 후퇴했을 때 제3대대가 전진할 수 있도록 배치한 것입니다. 제3대대는 전진하거나 후퇴할 때 간격에 여유가 있기 때문에 2대대가 이동할 때 서로 충돌할 일은 없습니다. 대부대는 소부대와 똑같이 취급될 순 없지만, 로마 레기온 안에서 충분한 간격을 둔 소부대, 부대는 한 부대가 다른 부대를 받아들여 서로 지원할 수 있는 대형배치를 취했습니다. 하지만 오늘날 스위스인 진법은 고대 로마인이 그리스방진대형과 싸웠던 레기온(로마 군단)과 비교해보면 그리 뛰어나다 할 수 없습니다. 그리스 군단은 싸울 때마다 로마군단에게 무너졌는데 이는 로마 군단 무기 때문이었습니다. 앞서 말한 대로 로마형의 유연한 전투대형은 그리스형의 고정된 방진대형과 비교했을 때 훨씬 더 효과적이었다 할 수 있습니다.

4. 그리스인과 로마인 무기와 대형에서 배울 점

이제까지 군단을 편성할 때 역사적 사실을 생각한다면 한편은 그리스인 방진대형을 받아들이고, 또 한편은 로마 군단 무기와 그 대형을 받아들이는 게 좋지 않을까요? 게다가 나는 여단마다 창병 2,000명이 있기를 바라는데, 마케도니아인이 방진대형에서 갖췄던 무기를 지니게 할 것입니다. 그리고 로마인의 무기인 긴 창을 가진 3,000 대형 방패병이 필요합니다. 이는 앞서 말한 적이 있습니다.

나는 로마인과 마찬가지로 여단을 10개 대대로 나눕니다. 군단은 10개 소대
로 나눌 것입니다. 그리고 그리스인이나 로마인이 했던 것처럼 전투를 시작할
때 맨 앞에 가볍게 무장한 원형 방패병을 편성할 것입니다. 무기는 섞어서 이용
합니다. 그리스인의 무기, 로마인의 무기, 저마다 부분적으로 활용합니다. 이와
마찬가지로 대형도 부분적으로 받아들입니다. 이제까지 나는 대대마다 맨 앞
창병 5열, 나머지는 대형 방패병을 두는 편성을 취해왔는데, 맨 앞 부대와 함께
적군 기병의 습격을 막으며 적병과 마찬가지로 처음 만나 전투를 할 때 창병을
투입해 적의 대대 안으로 쉽게 침입할 수 있습니다. 이어서 대형 방패병이 돌격
하여 적군을 물리칩니다. 여러분이 이런 편성으로 생긴 강력함을 유의한다면
모든 무기가 완전히 제 기능을 발휘한다는 사실을 알게 될 겁니다. 왜냐하면
창병은 기병에 유효하며, 보병을 향해 돌격할 때 전투가 전선으로 확대되기 전
에 창병은 이미 기능을 충분히 발휘합니다. 그러나 이미 전투가 혼전하면 창병
의 기능은 효과가 없습니다. 이러한 단점을 개선하기 위해 스위스인은 창병 3열
마다 후방에 미늘창병*¹1열을 배치했습니다. 미늘창병을 1열로 한 이유는 창병
이 공간을 이용하기 위해서입니다. 따라서 이때는 앞에서 말했듯이 맨 앞 창병
5열 완전 배치로 편성하지 않습니다. 그러므로 이 경우 우리의 생각은 창병을
가장 먼저 배치하고 대형 방패병을 후방에 배치했다면 창병은 기병을 도와주
고 전투가 시작되자마자 그들은 보병의 방진밀집대형을 압도하여 교란합니다.
그러나 전장이 혼란스러워 창병의 기능이 효과 없을 때 그들은 후퇴하고 빈 곳
은 방패와 장검으로 메웁니다. 방패와 검을 든 병사는 어떤 난전에서도 살아남
을 수 있습니다.

루이지 : 우리는 이제 당신이 이런 그들의 무기와 편성으로 전투를 위해 군
단을 어떻게 편성할지 궁금해서 가슴이 몹시 두근거립니다.

파브리지오 : 그렇습니까. 하지만 나는 지금 여기서 말했던 내용과는 다른

---

*1 미늘창병 : 중세부터 르네상스시대까지 널리 사용되었다. 빌(bill), 할베르트(halbert), 폴 액스
(poleaxe)가 대표적이다. 일반 창과 다르게 날 끝 말고도 도끼 모양의 날, 또는 상대를 끌어당
기기 위한 돌출물이 달려 있다. 단순히 찌르기뿐만 아니라 쳐내거나 끌어당기기 등 유연한
용법이 가능하다. 늘 두 손으로 들고 휘두르는 방식이어서 방패는 들지 않았다.

이야기를 여러분에게 하려는 게 아닙니다. 그래서 먼저 여러분은 로마군단이 어떻게 편성되는지 알아야 합니다. 로마인은 그 군단을 집정관 군단이라고 부릅니다. 이 군단은 로마시민으로 만들기 때문에 정규군을 두 개 이상 군단으로 편성하는 일은 없었습니다. 그들은 기병 600기와 보병 약 1만 1,000명으로 이루어집니다. 이 병력과 함께 우호국이나 동맹국에서 파견된 약간의 보병과 기병을 보유했습니다. 2개 부대로 구성되었는데 한쪽은 좌익대, 다른 한 쪽은 우익대라 합니다. 로마인은 절대 보조적인 보병 부대 병력이 레기온 보병 병력을 넘는 것은 허락하지 않았지만 기병대 보조 병력이 자신들의 기수를 뛰어넘는 일은 오히려 환영했습니다. *2

　여기에 보조 병력을 더하면 로마군은 보병 2만 2,000명, 기병 2,000기가 편성됩니다. 그리고 여기에 한 사람 더 집정관이 있어서 다양한 군사의무 수행자로 모든 원정에 함께 갔습니다. 단, 큰 군사력을 투입할 필요가 있는 경우에만 2군단을 혼성으로 만들고 집정관 둘을 배치했습니다. 하지만 일반적으로 1개 군단을 이루기 위해 기본 훈련으로 행진, 숙영, 백병전을 연습할 때는 레기온의 절반 인원으로 실시했습니다. 로마인들은 가장 믿을만한 전력이 바로 일상 훈련으로 길러지는 단결력임을 잘 알고 있었기 때문입니다. 이때 동맹국들의 지원 부대는 레기온 보병대와 모두 함께 훈련하는 편이 효과적이었습니다. 그들은 레기온 군사와 똑같은 지휘체계 아래서 싸우며 같은 방법으로 레기온 병사가 참가한 전투에 투입되기 때문입니다. 따라서 로마인이 전투를 위해 군단 안에 레기온을 어떻게 배치했는지 아는 사람은 또 모든 레기온을 그들이 어떻게 배치했는지도 압니다. 그래서 나는 이제까지 로마인이 레기온을 왜 3개 부대로 구분했는지, 어떤 부대는 왜 다른 부대를 편입해나갔는지 그 이유를 말했습니다. 또한 나는 전투 시 모든 군단을 어떻게 편성하는지도 설명했습니다.

5. 이상적인 전투대형
파브리지오 : 나는 로마인과 비슷한 방법으로 전투대형을 꾸미고 싶었습니

---

*2 마키아벨리는 동맹국 보병(구를 보병예비대 또는 원병 fanti ausiliarii이라는 칭호를 생각했다)이 로마 레기온 보병수를 넘지 않는다는 말을 오해해 잘못 이해했다. 로마군단 수는 다음과 같다. 정규보병 15,000명, 동맹국 기병 800기, 로마인으로 이루어진 2군단(통상 군단은 보병 8,400과 기병 600기)이었다.

다. 마침 그들이 2개 레기온을 보유했기 때문에 나도 마찬가지로 2개 여단을 제안합니다. 이 2개 여단이 배치되면 전 군단의 배치가 자연스럽게 분명해집니다. 왜냐하면 더 이상 군사들이 참가한다 해도 편성이 대부대가 되는 것 말고는 아무런 장점이 없기 때문입니다. 나는 당신이 여기서 1개 여단이 보병 몇 명을 보유하는지 떠올려볼 필요는 없다고 생각합니다. 그리고 왜 1개 여단이 10개 보병 대대를 보유하는지, 1개 대대에 지휘관이 몇 명이나 있는지 , 또 어떤 무기를 보유했는지, 그 가운데 일반적으로 창병이 몇 명이고 원형 방패병은 몇 명인지, 예비병은 어떤 역할을 하는지, 모두 되짚어 볼 필요는 없다고 생각합니다. 왜냐하면 바로 조금 전에 나는 여러분에게 이 점을 자세히 말했기 때문입니다. 그때 나는 이 문제들로 다른 편성 전체를 이해하려 하는 일이 얼마나 필요한지 추억을 예로 들며 말했습니다. 그러니 여기서 나는 다시 반복하지 않고 편성이야기를 계속하려 합니다.

이때까지 나는 1개 여단 가운데 10개 대대가 좌익대를, 다른 10개 대대가 우익대를 편성해야 한다고 주장해왔습니다. 그런데 다음과 같은 방법으로 좌익대를 편성하려 합니다. 먼저 5개 대대를 맨 앞에 배치하는데 한 대대 옆에 다른 대대를 순서대로 배치합니다. 이때 대대 간격은 4브라차[약 2.4미터]를 유지합니다. 그러면 맨 앞 부대 대열 길이는 141브라차[약 86미터], 세로 길이는 40브라차[약 24미터] 넓이를 차지합니다. 그리고 5개 대대 뒤에 다른 3개 대대를 배치합니다. 맨 앞 대대와 직선으로 40브라차[약 24미터]의 거리를 둡니다. 2개 대대는 앞쪽 5개 대대 양 쪽 끝에 있는 2개 대대와 합쳐 규정에 따라 직선거리를 유지하면서 그 뒤에 배치합니다. 나머지 1개 대대는 양 끝 허리를 지킵니다. 그래서 3개 대대일 때 가로 너비나 세로 길이가 맨 앞 5개 대대와 똑같은 넓이 공간을 차지하는 게 바람직합니다. 맨 앞 5개 대대 간격이 서로 4브라차[약 2.4미터]이므로 제2전열 3개 대대 간격은 30브라차[약18미터]가 됩니다. 제 2전열 배치 뒤에 남은 마지막 2개 대대가 일정한 간격을 유지하며 일직선으로 맨 앞을 모아 3개 대대 바로 뒤에 배치됩니다. 앞의 3개 대대와의 거리는 40브라차[약 24미터]이므로 2개 대대는 저마다 맨 앞 3개 대대 양 날개에 자리한 대대 바로 뒤에 배치합니다. 이로써 2개 대대의 간격은 91브라차[약 56미터]가 됩니다. 즉, 이 모든 대대가 배치된 공간은 가로 141브라차[약 86미터], 세로 200브라차[약 122미터]가 되는 것입니다.

창병 예비대는 전체 대형 왼쪽에서 대대 측면을 따라 세로로 늘어서는데, 대대와 20브라차(약 12미터) 거리를 둡니다. 그리고 1열에 7명씩 143열을 만듭니다. 그러면 이 열은 배치한 10개 대대 왼쪽면 전체 길이에 따라 최대한 늘어나게 됩니다. 더불어 군단 가장 뒤에 대기하고 있는 짐마차와 비무장 구성원을 호위하기 위해 40열을 배치합니다. 거기에 분대장과 백인대는 일정한 위치에 둡니다. 대대장 셋 가운데 한 사람은 맨 앞에, 두 번째는 중앙, 세 번째 사람은 마지막 열에 배치합니다. 세 번째 대대장은 후미 부대 지휘를 맡습니다. 그래서 고대인은 이 지휘관을 '후미 부대의 지휘관'이라고 부릅니다. 또한 예비 원형 방패병은 군단의 맨 앞으로 이동시켜 예비 창병 근처에 둡니다. 아시겠지만, 그들 총 인원은 500명입니다. 양쪽 간격은 40브라차(약 24미터)로 유지합니다. 예비 원형 방패병 왼쪽에 중무장병을 배치하는데, 간격은 150브라차(약 91미터)를 유지하는 것이 좋습니다. 그리고 부대 왼쪽에 경기병을 배치하는데 중무장병과 똑같은 간격으로 배치해야 합니다. 정규 원형 방패병은 대대 주변에 그대로 둡니다. 그들은 내가 만든 한 대대와 다른 대대 사이에 배치합니다. 이것으로 그들은 손과 발이 되어 대대에 봉사하게 됩니다. 비록 나는 그들이 창병 예비대 앞에 접근하는 것을 바라지 않지만 그렇게 될 것입니다. 물론 앞으로도 이 점을 생각해 볼 것이며 충분히 연구한 결과는 아닙니다. 나도 어찌할지 자주 고민하고 있습니다.

전체 대대를 이끄는 총지휘관은 제1대대와 제2대대 사이에 배치합니다. 아니면 맨 앞 부대에서 5개 대대 가운데 제5대대와 창병 예비대 사이 공간에 위치합니다. 이 점은 앞서 내가 여러 차례 제안했습니다. 그래서 지휘관은 선발된 병사 30~40명을 데리고 다니며 임무를 수행하기 위해 주의를 게을리 하지 않고, 적의 습격에 맞서 자기 몸을 지킬만한 방어력을 키울 수 있도록 배려합니다. 또한 총지휘관은 군악사와 군기 속에 둘러싸여 있습니다. 이 부대는 한 대대 좌측에 배치하려고 합니다. 따라서 이 대대는 군단 중앙부에 자리하게 됩니다. 가로 길이 511브라차(약 312미터)로, 세로 길이에는 비무장 병사들을 지키는 창병 예비대 자리를 계산에 넣지 않고 대충 100브라차(약 61미터)가 필요합니다. 전투대형 오른쪽도 왼쪽과 마찬가지로 대대 간격을 저마다 30브라차(약 18미터)로 유지하는 대대배치로 하려 합니다. 그리고 이 공간 앞에 야포를 실은 전차를 놓습니다. 뒤쪽에 전군 총지휘관이 있으며 지휘관 깃발과 군악사를 포함한 병사 약 200명을 데리고 있습니다. 이들은 주로 걸으며 그 가운데 10명 또는 그 이상 병사들은 어떠한 명령에도 따를 수 있도록 대기합니다. 총지휘관은 말을 타고 중무장합니다. 그러나 필요에 따라 걷기도 합니다.

6. 포병대

파브리지오 : 포병대는 한 도시를 공격할 때 야포 10문만 있어도 충분합니다. 포탄은 23킬로그램을 넘어서는 안 됩니다. 실제로 야포는 전투할 때보다 농촌에서 숙영할 때 방어에 큰 도움이 됩니다. 그 밖에 무게가 4.5킬로그램 정도 나가는 포탄도 있고 7킬로그램짜리 포탄도 있습니다. 적군에게 공격받지 않을 안전한 장소에선 야포를 부대 측면에 놓아도 괜찮지만 상황이 여의치 않으면 전군부대 맨 앞줄에 병렬 배치합니다.

이렇게 부대를 편성하면 전투 중에도 로마 레기온 대형이나 그리스 팔랑크스 전투대형을 유지할 수 있습니다. 맨 앞에 창병이 있고 전체 보병은 종대로 편성되기 때문에 적군과 만났을 때 형태유지를 위해 팔랑크스 전법을 이용해서 뒤의 열 병사와 하나가 되어 전열 인원을 늘 채울 수 있기 때문입니다. 다른 관점에서 생각해볼 때 만일 적들이 대형을 무너뜨려 어쩔 수 없이 후퇴해야 한다면 바로 후방 제2대대 공간으로 들어가 제2대대와 한 몸이 되어 적군을 공격하거나 무찌를 수 있습니다. 이런 방법으로도 충분치 않다면 같은 방법으로 두 번째 후퇴를 해서 세 번째 전투를 준비할 수도 있습니다. 따라서 이런 대형은 어떤 전투를 하더라도 그리스 형식을 따르면서 로마인 형식을 도입해 우리 부대를 스스로 보강합니다.

7. 강력한 군단 전투대형

파브리지오 : 군의 막강함으로 본다면 이보다 강력하게 편성할 수 없습니다. 대열마다 지휘관도, 그 무장도 배치가 알맞기 때문입니다. 이 편성은 방어력이 없는 뒤쪽 말고는 약점이 없습니다. 게다가 창병 예비대가 측면을 지키므로 적군이 대대가 편성된 방법을 찾아내지 않는 한 어느 측면으로 공격더라도 적군은 부대를 격파할 수 없습니다. 또한 후방에서도 공격할 수 없습니다. 다시 말하면 어느 측면에서도 대등하게 여러분을 공격할 수 있을 만큼 강력한 적군이 없기 때문입니다. 적군이 매우 강할 때는 교전하면 안 되지만 적군 병력이 세

배가 넘거나 여러분과 비슷하게 편성되어 있어도 여러 곳에서 공격해올 때는 힘이 약해지므로, 단 한곳이라도 기회를 잡아 공세를 퍼부으면 적군은 무너지고 맙니다. 적군 기병이 당신 기병보다 뛰어나도 상관없습니다. 여러분을 지키는 창병대가 적군 기병의 공격을 모두 막아주기 때문입니다. 당신 기병이 공격을 받아도 걱정할 게 없습니다. 지휘관들이 명령을 하거나 총지휘관 지시를 따르기 좋은 장소에 배치되어 있습니다. 대대나 대열 사이 간격은 서로 똘똘 뭉쳐 도울 수 있게 할 뿐 아니라 지휘관이 지시하는 전진이나 후퇴 전령을 기다릴 때에도 적합합니다.

8. 레기온은 군단 기본형

파브리지오 : 처음에 내가 말했던 것처럼 로마인은 거의 2만 4,000명 병력을 보유했는데 이는 다음과 같습니다. 로마인이 다른 종류의 부대를 나눌 때도 전투, 군단 대형에 레기온 형식을 따랐던 것처럼 여러분이 2개 여단을 병합해 군단을 만들 때도 레기온 배치나 대형을 취해야 합니다. 어떤 점이든 레기온으로부터 모범적인 형식을 쉽게 끌어 낼 수 있습니다. 이 군단에 따로 2개 여단을 늘리려고 하거나 똑같은 인원의 군사를 다른 임무가 주어진 부대에 투입해도 결국 이 대형을 선택하는 것 말고 특별한 요령이 필요 없기 때문입니다. 그래서 좌측면에 10개 대대를 놓았다면, 이번엔 20개 대대를 배치하면 됩니다. 또는 지형이나 적군 상태에 따라 대형을 확대, 축소할 수 있습니다.

9. 전투행동

루이지 : 맞습니다. 마치 군단을 눈앞에서 보고 있는 것만 같습니다. 실제로도 군단을 보고 싶다는 기분이 들었습니다. 그러나 나는 조국 문제를 두고 여러분이 퀸투스 파비우스 막시무스가 되길 바라지 않습니다. 다시 말해, 계속 적군의 관심을 끌면서 전투를 질질 끄는 사고방식에는 찬성할 수 없습니다. 로마인은 그 방식에 아무 말도 안했지만 나는 그대에게 엄격히 요청하고 싶습니다.

파브리지오 : 그런 걱정은 할 필요가 없습니다. 여러분은 포병대를 들어본 적이 있습니까? 우리 포병대는 이제까지 적에게 발포한 적이 있긴 하지만 거의

피해를 입히진 못했습니다. 예비 원형 방패병은 경기병과 함께 포병대 진지를 지킵니다. 야포는 가능한 커다란 소리나 진동을 일으키며 발사해 적을 공격합니다. 야포를 한번 장전, 발사하면 탄환은 우리 보병 머리 위로 아무런 피해도 주지 않고 날아옵니다. 포병대는 두 번째 발사 준비를 바로 끝낼 수 없고, 여러분도 잘 아시는 원형 방패병과 기병이 있으며, 적군도 군단을 지키기 위해 돌진해옵니다. 결과적으로 아군, 적군 포병 모두 임수를 수행할 수 없게 됩니다.

오늘날에도 병사들이 몸에 완전히 익을 때까지 거듭해 온 훈련을 통해, 부대를 향한 강한 믿음으로, 얼마나 큰 용기와 엄격한 군기를 바탕으로 싸워 왔는지 여러분도 잘 알고 있을 것입니다. 또한 여러분은 측면에 있는 중무장병과 포병 사이 공간을 활용하면 좋은지도 이미 알고 있을 것입니다. 전황이 불리해지면 병사들 스스로 거리를 줄이기 위해 질서정연하게 행진합니다. 여러분은 포병대의 다음과 같은 점도 알고 있을 것입니다. 즉, 포병대가 배치되는 공간 말고 여유 공간을 따로 마련해서 원형 방패병이 있는 곳까지 자유롭게 오가며 그 공간으로 후퇴할 수 있다는 점 말입니다. 또한 여러분은 지휘관이 병사들을 격려하며 승리가 확실해짐을 알리는 것을 본 적이 있을 겁니다. 그리고 원형 방패병과 경기병이 측면대에서 적군에게 어느 정도 타격을 줄 수 있는지 지켜보기 위해 군단 측면대 안에 들어가 되돌아오는 모습을 볼 수 있습니다. 이때 군단 전체가 한 몸이 되어 전투태세를 갖춥니다. 어떤 역량으로 병사들이 적군 공격을 막아내는지, 또 얼마나 묵묵히 지휘관이 돌격하지 않고 방어만으로 보병대에서 떨어지지 않도록 중무장병을 장악하는지도 보게 됩니다. 여러분은 경기병이 적군 측면대를 급습하려고 호시탐탐 기회를 노리다가 적군 대대를 무찌르려 진격하고 동시에 적군 기병이 이 대대를 구하러 나서는 점을 주목해야 합니다. 그렇게 되면 적군과 서로 뒤섞여서 우리 기병대가 적군 중앙을 돌파하지 못하고 저마다 본대까지 후퇴하게 됩니다. 여러분은 우리 창병대가 뒤를 이어 날카로운 급습을 하는 모습을 볼 수 있습니다. 그러나 이미 보병대가 서로 접근하기 때문에 창병대는 더 이상 버틸 수 없게 됩니다. 결국 내가 제안한 훈련대로 우리 창병은 서서히 대형 방패병 대열 속으로 물러납니다. 이러는 가운데 적군 중무장병 대부대가 어떤 방법으로 좌측면에서 우리 중무장병에게 돌진하는지 주의 깊게 관찰해야 합니다. 아울러 평소 훈련한 것처럼 우리 병사들이 얼마나 창병 예비대 위치까지 자연스럽게 후퇴하고 합류한 뒤 맨 앞

열을 재정비하고 적군을 추격하며 무찌르는지 지켜봐야 합니다.

제1대대 정규 창병대 모두 대형 방패병 대열 속으로 숨어버리고 방패를 든 병사에게 전투를 맡깁니다. 여러분은 머지않아 대형 방패병이 용맹함과 자신감, 침착함으로 적군을 모조리 죽이는 것을 보게 될 겁니다. 하지만 여러분은 전투할 때 마음껏 검을 휘두르기 어려울 정도로 대열이 좁지 않다는 사실을 깨달았습니까? 그러나 사실 창이나 도검을 든 창병은 손잡이가 너무 길면 사용하기 힘들고 검사는 적군이 너무나 완벽하게 무장하고 있으면 검을 휘둘러봐야 소용없지만, 머지않아 여기저기에서 부상자가 나오고 또 다른 곳에선 전사자와 탈주병이 나옵니다. 탈주병이 적군 오른쪽 대열에서 달아나는 모습을 보십시오. 또 마찬가지로 왼쪽 대열에서도 도망치는군요. 이렇게 되면 승리는 우리의 것입니다.

이제까지 우리가 전쟁에서 완전한 승리를 거둔 적이 없었습니까? 만약 나에게 전쟁 지휘를 맡겨준다면 좀 더 성공적으로 승리를 얻을 것입니다. 그러면 여러분은 전투에서 제2선이나 제3선 전투대형을 평가할 필요가 없음을 이해할 것입니다. 적병을 후퇴시키기 위해선 우리 제1선 부대만으로도 충분합니다. 따라서 나는 여러분의 궁금한 점에 대답하는 것 말고는 더 이상 말씀드릴 게 없습니다.

루이지 : 이제까지 당신이 전투에서 대단한 자신감으로 빨리 승리를 쟁취했다는 점에 완전히 감탄했습니다. 너무 놀란 나머지 내 마음속에 무언가 의문점이 남았다 해도 지금은 제대로 설명하기 어렵습니다. 당신이 신중하게 배려해주신 덕분에 그 말씀을 믿지만 그래도 용기를 내어 내 의견을 말하겠습니다.

10. 포병대 공방전

루이지 : 첫 번째 질문은 '왜 당신은 대대를 한번 이상 전투에 투입해 싸우게 하지 않느냐'입니다. 당신은 왜 군단 안으로 계속 후퇴만 시키면서 아무런 생각도 하려 하지 않습니까? 또 왜 적군 포병대는 높은 각도의 사정거리를 가지고 있으며 군단이 언제나 당신 생각대로 배치가 되어 있는지, 그리고 늘 당신 생각대로 잘 풀리는 일이었는지, 이런 점을 분명히 해주십시오. 게다가 자주 일어나는 일은 아니지만 적군이 우리 군단으로 돌진하는 사태가 벌어졌을 때 어떤

방법으로 해결하실 겁니까? 나는 포병 문제를 계속 질문했는데 더는 논의할 것이 없다고 생각하기 때문에 여기서 모두 끝내겠습니다.

나는 지금까지 자주 고대 군단 진형이나 무장을 경시해야 한다는 이야기를 들었는데 오늘날 고대 방법이 거의 이용되지 않는 것을 보면 사람들은 대포의 위력을 보잘것없다고 여기는 것 같습니다. 그러나 대포는 어떻게 이용하느냐에 따라 적군 진형을 파괴하고 대열을 갈라놓을 수 있습니다. 즉, 진형을 유지할 수 없을 만큼 대포의 화력을 최대로 올리거나 공격해도 항복하지 않는 적군을 무장시킨 뒤 시간을 끌며 상대가 지칠 때까지 몰아붙입니다.

파브리지오 : 군단에는 많은 지휘관이 있기에 당신 질문에 대답하려면 긴 시간이 필요할 것 같습니다.

내가 대포를 한번 이상 발사시키지 않는 것은 사실입니다. 한번 발사 시에도 필요한지 의문이 듭니다. 공격받는 일이 적더라도, 공격받을 때 방어하는 게 더 중요하지, 적군 공격만이 중요한 것은 아니기 때문입니다. 당신이 대포의 공격을 피하고 싶다면 적군 대포가 닿지 않을 지형에 가 있든지, 성벽이나 제방 뒤에 숨어야 합니다. 이 방법 말고 달리 해드릴 말씀이 없습니다. 그러기 위해서 성벽은 가장 튼튼하게 만들어야 합니다. 전투 중에 지휘관들은 성벽이나 제방 뒤에 가만히 있을 수도 없고 대포가 닿지 않는 곳에 있을 수도 없습니다. 그들은 방어 수단을 찾아내지 못하면 피해가 적은 수단을 골라 자기 몸을 스스로 보호해야 합니다. 적군 대포가 앞질러 공격하지 않는다면 지휘관은 당황하지 말고 몇몇 병사와 함께 적군 진형에 침투해 대포를 빼앗아야 합니다. 신속하게 그 계획을 실행하면 대포 공격이 거듭되기 전에 전쟁이 끝날 수 있고 적진을 교란시켜 병사의 피해를 줄일 수 있습니다. 이것은 진영에 배치된 부대 하나만으로 이룰 수 없는 일입니다. 재빠르게 계획을 진행하지 못하면 전체 진형을 혼란에 빠트리기 때문입니다. 하지만 성공한다면 적을 물리치는데 희생을 치르지 않아도 됩니다. 그렇기 때문에 나로서는 계획이 잘 수행되었을 때와 그렇지 않았을 때 모두를 고려해 부대를 배치하고 싶습니다. 즉, 내가 진형에서 튀어나온 날개 쪽에 원형 방패병 1,000명을 투입할 때 우리 포병대가 대포를 발사한 뒤 적 포병대를 공격하기 위해 경기병을 이끌고 재빨리 급습할 수 있는 진형을 꾸미고 싶습니다. 따라서 나는 적군에게 여유를 주지 않기 위해 일부러 대포를 발사하지 않는 것입니다. 나 자신에게나 타인에게 여유를 주고 싶지 않습니다. 그리고 내가 두 번째 대포를 쏘지 않는 이유 때문에 첫 번째 대포조차 쏘지 않겠다는 마음으로 적군이 단 한 번도 대포를 쏠 수 없도록 만들 것입니다. 적군 대포를 무력화하기 위해선 그 대포를 공격하여 빼앗는 것 말고 다른 방법은 없습니다. 만약 적군이 야포를 지키기 위해 물러서지 않는다 해도 당신은 야포를 포획할 수 있습니다. 만약 적군이 야포를 지키려한다면 그들은 야포를 후방으로 빼놓아야만 합니다. 그리 되면 우리 야포가 적에게 포획되거나, 또는 우리 부대가 이동하려고 할 때 적군이 발사할 수 없게 됩니다. 이 이유는 예를 들지 않아도 여러분이 잘 이해하리라 믿지만, 역사적 사례 가운데 고대 예를 들어보겠습니다.

벤티디우스가 파르티아로 원정을 떠났을 때 일입니다. 파르티아인이 지닌 막강함의 근원은 오직 활에 있었습니다. 그는 군단을 이끌어 나가기 전에 은밀하게 적군 숙영지까지 병사들을 접근시켰습니다. 대담하게 공격하여 파르티아 군사들이 활로 반격할 여유를 없애기 위해서였습니다. 카이사르도 프랑스 전투에서 그의 부하가 로마인 방법을 이용해 적군 병사에게 단창을 던질 여유가 없을 만큼 빠른 기습 공격을 받았다고 말했습니다. 그러므로 조금이라도 부상을 입고 싶지 않다면 화살 공격을 퍼붓고 재빨리 야포를 빼앗는 것 말고 더 좋은 방법은 없습니다.

11. 연기가 주는 피해와 이를 피하는 방법

또 하나 다른 이유로 야포를 쏘지 않는 것이 좋다고 생각합니다. 그 이유를 들으면 여러분은 분명히 웃을 것입니다. 바로 연기 때문입니다. 물론 나는 연기가 눈앞을 가릴 만큼 부대에 혼란을 불러일으키리라 생각하지 않습니다. 그러나 아무리 강력한 군대라 해도 먼지와 티끌, 눈부신 태양 빛 때문에 눈앞을 확보하지 못한다면 패배하고 말 것입니다. 대포를 발사할 때 총구에서 나오는 연기보다 눈앞을 가리는 건 없습니다. 따라서 나는 여러분이 앞이 보이지 않는 상황에서 적을 찾으려 할 때 적군이 먼저 알아채지 못하도록 세심한 주의를 기울여야 한다고 생각합니다. 그러므로 나는 대포 발사를 허락하지 않거나(대포가 유용하다는 의견은 아직 공인되지 않았다고 생각하기 때문에) 또는 전투대형 두 날개 끝에 배치하려 합니다. 대포를 날개 끝에 배치하면 발포했을 때 연기로 본대 전방 호위 부대가 앞을 못 보는 일은 없습니다. 이 방법은 우리 군단 전투 수행에 매우 중요한 일입니다. 적군 눈앞을 방해하는데도 효과적입니다. 이 점에 대해서 에파미논다스 고사를 들 수 있습니다. 에파미논다스는 적군 선봉장과 맞부딪히기 전 공격해오는 적군의 눈을 가리기 위해 모든 아군 경기병들을 전방에서 앞뒤로 내달리게 해 먼지를 일으켜 전투에서 승리했습니다.

이미 여러분에게 분명히 말해온 것처럼 이제까지 내 나름대로 군대를 지휘했을 때 대포는 아군 보병 머리를 피해 적군 포병을 파괴하도록 조준했습니다. 그리고 나는 이제까지 어떤 상황에서 대포를 적 보병에게 쏘거나 쏘지 않을지 여러분에게 많이 말했습니다. 보병 부대는 저지대에 위치해서 대포를 다루기가 매우 까다롭습니다. 만일 여러분이 포신을 살짝 들어올리기라도 한다면 포탄은 포병 머리 위로 날아갈 겁니다. 또 포신을 조금 낮게 기울이면 이번엔 지면으로 떨어집니다. 따라서 발포해봤자 적군 보병대 근처에 닿기 어렵습니다. 게다가 지면의 높낮이도 적군 보병대의 목숨을 살립니다. 대포와 보병대 사이에 놓인 무성한 관목과 굴곡이 심한 언덕 등은 대포 사격을 방해합니다. 특히 중무장한 우리 기병은 경기병보다 훨씬 촘촘하게 붙어 있고 키가 커서 눈에 쉽게 뜨이므로 포탄에 맞지 않도록 공격이 끝날 때까지 본대 뒤쪽에 대기시키는 게 좋습니다.

대포보다 화승소총이나 야포가 적군에게 더 큰 피해를 주는 것은 확실합니다. 그래서 적군 화승소총이나 야포 공격에 맞서 몸을 지키려면 발사하는 동시에 적군 진형과 거리를 좁혀야 합니다. 물론 첫 공격에서 화기(火器)에 우리 병사 몇몇이 피해를 입어도 그런 상황이라면 어쩔 수 없습니다. 따라서 뛰어난 지휘관이나 군단이라면 몇 사람 희생당했다고 해서 무서워하거나 당황해서는 안 됩니다. 전장에서는 이런 일이 수없이 많이 일어납니다. 스위스인도 똑같이 생각했습니다. 그들은 대포가 공격해도 전투를 두려워하는 일이 절대 없었습니다. 오히려 대포가 무서워 대열을 벗어나거나 겁먹은 얼굴을 드러내는 병사에게는 무거운 처벌을 내렸습니다. 나는 이제까지 대포가 발사되면 바로 군단 전투 대대 안에 대포를 후퇴시켰습니다. 왜냐하면 여단 전진을 방해할 수 있기 때문입니다. 어쨌든 나는 대포가 접근전에서 쓸모없다는 것 말고 그리 심각하게 생각한 적이 없습니다.

12. 화기 등장으로 고대 병기는 쓸모없어졌는가

파브리지오 : 여러분은 이런 화기의 위력 때문에 많은 사람들이 고대 병기나 전투대형이 도움 안 된다고 말하는군요. 여러분의 말에 따르면 오늘날 사람들에게는 대포에 맞설 만한 무기나 전투대형 계획이 있는 것 같습니다. 만일 여러분이 무언가 알고 있다면 저에게 말씀해주시기 바랍니다. 나 자신은 지금까지 그러한 방법을 접해 본 적이 없고 또 다른 좋은 계획이 있으리라곤 생각지 않기 때문입니다. 또한 나는 현재 보병대가 무슨 이유로 흉갑이나 갑옷을 입고 있는지, 왜 기병이 갑옷으로 완전 무장 하는지 꼭 알고 싶습니다. 스위스인은 밀집대형에서조차 포병에는 뜻을 두지 않는데, 우리는 대체 기타 어떤 전투대형에서 대포 자체가 특별히 두려워할 만하다고 말할 수 있습니까? 어떤 대포든 무서운 상황을 만들 수 없다면 마찬가지로 많은 대포가 있다 해도 병사들을 구속할 수 없습니다. 게다가 적군 대포가 사정거리에서 우리 진지를 둘러싼다 해도 나는 조금도 놀라지 않습니다.(이제까지 나는 성벽으로 방어했기 때문에 대포를 쓸 수 없었습니다. 그러나 상황을 살펴보면서 우리 대포를 이용해 적을 괴롭힐 수 있었습니다. 이런 식으로 대포의 능력을 활용해 적에게 입히는 타격을 늘릴 수도 있습니다.) 대포를 쓸 수 있는 평원에서 내가 왜 무서워하겠습니까? 그래서 나는 다음과 같이 결론을 내렸습니다.

즉, 내 생각에 대포란 고대 전투 대형이나 무장한 병력을 쓸모없게 하거나 고대인이 용기를 보여줄 기회를 없앨 만큼 방해 되지는 않습니다. 그럼에도 내가 이제까지 말한 대포라는 병기에 부족한 점이 있다면 보충하고 싶지만 그만 여기서 생략하겠습니다.

루이지 : 우리는 이제까지 당신이 대포에 대해 말한 것은 충분히 이해했습니다. 즉, 당신 말은 대포를 쓰는 일이 큰 도움이 된다면 사용해도 된다는 점을 분명히 하고 있다 여겨집니다. 특히 평원에서 적군 군단에 포위당했을 때 그럴 필요가 있다는 말로 생각됩니다.

그런데 앞서 들었던 이야기에서 궁금한 점이 있습니다. 내 생각엔 적군 군단도 평원에선 대포를 가지고 있으며 그 포병대는 당신이 사용할 수 없는 보병대 방어체제를 갖추고 있는 게 아닌가 하는 것이죠. 내 기억이 맞는다면 당신은 전투대형으로 군단을 배치할 때 대대 간격을 저마다 4브라차(약 2.4미터)로, 보병 대대에서 창병 예비대까지 거리를 20브라차[약 12미터]로 유지한다고 말했습니다. 만약 적군이 당신과 똑같은 대형으로 군단을 두고 한가운데 대포를 배치했다면, 이때 적으로선 가장 안전한 위치에서 당신을 공격하는 것 아닐까 생각됩니다. 적군 대포를 포획하기 위해 적진 가운데로 돌입하는 게 어렵기 때문입니다.

파브리지오 : 아주 중요한 문제점을 지적했습니다. 그러니 당신 의문을 풀어주려면 해결방법을 확실하게 말씀드려야겠군요.

이제까지 내가 말했던 것은 대대가 행진이나 전투로 끊임없이 움직이기 때문에 대열이 저절로 막힐 위험이 있기 때문이었습니다. 만약 여러분이 대포를 좁은 간격으로 배치하면 대포와 대열 사이 간격이 좁아져 별다른 위력을 발휘하지 못합니다. 이런 위험을 피하기 위해 서로 간격과 거리를 넓힌다면 당신은 좀 더 넓은 행동반경을 유지할 수 있습니다. 이 간격 덕분에 당신은 적군에 맞서 대포의 위력을 충분히 보일 수 있고 적에게 전멸당할 일도 없을 것입니다. 그러나 당신은 대포밀집대형 안에 대포를 배치해선 안 된다는 것을 알아야 합니다. 특히 두 수레바퀴 위에 놓인 야포를 말해보겠습니다. 야포는 이동할 때와 발사할 때 방향이 반대가 됩니다. 따라서 야포를 움직이면서 발사하려면 그 전에 반드시 포좌를 돌려놔야 합니다. 이때 수레바퀴에 놓인 야포 50문은 군단이 어떤 대형으로 배치되어 있더라도 전열을 교란시킬 위력을 발휘할 수 있게 미리 넓은 공간을 마련해두어야 합니다. 그래서 대포는 부대 바깥쪽에 배치해야 합니다. 그 위치라면 당신에게 설명한 방법으로 적군을 공격할 수 있습니다. 그러나 병렬 횡대 속에 두면 포병대를 어떻게든 이용할 수 있다는 점은 인정합니다. 또한 밀집대형에서 대포를 쏠 때 방해받지 않고 적군에게 길을 열어주지 않는 대형이라면 중간 정도 되는 전투대형이라 인정하겠습니다. 단, 대포를 발사할 때 자유롭게 조작할 수 있도록 여러분의 군단 대열에 서로 간격을 둔다면 적군에게 쉽게 역습받지 않을까 걱정됩니다. 이런 상황이 되면 대포가 주는 무시무시함은 쓸모없게 됩니다. 적군은 대포를 안전하게 지키기를 바라기 때문에 대열에서 가장 후방에 배치하는데 그리 되면 적군 대포는 자연히 손댈 필요 없이 쓸모없어집니다. 대포를 발사할 때 우리 군단이 피해 입지 않으려면 늘 직선 방향으로 조작해야 합니다. 그러면 병사들은 서로 간격을 유지하며 쉽게 후퇴할 수 있습니다. 이것은 전장에서 지켜야 할 기본 원칙입니다. 물론 지지할 수 없는 고대인의 여러 방법은 다른 해결책을 찾아야 합니다. 예를 들어 고대인들은 코끼리 부대를 이용했듯 낫으로 무장한 이륜용 전차를 고안해야 합니다. 물론 내가 이제까지 시도해 온 일이 완전하진 않으므로 결코 여러분에게 다음과 같이 대답할 생각은 없습니다. 즉, 오늘날 군단이 이용하는 편성을 채택한 군단이 전투에서 승리하는 이유라 여기면서 내가 조언한 편성과 무장도 하지 않은 군단이 전장에서 승리할 리 없다고 말하려는 건 아니라는 뜻입니다. 전선에서 포병대를 한 번 이용하든 그렇지 않든 대포를 몇 번이나 쏘아선 안 된다고 생각합니다. 포병대는 방패도 없는 빈손이며 무장하지 않습니다. 적군이 치고 들어오면 몸을 지킬 힘조차 없습니다. 그런 상황에 대비한 포병대 배치 형태는 다음과 같습니다. 포병대 측면에 보병대가 저마다 배치되면 본대 쪽이 허술해집니다. 그래서 대포 하나를 다른 대포 뒤에 중복으로 배치한다 해도 대포 두 개가 서로 보완되지 못하면 오히려 혼란을 일으켜 바로 당황하고 말 것입니다. 고대인들은 배속된 군단을 부대 3개로 구분하고 저마다 전위대, 본대, 후위대로 부릅니다. 이 구분은 행진하거나 숙영할 때만 썼습니다. 전투가 시작되면 부대 전원이 돌격을 시도하고 승리를 걸었습니다.

14. 기병 습격을 어떻게 막는가

루이지 : 지금까지 이야기로 전쟁 할 때 적군 기병대가 우리 기병대를 돌파했을 때 우리 기병은 창병 예비대 주위까지 후퇴한다는 점을 지적할 수 있습니다. 또한 이미 당신이 말했듯이, 예를 들어 스위스인들처럼 강력한 부대에서 창병대는 적 기병이 우리 군단으로 진격하는 것을 막을 수 있습니다. 그러나 당신 군단에는 맨 앞 창병 5개 소대, 측면 7개 소대가 있을 뿐입니다. 나는 이렇게 적은 창병으로 적군 기병의 공격을 방어할 수 있는지 잘 모르겠습니다.

파브리지오 : 나는 이미 당신에게 마케도니아 팔랑크스 대형에서 6개 종대가 어떤 식으로 일정한 간격을 두었는지 말했습니다. 예를 들어 1,000명으로 스위스인 부대가 종대 편성되어 있어도 맨 앞 4열 또는 5열 창병밖에 활용할 수 없음을 이해하기 어려울지도 모릅니다. 사실 창병들이 보유한 창의 자루는 매우 깁니다. 그 길이는 9브라차(약 5.5미터)부터 있으며, 손으로 잡는 부분

이 1.5브라차(약 91센티미터)입니다. 그래서 제1열 창병은 창 자루의 7.5브라차
(약 4.6미터)를 자유롭게 쓸 수 있습니다. 제2열은 창병이 손으로 잡는 부분과
는 다르게 대열마다 1.5브라차(약 91센티미터)의 공간을 이용합니다. 그러면 창
의 유효거리는 6브라차(약 3.7미터)밖에 되지 않네요. 같은 이유로 제3열 창병
은 4.5브라차(약 2.7미터), 제4열 창병은 3브라차(약 1.8미터), 제5열 창병은 1.5
브라차(약 91센티미터)만 남습니다. 이보다 뒤에 위치한 창병들은 아무리 공격
해도 성과를 거두지 못하기 때문에 앞서 말했듯이 맨 앞 5열까지 돕기 위해 가
장 앞 열을 보강하고 힘을 빌려줍니다. 스위스인 군단에서 맨 앞 5열 창병들이
적군 기병 공격을 견디며 막고 있을 때 왜 우리는 5열 가지고 적군에게 맞설
수 없는 것일까요? 결코 이 열 뒤에서 지지하거나 지원이 부족한 게 아닙니다.
제5열까지 배치된 병사들처럼 창을 가지고 있지 않다 해도 말입니다.

측면에 배치된 창병 예비대 대열이 약해 보일 때 대형을 방진으로, 부대 최
후방에 배치한 2개 대대를 측면 대형으로 재편성할 수 있습니다. 부대 저마다
자기 위치에서 정면과 측면을 가리지 않고 도울 수 있으며 아군 기병까지 지원
할 수 있습니다. 필요하면 언제든 서로 도울 수 있는 완벽한 구조입니다.

15. 전투대형과 상황

루이지 : 그렇다면 당신은 전투할 때 늘 이와 같은 대형을 이용할 생각입
니까?

파브리지오 : 아니, 절대 그렇지 않습니다. 여러분은 적군 배치 상황, 병사의
종류나 장비, 병력 등 형편에 따라 아군 대형도 바꿔야 합니다. 이 점에 대한
예증은 논의를 끝낼 때까지 서서히 밝혀 나갈 생각입니다. 다만 여태까지 다루
었던 대형을 여러분에게 요구한 이유는 (이 대형이 가장 강력하긴 하지만) 대형
에서 다른 대형으로 변하는 방법을 이해, 습득하기 위한 기본적인 형식이나 질
서가 들어있는 대형이기 때문입니다. 과학이란 어떤 경우에도 기본 원칙이 있
으며 그 원칙 위에 다른 부분을 더해 기초로 만듭니다. 여기서 한 가지 강조하
고 싶은 논점이 있습니다. 최전선에서 싸우는 병력이 후방에 배치된 병력으로
부터 지원을 받지 못하는 방법으로 군단을 편성 배치해선 안 됩니다. 이런 잘
못을 저지르는 병사는 군단에 아무런 도움도 되지 않습니다. 적군에게 돌격한

들 결코 승리하지 못할 것입니다.

루이지 : 그런데 나는 지금 당신이 강조한 점에서 한 가지 의문이 생깁니다. 당신은 대대를 배치할 때 최전선에 5개 대대를, 가운데에는 3개 대대를, 최후방에는 2개 대대를 배치한다고 했는데, 그러면 오히려 반대로 배치하는 게 낫다 생각됩니다.

왜냐하면 언제 누가 그 부대를 공격하거나 침입하려도 해도 대대가 얼마나 견고한지 안다면 어느 군대이든 그 부대를 공격해 무너뜨리기 어려우리라 생각합니다. 그런데 당신이 설명한 배치는 대형 안에 적군이 더욱 깊이 침입함이 예측되므로 우리 군단이 갈수록 더 불리해지는 것 같습니다.

파브르지오 : 만약 그대가 이 대형을 로마인 레기온 제 3전열(600명보다 많지는 않겠지만)과 똑같다고 추측하는 것은 어쩔 수 없지만 마지막 전열에 2개 대대를 배치하는 점을 주의한다면 전혀 걱정하지 않아도 됩니다. 우리 대형이 레기온 사례에서 착안했기는 하지만 마지막 전열에 2개 대대를 배치한 점은 당신이 더 잘 알고 있으리라 생각합니다. 내가 말하는 2개 대대는 900명으로 이루어진 보병입니다. 따라서 나는 로마 대형을 기준으로 소수가 아닌 다수 병력을 배치하려는 실수를 저지를 뻔했습니다. 그래서 이 예로 설명이 충분하다고 생각하지만, 나는 입장을 확실하게 하고 싶습니다. 그것은 다음과 같습니다.

군단 제1전열은 물 한 방울도 새지 못하게 견고해야 합니다. 이 전열은 접근해 오는 적군 공격을 방어하면서도 우리 군단의 어떤 지원도 기대해선 안 되기 때문입니다. 따라서 제1전열에는 병력을 충분히 배치해야 합니다. 병력이 너무 적으면 조직으로 보나 사람 수로 보나 전체적으로 제1전열은 약해집니다. 제2전열은 처음부터 적군 공격을 방어하기 위해 우리 군단 지원을 받는 것이 원칙이므로 대대 사이 간격을 미리 넓게 확보해야 합니다. 그래서 제1전열보다 더 적은 병력을 배치합니다. 제2전열에 제1전열과 같은 인원으로 편성하거나 그 보다 수가 많다면, 대형이 혼란스러워질 만큼 서로 간격이 좁아지거나 간격을 유지한다 해도 자칫 제1전열 끄트머리를 벗어나 늘어서야 할지도 모르기 때문입니다. 그 결과 대형 배치는 불완전해집니다. 따라서 적군이 대대 내부로 침입해 들어올수록 대대가 위험하다고 생각하는 당신의 주장은 옳지 않습니다. 적군으로선 제1전열이 제2전열과 편입하지 않는 한 제2열과 싸울 수 없기 때문입니다. 또한 제1전열과 제2전열은 공동방어를 하도록 짜여 있기 때문에 강력한 대대와 중간 정도 되는 대대가 합쳐져 서로 절충효과를 얻습니다. 적군이 제3전열에 침입했다면 이와 같은 일이 일어납니다. 적군은 당신이 잘 알고 있는 형태로 배치된 2개 대대로 당신 군단과 전투를 벌일 것입니다. 가장 뒤 전열은 우리 군단 모두를 받아들여야 하기에 대열 사이 공간보다 더 큰 공간이 필요합니다. 이를 받아들이는 가장 뒤 전열 병사들이 아무리 수가 적더라도 반드시 그래야만 합니다.

루이지 : 그대가 이제까지 설명한 내용으로 나는 만족합니다. 그러나 그대 대답은 다음과 같이 들리기도 합니다. 즉, 제1전열 5개 대대가 제2전열 3개 대대 사이로 후퇴하고, 8개 대대가 다시 제3전열 2개 대대 사이로 들어가 결국은 10개 대대가 같은 선에 섰을 때 8개 대대든 10개 대대든, 5개 대대가 늘어선 크기와 똑같은 공간에 이만큼 대대를 넣을 수 있다는 게 아무래도 이해하기 힘듭니다.

파브리지오 : 내가 처음 한 말은 전열마다 똑같은 공간을 둔다는 뜻이 아닙니다. 5개 대대 사이에 네 군데 공간을 갖고 있습니다. 병사들은 이 공간을 3개 또는 2개 대대 사이로 후퇴할 때 이용합니다. 또한 보병 대대 사이에도, 보병 대대와 창병 예비대 사이에도 공간이 있습니다. 이 공간은 언제나 여유가 있으며 대대가 대형을 변환할 때 대대 사이 간격이 달라집니다.

대형변환에 따라 대대 사이 간격은 좁아지기도, 넓어지기도 합니다. 적군이 패배해 도망칠 가능성이 있을 때 간격을 충분히 유지합니다. 또한 후퇴하지 않고 목숨을 걸고 방어할 때는 그 간격을 좁힙니다. 이때는 서로 간격을 반드시 좁혀야하며 절대로 간격을 넓혀서는 안 됩니다. 최전선에 배치된 창병 54개 대대는 전투가 시작되면 보병 대대 사이를 지나 군단 뒤쪽으로 재빨리 후퇴하는데 전투능력이 있는 대형 방패병에게 공간을 내주기 위해서입니다. 지휘관이 군단 뒤쪽으로 이동한 창병대를 이용하는 게 좋다고 판단되면 다시 전방 전투에 투입될 수 있습니다. 다시 말해 창병대는 최전선 전투가 혼란스러워지면 아무런 도움이 되지 않습니다. 즉, 창병대가 후퇴하면서 만들어진 공간은 그 상황에 가장 필요한 능력을 발휘할 수 있는 부대에게 남겨진 것입니다. 만약 대형 방패병 부대가 들어올 공간이 충분치 않다 해도 측면에 있는 부대는 사람이지 벽이 아니므로 이동해서 필요한 공간을 만들 수 있습니다.

루이지 : 그대는 군단 측면에 배치한 창병 예비 대열이 제1전열 대대가 제2전열 사이로 후퇴할 때 두 날개에 머물기를 바랍니까, 아니면 보병 대대와 함께 후퇴하기를 바랍니까? 만약 두 대대를 동시에 후퇴시키면 창병 예비대를 받아들일 만큼 큰 공간이 없기 때문에 나는 제3전열에선 그들이 어떻게 이동할 수 있는지 이해되지 않습니다.

파브리지오 : 적군이 우리 보병 대대를 후퇴시켰을 때, 창병 예비대를 추격하지 않는다면 창병 예비대는 자신들의 위치를 지키면서 다치지 않을 뿐만 아니라 측면에서 적을 공격할 수 있습니다. 그때 제 1전열 대대는 이미 후퇴했습니다. 그런데 적군이 창병 예비 대열을 공격할 때 우리 군단 다른 대대까지 격파할 만큼 힘이 남아 있다면 당신은 부대를 재빨리 후퇴시켜야 합니다. 그러나 창병 예비대는 무슨 일이 있어도 그곳에서 싸울 수밖에 없습니다. 더 이상 그들을 도와줄 우리 군단 대대가 뒤쪽에 없기 때문입니다. 제1, 2전열과 달리 창병 예비대는 중앙에 있든 최전선에 있든 후퇴할 때 일직선으로 정렬할 수 있습니다. 이때 하나의 전열이 다른 전열 속으로 들어갑니다. 이 방법은 앞서 내가 전열중복논의로 다뤘습니다.

대대 전열을 합치면서 후퇴하려고 할 때 내가 이제까지 그대에게 이야기했던 방법과 다른 방법으로 진행해야 합니다. 이제까지의 방법은 제2전열을 제1열 속으로, 제4열을 제3열 속으로 차례차례 넣어야 했기 때문입니다. 그래서 대열을 합칠 때 앞으로 나아가 합치지 말고 오히려 후퇴하면서 대열을 합치려한다면 앞 열부터가 아니라 뒤쪽 열부터 합쳐나가야 합니다.

17. 대형변환훈련 요령

파브리지오 : 이제까지 내가 밝힌 전투에서 당신이 반론하리라 여겨지는 문제를 대답할 때 다음과 같은 점에 주의하려 합니다. 나는 지금까지 두 가지 이유로 군단을 편성하여 다음과 같은 전투를 추구해왔습니다. 첫 번째, 군단 편

성과 그 배치 방법을 밝히기 위해서이며 두 번째, 병사 훈련 방법이었습니다. 군단 편성과 그 배치는 지금까지 내가 말한 내용으로 충분히 이해했으리라 생각합니다. 병사 훈련에서 먼저 말하고 싶은 것은 이제까지 자주 언급했듯이 군단을 조직할 때 병사들이 공동생활을 해야 한다는 점입니다. 지휘관들은 여태까지 말한 배치에서 저마다 대대를 장악하는 요령을 체득할 수 있기 때문입니다. 또한 특과(特科)부대 지휘관이 부대 편성과 배치를 잘 유지해야 하지요. 부대마다 지휘관들은 군단 안에 부대를 배치하면서 장악해야 하고 늘 총지휘관 명령에도 복종하도록 신경 써야 합니다. 그래서 군사들은 대대마다 서로 도울 수 있는 방법과 눈 깜짝할 사이에 적진을 점령하는 기술을 터득해야 합니다. 또한 부대마다 부대 깃발이 잘 보이는 곳에 자기 대대 번호를 적어야 합니다. 이는 부대를 이끌 때도 필요합니다. 거기에 적힌 번호를 보면 매우 쉽게 지휘관이나 병사들이 자기 부대를 판별할 수 있기 때문입니다. 여단을 합치면 엄청난 병력이 모이기 때문에 마땅히 저마다 자기 번호를 깃발에 적는 게 좋습니다. 그러니 병사들은 자신이 속한 여단 깃발 왼쪽 또는 오른쪽에 몇 번 병사가 소속되어 있는지 알아야 하며 부대 깃발 가운데 또는 위쪽에 몇 번이 적혀 있는지, 다른 부대 번호도 함께 익혀야만 합니다.

　부대 깃발에 적혀 있는 번호는 군단에서 명예의 척도가 되기도 합니다. 예를 들어 가장 서열이 낮은 십인대장깃발이 있습니다. 그 다음은 정규 원형 방배병 오십인대장깃발, 세 번째는 천인대장깃발, 네 번째는 제1대대깃발, 다섯 번째는 제2대대깃발, 여섯 번째는 제3대대깃발입니다. 이렇게 차례대로 올라오면 마지막은 제10대대깃발이 됩니다. 이 깃발은 여단장깃발에 이어 제2서열이며 낮은 서열부터 차근차근 올라와야 합니다. 또한 이 대장들과는 따로 창병 예비대에는 대대장 3명, 원형 방패병 예비대에는 대대장 2명이 있기 때문에 되도록 제1대대 대대장 격식에 걸맞은 수준으로 대우합니다. 이렇게 같은 서열로 6명이 될 수 있는데 그리 큰 문제는 아닙니다. 이 병사들 저마다 제2대대장이 되기 위해 경쟁해야 합니다. 그래서 훈련할 때 지휘관들은 저마다 자신이 배치된 대대 위치를 확실하게 알 때 대장 깃발 앞으로 가고, 나팔을 불어 대대장이 있는 곳으로 병력을 집합시킵니다. 그리하여 모든 군단이 저마다 제 위치에 자리합니다. 한 군단이 병력의 행동을 민첩하고 동일하게 움직이도록 하기 위한 기초훈련입니다. 하루에도 몇 번씩 대형을 형성, 해산하는 훈련을 합니다.

루이지 : 그대는 모든 군단 부대깃발에 번호 말고 어떤 표시를 넣어야 좋다고 생각합니까?

파브리지오 : 총사령관의 표시에는 군단장 문장을 넣어야 합니다. 그 아래 지휘관들은 모두 문장을 같게 표기하는데, 깃발 바탕을 바꾸거나 아예 문장 자체를 바꾸기도 합니다. 이때 저마다 원하는 대로 특색 있게 표현하면 됩니다. 부대 깃발은 부대를 구별하는 게 목적이기 때문입니다.

18. 기동과 전투훈련

파브리지오 : 군단 정렬 훈련에 이어 다음 훈련을 알아보겠습니다. 행군할 때 병사들은 일정한 간격을 유지는 훈련을 합니다. 아울러 행군 중에도 늘 대형을 유지하는 방법도 배웁니다. 이어서 세 번째로 뒷날 실전에 이용할 수 있는 방법으로 기동 훈련을 진행합니다. 또한 대포 발사 훈련과 후퇴 훈련도 합니다. 이때 원형 방패병 예비대는 적군이 돌격한 뒤 바로 후퇴하므로 훈련에서 제외합니다. 제1전열이 적군 공세에 밀렸을 때는 제2대열 사이 공간으로 후퇴할 수밖에 없습니다. 제2전열도 마찬가지로 같은 상황이 되면 제 1전열과 함께 제3전열 안으로 후퇴하게 됩니다. 그곳에서 다시 저마다 대열로 돌아가고, 계속 반복합니다. 이 훈련으로 병사들은 대형 변환 방법을 습득해야 합니다. 따라서 병사들은 이 연습을 기억하면서 숙달되도록 노력해야 합니다. 이 훈련을 반복하면 실전에 도움이 되므로 어떤 전투에서도 재빠르게 행동할 수 있습니다.

네 번째 훈련에선 악기 음률(의 높고 낮음과 짧고 긴)과 부대 깃발 구분(표시, 번호), 지휘관 명령 체계를 배웁니다. 병사들은 목소리로 전달한 명령이 무엇인지 다른 명령과 혼돈하지 않도록 이 훈련을 통해 이해해야하기 때문입니다. 따라서 명령 전달 방법은 매우 중요합니다. 고대인이 어떤 악기를 이용했는지 이야기하겠습니다.

투키디데스에 따르면 스파르타인은 휘파람을 썼다고 합니다. 이는 단순한 격정이 아니라 확고하며 변하지 않는 결의를 바탕으로 군단이 행진하는 데 매우 효과적이었습니다. 같은 이유로 카르타고인은 첫 공격에서 그리스 풍 하프를 사용했습니다. 리디아 왕 알리아테스는 전투에 하프와 플루트를 사용했습니다. 알렉산드로스 대왕과 로마인은 뿔피리와 나팔을 썼는데 이런 악기가 병사들의 사기를 북돋는데 큰 효과가 있으며 병사들이 활기차게 전투에 참여할 수 있도록 만든다고 생각했습니다. 우리는 군대를 무장할 때 이제까지 그리스와 로마 형식을 따라했기 때문에 악기도 그리스와 로마를 좇았습니다. 나는 총사령관 옆에 나팔수를 두고 싶습니다. 나팔 소리는 군대의 사기를 높이는데 효과적일 뿐만 아니라 어떤 소음 속에서도 다른 악기보다 그 소리를 잘 알아들을 수 있기 때문입니다. 대대장 주변에 악기를 편성할 때 무엇보다 작은북과 음이 높은 플루트를 배치하기 바랍니다. 현재 군대에서 이용하는 악기가 아니라 연회에서 늘 사용하는 것이 좋습니다. 총사령관은 나팔수에게 부대가 정지, 전진, 후퇴해야 할 때 대포를 발사해야 할 때, 원형 방패병 예비대를 이동해야 할 때, 병사들이 취해야 할 행동을 판단할 수 있도록 상황에 따라 음률에 변화를 주어 전 부대에 알릴 것을 지시합니다. 나팔 소리가 울려 퍼지고 이어서 작은 북이 울립니다. 이 훈련은 총사령관이 부대 옆에 서서 진행해야 합니다.

기병대 훈련에서도 똑같은 나팔을 사용하기 바랍니다. 그러나 이때는 소리가 더 작고 총사령관 나팔과 구별할 수 있는 음률이어야 합니다. 악기는 군대 질서를 바로잡거나 훈련할 때 꼭 필요합니다.

19. 소음과 정숙함 속에서의 훈련

루이지 : 당신에게 묻고 싶은 것은 다음과 같은 문제를 확실하게 하는 게 중요하다 생각해서입니다. 당신은 경기병이나 원형 방패병 예비대가 공격을 퍼부을 때 아비규환과 그 소음, 육탄전이 벌어지는 혼란 속에서 왜 병사들을 이동하려 합니까? 그리고 그 뒤 나머지 부대를 돌격시킬 때는 왜 조용히 움직여야 합니까? 지시가 왜 이렇게 다른지 잘 모르겠습니다. 이 점을 확실하게 해주시길 바랍니다.

파브리지오 : 고대 지휘관들이 사용한 아주 가까운 거리로 접근하는 방법에는 여러 의견이 있었습니다. 부대가 빠른 걸음으로 급히 행군해야 할 때도 있고 조용히 조금씩 행군할 때도 있습니다. 조용히 움직여야 할 상황이라면 지휘관의 명령에 따라 대열을 촘촘하게 유지하면서 행군하기 쉽습니다. 빠른 걸음으로 재빨리 나아가야 하는 상황이라면 병사들이 사기를 끌어 올리는 데 도움이 됩니다. 나는 2가지 상황 모두 터득해야 한다고 생각하므로 어느 때는 함

성을 내고 다른 때는 매우 조용하게 행동해야 한다고 말한 것입니다. 나는 어떤 상황일 때나 소음을 내면서 행군해야 한다고 말하지 않았습니다. 지휘관 명령이 제대로 전달되지 않을 수 있기 때문에 소음은 여러모로 도움이 되지 않습니다. 로마인이 첫 공격 때 말고도 서로 고함을 쳤다는 근거는 어디에도 없습니다. 확실한 것은 로마인 역사에서 지휘관들이 달아나는 병사들을 말로 설득해서 제지한 상황이 자주 있었다는 것입니다. 또한 지휘관 명령에 따라 대열을 바꾸기도 했습니다. 만약 병사들이 내는 소음이 지휘관이 명령을 내리는 목소리보다 훨씬 더 컸다면 이런 일은 불가능했을 것입니다.

제4장 지휘관 자세

루이지 : 내가 지휘권을 잡아 어느 전쟁에서 대승리의 영예를 얻었다고 해도 나로선 운명의 신의 유혹에 넘어가지 않는 게 좋지 않을까 생각합니다. 오히려 운명의 신이 얼마나 변덕스럽고 흔들리기 쉬운 상대인지 통찰해야 한다고 봅니다. 따라서 나는 이 좌담회의 독선적인 진행을 그만두고 싶습니다. 우리 가운데 가장 나이가 어린 차노비가 질문을 정리해주면 좋을 것 같습니다. 본디 나보다 차노비가 더 슬기롭기 때문에 이 명예와 공로를 거부하지 않으리라는 사실을 잘 알고 있습니다. 차노비는 이런 일을 해야 함이 두렵지 않을 것입니다. 그는 이제까지 좌담회에서 복종해왔지만 기회를 주면 거꾸로 이 자리를 지배할 것입니다.

차노비 : 나는 이야기를 듣는 편이 좋지만, 당신이 나에게 준 역할을 할 각오를 다지겠습니다. 이제까지 나는 당신 이야기를 들으면서 이런저런 의문점이 생겨 왠지 불만이었는데, 지금 당신 요구는 무척 마음에 듭니다. 내가 사회를 보면, 당신에게 폐를 끼치거나 시간을 낭비하는 심려를 끼칠 수도 있겠지만 아무쪼록 잘 부탁드립니다.

파브리지오 : 천만에. 나야말로 기쁘게 생각합니다. 나는 당신이 질문자로서 재능이 있고 소망을 품고 있음을 잘 알고 있습니다.
이제까지 논의한 문제에 덧붙여야 한다고 생각되는 점이나 깨달은 점이 있다면 기꺼이 알려주시기 바랍니다.

차노비 : 다른 주제에 들어가기 전에 두 가지 의문을 설명해 주시면 좋겠습니다. 이제까지 당신이 부대 전투대형을 설명한 것과 다른 대형을 생각해둔 게 있는지, 그리고 전투에 들어가기 전 지휘관은 어떤 일을 고려해둬야 하며 또

전투 중에 예기치 않은 일이 일어났을 때 어떤 묘책을 내세워야 하는지 설명해 주십시오.

1. 전투 행동은 상황에 따라 다르다

파브리지오 : 당신이 만족할 수 있도록 노력해보겠습니다. 하지만 나는 당신 질문에 상세하고 명확하게 말씀드릴 수가 없습니다. 내가 답변을 드리면 다른 문제에까지 대답하는 결과도 되기 때문입니다. 이제까지 내가 당신에게 설명한 것은 전투 배치의 한 대형이었습니다. 즉 그 대형으로 하면 적군의 동향이나 지형 정황 등에 따라 여러 형태로 바꿀 수 있다는 말이었습니다. 또한 다음과 같은 점에 주의해 주시길 바랍니다. 즉, 당신이 정예 부대나 대편성 부대를 보유하지 않은 상황에서 군단 제1전투 대열을 확장하면 이보다 위험한 전투 대형은 없습니다. 이럴 때 당신은 병사들을 멀리 떨어트려 서로 소통을 어렵게 만들기보다 수비 범위 밀도를 높여 거리를 좁게 만들어야 합니다. 적군보다 당신 병사가 적다면 어떻게든 임기응변의 조치를 취해야 합니다. 예를 들어 강이나 늪지처럼 당신이 몸을 지킬 수 있는 곳에서 진영을 넓힌다면 적군에게 포위되는 일은 없습니다. 프랑스에서 카이사르가 했던 것처럼 부대 양쪽에 참호를 파면 수비가 견고해집니다. 다음과 같은 원칙에 따라야 합니다. 즉, 당신 병력과 적군 병력에 따라 제1전열부대대형을 늘렸다 줄였다 자유자재로 펼쳐야 합니다. 만약 적군이 적다면 관측이 가능한 넓은 장소를 찾아야 합니다. 특히 당신이 잘 훈련된 병사들을 보유했다면 적군을 포위할 수 있을 뿐만 아니라 군단을 지휘하여 넓게 펼쳐 전개할 수 있습니다. 험하고 불리한 지형에선 전투대형을 전개한다 해도 결과적으로 아무런 도움이 되지 않습니다. 때문에 로마인은 넓게 트여 있는 땅을 선택하고 불리한 지형은 피했습니다. 만약 당신이 적은 수의 병사를 보유한 상태인데다가 충분히 훈련하지 않은 병사들뿐이라면 앞서 내가 말한 방법과 반대로 해야 합니다.

2. 지형 선택

당신은 적은 인원으로도 방어할 수 있는 지형, 또는 훈련을 제대로 받지 못한 군사로도 지지 않을 수 있는 장소를 찾아야 합니다. 그뿐만 아니라 가능한 적군을 쉽게 공격하기 위해 우세한 지점을 골라야 합니다. 그러므로 다음과 같은 곳에는 절대로 군단을 배치해선 안 됩니다. 경사가 가파르고 적군이 뛰어 내려오기 쉬운 산기슭에 부대를 배치하지 마십시오. 적군을 대포로 공격하기 좋은 곳일지라도 당신에게 불리합니다. 대응책도 마련하기 어렵고 언제나 적군 대포에 쉽게 공격받게 됩니다. 당신 군단이 적군 대포를 공격하는 일도 쉽지 않습니다.

따라서 부대를 전투대형으로 배치할 때 전선에서 태양이나 강풍이 당신을 괴롭히지 않도록 주의하시기 바랍니다. 태양은 강한 직사광선을 내리쬐고 강풍은 먼지와 티끌로 당신 눈앞을 가리기 때문입니다. 또한 바람 때문에 적군에게 발사하고 치명적인 공격을 입힐 수 있는 병기 조작이 매우 어려워집니다. 태양을 잠깐이라도 얼굴 정면으로 직사광선을 받지 않도록 조심하고, 한낮 태양이 내리쬐기 전에 움직이려는 준비가 돼 있어야 합니다. 이런 이유로 병사를 전투에 배치할 때 당신은 태양을 완전히 등지고 있어야 합니다. 즉, 태양의 직사광선이 당신 얼굴을 비추는 때만큼은 반드시 피해야 합니다. 한니발 칸나이 전투[1]와 마리우스가 킴브리족과 맞선 전투에서 찾아 그 예를 찾아볼 수 있습니다.

3. 기병 습격과 지형 이점

당신 기병이 매우 약하다고 판단될 때는 스페인처럼 포도 농장이나 관목, 또는 다른 방해물 사이사이에 보병을 배치하십시오. 스페인은 이 방법으로 체리놀라 전투[2]에서 프랑스군을 물리쳤습니다. 또한 부대 배치나 장소를 바꾼 것만으로 패자가 승자가 되는 경우도 많습니다. 카르타고인도 마르쿠스 아틸리우스 레굴루스에게 패배한 뒤 라케다이몬인 크산티푸스[3]의 조언을 받아 승리한 예도 있습니다. 크산티푸스는 카르타고 보병을 평원에 배치하고 기병과 코끼리 부대를 이용하여 다가오는 로마군을 압도했다고 합니다.

---

[1] 기원전 216년 남이탈리아 소도시 칸나이 근교에서 일어난 로마군과 한니발 군대 사이에서 벌어진 전투. 한니발의 약한 병력으로 로마군을 괴멸한 포위섬멸전 교본 전투.

[2] 1503년 스페인군과 프랑스군이 이탈리아 남부 체리놀라에서 교전한 것으로 스페인군은 6,300명이었고 2,000명 독일 용병과 1,000명 화승총병이 있었다. 프랑스군은 총 9,000명 중 기병과 스위스의 긴 창병과 대포 40문으로 구성되어 있었다.

[3] 카르타고가 고용한 그리스 출신 용병 지휘관으로 포에니 전쟁에서(현재는 튀니스 지역 전투)로마군을 대파하여 로마군 카르타고 본토 원정은 실패로 돌아감.

4. 지휘관과 지형

파브리지오 : 고대인의 예를 보면 뛰어난 장군들은 적군이 특별히 부대 한 곳만 지키고 있음을 알았을 때 오히려 중요 부대는 철저히 지키지 않고 엉성하게 내버려 둔 뒤 적군의 허술한 부분에 맞춰 그곳을 강하게 만들어 대비했습니다. 이 장군들은 적군 최강 정예부대가 침입해 왔을 때 방어는 하되, 적군을 추격하지 않았습니다. 가장 약한 부대가 공격해 왔을 때는 승리를 양보하고 자기 군단 마지막 전열까지 후퇴하도록 명령했습니다. 이렇게 함으로써 적군 세력에는 두 가지 혼란이 일어납니다. 첫째, 적군은 자신들의 최강 부대가 상대에게 포위된 것을 뒤늦게 깨닫습니다. 둘째, 승리를 속단해 진영 안에서 떠들썩거리거나 혼란스러워합니다. 이런 일이 원인이 되어 적군은 결국 패배하고 맙니다.

푸블리우스 코르넬리우스 스키피오*⁴와 카르타고 하스드루발*⁵의 예를 말씀드리겠습니다. 스페인에서 스키피오와 하스드루발은 대전을 벌였습니다. 스키피오는 하스드루발 군단 전투 대형이 언제나 똑같음을 눈치챘습니다. 적군은 스키피오 최강 부대가 중앙에 배치됨을 꿰뚫어 본 것입니다. 스키피오는 백병전에 들어가자마자 재빨리 전투 대형을 천천히 바꿔 군단 최강 부대를 두 날개 쪽에 배치하고 중앙에 가장 약한 부대를 놓았습니다. 먼저 날개 쪽 부대가 전투를 시작했는데 스키피오 중앙 부대는 적으로부터 멀리 떨어져 있어 직접 대응치 않았습니다. 결과적으로 스키피오의 정예 부대와 하스드루발의 가장 약한 부대가 칼을 맞대고 싸우게 되었습니다. 승리는 자연히 스키피오의 것이 되었습니다.

이런 방법은 그 시절에는 효과가 있었지만, 오늘날에는 대포가 있어서 효과가 없습니다. 중앙에 자리한 부대가 교대하는 동안 적군에 대포를 발사할 시간을 주게 되기 때문입니다. 이제까지 말해 왔듯이 우리는 대포를 가장 두려워해야 합니다. 오늘날엔 이런 전술은 이용치 않으므로 나는 앞서 말했던 것처럼 군단 전체를 전투에 결집하고, 약한 부대는 후퇴시켜둡니다.

지휘관은 자기 부대가 적군 부대보다 많음을 알아차리고 적이 눈치채지 못

---

*4 카르타고와 포에니 전쟁 시 로마의 스키피오 형제가 지휘관으로 참전함.
*5 하스드루발(하스드루발 바르카, 기원전 207년 사망) : 제2차 포에니 전쟁 카르타고 장군. 하밀카르 바르카의 차남으로 한니발의 동생.

하게 포위하기 위해서 적군 기세에 밀리지 않고, 전선을 유지, 직속 부하를 전장에 배치합니다. 전투가 시작되면 슬금슬금 1전열 부대가 후퇴하면서 그 대열을 서서히 퍼지게 합니다. 적군은 나중에 가서야 포위된 사실을 깨닫습니다. 자주 있는 일이지요. 지휘관이 무슨 일이 있어도 패배할 수 없다는 신념으로 전투한다면, 가까운 곳에 몸을 피할 수 있는 장소, 늪이나 구릉 사이, 대도시 안에 병력을 배치해야 합니다. 적군에게 추격받기 때문이지요. 그래서 한니발은 행운의 신에게 버림받아 역경에 빠져 마르쿠스 마르켈루스*[6]의 용기에 겁을 집어먹었지만 곧 정신을 차리고 위에서 말한 방법을 시도했다 합니다.

또 어느 때는 적군 전투 대형을 어지럽히기 위해 경무장 부대에게 공격을 명령하기도 합니다. 그리하여 백병전에 돌입하면 이 경무장 부대를 본대로 철수하고 남아 있는 부대에 제1선 부대가 대대 측면으로 이동, 합류함으로써 적군을 격파했습니다. 만약 지휘관이 자기 기병대가 약함을 깨달았다면 이미 배치한 대형 군을 따르지 말고 기병대 배후에 창병 1개 대대를 투입하여 창병대에게 통로를 열어 늘 우세한 상황을 유지하도록 힘써야 합니다. 경무장보병은 기병대와 함께 전투에 자주 활용되어 언제나 큰 힘이 되었습니다.

5. 한니발과 스키피오 전술

파브리지오 : 이제까지 전장에서 군단을 배치한 적이 있는 모든 사람들 가운데 다수가 아프리카 전투에서 한니발과 스키피오의 뛰어난 전략에 감탄했습니다. 한니발은 카르타고인으로 이루어진 군단을 이끌면서 전장에서 여러 지원을 받아 맨 앞 전선에 코끼리 80마리를 이끈 기병대를 두고 그 뒤에 예비대를, 그 다음 카르타고 병사들을 배치했습니다. 한니발은 대열 맨 뒤에 이탈리아병사를 배치했는데 그들을 그다지 믿지 않았습니다. 이렇게 배치된 예비대는 적군과 직접 대결해야 했고 뒤쪽에 있는 한니발 병사에게 포위되어 있었기 때문에 도망칠 수 없었습니다. 마침내 한니발 군대는 격전을 벌이고 로마인을 무찔러 엄청난 피해를 입혔습니다. 한니발은 전혀 피해를 입지 않는 용감한 정예부대로도 피곤에 지친 로마 병사들을 쉽게 압도할 수 있다고 생각했습니다.

그 반대로 스키피오는 군단 전투 배치를 되돌려 창병대를 제1전열로, 주력부

---

*6 로마 정치가이자 장군으로 5차례 집정관을 지냈다. 제2차 포에니전쟁에서 한니발 군을 격파하였다. 레온티노이를 공략, 시라쿠사를 함락시켜 로마에게 많은 전리품을 남겼다.

대를 제2전열로, 나머지 부대를 제3전열을 차례로 자주 배치했습니다. 이 대형은 한 쪽 부대가 다른 부대를 받아들일 수 있으며 지원할 수 있는 구조였는데 스키피오는 부대 간격을 채우기 위해 보병 1개 대대를 전선에 배치했습니다. 이 대대는 행진하기 위해서가 아니라 군단을 채우기 위함이었습니다. 스키피오는 이 부대를 원형 방패병으로 구성했습니다. 그리고 코끼리 부대가 행군하자마자 예정된 공간을 따라 이 부대를 레기온 사이를 통과시켜 길을 열도록 명령했습니다. 이렇게 해서 스키피오 군단은 적군의 맹공격을 헛되이 만들었는데 마침내 주도권을 빼앗아 전세를 뒤집었습니다.

차노비 : 스키피오는 전투에서 주력 대형 배치 안에 창병을 후퇴시키지 않고 군단 날개 부분으로 물러나게 했는데 주력 부대를 전선으로 이끌어낼 필요 공간을 만들기 위함이라 배웠습니다. 따라서 내가 알고 싶은 점은 무슨 이유로 스키피오가 전형적인 대형을 취하지 않고 변경했냐는 것입니다.

파브리지오 : 그 질문에 대답하겠습니다. 한니발은 모든 정예부대를 제2전열에 배치했습니다. 그래서 스키피오도 한니발에게 겨룰 만한 진형을 취하기 위해 주력부대와 제3전열을 집결시켰습니다. 주력부대 사이 간격을 제3전열이 차지하자 창병대가 들어갈 공간이 없었습니다. 그래서 스키피오는 창병대를 주력부대 사이로 후퇴시키는 대신 나머지 병사들을 군단 두 날개 방향으로 전진시켰습니다. 이때 주의해야 할 점은 제2전선에 공간을 만들고 그 곳에 제1전선을 전개하는 방법은 우수한 지휘관이 있어야 가능하다는 것입니다. 스키피오는 그럴만한 능력을 갖추고 있었지만 아군이 약한 상태에서 적에게 밀리고 있었으므로 이 방법은 쓸 수 없었습니다. 따라서 후방 전열로 부대를 이동시킬 수밖에 없었습니다.

6. 대낮 전차 이용

여기서 토론으로 돌아가겠습니다. 고대 아시아인은 적군을 공격할 때 온갖 무기들 가운데 큰 낫을 양어깨에 매단 이륜 전차를 이용했습니다. 이렇게 무장한 부대는 전선을 뚫고 나아가면서 거대한 낫으로 닥치는 대로 적군을 무찔렀습니다. 이 돌격을 막기 위해선 세 가지 대책이 필요합니다. 먼저 돌격 대형을 유지하거나 한니발 부대처럼 전투대형을 갖춘 부대마다 이륜 전차대를 배치해 둡니다. 또는 로마인 술라가 큰 낫 이륜 전차를 갖춘 아르켈라우스와 대결했을 때처럼 강력한 적군 저항에 맞서 온갖 방법을 연구했습니다. 그때 술라는 전투대형 제1전열 앞에 수많은 말뚝을 박아 넣음으로써 적군 이륜 전차의 돌진을 막아낼 수 있었습니다. 우리는 여기서 술라가 쓴 새로운 형식에 주목해야 합니다. 술라는 원형 방패병이나 기병대를 후방에, 중보병은 앞쪽에 배치했는데 후방 부대를 앞쪽으로 움직일만한 간격이 없었습니다. 그런데 술라는 통로를 열었던 기병대의 전투력 덕분에 승리를 거머쥐었습니다.

7. 적진 교란전법

전투 중에 적을 혼란에 빠트리려면 먼저 깜짝 놀라게 해야겠지요. 당신은 정예 부대가 원군으로 오고 있다는 소문을 퍼뜨려서 적군을 불안하게 만들어야 합니다. 이런 방법으로 적군을 속이면 전투에서 쉽게 이길 것입니다. 로마 집정관 마르쿠스 미누키우스 루푸스와 마니우스 아킬리우스 글라브리오가 쓰던 방법이었지요. 또 카이우스 술피시우스는 전쟁에서 아무 도움도 되지 않는 당나귀나 그 밖에 다른 동물에게 짐을 실고 치중병과 함께 데리고 다녔습니다. 그는 치중병들에게 중무장 군단 역할을 맡기고 프랑스인과 동맹관계일 때 언덕 위에 모습을 드러내도록 지시했습니다. 결국 그는 승리했습니다. 마리우스 또한 독일인과 전투할 때 이 방법을 썼다 합니다.

전투를 벌이는 동안 적군을 속이는 공격 작전은 매우 효과적이므로 당신 군단에게 큰 힘이 되고 적군 배후나 측면을 기습 공격할 때도 매우 효과적입니다. 그러나 지형 조건이 유리하지 않으면 이 방법은 활용하기 어렵습니다.

전투가 시작되었거나 이런 전법을 사용해야 할 때, 부대를 숨길 곳이 없다면 힘들겠지요. 그러나 당신 군단이 숲이나 언덕을 차지하고 그 안에 복병을 배치한다면 군대를 잘 감출 수 있고 적을 습격하기 쉬울 것입니다. 이 전술은 당신을 늘 승리로 이끌어주겠지요. 전쟁이 계속되는 가운데 적군 지휘관이 전사했다거나 당신 어느 부대가 승리했다는 소문을 여기저기 퍼트리고 다니는 방법도 매우 효과적입니다. 여태까지 이 전법을 이용한 군대는 여러 번 승리를 거두었습니다.

적군 기병은 낯선 형태나 소리에 바로 흔들리기 마련입니다. 크로이소스는 적군 기병대에게 낙타를 보냈습니다. 그러자 피로스는 로마 기병대에 맞서 부대를 대치토록 했는데 이를 본 로마 기병대는 행렬을 무너뜨릴 만큼 매우 혼란스러워했다고 합니다.

터키인은 큰 소음만으로 페르시아에서 소피아인을, 시리아에서는 솔다니아인을 무찔렀습니다. 적군이 깜짝 놀랄 만한 소음을 내서 주변 환경을 낯설게 만들어 단번에 격파했지요. 스페인은 하밀카르 군단을 무찌르기 위해 황소에게 건초를 잔뜩 실은 짐수레를 끌게 하고 최전선에 배치한 뒤 적군이 접근해 오자 그 위에 불을 놓았습니다. 황소는 불이 붙은 짐수레에서 벗어나기 위해 하밀카르 군단 속으로 뛰어들었고 덕분에 스페인은 승리로 나아가는 돌파구를 열었다고 합니다.

이제까지 우리가 지적해왔듯 전투 중에 적군을 속이는 방법은 자주 쓰이는 전법입니다. 숨어서 적군을 기다릴 때는 시골이 유리합니다. 먼저 평원이나 멀리 바라볼 수 있는 지형에 도랑을 파 함정을 만들고 나뭇잎이나 흙덩이를 덮어 위장합니다. 이때 후퇴하는 당신 병사들이 들어갈 만한 넉넉한 공간을 만듭니다. 전투가 시작되면 상황에 따라 숨기도 하고 적군이 추격해 오면 그 안으로 유인해 떨어트리면 됩니다.

전투 중 돌발 사건이 생겨서 병사들이 놀랄까봐 걱정된다면 그 사실을 숨기거나 또는 좋은 일로 받아들이도록 잘 설명해주는 것이 좋습니다. 툴루스 호스틸리우스나 루키우스 술라*7 실화를 말씀드리겠습니다.

호스틸루우스 군대는 전투 중 병사 한 부대가 적진을 앞에 두고 도망친 게 알려져 전군이 크게 동요했습니다. 그래서 지휘관들은 자신 명령대로 수행한 일이라며 거짓 소문을 퍼트렸습니다. 군사들은 이 말을 믿고 용기를 얻어 마침내 대승리를 거두었다 합니다. 술라도 비슷한 상황을 겪었습니다. 어떤 문제를 해결하기 위해 강력한 군단을 보냈으나 오히려 부대가 전멸하는 위기에 처하고 말았습니다. 그러자 술라는 병사들이 흔들리지 않도록 믿을 수 없는 병력이라 미끼로 대신 썼다고 말했습니다. 세르토리우스는 스페인에서 전투할 때 지휘관 한 명이 살해당했다고 보고한 병사를 찔러 죽였습니다. 이 사실이 알려지

---

*7 루키우스 술라(루키우스 코르넬리오 술라, 기원전 138~78) : 로마 공화정 말기 정치가이자 장군. 권모술수와 군사적 재능으로 로마로 진격해 두 번이나 쿠데타를 일으켜 집권하고 반대파에게 무자비한 숙청을 집행하는 공포정치를 실시함.

면 병사들이 겁을 집어 먹고 달아나버릴 것이라 생각했기 때문입니다.

달아나던 병사들을 붙잡아 전장에서 다시 싸우게 하는 것은 매우 어려운 일입니다. 이때는 상황을 재빨리 판단해야 합니다. 부대 전체 또는 일부분만 도망친 것인지, 그 마음을 되돌릴 방법이 있는지 구별하여 상황을 재빠르게 판단해야 합니다. 로마 지휘관들은 도망병은 즉시 체포하고 도망은 곧 치욕임을 뼈저리게 느끼도록 했습니다.

루키우스 술라는 미트리다테스 군단에게 추격당해 도망가는 일부 레기온 병사 앞을 가로막으며 손에 검을 쥐곤 이렇게 호통쳤다고 합니다.

"만약 누군가 제군에게 어디에서 지휘관을 버리고 왔느냐 묻거든 다음과 같이 말하라. 우리 지휘관은 보에티아에서 싸우고 있으며, 나는 그를 내버려두고 도망쳤노라고."

집정관 아틸리우스는 도망병보다 부대에 남으려는 병사들을 붙잡았고 도망병에게는 마음을 돌리지 않으면 전우 또는 적군에게 공격받아 죽을 것이라 설득했다고 합니다.

마케도니아 왕 필리포스*8는 병사들이 시지아군을 두려워한다는 것을 눈치채고 가장 믿는 기병대 일부를 군단 후방에 배치했습니다. 그리고 병사들이 달아나도 붙잡지 않았습니다. 이를 본 나머지 병사들은 도망치는 것보다 전투에 참여하는 것을 더 자랑스럽게 여겼고 마침내 전투에서 승리를 거두었습니다.

로마 지휘관들은 병사의 도주를 막을 뿐만 아니라 더 큰 힘을 발휘할 수 있도록 기회를 만들어주기도 했습니다. 예를 들어 지휘관들은 전투를 하는 사이 부대 깃발을 적군 세력 속으로 던졌습니다. 그리고 깃발을 되찾아 오는 군사에게 상금을 주었다 합니다.

9. 승리와 패배의 마음가짐

파브리지오 : 전쟁에서 어떤 문제가 발생할지 예상치 않고 이 논쟁을 진행할 필요는 없다고 생각합니다. 전쟁에 졌을 때, 이겼을 때 어찌 해야 하는지 간략하게 설명하겠습니다. 흔히 승리했을 때 조급하게 승과를 밀고 나아가는데 카이사르의 업적을 따르되, 한니발을 따라선 안 됩니다. 그는 칸나이 전투에서 로

＊8 필리포스 5세. 기원전 221년~179년 재위. 로마와 전쟁으로 패전하여 다른 주변 국가로부터 영향력을 상실함.

마군을 격파한 뒤 계속 그 자리에 머물렀기 때문에 그 지배권도 잃고 말았습니다. 이를 본받아 지배자들은 승리한 뒤에도 결코 한니발처럼 손을 놓고 있지 않았습니다. 흘러넘치는 용기로 도망가는 적군을 맹렬하게 추격했습니다.

전쟁에서 패배했을 때 지휘관은 군단에게 유리한 상황이 남았는지 빠르게 판단해야 합니다. 남아 있는 전력이 어느 정도인지도 살펴야 합니다. 역전의 기회는 적군이 방심하는 틈에 생기기도 합니다. 보통 적군은 승리한 뒤에 긴장을 풀어버리기 때문에 이때가 바로 압도하기 좋은 기회입니다.

그 예로 로마인 마루티우스*9가 카르타고 군단을 무찌른 일이 있습니다. 카로타고 군단은 코르넬리우스 스키피오 형제를 죽이고 군단을 격파한 뒤 살아남은 마리티우스와 병사들 무시해버렸는데 끝내 마르티우스에게 격파당해 무너지고 말았습니다. 카르타고 군단은 그가 아무런 시도도 하지 않은 채 모든 것을 포기할 것이라 여겨 결국 마르티우스는 승리했습니다. 인간은 방심하면 할수록 공격당할 위험이 더 커집니다. 따라서 지휘관은 위와 같은 방법을 이용하지 못할 경우 패배로 입은 손실을 줄일 수 있는 방법을 궁리해야 합니다. 적군이 당신을 마음대로 다루지 못하게 하거나, 패전 처리 시간이 길어지는 원인을 만드는 여러 방법을 써야 하는 것입니다. 먼저 패전이 확실해졌을 때, 지휘관들은 부대장들에게 집합 장소를 지시하고 부대마다 여러 방향으로 나뉘어 철수할 것을 명령합니다. 적군은 군단을 나뉘어 추격하는 것을 두려워하므로 오히려 패배한 군단의 도주를 허락하는 셈이 됩니다. 또 다른 경우, 당신 군단이 가지고 있는 귀중품을 적군에게 모두 던지는 것입니다. 적군이 전리품 수집에 정신이 팔린 그 틈을 타 당신은 안전하게 도망갈 수 있습니다.

티투스 리비우스는 전투에서 패배해 입은 피해를 감추기 위해 아무런 책략도 쓰지 않았습니다. 많은 병사를 잃었음에도 전투는 계속되었습니다. 그는 밤중에 죽은 자신의 병사들을 땅에 묻었습니다. 아침이 되자 적군은 자기편 병사들은 계속 죽어가는 데 상대편은 전사자가 거의 없는 것을 보고 싸움을 이어가는 것은 불리하다 판단하여 도망쳤다고 합니다.

이제까지의 내 설명이 매우 뛰어난 의견인지라 이해하기 어려운 점도 있겠지만 질문에 알맞은 답변으로 여러분 모두 만족하리라 생각됩니다. 다만 아직까

---

*9 기원전 5세기 로마 장군으로 볼스키족을 패배시키고 코리올리 지역에서 공을 세워 '코리올라누스'라는 칭호를 얻고 집정관에 임명됨.

지 당신에게 설명하지 않는 부대 대형이 있습니다. 때때로 지휘관들은 전선에서 쐐기 모양 부대 배치를 기본상식으로 여기며 이 대형으로 적을 아주 쉽게 무너트릴 수 있으리라 생각했습니다. 여기에 맞서 쐐기 모양 대형을 맞놓는 방법도 있습니다. 적군이 쐐기 모양 대형으로 진군하면 그대로 받아들여 포위, 모든 방향에서 공격하는 것입니다. 이럴 때 당신은 다음과 같이 따르길 바랍니다. 적군 책략에 맞서기 위한 최고 대책은, 당신이 반드시 추진하리라 여기는 전술을 적군이 예상하도록 이끄는 것입니다. 이로써 당신은 유리해지고 적군은 불리한 대형을 배치한 셈입니다.

한니발은 스키피오 군대를 뚫기 위해 군단 맨 앞에 코끼리 부대를 배치했습니다. 그러나 스키피오 군단은 여러 무리로 분산하여 앞으로 나아갔습니다. 이것으로 스키피오가 승리하고 한니발이 패배한 원인이 되었습니다.

하스드루발은 스키피오 부대 진출을 막고 퇴각시키기 위해 군단 맨 앞 중앙에 가장 강력한 부대를 배치했습니다. 스키피오는 군단 병사들에게 마치 후퇴하는 것처럼 보이도록 명령했습니다. 이렇게 해서 그는 적, 한니발을 무찌를 수 있었습니다. 이런 방법들로 적군이 취할 책략을 먼저 추측하고 그에 따라 대형을 수정, 편성하면 승리를 차지하는 것입니다.

10. 결전 시기와 결단

파브리지오 : 전투 전에 지휘관이 어느 점을 배려해야 하는지 말씀드리겠습니다. 먼저 전투에서 얻을 게 전혀 없거나 전쟁할 필요가 없을 때는 절대로 전쟁을 벌여선 안 됩니다. 전쟁에서 이익을 얻기 위해선 지역성, 군단 대형, 병사의 수와 능력 등을 모두 판단해야 합니다. 따라서 전쟁을 일으킬 필요에 따라 패배할 게 뚜렷해 보이는 상황에서도 전투는 일어나곤 합니다.

예를 들어 당신이 군자금이 부족하다고 칩시다. 당신 부대는 서서히 분열될 것입니다. 병사가 부족한 상황에서 습격받기도 합니다. 적군 군단이 새로운 정예부대로 수가 늘어난 것을 알아챘을 때도 전투는 일어납니다. 당신은 싸울 수밖에 없습니다. 아무리 불리해도 말이지요. 행운의 여신의 권유 없이 이미 결정된 패배와 맞닥뜨리기보다 그녀가 당신에게 호의를 베풀 때 승패를 슬쩍 물어보는 게 훨씬 지혜로울 것입니다. 그러나 지휘관이 무지하여 행운의 여신을 못 알아보거나 겁이 많아 기회를 놓치면 중대한 실수를 하는 것입니다.

때때로 적군은 당신에게 이익을 가져다주기도, 그 반대로 신중한 선택을 하게도 합니다. 예를 들어 강을 건널 때 적군 병사에게 공격을 받아 죽기도 하는데 적군은 강 한 가운데 숨어 있다가 공격하곤 합니다. 바로 카이사르가 스위스인에게 썼던 수법입니다.

적군이 분별없이 당신 군대에게 이끌려 다니다가 지쳐버릴 때가 있습니다. 그때 당신 병사들에게 아직 기운이 남아있다면 그 기회를 내려버려두거나 또는 놓쳐선 안 됩니다. 만약 적이 이른 아침부터 공격해왔다면, 당신은 진지 밖으로 나가 싸울 수 있도록 적을 이끌어가야 합니다.

무장한 적군이 오랜 시간 동안 먼 길을 걸어오면서 탈진하여 사기를 모두 잃었을 때, 공격할 절호의 순간입니다. 스페인에서 스키피오와 메텔루스가 쓴 방법입니다. 스키피오는 하스드루발에게 메텔루스는 세르토리우스에게 맞서 이용한 전술입니다. 만약 스키피오의 예처럼 적군 부대가 나뉘거나 어떤 이유에서든 군단 힘이 약해졌다면 당신은 반드시 그 행운을 잡아야 합니다. 흔히 지휘관은 적을 공격하기보다 방어를 선택합니다. 그러면 오히려 성급한 적군이 먼저 공격해옵니다. 처음에는 몹시 흥분한 적군 병사가 겁도 내지 않고 거세게 달려들지만 그 기세는 곧 수그러듭니다. 파비우스*10가 삼니움인이나 갈리아인에게 맞서 승리를 거둔 예가 있습니다. 그러나 안타깝게도 파비우스의 동료는 전사했다고 합니다. 적군 전력을 신경 쓰던 파비우스 군단은 한밤에 적군을 습격했습니다. 어쩌다 패배하더라도 당신 군단이 어둠에 가려져 살아남을 수도 있습니다. 따라서 적군이 깊은 밤에 전투하지 않음을 꿰뚫어본 몇몇 지휘관들은 일부러 그 시간에 전투하여 승리하곤 했습니다. 카이사르가 프랑스에서 아리오비스투스*11와 대전했을 때, 베스파시아누스가 시리아에서 유대인과 대전했던 그 예를 보면 분명히 알 수 있습니다.

11. 전투에 앞선-총사령관 마음가짐
파브리지오 : 총사령관은 믿을만한 인물을 늘 곁에 둬야 합니다. 전쟁과 전

---

*10 파비우스(파비우스 막시무스 쿵크타도르, 기원전 275~203) : 로마 군사령관 및 정치가로 제2차 포에니 전쟁 시 신중한 지연 전설을 써서 한니발의 공격에 대비할 시간을 벌었다.
*11 원시 게르만 집합 부족 수에비족장. 기원전 1세기경 갈리아 전쟁에 개입해 로마인 카이사르에게 패배함.

술에 뛰어나며 모든 일에 진중한 사람을 데리고 계십시오. 총사령관은 그런 인물과 계속적으로 군사들 상태나 적군의 동태를 논의해야 합니다. 병력은 어느 쪽이 더 유리한지, 무장은 어느 쪽이 더 완벽한지, 기병은 어느 쪽이 더 강한지 살펴야합니다. 또한 병사 훈련은 어느 쪽이 더 앞서고 어느 부대가 더 고전하며 견디고 있는지, 또 보병과 기병 중 어느 쪽을 활용하는 게 더 좋은지 신중히 의논해야 합니다. 진지를 세운 지형이 싸우기에 알맞은지도 살펴야 하지요. 그뿐만 아니라 적군과 당신 군단 중 어느 쪽이 더 군량 보급이 잘 되고 있는지, 전투를 연기, 시작해야 하는지, 오래 끌수록 적군에게 유리한지 불리한지 모두 생각해야 합니다. 많은 예로 볼 때 병사는 전쟁이 길어지면 싫어하고 피로와 권태에 시달리다가 끝내 군대를 저버릴 수 있기 때문입니다. 이런 전체적 상황에 대비해 머리를 맞대고 함께 의논해야 합니다. 아울러 적장과 주변 참모들에 관한 사항도 전반적으로 조사하는 게 필요합니다. 무분별한 인물인지 또는 신중한 편인지, 겁이 많거나 그게 아니라면 대담한 인품을 지녔는지 알아두면 좋습니다. 또한 예비 병력을 얼마나 기대할 수 있는지 늘 염두하고 그렇지 못할 경우 비장한 각오도 해야 합니다.

　당신이 생각하기에 의심스러운 점이 있거나 아무리 봐도 승리를 확신할 수 없다면 전투를 벌여서는 안 됩니다. 패배의 가장 뚜렷한 징조가 당신이 승리를 확신할 수 없을 때 드러남을 기억하십시오. 이런 상황에선 전투를 아예 피하거나 파비우스 막시무스가 좀 더 견고한 지형에 진지를 세워 한니발 군단 기세를 꺾었던 것과 같은 방법을 써야 합니다. 그럼에도 적군이 진격해온다면 당신은 평원에서 싸우지 말고 당신 군단 마을에 병력을 분산 배치해야 합니다. 병력을 나누어 뒤쫓던 적군이 도리어 곤경에 빠지게 되니까요.

　차노비 : 군단을 작은 부대로 나누어 아군 마을 곳곳에 배치하는 것 말고 전투를 피할 방법은 전혀 없습니까?

　파브리지오 : 그 점은 이미 다른 곳에서 여러분들 가운데 누군가에게 설명했었는데, 총사령관이 평원에서 진을 치고 있거나 전투 준비를 하다가 적을 만나게 되면 피할 길이 없습니다. 물론 그렇다고 해결방법이 완전히 없는 것은 아닙니다. 먼저 적군과 최소 80킬로미터 쯤 거리를 두고 군단을 배치해야 합니다.

이렇게 하면 적군이 거리를 좁히며 다가올 때까지 꽤 긴 시간이 걸리기 때문입니다.

막시무스는 한니발과 교전을 피하려 하지 않았습니다. 오히려 자신을 위해 이 전투를 이용했지요. 반대로 한니발은 파비우스가 진을 치고 있을 때 결전을 준비하면서도 승리하리라 기대하지 않았습니다. 만약 한니발이 파비우스에게 승리할 것을 알았다면 파비우스는 필사적으로 전투를 했거나 또는 어쩔 수 없이 후퇴했을 것입니다.

페르세우스 아버지 마케도니아 왕 필리포스는 로마원정을 갔을 때, 전쟁을 피하려고 높은 산 정상에 군단을 포진시켰습니다. 그런데 로마 군단이 그곳까지 올라와 필리포스 군단을 공격하고 전멸시켰습니다. 한편 프랑스 장군 웨르킨게토릭스는 강을 건너오는 카이사르 군단과 전쟁을 피하려고 적군 사이 거리를 충분히 벌려 두었다고 합니다.

우리 시대에서도 예를 들어보겠습니다. 프랑스군과 부딪히지 않길 바란다면 웨르킨게토릭스가 한 것처럼 적군과 거리를 두거나 프랑스군이 아다 땅을 지나올 때까지 기다려선 안 됩니다.

그 시대 사람들은 적군이 강을 건너면서 전투 개시 기회를 잡으리라 생각할 만큼 현명하지 않았고 전투를 미리 피할 정도로 지혜롭지 않았습니다. 포진하고 있던 프랑스인 또한 적군 대형이 무너진 틈을 타 습격하고 적진을 빼앗을 만큼 영리하지 않았습니다.

적군이 무슨 일이 있어도 전쟁을 벌이려 작정했을 때는 피할 방법이 없습니다. 그래서 누구에게나 파비우스 예를 적용할 수 없습니다. 게다가 한니발이 전쟁을 피한 덕분에 파비우스도 아무런 피해도 입지 않았던 것입니다. 그러나 당신이 현재 가진 병력이나 주둔하고 있는 지형, 또는 다른 이유로 전투가 불리하다고 판단한 상황에서 병사들이 적군에 맞서 싸우고 싶은 마음으로 불타오를 때는 어떻게 해야 할까요? 이때 당신은 병사들의 사기를 사그라지게 해야 합니다. 전쟁을 처음 할 때 당신의 설득이 효과가 없다면 병사 몇 사람을 몰래 적군 포로가 되도록 보내버리는 것만큼 좋은 방법은 없습니다. 병사들은 싸울 때나 그렇지 않을 때나 언제나 당신을 믿고 따를 것입니다.

당신은 파비우스 막시무스가 좋은 기회를 행운으로 바꿀 수 있었던 전술로써 승리를 실현해낼 수 있으리라 생각할 것입니다. 파비우스 군단도 한니발 병사와 맞붙기를 바랐고 기병대장 또한 같은 마음이었습니다. 그러나 파비우스는 전투를 벌이는 게 현명치 않다고 판단했습니다. 의견이 일치하지 않자 파비우스는 병력을 분산 배치해서 그들에게 진영을 지키도록 했습니다. 그 아래 지휘관이 전투를 계속 이끌었는데 군단은 곧 위기에 처했습니다. 파비우스가 도와주러 가지 않았다면 틀림없이 패배했겠지요. 이리하여 기병대장은 물론 모든 군단이 파비우스의 지시를 따르는 게 얼마나 현명한가를 깨달았다고 합니다.

전투할 때 병사들이 용감하게 싸울 수 있는 전투 방법을 이야기하겠습니다. 적군이 당신 병사를 경멸, 우롱하는 말을 내뱉는 것을 전달해 군사들을 화나게 함으로써 사기를 높이는 것도 지휘관이 해야 할 일입니다. 지휘관은 적군을 관찰할 수 있는 곳에 진지를 세우고, 가벼운 무장을 한 채 병사들과 백병전을 벌이는 게 좋습니다. 늘 똑같은 행동으로는 병사가 지휘관을 얕볼 수 있기에 지휘관으로서 백병전을 함께 진행하며 분노를 표출, 병사를 꾸짖을 필요도 있습니다. 즉, 지휘관은 그 전장 상황을 이야기하며 군사들의 칠칠치 못한 행동을 꾸짖고 군단의 수치라며 혼내야 합니다. 자신과 함께 하지 않겠다면 혼자서라도 싸우겠다고 호통치는 것도 좋습니다.

지휘관은 병사들이 전투에서 강해지길 바란다면 군사들이 지닌 소지품은 가정에 보내지 마십시오. 또한 전투가 끝날 때까지 개인적인 물건을 그 어디에 맡기는 것도 허락해선 안 됩니다. 병사들이 전투에서 패배해 도망가면서도 자기 생명을 소중히 여길지 말지 고민할 테니까요. 바로 이런 이유 때문에 병사들이 달아날 때 개인 물건을 가지고 다니지 못하게 하는 것입니다. 소유에 대한 집착은 생명에 대한 집착만큼이나 크고 인간을 강하게 만듭니다.

차노비 : 그대 이야기로 병사들에게 꾸짖음과 격려의 말을 함으로써 전투 시 분발하게 할 수 있음을 배웠습니다. 그렇다면 당신은 이 일을 모든 병사에게 적용하려 하는지 부대 저마다 지휘관을 대상으로 실행하려 하는지 궁금합니다.

파브리지오 : 무언가 설득하거나 단념시키려는 대상은 적으면 적을수록 하기 쉬운 법입니다. 아무리 말해도 들으려 하지 않을 때 권위나 폭력을 쓰는 것

은 자제해야 하지만, 군대 재산에 불만을 품거나 그대 의견에 반대하는 병사가 많으면 설득하기 어렵습니다. 이런 병사들이 많을 때는 설득에 힘쓰는 것 말고 다른 방법은 없습니다. 따라서 지휘관은 뛰어난 웅변가여야 합니다. 모든 병사에게 제대로 호소할 수 없다면 좋은 결과를 기대할 수 없습니다. 그런데 우리 시대에는 이점에 관심이 차츰 사라지고 있습니다.

《알렉산드로스 대왕의 일생》을 읽어보시길 바랍니다. 대왕이 공식 석상에서 어떤 방식으로 열변을 토해 병사들의 사기를 올렸는지 알게 될 것입니다. 대왕은 병사들이 싸워서 빼앗은 적군의 물품으로 생활이 풍요롭거나 만족스러울 때 말고는 아라비아, 인도 전투에서 전과가 없어 비참했던 과거에 대해 훈시하기도 했습니다. 지휘관이 병사들에게 훈시해야 할 이유를 모르거나 하지 않았을 때 군단이 전멸하는 경우가 많았기 때문입니다. 또한 이런 훈시는 병사들의 두려움을 없애주고, 용기를 불러 일으켜 강한 의지를 기르게 합니다. 전쟁 책략을 분명히 밝혀 포상을 약속하고 후퇴할 순서를 정확하게 알려주며 그 밖에 질책, 간청, 협박, 희망, 칭찬, 매도 인간의 감정에 호소할 수 있는 모두를 끌어내어 병사들의 마음을 돋게 해야 합니다.

새로운 군단을 세우고 명성을 쌓아 올리고자 할 때는 군주국이든 공화국이든 군단 지휘관을 가르쳐서 부하들에게 훈시하게끔 해야 합니다. 지휘관이 병사에게 하는 훈시는 강한 호소력을 가지고 있습니다.

12. 입대식과 선서

고대에는 군단을 유지함에 있어서 종교와 선서의 역할이 매우 컸다고 합니다. 이 두 가지는 병사들이 군대 생활을 시작할 때 반드시 따라야 할 임무였습니다. 선서 파기는 모두가 두려워하는 죄일뿐 아니라 신의 기대를 받고 있는 자기 자신에도 막중한 압력으로 다가왔습니다. 이런 방법은 다른 종교 관습에 융합되어 고대 지휘관들이 병사들에게 여러 가지를 시도하는 데 자주 이용되었습니다. 사람들이 종교를 두려워하고 우러러보는 한 언제나 통할 것입니다.

세르토리우스도 이 방법을 곧잘 썼습니다. 그는 자신이 신의 신하로서 자신에게 승리를 약속해준 수사슴 이야기와 함께 하늘이 돕고 있음을 병사들에게 자주 훈시했습니다. 술라는 아폴론 신전에서 받은 신탁의 형태를 병사들에게 훈시했습니다. 거의 지휘관들은 신이 머리맡에 서서 신탁을 내려 주었는데, 이는 전투 중에 신이 자신을 어여삐 여기시어 받은 것이라 훈시했습니다. 우리 부모 시대에도 프랑스 샤를 7세는 영국과의 전쟁에서 이기기 위해 한 소녀를 신으로 내세우자는 의견을 받아들였다합니다. 그 뒤 소녀는 프랑스가 승리하는 데 큰 원동력이 되었습니다.

스파르타인 아게실라오스*[12]의 예도 있습니다. 그는 페르시아인 몇 명을 발가벗기고 병사들 앞에 끌어내어 얼마나 빈약한 골격을 가지고 있는지 상세히 보여줌으로써 병사들이 더는 적군을 두려워하지 않도록 했습니다.

또 어떤 지휘관은 전투를 치를 수밖에 없는 필연성을 강하게 드러내기도 합니다. 승리를 위해서가 아니라 병사들에게 스스로 구원받기를 기대하는 것입니다. 따라서 지휘관은 병사들이 용감한 군인으로 거듭날 수 있도록 지도해야 합니다. 어떤 일에도 굴하지 않는 정신은 지휘관과 조국을 향한 믿음과 사랑에서 드러납니다. 이 신뢰감은 그동안 무기를 지니고 견뎌왔던 훈련, 승리와 총사령관에 대한 존경심에서 우러나옵니다. 지휘관을 존경하는 마음은 병사들에게 친절히 대하는 자세에 있는 게 아니라 뛰어난 능력을 지닌 것에 달려있습니다. 지휘관이 갖춰야 할 요소는 아직 많습니다. 그러나 승리냐 죽음이냐를 결정짓는 요소는 바로 그대가 갖춘 용맹함에 있음을 잊지 말아야 할 것입니다.

---

*12 아게실라오스(아게실라오스 2세, 기원전 444~360) : 스파르타 왕으로 탁월한 지도자로 기록됨.

제5장 적중 행군

로마인 행군 대형

파브리지오 : 내가 이제까지 그대에게 밝혀온 것은 두 병력이 대치, 전투에 앞서 어떤 전투대형을 취할 것인가, 그 대형을 어떻게 이용하여 승리할 것인가, 또 전투 중 일어나는 돌발적인 상황에 대해서였습니다. 이제부터 다음과 같은 점을 그대에게 밝히고 싶습니다. 한번 보지도 못했던 적군이 그대를 계속 위협해올 때 어떤 전투대형으로 편성해야 하는지 설명하겠습니다. 이것은 당신이 적군이나 또는 적국으로 의심되는 지역을 지나갈 때도 마찬가지입니다. 첫 번째, 그대는 로마군이 행군 할 때 늘 2,3개 기병 분대를 정찰자로서 먼저 보내는 이유가 무엇인지 생각해야 합니다. 또한 로마군은 기병분대에 이어 우익대가 행군토록 하고, 그 뒤를 첫 번째 레기온과 그 전차대, 다음 레기온과 전차대를 차례차례 행군시켰습니다. 이어서 맨 뒤 부대로서 마지막으로 남아있는 기병부대가 행진합니다. 이것이 로마군 행진 대형구조였습니다. 만약 행군하는 동안 군단이 정면 또는 뒤에서 공격을 받으면 재빨리 모든 전차대를 좌우로 피해야 합니다. 그 다음으로 운이 좋다면 잘 풀릴 수도 있겠지만 모든 군단이 저마다 지녔던 소지품을 내려놓고 적군에 대비합니다. 만약 옆에서 적군에게 공격을 받았다면 안전한 장소까지 전차를 후퇴시키고 남은 병사는 진격해야 합니다. 이 방법은 요령 있게, 신중히 수행해야 하기에 다음 방법을 따라 해보시기 바랍니다. 적국 정찰 경기병을 맨 앞에서 행군하게 하고 4개 대대 정도 보병이 남아 있다면 제1선 종대로 행군토록 합니다. 전차대는 저마다 대대 후방에서 행군합니다. 전차에는 개인 물품과 군단 물품이 실리기 때문에 부대 무장병마다 평등하게 짊어지도록 포병대가 치중대 모두를 네 곳으로 분산해야 합니다.

언제 공격받을지 모를 만큼 적대감정이 심한 나라를 지나갈 때 안전하게 행군하길 바란다면 전 부대에게 행군 대형으로 나아가도록 하십시오. 그러면 어떤 나라를 지나갈 때도, 어떤 군단이라 할지라도 예기치 못한 곳에서 적에게 발각되더라도 적군은 당신을 공격할 수 없을 것입니다. 따라서 고대 지휘관들은 행군할 때 방진대형을 기본으로 취했으며 늘 주위를 경계하며 나아가도록 명령했습니다. (그들은 이 대형을 방진이라 불렀는데 완전한 정방형이 아니라 전투에 앞서 만든 사변형을 띠고 있습니다.)

나는 이 대형으로부터 벗어난 방식을 취하고 싶지 않지만 부대를 2개 여단으로 만들고 다음의 방법 중 한 가지 원칙을 적용할 것입니다. 적군이 지배하는 지역에서도 안전하게 부대를 행군시키고 생각지 못한 공격을 받았을 때 언제든지 반격하고 싶으니까요.

고대인을 따라 부대를 방진대형으로 배치할 생각입니다. 먼저 대형을 사각형으로 만듭니다. 이때 사각형 안쪽마다 변 길이가 212브라차(약 129미터)되는 공간이 생깁니다. 먼저 측면대부터 배치하는데 측면대 사이 거리도 212브라차(약 129미터)로 유지합니다. 측면대는 5개 대대 종대에 한 방향으로 배치하고 맨 앞 부대와 후방 부대 간격은 저마다 3브라차(약 24미터)로 유지합니다. 대대 종대 저마다 길이가 40브라차(약 24미터)이기 때문에 3브라차 공간을 더하면 측면대 전체 길이는 총 212브라차가 됩니다.

그리고 측면대 맨 앞 부대와 후방 부대 사이에 다른 한 조 10개 대대를 배치하는데 5개 대대씩 나누어 맨 앞 4개 대대는 우익대 맨 앞에, 후방 4개 대대는 좌익대 후방에 배치합니다. 이때 대대 간격은 3브라차(약 183센티미터)입니다. 나머지 대대는 좌익대 맨 앞 쪽에, 또 다른 대대는 우익대 후방에 배치합니다. 양익대 사이 간격은 212브라차(약 219미터)를 유지합니다. 그리고 종대가 아닌, 횡대로 배치되는 대대는 두 날개 간격을 각 부대 사이 간격처럼 134브라차(약 82미터)로 유지하고 우익대 맨 앞에 배치되는 4개 대대와 좌익대 맨 앞 부대에 배치되는 대대 간격은 78브라차(약 48미터)로 유지합니다. 후방 양 날개에 배치되는 대대에도 똑같은 간격을 똑같이 유지해야 합니다. 후방 부대는 맨 앞 부대가 좌익대에 더 가깝게 있고 우익대와 가까운 위치에서 거리를 빼면 맨 앞 부대와 별 차이가 없습니다. 맨 앞 부대가 위치한 78브라차(약 48미터)공간에는 모든 원형 방패병을 배치합니다. 후방 부대 공간에는 예비 원형 방패병을 배치합니다. 즉, 총 1,000명이 배치됩니다.

부대 중앙 공간은 각 변이 212브라차(약 219미터)입니다. 맨 앞 부대를 구성하는 5개 대대와 후방 부대를 구성하는 5개 대대는 두 날개 쪽 어떤 공간도 이용해선 안 됩니다. 따라서 후방에 있는 5개 대대는 전열과 양익대 후방이 가까워야 합니다. 또한 전위부대는 뒷열과 양익대 맨 앞이 서로 닿지 않도록 거리를 유지해야 합니다. 이렇게 부대 각 끝부분은 다른 대대를 받아들이기 위한 공간이 남습니다. 이런 4개 공간에 저마다 위치한 창병대 하나씩 배치되는데 이 중 예비 2개 대대는 여단 방진 속 공간 가운데에 배치합니다. 맨 앞에는 총사령관과 친위대가 배치됩니다.

2. 전투태세

이 대대들은 전투대형으로 배치될 때 전원이 같은 방향으로 행군하는데 이때 병사들을 같은 방향을 바라보고 싸우게 배치하면 안 됩니다. 즉, 모두 병사를 같은 방향으로 배치하면서 다른 대대 때문에 방어하기 어려운 측면 방어 보강에 힘써야 하는 것입니다. 또한 전위 부대 없이 맨 앞 부대인 5개 대대가 끝까지 부대를 방어할 수 있도록 병력 강화에 힘써야 합니다.

맨 앞 5개 대대 대형은 전방 창병대와 똑같이 배치하면서 그 전위대가 없더라도 끝에서 모든 군단을 방어할 수 있도록 배려해야 합니다. 후방에 배치된 5개 대대 또한 후위 대대가 있든 없든 언제나 모든 부대는 방어해야 합니다. 앞서 말했듯이 후방 대대는 창병대가 후방에서 방어하는 방법으로 배치하면 안 됩니다. 우익대 5개 대대는 외부 공격에 대비해 오른쪽 날개 모든 측면을 방어해야 합니다. 좌익대 5개 대대 또한 외부 공격에 대비해 모든 측면을 파악해야 합니다. 그래서 대대를 구성할 때 창병대는 방어가 부족한 양익대를 보강할 수 있도록 배치됩니다. 따라서 부대 대대장 10명은 맨 앞과 맨 뒤로 널리 퍼지고 모든 부대와 병사들은 저마다 정해진 위치에 있어야합니다. 더 자세한 방법은 대대 저마다의 대형 배치를 다룰 때 이야기 하겠습니다.

나는 포병대 일부를 우익대 바깥쪽에 두고 다른 일부는 좌익대 바깥쪽에 배치해 분산하고자 합니다. 대대 저마다 간격은 40브라차(약 24미터)를 유지합니다. 당신이 한 군단을 전투배치할 때 어떤 방법을 취하든 기병대를 꾸릴 때는 다음의 일반법칙을 따르십시오. 늘 양익대를 후방 부대에 배치해야 합니다. 만약 부대 맨 앞에 양익대를 배치하고 싶다면 아래 두 가지 사항 중 한 가지만은 반드시 지켜주시기 바랍니다. 첫 번째, 포병대가 격퇴당하더라도 보병대가 큰 상처를 입지 않도록 그들을 도우며 공격할 시간을 벌 수 있는 공간을 만들어 두십시오. 두 번째, 기병대가 후퇴할 때 혼란 없이 보병부대와 합칠 수 있게 여유 간격을 두고 공간을 배치하십시오. 이런 점을 주의하지 않으면 기병대는 패배하고 부대는 혼란에 빠져 끝내 파멸하고 말 것입니다.

전차대와 치중대는 남은 공간에 배치합니다. 물론 부대 한쪽에서 다른 쪽으로 또는 맨 앞에서 후방으로 쉽게 이동할 수 있도록 통로를 열어두어야 합니다. 그래서 이 대대들은 포병대, 기병대와는 다른 곳에 배치되며 바깥쪽 한 변이 저마다 282브라차〔약 172미터〕사변형 공간을 차지합니다. 방진대형은 2개 여단으로 구성되어 있기 때문에 각 방진 형태를 구별해야 합니다. 그래서 여단은 번호로 불리며 여단은 저마다 10개 대대와 총지휘관〔여단장〕으로 구성됩니다. 따라서 나는 제1여단 맨 앞 부대에 5개 대대를 배치하고 우익대에 나머지 5개 대대를 배치하고 싶습니다. 이때 총지휘관은 맨 앞 왼쪽 구석에 자리하도록 하겠습니다. 제2여단은 첫 5개 대대를 우익대에 배치하고 나머지 5개 대대는 후방에 배치할 것입니다. 5개 대대 총 지휘관은 후방 오른쪽 끝에 배치하며 후방 부대 총 지휘 임무도 함께 맡길 것입니다.

3. 정규군 또는 예비군 습격

파브리지오 : 이제까지 말해 왔듯이 군단이 대형을 갖추며 나아갈 때마다 부대 전원은 질서를 지켜야만 합니다. 군단은 농민들이 어떤 소동을 벌이더라도 안전하게 진압해야 합니다. 지휘관에게 이런 폭동은 적군 기병대 또는 원형 방패병에 대대가 침입했을 때 격퇴하는 것에 비하면 어떤 준비도 필요 없는 아주 쉬운 일입니다. 농민들이 검과 창을 들고 당신을 공격하지는 않을 테니까요.

전투대형을 갖추지 않은 군중은 가지런한 대형으로 공격해오는 군단에게 극심한 공포를 느낍니다. 그래서 겉으론 왁자지껄 소동을 일으키면서도 실제로 당신에게 접근하는 일이 없습니다. 마스티프 견 주위를 빙글빙글 맴도는 소형 견처럼 습격 시위만 벌일 뿐입니다.

한니발은 이탈리아에서 로마인을 공략할 때 프랑스 영토를 횡단했는데 프랑스 토착민 반란에는 거의 신경도 쓰지 않았습니다.

군단과 나아갈 때 행군 통로를 닦아놓을 공병을 선발해야 합니다. 공병대는 정찰을 위해 앞서 가는 기병대 덕분에 보호를 받습니다. 이런 배치를 유지하며 군단은 하루에 16킬로미터씩 나아갑니다. 그리고 해가 지기 전에 숙영지를 세우거나 저녁 식사 준비를 합니다. 보통 군단은 32킬로미터쯤 행군합니다. 행군하는 도중에 정규 군단이 갑작스럽게 습격받는 일은 없습니다. 적군 부대 또한 당신 군단과 같은 발걸음으로 행군하고 있을 테니까요. 그래서 당신은 전투에 맞서기 전, 부대를 어떤 형태로 배치할지, 어떤 대형을 취할지 또는 제가 이제까지 당신에게 설명한 대형과 비슷한 것을 생각하며 이런저런 궁리를 해볼 시간이 있습니다.

4. 정면으로 맞설 전투준비

적군에게 공격 받았을 때 양 날개에 있는 포병대와 후방에 있는 기병대를 맨 앞으로 세우고 이제까지 말씀드렸던 싸우기 알맞은 지형과 적절한 거리를 두고 나머지 대대를 배치하면 충분합니다. 먼저 맨 앞 원형 방패병 1,000명을 500명씩 2개로 나누어 기병대와 군단 측익 부대 사이로 이동시킵니다. 원형 방패병이 있던 공간에 방진대형 광장 중앙에서 배치했던 창병 예비대 2개 중대를 넣습니다. 그리고 후방에 배치했던 원형 방패병 1,000명은 여단 방어를 위해 둘로 나누어 여단 양익대 후방으로 배치합니다. 그 뒤에 남는 공간에 전차대와 치중대를 이동시켜 여단 양익 부대에 머물도록 하겠습니다. 이렇게 확보된 아무 것도 없는 공간은 부대가 이동하는 통로가 됩니다. 내가 후방에 배치한 5개 대대는 양익 부대 빈 공간을 통해 맨 앞 부대 쪽으로 행군합니다. 이 중 3개 대대는 똑같은 간격을 유지하면서 맨 앞 부대와 4브라차(약 2.4미터) 거리를 유지합니다. 나머지 2개 대대는 다시 그 후방에 4브라차 간격으로 배치하게 됩니다. 이런 대형은 바로 취할 수 있습니다. 또한 앞서 이야기한 군단 대형 배치와 매우 비슷한 구조를 지니고 있습니다. 만약 맨 앞이 좁아진다 해도 양익 부대는 더욱 보강되기 때문에 방어력은 절대로 떨어지지 않습니다. 후방 5개 대대가 이동하면 창병대가 후방을 지키게 되는데, 이때 적군이 자기 맨 앞 부대를 지원하려는 낌새를 보이면 곧바로 창병대를 맨 앞으로 이동시켜야 합니다. 즉, 하나의 강력한 대형으로서 대대를 차례차례 이동하거나 원형 방패병 사이에 창병대를 넣어 맨 앞에 배치해야 합니다. 이 방법을 쓰면 일을 빠르게 진행할 수 있어 병사들을 재빨리 이동시키는 것보다 혼란은 줄어듭니다.

5. 후방에서 습격 받았을 때 준비

만약 적군이 후방에서 공격할 것이 분명하다면 모든 병사들에게 몸을 후방으로 돌리게 하십시오. 이때 맨 앞 부대와 맨 끝 부대가 뒤바뀌게 되는 것입니다. 내가 이제까지 설명했던 맨 앞 부대를 배치하기 위한 모든 방법을 다 써서 싸우십시오. 적군이 우익대를 습격한다면 즉시 모든 군단이 적군을 바라보도록 몸을 돌려야 합니다. 그리고 이제까지 설명한 방법으로 맨 앞 부대를 강화할 수 있는 배치를 취하길 바랍니다. 예를 들어 기병, 원형 방패병, 포병은 우익대를 맨 앞 기준으로 저마다 자기 위치로 이동시킵니다. 이때 맨 앞 부대 위치를 바꿔감에 따라 어느 부대는 비교적 짧은 거리를 이동하고 또 다른 어느 부대는 긴 거리를 이동하는 차이가 있습니다. 우익대가 맨 앞 부대가 되면 군단 측익 부대와 기병 사이 공간으로 들어가는 원형 방패병은 좌익대와 더욱 가까워질 것입니다. 그리고 원형 방패병이 있던 자리엔 중앙 광장에 배치되었던 창병 예비대 2개 대대를 이동시킵니다. 창병 예비대가 그 자리에 들어가기 전, 전차대나 치중대가 비어 있는 공간을 통해 군단 중앙 광장을 지나 좌익대 후방으로 후퇴하여 합류합니다. 이때 첫 대형을 따라 후방에 배치된 원형 방패병 부대는 이동하지 않습니다. 움직일 공간이 남아 있지 않기 때문입니다. 후방 원형 방패병은 맨 뒤에서 측익 부대로 이동합니다. 다른 모든 문제는 맨 앞 부대에 대해 말했던 것처럼 해결해야 합니다. 우익대를 맨 앞 부대로 새로이 만든 것을 설명한 과정은 좌익대에서 맨 앞 부대로 옮겨갈 때 이용되는 것이라 이해하면 됩니다.

6. 여러 방향에서 습격해오는 적군에 맞설 준비

만약 적군이 불시에 습격해 두 측면에서 당신을 덮칠 때 공격받지 않는 두 측면이 그곳을 방어하도록 병력을 즉각 보강해야 합니다. 맨 앞 부대는 서로 다른 쪽을 보강하도록 배치하고 두 측면은 저마다 포병대, 원형 방패형, 기병으로 구분됩니다. 만약 적군이 세 방향 또는 네 방향에서 공격해온다면 서로 섞여서 당신 병사인지 적군인지 구분하기 어려울 것입니다. 당신이 현명하다면 효율적인 대형으로 대군을 이끌며 적군이 여러 방향에서 습격할만한 곳에는 병력을 배치하지 않을 것입니다. 적군이 당신 군대를 완전히 압도하려면 그에 겨룰 만한 대군을 이끌고 와 여러 방면에서 동시 공격을 해야 하기 때문입니다.

이때 당신은 여러 방향에서 덮쳐오는 적군 대형 속으로 뛰어난 병사들을 신중하게 배치하지 않으면 무척 후회하게 될 것입니다. 그러나 실수가 아니라 돌발적 사건 때문에 벌어진 일이라면 패배하더라도 불명예는 아닐 것입니다. 에스파냐 스키피오나 이탈리아 하스드루발 상황처럼 당신에게도 충분히 일어날 수 있는 일입니다. 만일 적군이 당신보다 작은 병력으로 전투상황을 혼란시키기 위해 여러 방향에서 습격해온다면 참으로 어리석은 행동이라 할 수 있습니다. 당신은 한 쪽으로는 적군을 공격하면서 다른 방향으로 쳐들어오는 나머지 적군을 방어할 수 있습니다. 적군은 빠른 시간 안에 무너질 것입니다.

7. 전투대형 훈련

파브리지오 : 눈앞에 보이지 않는 적군에게 맞서기 위해서 대형을 정비하려면 알맞은 방법이 필요합니다. 행군하는 병사들에게도 필요한 방법이지요. 행군 중에 최초 양식에 따라 전투대형을 갖추었다가 다시 기동대형으로 돌아가 맨 앞 부대를 맨 끝에 위치하는 대대로 바꾸고 측익 부대로 바꾸는 대형 전환을 하는 첫 대형 복귀 훈련 연습이 필요합니다. 병사들이 익숙해질 때까지 훈련을 계속합니다.

이런 점에서 총사령관이나 군주는 병사들이 훈련을 잘 받을 수 있도록 힘써야 합니다. 먼저 병사가 명령에 복종하는 것을 가르치려면 군대 규칙을 숙달시켜야 할 것입니다. 또한 전투대형에서 전 부대가 제대로 싸우기 위해서는 엄격한 규율 훈련도 필요합니다. 이런 훈련을 거듭하면서 충분히 적군에게 패배한다는 것은 말도 안 되는 일입니다. 그래서 내가 말씀드린 방진대형을 완벽히 취하기 위해 부대를 엄격하게 훈련시켜야 함을 거듭 강조했습니다. 어떤 부대라도 이제까지 설명해드린 방법으로 어려움 없이 대형을 만들만큼 충분히 숙달되었다면 웬만한 대형 전환은 충분히 해 낼 것입니다.

차노비 : 당신 말대로 나도 방진대형이 필요하다고 생각합니다. 나는 이제 당신에게 물어볼 것이 없습니다만 두 가지만 더 묻고 싶습니다. 첫 번째, 맨 끝 대나 측면대를 맨 앞 부대로 돌리려 할 때, 대대마다 대형을 바꾸려 할 때 육성으로 명령으로 내리는지 악기 음으로 지시하는지 궁금합니다. 두 번째, 부대 군단이 다닐 통로 확보를 위한 도로 정찰을 할 때 자대 소속 병사를 보낼 것인

지 다른 부대에서 파견된 병력으로 충당할 것인지 알고 싶습니다.

파브리지오 : 첫 번째 질문은 매우 중요합니다. 때때로 지휘관 명령을 이해하지 못했거나 오해했던 일들이 이제까지 여러 차례 부대에 혼란을 불러왔기 때문입니다. 때문에 위기 상황에서 전투 명령은 정확하게 전달되어야 합니다. 악기로 명령을 내린다면 한 대형에서 다른 대형으로 변환하라는 명령을 병사들이 분명하게 이해할 수 있도록 소리가 명확해야 한다는 것입니다. 전투대형에서 다른 대형으로 바뀌지 않을 때도 마찬가지입니다. 육성으로 명령을 내릴 때는 일반적인 용어를 피하고 특수한 표현을 쓰는데 이때 이해하기 어려운 말은 피합니다.

'뒤로, 뒤로!'라는 표현은 이제까지 몇 번씩이나 부대를 패배로 자주 이끈 말입니다. '철수!'라는 표현을 써야 합니다. 또 맨 앞 부대를 측면대나 맨 끝으로 이동시키려 할 때 '방향을 바꿔라!' 명령하지 말고 '좌로 이동!', '우로 이동', '뒤로 이동!', '앞으로 이동!' 이렇게 지시해야 하지요. 다른 상황에서도 모든 호령은 간단명료해야 합니다. 예를 들어 '돌격', '조심', '전진!', '원위치로!' 외쳐야 합니다. 명령은 무엇이든 호령하고 나머지는 악기 음으로 지시합니다.

당신의 두 번째 질문인 정찰병 선택에 대답하겠습니다. 나는 병사에게 이 임무를 수행토록 할 것입니다. 고대 군단을 본받기보다 비무장 병사가 부대에 있을 때도 있기 때문입니다. 그래서 나는 정찰병을 각 대대에서 뽑으려고 합니다. 정찰 장비를 건네고 정찰대와 가까운 곳에 있는 부대원에게도 무기를 줄 것입니다. 분대원들은 정찰대가 적군과 우연히 마주치면 무기를 들어 싸우고 다시 본디 대열로 돌아가면 됩니다.

차노비 : 정찰 장비로 무엇을 지녀야 할지 모르겠습니다.

파브지리오 : 마차에 정찰 장비로 적절한 몇 가지 도구를 실어 준비하면 됩니다.

차노비 : 당신이 왜 병사들에게 땅을 파게 하는지 이해하기 어렵습니다.

파브리지오 : 이제부터 이야기할 생각입니다.

8. 로마 군단 휴대 식량

파브리지오 : 지금 질문을 잠시 제쳐놓고 군대 생활 방법을 먼저 말하고 싶습니다. 전투 중에 병사들이 지쳐버리면 음식을 섭취함으로써 피로를 회복해야 하기에 그만큼 시간이 걸린다고 생각합니다. 군주와 지휘관은 부대를 최대한 쉽게 움직일 수 있도록 편성하고 무거운 짐이 되거나 작전 수행을 어렵게 만드는 모든 장애물을 없애야합니다.

와인과 빵을 준비하는 임무를 맡은 병사를 전장에 데려가야 합니다. 로마인은 와인을 전혀 신경 쓰지 않았습니다. 와인을 지니지 않는 대신 그와 비슷한 맛을 내기 위해 적은 양의 식초를 물에 타서 마셨습니다. 식초는 군단 식량품에 포함되어 있었지만 와인은 아니었습니다. 또한 부엌에서 구운 빵을 지니지 않고 마을 사람들이 쓰는 밀가루를 가지고 다니면서 병사들 입맛대로 조리해 먹었습니다. 또한 돼지기름이나 쇠기름으로 빵 맛을 내어 음식을 먹으며 전력을 유지했습니다. 그러므로 부대 생활필수품은 밀가루, 식초, 돼지기름, 쇠기름, 그리고 기병대라면 보리가 포함되었습니다. 크고 작은 가축 무리를 부대 후방에 이끌고 함께 걸어 다녔습니다. 가축은 늘 데리고 다닐 필요가 없어서 짐마차에 실지 않았습니다. 이런 부대 편성 덕분에 고대 군대는 마을과 떨어져 있어도 식량 걱정을 하지 않고 행군할 수 있었습니다. 부대 후방에서 데리고 다닐 수 있는 가축 식량으로 생활할 수 있었기 때문입니다. 그런데 오늘날 부대에서는 이와 반대되는 일이 일어나고 있습니다. 병사들은 가정에서 구운 빵을 먹고 와인을 부족함 없이 마시길 바랍니다. 게다가 이런 식량은 오래 보존할 수 없기에 때때로 굶주리기도 합니다. 이런 음식을 가져가면 움직임이 불편해지고 군비가 많이 들어갈 수밖에 없습니다.

때문에 나는 앞서 말한 로마인 식량 사정을 나의 부대에도 적용할 것입니다. 병사들에게 스스로 구운 빵 말고는 먹지 말라 지시할 것입니다. 와인을 얼마나 마시든 부대에 가지고 오든 신경 쓰지 않겠습니다. 다만 와인을 갖고 다님으로써 동작이 흐트러지거나 지친 모습을 보인다면 용서치 않겠습니다. 다른 식량도 마찬가지로 나는 로마인 것을 따르고 싶습니다.

이런 방법들이 아무리 좋다 해도 또 다른 어려움이 앞길을 막고 있음을 여러분도 잘 아실 것입니다. 그러나 나는 어떤 걱정이나 고난이 와도 병사들과 지휘관을 도왔습니다. 그들이 앞으로 실현해내려는 계획이라면 나는 언제든지 도울 것입니다.

9. 전리품 처분 방법

차노비 : 우리가 전장에서 승리를 거두어 마침내 그 나라를 점령했다고 가정해봅시다. 전리품을 챙기고 상대국에게 배상금을 요구하며 그 대가로 포로를 넘기는 것은 마땅한 일입니다. 나는 고대 로마인이 어떻게 이 문제를 해결했는지 알고 싶습니다.

파브리지오 : 당신이 완전히 만족할 수 있도록 설명하겠습니다. 다른 곳에서 이미 당신에게 잠깐 설명한 적이 있으니 오늘날 전쟁에서 승리를 거둔 군주든 패배한 군주든 왜 궁금한지 잘 알고 계실 것입니다. 어느 군주가 국가를 잃으면 또 다른 군주는 재물이나 그 밖에 소유물을 잃게 됩니다. 고대에는 분쟁이 그렇게 자주 일어나지 않았습니다. 전쟁 승리자는 부를 차지하게 되기 때문입니다. 그러나 오늘날에는 전리품 규정법이 없어서 분쟁이 자주 일어납니다. 모든 병사가 원하는 전리품을 획득할 수 있기 때문입니다. 이 방법에는 두 가지 어려움이 있습니다. 첫 번째, 이미 내가 지적했던 것이며, 두 번째, 병사들 대부분 전리품이 탐이 나 규정을 어긴다는 것입니다. 병사들이 전리품에 큰 욕심을 낸 나머지 군대에 아무것도 남지 않을 때도 많았습니다. 따라서 로마인 선조들은 서로 불편한 문제가 없도록 엄격히 전리품을 관리했습니다. 모든 전리품을 곧바로 국고로 보내지 않고 나중에 국가에 가장 도움이 된다고 생각되는 방법으로 나눈 것입니다. 로마 군단에는 감찰관이 있었는데 오늘날 보면 재무관이라 할 수 있습니다. 주로 배상금과 전리품을 다뤘습니다. 집정관은 병사에게 규정된 급료를 주고 환자나 부상자를 간호하며, 그 밖에 군단 중요 임무 종사에 필요한 부집정관을 더 배속했습니다. 그러므로 집정관은 병사들에게 전리품을 더 수월하게 줄 수 있었습니다. 이런 양도(배분)때문에 군대 규율이 혼란스러워지는 일은 없었습니다. 전리품을 군단 중앙에 모아 두고 저마다 순위에 따라 상위부터 나누었습니다. 이 분배 형식은 싸움에 참가한 병사에게만 적용되었으므로 약탈자에게는 적용되지 않았습니다. 로마 군단은 승리해도 패군을 뒤

쫓아 공격하지 않았습니다. 전투대형이 혼란으로 흐트러질 것을 우려했기 때문입니다. 경무장한 기병에게 추격을 맡겼는데 레기온에 소속되지 않는 병사였습니다. 그러나 경기병이 손에 넣은 전리품을 자기 것으로 했다면 레기온 규율이 무너져 군단에 위험한 일이 일어났을 것입니다. 때문에 로마인 배분정책은 국고를 풍족하게 만들었습니다.

고대 로마인의 뛰어난 정책 중 한 가지를 더 말해보겠습니다. 어느 병사든 의무적으로 받은 급료 3분의 1일을 소속 대대 부대 깃발 기수 주위 병사에게 맡겼으며 전쟁이 끝날 때까지 그 돈을 돌려받지 않도록 했습니다. 여기에는 두 가지 이유가 있었습니다. 첫 번째는 저축이었습니다. 병사들 대부분이 미숙하고 야무지지 못해 돈을 받으면 다 써버렸기 때문입니다. 두 번째는 자신들의 재화가 곧 부대 깃발과 함께 존재한다고 생각했기에 그것을 지키는데 온 힘을 쏟았습니다. 이 방법은 병사들을 절약가로, 용사로 만들었습니다. 우리나라에 군제를 만들려 한다면 이제까지 말한 점을 고려해야 합니다.

차노비 : 부대가 계속해서 진군하는 한 위험한 일은 끊임없이 일어나리라 생각됩니다. 이런 일을 피하려면 지휘관의 재능과 병사의 용기가 필요합니다. 때문에 어떤 질문이 나오더라도 이 문제를 먼저 거론해주신 당신께 참으로 감사드립니다.

10. 매복한 적에 대한 대응책

파브리지오 : 당신이 만족할 수 있도록 기꺼이 노력하겠습니다. 완벽한 군사 훈련지식을 터득하려면 다음을 따라야합니다. 지휘관은 부대와 함께 행군하는 한 적군 복병으로부터 병사를 지켜야합니다. 두 가지 방법이 있습니다. 행군 중 정찰을 위해 적중으로 숨어들거나 적군이 교묘한 책략으로 아무도 눈치채지 못하게 군단을 유인하지 못하도록 부대를 은밀히 움직이는 것입니다.

첫 번째, 두 경비병을 부대 맨 앞으로 보내야 합니다. 경비병은 적군 지형에 복병이 숨을만한 곳이 있는지, 숲이나 구릉지는 어떠한지 잘 살펴야합니다. 복병은 늘 숲 속이나 높은 언덕 뒤에 숨어있기 마련입니다. 복병의 공격을 예상하지 못하면 부대 병사는 살아남지 못할 것입니다. 때때로 새나 먼지가 적군의 존재를 들춰내기도 합니다. 적군이 당신을 공격해올 때 언제나 저 멀리 먼지가 일어나 위기가 닥쳐오고 있음을 알려주니까요. 적군이 지나가리라 생각되는 지점에서 비둘기나 작은 새가 원을 그리거나 저 멀리 날아가 버리는 모습을 본 적이 있을 겁니다. 이를 지휘관이 알아챈다면 부대를 구하고 복병을 무찌를 수 있을 것입니다.

두 번째, 적군이 눈치채지 못하게 함정으로 끌어들일 때 주의사항입니다. 정찰병이 적군 복병 이동 정탐결과를 보고할 때 왜 그런 일이 일어났는지 이상하게 여기면서 적군 의도를 세세히 파악해야 합니다. 적군이 당신 앞에 전리품을 두고 떠났다 하더라도 그것이 미끼인지 그 안에 함정을 설치한 것은 아닌지 주의해야 합니다. 만약 많은 수의 적군이 적은 수의 병사에게 항복하거나 적은 숫자의 적군이 많은 수의 군단을 습격할 때 적군이 도망칠 이유가 없는데 쏜살같이 도망쳐버렸다면 어떤 함정이 움직임에 맞춰 설치되어 있는지 경계해야 합니다. 그러면서 적군이 당신 작전을 절대 모를 것이라 확신해서도 안 됩니다. 오히려 적군 세력이 약하거나 경계가 그렇게 심하지 않을 때 적의 술책에 빠지지 않길 바란다면 적군의 사정을 날카롭게 파악해야 합니다.

이런 경우에 당신은 두 가지 서로 다른 방법을 사용해야 합니다. 적군 책략과 대형 배치 모두 경계, 대비하고 일부러 무력시위를 벌임으로써 우리가 그들을 경멸하고 있음을 적들이 믿게 만들어야 합니다. 이렇게 적에 대한 경계심을 더욱 높임으로써 적의 책략에 넘어가지 않을 수 있고 그와 함께 당신 병사는 승리에 대한 의욕을 불태우게 되는 것입니다.

11. 행군 중 완전보행

파브리지오 : 적진을 진군할 때가 전투할 때보다 더 위험하다는 것을 잘 알고 계셔야 합니다. 그래서 지휘관은 진군할 때 늘 경계를 늦춰서는 안 됩니다. 먼저 지나가는 적진 정보 자료와 지도를 가지고 있어야 합니다. 이를 바탕으로 적군이 포진한 지형, 인원, 그곳까지의 거리, 통로, 산, 강, 늪, 그 밖에 모든 적군의 상황을 추측합니다. 또한 적지 지형을 잘 아는 주변 사람들에게 이야기를 듣고, 사전 정보를 부합한 결과에 따라 확실한 정보를 얻어야 합니다. 지휘관은 수색기병을 앞서 보내면서 적군의 상황과 지형도 함께 탐색하게 해야 합니다. 적군 정세에 대해 갖고 있던 지식과 작전을 눈으로 본 것과 조합하기 위해서입니다. 또한 보장금에는 욕심을 내지만 처벌을 두려워해 적군과 내통하지 않을

믿음직스러운 병사를 안내자로 선발해 수색기병과 함께 보내고 지휘관은 이 안내자가 어떤 임무에 따라 군단을 이끌고 있는지 병사들에게 알리지 말아야 합니다. 작전 중에 맡아야 할 임무를 가르쳐주지 않는 것이 좋습니다.

적군 급습에 당황하지 않도록 언제나 병사들이 무기를 쥐고 있게 경고해야 합니다. 미리 대비하면 그만큼 피해도 적습니다. 지휘관들은 행군 중 혼란을 피하기 위해 군 깃발을 중심으로 전차대나 비무장병을 배치하고 저마다 대대 깃발을 따르도록 명령을 내립니다. 이렇게 하면 출발, 행군, 정지, 후퇴가 매우 쉽게 이루어질 것입니다. 나는 도움이 된다고 생각되는 것은 무엇이든 받아들입니다. 지휘관은 진군 중 각 부대가 서로 섞이지 않도록, 또 서로 행군 속도가 다를 때 전체 부대 대형이 허술해지지 않도록 주의해야 합니다. 이는 부대에 혼란을 일으키는 원인이 됩니다. 따라서 부대마다 일정한 속도를 유지하기 위해 측면에 지휘관을 배치하고 행군속도가 느리거나 빠르지 않도록 조정해야 합니다. 그렇다고 어느 정도 속도이든, 악기 음률에 너무 완벽하게 맞출 필요는 없습니다.

행군할 때 최대한 폭을 넓혀야 합니다. 대대가 늘 대형 그대로 전진하지는 못하므로 당신은 적군 관습이나 특징에 대해서 미리 알아야 합니다. 공격 시간이 아침인지, 오후인지, 밤인지, 적군 주력이 보병인지, 기병인지 알면 그에 따라 부대 배치, 전투 준비를 할 수 있습니다. 그러나 우리는 어떤 특수한 사건과 맞닥트릴 때가 있습니다. 적군에 대한 판단이 충분치 못하기 때문입니다. 적군을 앞에 두고 후퇴하는 경우 우리는 전투할 의욕을 잃기 쉽습니다. 적군은 강을 건너 도망가는 당신을 단숨에 따라와 공격할 것입니다. 이런 위기상황에서 지휘관은 후방 부대를 지켜내기 위해 재빨리 병사들을 띠처럼 늘어서도록 배치하고 도랑이나 잔디에 마른 잎을 넣어 메워서 불을 붙여야 합니다. 그러면 적군과 당신 부대 사이에 불이 거세게 타올라 공격을 피하고 적군의 방해 없이 강을 건널 수 있습니다.

차노비 : 당신은 분명 불을 이용해 군단을 철수시켰겠지요. 특히 이 방법은 전에 들은 적이 있는 카르타고 한노의 예를 떠오르게 합니다. 한노 부대는 적군에게 포위되었을 때 정중에 감금당했지만 부대 옆 장작더미에로 올라갈 수 있는 사다리를 통나무로 만들도록 적에게 명령했습니다. 한노는 그 사다리에

불을 붙였지요. 적군은 한노 부대를 감시하느라 이를 전혀 신경 쓰지 못했습니다. 그는 부하들에게 방패로 불길, 연기를 가리면서 불이 난 쪽으로 탈출토록 명령했습니다.

파브리지오 : 참으로 훌륭한 이야기입니다. 그러니 내가 이제까지 무엇을 말했는지, 한노가 무엇을 했는지 잘 생각해봅시다. 나는 도랑을 파서 그 안을 잡초나 마른 낙엽으로 채우는 방법을 말했습니다. 다시 말해 강을 건너려면 그냥 도랑에 불을 붙이면 됩니다. 그러나 한노는 불을 이용하되 도랑을 만들지 않았던 것입니다. 한노는 불이 붙은 통나무 위를 넘어 도망치다 화상을 입었지만 덕분에 목숨을 건졌다고 합니다.

당신은 스파르타인 나비스*¹ 예를 알고 계십니까? 그는 에스파냐에서 로마군에게 포위된 적이 있는데 아군 방어를 뚫고 돌격해오는 로마 군단을 방해하기 위해 자신이 포진했던 마을 한 모퉁이 불을 놓았습니다. 그는 불을 내서 로마군을 방해하고 마을 밖으로 그들을 내쫓았습니다. 자, 우리 문제로 되돌아갑시다. 로마인 퀸투스 루타티우스*² 이야기입니다. 그는 후방에서 킴브리족 추격을 받으면서 어느 강에 이르렀는데 더는 나아가지 않았습니다. 마치 적군과 맞서 싸우기 위한 시간을 주는 것 같았습니다. 그는 마치 그곳에서 숙영하는 것처럼 적군이 착각하도록 참호를 파거나 텐트를 치고 기병에게 진영 주변을 순찰토록 했습니다. 이를 본 킴브리족 군단은 루타티우스가 숙영 준비를 하고 있다 믿고는 식사를 위해 부대 일부를 분산시킨다고 생각했습니다. 덕분에 루타티우스 군단은 적군의 방해 없이 무사히 강을 건널 수 있었습니다.

다리가 없는 강을 건널 때는 상류와 여러 갈래로 합쳐지며 수심이 얕아지는 곳을 찾아서 건너야 합니다. 물살이 빠른 강을 보병대가 안전하게 건너가도록 군단 중 가장 건장한 기병이 상류의 흐름을 막아서고 다른 기병은 하류에 서고 강을 건너다 떠내려 가버린 보병들을 구해냅니다.

또는 건널 다리가 없거나 빈 배가 떠 있고 와인이 담긴 가죽 자루가 둥둥

---

*1 나비스(기원전 207~192) : 스파르타 마지막 왕.
*2 로마 공화정 군인. 가이우스 마리우스와 함께 기원전 102년 집정관을 지냈다. 킴브리족과 첫 번째 전투에서 패배하고 그 이듬해 마리우스와 합세하여 킴브리족을 패퇴시킨다. 마리우스-술라 내전 시 술라 편을 들다가 감옥에서 죽는다.

떠 있는 아무도 없는 빈 강을 건널 때도 있습니다. 어떤 상황에서든 전 군단이 모든 수단을 동원하여 구체적인 편법을 생각해내는 것이 좋습니다.

때때로 강을 건널 때 건너편 기슭에 포진했던 적군이 당신을 방해하기도 합니다. 카이사르 고사가 가장 적절할 것 같습니다. 카이사르가 프랑스 어느 강 제방에 군단을 포진시켰을 때 일입니다. 그는 강 건너편 기슭에 자리 잡은 웨르킨게토릭스 군단에 진로가 막혀 더는 나아가지 못하고 있었습니다. 때문에 카이사르는 강을 따라 며칠이고 진군했지만 적군도 똑같이 뒤를 따라왔습니다. 카이사르는 나무가 울창한 숲속에 병사들을 숨기고, 레기온에서 3개 대대씩 선발해 숙영 지점에 보낸 뒤 남은 부대에게 출발과 상관없이 다리를 놓아 수비하라고 명령했습니다. 카이사르는 그들을 남겨두고 행군을 계속했습니다. 웨르킨게르토릭스는 로마군 병력이 어느 정도인지 살피면서 카이사르 뒤에 병사들이 없다고 판단해 카이사르가 군대를 움직일 때 자신 또한 군대를 이동시켰습니다. 그러자 카이사르는 명령해둔 다리가 완성되었으리라 판단하고 재빨리 군대를 돌렸습니다. 그리고 적군이 눈치채지 못하는 사이에 어떤 어려움도 없이 강을 건널 수 있었습니다.

차노비 : 수심이 얕은 곳을 어떻게 판단합니까?

파브리지오 : 퇴적물이 쌓인 강바닥과 쌓이지 않은 흐르는 강물 사이에 선처럼 보이는 데가 깊지 않습니다. 걸어서 건너기에 알맞은 깊이입니다. 언제나 흐르는 물에 실려 온 물질이 퇴적되어 있기 때문입니다. 이 방법은 구체적으로 증명된 방법이니 확실합니다.

차노비 : 강물에 바닥이 패여 수심이 깊어진 곳을 건너거나 그곳을 기병이 밟고 지나가려 할 때는 어떻게 해야 할까요?

파브리지오 : 잔가지를 엮어 강바닥에 가라앉히고 그 위를 지나가면 됩니다.

12. 앞에 '호랑이' 뒤에 '늑대' 살아 돌아갈 길은 있다.
이야기를 계속하도록 하겠습니다. 어느 지휘관이 두 개의 산 사이에서 군대를 이끌고 있다 가정해 봅시다. 앞, 뒤로 통하는 길도 모두 적군에게 점령당했는데 빠져나갈 길이 오직 이 두 갈래 길 밖에 없는 상황이라면 지휘관은 과거 누군가가 이용한 방법을 구체 수단으로 쓸 수밖에 없습니다. 즉, 당신 군단 후방 방어를 위해 도랑을 파서 적군이 뛰어넘어 올 수 없게 한 뒤 군단을 지켜야 한다는 생각으로 뒤로 밀려오는 적군을 두려워하지 말고 전력을 다해 전방으로 돌격하는 것입니다. 이때 적군이 당신의 계획에 말려들었다면 전방을 지키고 후방은 내버려두겠지요. 그러면 후방 도랑에 나무로 된 다리를 놓고 건너가 적군에게서 벗어나면 됩니다.

로마 집정관이었던 루키우스 퀸티우스 미누티우스는 군단과 함께 리구리아에 포진하고 있었는데 두 개 산 사이에서 적군에게 포위되어 갇혀 있었습니다. 이때 루키우스는 말을 탄 누미디안인을 적진으로 보냈습니다. 그가 탄 말은 그리 좋지 않았으며 키는 작고 몸은 몹시 말랐습니다. 적군은 누미디안인을 발견하자마자 곧바로 대형을 갖추었으나 이미 지쳐버린 병사들은 대형이 뒤죽박죽인 상태에서 비쩍 마른 말을 타고 오는 그를 보고 경계 대형을 풀었습니다. 그 순간, 누미디안인은 말에 박차를 가해 달려가 적군이 방어할 틈을 주지 않고 포위망을 뚫었습니다. 누미디안은 돌격해 나아가며 적의 점령지역을 마구 휩쓸고 다니며 도둑질을 계속했습니다. 루키우스 군단은 그 틈을 타 무사히 빠져나올 수 있었습니다.

13. 독 안에 든 쥐가 되면 어떻게 해야 할까?

이 말고도 적군에게 포위되었을 때, 포위망 중 가장 약한 곳을 집중 공격, 돌파하여 군단을 구출한 예도 있지요.

마르쿠스 안토니우스는 파르티아인 부대 전방에서 후퇴할 때 자신이 아침에 행군하면 적군이 공격해올 것을 눈치챘습니다. 적군은 낮동안 줄곧 그를 따라다니며 괴롭혔습니다. 마르쿠스는 오전에는 행군하지 않기로 마음먹었습니다. 그러자 파르티아인은 마르쿠스 군대가 습격해오지 않으리라 믿고 숙영지에서 군대를 철수했습니다. 덕분에 마르쿠스는 아무런 방해 없이 그날 부대를 이동시킬 수 있었습니다. 또 파르티아인이 습격해 올 때 무릎을 굽히도록 명령했습니다. 제2열은 제1열 머리에 대방패를 받치게 하고 제3열을 제2열에게, 제4열은 제3열에게 똑같은 자세를 취하게 했습니다. 마치 지붕 아래 있는 모습이었는데 적군 화살 공격으로부터 몸을 보호할 수 있었다고 합니다. 이로써 행군 중 일어날 수 있는 상황을 모두 이야기했습니다. 그대가 더 이상 질문이 없다면 다음 문제로 넘어가도록 하겠습니다.

제6장 진지 작전

　　차노비 : 그만하면 충분합니다. 이제부터 우리는 의제를 바꿔야 하는데, 바티스타에게 그 임무를 맡기고 나는 사회를 보고 싶습니다.

　　당신의 가르침과 명장들의 전투 방식을 따르고 싶습니다. 그들은 군단 맨 앞과 뒤에 가장 뛰어난 부하를 배치했습니다. 맨 앞에는 용감하게 전투할 병사를 배치하고 후방에는 맨 앞 부대를 용맹하게 지원할 병사를 갖추는 게 필요조건이라 생각했습니다. 때문에 코시모는 이 논의를 신중하게 시작했으며 바티스타 또한 진중하게 이어갈 것입니다. 루이지와 나는 한 발 물러나 마음 편하게 들을 생각입니다. 우리는 모두 그를 환영합니다. 물론 바티스타가 거절하리라 생각하지 않습니다.

　　바티스타 : 나는 이제까지 논의 방향을 이끌어 가는 인물이 아니었습니다. 그래서 이번에야말로 논의를 진행하고 싶습니다. 그러니 당신도 계속 이야기를 해주십시오. 우리가 논의를 진행하다가 말참견을 해서 방해하더라도 너그럽게 용서해주시기 바랍니다.

　　파브리지오 : 나는 오히려 이야기에 참신함을 주어 고맙게 생각합니다. 발상하는데 방해가 되진 않습니다. 다만 우리가 부대 숙영 논의에 왜 이토록 많은 시간을 들여야 할까요? 모든 일에는 휴식이 필요합니다. 안전하게 쉬지 못하면 아무런 의미도 없지요. 내가 부대를 숙영, 행군하게 하고 마지막 전투에 임할 때 당신이 어떻게 생각할지 매우 신경이 쓰입니다. 우리는 이제까지 논해왔던 방법과 반대 일을 해 왔기 때문입니다. 그러나 나는 이 방법이 필요하다고 생각합니다. 행군 중 부대가 기동대형에서 전투대형으로 전환하는 과정을 알고 싶다면 먼저 전투에 맞선 대형 편성 방법을 알아야 합니다.

1. 그리스와 로마 진지 편성

파브리지오 : 부대 진지 편성을 안전하게 할수록 군대는 강해집니다. 또한 알맞은 지형을 선택하고 병사를 이끄는 지휘관의 노력이 부대를 강력하게 만들지요.

그리스인은 공격과 방어에 이로운 진지와 지형을 찾아다녔습니다. 험한 낭떠러지나 가파른 비탈길, 강둑, 깊은 숲과 같이 병사를 보호해주는 자연 요새가 없는 곳에는 절대로 부대를 편성하지 않았습니다. 로마인은 알맞은 지형뿐만 아니라 지휘관의 전술도 매우 중요하게 여겼습니다. 늘 규제를 따르면서 숙영할 수 없는 곳은 피했습니다. 로마인은 지형에 상관없이 정해진 숙영방식을 지켰습니다. 지형이 자신들을 따라야 한다고 여겼습니다. 그 반대로 그리스인은 지형에 따라 숙영대형과 규모도 함께 바꿨습니다. 로마인은 적절한 지형만으로는 방어에 충분치 않다 생각하여 지휘관의 전술이나 재능도 함께 활용했습니다. 나 또한 로마인 생각에 동감하며 지지하기 때문에 숙영방법을 말할 때 로마인 예를 빼놓을 수 없습니다. 다만 여기서는 로마인 모든 대형 형식을 관찰하려는 게 아니라 오늘날 곧바로 적용할 수 있으리라 생각하는 것만 말씀드리겠습니다.

2. 로마인 부대 편성

로마는 집정관 지휘 아래 2개 레기온을 보유하고 있었습니다. 병력은 대략 보병 1만 1,000, 기병 600기, 로마인 우호국에서 보낸 파견 병사 1만 1,000 혼성 군단으로 이루어졌습니다. 로마인 부대에는 기병 말고는 로마인이 없었습니다. 그러나 기병대에선 로마인보다 외국인 수가 더 많아도 크게 신경 쓰지 않았습니다. 모든 작전 중심에는 레기온이 있었고 외인부대인 기병대는 측면에서 레기온을 돕기만 했기 때문입니다. 로마인은 숙영을 할 때도 이 방법을 썼습니다. 당신도 로마 옛 이야기에서 읽었을 것입니다. 때문에 나는 지금이라도 즉시 우리 군단을 숙영시킬 수 있는 그 양식만을 이야기할 것입니다.

당신은 내가 지금 로마인 양식에서 이끌어내고자 하는 것을 알고 계시겠지요. 나는 로마 2개 레기온을 본받아 군단마다 보병 2개 여단을 두고, 보병 6,000명과 뛰어난 기병 3,000명을 편성할 것입니다. 그리고 제 몇 대 소속인지, 맡은 임무는 무엇인지 호명에 따라 구분합니다. 이미 알고 계시듯이 행군이나 전투행군배치에 다른 동맹국 병사를 배치할 생각이 없습니다. 병사 수가 갑절로 늘어났을 때 대형을 중시할 필요가 있음을 분명히 밝혀왔습니다.

오늘 나는 숙영 양식에 대해 분명히 해두고 싶습니다. 따라서 로마인 형식을 따라 편성된 2개 여단과 그 밖에 같은 수로 구성된 예비대가 포함된 군단을 숙영지에 함께 배치하겠습니다. 군단을 숙영시켜야 하니, 숙영 양식도 완전해야 한다고 생각합니다. 때문에 내가 서술 한 것 중에서 필요치 않다고 생각되는 내용도 있습니다. 내가 숙영지에서 바라는 군단 편성은 보병 2만 4,000명에 뛰어난 기병 2,000입니다. 이 군단을 4개 여단으로 구분하고 로마인 형식을 따라 편성한 2개 여단, 그 밖에 2개 여단은 외국인으로 편성, 숙영토록 하고 싶습니다.

3. 우리 포진 형식

파브리지오 : 숙영하기 좋은 지형을 찾았다면, 먼저 나는 총사령관 깃발을 세우고 그 주위에 사각형을 그립니다. 변마다 50브라차〔약 30미터〕 거리를 두고 마주보도록 합니다. 이 사각형 각 변은 4개 방위 중 하나를 구분합니다. 즉, 저마다 동서남북을 구분하는 겁니다. 그리고 사각형 안쪽 공간에 총사령관 본진을 둡니다.

나는 어디까지나 신중하기를 바랍니다. 로마인이 그리했듯 나 또한 전투병과 비전투병을 구별하고 군단 짐을 옮기는 병사와 아닌 자를 구별합니다. 모든 무장병과 대부분 숙영지를 동쪽에 배치합니다. 비전투병과 짐을 운반하는 인부를 서쪽에 배치하는데 동쪽에는 맨 앞 부대, 서쪽에는 후방 부대, 남쪽과 북쪽에는 양익대를 두어 숙영토록 하겠습니다. 무장병 숙영지를 구별하기 위해 나는 다음과 같은 형식을 사용합니다. 먼저 총사령관 깃발 위치에서 선을 긋고, 동쪽으로 680브라차〔약 415미터〕 거리에 섭니다. 이 선과 평행하게 같은 간격, 길이로 선을 긋습니다. 선들마다 그 기준선과 (위 아래로) 15브라차〔약 9미터〕 간격을 취합니다. 기준선 끝에 동문을 두고 바깥쪽에 그은 양 선 사이를 통로로 두고 동문에서 사령관이 있는 곳까지 이어지게 합니다. 이 통로는 폭이 약 30브라차〔약 18미터〕, 길이는 630미터〔약 384미터〕입니다(이때 50브라차는 사령관 본진이 점령하고 있습니다). 이 길을 사령관 통로라고 부릅니다. 또 남문에서 북문까지 통로 한 개를 만듭니다. 이 통로는 사령관 통로 기준점을 거쳐 사령관 본진이 있는 동쪽 구역 끝자락을 지나갑니다. 길이는 125브라차(약 76미터)가 됩니다(이 통로는 군단이 포진한 부지 전체 가로 세로로 이어져 있습니다). 폭은 30브라차(약 18미터)이며, 이 통로는 십자로라고 부릅니다.

사령관 본진과 통로 2개를 설정하고 나면 고유 2개 여단을 배치합니다. 가운데 하나는 사령관 통로 오른쪽에, 다른 하나는 왼쪽에 배치합니다. 즉, 십자로를 가로질러 사령관 통로 오른쪽과 왼쪽에 저마다 32개 숙영지를 배치하는 겁니다. 이때 제 16구, 17경계 사이를 30브라차(약 18미터)로 넓게 둡니다. 이 통로는 여단 포진배치에서 볼 법한 모든 부대가 이용할 수 있도록 포진을 가로지르는 횡단로로 통하게 합니다. 맨 앞 부대 양 끝 2열마다 숙영지는 십자로 양 끝으로 연결되며, 여기에 무장병 장교를 숙영시킵니다. 이어서 장교를 중심으로 양쪽 15군데 무장병을 숙영시킵니다. 대대마다 150명을 보유하면서 텐트에 10명씩 수용합니다. 중보병 장교 숙영지 총 면적은 가로가 40브라차(약 24미터), 세로가 10브라차(약 3미터)입니다. 내가 여러 차례 가로 길이라 말할 때는 남쪽에서 북쪽까지 공간을, 세로 길이는 동쪽에서 서쪽까지를 가리킵니다. 중보병이 차지하는 숙영 면적은 세로 길이가 15브라차(약 4.6미터), 가로 길이가 30브라차(약 18미터)입니다. 이제 남쪽과 북쪽에 저마다 15개 숙영지가 남았는데(횡단로를 가로지를 때 무장병과 같은 간격을 두면서), 여기에 경기병을 배치합니다. 150기로 편성된 각 부대는 10기씩 한 곳에 숙영토록 됩니다. 남아 있는 16개소에는 기병 장교를 머물게 하는데 이때 차지하는 면적은 중보병 장교들과 같습니다. 2개 여단 기병 숙영 위치는 사령관 통로를 사이에 끼고 보병 부대 숙영 위치와 경계선을 접하도록 합니다.

나는 여단마다 기병 300기와 장교를 32곳에 배정할 때, 십자로를 끝으로 사령관 통로에 인접하여 배치할 것입니다. 그리고 제 16번째와 17번째 부대 사이 횡단로를 위해 30브라차(약 18미터) 공간을 남겨둡니다. 또한 기병대 후방 공간을 정규병 2개 여단 20개 대대를 위해 배분하고 2개 대대씩 함께 숙영토록 할 생각입니다. 이 경우 저마다 공간은 기병과 마찬가지로 세로 폭 15브라차(약 4.6미터), 가로 폭 30브라차(약 9미터)입니다. 이들은 후방에 늘 함께 있고 한 방향과 다른 방향은 서로 맞닿아 있습니다. 각 부대, 각 열이 십자 통로와 접해있는 첫 장소에는 대대마다 지휘관을 숙영시키고자 합 니다. 중기병 지휘관 숙사와 가까워야 연락하기 쉽기 때문입니다. 그래서 이 공간은 가로 길이가 20브라차(약 12미터), 세로 길이가 10브라차(약 6미터)입니다.

횡단로 양쪽에서 뒤쪽을 늘려 따로 15개 숙영지를 두는데 통로 양쪽에 보병 대대를 배치합니다. 대원은 450명이기 때문에 한 곳에 30명씩 둡니다. 15개 숙영 위치를 양쪽에 똑같은 간격으로 이어두고, 통로 양쪽에 또 다른 보병 대대를, 마지막 위치에 대대의 대대장을 양쪽에 배치합니다. 이 경우에 경기병 지휘관 숙영 위치에 접해서 세로 길이 10브라차(약 6미터)로, 가로 길이 20브라차(약 12미터)로 유지합니다. 따라서 숙영지 첫2열은 절반은 기병대, 나머지 반은 보병대가 됩니다. 앞서 말했듯이 기병은 모두 뛰어나기 때문에 말이나 그 밖에 잡다한 용무를 돕는 복역에는 참가하지 않습니다. 나는 기병 배후에 진을 친 보병들에게 말을 돌보게 하거나 기병이 채비하는 것을 돕게 할 생각입니다. 따라서 로마인이 생각해낸 숙영 의무에 있어선 보병대부터 생략합니다. 그리고 숙영지 후방 양쪽에 공간을 하나 더 두어 통로로 쓰는데 그 폭은 30브라차(약 18미터)입니다. 그것을 저마다 우측 제1통로 및 좌측 제1통로라고 부릅니다. 양쪽에 다른 부대를 위해 32열 숙영지 두 개를 둡니다. 그리고 맨 끝과 끝이 접하도록 위치를 바꿉니다. 물론 이제까지 제가 지정해왔던 대로 사이 폭을 확보하고 횡단도를 만들기 위해 같은 방법으로 제16열째부터 배치 방법을 바꾸겠습니다. 양쪽에 저마다 30브라차 정도 공간을 다시 만듭니다. 한쪽을 우측 제2통로, 다른 한쪽을 좌측 제2통로라고 부르겠습니다. 나는 양쪽에 32열 숙영지를 중복시켜두는데, 물론 전과 같은 폭으로 제16열부터 방법을 달리합니다. 대대장을 4개 대대와 함께 양쪽에 배치하고자 합니다. 그러므로 한 측에서 3열이 되는 숙영 위치에 정규병 2개 여단 정규병 중 기병대와 보병 대대가 위치하며 사령관 통로를 좁혀 서로 마주보게 합니다.

예비병 2개 여단과 정규병 2개 여단과 인원이 같으므로 나는 정규병 2개 여단이 배치된 양쪽에 똑같이 배치할 수 있는 공간을 만들고 싶습니다. 먼저 하나의 열에 2배 쯤 되는 공간을 두고 거기에 반은 기병으로, 남은 반은 보병으로 채워 다른 열에서 30브라차 정도 떨어지게 배치합니다. 우측 제3통로, 좌측 제3통로를 설정하기 위해서입니다. 다음으로 양쪽에 2개열을 새롭게 배열하고 정규병 여단 배치와 똑같은 방법으로 배치합니다. 이로써 새로운 통로 2개가 완성됩니다. 그리고 정해진 순서대로 번호를 붙여 부릅니다. 그리하여 군단 측면에서 전부 20열 숙영 위치가 중복으로 배치되고 사령관 통로나 십자로 길이를 계산해서 통로 13개가 정해집니다.

나는 진지에서 바깥 참호*1까지 100브라차(약 30미터) 공간을 모두 숙영지로 두고 싶습니다. 총사령관 지휘소 가운데에서부터 동문까지 거리는 680브라차(약 415미터)입니다. 이밖에 두 개 공간이 남아있는데 하나는 총사령관이 있는 본지에서 남문까지, 다른 하나는 진지는 북문까지입니다. 한가운데 지점에서 계산하면 저마다 625브라차(약 381미터)가 됩니다. 사방으로 50브라차(약 30미터) 공간을 설정해 총사령관 지휘소로 두겠습니다. 또 본진 경계선에서 양쪽으로 45브라차(약 27미터) 공간을 두고 다시 30브라차(약 18미터) 간격으로 통로를 두면서 진영 중앙 공간에 있는 사령관 지휘소 주변을 에워싸겠습니다. 본진과 참호 사이 폭은 100브라차(약 61미터)입니다. 또한 양쪽 가로 길이 400브라차(약 244미터), 세로 길이 100브라차 공간을 남겨두는데, 사령관 숙영지 세로 길이와 같습니다.

중앙에 같은 세로 3폭으로 구분함으로써 사령관 본진 양측에 저마다 숙영지 40개를 마련하는데 세로 길이 100브라차, 가로 길이 20브라차입니다. 이렇게 양쪽에 총 80개 숙영 공간이 생깁니다. 여단장, 참모, 숙영 지휘관, 그 밖에 내객으로 온 외국인이나 사령관 허가를 얻어 복무하는 병사가 숙영합니다.

사령관 지휘소 바로 뒤에 남북으로 통로를 둡니다. 이 통로의 세로 폭은 30브라차(약 18미터)이며 앞서 80개 숙영 위치에 따라 공식통로로 정합니다. 통로와 십자로는 사령관 지휘소와 양 측면에 자리한 숙영지 80개가 함께 중추부를 이루면서 만들어진 길입니다. 공식통로에서 사령관 지휘소를 바라보고 반대측에 통로에서 서문으로 통하는 새로운 통로를 30미터 브라차 간격으로 만들겠습니다. 위치나 길이는 사령관 통로와 같으므로 광장 도로라 부르겠습니다. 여기 통로 2개를 마련한 뒤 시장 광장을 설치하는데 광장통로의 기점이 되도록합니다. 주위에는 사령관 지휘소가 있고 공식 통로로 이어집니다. 나는 광장을 사각형으로 두고 변 길이를 96브라차(약 59미터)로 정할 것입니다. 시장 광장 좌우측에 2조 숙영 공간을 만들어 가로 7개, 세로 1칸으로 총 8개 칸을 중복시킵니다. 한 조가 차지하는 면적은 세로 길이 12브라차(약 3.6미터), 가로 길이 30브라차(약 9미터)입니다. 이런 2조 숙영 공간은 중앙 시장 광장 양 측면에 자

---

*1 침입을 막기 위해 성벽 밖이나 안에 도랑을 파고 물을 채워 넣은 구덩이.

리하는데, 총 19개 칸으로 32개 숙영지를 세울 수 있습니다. 칸 안에 예비 여단 기병을 숙영토록 하고 공간이 부족하면 참호와 가까운 곳, 중앙에 있는 사령관 지휘소 주위에 숙영지 몇 개를 배분합니다.

이제 여단이 저마다 보유한 창병 예비대와 예비 원형 방패병 숙영 위치가 남았군요. 내 편성에 따르면 예비대 10개 대대를 더하면 각 대대는 창병 예비대 1,000명, 예비 원형 방패병 500명을 보유하고 있습니다. 덧붙여 정규병 2개 여단은 규정된 창병 예비대 2,000명과 예비 원형 방패병 1,000명, 또 여단에 소속된 예비 방패병 보병 6,000명도 포함합니다. 이들에게는 서쪽 지역과 바깥 참호에 가까운 숙영지를 배분할 것입니다. 공식 통로 북측 끝에서 외해자(성 바깥 둘레)까지 간격은 100브라차(약 30미터)입니다. 나는(서쪽 외해자와 함께) 1개 대대를 5개로 나누어 숙영지를 만들겠습니다. 그 길이는 75브라차(약 46미터), 폭 60브라차(약 37미터)가 됩니다. 나는 세로 길이를 부대마다 면적을 숙영 공간 10곳으로 구분하기 위해 폭 30브라차(약 9미터), 길이 15브라차(약 4.6미터)로 둡니다. 이로써 한 칸에 보병 30명, 한 경계에 300명 병사가 숙영할 수 있습니다. 또 31브라차(약 9.3미터) 사이 폭을 같은 양식으로 1개 대대를 배치합니다. 이와 같은 공간으로 새로운 1개 대대를 5개로 나누어 중복시킵니다. 이런 형식으로 잇달아 숙영지 5개를 만듭니다. 또 외호(외부 적으로부터 보호해주는)와 100브라차(약 61미터) 거리를 두고 북문에서 서문으로 숙영지 50개를 만들겠습니다. 이곳에 보병 1,500명을 숙영하게 합니다. 이제까지 방법으로 좌측으로 돌아 보병 마지막 줄에서 서문까지 배치합니다. 한 공간을 5칸으로 나누어 대대가 숙영할 곳을 마련하는데 같은 공간에 같은 형식을 이용합니다. 대대 간격은 15브라차(약 9미터)입니다. 이렇게 마련한 숙영지에 북문에서 서문까지와 마찬가지로 보병 1,500명을 숙영하게 합니다. 즉, 북문과 서문 외호에서 숙영 경계까지 100브라차(약 61미터) 간격을 두고 5칸씩 총 10개 공간을 만들어 정규병 2개 여단, 창병 예비대와 원형 방패병 예비대를 모두 숙영토록 합니다. 이와 같은 방법으로 서문에서 북문 외해자와 가까운 곳도 한 부대에 10개 숙영 공간을 만들고 예비 여단 창병 예비대와 원형 방패병 예비대를 숙영하게 합니다. 해당 부대 지휘관이나 참모가 여기에 숙영하는 것이 외해자를 지키는데 적합하다고 판단했을 때 함께 숙영할 수 있습니다. 포병대는 참호를 판 둑 근처에 배치합니다.

서쪽에 남아 있는 공간에는 비무장병과 설영대(야외에 시설이나 천막 따위를 설치하기 위한 편성 집단)로 채웁니다. 고대 군단에서는 전투병 말고 짐수레를 끄는 부대로 군단에 필요한 나무꾼, 목수, 제철공, 석공, 토목기사, 궁사(이것은 자주 무장병 속에 배치되었다), 군수물자 운반에 필요한 소나 양 떼를 데리고 이동하는 양치기, 의식주에 필요한 식재료를 짐수레로 운반하는 수레꾼이 있었습니다.

이들은 숙영지를 따로 구분하지 않지만 차지하기 어려운 통로는 피합니다. 설영대는 통로 사이 남아 있는 4개 장소를 저마다 나누어 하나는 양치기, 또 하나는 직공이나 기사들, 그 다음 운반차 수레꾼들, 마지막으로 병기를 준비하는 인부들에게 이용토록 합니다. 여기서 내가 남겨두고 싶은 곳은 시장 광장 도로와 공식 도로, 중앙도로입니다. 시장 광장 도로는 서쪽에서 동쪽으로 나아가는 주요통로입니다. 이 밖에 창병 예비대나 원형 방패병 예비대 숙영지를 따라 안쪽에 통로 하나를 만드는데 30브라차(약 9미터) 폭으로 하겠습니다. 포병대는 바깥쪽에서 진영 외호를 따라 배치합니다.

바티스타 : 잘 이해되지 않습니다. 물론 이렇게 말하는 게 부끄럽지는 않습니다. 내 전문 영역이 아니고 편성 배치 문제가 전혀 재미있지 않습니다. 다만 아래 질문에 대한 의문점을 해결해주시면 좋겠습니다.

먼저, 당신은 왜 통로나 주위 공간을 넓히시나요? 그리고 매우 번거롭다 생각되는데 당신이 생각하는 숙영지 배치 공간을 어떻게 이용해야 하는지 알고 싶습니다.

파브리지오 : 나는 보병 부대가 통행할 수 있도록 통로 전체 폭을 30브라차로 두었습니다. 앞서 저마다 폭을 25브라차에서 30브라차까지 두었음을 말씀드렸습니다. 또 보병 대대와 포병대를 지휘, 전리품 감독을 위해 외해자와 숙영지 공간이 100브라차라는 게 중요합니다. 새로운 참호를 파거나 둑을 쌓을 때도 필요합니다. 짐마차나 적군이 당신 군단 진지를 공격하는데 편리한 여러 수단을 차단하기 위해 본진을 참호와 충분한 간격을 둔 곳에 배치하는 것이 좋습니다.

4. 진지편성과 방어

파브리지오 : 자, 이제 두 번째 질문에 대답해드리겠습니다. 내가 설정한 공간은 부대가 서로 구역을 넘지 않으면 천막을 활짝 펼 수 있도록 이용될 것입니다. 숙영 배치 계획을 세우려면 경험이 풍부한 기술자가 필요하며 사령관은 진지 편성과 숙영 경계를 고민해야 합니다. 게다가 통로를 만들어 배치가 바로 가능하기 때문에 실용적이고 각 경계를 구분하기 위해서 장대, 밧줄로 숙영 위치를 표시합니다. 혼란을 일으키지 않으려면 어느 통로, 공간에 있어도 자신이 머무는 숙영지를 찾아내도록 노력하고 언제나 진영 안에서 이동 방향을 숙지해야 합니다. 시대와 장소를 막론하고 진지를 움직이는 도시라 생각하십시오. 진지는 어디로 나아가든 똑같은 길, 집, 외관을 갖춰야 합니다. 따라서 아무리 강력한 태세 배치를 추구하는 사람이 있다 해도 외관과 형태에 변화를 줘야 한다고 주장하는 이는 없습니다.

로마인은 외호나 울타리, 쌓은 둑으로 본진을 더욱 강화했습니다. 진영 주위에 울타리를 만들고 그 앞에 폭 6브라차(약 3.6미터), 깊이 3브라차(약 1.8미터) 참호를 만들었습니다. 규모는 그 장소에 얼마큼 머무는지, 적군을 얼마나 두려워하는지에 따라 크거나 작았습니다. 나는 월동하지 않는 땅에 울타리를 만들 생각은 없습니다. 그러나 이제까지 준비해온 것보다 더 많이 필요하다면 참호를 파고 둑을 더 크게 쌓고 싶습니다. 그리고 포병대를 숙영지 각 모서리에 두고 반원 정도 참호를 파겠습니다. 참호로 돌격해오는 적을 포병대가 측면에서 사격할 수 있기 때문입니다.

5. 진영 경계

파브리지오 : 진지를 선정할 때 병사도 그에 알맞게 훈련해야 합니다. 지휘관과 병사들 모두 자기 위치를 알고 있어야 합니다. 자기 위치에 대해선 충분히 말해왔으니 그리 어렵지 않을 것입니다.

이제 숙영지 경계를 이야기하고 싶습니다. 경계병을 배치하지 않으면 모든 노력이 물거품으로 돌아갑니다.

바티스타 : 당신이 보초 문제를 논의하기 전에 다음과 같은 점을 가르쳐주시길 바랍니다. 적군과 가까운 곳에 숙영지를 세울 때 어떤 수단을 써야 합니까?

어떤 위기도 없이 숙영시킬 만큼 시간이 남아있을까요?

파브리지오 : 당신은 이미 알고 계시겠지요. 적군이 공격해오면 언제든 상대할 각오가 돼 있는 사령관이 아니라면 어느 누구도 적군과 가까운 곳에 진영을 세우지 않음을 말합니다. 임전태세로 준비하고 있다면 모든 병사가 배치되어 있지 않더라도 위험에 빠질 일은 없을 것입니다. 군단 3분의 2가 전투를 수행하고 남은 3분의 1이 숙영을 준비하도록 편성되어 있으니까요.

이럴 때 로마인은 내진(안둘렛간) 임무를 제3전열에 주었고 지휘관 및 병사, 창병대는 무장한 채로 쉬게 했습니다. 제3전열이 마지막 전투 병사일 때 적군 기습해온다면 평소 업무를 멈추고 무기를 들어 전장으로 나아갈 시간이 있었으므로 숙영지에서 잡다한 업무도 할 수 있었습니다. 당신도 로마인을 따라 군단 최후전투대대에 시설을 만들 수 있습니다.

이제 보초에 대해 논해봅시다. 나는 고대인이 밤에, 참호 외곽 근처에 보초병을 세워둔 이야기는 들어본 적이 없습니다. 밤 사이에 보초병이 적군의 꼬임에 넘어가거나 겁쟁이가 되어 뒤통수를 치는 일도 있었기 때문입니다. 보초병의 말을 그대로 믿으면 위기에 처하리라 생각했습니다. 그러므로 보초 임무를 맡은 병사들은 모두 참호 안에 있었습니다. 안에서 적군을 감시했고 엄격한 규칙에 따라 임무가 주어졌으며 규율을 어기면 엄벌을 받았습니다. 당신이 싫증 낼 수도 있으니 그 제도가 어떤 것인지 이야기하지 않겠습니다. 관련 자료를 찾아 읽으면 될 것입니다. 대신 내가 생각하는 보초 방법을 짧게 설명하겠습니다. 나는 원칙적으로 밤에 전투병 3분의1을 쓰고 4곳에만 보초를 세울 것입니다. 모든 참호와 4곳에 배치되는 2조 보초병에게 군단 내진 전체를 지키게 할 것입니다. 보초병은 자기 위치를 지킵니다. 나머지 보초병은 본진 한쪽에서 다른 쪽으로 끊임없이 이동해 나아갑니다. 나는 적군이 가까우면 한낮이라도 보초병을 세울 것입니다.

밤마다 암호를 바꿔야 합니다. 같은 보초병을 또 세울 때 다른 임무를 부여한다는 점은 잘 알고 계실 것입니다. 다만 모르면 안 되는 중요한 세 가지를 말씀드립니다. 저녁부터 내진에 아무도 숙영시키지 말기, 새로운 사람은 절대 내진에 접근시키지 말기, 이를 알리고 엄격하게 실행하기입니다.

우리가 정해둔 편성에 따라 숙영하고 있는 병사를 관리하는 것은 어렵지 않습니다. 숙영지마다 인원표가 있기 때문에 결원이 생기거나 초과인원이 발생하더라도 쉽게 확인할 수 있습니다. 허가받지 않는 병사가 나오면 도망병으로 처벌하고, 초과 병사가 있다면 어떤 임무를 맡고 있는지 그 밖에 어려 정보를 알 수 있습니다. 가장 중요한 사항으로, 적군과 당신 부대 지휘관이 기밀정보를 교환하거나 그 계획을 알아차리게 해선 안 됩니다. 네로와 한니발을 예로 들겠습니다. 네로는 한니발이 가까운 곳에 있을 때 본진 루카니아에서 눌카로 이동했는데 한니발은 적군이 어찌 알고 도망갔는지 알 수 없었기 때문에 추격할 수 없었습니다.

규율을 확인하는 습관을 들이기 위해 늘 엄격한 태도를 유지하며 병사들을 훈련시켜야합니다. 언제나 주의를 기울이는 것은 군단이 지켜야 할 사항입니다. 따라서 규제는 힘들고 엄격해야 하고 집행관은 엄정하게 수행해야 합니다. 로마인은 보초병이 실수했거나 정해진 전투 배치 장소를 이탈했거나 전투 중 누군가 놀랄만한 일을 했다 하지 않았다 소문을 냈을 때 또는 지휘관을 무시하며 대들었거나 겁쟁이가 되어 손에 든 무기를 들고 싸우지 않은 병사들에게 무거운 벌금을 부과했습니다. 로마인은 보병대나 정규 레기온이 실수했을 때 모두 처벌하지 않고 저마다 특정 인물을 골라 자루 안에 이름을 쓰게 한 뒤 제비를 뽑아 열 명 중 한 명꼴로 번갈아가며 그를 사형에 처했습니다. 앞잡이에게 내려지는 형벌이었으므로 모두가 두려워하지 않았습니다. 무거운 형벌을 강화하면서 언제나 두려움이나 희망을 품는 병사들을 위해 보상도 두둑이 내려야 합니다. 로마인은 뛰어난 공로를 세우면 매번 보상을 내렸습니다. 단신으로 시민의 생명을 구했거나 적지에서 처음으로 성벽을 넘고 전투 중 적군을 죽이고 치명타를 입힌 병사에게 큰 상을 내렸습니다. 이 밖에 용기 있는 일을 해낸 병사도 집정관으로부터 칭찬과 보수를 받았습니다. 병사는 사회적으로 명예와 명성을 얻고 고향으로 개선하면 떠들썩한 잔치가 열렸으며 친구와 친족들에게 환영받았습니다. 따라서 누군가 제국이라도 손에 넣었을 때 훌륭하면 훌륭할수록 나쁘면 나쁠수록 시민들은 형벌이나 보상에 큰 관심을 기울였습니다. 칭찬이든 비판이든 큰 문제로 다루어졌음은 의심할 여지가 없을 것입니다.

6. 전투 중 죄에 대한 처벌

파브리지오 : 로마인이 추구한 형벌 방법은 꼭 설명해야겠군요. 피의자가 호민관 또는 집정관 앞에서 유죄를 선고받으면 먼저 집행관에게 경봉으로 가볍게 맞습니다. 죄인이 도망가도록 잠시 내버려둡니다. 조금 뒤 모든 병사들이 추격하여 돌이나 투창 또는 그 밖에 무기로 죄인을 때려죽입니다. 유죄 선고를 받은 죄인이 목숨을 건질 가능성은 매우 낮았습니다. 무사히 도망쳤다 해도 자유롭지 못한 생활과 불명예를 견디지 않고선 고향에 돌아갈 수 없었습니다.

스위스인의 방법과 똑같습니다. 다른 부대 병사들이 유죄 판결 받은 병사를 죽이도록 했습니다. 꽤 괜찮은 방법으로 여겨져 최선책으로 널리 사용되었습니다. 다만 어느 누구도 죄인을 변호하려고 하지 않을 때 마지막 방법으로 전우를 형 집행관으로 세울 수 있었습니다. 죄인은 스스로를 동정하며 타인보다 전우가 자신을 심판할 때 희망을 걸 것입니다. 또는 죄인의 잘못에 동정을 기대해서는 안 된다고 판단될 때 시민이 직접 판결내리도록 했습니다.

만리우스 카피콜리누스 고사를 인용하겠습니다. 그는 원로원에 고발당했을 때 판결이 나오지 않는 동안에는 시민에게 보호를 받았습니다. 그러나 소송 중 재판관이 된 시민은 그에게 사형을 선고했습니다. 반란을 없애고 정의 실현을 위해서였다고 합니다.

7. 군기와 종교

고대인은 법과 시민의 권한으로 처벌하기 어려운 무장병을 규제하기 위해 신의 권위를 활용했습니다. 무장 전사에게 장엄한 의식을 통해 규율 준수를 맹세하도록 했습니다. 위법 행위를 저지른 죄인에게 법이나 시민을 두려워하게 만들었고 신을 믿지 않는다고 거짓으로 꾸미기도 했습니다. 또한 시민들이 종교 규율을 받아들이도록 궁리도 했습니다.

바티스타 : 로마인 군단 중에 여자들이 있었는지 또 오늘날처럼 도박을 했는지 알고 싶습니다.

파브리지오 : 로마인은 모두 금지했지만 병사들은 개인 훈련, 단체 훈련으로 늘 바빴기 때문에 여자나 도박으로 즐거워할 시간이 없었습니다. 반란이나 아

무 의미 없는 일을 생각할 여유조차 없었으므로 여자나 도박을 엄금하는 게 그리 어렵지 않았습니다.

바티스타 : 참으로 만족스러운 설명이었습니다. 다음으로 포진한 군단을 언제 철수하고 어떤 방법으로 수행하는지 알고 싶습니다.

8. 진지 선정과 철수

파브리지오 : 철수는 총사령관이 나팔을 세 번 불면 이루어집니다. 첫 번째 나팔소리에 천막을 철수하고 짐을 꾸립니다. 두 번째 나팔 소리에는 동물에게 실을 짐을 꾸리고 세 번째 나팔 소리에 이제까지의 방법으로 숙영 보급품을 지니고 무장병은 부대마다 후방을 따라 중앙 레기온을 끼고 출발합니다. 당신은 예비 여단에서 지휘를 맡아야 합니다. 공동 예비대 장비, 군단 장비 중 4분의 1은 앞서 말했던 방진에서 병사들이 쓰던 무기들입니다. 그러므로 여단이 편성될 수 있도록 합니다. 이로써 군사들은 자기 위치를 분명히 알게 됩니다. 각 여단은 전속 장비와 군단 공용 장비 중 4분의 1로 무장한 병사들 뒤를 따라 행군합니다. 이 방법은 우리가 로마 군단 행군에서 밝힌 것과 같습니다.

9. 진지를 설정할 때 건강과 식량사정

바티스타 : 로마인은 숙영할 진지를 세울 때 언제나 똑같은 형식을 따랐습니다. 다른 형식에는 전혀 관심이 없었지요. 로마인은 진지 선정에 두 가지 원칙이 있었습니다. 하나는 안전한 지형에 진을 치는 것, 또 하나는 적군이 공격하기 어렵고 물과 식량 조달이 쉬운 지형에 진을 치는 것이었습니다. 병사들이 병에 걸리지 않도록 습지대나 찬바람이 부는 지형, 주민 얼굴색이 나쁘거나 전염병이 도는 마을에도 숙영지를 세우지 않았습니다. 그 어디에도 숨을 곳이 없다면 부대와 적군 포진 지형을 생각해서 포위될 가능성은 없는지 예측해야 합니다. 그러므로 총사령관은 그 나라 지형을 잘 알고 주위에 뛰어난 참모들이 있기를 바랍니다. 부대가 무너지지 않도록 유행병이 돌거나 흉년에 허덕이는 마을에는 생활하지 말아야 합니다. 평소 병사들이 천막에서 쉴 때 나무 그늘 아래 식사 준비에 필요한 장작이 있는 지형에 숙영토록 합니다. 불볕더위에 행군하면 위험할 수 있기에 여름에는 해가 뜨기 전에 숙영지를 떠나야 합니다. 겨

울에는 불을 반드시 피워야 하며 보온유지에 필요한 옷을 빠트리면 안 됩니다. 눈이나 물이 있는 지형은 행군을 피하고 더러운 물은 마시면 안 됩니다. 환자가 생겼을 때는 군의관에게 치료받게 합니다. 아무리 뛰어난 사령관이라도 역병과 적군을 한꺼번에 무찌르기란 힘든 일이니까요. 훈련만큼 신체와 정신을 건강하게 만드는 것은 없기에 고대인은 날마다 병사들을 훈련시켰습니다. 훈련이 얼마나 가치 있는 것인지 잘 알게 될 것입니다. 진영 안에 오래 생활해도 병사들이 건강하면 당신은 전투에서 승리를 쟁취할 수 있습니다.

적군이 식량 보급을 방해할 수 있기 때문에 당신은 언제나 식량을 얻을 수 있는 곳을 마련해둬야 합니다. 늘 식량 유지에 힘쓰고 식량 보급을 돕는 우군에게 적합한 몫을 나눠 주며 안전하고 견고한 곳에 식량을 숨겨야 합니다. 특히 식량을 분배할 때 모든 병사에게 적당한 양을 지급해야 합니다. 전쟁을 치르는 데 있어 혼란이 나지 않도록 주의합니다. 식량이 곧 힘이기 때문입니다. 적군은 식량 부족을 겪으면서 당신을 이길 수 없습니다. 철(무기)로 군단을 공격하는 적군은 있어도 배고픔으로 허덕이는 그대를 무너트리려는 적은 한 번도 못 만나보셨겠지요. 식량으로 이긴 전쟁은 명예로운 승리는 아니라고 생각하실 겁니다. 그러나 병사들을 안정키시고 승리에 대한 확신도 심어줄 것입니다.

제멋대로 식량을 소비하는 군대는 결국 어려움에 빠집니다. 식량 보급이 늦어질 때, 부족할 때 병사들은 혼란을 겪습니다.

때문에 고대 로마인은 지급된 식량, 소비 속도와 소비량, 식량 지급일을 정했습니다. 따라서 병사들은 사령관이 식사할 때 말고 절대로 식량을 지급받지 못했습니다.

오늘날 군대는 식량 문제를 어떻게 생각할까요? 그들은 고대 병사처럼 훈련도 잘 되어 있지만 음식을 절제하지 못하고 풍요로움에 취해 있습니다.

바티스타 : 당신은 진지 편성 원칙을 다음과 같이 설명했습니다. 올바른 군대 편성은 단순히 2개 여단뿐만 아니라 4개 여단까지 생각해야 한다고 말입니다. 나는 다음 두 가지가 궁금합니다. 첫 번째 내가 좀 더 많이 또는 좀 더 적게 병력을 동원할 때 어떻게 포진해야 하는지, 두 번째 적군과 싸울 때 병사 수가 얼마여야 적절한지입니다.

파브리지오 : 첫 번째 질문부터 대답하겠습니다. 보병 4,000명 또는 6,000명 보다 많거나 적을 때는 그 진영 배치에 필요한 만큼 징수하거나 추가합니다. 병력이 많든 적든 전쟁터에서 잘 싸울 수 있습니다. 로마인은 집정관 지휘 아래 2부대가 섞였을 때 절대 2개단으로 나누려 하지 않았습니다. 비무장 대대만을 두 방향으로 장소를 바꾸었을 뿐입니다.

두 번째 질문에도 대답하겠습니다. 로마 정규군은 보통 병사 2만 4,000명으로 편성되었습니다. 로마인들이 대군단 편성을 반대했을 때에도 주력이 5만 명을 넘지 않았습니다. 이렇게 적은 병력을 이끌고 프랑크인 20만 명에 대항했던 것입니다. 로마인이 카르타고인과 첫 전쟁을 치른 뒤 프랑크인이 공격해왔을 때 일입니다.

로마인은 이 병력으로 한니발과 맞서 싸웠습니다. 로마인과 그리스인이 적은 인원임에도 전투대형을 갖추고 전술로 철저히 방어했다는 점을 명심해야 할 것입니다. 전쟁을 치를 때 유럽인은 자연스러운 격정(노골적인 감정)을, 동양인은 왕에 대한 절대적인 복종심을 이용했습니다. 그 반대로 그리스나 이탈리아는 격정적 감정이나 존경심에 의존하지 않았습니다. 날마다 병사들을 훈련시키는 게 적군을 무찌를 만큼 강한 힘을 발휘하는 가장 좋은 방법이라고 믿었습니다. 따라서 로마인이나 그리스인을 닮고 싶다면 병사 5,000명을 넘어선 안 됩니다. 좀 더 적어도 좋을 것입니다. 병사가 많을수록 혼란을 일으켜 전투대형 훈련 효과를 볼 수 없습니다. 때문에 피로스*² 왕은 1만 5,000명을 데리고 기꺼이 세계를 정복해내리라 큰 소리 치기도 했습니다.

10. 비밀의 중요성

파브리지오 : 다른 문제로 넘어가보겠습니다. 이제까지 우리는 부대가 전쟁에서 승리할 수 있는 편성방법을 논의했습니다. 전투 중에 일어날 수 있는 어려움과 부대 기동법, 어디에서나 맞닥뜨릴 수 있는 장애물 또한 이야기했습니다. 마지막으로 부대 숙영지에서 휴식을 취하는 이유와 전쟁 종결 방법도 논의했습니다. 숙영지에서는 참으로 많은 문제를 처리하게 됩니다. 덧붙여 적군이 남아있거나 숙영하는 마을이 안전한지 적군이 잠복했는지 확인해야 합니다. 따

---

*2 그리스 장군이며 마케도니아 왕이 됨. 피로스 전쟁에서 로마군과 싸워 여러 전투에서 승리했으나 그만큼 손실도 많이 입어 '피로스 승리'라는 고사를 남김.

라서 우리는 오늘날까지 싸워온 부대 명예를 걸고 어려움을 극복해내야 합니다. 만약 당신이 적군에게 피해를 입히는 임무를 맡았다면(도시 성채를 파괴하거나 그곳 거주자를 추방하는 일 등) 누구도 생각지 못한 방법으로 적군을 감쪽같이 속여야합니다. 먼저 한 쪽이 다른 쪽을 도울 수 없게 하면 그 뒤 어떤 계략을 취하든 당신은 적군 기지를 완전히 장악하게 됩니다. 또 같은 날에 수행해야 할 일을 모든 병사에게 명령하면 좋습니다. 병사들은 오직 자기만 명령을 받았으리라 여기기 때문에 복종하려 하고 반항은 생각지 않습니다. 결과적으로 누구나 아무런 저항 없이 당신 명령을 따르게 됩니다.

만약 당신이 어느 병사의 충성심을 의심한다고 합시다. 이 병사의 충성심을 얻기 위해선 당신이 세운 계획을 그대로 잘 가르쳐주면서 돕고 싶다는 뜻을 분명히 밝히고, 지금은 서로 생각이 달라서 많은 차이가 있다며 타일러줍니다. 이러면 그 병사는 곧 방어 심리가 사라지고 당신이 공격하리라 생각지 않을 것입니다. 당신 의도를 만족시키는데 좋은 방법이 될 것입니다.

군단 가운데 누군가 전투 계획을 적군에게 몰래 알리고 있다 생각되면 전혀 할 생각이 없는 일을 그 병사에게 슬쩍 흘려보십시오. 당신이 실제 수행하려는 일은 침묵하면서 이것이 의심된다고 말입니다. 그러면 상대는 당신 생각을 완전히 알고 있다 여기기 때문에 적의 경계심도 약하게 만들 수 있으며 더 나아가 끝내는 쉽게 적군을 쓰러트릴 수 있을 것입니다.

11. 군사기밀

클라디우스 네로[*3]의 예처럼 적군 몰래 부대를 지원하기 위해 병력을 축소한다면 숙영 배치에서 티가 나지 않도록 완전한 배치 형태를 유지해야 합니다. 어느 곳에서나 같은 수의 횃불과 보초병을 배치하는 것입니다. 또한 당신 부대가 보충된 것을 적군이 모르길 바란다면 숙영 배치 규모를 크게 이루어선 안 됩니다. 당신 행동이나 계획을 늘 비밀로 유지하는 게 중요합니다.

스페인에서 원정 중이던 카이킬리우스 메텔루스[*4] 공은 내일은 어떤 작전을

[*3] 클라디우스 네로(가이우스 네로) : 로마 공화정 집정관. 기원전 207년 제2차 포에니 전쟁 중 메타우루스 전투에서 카르타고 명장 한니발 동생 하스드루발 바르카가 이끄는 카르타고 군단을 무찔러 승리하고 하스드루발을 죽임.

[*4] 카이킬리우스 메텔루스(퀸투스 카이킬리우스 메텔루스 마케도니쿠스) : 제4차 마케도니아 전

펼칠 생각이냐 묻는 병사에게 '만약 내 셔츠가 그 사실을 알고 있다면 나는 즉시 불태워버리겠다' 대답했다고 합니다.

마르쿠스 크라수스는 군단을 언제 이동시킬지 묻는 장교에게 다음과 같이 말했습니다. "너는 나팔 소리를 듣지도 못했는데 내 말을 믿을 수 있겠는가?"

이제까지 적군 비밀과 편성을 알기 위해 특사를 보내 전쟁 중 너무도 중요한 일을 맡겼습니다. 어느 때는 특사 속옷 안쪽을 이용하기도 했습니다. 적군을 관찰하여 얻어낸 병력 정보를 바탕으로 그보다 웃도는 병력을 준비했습니다. 또는 자기 측근 한 사람을 죄수 무리에 넣어 적군 계획을 미리 알아내기도 하고 일부러 측근에게 죄를 뒤집어씌워 옥살이를 시키기도 했습니다.

가이우스 마리우스는 킴브리족과 싸울 때 롬바르디아에 거주했는데 로마인과 동맹국 프랑크인의 충성심을 시험하기 위해 개봉한 편지와 밀봉한 서간을 함께 보냈습니다. 개봉한 편지에는 어느 시기에 이를 때까지 함께 보낸 밀봉된 편지를 열지 말라는 내용이 적혀 있었습니다. 그런데 그날이 되기도 전에 프랑크인이 밀봉된 편지를 열고 그 안에 들어 있던 내용을 요구해옴으로써 마리우스는 그 서간이 개봉된 것을 알았습니다. 그는 프랑크인의 충성심이 깊지 못함을 깨달았다고 합니다.

12. 적진에서 탈출하기 위한 분단작전

파브리지오 : 보통 사령관은 한번 공격했던 적군을 다시 공격하지 않는다고 합니다. 자신이 공격한 나라에게 거꾸로 공격을 받으면 조국으로 돌아와야 하므로 재공격은 불가능한 것이지요. 그렇게 당신 병사들이 승리를 거두고 전리품으로 만족감을 얻으면 패배자가 된 적군은 두려움에 사로잡혀 벌벌 떨게 됩니다. 때론 이런 기분 전환이 좋은 결과를 가져오기도 합니다. 하지만 적군보다 당신 군단이 더 강력할 때 가능한 전술이므로 무리하게 전투를 벌이면 당신 나라는 무너져버릴 것입니다.

적군 진영에서 포위된 지휘관은 적군 협상조건에 무조건 동의하고 며칠이든 휴전하는 것이 상책입니다. 그러는 동안 적군은 부주의하고 게을러져서 당신은 탈출할 기회를 얻을 수 있습니다. 술라도 이 방법으로 두 번이나 적진에서

쟁에서 활약하여 마케도니아를 속주로 합병하는 데 공을 세운 장군. 마케도니우스라는 별칭을 얻음. 기원전 143년 집정관.

벗어날 수 있었습니다. 스페인에 있던 하스드루발도 포위하고 있던 클라우디우스 네로에게 대화로 속임수를 써 진영을 탈출했습니다. 적군 포위망을 탈출하려면 적군이 불안해할 만한 일을 할 필요가 있습니다.

또 다른 탈출 방법으로 두 가지를 소개합니다. 하나는 일부 주력 부대를 이끌고 적군을 공격해서 적의 눈을 공격진으로 돌리고 그 사이에 나머지 부하들에게 탈출 기회를 만들어 주는 것입니다. 나머지 하나는 무언가 새로운 사건을 일으켜서 적군이 그 계획에 휘말리면 더 큰 의심거리를 흘려서 계속 불안에 떨게 만들어야 합니다. 알고 계신 바와 같이 한니발은 파비우스 막시무스에게 포위되었을 때 깊은 밤, 많은 소 뿔 사이에 횃불을 묶어 이리저리 돌아다니게 했습니다. 이 정보를 들은 파비우스는 불안해져 한니발의 탈출을 막지 못했다고 합니다.

사령관은 여러 책략을 짜고 적군 주력이 분단되도록 속여야 합니다. 어느 때는 적군이 신뢰하는 이들을 의심하게 만들고 병력을 분산시켜 전력을 약화해야 합니다. 그 첫 번째 방법은 적군의 지배를 받아 피해 입은 그 지방 부호의 온 소유지를 지켜주면서 속을 떠 볼 때 적합합니다. 전쟁이 일어나기 전에 소유하던 병사나 재물을 아무런 대가 없이 주고 아이들에게도 필요한 것을 줍니다. 이미 알고 있겠지만 한니발은 로마 주위 경지를 모두 불태워버렸을 때, 파비우스 막시무스 소유지만은 손대지 않고 남겨두었습니다.

당신은 로마군단을 지휘했던 코리올라누스가 왜 귀족 소유물을 남겼는지, 프레베 계급 소유물은 왜 모조리 불태우고 약탈했는지 그 이유를 알고 계시겠지요.

유그르타로부터 메텔루스에게 파견된 특사들은 메텔루스에게 포로들을 석방해 줄 것을 요청했습니다. 그리고 편지도 써 보냈습니다. 얼마 뒤 유그르타는 여러 방법으로 그들을 해방시켰습니다.

한니발은 안티오크스 궁정에서 왜 추방당했을까요? 안티오코스 왕은 로마 특사들이 한니발을 극진히 대우하자 그를 의심하면서 어떤 조언도 믿지 않았습니다.

적군 병력을 분산시키려면 적국을 공격하면 됩니다. 적군은 습격에 당황한 나머지 우왕좌왕하다 끝내 전쟁을 포기합니다. 파비우스가 프랑크인, 토스카나인, 움브리아인, 삼니움인 병력과 싸웠을 때 이용한 방법입니다.

작은 병력을 보유한 디디우스는 로마 증원 부대를 기다리던 중 적군이 어떤 곳을 공격할 것이라 정보를 들었음에도 그곳으로 병사들을 보내지 않았습니다. 그러면서 내일 우리 군대가 적과 맞붙게 되리라는 것을 모두에게 알리고 수많은 죄인들을 풀어주기까지 했습니다. 디디우스는 내일 전투를 개시하라는 집정관의 명령이 있었음을 여기저기 말하고 다녔기에 이 소식을 들은 적군은 병력을 줄이지 못했고 그곳을 습격할 엄두도 내지 못했습니다. 이 방법으로 디디우스는 그 땅을 지킬 수 있었지만 적군 병력 분산에는 효과를 얻지 못했습니다.

어떤 이들은 적군 세력을 흩어지게 하기 위해 몰래 쳐들어가 마을을 점령하기도 했습니다. 또 다른 장소를 공격하는 것처럼 보이게 한 뒤 미처 예상치 못한 장소에 갑자기 침입해 점령하기도 했습니다. 이때 적군이 노리던 처음 장소를 내버려두고 다른 곳을 방어하면 모든 것을 빼앗기게 되니 주의하시기 바랍니다.

13. 군기유지
파브리지오 : 지휘관은 병사들 사이에 폭동이나 대립이 일어났을 때 상황을 안정시킬 방법을 미리 알고 있어야 합니다. 분쟁을 일으킨 주동자를 처벌하는 것도 좋으나 사건이 터지기 전에 낌새를 알아차리고 먼저 설득하는 게 더 좋습니다. 다음과 같은 방법이 있습니다. 만일 그 반란군이 당신과 멀리 떨어진 곳에 있다면 그들을 포함하여 모든 병사를 소환합니다. 그들은 처벌받으리란 생각을 못 할 것이므로 도망치지 않는 한, 수월하게 처벌할 수 있습니다. 모두 모이면 책임자들에겐 아무런 죄가 없다 말하면서 그들의 도움을 얻어 반란군을 벌하는 것임을 미리 강조합니다. 만약 병사들 사이에 의견이 조율되지 않을 때 위험한 전선에 배치하면 문제는 저절로 해결됩니다. 두려움은 늘 의견을 일치하게 만듭니다. 군단의 통일은 바로 지휘관이 이룩해냅니다. 또한 지휘관의 명성은 용기와 덕망으로 판단됩니다. 가문이나 계급은 그리 중요치 않습니다.

또한 병사에게 처벌할 것은 반드시 하고 급료는 제대로 주기 바랍니다. 급료가 제대로 지급되지 않으면 병사들에게 처벌도 적당히 할 수 밖에 없고 도둑질을 해도 벌을 내릴 수 없을 테니까요. 병사에게 급료를 주지 않는다고 해서 처벌도 하지 않으면 군내 기강은 흐트러질 것입니다. 당신은 병사로부터 존경받지 못하고 그 아래 지휘관들도 계급에 맞는 권위를 유지할 수 없습니다. 서열이 지켜지지 않으면 반란과 대항이 일어나기 마련입니다.

고대 사령관들은 점쟁이 예언을 판단해야 하는 골치를 겪었습니다. 예를 들어 군단 안에 화살 한 발이 떨어졌거나 일식, 월식 또는 지진이 일어나거나 사령관이 말에서 떨어졌을 때 병사들은 불행을 가져오는 표징으로 여겨 두려워했고 끝내 전쟁에서 쉽게 패배했습니다. 이때마다 고대 사령관은 자연적인 현상임을 분명하게 설명해주거나 그 징후가 길조인 것처럼 이해시켜야했습니다.

카이사르는 아프리카에 상륙했을 때 해안가에 발을 헛디뎌 넘어진 뒤 이렇게 외쳤습니다. "아프리카여. 나는 너를 점령했노라."

오늘날 사람들은 월식, 지진의 원인을 잘 알고 있기 때문에 미신적 요소의 영향이 많이 줄어들었습니다. 종교를 믿으면서 전통 신앙에서 멀어진 이유도 있지만 만약 전쟁 중에 이런 문제가 일어난다면 당신은 고대인 방법을 따라야 할 것입니다.

14. 진영을 이동할 때 적의 습격에 대비하라

파브리지오 : 흉년이나 그 밖에 자연적 현상으로 적군이 절망에 빠져 어쩔 수 없이 진영을 옮겨야 할 때가 있습니다. 그런데 이 절박한 상황이 도리어 그들을 맹렬히 행군하게 만듭니다. 당신은 이런 적군과 대치할 때 진지 안에서 수비에 전념하고 될 수 있는 한 전투를 피해야 합니다. 라케다이몬*5인은 메시나*6인에게 같은 방법을 썼습니다. 집정관 플루비우스는 킴브리족과 대결할 때 기병대를 데리고 오랜 기간 동안 적군을 공격했습니다. 그러면서 킴브리족 부대 위치를 파악하고 자기 군단을 추적해오는지 자세히 조사한 뒤 킴브리인 진지 후방에 깊은 구멍을 파두었습니다. 그는 기병대에 명령해 공세를 펼치게 했고 깜짝 놀란 킴브리인은 진지에서 뛰쳐나오다가 그만 도랑에 떨어졌지요. 덕분에 플루비우스는 쉽게 킴브리인을 포로로 잡을 수 있었습니다.

적군과 가까운 곳에 당신 군단을 배치해서 부하를 통해 부대 내 반역에 대한 거짓 정보를 흘리는 방법도 매우 효과적입니다. 투항하는 척 거짓을 말하며

---

*5 스파르타 정식 국명.
*6 이탈이아 시칠리아 섬 북동쪽 지중해 상교통 요지이며 기원전 8세기에 그리스인이 세운 식민 도시에서 출발.

다가오는 병사들을 적군은 협력자로 생각합니다. 혼란이 일어나면 이 작전은 더욱 더 빛나게 될 것입니다. 알렉산드로스가 일리리아인과 대전했을 때 썼던 방법이라고 합니다. 시라쿠사인 레프티네스가 카르타고인과 대결했을 때도 이 방법을 사용했는데 쉽게 성공을 거두었지요. 그들은 겉으론 식량과 와인, 가축이 많은 것처럼 꾸며 적군 기세를 꺾어 승리했으며 적군이 일상생활도 제대로 할 수 없을 만큼 물자가 부족해보일 때도 상대를 쳐부쉈습니다. 토미리스가 키루스를 공격했을 때도 이 방법을 썼습니다. 적군을 좀 더 간단하게 물리치기 위해 와인이나 그 밖에 음식에 독을 넣은 일도 있었다고 합니다.

15. 진영 내에서의 신호

앞서 나는 로마인이 밤에 참호에 전방 경계에는 보초를 세우지 않는다고 말했지요. 그로 말미암아 생기는 폐해를 없애기 위해 다음과 같은 방법을 썼으리라 추측합니다. 로마 군단에서는 한낮에 경계 임무를 맡은 보초병이 군단에 큰 손해를 입히는 원인이 되기도 했습니다. 아군을 부르는 신호를 할 틈도 없이 달려왔을 때는 이미 죽었거나 포로로 끌려간 뒤였습니다. 따라서 적군을 속이려면 부대 신호 체계를 끊임없이 바꿔야만 합니다. 적군이 부대 관습을 파악했다 하더라도 이미 사용치 않는 것을 바탕으로 공격해올 테니까요. 예를 들어 적군이 다가옴을 병사들에게 알릴 때 밤중에는 횃불, 낮에는 흰 연기를 피우는 관습이 있다면 사령관은 적군이 접근해올 때 그 신호를 모두 그치도록 명령해야 합니다. 신호를 주고받을 때 눈에 보이지 않는 적군이 다가올지라도 눈치채지 못하도록 비밀리에 이루어져야 합니다. 이렇게 적군을 혼란스럽게 만들면 더 쉽게 승리를 거둘 수 있겠지요.

로도스 출생 멤논은 강력한 적군 기지를 공략하기 위해 부대를 도망병인 것처럼 꾸며서 몰래 보냈습니다. 그리고 적군에게 자기 군단이 어떻게 하면 혼란이 일어나는지 대부대가 언제 본진으로 출발하는지 말하라고 지시해두었습니다. 그리고 적군이 믿을 수 있도록 군단 속에서 반란이 일어난 것처럼 보이게 했습니다. 적군은 지금이야 말로 상대 진영으로 쳐 들어갈 때라고 판단해 곧바로 공격했습니다. 마침내 적군은 멤논이 세운 계략에 휘말려 참패하고 말았습니다.

16. 섬멸작전의 어리석은 계책

적군을 섬멸할 전략은 철저하게 세워야 합니다. 카이사르가 독일인과 싸웠을 때가 생각나는군요. 카이사르는 패배한 적군이 달아나지 않으면 오히려 강하다 생각해 퇴로를 열어주었습니다. 적군이 방어를 할 때는 싸우는 위험보다 도망치게 한 뒤 추격하는 쪽을 선택했던 것입니다. 로마인 루쿨루스는 마케도니아 기병대 중 몇 명이 적군 쪽으로 달아나는 것을 보고 즉시 군단에게 트럼펫을 불게 해 다른 기병대도 싸우도록 명령했습니다. 루쿨루스가 전투를 벌이리라 생각한 적군은 마케도니아군에게 거센 기세로 공격을 퍼부었고 도망병들은 마음을 바꾸고 다시 적군과 싸웠다고 합니다.

17. 반역자들로부터 자신을 지켜낼 방법

전쟁할 때는 어느 마을을 어떤 방법으로 방어할지 늘 생각해야 합니다. 충성심이 부족한 마을에서는 전쟁에서 승리하기 전이나 뒤에 움직여야 합니다. 몇 가지 예를 들겠습니다. 폼페이우스는 카티나인의 충성심이 의심했기 때문에 군대 부상자들을 간호해주면서 몰래 병사들을 보내 마을 점령했습니다. 에피다우로스인의 충성심을 믿지 않았던 푸블리우스 바루스는 마을 주민을 밖에 있는 교회로 나오게 한 뒤 마을 성문을 걸어 잠근 뒤, 자신이 믿는 사람만 마을 안으로 들어가게 했습니다. 알렉산드로스 대왕은 아시아 원정을 떠나 트라키아를 빼앗고 그 지방 모든 왕을 자신의 지배 아래에 두면서 연금까지 주었다 합니다. 그리고 트리키아에 사는 시민들을 추방한 뒤 천민들을 정착하게 했습니다. 기존 지배층에게 연금을 주어 만족하게 했고 시민 가운데 선동자도 없었으므로 고분고분 따랐다고 합니다.

18. 사령관의 덕은 정의

사령관이 청렴결백하고 정의롭게 시민을 다스린다면 자연히 좋은 평을 받을 것입니다. 에스파냐의 스키피오는 눈이 번쩍 뜨일 만큼 젊고 아름다운 여성을 보곤 자기 여자로 만들고 싶었지만 남편과 아버지 곁으로 돌려보냈습니다. 그는 무기로 점령하는 것보다 훨씬 쉽게 스페인을 점령했다고 합니다. 카이사르는 프랑스에서 본진 주위에 방책을 세우는데 들어간 목재 대금을 토착민들에게 지급해 정의의 수행자로 이름을 높였습니다. 결과적으로 카이사르는 프랑스를 쉽게 얻었습니다.

더 이상 이런 예를 들 필요는 없을 것 같습니다. 우리가 논하지 않은 것이 없습니다. 마을 공격, 방어 방법을 빠트렸을 뿐입니다. 당신에게 폐가 가지 않는다면 이 점을 이야기하고 싶습니다.

바티스타 : 부디 계속 이야기해주시기 바랍니다. 질문 드릴테니 자유로이 이야기를 계속해주십시오. 겨울에 전쟁하는 게 현명한지, 또는 여름에만 해야 하는지, 고대 로마인처럼 겨울에 진지 생활을 해야 하는지 알고 싶습니다.

파브리지오 : 좋습니다. 그밖에도 중요하다 생각되는 문제는 남겨두도록 하지요. 고대 로마인은 전쟁에 관련된 일이라면 우리보다 능숙하게 해냈습니다. 다른 문제가 있더라도 고대 로마인은 전쟁에 대한 모든 것을 완성했다고 봐야 할 것입니다.

겨울에 전쟁하려면 신중함이 따릅니다. 적군보다 훨씬 큰 위험을 안게 됩니다. 그 이유는 다음과 같습니다.

군기로서 다스려지는 유효성은 모두, 적군과 전투를 하기 위해 이루어져 있습니다. 또한 이 점들은 사령관이 명령 내리는 행진의 필요성이나 거부, 결정 등을 목적으로 하고 있지요. 전쟁에서 당신은 이기거나 질 것입니다. 때문에 부대 배치를 너무나 잘 이해하고 군단 훈련 또한 잘 시키고 있는 사령관은 그 누구라도, 전쟁을 잘 이끌어나갈 수 있으며 전장에서 승리할 인물로서 충분히 기대해도 좋을 것입니다.

진지를 만들 때 기복이 심한 지형이나, 습지대, 추운 날씨는 되도록 피해야 합니다. 울퉁불퉁한 지대, 추운 시기나 습지대에는 부대 배치가 어렵기 때문이죠. 이런 환경에서 부대는 일치단결하여 적군과 맞서 싸우기 힘들고 진지 편성도 통일되지 않아 무질서해집니다. 따라서 당신은 어느 도시든 마을이든 점령한 뒤 그곳에 진지를 편성해야 합니다. 앞서 말한 조건에서 당신이 아무리 무력을 휘두르며 부대를 규제해봐야 전혀 소용없습니다. 당신이 겨울에 전쟁을 치른다고 해도 그리 놀라운 일은 아닙니다. 제대로 된 부대 원칙도 없을 것이고 어떤 위험에 처하게 될지 모를 테니까요. 갖추지도 못한 행동원리를 따르거나 또는 지금 상태를 유지한다 해서 고통이 사라질까요? 그러므로 겨울에 포진하면 얼마나 많은 위험이 따르는지 잘 생각해봐야 합니다. 1503년 프랑스가 왜 스페인도 아닌 매서운 추위에 맞서다 가릴리아노 땅에서 패배했는지 떠올려보십시오. 앞에서도 말했지만, 공격을 해오는 쪽이 더 큰 손해를 입게 되기 때문입니다. 날씨가 좋지 않으면 그 피해는 더 커집니다. 마을 안에서만 전투하려고 하기 때문입니다. 전 부대가 흩어지지 않고 하나로 뭉치려면 물 부족이나 추위도 견뎌 내야합니다. 또는 그곳 마을 주민들을 여기저기 떨어져 살게 해야 합니다. 현명한 사령관은 알맞은 지형에 부대를 집결하고 충성스러운 병사들과 함께 적군을 기다립니다. 당장이라도 적군을 찾아 진격할 수 있도록 말입니다. 당신 부대의 맹렬한 공격에 적군은 무너져 버릴 것입니다.

프랑스인이 패배했을 때도 같은 상황이었습니다. 겨울에 신중하게 행동해야 함을 잘 알고 있는 적군을 공격하면 늘 패배하게 됩니다. 병력, 부대 편성, 규율, 전투력을 검토하지 않아도 전쟁에서 이길 수 있다고 생각하는 사령관만이 겨울 평원에서 전투하려고 할 것입니다. 로마인은 자신들에게 도움이 된다고 생각하는 것은 모두 가치 있게 여겼고 겨울에 험한 산, 곤란한 지형, 그 밖에 군의 역량을 발휘할 수 없는 상황은 모두 피해 나갔습니다. 자, 이로써 당신 질문에 충분히 대답했다고 생각합니다. 이제 마을, 지형, 건조물을 이용한 공격과 방어 문제를 이야기 나누도록 하지요.

제7장 도시 방어

파브리지오 : 당신은 마을이나 성채를 자연의 힘으로, 또는 사람의 힘으로 얼마나 튼튼하게 만들었는지 알아야만 합니다.

자연이 만든 요새는 강이나 호수, 늪으로 둘러싸여 있습니다. 예를 들면 만 토바나 페라라 같은 곳 말입니다. 또 뾰족한 바위들이 많은 산맥 위에도 요새가 있습니다. 예를 들면 모나코 군주국이나 성 레오의 요새(우르비노 공국)가 그렇습니다. 그런데 이 요새들을 산 위에 지었다고 공격하기 매우 어려운 건 아니었습니다. 오늘날에는 대포나 지뢰를 이용해 공격할 수 있어서 이런 요새들은 무척 약해졌습니다. 그래서 숙련된 기술로 요새를 견고하게 짓기 위해 오늘날에는 요새를 지을 때 거의 평원을 찾습니다.

1. 성벽과 참호 건설

파브리지오 : 처음 기술적으로 연구한 방법은 구불구불 구부러지거나 울퉁불퉁 요철이 많은 복잡한 형태의 벽을 만드는 일입니다. 이 방법은 성벽에 적이 기어오를 수 없게 만들며 게다가 정면뿐만 아니라 측면에서도 쉽게 적을 막을 수 있습니다. 만일 성벽을 높게 만들면 대포 포격을 받기 쉬워집니다. 또 너무 낮게 지으면 사다리로 간단히 올라올 수 있습니다. 만일 당신이 사다리로 오르기 어렵게 하려고 성벽 앞에 참호를 만들었다고 해도 적이 그 참호를 메워버리면(병사가 많은 부대라면 이런 일쯤은 간단하게 해냅니다) 성벽은 적에게 점령되고 맙니다. 그래서 늘 가장 좋은 판단을 하려면, 그리고 이제까지의 문제들을 생각하면, 성벽을 높게 짓고 참호는 바깥쪽이 아니라 안쪽에 만들어야 합니다. 이 방법은 성벽을 건설하는 가장 견고한 양식입니다. 왜냐하면 이 성벽은 대포나 사다리로부터 당신을 지키고 적이 참호를 메우기 어렵기 때문입니다. 그래서 성벽은 당신이 만들 수 있는 가장 높은 높이로 지어야 하며 두께도 3브라차(약 1.8미터)보다 얇게 만들어서는 안 됩니다. 이 두께로 지으면 성벽을 부수

기 매우 어렵습니다. 그리고 또 200브라차(약 120미터) 간격으로 성벽에 망루를 만들어야 합니다. 성벽 안쪽 참호는 폭 30브라차(약 18미터), 깊이 12브라차(약 7.2미터)로 만들고 참호를 팔 때 파낸 흙은 성벽 안 마을 쪽으로 쌓아두어야 합니다. 그리고 참호 바닥에서부터 시작되는 성벽이 지켜주며 쌓아둔 흙은 사람이 숨을 수 있을 만큼 높습니다. 이는 그만큼 참호를 깊게 팠기 때문입니다. 이 참호 안에는 200브라차(약 240미터) 마다 진지를 만들어야 합니다. 대포로 공격하고 참호 안으로 내려오는 적을 공격하기 위해서입니다. 시내를 방어하는 중포는 참호로 둘러싸인 성벽 뒤쪽에 배치해야만 합니다. 왜냐하면 앞쪽의 성벽을 지키려면 성벽이 높기에 구경이 작은 대포나 중간 크기의 대포만 쓸 수 있기 때문입니다.

만일 적이 사다리를 타고 기어 올라왔다고 해도 첫 번째 성벽의 높이가 당신을 충분히 지켜줍니다. 만일 대포를 쏜다고 해도 적은 먼저 성벽을 부수지 않으면 들어오지 못합니다. 게다가 대포를 맞고 성벽이 부서지더라도 만물의 본성에 따라 성벽은 공격한 적 쪽으로 쓰러집니다. 성벽이 무너진 뒤에도 참호를 메우거나 덮는 일은 없습니다. 그러기는커녕 오히려 참호를 더욱 깊게 만듭니다. 이렇게 되면 성안으로 들어오기가 더욱 어려워집니다. 거기에 당신을 지켜주는 폐허로 된 산과 당신을 방어해주는 참호, 그리고 참호에서 파낸 흙을 쌓아올린 둑 뒤에서 적을 노리는 대포를 상대가 보기 때문입니다. 그러면 적들이 당신에게 다가가는 방법은 오직 하나밖에 없습니다. 바로 참호를 메우는 방법입니다. 하지만 그러기는 매우 힘듭니다. 왜냐하면 무엇보다 참호를 메우는 흙의 양이 너무나 많기 때문입니다. 게다가 그곳에 다가가는 일도 성벽이 구불구불 울퉁불퉁해서 무척 어렵습니다.

이제까지 말한 이유로 이런 난관을 뚫고 성벽 안쪽으로 들어오는 일은 정말 어렵습니다. 게다가 당신에게 가장 큰 타격을 줘서 이기려면 참호를 메우기 위한 재료를 운반해 와야만 합니다. 어쨌든 나는 이렇게 모든 사람이 공격해 들어오기 힘든 난공불락의 도시를 생각하고 있습니다.

바티스타 : 성벽 안쪽에 참호 만들고 거기다 바깥쪽에도 참호를 만들면 성벽이 더 견고해지지 않습니까?

파브리지오 : 의심할 여지없이 그럴 거라고 생각합니다. 하지만 내 생각은 오직 하나의 참호를 만들 때 성벽 안쪽이냐 바깥쪽이냐는 문제를 가정했을 뿐입니다.

바티스타 : 당신은 참호에 물을 채우는 일을 좋은 방법이라 생각하지 않습니까? 아니면 이를 비워두는 게 좋다고 생각하는 특별한 이유라도 있습니까?

파브리지오 : 그 점은 여러 가지 의견이 나올 수 있습니다. 물을 채운 참호는 땅굴을 파서 쳐들어오는 적을 막아줍니다. 물이 없는 참호에 물을 채우는 일은 매우 어렵습니다. 하지만 모든 일을 잘 생각해본 뒤 나라면 물이 없는 참호를 만들 겁니다. 왜냐하면 그 편이 안전하기 때문입니다. 겨울이 되면 참호의 물이 꽁꽁 얼어서 마을에 침입하기 쉬워집니다. 예를 들어 미란돌라에서 일어난 일처럼 말입니다. 그 무렵 교황 율리우스 2세가 그 마을을 점령해버렸습니다.*[1] 그래서 옆으로 구멍을 파서 몸을 지키려면 참호를 훨씬 깊게 파서 깊은 굴로 만들어 침입자가 지하수에 막혀 들어오지 못할 만큼의 깊이로 만들어야만 합니다. 또 내가 요새를 만들면 참호나 성벽을 세울 때 위와 같은 방법으로 짓겠지만 이를 공략하려면 마찬가지로 어려운 문제에 부딪히게 됩니다.

2. 성벽 밖에 성채를 만들지 마라

파브리지오 : 나는 도시를 방어하는 사람이 충분히 명심해 뒀으면 하는 일이 하나 있습니다. 바로 그런 입장에 있는 사람은 성벽 밖에 성채를 만들거나 성벽에서 떨어진 곳에 지어서는 안 된다는 점입니다. 게다가 지금 명심해야하는 일은 요새를 만드는 설계자에게 하는 말인데 이 임무를 맡은 사람은 요새를 지을 때 어느 한 곳도 허투루 해서는 안 된다는 점입니다. 이 요새 안에서 수비를 하는 사람들이 첫 번째 성벽이 무너졌을 때 후퇴해야만 하는 요새로 만들어서는 안 됩니다. 내가 처음에 충고한 이유는 아무런 수단도 없이 당신이 가진 명성을 잃는 이유가 될 방법으로 일을 해서는 안 되기 때문입니다. 그리고 명성을 잃어서 당신의 다른 일까지 제대로 평가 받지 못하게 되고 당신의 방어

---

*1 1511년 미란돌라를 공격할 때 루이 7세의 동맹군을 피코 요새에서 우연히 만났다. 율리우스 2세의 군은 1월 20일 이 요새 벽을 사다리로 넘었다.

책을 따른 사람들을 불안하게 만들기 때문입니다.

당신이 방어하지 않으면 안 되는 마을 밖에 성채를 지었을 경우 늘 내가 앞에서 말한바와 같은 결과가 일어납니다. 왜냐하면 그 성채가 대포 공격을 받았을 때 오늘날에는 무엇 하나 막을 수 없기 때문에 당신은 언제나 그 성채를 잃게 됩니다. 그리고 그 성채를 잃어버린 일이 당신의 실패 원인이 되거나 실패의 시작이 됩니다.

제노바는 프랑스 루이 왕에게 반란을 일으켰을 때 도시를 둘러 싼 언덕 위에 성채를 몇 개 지었다. 그런데 그들은 성채를 잃고 말았다(그 가운데 한 성채는 지은 지 얼마 안 됐다). 그리고 결국 도시까지 잃고 말았다.*2

두 번째 조언은 성채 가운데 수비대가 그 안에 후퇴할 수 있도록 만든 성채일수록 위험하다는 사실을 우리는 확인해 둬야 한다고 생각합니다. 왜냐하면 그 사람들의 희망은 그들이 어떤 토지를 잃었을 때, 곧바로 절망으로 바뀌기 때문입니다. 그리고 그 잃어버린 희망이 이윽고 성채 전체를 잃게 만듭니다.

이 사례에 대한 예로 최근에 일어난 포를리 성채 함락이 있습니다. 카테리나 백작 부인이 교황 알렉산데르 6세의 아들 체사레 보르자에게서 나라를 지켰을 때의 일입니다. 체사레 보르자는 프랑스 왕의 군단 일부를 지휘한 사람입니다.*3

카테리나 백작 부인의 성은 모두 이곳저곳에서 후퇴하기 위해 많은 성채를 가지고 있었습니다. 그러니까 최전선에 정찰을 위한 성채가 있었습니다. 그리고 이 정찰용 성채와 성채 사이에는 참호가 하나 있어 도개교로 건너야 했습니다. 그 성채는 세 곳으로 나눠지며 저마다 참호로 구분 됩니다. 이 참호는 다른 곳에서 물을 끌어와 한쪽 분초(分哨)에서 다른 쪽 분초까지는 다리로 오갑니다. 그래서 보르자 공이 성벽의 세 분초 가운데 하나를 대포로 공격했을 때 성벽 일부가 뚫렸습니다. 그러자 이 성벽 방어를 맡은 죠반니 카살레 경은 뚫린 분초를 지키려 하지 않고 거기를 버리고 다른 분초로 후퇴해 버렸습니다. 이렇게 아무런 저항도 없이 버려진 분초 책임자가 한쪽 분초에서 다른 쪽 분초로 가는 길로 이끌어 주었기에 순식간에 그 성채 전체가 점령당했습니다. 왜냐하

---

*2 제노바는 1505년 프랑스 힘에 저항해 반란을 일으켰다. 그리고 이듬해 10월 인민정부를 수립. 모나코 그리말디가 공격을 했지만 루이 7세의 선전포고로 1507년 4월 28일 점령됐다.

*3 마키아벨리 〈군주론〉, 3장과 비교할 것.

면 보르자 공의 부하들은 한쪽 분초에서 다른 쪽 분초로 가면 다리를 타고 공격할 수 있었기 때문입니다. 이제까지 이 성채는 난공불락의 성채라 자랑했지만 다음과 같은 두 가지 약점 때문에 점령당하고 말았습니다. 즉 많은 분초의 성채를 가지고 있었던 점, 그리고 분초마다 분초장이 없었기 때문입니다. 이런 이유로 설계가 잘못된 요새나 그곳을 방어하는 수비대의 재주가 부족해 이 카테리나 백작 부인의 대담한 계획에 오점을 남겼습니다. 백작 부인은 나폴리 왕도 밀라노 공마저도 같지 못했을 만큼의 군단을 설립하고자 하는 열망으로 마음이 불타고 있었습니다.*4 그러나 부인의 노력은 목표를 잘 정하지 못했기 때문에 그 용기가 부인에게 이득이 될 만큼의 명예를 가져오는 일은 결코 불가능했습니다. 이 점은 그 무렵 부인을 찬미하기 위해 만든 비문에 분명히 나와 있습니다. 그래서 만일 내가 성채를 지어야만 한다면 나는 성채에 튼튼한 성벽을 지어 우리가 이제까지 논의한 방법으로 참호를 만들고 싶습니다. 그 안에는 잠잘 곳 말고는 아무 것도 만들지 않을 겁니다. 게다가 이 방들은 폭이 좁고 천장도 낮아 작은 방으로 만들어 시청 광장 탑 안에서 서서 망보는 사랑이 도시 성벽의 모든 곳을 한 번에 감시하는 일을 방해하지 않도록 할 겁니다. 이렇게 해두면 사령관은 어디를 강화해야 하는지 육안으로 살피는 일이 가능합니다. 누구나 성벽이나 참호가 점거되면 성채는 완전히 점령당한다는 사실을 압니다. 그래서 그저 급조한 성벽을 만드는 일이라면 나는 이곳저곳으로 뻗은 다리를 만들어 두고 분초마다 분대로 이루어진 분초장을 둘 겁니다. 그리고 참호한 가운데에 각목을 놓고 그 위로 오가라고 명령합니다.

바티스타 : 당신의 말에 따르면 오늘날 소규모 성벽으로는 방어를 할 수 없다는 말인데 그러나 이제까지는 오히려 그 반대로 생각하고 있던 게 아닐까 저는 그렇게 생각됩니다. 그러니까 성벽은 작으면 작을수록 방어하기 좋다고 생각해 온 게 아닙니까?

---

*4 카테리나 스포르차 리아리오(카테리나 백작 부인)는 포를리 성채 함락 뒤에 라발디노의 성마저 점령당했을 때(1500년 1월)에만 스스로 후퇴했다. 그런데 아라곤의 프란체시 페델리코에게는 저항하지 않았다. 1501년의 일이다. 그리고 1499년 멜로의 군주 루드비코에게도 저항하지 않았다.

파브리지오 : 당신은 오해를 하고 있는 것 같습니다. 왜냐하면 오늘날에는 그 성벽을 방어하기 위해 새로운 참호나 새로운 방호 제방이 달린 피난소가 없는 성벽은 견고하다고 말하지 않기 때문입니다. 즉 대포의 위력이 무척 강해서 성벽이나 방호 제방의 방어에 의존하는 일조차 어렵기 때문입니다. 게다가 마을이나 성이 계속 유지되기 위해 무슨 일이 있어도 수비자가 후퇴할 수 있는 양식으로 짓지 않았고 성벽 방어가 마지막 방어이기에 당신 생각으로는 그 마을이나 성은 쉽게 패배합니다. 그래서 성벽 밖에 떨어진 성채를 만드는 일을 포기하고 마을의 입구란 입구는 모두 단단히 하고 성문은 반달형 제방으로 막아버리는 게 현명합니다. 이렇게 하면 곧바로 성문으로 들어올 수 없습니다. 그리고 반달형 제방에서 성문까지 다리로 건널 수 있는 참호를 하나 만들어 둡니다. 그리고 성문은 미늘창으로 막아둡니다. 이는 성 밖에서 전투를 하러 나간 아군을 성문으로 불러들일 때 편리하게 하기 위해서로, 즉 적이 아군을 추적해 왔을 경우 적이 잘못해 성문으로 들어올 수 없도록 하기 위해서입니다. 그래서 이를 위해 로마인이 카타라크라는 철창살로 된 문을 고안했습니다. 이 문은 위에서 아래로 끌어 당겨 적의 침입을 막고 아군을 구출합니다. 왜냐하면 다리나 성문은 일반적으로는 모두 도움이 되지 않습니다. 그러니 이런 경우에 다리나 성문은 모두 북적거려서 아무런 도움이 안 된다는 말입니다.

바티스타 : 나는 이제까지 당신이 말한 철창살 문을 본 적이 있습니다. 독일에서 만든 문이었는데 언뜻 보면 철로 만든 창살문처럼 보였습니다. 그래서 우리가 말하는 철창살 문은 모두 튼튼한 나무판으로 만듭니다. 내가 알고 싶은 건 이 둘의 차이로 어떤 일이 일어나는지, 또 어느 쪽이 보다 방어에 효과적인지 알고 싶습니다.

3. 프랑스식 철문

파브리지오 : 다시 한 번 당신에게 하고 싶은 말은 오늘날 전쟁 방식이나 편성은 온 세상을 봐도, 로마인의 전쟁과 비교해보면 특히 이탈리아에서는 모두 소용이 없어졌다는 사실입니다. 그래서 조금이라도 도움이 되는 알프스 너머 사람들의 실제 사례에서 이를 인용했다고 할 수 있습니다. 당신도 분명 이 일을 들어본 적이 있을 겁니다. 그리고 이밖에도 당신은 1484년 프랑스의 카를로

스 왕이 이탈리아에 침입하기 이전에는 우리 군이 얼마나 약했는지를 떠올릴 겁니다.

그 뒤로 성벽 돌출부의 총안 폭을 반브라차(약 30센티미터)로 좁게 만들어 버렸으며 투석수나 사석포수는 정면에 세우는 인원을 줄이고 간격을 많이 늘였습니다. 게다가 지금 현재 내가 병사들이 게을러지지 않도록 제거한 결점을 아직 가지고 있습니다. 총안의 폭이 좁아지면 수비병들은 쉽게 수비를 그만두고 이런 대형의 사석포수들에게도 큰 피해를 줍니다. 지금도 성벽돌출부의 총안을 넓고 두껍게 만드는 일을 프랑스인에게서 배웠고 게다가 사석포대는 성벽 가운데에 이를 때까지 그 자세를 흩트리지 않고 부대 간격이 넓은 건 어쩔 수 없지만 한번 사정거리 안에 들어오면 부대 정면을 이제까지 보다 넓게 전개합니다. 포병대가 그들의 방어상 약점을 배제하는 일은 어렵기 때문에 사석포만 위와 같이 할 수 있습니다.

그뿐만이 아니라 프랑스인들은 우리가 본적이 없는 탓에 그것이 있다고는 생각해 보지도 못한 위와 비슷한 많은 조직을 가지고 있습니다. 그 조직들 안에는 여러분이 사용하는 것보다 훨씬 뛰어나고 크게 만든 철창살을 붙인 문도 있습니다. 만일 당신이 지금 쓰고 있는 문과 같은 강도의 나무창살 문을 한 성문에 달았다고 합시다. 그 창살문을 내리면 당신은 자신이 성문 안으로 들어가도 적들에게서 창살문으로 몸을 지킬 수는 없습니다. 왜냐하면 이런 창살문은 손도끼도, 불도 막지 못해 성문을 안전하게 지켜주지 않기 때문입니다. 그래서 프랑스인은 철창살을 붙여 문으로 만들었습니다. 그래서 이 창살문을 내리면 당신은 그물처럼 얽인 창살 철판 사이나 그 간격에 따라 창이든, 쇠뇌든 기타 다른 어떤 무기로 공격 해와도 이 문을 지킬 수 있습니다.

4. 대포 수레

바티스타 : 나는 알프스 너머에서 쓰는 또 다른 무기를 본 적이 있습니다. 대포를 실은 수레인데 그 바퀴는 수레 머리 쪽으로 기울어지게 바퀴살이 달려 있습니다. 왜 그런 식으로 만들었는지 알고 싶습니다. 나는 우리의 수레바퀴처럼 바퀴살을 곧게 바로 놓는 게 좋다고 생각하는데 어떤가요?

파브리지오 : 당신이 우연히 본 수레를 일반적인 형태가 있으며 이를 본떠

만들었다고 생각해서는 안 됩니다. 그리고 만일 당신이 그 수레를 더 멋있게 만들어야한다고 생각한다면 당신은 틀렸다고 생각합니다. 왜냐하면 그 수레에 필요한 건 튼튼함이지 겉모양이 아니기 때문입니다. 게다가 그 모양은 당신의 수레바퀴보다 훨씬 튼튼합니다. 그 이유는 다음과 같습니다. 그 수레는 짐칸에 짐을 실었을 때 무게가 바퀴에 골고루 퍼지는지 아니면 오른쪽에 부담이 큰지, 왼쪽에 부담이 가는지에 따라 다릅니다. 골고루 퍼진다면 그 무게가 좌우 두 바퀴에 똑같이 가기에 바퀴에 그다지 부담을 주지 않습니다. 바퀴살이 기울어져 있는 경우 무게 중심이 바퀴살이 기울어져 있는 바퀴 위에 오게 됩니다. 만일 그 바퀴살이 바퀴에 똑바르게 붙어 있다면 바퀴는 약해질 겁니다. 왜냐하면 바퀴가 기울어지면 바퀴살 또한 기울어지니까 그럼 똑바로 붙인 바퀴살은 그 무게를 버틸 수 없습니다. 그래서 바퀴에 무제 중심이 골고루 퍼지고 그 퍼지는 방법이 가장 가벼운 경우 바퀴가 가장 강하며 바퀴가 후들후들 떨리며 무게가 매우 무거우면 바퀴는 약해집니다. 프랑스식 바퀴살이 기울어진 바퀴도 반대의 경우가 일어납니다. 왜냐하면 이런 바퀴는 한쪽으로 기울었을 때 그 쪽 바퀴 위에 짐의 무게가 집중됩니다. 이 경우 바퀴살이 일반적으로 기울어져 있으니까 수레가 기울어지면 바퀴살은 직선이 되어 그 무게를 안전하게 지탱할 수 있습니다. 하지만 바퀴가 수평으로 돌아가 오르막길을 오르게 되면 이런 바퀴는 평지를 갈 때 들 수 있었던 무게의 반밖에 들 수 없습니다.

5. 성채의 다리 문

파브리지오 : 여기서 우리는 다시 우리의 도시와 성채 문제로 돌아갑시다. 그리고 여기서도 프랑스인의 예를 인용합시다. 왜냐하면 그 방법으로 그들의 마을 성문을 충분히 단단하게 만들었고 적에게 포위되었을 때 아군 군대를 아주 쉽게 성 안으로 불러들이거나 성 안에서 나가는 일이 가능하기 때문입니다.

이런 사례에 더해 아직 우리가 이탈리아에서는 어떤 사례도 접한 적 없는 장치를 하나 가지고 있기 때문입니다. 이 장치는 움직이는 다리의 두 각재에 바깥쪽을 향한 끝부분부터 기둥을 세우고 이 기둥들 위에 나무를 하나 붙여 균형을 잡습니다. 그리고 그 나무의 반을 다리 위에 남은 반을 바깥쪽에 냅니다. 바깥쪽으로 나온 부분에 들보를 잔뜩 붙이고 한 들보에서 다른 들보 사이를 격자 형태로 묶습니다. 그리고 앞에서 올린 안쪽 부분에는 저마다 들보 끝을 쇠사슬로 묶어둡니다. 이렇게 그들이 바깥에서 다리를 지나지 못하게 하고 싶으면 쇠사슬을 풀어 격자형으로 묶은 부분을 전부 아래로 내립니다. 그리고 이 부분이 내려가면 다리는 건널 수 없게 됩니다. 또 다리를 지나갈 수 있게 하려면 다시 쇠사슬을 감아올립니다. 쇠사슬을 감는 정도에 따라 그 밑을 사람은 지날 수 있지만 말을 타고는 지날 수 없도록 할 수도, 사람은 물론이고 말을 타고도 충분히 건널 수 있도록 여는 일도 가능합니다. 그리고 또 완전히 내려 통행을 막을 수도 있습니다. 왜냐하면 성벽돌출부의 총안에 있는 방어판처럼 올리거나 내릴 수 있기 때문입니다. 이 프랑스인의 장치는 내리는 격자문 보다 더 안전합니다. 왜냐하면 기둥으로 지탱하는 내리는 격자문처럼 일직선으로 떨어지지는 않지만 이는 문이 내려오지 않아도 적이 침입하기 어렵기 때문입니다.

6. 성벽 주변 감시

파브리지오 :　한 도시를 건설하고 싶어 하는 사람들은 이제까지 생각해온 일을 모두 계획하지 않으면 안 됩니다. 그래서 이런 사람들은 여기에 더해 성벽 주변 약 1마일(1609미터) 안에는 결코 한 사람이라도 경작을 허락하거나 벽으로 울타리를 쳐서는 안 된다는 점을 충분히 명심해야만 합니다. 게다가 그 주변 땅은 모두 평원으로 해 두는 편이 좋습니다. 거기에는 떨기나무가 있거나 제방, 수목 또는 망을 보는 데 방해가 되거나 포진한 적이 숨을 만한 건물 등 이런 모든 게 있어서는 안 됩니다. 그래서 주의해야 하는 일은 성 밖에 참호를 가진 마을의 경우 그 지형보다 높은 위치에 제방이 있을 때에는 마을 입장에서 매우 방어하기 어렵습니다. 왜냐하면 이런 것들은 당신을 공격하려는 적에게 숨을 장소를 제공하고 당신을 적이 공경할 때는 전혀 방해가 되지 않기 때문입니다. 즉 이런 것들은 적의 대포를 맞으면 쉽게 시야를 확보하게 해 줘 사격장이 되어버립니다.

7. 성벽 안 방어체제

파브리지오 :　하지만 여기서 우리는 마을 안으로 들어가 봅시다. 나는 지금까지 이것저것 말한 내용에 더해 생활과 전쟁에 필요한 물자를 왜 확보해야만 하는지 당신에게 설명하는 경우 많은 시간을 거기에 할애 하고 싶지는 않습니

다. 왜냐하면 이는 누구든 알고 있는 사실들이며 게다가 물자가 없으면 다른 어떤 준비를 하던 모두 무의미하기 때문입니다. 그래서 일반적으로 이 경우 두 가지 일을 하지 않으면 안 됩니다. 그러니까 먼저 스스로 준비할 것. 그리고 당신 나라의 물자를 무엇이든 가치를 매길 수 있도록 적이 가진 이점이 무엇이든 당신이 받아들여야 한다는 점입니다. 그래서 당신이 도시 안에 보관할 수 없을 만큼의 건초, 가축, 밀가루 등은 버려둬야만 합니다. 또 마을을 지키는 사람들에게 필요한 일은 반란이나 혼란에 빠지면 아무 일도 하지 않도록 마음가짐을 단단히 해 두어야 하며 그리고 한번 사건이 일어났을 때 언제라도 저마다 자신이 무엇을 해야 하는지 알 수 있도록 해야만 합니다. 해야 되는 일이란 다음과 같습니다. 부인, 노인, 아이, 그리고 병약자들은 집에 머물고 마을 수비는 건강한 젊은이들에게 맡겨야만 합니다. 그 마을의 무장한 병사들은 방어에 헌신하고 그들 가운데는 몇몇은 성벽 수비를 강화하며 다른 이들은 성문을, 또 다른 이들은 도시 곳곳을 지키며 성벽 안에 일어날 수 있는 어떤 재해에도 도움의 손길을 내밀어야 합니다. 게다가 맡은 곳이란 어느 한 곳의 방어만 해야 한다는 뜻이 아니라 지킬 필요가 있는 곳은 어디든 온 시민들을 위해 도움을 줄 조치를 마련해 둬야 합니다. 모든 일이 이렇게 준비되어 있기만 하다면 당신을 혼란에 휩싸이게 할 반란 같은 일도 이를 일으키는 게 매우 어려워집니다. 또 내 바람으로는 이 도시의 방어와 공격에도 당신이 이 점을 단단히 새겨뒀으면 합니다. 그리고 적을 아무리 잘 알아도 그 적의 정체에 익숙하지 않은 경우에는 무슨 일이든 적에게 어떤 마을을 점령할 수 있다고 생각하게 만들 야망을 쉽게 주는 일이 있어서는 안 됩니다. 왜냐하면 아무 구체적인 폭력 시도도 없이 단순히 적의 협박만으로 그 도시를 잃어버리는 일이 자주 있기 때문입니다. 그래서 누구든 이런 도시를 공격할 때에는 그 사령관이 얼마나 무서운 인물인지, 그 모두를 과장해서 그 마을에 퍼트려야 한다. 이번에는 반대로 공격을 받은 경우에는 적이 싸우는 상대측에 강력한 정예부대, 게다가 이런 저런 의견에 휘둘리지 않고 그저 무기를 들고 싸우는 일만 아는 정예부대를 보내야 합니다. 왜냐하면 만일 첫 공격이 아무런 성과가 없었다면 공격을 받는 쪽은 용기가 솟아나고 그걸로 적은 명성을 잃고 실력으로 도시 안에 있는 사람들을 정복할 수밖에 없기 때문입니다.

로마인이 도시를 방어하기 위해 사용한 무기가 많이 있습니다. 예를 들면 노궁, 사석포, 대노궁, 석궁, 받침대 달린 사석포, 사석기 등입니다. 또 공격용 무기도 많이 있었습니다. 예를 들어 파벽차, 이동 망루, 이동 방어벽, 강철방패, 강철방패 차, 갈고리, 귀갑형 칸막이입니다. 이를 대신하는 무기로 오늘날 우리에게는 대포가 있습니다. 대포는 공격에도 방어에도 도움이 됩니다. 그래서 로마인이 사용한 무기는 여기서 자세히 다루지 않겠습니다.

8. 보급로 차단 공격

파브리지오 : 우리는 우리 자신의 과제로 돌아갑시다. 그리고 개인의 공격 문제를 살펴봅시다.

먼저 도시란 식량부족으로 함락시킬 수 없으며 또 공격으로도 복종시킬 수 없다는 사실을 명심해야 합니다. 굶주림은 앞에서 말했듯이 적에게 포위되기 전에 생활 물자를 충분히 준비해 두는 일이 중요합니다. 게다가 포위된 시간이 길어져 식량이 부족해진 경우에는 당신을 원조해줄 친한 도시에서 식량 보급을 받기 위해 몇 가지 긴급 조치를 마련하는 일을 생각해 봐야 합니다. 특히 만일 포위당한 도시 한 가운데를 가로지르는 강이 있다면 이를 이용할 수 있습니다. 예를 들어 카살리노 성곽 도시가 한니발에게 포위되었을 때[*5] 로마인은 강을 이용해 카살리노 사람들에게 아무것도 보낼 수 없었기에 호두를 대량으로 그 강에 던져 물살에 휩쓸려 아무런 방해도 받지 않고 몇 번이나 카살리노 시민에게 식량을 보냈습니다. 또 포위당한 사람들의 몇 가지 사례를 보면 적에게 자신들은 아직 밀가루가 많이 남아 있다고 보여줌과 동시에 상대의 보급로를 차단해서 포위할 수 없다는 사실을 알려주기 위해 성벽 밖으로 빵을 던지거나 소에게 밀가루를 먹이기까지 했습니다. 그리고 적에게도 밀가루를 줬습니다. 이윽고 그 적이 전사했을 때 많은 밀가루를 몰수합니다. 이렇게 적이 가지지 못한 많은 밀가루를 가지고 있다는 사실을 증명하게 됩니다.

그러는 한편 뛰어난 명장들은 적을 굶겨 죽이기 위해 여러 방법을 썼습니다. 파비우스는 토지 사람들에게 병사들 사이에 유언비어가 퍼질 만큼 밀가루가 부족하다는 소문을 퍼트리게 했습니다. 레지오에 포진한 디오니시우스[*6]는 상대와 조약을 맺고 싶다고 밝혔습니다. 그래서 조약을 맺으며 식량보급 준비를

---

*5 오늘날의 카푸아. 기원전 216년 까지 포위는 계속 됐다.
*6 디오니시우스 1세 대공은 기원전 393~391년에 레지오를 공격했다.

해야 했습니다. 필요한 밀가루를 이 방법으로 구할 수 있었기에 디오니시우스는 이 마을을 포위해서 식량이 부족하게 만들었습니다.

알렉산더 대왕은 레우카디아[*7]를 점령하려고 그 주변 모든 마을의 성채를 점령한 뒤 그 마을 사람들에게 레우카디아로 피난을 가도록 권했습니다. 그래서 많은 사람들이 왔기에 레우카디아는 식량난에 시달렸습니다.

9. 공격 작전

파브리지오 : 공격 말입니다만 몇 명이든 첫 공격에서 자신을 방어하는 일이 중요합니다. 이 첫 번째 전쟁으로 로마인들은 많은 마을을 몇 번이나 점령했습니다. 그들은 이 전술을 '고리를 만들어 도시를 공격한다' 말합니다. 예를 들어 스키피오는 이 전술을 이스파니아에서 카르타고 시를 무찔렀을 때 썼습니다.[*8]

적의 공격을 만일 한번만 당신이 막을 수 있었다고 해도 한동안 시간이 흐른 뒤에 공격하면 이기는 일은 상당히 어렵습니다. 그래도 만일 적이 그 도시 성벽을 부수고 도시에 침입하는 사태가 일어났는데 주민들이 절망하지 않는다면 그 마을 주민들은 구제될 방법이 언제나 몇 가지 남아있습니다. 왜냐하면 많은 군대는 한 마을에 침입한 뒤 머물거나 죽거나 합니다. 그래서 그 도시를 구제한 방법으로 사람들이 높은 곳에서 방어를 하며 그곳의 건물이나 탑 안에서 적과 싸우는 편이 현명합니다. 반대로 그 도시로 침입한 사람들은 상대가 그런 행동을 하면 다음과 같은 두 가지 방법으로 공격을 시도합니다. 하나는 그 도시 성문을 개방해 그걸로 이 마을 주민이 안전히 피난 할 수 있도록 출입구를 자유롭게 해 둡니다. 또 하나는 무장한 사람 말고는 누구도 공격하지 말 것, 그리고 그들에게 그 마을이 가지고 있는 무기를 버린다면 용서해준다는 사실을 전해두는 일입니다. 이 방법이 이제까지 많은 도시의 승리를 쉽게 거두게 해주었습니다. 그리고 이밖에도 만일 당신이 적의 뒤에서 불시에 무슨 일을 일으키려 한다면 그 도시를 점령하는 일은 쉬워집니다. 그리고 이를 하기 위해서는 예를 들어 당신의 군과 당신이 상당히 떨어져 있다고 하면 그 때문에 누구도 당신이 상대를 공격하리라고는 생각하지 못할 테고 또 당신은 그곳이 군대

[*7] 오늘날의 산타마우라.
[*8] 오늘날의 카르타지나 시. 기원전 210년 정복했다.

와 많이 떨어져있다는 사실을 무시하고 당신이 적을 공격하는 일은 도저히 생각할 수 없는 일이라 여깁니다. 여기서 만일 당신이 몰래 그리고 신속하게 적을 공격했다면 거의 언제나 당신은 승리를 거둘 겁니다.

나는 우리 시대의 성공한 사례를 그다지 기쁜 마음으로 이야기할 기분은 들지 않지만 이런 이야기에서 발렌티노 공의 존칭을 가진 유명한 체사레 보르자의 사례를 말하지 않을 수는 없습니다. 체사레가 부하들과 함께 노첼라에 진입했을 때 카메리노인을 공격하기 위해 진군하는 것처럼 보이게 한 뒤 우르비노 국으로 방향을 바꿔 진군했습니다. 그래서 아무런 어려움 없이 이 나라를 점령했습니다. 이는 이제까지 많은 시간과 만은 군사비를 투자해도, 게다가 어떤 명장도 모두 점령한 적이 없던 나라였습니다.*9

10. 진지 탈취와 간계

파브리지오 : 포위당한 사람들은, 적의 기만이나 간계에서 몸을 지키도록 조심해야만 합니다. 이를 위해 적이 계속 하는 것처럼 보이는 행동은 무엇이든 포위당한 사람 입장에서는 결코 믿어서는 안 됩니다. 오히려 이런 행동 안에서 무언가 간계가 들어있지는 않을까, 그리고 자신들의 손해가 될 수 있는 일은 일어나지 않는가, 이런 일만을 생각해야 합니다.

도미티우스 칼비누스는 한 마을을 포위했을 때 날마다 많은 부하들은 이끌고 그 마을의 성벽 주위를 순찰하는 습관을 만들었습니다. 그래서 그 마을 주민들은 도미티우스가 날마다 훈련을 한다고 생각해 방어에 긴장을 풀고 말았습니다. 그때 도미티우스는 눈치를 채고 적을 공격해 마을을 점령해버렸습니다.

포위당한 시민에게 원군이 오기로 했을 때 일어난 일인데 이런 경우 주민을 포위한 사령관들은 부하들에게 원군으로 온 병사로 변장하고 이것저것 포위당한 적과 같은 문장으로 바꿔 달았습니다. 그런 모습으로 성 안으로 들어가서 마을을 점령한 사례도 있습니다.

아테네의 시몬은 자신이 포위한 도시 외관에 있는 한 사원에 밤이 되자 불을 질렀습니다.*10 그런데 이 주민들은 사원을 구하러 달려왔기에 자신의 마을

---

*9 1502년 6월.
*10 이 사원은 중앙아시아 칼리아 마을에 있는 다이아나 사원.

은 적에게 점령되고 마는 결과를 초래했습니다.

또 몇몇 사령관은 포위당한 마을에 약탈하러 온 사람이나 약탈한 적의 옷을 입거나 신분상 부하인 사람의 옷도 함께 입은 사람은 사형에 처했습니다. 그리고 그 뒤 이 사람들을 그 마을 안으로 들여보냈습니다.

그리고 고대 사령관들은 자신들이 점령하려 노리던 도시의 방어력을 줄이기 위해 여러 가지 방법을 사용했습니다. 스키피오는 아프리카로 가서 머물며 카르타고인이 방어하던 많은 성곽도시를 점령하고 싶어 했습니다. 그래서 자주 이 도시들에게 이쪽이 공격하려 계획을 짜고 있는 것처럼 보이게 했습니다. 하지만 그 뒤 그저 위협만 하던 공격을 그만 뒀을 뿐만 아니라 상대 주변에서 부하들을 철수시켰습니다.*¹¹ 이렇게 스키피오는 한니발에게 자신의 행동을 진실인 것처럼 믿게 만들었습니다. 스키피오 입장에서는 대군을 가지고 있으며 게다가 자신을 아주 간단히 압도할 수 있을 대군을 가진 한니발이 자신의 행동에 따라오리라 판단했기 때문입니다. 생각대로 한니발은 모든 수비대를 이끌고 성곽 밖으로 나왔으며 그 뒤를 스키피오는 부하인 지휘관 마시니사를 파견해 적을 정복하도록 지시했습니다.*¹²

피로스는 로마 예속국*¹³ 주요도시 하나에서 전쟁을 하려 생각했습니다. 하지만 그 도시에는 수비대가 많이 배치돼 있었습니다. 그래서 피로스는 그 도시를 점령하려는 야망을 버린 척하고 다른 곳으로 군을 이동시켰습니다. 이렇게 해서 상대가 그 도시를 원조하기 위한 수비대 병력을 철수하게 만든 뒤 많은 사람들이 그 마을을 점령하기 위해 하수를 오염시키거나 최종적으로는 잘 되지 않더라도 강물의 흐름을 부분적으로 바꿨습니다.

포위당한 시민은 그들이 승리를 얻었다든지, 새로운 원군이 그들을 도우러 왔다든지 하는 정보를 흘려 적을 놀라게 할 경우 적이 항복하기 쉽습니다. 로마 사령관들은 그 마을을 점령할 때 배신으로 성과를 올린 사람도 있습니다. 또 어떤 사람은 그 마을 시민들 내부를 부패시키는 등 방법이 다양합니다.

어떤 사람은 도망자라는 이름 아래 적들에게서 명성과 신뢰를 얻은 인물을 적에게 보냈습니다. 그 사람은 서서히 사령관에게 도움을 줍니다. 그는 이 방법

---

*11 기원전 202년의 일.

*12 누미디아 왕이었던 마시니사는 로마인과 동맹군을 결성했다.

*13 스키아보니아를 말한다.

으로 방어하려 생각했습니다. 이 사람이 가져온 정보로 그 마을을 정복할 수 있었기 때문입니다.

다른 사람은 짐차나 집을 짓는 나무 등으로 성문을 닫지 못하도록 만들고 성문을 방해해 그런 식으로 아군 진입을 도왔습니다.

한니발은 로마가 지배하는 마을에서 자신에게 온 한 남자를 설득했습니다. 이 남자는 밤에 사냥을 갔는데 적의 눈이 무서워 낮에는 움직일 수가 없었다고 설명했습니다. 그래서 이 포로와 함께 한니발은 자신의 부하를 붙여 적에게 보냈습니다. 그들은 보초를 죽이고 적의 성문을 한니발 손에 넘겨줬습니다.

또 당신은 마을 밖에 포위된 사람들을 끌어 내 마을에서 떨어트려 두고 속이는 일도 할 수 있습니다. 그러니까 그들이 당신을 공격해 왔을 때 당신은 도망치는 척을 합니다. 이 방법을 사용한 사람은 많으며 그 가운데 한니발도 있습니다. 그들은 마을에 들어가 그 마을을 점령할 기회를 노리다가 오히려 허무하게 자신들의 진지를 버리고 말았습니다. 다른 예를 들자면 아테네의 포르미온처럼 포위군은 그 성벽에서 벗어나는 척을 해 상대를 속였습니다. 포르미온은 칼케돈인 나라를 점령한 뒤 그 나라 특사의 요청을 받아들이고 마을의 안전과 좋은 조건의 약속을 실행했습니다. 이 약속을 바탕으로 아무런 의심도 없이 이 나라 사람들은 곧 에르미노에게 항복했습니다.[14]

포위당한 사람들은 그래서 자신들 사이에서 의심이 가는 인물이 하는 일에 주의를 기울여야 합니다. 게다가 이런 사람에게는 때로는 벌은 주기보다는 상을 주는 편이 이런 점에서 그들의 절조를 지키게 하는 결과를 불러옵니다. 놀라의 루키우스 반티우스가 한니발의 아군이 되었다는 사실을 안 마르켈루스는 루키우스가 적과 우호를 깊이 다지는데 공을 세웠다며 두터운 친교와 자유를 주었습니다.[15]

11. 성벽 포위와 밀서

파브리지오 : 포위당한 사람은 적이 자신들 주변에 포위망을 좁힐 때 보다 적이 아직 멀리 떨어져 있다고 생각될 때 오히려 보초를 더 신중하게 해야만 합니다. 그리고 누구나가 주의하고 있는 곳보다 아무도 공격당하는 일은 없을

---

[14] 기원전 432년.
[15] 마르코 클라디우스 마르켈루스.

거라고 생각하는 장소를 훨씬 신중하게 수비해야만 합니다. 왜냐하면 이제까지 많은 마을에서는 설마 적이 공격해오리라고는 생각도 하지 않은 곳을 공격당했을 때 점령됐기 때문입니다. 이 책략은 두 가지 원인에서 일어납니다. 하나는 견고한 요새이기에 적이 접근할 수 없으리라 확신하기 때문이고 또 하나는 다른 한쪽에서 계속 소동을 일으킨 뒤 다른 쪽에서 몰래 진정한 공격을 하는 전술을 적이 이용했기 때문입니다.

그래서 포위당한 사람은 다음과 같은 점에도 충분히 주의를 기울여야만 합니다. 그리고 어느 때든 모든 일에 그렇게 하지 않으면 안 되는 데 특히 야간에는 성벽에 실력이 좋은 보초를 세워야 합니다. 그리고 거기에는 단순이 사람을 배치하는 것만 아니라 개, 그것도 사납고 민감한 개를 골라야만 합니다. 이 개들은 후각으로 적을 발견한 뒤 짖어서 적을 잡습니다. 그리고 개뿐만 아니라 거위가 도시를 구한 일도 있습니다. 프랑스 군이 캄피돌리오를 포위했을 때 로마인에게 일어난 일입니다. 알키비아데스는 아테네 군이 스파르타 군에게 포위당했을 때 보초가 제대로 경계를 서는지 알아보기 위해 한밤에 자신이 불을 켰을 때는 모든 보초들도 불을 키도록 명령했습니다. 그리고 이를 따르지 않는 사람에게는 벌을 주었습니다. 아테네인 이피크라테스는 보초를 서는 중에 잠을 잔 사람은 처형했습니다. 하지만 보초가 자신이 왔다는 걸 눈치 챘을 때는 용서하겠다고 말했습니다.

포위당한 사람들은 우호국에게 메시지를 보내기 위해 여러 수단을 사용했습니다. 결코 구두로 연락을 보내는 일은 하지 않고 숫자 암호로 써두었습니다. 그리고 다양한 방법으로 그 숫자의 비밀을 숨겼습니다. 이 숫자암호는 이를 만든 사람이 자신의 의도에 따라 만들며 전달하는 방법도 많았습니다. 한 사람은 칼집 안에 써넣었습니다. 다른 사람은 밀가루 반죽 안에 밀서를 넣은 뒤 빵을 구워 떠나는 사람에게 식량으로 주었습니다. 또 어떤 사람은 신체의 매우 비밀스런 곳에 스스로 밀서를 숨겼습니다. 그리고 밀서를 가지고 가는 사람의 매우 잘 길들인 개의 목걸이 안에 숨겨서 보낸 사람도 있었습니다. 일상의 평범한 일을 써두고 행과 행 사이에 나중에 물을 묻히거나 불에 가져가면 글자가 나타나는 특수한 액체로 밀서를 쓰기도 했습니다. 이런 방법들은 우리 시대에서는 더욱 정교한 방법으로 발전했습니다. 한 마을에 사는 친구에게 비밀을 지키면서 어떤 지시사항을 전달하고 싶으면, 게다가 누구도 믿지 못한다면 먼저 평범한 통신문을 쓰고 내가 위에서 말한 것처럼 글자 사이에 연락문을 써서 사원 들창에 편지를 둡니다. 그 편지의 표시를 알고 있는 누군가가 편지를 발견해 상대에게 편지를 읽어줍니다. 이 방법은 가장 교활한 수단이라고 할 수 있습니다. 왜냐하면 그 밀서를 가지고 간 사람은 평범한 편지라 속은 것이니 당신에게는 아무런 위험이 없기 때문입니다. 저마다 자신만의 책략이나 머리를 쓸 수 있는 많은 방법이 한 없이 있습니다. 포위당한 시민이 성 밖 우호국에 친서를 보내기보다 누군가가 포위된 시민에게 친서를 보내는 편이 훨씬 쉽습니다. 왜냐하면 성 밖으로 보낼 때 편지는 그 마을 도망자의 식량 속에 감추는 것 말고는 보낼 방법이 없기 때문입니다. 하지만 이 방법도 적이 알아챌 수도 있어 확실한 방법이 아니고 위험하기까지 합니다. 그러나 포위당한 도시 안으로 밖에서 편지를 보내는 경우에 보내는 사람은 그 마을을 포위한 진지 안에 여러 이유를 들며 드나들 수 있습니다. 그리고 그 진지에서 적당한 기회를 노려 마을 안으로 들어갈 수 있습니다.

12 성벽과 참호

파브리지오 : 그럼 오늘날 도시 포위 문제를 이야기하기로 합시다. 먼저 내가 하고 싶은 말은 만일 당신이 당신 도시 안에서 공격당하는 일이 일어난다면, 게다가 도시에는 그 성벽 안팎으로 참호를 만들지 않았다고 한다면, 이미 우리가 앞에서 확인했듯이 대포로 성벽에 만들어둔 돌파구를 통해 적이 들어오지 않기를 바란다면(왜냐하면 대포가 성벽을 뚫고 돌파구를 만드는 일은 절대로 막을 수 없기 때문에) 당신은 적어도 대포가 계속 발사되는 사이 산산조각이 난 성벽 안쪽에 최소 3브라차(약 1.8미터) 폭의 참호를 하나 파야만 합니다. 그리고 파낸 흙을 모두 마을 쪽으로 쌓아야합니다. 흙으로 제방을 만들어 참호를 깊게 하기 위해서입니다. 그리고 성벽이 무너졌을 때 그 참호가 5~6브라차(약 6~7.2미터) 깊이가 되도록 작업을 서둘러야합니다. 참호는 반드시 필요하며 적어도 이를 만들 때에는 다 팔 때까지 대포 받침대로 적의 두 날개를 막아 둬야 합니다. 그리고 당신이 참호나 대포 받침대를 만들 시간을 벌어줄 만큼 성벽이 튼튼할 경우에는 도시의 포격 당한 다른 곳도 튼튼하다는 말이 됩니다. 왜냐하면 이런 보강작업으로 우리가 성벽 안에 참호를 만든 형식의 것을 만들게 하기 때문입니다. 게다가 성벽이 약해서 당신에게 작업할 시간을 벌어주지 못하는 경

우에는 성벽이 무너지면 용기를 내서 무장병사들과 함께 온 힘을 쏟아 투쟁하는 것 말고는 방법이 없습니다.

위와 같은 보강작전은 피사인에게서 찾아 볼 수 있습니다. 당신이 피사인을 포위했을 때 그들의 성벽은 견고했기 때문에 이 방법을 쓸 수 있었습니다. 강한 성벽이 피사인들에게 시간을 벌어 줬으며 토질이 점토질이라 제방을 쌓아 보강하는 데 좋았습니다. 만일 그들에게 이런 이점이 없었다면 피사인들을 패배했을 겁니다. 바로 앞에서 말했듯이 포위당한 모든 지역에 걸쳐 도시 성벽 안에 참호를 만들어 미리 준비해 두는 일이야말로 매우 중요합니다. 왜냐하면 이런 경우에는 준비가 끝났기에 시민들은 안심하며 안전하게 적을 기다릴 수 있습니다.

로마인들이 여러 번 그 마을에 구멍을 파서 침입했을 경우 두 가지 방법이 있었습니다. 하나는 비밀리에 지하도를 만들어 이를 통해 상대 마을 성벽을 지나 마을 안으로 들어가는 방법(이 방법은 로마인들이 베이이인의 도시에서 한 적이 있습니다), 다른 하나는 성벽 기초 쪽으로 깊이 파 내려가 성벽을 무너뜨리는 일입니다. 뒤의 방법은 오늘날에도 매우 효과적입니다. 이 때문에 높은 곳에 세운 도시는 매우 취약합니다. 왜냐하면 이런 경우 파내려 가는 일이 충분히 가능하고 그 굴속에 폭약을 설치할 수 있습니다. 바로 불은 붙이면 성벽이 무너질 뿐만 아니라 산이 평평해져 성채는 모두 많은 조각이 되어 날아갑니다. 따라서 이 위험을 피하는 방법은 평원에 성을 쌓아 적이 굴을 파고 내려가더라도 물이 나와 들어갈 수 없을 만큼 충분한 깊이에서 기초를 세워 참호를 만들어 둬야만 합니다. 그리고 이 물은 참호의 유일한 적입니다. 만일 당신이 언덕 위에 건설된 마을을 지키려 생각한다면 당신은 그 성벽 안에 매우 깊은 참호를 파는 것 말고는 도울 방법이 없습니다. 그래서 이 참호는 적이 반대편에서 파고 들어오는 굴에도 출구를 마련하지 못할 만큼의 깊이로 파지 않으면 안 됩니다. 그리고 또 다른 방법이 있다고 한다면 상대가 굴을 파는 장소를 당신이 눈치 챘을 때 반대로 이쪽에서도 굴을 파면됩니다. 이 방법을 쓰면 쉽게 적의 의도를 방해할 수 있습니다. 하지만 매우 주의 깊은 적에게 포위당했을 때에는 굴을 판다는 사실을 알아채기란 무척 어렵습니다.

13. 포위당했을 때의 마음가짐

파브리지오 : 특히 포위당항 사람은 전투를 치른 다음이나 보초교대를 한 뒤, 또는 해가 뜰 무렵, 밤은 해질녘 등 긴장이 풀렸을 때 주의해야만 합니다. 특히 식사를 할 때는 긴장을 풀어서는 안 됩니다. 실은 이 시간에 많은 마을이 점령당했고 많은 군대가 그 도시 안에서 패배하고 도망갔습니다. 그러면 어떤 장소든, 또 아무리 충분히 방어를 준비한 곳이든 늘 신중하게 지켜야만 합니다. 도시건 진지건 지킨다는 일은 그 안에서 당신이 실제로 하는 것처럼 온 군사력을 분산해 유지하지 않으면 안 되기 때문에 얼마나 어려움이 따르는 일인지 나는 꼭 당신에게 말씀드리고 싶습니다. 왜냐하면 적은 어디서든 배치한 모든 병력으로 공격해 올 수 있기 때문에 당신은 모든 곳을 지켜야만 하기 때문입니다. 그래서 상대는 언제나 모든 병력을 동원해 당신을 공격하고 당신은 다양한 곳에서 쳐들어오는 상대를 혼자서 막게 됩니다. 더욱이 포위당한 시민들은 완전히 정복당할 수 있습니다. 성벽 밖에서 포위한 적은 격퇴하지 않는 한 사라지지 않습니다. 그래서 진지나 마을 단위로 포위당한 사람에게, 게다가 그 군사력이 훨씬 떨어지더라도 온 군을 동원해 한 번에 바깥 포위망을 뚫고 적에게 이길 필요가 있습니다. 놀라에 있었던 마르켈루스가 이 일을 해냈습니다.[16] 또 카이사르는 프랑스에서 이런 일을 했습니다.[17] 그때 카이사르의 진지는 프랑크인 대군에게 공격을 받았지만 카이사르는 그 병력을 여러 곳으로 분산하지 않으면 안 됐기 때문에 적을 막을 수 없다는 것, 그리고 만일 이 포위망 속에 계속 머문다면 자신이 한 번에 적을 물리칠 수 없으리라 판단했습니다. 그래서 진지 한쪽을 열어 모든 병력을 투입해 온힘을 다해 집중 공격을 해서 적을 압도해 승리를 거뒀습니다.

포위당한 사람들의 지구력은 자주 포위한 적을 절망으로 밀어 넣고 아연실색하게 만듭니다. 폼페이가 카이사르 선두 부대와 만나 주린 배를 움켜지고 카이사르 대군의 공격을 견뎌낼 때 카이사르는 폼페이 군에게 아군의 빵을 보냈습니다. 그런데 그 빵이 풀로 만든 것처럼 보였기에 폼페이는 부하들을 실망시

---

[16] 클라디우스 마르켈루스는 집정관 한니발에게서 놀라를 지켰지만 뒤에 패배했다. 기원전 216년의 일.

[17] 이는 카이사르가 아니라 갈리아에 있던 카이사르의 사절 살비오 스루피치오 갈루바가 한 일이다. 기원전 57년의 일.

키기 않기 위해 그들에게 빵을 배급하지 말라고 명령했습니다. 그래서 카이사르는 적이 이 상황에서 무엇을 생각하는 지 깨달았습니다.

또 로마인은 한니발과 전쟁을 하면서 로마인들이 얼마나 참을성이 있었는지를 명예롭게 생각했습니다. 왜냐하면 어떤 적의 대군이 공격해도, 어떤 역경이 닥쳐도 로마인들은 결코 강화를 요구하지 않았고 조금이라도 두려워한 모습을 보인 적이 없었습니다. 반대로 한니발이 로마 주변을 포위했을 때 로마인들은 한니발의 군대가 포진한 경작지를 팔았습니다. 게다가 평소에는 절대로 팔리지 않을 비싼 값으로 팔았습니다. 그리고 전쟁 중에는 엄청난 인내력을 유지했습니다. 로마를 지키기 위해 로마다 포위된 바로 그 무렵 로마인이 포위한 카푸아 공격을 방해했습니다.

물론 이제까지 나는 당신이 이미 알고 있으며 생각도 많이 했을 여러 문제를 이야기 했다는 사실을 알고 있습니다. 그럼에도 불구하고 나는 오늘 이제까지 당신에게 말한 일을 이것저것 이야기 했는데 이는 이 문제들을 통해 이 나라 군대 기구를 당신에게 더욱 확실하게 보여줄 수 있다고 생각했기 때문이며 나아가 여기에 많은 사람들이 있는데 당신처럼 전술 지식을 가질 기회를 얻지 못한 사람들도 만족하길 원해서 그랬습니다.

14. 명장의 마음가짐

파브리지오 : 이제 나는 모름지기 장군이란 어떤 사람인지 몇 가지 원칙을 당신에게 말하는 것 말고는 더 이상 이야기 할 일이 남아있지 않습니다. 게다가 장군의 원칙에 당신은 매우 관심이 있으리라 생각합니다. 이는 다음과 같습니다.

'당신의 적을 돕는 일은 당신 자신의 손해가 되며 당신 자신을 구하는 일은 당신 적을 무찌르는 일이 됩니다.'

'전쟁에서 적의 작전을 꿰뚫어 볼 때 매우 신중해야 하며 부하의 훈련을 끈기 있게 계속하면 위험을 부르는 일이 적고 게다가 승리의 꿈을 자주 이루게 해 준다.'

'당신이 처음으로 부하의 용기를 확인하지 않으면, 그들이 두려워하지 않고 명령에 복종한다는 사실을 당신이 모르면 당신은 부하를 전장에서 지휘할 수 없다. 그리고 당신 부하가 승리의 희망을 가졌다는 사실을 당신 자신이 깨달

았을 때 말고는 결코 전쟁에 손을 대서는 안 된다.'

'적이 철(무기)을 가지고 있을 때보다 주린 배를 움켜쥐고 있을 때 더 정복하기 쉽다. 게다가 무기로 승리하는 것보다 요행으로 승리하는 편이 능력보다 훨씬 강력하다.'

'당신이 계획을 실현할 때까지 적에게 그 사실을 비밀로 하는 일보다 뛰어난 계획은 없다.'

'전쟁에서는 좋은 기회를 포착하고 이를 놓치지 않는 일을 익히는 게 다른 어떤 일보다 유익하다.'

'태어나면서부터 용감한 사람은 별로 없다. 노력과 단련으로 매우 용감한 사람이 된다.'

'훈련은 전쟁에서 만용보다 중요하다.'

'당신의 군대에 들어가기 위에 몇 사람이 적 진영에서 투항해 왔을 때 당신이 그들을 믿을 수 있다면 언제나 커다란 수확이 될 것이다. 왜냐하면 적의 세력은 전사한 사람보다 도망쳐온 이런 사람들의 손실이 보다 큰 병력 감퇴를 가져오기 때문이다. 비록 이 도망자들이 도망병이라는 이름으로 새로운 전우들에게 의심의 눈초리를 받으며 오랜 병사들이 미워하더라도 큰 수확이 된다.'

'전투대형을 배치할 때 당신은 최전선 뒤에는 충분한 병력을 남겨둬야만 합니다. 전선에 대부대를 배치하기 위해 군대를 분산해서는 안 됩니다.'

'적의 병력과 아군의 병력을 잘 판단할 수 있는 사람은 패배하는 일이 별로 없습니다.'

'병사 수보다 그 용기가 더 가치가 있다. 하지만 때로는 용기보다 지형이 더 유익하다.'

'새로운 일, 눈앞에 닥친 일은 군대를 당황하게 만든다. 흔한 일이나 한참 뒤에 일어날 일은 군대에서 그다지 문제되지 않는다. 그래서 당신은 적군과 전투를 치르기 전에 새로운 적과 작은 전투를 해서 당신의 병사들에게 경험을 쌓게 하고 지식을 만들어 둬야 한다.'

'적이 패배한 일을 기회로 무질서한 상태로 적을 추적하는 사람은 승리자보다는 패배자가 되지 않도록 신경 쓰는 편이 더 좋다.'

'목숨을 지키는 데 필요한 보급품을 준비하지 않은 사람은 철(병기)에 진다.'

'어떤 사람은 보병보다 기병에 의존한다고 한다. 다른 사람은 기병보다 보병

을 믿는다고 한다. 하지만 그들은 바로 지형에 적응 시켜야만 한다.'

'당신이 낮에 진지 안에 스파이가 있는지 아닌지를 알고 싶다면 병사에게 숙영지를 점검하라 시켜라.'

'적이 계획을 예측했다는 사실을 알았다면 당신은 그 계획을 수정해야만 한다.'

'당신이 하지 않으면 안 되는 문제는 많은 사람들에게서 조언을 구해야한다. 그리고 당신이 어떤 일을 하려 하는가는 소수가 심사해야 한다.'

'병사는 병영에 머물 때 두려움과 형벌을 줘야만 한다. 하지만 그들이 전쟁에 참가했을 때는 기대와 보상을 주어야 한다.'

'명장은 꼭 필요한 때에는 어쩔 수 없지만 좋은 기회가 그를 부르지 않으면 절대로 전투에 참가하지 않는다.'

'당신이 전투를 할 때 어떻게 군대를 배치하려 하는지 적이 알지 못하도록 해야 한다. 전투대형이 어떻든 첫 방진은 제2, 제3 방진으로 이행하기 쉬워야만 한다.'

'전투에서 만일 당신이 전투대형을 혼란에 빠트리 않으려면 당신이 대표권을 가진 대대 말고는 무슨 일이든 10개 대대라 하여도 이용해서는 안 된다.'

'갑자기 일어난 사건에 해결책을 생각하는 일은 어렵다. 하지만 예측한 사건의 해결책을 생각하는 일은 쉽다.'

'인간, 철(병기), 군사비, 그리고 빵은 전쟁의 원동력이다. 게다가 이 네 가지 가운데 가장 필요한 건 인간과 철(병기)이다. 왜냐하면 인간과 병기는 돈과 빵을 가져오기 때문이다. 하지만 빵과 돈으로는 인간과 병기를 가져올 수는 없다.'

'무장하지 않은 부자는 무장한 가난한 사람의 보상금이다.'

'당신의 병사들이 진수성찬이나 사치스런 옷을 경멸하도록 만들어야 한다.'

이상은 장군이 가져야 하는 마음가짐으로 내가 깨달은 사항이며 당신이 알아줬으면 합니다. 이제까지 내가 설명한 내용 모두를 통해 더 많은 다른 사정들도 말하지 않으면 안 된다는 사실을 나는 알고 있습니다. 예를 들어 다음과 같은 일은 어떤가 합니다. 로마인은 어째서 또 어떤 방법으로 전투대형을 편성했는가. 그들은 무엇을 착용하고 왜 많은 이러저러한 방법으로 훈련을 했는가.

그리고 이야기 할 필요가 없다고 생각했던 많은 개별적인 문제를 덧붙일 수 있습니다. 왜냐하면 당신은 그 일들을 읽을 수도 있고 더 나아가 로마가 군대를 어떻게 편성했는지, 게다가 오늘날 현재 이용하는 편성보다 훨씬 능력을 발휘할 수 있는 군대는 어떻게 편성해야 하는지, 이런 점에 대한 내 생각을 정확히 당신에게 말할 수 있는 상황이 아니었기 때문입니다. 그래서 나는 이 경우 필요한 소개라고 생각되지 않은 것까지 로마인 문제를 소개하는 일이 나에게는 불가능했습니다. 또 나는 군대편성 일로 기병을 더 설명하고 나아가 해상전도 논의해야한다는 사실을 압니다. 왜냐하면 군대를 구별하는 사람은 군대에는 해군과 육군이 있으며 육군은 또 보병과 기병으로 나뉜다고 말합니다. 나는 아직 해군을 논의할 생각은 없습니다. 왜냐하면 나는 해군에 대한 경험이 전혀 없기 때문입니다. 따라서 나는 이 이야기를 제노바 인이나 베네치아 인에게 양보하려 합니다. 그들은 이런 연구에서 훨씬 전부터 큰 성과를 거둬왔습니다.

그리고 기병도 나는 앞에서 말한 일 말고는 덧붙이지 않겠습니다. 이미 말했듯이 이런 병사는 오늘날 점점 후퇴의 길을 걷고 있습니다. 게다가 오늘날 군대의 핵심인 보병이 우세하도록 편성했다면 필연적으로 뛰어난 기병을 만드는 일로 이어질 겁니다. 나는 여기서 그 나라 안에서 기병을 늘리기 위해 두 가지 규정을 만든 사람이 떠오릅니다. 이 예비군 가운데 하나는 그가 지배하던 농촌에서 혈통 좋은 수말을 징집하고 부하에게 망아지를 정기적으로 사들이게 했습니다. 마치 그 나라에서 당신이 송아지나 노새를 보유하듯이 말입니다. 다른 하나는 이 경우 파는 사람이 살 사람을 찾았다고 해도 말이 없는 사람은 노새를 가질 권한을 인정하지 않았습니다. 따라서 사람이 타기 위한 동물만을 가지고 싶다고 생각하는 사람을 말을 꼭 가져야 했습니다. 게다가 말이 없는 사람은 비단 옷을 입지 못하도록 했습니다.

이런 규정은 우리 시대에서도 몇몇 군주들이 만들었습니다. 그래서 매우 짧은 기간이기는 했지만 그런 나라에서는 최고 기병대를 편성한 적이 있습니다. 기병을 어느 정도 기대하느냐 하는 다른 몇 가지 문제는 이제까지 내가 말해 왔으며 또 세상 상식에 양보하려 합니다.

15. 명장의 특징
파브리지오 : 여기서 당신은 모름지기 사령관이란 어떤 특징을 갖춰야 하는

지 알고 싶지 않습니까? 이 점은 간단하지만 당신이 만족하리라 생각합니다. 왜냐하면 우리가 오늘 논의한 모든 일을 이해한 인물 말고는 추천할 생각이 없기 때문입니다. 게다가 이 사람들은 스스로 그 자격을 깨닫지 않으면 안 됩니다. 자신의 생각이 없다면 누구든 그 직업 안에서 큰 인물이 될 수 없기 때문입니다. 그래서 다른 직업에서도 개인의 발상이 명예라 한다면 특히 전쟁이라는 작업에서는 명예가 되는 일입니다. 비록 그 정도는 아니지만 역사가들이 널리 알린 몇 가지 아이디어가 있습니다. 예를 들어 역사가는 알렉산더 대왕의 이런 점에 칭찬을 했습니다. 알렉산더 대왕은 매우 은밀하게 진지에서 철수할 때 나팔을 사용하지 않고 창끝에 모자를 달아 신호를 보냈습니다. 알렉산더 대왕은 또 자신의 부하들이 적과 근접거리 안에서 돌격을 가장 용감하게 할 수 있도록 왼쪽 무릎을 꿇고 훈련을 시킨 일로 칭찬을 받았습니다. 이 아이디어로 알렉산더 대왕은 승리를 거뒀습니다. 그리고 알렉산더 대왕의 명예를 만든 많은 이유가 이런 방법에서 나올 만큼 큰 명예를 주었습니다.

그런데 나는 이 논의를 끝낼 시간이 다 되었기에 본론으로 돌아가려 합니다. 이런 이유로 이 마을로 돌아오지 않은 사람을 마을에서 형벌을 주는 관습이 있는데 벌금 문제는 많이 다루지 않겠습니다.

당신은 분명 코시모를 떠올릴 겁니다. 나는 당신에게 말했듯이 어떤 면에서 보면 로마인을 찬미하며 로마인의 위대한 업적을 따르지 않는 사람을 비난합니다. 또 다른 면에서 보면 나는 전쟁 문제에서 지금까지 로마인을 따라하지 않았습니다. 당신은 내가 이런 이유를 추궁할 수 없었는데 제 대답은 무언가를 이루려 하는 사람은 무엇보다 먼저 자기 스스로 하려는 일에 준비를 해야 하는데 나중에 좋은 기회가 온다면 바로 실천하기 위해서입니다. 내가 군대 편성을 로마인의 방법으로 개편할지 안 할지 문제 말입니다만 이 점은 당신이 이 문제를 나와 오랫동안 논의하며 들은 일로 판단해주었으면 합니다. 그리고 당신은 내가 이 로마인의 사상 속에 얼마나 오랜 시간을 투자했는지 떠올릴 수 있을 겁니다. 그리고 당신은 내가 로마인에게서 영향을 받아야한다는 사실을 내가 얼마나 절실하게 바라는지를 상상할 수 있으리라 생각합니다. 내가 만일 이를 실현한다면, 또는 만일 내게 그런 좋은 기회가 주어진다면 어떻게 할지 당신이라면 쉽게 상상할 수 있을 겁니다. 게다가 이 문제를 한층 확실하게 만들어 가기 위해서도, 나아가 내 판단을 더욱 충분하게 만들어 가기 위해서도 나는 이 논의를 더 진행하고 싶습니다. 그리고 그 안에서 한편으로 당신에게 분명히 하겠다고 약속한 일, 그러니까 현재 이런 모방 속에 존재하는 난점이나 쉬운 점이 무엇인지 당신이 관찰해 주었으면 합니다. 그래서 내가 하고싶은 말은 오늘날 인간들 사이에서 실현해 갈 모든 행동은 로마인의 방법으로 군대를 개편하는 일만큼 쉬운 건 없으며 게다가 이 일은 백성들 가운데 적어도 15,000~20,000명의 젊은이를 징집할 수 있을 만큼 큰 나라의 군주인 사람들만이 실현가능합니다. 또 다른 면에서 보면 이만큼의 국력을 가지지 못한 군주는 이보다 어려운 일은 없습니다.

당신이 이 점을 잘 이해하기 위해서는 명장이라 불리는 사람의 두 가지 자질이 무엇인지를 알아야만 합니다. 그 자질 가운데 하나는 기본적인 훈련을 거듭해 만든 군대로 큰 성공을 거둔 사람을 말합니다. 예를 들어 많은 로마시민이나 군대를 지휘한 몇 몇 사람들이 있습니다. 이 사람들은 부하를 솜씨 좋게 움직이고 안전하게 지휘하는 일을 터득하는데 아무런 고생도 하지 않았습니다. 그리고 또 다른 자질은 단순히 적을 무찌르기 위해 가지고 있었을 뿐만 아니라 그들이 적이 있는 곳에 이르기 전에 자신의 군대를 잘 편성하고 잘 훈련하는 일입니다. 그들은 아무런 의심도 없이 로마인의 게다가 뛰어난 군대와 함께 용감히 활약한 어떤 사람들도 미치지 못할 만큼 충분한 칭찬을 받을 만 합니다. 이런 사람들은 펠로피다스, 에파미논다스, 툴루스 호스틸리우스, 마케도니아의 왕 필리포스, 페르시아의 왕 시루스, 로마인 그라쿠스[18] 이들 명장은 모두 무엇보다 먼저 뛰어난 군대를 만들어야 했습니다. 그리고 계속해서 그 군대로 선전을 펼쳐야만 했습니다. 이 명장들은 모두 자신의 신중함으로, 그리고 군대 안에서 한 훈련에 견딜 수 있는 부하를 가졌기에 그런 일을 해냈습니다. 그러나 그들 가운데 누구든 충실하게 복종하는 습관이 없는 마음이 썩어 빠진 인간들이 있는 낯선 토지에서 군대를 편성했다면 명장들이 아무리 뛰어난 자질을 가졌다 하더라도 칭찬할만한 성과를 올릴 수 없을 겁니다.

16. 현대 병사의 자질

파브리지오 : 이런 이유로 이탈리아에서는 이미 편성한 군대를 어떻게 지휘

---

*18 티베리우스 셈프로니우스 그라쿠스를 말한다. 제2 포에니 전쟁 하노 대회전의 승리자.

할지를 배우는 것만으로는 부족합니다. 먼저 군대를 어떻게 편성할지를 배우고 나아가 그 군대를 어떻게 지도할지 배워야 합니다. 하지만 이런 원형에 의의가 있는 건 많은 지배지역과 많은 신하를 가졌기에 군대 편성의 이점이 있는 군주들뿐입니다. 이 사람들 사이에서 나는 한 번도 지휘를 한 적이 없는 건 아닙니다. 하지만 이런 나도 외국 군대나 내가 아닌 다른 사람에게 충성할 의무를 가진 병사들은 절대로 지휘할 수 없습니다. 이런 사람들 속에 있으면 오늘 내가 논의한 이러저러한 문제 가운데 어느 하나도 채용할 수가 없습니다. 언제쯤이면 나는 현재 실제로 복무하는 병사 하나에게 그들이 평소에 입는 것 보다 훨씬 뛰어난 무구를 입힐 수 있을까? 그리고 무구 말고도 2, 3일분의 휴대 식량이나 모종삽을 언제쯤이면 들고 다니게 만들 수 있을까? 실전에서 실력을 발휘하기 위한 예행연습에서 내가 병사들에게 모종삽을 쓰게 하거나 날마다 많은 시간은 투자해 연습하는 일이 언제쯤 가능할까? 병사들이 날마다 하는 게임이나 유곽방문, 온갖 욕설, 폭행은 언제쯤 사라질까?

로마 전기를 읽으면 자주 보이는 이야기처럼 진지 가운데에 열매가 주렁주렁 달린 사과나무 한 그루가 나타나면 아무도 손대는 사람 없이 그대로 자랄 수 있을 만큼 병사들이 질서 정연하고 또 예절을 철저하게 지키는 날이 언제쯤이면 올까?

전쟁이 끝난 뒤 병사들이 나를 만날 수 있는 기회가 전혀 없다면 병사들이 애정과 위엄에서 나오는 존엄성을 바라는 나에게 무슨 약속을 할 수 있다는 말인가?

예의를 모르는 집에서 태어나고 자란 병사들을 내가 어떻게 예의 바르게 할 수 있을까?

병사들이 자신들의 지도자인 나를 전혀 모를 때 어떻게 그들이 내 명령을 따를 수 있겠는가?

어떤 신, 어떤 성자를 따라하면 병사들이 나를 신뢰할까?

병사들은 어떤 사람을 존경하고 어떤 사람을 비난하는가? 어떤 사람을 존경하는지 나는 모른다. 하지만 나는 누구든 손닿는 대로 비난 한다는 사실을 잘 알고 있다. 온 하루 병사들이 경멸하는 사람과 그들이 계약을 맺는 사실을 나는 어디까지 믿어도 되는가? 신마저 경멸하는 사람이 어떻게 인간을 존경할 수 있는가?

그럼 위와 같은 문제를 안고 있는 사람들이라도 뭔가 좋은 형태로 편성할 수 있는가?

17. 스위스인의 편성

파브리지오 : 그래도 만일 당신이 스위스 사람과 스페인 사람이 좋다고 나에게 말한다면 나 또한 그들은 이탈리아 사람보다 훨씬 뛰어나다고 단언하겠습니다. 하지만 당신이 내 논의를 통해 둘 다 발전성이 있는 방법인지 아닌지를 주의해서 봐 왔다면 로마인의 완벽함에 비교해 아직 많은 점이 부족하다는 사실을 깨달을 겁니다.

스위스인은 오늘 당신에게 말해온 일에서 유래한 인간의 일반적인 습성으로 훌륭히 일을 해왔습니다. 그건 다른 사람들 입장에서 보면 마땅한 결과라고 할 수 있습니다. 왜냐하면 어떤 외국의 영역에서도 군대를 편성했는데 그들은 도망칠 수 없다는 사실을 깨닫자 자신들에게는 승리 아니면 죽음밖에 없다는 걸 잘 알고 있었기에 뛰어난 병사가 될 수 있었습니다. 하지만 많은 불완전한 점 속에는 좋은 점이 하나쯤 있습니다. 그들은 긴 창과 칼날로 적을 때려눕히는 일을 기꺼이 하는 것 말고는 아무 좋은 일을 하지 않았습니다. 아무도 그들에게 부족한 점을 가르칠 방법을 모릅니다. 첫째로 그들의 이야기를 들은 사람이 매우 적기 때문입니다.

18. 이탈리아인

파브리지오 : 그럼 이탈리아인 문제를 살펴보기로 합시다. 이탈리아인은 현명한 군주를 이제까지 가진 적이 없었기 때문에 뛰어난 군대편성에 무엇하나 성과를 올리지 못했습니다. 그리고 스페인 사람이 이제까지 수행한 강제책이 없었기에 지금도 이탈리아인은 스스로의 계획이 없고 그래서 이탈리아인은 세상 사람들에게 계속 경멸받았습니다. 하지만 이 백성들은 이 일에 비난을 받아서는 안 됩니다. 오히려 군주가 비난 받아야합니다.[*19] 그들은 이점에 있어서 벌을 받을 만 합니다. 이 문제는 군주들의 어리석음 때문에 그들은 마땅한 보상을 받았습니다. 그리고 그들은 국가 일을 무관심하게 계속 방임하고 용감한 행

---

*19 마키아벨리 〈로마사론〉 제3장. 백성의 잘못은 군주가 만들었다.

동을 전혀 하지 않았습니다.

내가 하는 말이 사실인지 아닌지 당신은 확인하고 싶습니까? 당신은 카를로 왕*20이 이탈리아에 침입한 뒤 오늘날까지 이탈리아 안에서 몇 번이나 계속 일어난 전쟁을 생각해보십시오. 그리고 전쟁은 언제나 인간을 한층 전쟁을 좋아하게 만들고 인간의 인기를 얻습니다. 전쟁은 점점 커지며 더욱 잔혹해집니다. 또 전쟁은 시민의 명성을 그리고 지휘관의 명성을 얼마나 무참하게 만듭니까. 전쟁이 가져온 결과로 보면 군대편성에 정형은 이제까지도 없었으며 지금도 가장 좋은 편성이란 있을 수 없다는 말이 됩니다. 그리고 군대편성을 새롭게 할 경우에는 예전의 편성을 어떻게 도입할지 이를 아는 사람이 하나도 없었습니다. 이탈리아에서 위대한 국가를 만든 사람들을 통해 내가 이제까지 밝힌 방법에 의존하는 것 말고는 이탈리아 군대가 좋은 평가를 되찾으리라고 누구도 생각하지 않습니다. 왜냐하면 군대편성의 특정한 형식은 단순하며 거칠고 난폭해 개성이 강한 사람들이 경멸까지는 아니더라도 수비에 어려움이 있으며 외국의 것이라는 인상을 줍니다. 뛰어난 조각가라면 누구나 잘못 다듬은 대리석으로 훌륭한 흉상을 만들 수 있다고 생각하는 사람은 없습니다. 이는 다듬을 때 충분히 판단할 수 있기 때문입니다.

우리 이탈리아의 군주들은 알프스 저편에서 온 전쟁을 체험하기 전에 군두란 다음과 같은 일을 배울 필요가 있다고 생각했습니다. 즉 모름지기 군주란 궁정 공부방에서 확실한 회답문을 공부할 것, 미문으로 쓴 서간 문체 연습, 재주와 지혜 그리고 기민함으로 가득한 말을 써서 편지를 쓰는 연습, 속이는 말을 쓰는 재주 습득, 보석이나 금으로 몸을 치장하는 일, 일반인보다 훨씬 호화스러운 복장으로 먹고 잘 것, 가까이에 많은 첩을 둘 것, 신하를 탐욕스럽고 거만하게 지배할 것, 하는 일 없이 놀고먹기만 하는 나날을 보낼 것, 무훈에 따라 병사에게 계급을 줄 것, 신하에게 칭찬받을 국책에 의견을 제시하는 사람은 누구든 심하게 꾸짖을 것, 자신의 말이 신탁의 말씀이기를 바랄 것, 이상의 일이 군주가 배워야하는 내용이었습니다. 그리고 공격해온 적은 누구든 그 포로가 되어 버릴 마음의 준비를 한 저 추한 마음가짐을 그들은 평소에는 깨닫지 못했습니다.

---

*20 샤를 8세의 정복.

1494년 대공포 뒤로 군주의 도주, 이상한 증발이 발생하고 동시에 이탈리아에 존재한 열강 사이에 약탈과 파괴가 빈발했다. 게다가 더 불행한 일은 거기서 살아남은 사람이 이전과 같은 악습이 건제하고 이전과 같은 무질서 안에서 생활한다는 점이며 예부터 국가를 지키려 한 사람들이 해온 일, 게다가 내가 이제까지 논의한 모든 문제를 실현 시켜온 일, 나아가 이 군주들의 공부란 몹시 힘든 고생을 견디기 위해 육체를 단련하는 일이며 더욱이 위기에 빠지지 않도록 정신을 단련하는 일이란 건 이탈라이 군주가 생각도 해 보지 않았다는 점입니다.

카이사르건 알렉산더건 그밖에 다른 명군, 명장이라 불리는 모든 인물은 전투에 임할 때는 선진에 서며 무구를 입고 도보로 진군해 만일 나라를 잃는 일이 생길까 생명을 바칠 각오를 하기도 했습니다. 그렇기에 그들은 살아서도 죽어서도 실로 당당했습니다. 만일 그들에게 또는 그들 일부에게 너무 야심적으로 지배했다고 비난하더라도 그들에게는 비난에 걸맞은 연약함이나 게으름으로 전쟁 혐오증을 가진 인간을 만들어 내는 일은 전혀 찾아볼 수 없습니다.

만일 오늘날 군주제후가 이런 고대 인물들에게서 배우며 신뢰할 점이 있다면 무엇이 어떻든 간에 먼저 생활양식을 바꿔야만 하며 그리고 그 영토는 미래의 전망을 바꾸지 않을 수 없습니다.

그럼 오늘 논의 첫 부분에서 당신은 우리의 군대편성*²¹을 비판해왔으니 내가 당신에게 하고 싶은 말은 만일 당신에 위에서 말했듯이 군대편성을 했다고 하면, 그리고 그 시도가 잘 되지 않았다고 한다면, 당신은 스스로 그 점을 이론적으로 분명히 해야만 합니다. 하지만 내가 말한 일과 마찬가지로 편성하지 않거나 훈련하지 않았다면 군대 측에서 당신은 당신 자신이 완전한 형태를 갖추지 못한 미숙아를 낳았다고 비난해야 한다는 점입니다.

그래서 베네치아 인이나 페라라 공은 군대를 만들었지만 오래가지 못했습니다.*²² 이는 그들의 병사에게 문제가 있어서가 아니라 그들 자신의 약점 때문이었습니다. 내가 단언해 두고 싶은 건 오늘날 이탈리아에서 점령국을 보우한 일물 가운데 이 방법으로 처음 입국한 사람은 누구든 다른 어떤 사람보다 먼저 이 지방의 영주가 됐다는 사실입니다. 그리고 이런 나라에서는 마치 테베의 에

＊21 1506년의 편성을 말한다.
＊22 베네치아인은 1509년의 선발대, 페라라 공은 1479년의 에스테 엘코레 공의 군대를 말한다.

파미논다스 군대편성 방법을 배운 필리포스*23가 지배한 시대의 마케도니아 왕국과 같은 일이 일어났습니다. 필리포스는 이 군대편성과 이 군대로 그리스의 다른 나라들이 아무 하는 일 없이 시간을 보내고 희극을 연출하는 일에 빠져있던 사이 그는 그리스를 몇 년 안에 석권할 수 있을 만큼 강력해졌습니다. 그리고 아들이 온 세계의 제왕이 될 수 있을 만큼의 기초를 다졌습니다.

그래서 이런 생각을 무시하는 건 누구든 비록 그가 군주라 할지라도 자신의 군주국을 경멸하는 일이 되며 만일 그가 시민이라면 그 시민은 경멸한 일이 됩니다. 자연(천부적인 자질)은 이 문제를 내가 모르도록 해야 했거나 아니면 그 성과를 보여줄 수 있는 능력을 나에게 주지 않았어야 한다고 나는 자연에게 불만을 말하고 싶은 지경입니다.

나는 나이가 많이 들었기에 오늘날의 일은 이제 더 이상 생각하지 않겠습니다. 이는 다음 기회를 기약하려 합니다. 그래서 이 문제에서 나는 당신과 마찬가지로 여기서 해방됩니다. 당신은 젊고 뛰어난 자질을 가졌기에 내가 설명한 위와 같은 문제를 만일 당신만 괜찮다면 당신의 군주들을 위해 적당한 시기에 조언했으면 합니다. 이 나라 군주들의 사정에 당신이 놀라거나 겁먹어서는 안 됩니다. 이 국토는 과거 사람을 찬양하기 위해 태어난 것처럼 보입니다. 예를 들어 이 나라에서는 시, 그림, 조각 분야에서 찬양받아 마땅한 인물이 있었기 때문입니다. 하지만 내가 아는 한 나는 몇 년도 전부터 이 문제를 조언했지만 누구도 나를 믿지 않았습니다. 그리고 실제 만일 운 좋게 과거에 이런 계획을 받아들일 만큼의 큰 나라가 내 말을 적용했다면 짧은 기간에 고대 군대편성이 얼마나 가치가 있었는지를 세상에 증명할 수 있으리라 생각합니다. 그리고 의심할 여지없이 나는 우리 이탈리아의 명예를 드높이고 불명예를 모두 없앴을 겁니다.

---

*23 필립 2세.

마키아벨리에 대하여

마키아벨리의 시대

피렌체의 발전

강변도시

피렌체는 BC 80년 루카우스 코넬리우스 술라가 '플루엔시아(Fluentia)'라는 이름의, 퇴역 군인을 위한 거주지역으로 건설한 것으로 플루엔시아는 그 주거지가 '두 개의 강' 사이에 지어졌던 데서 비롯된 명칭이며, 이것이 잘못 전해져서 플로렌시아로 바뀌었다.

나중에 '피오렌차(Fiorenza : 플로렌시아의 지방 방언)'로 바뀌었으며, 고대 이탈리아어에서 '피오렌체', 근대 이탈리아어에서 '피렌체'로 바뀌어 오늘에 이른다. 토스카나주 북방에 위치하여 북으로는 알바노 산맥, 남으로는 키안티 산맥이 골짜기를 감싸고, 그 사이를 아르노 강이 서쪽으로 완만하게 흐른다. 이곳을 '아르노 계곡'이라고 부른다. 높은 곳에서 내려다보면 봄이면 천지에 흐드러지게 꽃이 피고 아르노 강은 은빛으로 빛난다. 강 서쪽 기슭을 사이에 두고 자연의 꽃보다 더욱 기품 있게 과시하는 듯이 도시 피렌체가 보인다.

피렌체의 역사에는 매우 높은 정치적 의식과 풍요로운 발전형식이 결합되어 나타난다. 그런 의미에서 피렌체는 세계 최초의 근대국가라는 이름을 얻을 만하다. 그 놀라운 피렌체 정신, 날카로운 이성과 동시에 예술적 창조력을 지닌 정신은 정치 및 사회 상태를 꾸준히 변화시키고, 나아가 그것을 끊임없이 기술하고 조정한다. 이처럼 피렌체는 정치 학설과 이론, 실험과 진보의 고장이 되고, 나아가 통계술의 고장, 그리고 세계의 온갖 나라들에 앞선 새로운 의미의 역사적 서술의 발상지가 되었다.

경제발전과 코무네

신성로마 황제와 로마 교황 사이에 성직서임권을 둘러싼 다툼이 일어났을 즈음에 피렌체는 이탈리아 중부 토스카나 지방의 교황당(겔프당)의 본거지였다. 1197년 독일 황제에게 저항하는 토스카나 동맹에 가담했다가 13세기 초 사교(司敎)권에서 독립하여 완전한 자치도시가 되었다. 토스카나 지방의 다른 도시 루카, 피사, 볼로냐 등도 차츰 피렌체의 세력 아래로 들어와 피렌체는 토스카나 전체의 패권을 차지한다. 이런 두드러진 발전은 특히 경제번영의 덕택이다.

피렌체에는 유독 상공업이 발전했다. 밀라노라든가 파비아 등은 십자군원정의 통로였던 덕분에 동양물자를 유럽 여러 국가로 나르는 중개무역으로 번영했다. 베네치아, 피사, 주네브 등 항구도시도 그런 투기적인 이익에 참여했다. 이에 반해 피렌체는 모직물공업과 견직물제조업 등 생산도시로서 견실하게 발전했다. 또한 피렌체는 손꼽히는 금융도시였다. 교황당 세력의 중심이었으므로 로마 교황청과 밀접한 관계를 맺고 그 재정을 도맡아 처리했기 때문이다. 피렌체라는 이름은 유럽 금융계에 널리 알려지기에 이른다. 이에 근대 최초의 은행업이 일어나 13세기 초에는 유명 은행가가 20명을 넘었다고 한다. 그들은 유럽 각지에 지점을 두고 금융망을 넓혔으며, 피렌체 금화 피오리노는 국제통화로 쓰였다. 토스카나 지방에 패권을 세운 것은 이런 경제번영 덕분이다.

한편 경제발전에 합당한 조건이 정치상태 속에 있었다. 코무네(자치도시)가 그것이다. 코무네의 발전과 흥성은 북이탈리아 롬바르디아 지방이 가장 빨랐다. 이 지방은 본디 신성로마 황제의 세력범위에 들어 있었는데 황제권을 대표하는 대귀족은 도시와 농촌을 직접 지배하는 소귀족에게 차츰 제압을 당한다. 마침내는 도시가 이들 소귀족에게 반항하기에 이르렀고, 황제에게서 자치특권을 얻어 홀로 서게 된다. 마찬가지로 북이탈리아에서 베네치아 등은 동로마제국으로부터 사실상 독립된 상태였다. 중부 이탈리아에서도 비슷한 과정을 거쳐 12세기에는 영주에게 반기를 들고 독립을 얻어내 각지에 코무네가 발생한 것이다.

처음부터 이탈리아에서는 로마시대 이래로 도시생활의 전통이 이어졌다. 봉건제도가 없었던 것은 아니다. 피렌체조차도 13세기까지는 봉건제도의 찌꺼기가 남아 있었다. 특히 남이탈리아에서는 영주의 봉건적 지배가 줄곧 이어지고 있었다. 현재도 이탈리아 남부가 뒤떨어진 것은 그 때문이다. 그러나 전체적으로는 이탈리아의 봉건제도는 알프스 이북의 나라들처럼 깊이 뿌리를 내리지

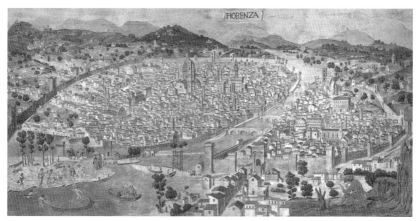

15세기 피렌체

못했다. 현대의 역사가 오토카르는 이탈리아의 도시 코무네의 특색을 알프스 이북의 도시와 달리 주변 세계와의 교류, 시민계급과 봉건귀족의 융합에서 찾고 있다. 도시생활의 전통을 지닌 이탈리아인에게는 봉건제도는 익숙하지 않았을 것이다. 경제발전과 더불어 코무네야말로 이탈리아 르네상스의 모태라고 해도 과언이 아니다.

　각각의 코무네마다 차이가 있지만 구조는 비슷비슷하다. 먼저 유력자인 대상인이 시정에 관여했다. 완전한 사법권과 자치권을 얻은 뒤에는 대상인, 대지주, 금융업자 등의 상층계급에서 뽑힌 직업조합의 대표자가 시참사회를 만들어 시정을 맡았다. 일반시민, 즉 소상인, 수공업자, 일일노동자 등은 전혀 시정에 관여하지 않는다. 따라서 그 무렵의 코무네는 귀족색이 짙어서 결코 민주적이라고 할 수는 없다. 13세기 중반에 시참사회 위에 행정을 총괄하는 역할로서 포데스타(행정장관)를 두어 6개월 또는 1년을 기한으로 최고행정권을 맡겼다. 교황당 대 황제당의 다툼, 대시민과 소시민의 반목이 들끓어 자주 시정을 혼란에 빠트렸다. 때문에 초당파적인 조정자 역할로서 포데스타 제도를 두었던 것이다. 하지만 중산계급의 기세가 높아지자 여전히 귀족적인 포데스타 제도에 불만을 품는다. 그리하여 민중의 이익을 지키기 위해 시민장이라는 관직을 두게 된다. 이처럼 한편으로는 상층계급으로 이루어진 시참사회와 포데스타, 다른 한편으론 민중의 장으로서 시민장이 있는 동거정권이 구성되었다.

피렌체의 불안한 정치 상황

이런 이탈리아 코무네의 발전경로를 피렌체는 전형적으로 밟아 나간다. 즉, 13세기 초 교황당에 가담했던 유복한 상층계급은 황제당의 봉건귀족과 다투었다. 13세기 말 시민측이 승리를 거두어 귀족들을 시정에서 몰아냈다. 그러자 시민 내부에서 분쟁이 일어난다. 대조합에 속하는 대시민과 소조합에 속한 소시민이 그것이다. 그즈음 피렌체에서는 시민권을 지닌 사람은 어떤 직업조합에 든지 들어가도록 규정되어 있었다. 이 직업조합을 '아르떼'라고 하는데 직업별 아르떼가 21개 있었다. 대시민은 대조합을 만들어 공증인, 모직물 판매업자, 모직물 제조업자, 은행업자, 견직물상인, 의사 등이 들어갔다. 그중에서도 모직물 제조조합과 견직물 제조조합이 가장 유력했다. 이에 반해 소조합에는 푸주장이, 포도주상인, 여관업자, 철물상인 등이 들어갔다. 소시민은 대시민의 재벌정치에 불평을 품고 지위 향상을 추구한다. 개혁을 피할 수 없게 되자 1282년 프리오리(시정위원) 제도가 생겨나 시 전체 6개 구에서 1명씩 선출한 6명의 프리오리가 시의 정무를 담당하게 된다. 그러나 프리오리도 여전히 대상인 가운데서 나왔으므로 소시민의 불만은 전혀 가라앉지 않는다. 그리하여 1293년 대상인인 지아노 델라 벨라가 소시민의 의견을 받아들여 개혁을 단행한다. '피렌체 시민의 마그나 카르타'라고 불리는 '정의의 규정'이 그것이다. 시민의 자유와 권리를 지키는 100개 조항이 정해지고, 정부를 지키기 위해 '정의의 기사'를 두어 2천 명의 병사를 배치했다. 이리하여 프리오리와 정의의 기사가 피렌체의 최고 행정기관인 시뇨리아를 구성했다. 겉으로는 민주적이지만 사실은 대상인의 과두정치나 다름 없었다. 피렌체 민주정은 줄곧 그런 성격을 잃지 않았을 뿐만 아니라 나중에는 개인 독재로 변질된다.

이런 상황에선 정국은 안정을 꾀하기 어렵다. 교황당과 황제당이 격렬하게 싸운 것이 정치 상황의 불안을 키운다. 1302년 단테(1265~1321)가 피렌체에서 추방당한 것은 이런 정쟁의 틈바구니에서였다. 그는 황제당에 속해 의사조합에서 프리오리에 선출되었다. 14세기에도 양당의 분쟁은 끊이질 않고, 더군다나 대소 시민 사이의 다툼도 해결될 기미를 보이지 않자 그런 정치 상황 때문에 자주 정변이 일어났다. 예를 들면 1342~1343년 구알티에리라는 귀족이 귀족과 하층민의 지지 아래 피렌체를 지배했다. 이어 1378년 치옴피의 난이 일어났다. 모직물 제조업자의 하청을 받는 소모공(ciompi)이 폭동을 일으켰다. 그러나 이런 동요는 오히려 개인의 대두를 부추긴다. 정국의 동요를 수습하려면 결국 독재적인 지배자의 수완에 기댈 수밖에 없기 때문이다. 즉 겉보기뿐인 민주정은 독재자 출현을 준비하고 있었던 것이다. 이때 메디치 가가 새로이 나타나 피렌체의 역사와 운명을 함께 하게 된다.

메디치 가 성쇠기

메디치 가의 번영

메디치 가는 본디 약종상을 가업으로 했었다. 집안의 문장이 6개의 둥근 공인 것은 약국 간판으로 알약을 나타냈기 때문이라고 한다. 메디치 가의 살베스트로는 치옴피의 난 때 하층민 편을 들어 민중의 인기를 모았다. 메디치 가는 이후로도 세력을 유지하기 위해 민중의 신뢰를 얻는 일을 상투적인 수단으로 삼는다. 다음 대인 조반니(1360~1429)에 이르러서는 힘으로 누를 수도, 눌리지도 않는 존재가 되었다. 은행업에 몸담아 돈의 힘을 디딤대 삼아 정계에 진출했기 때문이다. '정의의 기사'로서 시민당 우두머리를 맡았다. 다른 한편으로는 교황의 재산관리인이 되어 교황청에까지 파고들었다.

조반니의 맏아들 코시모(1389~1464)는 은행업에 수완을 발휘해 메디치 가의 재력을 더욱 불려 나갔다. 교황청에 대한 고리대출, 원격지 상업, 양모공업 등을 혼자서 도맡았다. 메디치 은행은 유럽 전체로 지점망을 넓혀 나갔고, 대출 장부에는 교황에서 프랑스 국왕, 독일 귀족, 에스파냐와 포르투갈 왕족의 이름까지 올라 있었을 정도로 가업이 번창했었다. 더구나 현명하게도 제도상 민주제를 내세우는 피렌체에서 지배자처럼 행동하는 것은 시민감정을 긁는다는 사실을 너무나 잘 알고 있었으므로 그는 정계에서 표면에 나서려고 하지 않았다. 대신에 요소요소에 부하를 배치하고 뒤에서 정부를 움직였다. 이름을 버리고 실리를 얻는 상인 근성의 표출이다.

이렇게 코시모의 명성이 드높아지자 전부터 메디치 가의 전복을 꾀하던 알비치 가가 지배의 야심을 품은 위험인물로 코시모를 찍어 재판을 통해 나라 밖 추방령을 내렸다. 코시모는 잠자코 처분에 따른다. 그도 그럴 것이 정부 안에 자기편이 있고, 반대파도 매수해 두었기 때문이다. 아니나 다를까 1년도 채

지나지 않아 코시모는 피렌체로 돌아왔다. 이번엔 알비치 일파가 쫓겨날 차례였다.

조국의 아버지 코시모

피렌체로 돌아온 코시모는 형식상으로는 한 시민에 지나지 않았지만 사실상 독재자였다. 오랜 원수 알비치 일파는 처형당했고, 경쟁상대는 쫓겨났으므로 대항할 만한 자는 없다. 재력으로 시정을 움직이고 민중을 자기편으로 만든 것이 성공 요인이었다. 코시모가 세상을 떠날 때까지 10년 남짓 동안 피렌체는 눈부신 발전을 거둔다. 그가 죽었을 때, 피렌체 시민이 '조국의 아버지'라고 칭송한 것도 결코 지나친 찬사는 아니다. 실제로 그의 치정 동안에 피렌체는 영토를 넓히고 로마 교황이나 베네치아와 손을 잡는 한편, 나폴리의 아라곤 가와 밀라노 공국과도 동맹을 맺어 피렌체의 지위를 안정시켰다. 오랜 당쟁을 가라앉혀 전에 없던 정치적 안정을 가져왔다. 경제 번영과 정치 안정을 바탕으로 코시모는 문화보호에 힘썼다. 그는 르네상스 시대가 낳은 문화보호자 가운데 빼어난 인물이었다. 예를 들면 신플라톤 학자인 게오르기오스 게미스토스 플레톤(1355~1452?)은 1438~39년에 피렌체에서 '아리스토텔레스와 플라톤이 신(神)을 보는 서로 다른 관점'에 대한 강연을 통해서 서유럽에 플라톤 사상을 다시 소개했는데, 그 자리에 참석했던 코시모가 그를 지지하고 후원하는 뜻에서 플라톤 아카데미를 세워 그리스 학문의 부흥에 힘썼다. 니콜로 니콜리(1364~1437)라는 학자에게 로마의 자연철학자 플리니우스(23?~79)의 값비싼 사본을 사주었다. 니콜로 컬렉션은 그가 죽은 뒤에 코시모의 도움으로 산마르코 수도원에 보관되었다. 코시모 자신도 로렌치아 도서관을 세워 고서를 수납했다. 피렌체를 아름답게 가꾸기 위해 도시를 정비하고, 집짓는 사업에 어마어마한 돈을 썼다. 성모마리아 대성당, 산마르코 수도원, 산로렌초 교회 등에서 많은 예술가들에게 마음껏 기량을 펼치게 했다. 피렌체가 르네상스 문화의 수도가 된 것은 코시모의 통치 아래에서였다.

르네상스 문화의 첨단

르네상스 문화의 발전으로 피렌체는 첨단을 달린다. 교황당과 황제당의 다툼에 휘말려 피렌체에서 쫓겨나 다시는 고향땅을 밟지 못하고 세상을 떠난 단

〈코시모 데 메디치의 귀환〉 바사리 작. 베키오 궁전, 코시모 일 베키오의 방

테는 이탈리아 국민문학의 시조일 뿐만 아니라 세계문학사상 제1급의 시인이다. 시인 페트라르카(1304~1374)는 피렌체와 직접 관계는 없지만 그가 시작한 고전부흥(인간주의적 연구)은 피렌체에서 가장 활발했다. 페트라르카에 이은 보카치오(1313~1375)는 피렌체 상인의 아들로 피렌체와 연고가 적지 않다. 대표작 《데카메론》은 그즈음 미쳐 날뛰던 흑사병을 피하기 위해 피렌체의 10명의 신사숙녀가 근교의 별장에서 열흘 동안 머물면서 하루에 한 가지씩 이야기를 한다는 줄거리이다. 피렌체가 이탈리아 시문학의 중심이 된 것은 의심할 바 없이 이런 전통이 내린 선물이다.

그런데 페트라르카는 로마의 캄피돌리오 언덕에서 영광스런 계관시인 칭호를 받은 국민시인인데 고전부흥에도 앞장을 섰다. 고전부흥의 목적은 무엇이었을까? 본디 '휴머니즘'이란 말은 인간다움, 인간의 가치라든가 존엄성을 나타내는 '후마니타스'라는 라틴어에서 유래한다. 그 기원은 그리스어에 있다. 그리스 문화의 특색은 인간적이라는 점이다. 이 생각을 로마인이 받아들여 '후마니타스'라고 불렀다. 후마니타스, 즉 인간성을 획득하려면 그리스의 학예를 연구하는 것이 가장 빠른 길이다. 그래서 로마의 문인이자 웅변가인 키케로(BC 106~43)는 인간성을 획득하는데 필요한 교양을 '스투디아 후마니타티스(인간성 연구)'라고 이름 붙이고, 그리스를 모범으로 삼았다. 페트라르카가 고전 부흥과 고서 수집에 노력한 것도 '스투디아 후마니타티스'를 얻는 것이 목적이었기 때문이다.

중세에 고전의 지식과 연구가 전혀 없었다고 하면 거짓말이 된다. 교회나 수도원에서 초보적인 고전연구는 이루어졌다. 그중에서도 8세기에 나온 앨퀸(735경~804)은 중세 초기 고전학자로서 카를 대제(샤를마뉴, 742~814)를 받들어 카롤링 왕조의 르네상스를 추진했다. 13세기에는 토마스 아퀴나스(1225~1274)가 스콜라 철학으로 고전지식과 그리스도교 사상을 융합했다. 그러나 중요한 것은 무엇을 읽었는가가 아니라 어떻게 읽었느냐 하는 것이다. 중세 때는 고전은 그리스도교에 봉사했다. 이에 반해 르네상스 휴머니스트는 고전을 '리터리 후마니오레스(인문학)'이라고 보고 고전 속에서 약동하는 인간성, 그리스도교의 속박을 모르는 인간성을 배워 얻으려 했다. "우리가 일반적으로 인문주의라고 부르는 문화운동에서 처음으로 새로운 인간관과 삶의 형성을 목표로 하고, 더구나 인간을 풍요롭게 하고 정화하기 위한 원천으로서 열광적으로 우리를 만한 의미에서의 고대작가의 인식과 모방이 등장했다."(부르다흐 《종교개혁, 르네상스, 인문주의》)

이탈리아의 휴머니즘

이상은 휴머니즘의 일반적 정의인데 르네상스 시대 이탈리아인에게 고대나 고전은 죽은 과거의 유물이 아니라 살아 있는 친근한 것이었다는 점에 유의해야 한다. 특히 로마 시대는 선조의 역사이고, 라틴어는 그들이 썼던 언어였다. 그것은 다른 민족과는 달리 피로 이어져 있는, 말하자면 국민감정과 밀착해 있었다. 나아가 이탈리아의 휴머니즘 운동이 도시생활과 떼어놓고 생각할 수는 없다는 점이다. "이탈리아인이 대규모로 고대에 빠져드는 것은 14세기가 되어 차츰 시작된다. 그러려면 이탈리아에서만, 그것도 이제 막 나타나기 시작한 도시생활의 발전이 필요했다. 즉 귀족과 시민의 공동생활과 사실상의 평등과 교양의 필요를 느끼고, 나아가 그를 위한 여가와 돈의 여유가 있는 일반적 사회의 형성이다."(부르크하르트 《이탈리아 르네상스의 문화》) 고전 지식은 성직자가 담당했던 신학적 교양을 대신하는 인간적이고 세속적인 교양으로 도시민의 요구와 맞아떨어져 환영을 받았다. 휴머니즘 발상지가 시민정신과 시민생활이 가장 활발했던 피렌체였던 것은 자연스러운 일이다.

그리하여 페트라르카가 시작한 고전연구는 날이 갈수록 번성했고, 페트라르카와는 그다지 인연이 없었던 시민계급과의 관계가 매우 가까워지기 시작한다. 갈렌이 15세기 휴머니즘을 '시민적 휴머니즘'이라고 부른 까닭이다《이탈리아 휴머니즘》). 좋은 예로 코르티오 사르타티(1331~1406)가 있다. 그는 뛰어난 휴머니스트임과 동시에 정치가로서 1375년부터 죽을 때까지 피렌체 공화정부 우두머리였다. 정부의 요직에 있었기 때문에 휴머니스트 보호에 앞장서기도 했다. 코시모의 문화보호 또한 피렌체의 빛나는 전통의 선물로 볼 수 있다.

피렌체파의 미술

시와 고전의 연구뿐만 아니라 미술도 피렌체는 첨단을 달렸다. 피렌체 시민사회가 신선한 예술운동의 온상이 된 것은 전혀 이상하지 않다. 예술에서 피렌체파의 특색은 다양성에 있었다. 미술사가 버나드 베렌슨은 이렇게 말한다.

"베네치아파 사람들의 의의는 그들이 화가였다는 점에서 끝이 난다. 하지만 피렌체파는 그렇지 않다. 만일 그들이 화가였다는 점을 무시하더라도 여전히 위대한 조각가로 존재한다. 조각가였음을 무시하더라도 그들은 나아가 건축가로, 시인으로, 또한 과학자로도 존재한다. 그들이 시도하지 않았던 표현형식은 아무것도 없었다. 회화는 그들의 인격을 단지 부분적으로 표현하는데 지나지 않을 뿐, 반드시 가장 적확하게 나타내는 것은 아니었다. 따라서 우리는 그 작품보다도 예술가로서의 그들이 위대하다고 생각하고, 또한 예술가로서의 그들보다도 인간으로서의 그들이 더 위대하다고 느끼기 때문이다. 피렌체파 회화는 특히 위대한 인격에 의해 이루어진 예술이었기 때문에 그것은 최고로 흥미 있는 여러 문제를 다루고, 그 가치를 결코 잃지 않는 해석을 제공했다."《르네상스의 이탈리아 화가》)

여기서는 피렌체 시민사회를 무대로 하여 화가, 조각가, 건축가가 어떻게 묘기를 부렸는지 살필 겨를은 없다. 다만 피렌체가 새로운 학문의 대학이자 미술의 한 대학이었음은 분명하다. 그리고 코시모 데 메디치는 그들이 각자의 천재성을 유감없이 발휘하도록 지원했다.

로렌초의 등장

코시모가 세상을 떠난 뒤 장남 피에로(1416~1469)가 뒤를 이었다. 공화국에서는 독재자의 세습 같은 것은 있을 수 없지만 코시모는 반대파를 누르고 메디치 가의 지배체제를 굳혀 놓았다. 그런 아버지의 배려에도 피에로는 '통풍에 걸린 피에로'라는 별명처럼 병약한데다가 아버지만한 기량을 지닌 인물이 아니었다. 그런데도 5년 동안 어떻게든 메디치 왕국을 지키다가 장남 로렌초(1449~1492)에게 바통을 넘겼다. 이 로렌초야말로 세간에 '위대한 로렌초'라고 불리고, 할아버지 코시모 시대의 성대함을 적어도 표면적으로는 지켜낸 인물임에 틀림이 없다.

그는 첫 무대를 밟을 때부터 이미 드라마틱했다. 스무 살이 될까 말까한 애송이가 메디치 가를 지킬 수 있을까 세상은 고개를 갸우뚱했다. 반대파인 파치 가가 이런 기회를 놓칠까보냐고 덤벼들었다. 파치는 메디치와 마찬가지로 은행가로 말하자면 사업상의 적이었다. 1478년 4월 26일 자객들은 로렌초와 그의 동생 줄리아노(1453~1478)의 목숨을 노렸다. 마침 대성당에서 일요일 미사가 한창 거행되는 때를 덮쳤다. 줄리아노는 죽임당했고 사체는 아르노 강으로 던져졌다. 로렌초는 침착함과 행운의 덕을 입어 가까스로 살아났다. 파치 가는 도시에서 폭동을 일으키려 했지만 시민은 응하지 않았다. 메디치 가 집 앞에 모여 있다가 로렌초가 무사한 모습으로 나타나자 환성을 질렀다. 음모자는 모조리 교수형에 처해졌고, 파치 가는 깡그리 제거되었다. 아울러 줄리아노 암살 하수인의 한 사람인 베르나르도라는 사제는 본보기로 대중 앞에서 교수형에 처해졌다. 피렌체 화가 레오나르도 다 빈치(1452~1519)의 소묘 작품 〈베르나르도의 처형〉은 그 처참했던 모습을 그리고 있다.

그런데 반메디치의 음모자로 피사의 대주교가 가담했다가 파치 가와 함께 처형되었다. 분노한 교황 식스투스 4세(재위 1471~1484)는 로렌초를 파문한다. 아울러 교황에게 동조했던 나폴리군이 피렌체를 위협하고, 밀라노와 베네치아는 피렌체를 도우려 하지 않는다. 산 넘어 또 산이었다. 이때 로렌초는 아슬아슬한 재주를 부려 사람들을 경악케 했다. 홀몸으로 나폴리로 뛰어든 것이다. 그리하여 나폴리 왕을 설득하여 화의를 맺고, 나폴리 왕의 중개로 교황과도 화해를 하기에 이른다. 로렌초가 피렌체로 돌아오자 시민의 대대적인 환영을 받은 것은 말할 것도 없다. 공화정부에서 로렌초의 지배체제는 반석을 이룬다.

로렌초 행장기

로렌초의 권세는 이제 할아버지 코시모를 넘어선다. 공화정은 이름뿐이었다.

파치 가 일당이 메디치 형제를 습격한 사건을 묘사한 그림　로렌초는 상처를 입고, 동생 줄리아노 메디치는 죽었다.

그는 결혼정책으로 교황과 인척관계를 맺는다. 차남인 조반니를 추기경으로 만든다(뒷날의 교황 레오 10세). 베네치아 및 밀라노와도 수교를 회복한다. 15세기 끝 무렵 이탈리아가 비교적 평온했던 것은 로렌초의 외교수완에 힘입은 피렌체를 중심으로 한 세력균형 덕분이었다.

좋든 싫든 로렌초만큼 르네상스의 전성기를 상징하는 인물은 없을 것이다. 할아버지 코시모 같은 대규모 건축사업은 벌이지 않았지만 정치적인 목적에서 학자와 예술가를 보호했다. 정치적 목적이란 그들에게 메디치 가를 찬미하게 하거나, 여러 나라로 내보내 피렌체 문화를 선전하게 하려 했기 때문이다. 그 자신은 평생토록 사치의 극치를 누렸다. 풍광이 뛰어난 곳에 별장을 짓는다, 화려한 경기대회를 연다, 보석을 위해 돈을 물 쓰듯이 쓴다, 고대 화폐 수집은 근사한 일이라는 식으로. 세상 사람들이 '위대한 로렌초'라고 부른 것도 무리가 아니다.

휴머니스트인 란디노(1424~1498)는 《카말돌레스 논쟁》에서 플라톤 철학에 심취했던 그즈음 휴머니스트들이 카센티노 산속에 있는 카말돌레스 수도원에서 열렸던 우아한 연회를 표현하고 있다. 실제생활과 명상생활 중 어느 것이 훌륭한가 논쟁을 하게 했다. 플라톤(BC 427~347)의 《향연》에 대항했던 것이다. 로렌초는 이 저명한 휴머니스트와의 철학논의로 시간 가는 줄 몰랐다. 그런가 하면 손수 시나 극을 짓는 재주꾼이기도 했다. 자작시 《바커스와 아리아드네》에서 카니발의 도취를 이렇게 노래하고 있다.

청춘은 얼마나 아름다운가,
이렇게 덧없이 지나가건만.
즐겁다면 즐겨야 하리라,
내일이라는 날은 허무한 것을.

부르크하르트가 말한 것처럼 이 노래 후렴구는 르네상스의 짧았던 영광을 예감한 듯싶다. 로렌초는 어떤 풍모를 지녔을까? 키는 컸지만 창백한 얼굴에 이마와 턱이 튀어나와 전체적인 인상은 추남에 가까웠다. 목소리는 기묘하게 쉬어 있었다. 그런데도 보는 사람을 매료시켰다. 피렌체 역사가 귀차르디니(1483~1540)는 "로마제국이 멸망한 뒤로 이제까지 코시모와 그의 손자 로렌초

만큼 커다란 권위를 지닌 시민은 없었다"말한다. 과장된 말이라고 해도 르네상스 전성기가 로렌초에 의해 이루어졌음은 부정할 수 없는 사실이다.

하지만 지배자가 이래가지고야 피렌체의 장래를 마음 놓을 수 있겠는가. 마음을 놓기는커녕 걱정거리는 한두 가지가 아니었다. 코시모는 엄격하고 검소했지만 로렌초는 사치 그 자체였다. 코시모는 업무에 힘썼지만 로렌초는 가업은 돌아다보지도 않았다. 메디치가의 재산이 차츰 탕진되어 간 것은 마땅했으리라. 다만 할아버지와 손자의 이런 생활태도의 차이

로렌초 데 메디치(1449~1492)
바사리 작. 우피치 미술관 소장

는 시대풍조의 차이에서 비롯되었다. 그도 그럴 것이 르네상스 초기에 왕성했던 기업정신은 온데간데없고 부를 일군 부르주아는 그 부를 새로운 기업에 투자하기보다는 금리생활자의 안일을 탐하게 되었기 때문이다. 로렌초는 1492년에 죽었다. 임종 때 도미니코파 수도사 사보나롤라(1452~1458)에게 참회했다고 전해진다. 한 시대를 풍미한 건방진 젊은이와 수도사의 만남은 르네상스 종말을 암시하기라도 하는 것 같았다. 사실 로렌초의 죽음을 전기로 피렌체의 내외정세는 급물살을 탄다.

피렌체 문화의 그늘

로렌초 시대부터 피렌체 문화에 그늘이 지기 시작하는 과정을 휴머니스트와 예술가의 경우로 나누어 살펴보자. 고전부흥과 함께 많은 휴머니스트가 등장했다. 그러나 초기 휴머니스트에게 넘치던 인생과 세계에 대한 진지한 관심은 사라지고 고대의 것에 대해 아는 수준에 불과해진 것은 누가 보아도 자명했다. 갈렌은 이렇게 지적한다.

〈모나리자〉
레오나르도 다 빈치 작(1503~1506). 루브르미술관 소장

"초기 휴머니즘은 주로 시민생활을 강조하고, 인간에 의한 지상국가의 자유로운 건설을 부르짖고 있지만, 15세기 끝 무렵쯤이 되면 현세 도피와 명상적 경향이 차츰 뚜렷하게 드러나기 시작한다. 사르타티와 부르니로 강조되는 인생의 찬미에 더하여 프라토니즘에선 철학은 죽음에 대한 접근으로 이해되고, 금욕적 분위기로 거론되었다."《이탈리아의 휴머니즘》)

휴머니스트는 일반시민으로부터 동떨어져 후원자인 귀족의 취미에 따르는 것만이 능사였다.

본디 이탈리아 휴머니즘은 이탈리아 국민감정을 모태로 하여 발달했다. 이것은 중세 이후 외국인 지배로부터 이탈리아를 해방하는 염원을 고취하고, 따라서 전제군주라는 것을 혐오했다. 그런데 그런 기풍은 차츰 엷어진다. 때마침 프랑스와 에스파냐가 쳐들어올 기회를 노리고 있었으므로 이탈리아는 바람 앞의 등불이었다. 위기는 그러나 평화에 젖은 휴머니스트의 눈에는 비치지 않아 귀족사회 속에서 유유자적 세월을 보내고 있었다. 이런 이탈리아 휴머니즘의 변화는 피렌체에서는 더욱 확연하게 나타난다. 예를 들면 신플라톤주의 유행이 그것이다. 코시모가 창설한 플라톤 학원은 로렌초의 지지로 한결 번성했다. 원장인 피치노(1433~1499)는 플라톤뿐만 아니라 신플라톤파인 프로티노스(204~270)를 연구하고 그의 저서를 번역했다. 그러나 프로티노스의 세계관은 미적, 신비적인 특징을 지닌다. 그것은 귀족 티를 내는 대시민의 기분과 딱 들어맞았다. 《카말돌레스 논쟁》에 나오는 화려한 사교는 상류시민의 정서와 풍경을 나타낸다.

그늘은 미술계에도 나타난다. 앞에서 말한 것처럼 피렌체파의 특색은 다양성과 인간성에 있다. 그런 것들을 일관하는 것은 강한 리얼리즘 정신이다. 하지만 리얼리즘이 절정에 이르자 새로운 방향을 모색한다. 15세기 말은 사실주의에서 고전주의로의 전환기이다. 좋은 예가 레오나르도 다 빈치이다. 그는 사실주의에 철저하면서도 완성과 조화의 고전주의를 지향하여 마침내 그것을 이루게 되는데 그즈음 피렌체 미술계에 실망한 끝에 밀

레오나르도 다 빈치(1452~1519) 자화상
1508년 9월 레오나르도는 피렌체를 떠난다. 이로써 피렌체의 예술은 급격히 쇠퇴한다.

라노로 떠난다. 내면적인 고민도 있었을 것이다. 하지만 직접적인 동기는 로렌초의 예술정책이 마음에 들지 않았기 때문이다. 로렌초는 코시모처럼 대규모 건축사업을 벌이지 않았다. 따라서 피렌체 예술가들은 활동 터전을 잡지 못해 처지를 한탄하고 비관할 따름이었다. 이름 있는 예술가가 교황이나 제후의 초청을 받으면 떠나는 배와 함께 그것으로 끝이었다. 그래서 피렌체 미술계는 갑작스레 횅뎅그렁해졌다. 그것이 로렌초가 바라던 바이기도 했다. 뛰어난 예술가를 다른 나라에 보내 명성을 떨치려 했으니까. 레오나르도는 이런 로렌초의 예술정책에 반감을 품었을 것이다.

이리하여 15세기 말 피렌체 문화에는 그늘이 지기 시작한다. 그런 그늘은 따지고 보면 피렌체가 맞닥뜨린 정치적, 경제적 위기가 낳은 것이었다.

무기 없는 예언자

로렌초가 죽은 뒤에 외아들인 피에로(1472~1503)는 기량이 그다지 뛰어나지 않은 사람으로 마침내 메디치 가에도 쇠퇴의 기미가 나타난다. 1494년 가을 프랑스왕 샤를 8세(재위 1483~1498)는 나폴리 왕국의 상속을 구실로 이탈리아 원정에 나선다. 이 사건은 이탈리아를 국제정치의 소용돌이에 밀어 넣고, 마침내는 이탈리아 르네상스의 운명을 결정짓게 된다. 원정길에 프랑스군은 피렌체를 습격하지만 국민군 없이 임기응변식 용병에 매달리던 피렌체는 어찌할 바를 모르고 허둥댄다. 피에로는 상금 20만 굴덴을 지불하는 것과 피렌체가 악전고투 끝에 정복한 피사 독립을 인정하는 조건으로 샤를과 화의를 맺게 된다. 피렌체 시민은 시답지 않은 피에로를 쫓아내고 오랜만에 공화정을 부활한다.

부활했지만 쓸데없이 우왕좌왕할 뿐 이렇다 할 만한 지도자가 없다. 이때 혜성처럼 나타나 단숨에 사태를 수습한 사람이 사보나롤라이다. 지롤라모 사보나롤라는 북이탈리아의 페라라에서 태어났다. 도미니코 수도원에 들어갔다가 1482년 피렌체의 산마르코 수도원으로 옮겨 1491년 원장이 된다. 때는 르네상스 최고조기. 신앙은 바닥에 떨어지고 기풍은 흩어질 대로 흩어졌다. 그는 대성당 설교단에서 시민을 향해 경고한다. "참회하라, 때가 왔다. 속죄하라, 그렇지 않으면 커다란 재앙이 반드시 너희를 덮치리라." 처음엔 미친 사람으로 보던 시민도 차츰 그의 예언자적 열변에 마음이 움직인다. 그의 설교가 얼마나 강렬한 감명을 주었는지는 〈비너스 탄생〉이나 〈봄〉 같은 이교적 그림을 그렸던 보티첼리(1440경~1510)가 어엿한 사보나롤라 신자가 된 것을 보아도 짐작할 수 있다. 독재자 로렌초의 죽음과 프랑스군의 침입이 그의 예언을 뒷받침해 시민의 인기는 폭발적으로 솟아오른다. 사보나롤라는 샤를 8세와 교섭하여 어찌 됐든 화의를 성립시킨다. 프랑스군이 물러간 뒤에 시민이 그에게 공화정의 지도를 맡긴 것은 마땅한 결과다.

그러나 사보나롤라가 펼친 것은 시민적 공화정이 아니라 신정 정치였다. 엄격한 금욕주의를 부르짖어 모든 사치와 향락을 금하고, 시민의 도덕적 갱생을 주창했다. 그뿐만 아니라 르네상스 풍조에 젖은 로마교회에도 비난의 화살을 돌려 교회개혁을 외친다. 종교개혁의 선구자라고 하는 것은 바로 그 때문이다. 열광적 신앙은 1497년과 98년 카니발 때 '허영의 소각'에서 극치에 이른다. 장식품과 음란한 그림, 수상쩍은 책을 정부청사 앞 광장에 모아놓고 불태운 것이다.

〈비너스 탄생〉 보티첼리 작

한편, 이런 엄격한 방식에 불만을 품은 반대파가 프란체스코파 수도사들과 결탁하여 사보나롤라 배척에 나선다. 비난을 피할 수 없게 된 교황 알렉산데르 6세(재위 1492~1503)는 사보나롤라를 이단자로 파문을 선고한다. 사태를 지켜보던 프랑스왕도 지원과 원조를 끊는다. 고립된 그는 교황에게 잡혀가 심문 끝에 유죄 판결을 받는다. 그리고 '허영의 소각'을 단행했던 정부청사 앞 광장에서 화형에 처해진다(1498년 5월 23일). 신정 정치는 4년 만에 종지부를 찍는다. 사보나롤라 사건의 시작과 끝을 지켜보던 마키아벨리는 15년 뒤에 이렇게 쓴다.

"그러므로 이 문제를 충분히 검토하기 위해서는 우선 개혁을 시도하는 군주가 과연 자력으로 할 것인가 아니면 다른 사람의 힘에 의존할 것인가를 알아볼 필요가 있다. 다시 말해서 자기 일을 달성하기 위해 원조를 필요로 하느냐, 아니면 자력으로 처리할 수 있느냐의 문제이다. 원조를 필요로 하는 경우에는 반드시 재난이 발생하여 아무 일도 이룩하지 못한다. 반대로 자력으로 힘을 발휘했을 때에는 궁지에 빠지는 일은 그다지 없다. 그래서 무장을 한 예언자는 승리를 차지할 수 있으나, 말뿐인 예언자는 멸망하고 마는 것이다.

그것은 이미 언급한 이유 말고도 민중의 천성이 변덕스럽다는 것을 들 수 있다. 민중에게 어떤 일을 설득하는 일은 쉽지만 설득된 상태로 언제까지나 그들을 잡아 두기란 어렵다. 그러므로 말로써 되지 않으면 힘으로 믿게 하는 대책을 찾아야 한다.

모세, 키루스, 테세우스, 로물루스 또한 만일 무력을 갖고 있지 않았던들 그들의 율법을 오랫동안 민중이 지키게 할 수는 없었을 것이다. 오늘날에도 수도사 지롤라모 사보나롤라의 예가 이를 말해 준다. 대중이 이 수도사의 말을 믿지 않게 되자, 그는 자기가 만들어 놓은 새 제도와 함께 망해 버렸다. 결국 이 수도사는 일단 자기를 믿었던 민중을 무슨 방법으로라도 잡아 두며 믿지 않는 자들을 믿게 하는 수단을 갖지 못했다."《군주론》6)

자유도시 피렌체의 말로

사보나롤라가 실각한 뒤에 피렌체 공화정부는 지도자도 없는데다가 대외무역 부진으로 경제적으로도 난국에 빠졌다. 1502년 헌법개정이 이루어져 귀족이자 부호이고 시민에게 인기가 있었던 피에로 소데리니(1452~1522)가 종신 '정의의 기사'에 임명되어 내외정치를 맡게 된다. 소데리니 치하 피렌체의 정치정세는 마키아벨리의 활동과 평행선을 달리므로 다음 장에서 자취를 살펴보기로 하고, 피렌체의 말로를 알아보자.

공화정부는 재정 핍박에다 메디치 가의 복귀에 대비해야 했다. 하지만 치명적이었던 것은 대외관계의 악화. 로렌초 시대에 유지되던 여러 나라의 세력균형이 프랑스군 침입으로 깨진 뒤로는 피렌체를 포함한 이탈리아 전체가 국제정세의 커다란 파도에 휩쓸리게 된다. 1508년 캉브레 동맹(베네치아 대 로마 교황, 이탈리아 소국, 독일, 프랑스, 에스파냐), 1511년 신성동맹(로마 교황 대 독일과 프랑스)이 성립해 이탈리아는 국제정치의 초점이 되었다. 문화를 보호하고 권장할 여유가 있을 리 없다.

피렌체는 기회를 엿보았지만 신성동맹이 교황보다 우세해지고, 프랑스의 기색이 나빠지자 과거 친프랑스적이었던 피렌체는 궁지에 빠진다. 마침내 1512년 교황 율리우스 2세(재위 1503~1513)와 에스파냐 등 반프랑스 동맹국이 피렌체 공화정부를 쓰러뜨리고, 그들의 지원으로 메디치 가가 다시 돌아왔다. 1527년 독일 황제 카를 5세(재위 1519~1556)의 흉포한 군대가 로마를 약탈한다. 이 '로마 약탈' 때 피렌체 시민은 알레산드로 데 메디치를 일단 추방하는데 교황 클레멘스 7세(재위 1523~1534)가 메디치 가 출신이어서 1530년 다시 알레산드로를 지배자로 세운다. 피렌체 공화정은 이로써 역사 위에서 자취를 감춘다.

공화정은 막을 내렸다. 그러나 르네상스 문화사에서 자유도시 피렌체는 찬란하게 빛나고 있다. 르네상스 문화는 자유 코무네에서 탄생했다. 풍요로운 경제생활은 교양사회를 낳았다. 단테를 비롯한 수많은 시인과 학자가 이 도시 출신이거나 마음의 고향으로 삼았다. 고대문화 부흥도 이 도시를 중심으로 했다. 시문학의 융성뿐만 아니라 미술도 영화를 누렸다. 중세 고딕의 극복에서 사실주의를 거쳐 고전주의에 이르기까지 피렌체는

산드로 보티첼리(1445~1510) 자화상
그는 사보나롤라의 추종자로서 예언자적 신비주의에 심취했다. 피렌체 우피치미술관 소장

위대한 예술가의 요람이자 등단 무대였다. 피렌체는 르네상스의 시작과 끝을 모두 지켜본 역사의 증인이었다.

이탈리아 여러 나라의 정세

앞 장에서 피렌체 및 메디치 가의 성쇠를 살펴보았으므로 이번에는 마키아벨리의 정치사상을 성숙시킨 현실을 한결 깊이 이해하기 위하여 시야를 넓혀 이탈리아 여러 나라의 정세를 알아보자.

비스콘티 가의 악행

15세기 중반 이탈리아에서는 북부 밀라노 공국, 베네치아 공화국, 피렌체 공화국, 중부 로마교회 국가, 남부 나폴리왕국이 5대 강국으로 존재하고 그 사이에 작은 나라들이 있었다. 두세 나라들을 소개하겠다. 먼저 밀라노를 통치한 비스콘티 가이다. 마테오 1세(1250~1321)는 자리를 빼앗겨 망명했다. 적의 사자가 와서 '언제 밀라노로 돌아오느냐' 묻자 '너희 주인의 비행이 나의 비행을 웃돌게 될 때'라고 태연히 대답했다. 그즈음 밀라노의 국가적 중요행사는 군주의 멧돼지 사냥이었다. 방해하는 자는 단칼에 처형된다. 그 때문에 민중은 군주를 위해 5천 마리의 사냥개를 길러야 했다. 민중에게 한줌의 측은함도 갖지 않는다. 몇 대를 거쳐 갈레아초(1352~1402)가 나왔을 무렵에는 밀라노는 북이탈리아 대부분을 장악하고 있었다. 그는 비스콘티 가의 역대 군주 중에서도 손꼽는 폭군인데 어마어마한 일을 한 점에서도 빠지지 않는다. 30만 굴덴을 쏟아부어 거대한 댐을 쌓고, 크기와 화려함에서 그리스도교계의 모든 교회를 뛰어넘는다는 밀라노 대성당을 짓기도 했다.

아들인 조반니 마리아(1388~1412)와 필리포 마리아(1392~1447)도 아버지에게 물려받은 잔인성을 드러냈다. 조반니는 개를 끔찍이 좋아했다. 개는 보통 사냥개와 달리 사람을 물도록 길들였다. 전쟁이 계속되어 굶주림에 허덕이던 민중이 "평화, 평화를!"라고 외쳤다. 그러자 용병을 투입해 그 자리에서 2백 명을 죽였다. 그 뒤로 평화라는 말은 금기가 되었고 이를 어기는 사람은 교수형을 당했다. 그러나 조반니는 반란자의 손에 죽임당한다. 필리포도 조금 별났다. 불의의 습격이 무서워 성곽에서 한 발짝도 나가지 않았다. 성내 사람도 끊임없이 감시했다. 밖으로 신호를 보낼 것이 걱정되어 창가로 다가서는 것도 허락하지 않았다. 이런 깊은 조심성 덕분에 비운의 죽음은 맞지 않는다. 필리포의 죽음으로 비스콘티 가의 대가 끊어져 사위인 프란체스코 스포르차(1401~1466)가 뒤를 잇는다. 그는 우두머리 자리를 차지했지만 아무 짝에도 쓸모없는 콘도티에리(용병대장)의 벼락출세였다.

콘도티에리 군상

전쟁으로 해가 뜨고 지는 이탈리아의 군소 국가와 도시국가에서 용병은 귀한 대접을 받았다. 군소 국가에서는 군비는 무시 못할 부담이다. 때문에 전쟁은 용병에게 청부한다. 이 런 용병의 대장이 콘도티에리이다. 군인을 직업으로 하기 때문에 군주나 도시와 계약한다. 계약을 맺게 되면 보병과 기병 수, 대포수에서 길고 짧은 기간의 전투에 이르기까지 모든 것을 콘도티에리에게 맡긴다. 계약의 성격이 그렇듯 매번 애국심에서 싸울 리는 없다. 승세를 만들면 그뿐이다. 미리 짜고 치는 이런 협잡전쟁에서는 자기편 손상은 중대한 일이다. 모든 것을 잃는 것이므로. 전쟁이 시작되면 콘도티에리는 제 세상을 만난다. 거의 돈이 목적이지만 그 가운데에는 한 나라나 성의 주인이 되는 자도 있다.

〈가타멜라타 기마상〉 도나텔로 작(1447~1453)

예를 들면 카르마뇰라 (1382~1432)는 근본 없는 농부의 아들이었다. 밀라노 공을 섬겨 공을 세웠다. 그러다 공의 의심을 받게 되자 적인 베네치아와 내통하여 베네치아를 위해 거꾸로 밀라노 공을 무찔렀다. 결국 베네치아에게도 미움을 받아 목이 달아나기는 했지만. 콜레오니(1400~1475)는 베네치아, 밀라노, 다시 밀라노로 번갈아 가며 봉사를 했다. 가타멜라타(1370?~1443)도 유명한데 피렌체의 조각가 도나텔로(1386?~1466)는 그를 위해 청동 기마상을 만들었다. 파도바의 산토광장에 서 있는 것이 그것이다. 이탈리아의 혼란스런 정국과 실리주의가 낳은 기형아지만 용감한 기개로 이름을 떨쳤을 뿐만 아니라 교양인 소리를 들은 콘도티에리도 있다. 페데리고 몬테펠트로(1422~1482)는 나폴리왕과 이탈리아 동맹군에게 고용되어 한밑천 잡는다. 그 돈으로 우르비노에 장엄하고 화려한 궁정을 세우고 문인과 예술가를 초빙하고, 희귀한 서책과 미술공예품을 수집했다. 그 자신도 뛰어난 교양인이었다. 저명한 휴머니스트인 카스틸리오네(1478~1529)가 쓴 《궁정인의 글》은 그가 한때 일했던 우르비노에서의 경험을 바탕으로 신사도를 설명한 책이다.

스포르차 가

이런 콘도티에리 중에 가장 큰 성공을 거둔 이는 프란체스코 스포르차(1401~1466)이다. 아버지도 용병대장으로 나폴리와 교황을 위해 싸워 용맹의 평판이 높았던 데서 '스포르차(강인한 사람)'이라는 이름을 얻는다. 비스콘티 가가 멸망하던 무렵 프란체스코는 베네치아와 싸웠는데 화의를 하고 급거 밀라노로 돌아와 주인 자리를 빼앗는다. 제노바를 정복하여 롬바르디아 지방에서 패권을 휘둘렀지만 내치에서도 업적을 올렸다. 오늘날 밀라노는 이탈리아에서 으뜸가는 상공업 지역인데 그것은 비스콘티 가와 스포르차 가의 문화장려의 결과이다. 현재는 고고학 미술박물관이 된 밀라노성은 프란체스코가 지은 것이다.

프란체스코의 아들 갈레아초 마리아(1444~1476)는 변덕스럽고 잔혹했기 때문에 마지막엔 암살되었다. 아들인 조반니 갈레아초(1469~1494)는 변변치 못해 숙부인 루도비코 스포르차(1452~1510)가 실권을 쥐고, 조카가 죽은 뒤에 밀라노 공이라 칭했다. 이 찬탈이 프랑스왕 샤를 8세의 원조로 이루어지고, 프랑스의 북이탈리아 침입의 계기가 된다. 루도비코는 피부색이 검었기 때문인지 '무어인 루도비코'라고 불렀다. 무어인을 나타내는 '모로'에는 '검다'는 뜻도 있지만 '굉장하다'거나 '흉악'의 의미도 있다. 전제군주답게 경계심이 강하다. 사람들을 만날 때는 울타리를 치는 바람에 목소리를 크게 내지 않으면 말이 들리지 않는다. 이런 군주이면서도 학자와 예술가를 후하게 대우했다. 레오나르도 다 빈치도 그 가운데 한 사람이다. 사는 곳이 일정치 않았던 레오나르도는 어디가 마음에 들었는지 밀라노에는 오래 머물렀다. 루도비코는 처음엔 프랑스와 사이가 좋았다. 이윽고 불화를 불러와 루이 12세(재위 1498~1515)에 의해 밀라노를 점령당한다. 그 뒤 일단 회복했다가 다시 무너져 프랑스로 잡혀가 그곳에서 옥사한다.

르네상스적 교황

이제까지 서술에서 로마
교회국가에 대해서는 그다
지 다루지 않았다. 사실대
로 말하자면 중세 끝 무렵
에서 르네상스 시대에 걸
쳐 자치도시가 발전한데
반해 로마는 별 볼일이 없
었다. 1300년에 로마축전이
열렸으나 과거 위세의 찌
꺼기에 지나지 않았다. 실
제로 조반니 빌라니(1276?
~1348)라는 피렌체 상인은
축전에 나왔을 때, '로마는
차츰 쇠퇴하고 있지만 나
의 조국은 한창 상승세여
서 위대한 사업을 이룩할

교황 알렉산데르 6세(재위 1492~1503)

준비가 되어 있다. 그러므로 나는 조국의 과거를 모조리 기술해야겠다' 마음먹
고 피렌체로 돌아오자마자 《피렌체 연대기》의 집필을 시작했다. 빌라니의 말처
럼 로마는 스러져가고 있었다. 교황의 아비뇽 유수(1309~1377), 교회분열(1378
~1417)과 불상사가 겹쳤으니 쇠퇴하는 것도 마땅하리라. 교황이 있어야 로마다.
교황 없는 로마는 두드러지게 황폐해져 소귀족이 다투고, 노상강도가 횡행하
는 무질서 상태에 빠진다.

이처럼 15세기 초까지 교회국가는 별 볼일이 없었지만 마르티누스 5세(재위
1417~1431) 때 교회분열이 겨우 끝났다. 르네상스의 진전에 뒤처진 정치와 문화
양면의 후진성을 극복하기 위해 종교 활동은 뒤로 미뤄놓는다. 여기서 '르네상
스적 교황'이 나타난다. 르네상스 문화의 장려에 힘쓰는 한편 권모술수에 열중
한다. 성스러운 신의 대리인이 속세의 냄새를 풍기는 군주로 바뀌었다. 예를 들
어보자.

사보나롤라를 파문한 교황 알렉산데르 6세를 기억할 것이다. 본명은 로드

리고 보르자라고 하는데 에스파냐 출신이다. 숙부인 갈리스토 3세(재위 1455~1458) 덕분에 추기경에 임명되고, 승진하여 발렌시아 대주교가 되었다. 그 사이 방종한 생활을 한다. 인노켄티우스 8세(재위 1484~1493) 뒤에 성직 매수로 교황이 되었다. 로마 화류계 여자와의 사이에서 생긴 체사레 보르자(1475~1507)와 공모하여 교황령 확대에 힘쓰고, 밖으로는 이교국인 터키와 동맹을 맺는 일조차 마다하지 않았다. 그 결과 교황권은 두드러지게 강화되었다. 그러나 갑작스레 죽는다. 한 이야기에 따르면 어느 날, 포도밭에 추기경 몇 사람을 초대했다. 그들의 재산과 추기경 자리를 손에 넣으려고 독살을 꾀했던 것이다. 그런데 부자가 실수로 초대손님용으로 마련한 독이 든 포도주를 마신다. 알렉산데르는 절명하고, 체사레는 겨우 목숨을 건진다. 사실은 말라리아에 걸려 고열이 노인의 목숨을 빼앗았지만 이런 소문이 마치 사실인 것처럼 퍼질 만큼 평소 소행이 괘씸했던 것이다.

이런 알렉산데르 6세 뒤에 원수지간이었던 율리우스 2세(재위 1503~1513)가 오른다. 교황자리에 오르기까지 얼마나 많은 책략을 짜냈던가? 하지만 교황으로서는 일류급이었다. 노령에도 분투하여 교황권을 확립하고 교황령을 확장한다. 알렉산데르와 달리 이탈리아인의 피를 이어받은 율리우스는 이탈리아에 있는 외적 격퇴를 염원했다. 16세기 초 이탈리아 여러 국가가 부진한 가운데 '아드리아 해의 여왕' 베네치아만이 기세가 등등했다. 이것이 율리우스에게는 눈엣가시여서 독일, 프랑스, 이탈리아 여러 국가와 캉브레 동맹을 맺어 베네치아를 굴복시킨다. 베네치아 멸망과 동시에 프랑스 세력이 북이탈리아에 미친다. 그러자 '야만족을 몰아내자!'는 구호를 앞세워 프랑스에 맞서 신성동맹을 맺어 끝내는 프랑스를 격퇴한다. '군인교황'이란 칭호를 얻기에 손색이 없다.

이런 적극성은 학예보호에도 나타난다. 로마의 산피에트로 대성당을 기공하고, 건축가 브라만테(1444~1514)와 미켈란젤로(1475~1564)에게 설계를 맡기고, 바티칸 궁내의 시스티나 성당 천장그림에 미켈란젤로를, 벽그림에 라파엘로(1483~1520)를 기용했다. 로마 미술의 르네상스는 이제 피렌체의 그것을 넘어선다. 이리하여 율리우스는 로마에 공의회를 개최하여 득의의 절정에 있을 때, 바람처럼 죽음을 맞는다.

〈아담과 이브〉(부분) 라파엘로 작(1508).
로마 바티칸 궁전 '서명의 방' 천장에 그려진 작품

권력의 마신(魔神) 체사레

알렉산데르 6세의 갑작스런 죽음은 체사레 보르자의 운명을 바꿔놓았다. 체사레는 3형제의 맏이이다. 아버지 덕에 18세에 추기경이 되었다. 동생을 죽였다는 의혹 때문에 추기경을 그만둔 뒤에 교황 사절로 프랑스에 가서 루이 12세의 신뢰를 얻는다. 루이의 모략으로 왕의 사촌누이 나바르와 결혼하고 귀국한다. 그 뒤로 아버지인 교황과 프랑스왕의 위세를 등에 업고 로마냐, 페루자, 시에나, 우르비노 등의 작은 국가를 공략하여 교황령을 넓힌다. 공에 따라 로마냐 공(발렌티노 공이라고도 함)에 책봉된다. 체사레는 알렉산데르보다 한수 위의 악인이어서 그의 악행은 범상치 않았다. 형제고 친척이고 마음에 들지 않으면 죽여 버린다. 피붙이 누이동생마저도 정략의 도구로 삼기를 마다하지 않는다. 밤이면 밤마다 로마 시내를 살인을 위해 어슬렁거려 사람들에게 악귀 같은 두려움의 대상이었다. 칼을 휘두르지 않을 때는 독살이라는 수법을 쓴다. '보르자 가의 독살'은 맛좋은 하얀 가루로 요리나 음료에 섞는다. 서서히 효과가 나타난다.

나는 새도 떨어뜨리는 체사레조차 병에는 이길 재주가 없었다. 기력은 떨어지고 평소 그토록 치밀했던 머리는 변고를 보이기 시작한다. 마침내 알렉산데르와 사이가 나쁜 델라 로베레 추기경을 새로운 교황(율리우스 2세)에 앉히는 실수를 저지른다. 배려해 주리라고 믿었던 것일까? 안됐지만 율리우스는 그리 호락호락하지 않았다. 병석에 누운 체사레를 잡아다 로마의 산탄젤로 감옥에 가뒀다가 에스파냐로 추방한다. 그러나 체사레는 도망쳐서 아내의 친정인 나바르로 가서 나바르 왕의 군대를 도와 반란군과 싸우다가 전사한다. 프랑스군은 이탈리아에서 철수해 도움의 손길을 내밀지 않았던 것이다. 체사레 보르자는 반란으로 이어진 생애와 예측이 불가능한 성격으로 말미암아 르네상스 말기의 포악한 정치가 중에서도 눈에 띄는 인물이다. 나중에 마키아벨리는《군주론》에서 체사레의 인간상을 자세히 기록한다.

이탈리아 르네상스의 빛과 그림자

지금까지 15, 6세기 이탈리아 지배자를 몇 사람 들어 보았다. 현란한 르네상스 문화를 낳은 이탈리아에도 이런 암흑지대가 있었다. 르네상스 시대는 중세에서 근대로 넘어가는 시기여서 근대적인 것이 일어나는 한편으론 중세적인 것이 아직 남아 있어서 신구 문물의 충돌이 일어나 혼란에 빠졌다. 분명한 것은 그런 충돌과 혼란 속에서 차츰 근대적인 것이 우위를 차지해 간다는 점이다. 르네상스 시대는 역사의 빛과 그림자가 복잡 미묘하게 뒤섞였던 시대였다. 영국 역사가 플럼은 말한다.

"여러 분야에 걸친 이탈리아의 진정한 지적, 예술적 활동의 위업이 폭력과 전쟁의 세계 속에서 이룩되었다고 생각하면 심각한 기분이 든다. 도시는 불화와 서로 죽고 죽여 갈가리 찢겨 있었다. 밀라노는 베네치아와, 피렌체는 피사와, 로마는 피렌체와, 나폴리는 밀라노와 전쟁했다. 동맹이 결성되었는가 싶으면 어느새 깨지고, 시골은 끊임없이 약탈과 포획, 전투에 의해 피폐해졌고, 그런 소용돌이 속에서 옛 사회의 유대는 깨지고 새로운 유대가 만들어졌다. 한동안 평화가 계속되다가

라파엘로(1483~1520) 자화상

15세기 후반 샤를 8세, 루이 12세 및 프랑수아 1세에 의한 프랑스 대침략에 의해 혼란과 학살은 차츰 더 심해진다. 이런 고통의 시대는 신성로마 황제 카를 5세에 의한 1527년 로마 약탈 때까지 이어진다. 그러나 이 폭행은 사람들에게 심각한 영향을 주었다. 사람들은 인간의 운명에 대한 해답을 교회의 도그마 속에서 찾기를 그만두었다. 사람들은 진리로 이끌어 줄지도 모르는 선례를 찾아 고대 사서를 탐구하기도 하고, 또 마키아벨리처럼 자기들이 살고 있는 세상을 자기들이 인간의 본성으로 인정한 것으로써 해명하려고도 한다. 가장 독창적인 정신의 소유자 가운데 몇 사람이, 특히 마키아벨리와 레오나르도 다 빈치는 진리를 논의에서 찾지 않고, 관찰에서 찾았다. 르네상스 시대 사람들은 그들의 폭넓은 탐구와 신선한 회의(懷疑)를 날카로운 관찰로써, 진리를 천상에서가 아니라 지상에서 구하도록 자극하고, 또 그런 관점에서 이지적인 찬성을 얻

도록 촉구했다."《이탈리아 르네상스》

국제정세와 이탈리아

중세 말기 역사적 변동 속에서 나타난 왕권 변화와 민족국가 성립을 살펴보자.

영국에서는 플랜태저넷 왕조의 존(재위 1199~1216)의 실정을 계기로 1215년 '대헌장'이 공포되고, 에드워드 1세(재위 1272~1307) 때 모범의회라고 하는 신분제의회가 생겨났다. 프랑스는 오랫동안 봉건적 분열로 괴로워했지만 필리프 2세(재위 1180~1223)는 제후를 제압하고 영국 왕 존에게서 프랑스에 있는 영국령 대부분을 탈환하고 루이 9세(재위 1226~1270)는 남프랑스에까지 왕권을 신장했다. 필리프 4세(재위 1285~1314)는 삼부회를 소집하여 로마 교황청을 아비뇽으로 옮기고, 교황은 프랑스왕의 간섭을 받는 아비뇽 유수를 단행한다. 이처럼 영국 및 프랑스는 계속된 경쟁과 발전을 이룩하는 데 백년전쟁(1339~1453)은 왕권 신장에 더욱 기여한다. 오랜 기간에 걸친 전쟁으로 제후기사가 대부분 몰락했기 때문이다. 샤를 8세는 프랑스 전역 통일에 성공하고 그 여세를 몰아 이탈리아 원정에 나선다. 영국에서도 왕위 승계를 둘러싸고 장미전쟁(1455~1485)이 일어나는데 그 결과로 새로이 헨리 7세(재위 1485~1509)가 튜더 왕조를 연다. 남쪽 에스파냐 반도에서는 북부 그리스도교 국가가 국토회복운동을 일으켜 8세기 이래로 이곳에 살던 이슬람 세력 축출에 힘쓴다. 1479년 카스틸랴와 아라곤 두 나라가 합병하여 에스파냐 왕국을 건설한다. 포르투갈은 12세기 끝 무렵 카스틸랴에서 독립했지만 에스파냐와 포르투갈은 대항해 시대의 개척자가 되어 유럽뿐만 아니라 세계 역사에 커다란 변동을 일으킨다.

그런데 중세봉건 시대는 주권이란 것이 매우 모호했다. 근대국가는 주권적이라는 말로 중세국가와 구별한다. 주권적이란 국가가 자기 영토 안에서 최고 절대의 지배권을 지닌 상태를 말한다. 주권자는 당장은 군주이다. 군주는 봉건세력을 무너뜨리고 국가와 국토 통일을 꾀한다. 군주가 절대지배권과 강제력을 지니면 정치는 권력적으로 바뀐다. 그런 근대국가가 출현하면 국가 상호간 이해 대립과 충돌이 일어날 수밖에 없다. 그리스도교를 바탕으로 하는 유럽 통일 이념이나 연대성(십자군을 떠올리라) 따위는 염두에 없으며 저마다의 국가

적 이익을 추구한다. 국가적 이익은 국내적으로는 부분적이고 지역적인 이해의 극복을, 국제적으로는 영토와 권익의 옹호 또는 확대를 꾀한다. 르네상스 시대는 서유럽에서 주권국가 간의 관계, 즉 국제관계와 국가 간의 항쟁, 국제전쟁이 일어난 때이다.

이런 근대국가와 정치의 원형을 만들고 노골적인 권력투쟁이 일어났던 곳이 르네상스 시대 이탈리아였다. 이탈리아는 또한 국제전쟁의 최초 초점이 되었다. 분열된 이탈리아가 서유럽 여러 국가에게 절호의 침략목표로 보였다는 것은 전혀 이상하지 않다. 샤를 8세의 침입을 시작으로 이탈리아는 눈 깜짝할 사이에 유럽 세력의 각축장이 된다. 이런 국제정세 변화 속에서 이탈리아의 동향을 냉정하게 바라본 이가 마키아벨리이다.

마키아벨리의 생애

공화정청으로 들어오기까지

어린 시절

니콜로 마키아벨리는 1469년 5월 3일 아버지인 법률가 베르나르도 디 니콜로 마키아벨리(1428~1500)와 어머니 바르톨로메아 디 스테파노 넬리 사이에서 태어난 '피렌체 토박이'이다. 마키아벨리 가는 기벨린 당에 속하고, 집안 이름은 꽤 옛날부터 피렌체 역사에 나타나 있다. 귀족이지만 '가난'이 늘 따라다녔다. 베르나르도 대에 들어와서는 완전히 보잘것없었다. 동업조합 변호사 노릇으로 겨우 먹고사는 형편이었으므로 가족을 부양하기 위해 모든 것을 절약해야만 했다. 찢어질 듯이 가난하지는 않았어도 마키아벨리는 어린 시절부터(만년에도 그랬지만) 궁핍한 생활을 감내해야 했다. 하지만 아버지 베르나르도는 고서적 수집 취미가 있었는데 그중에는 키케로나 리비우스가 들어 있었다. 마키아벨리가 일찍부터 고전과 친숙했던 것은 아버지의 그런 취미 덕분이다.

마키아벨리의 어린 시절 일은 전혀 알려지지 않았다. 베르나르도의 《회상록》이 제2차 세계대전 뒤에 발견되고 나서 어느 정도 상세한 사실이 밝혀졌지만 이 《회상록》이 1487년 기사에서 뚝 끊겨 있기 때문에 중요한 것은 알 도리가 없다. 그나마 상세한 사실이 밝혀진 것은 예를 들면 1476년에 일곱 살 난 마키아벨리가 마테오라는 사람에게서 라틴어 초급을 배웠다든지, 이듬해부터 산베네데토 교회의 바티스타 포피라는 스승에게서 라틴어 문법을 배웠다든지, 1480년 열한 살 때 수학을 공부하기 시작했다든가 하는 것이다. 그 무렵 유복한 집에서는 개인교사를 고용하는 것이 흔했다. 개인교사를 둘 형편이 못 되었다는 점을 보더라도 마키아벨리 집안의 쪼들린 생활을 짐작할 수 있다.

1486년 열일곱 살 때, 아버지를 대신하여 리비우스의 《로마사》 제본을 제본소에서 받아온 대가로 포도주 3병과 식초 1병을 받았다. 무척이나 하찮은 기록

이다. 그렇지만 마키아벨리
가 뒷날 가장 기울어져 있
었던 것이 리비우스였다는
점을 감안하면 하찮은 기
록 속에 마키아벨리의 정
신형성의 먼 요인이 감춰
져 있다고 보아야 할 것이
다. 이처럼 라틴어에는 어
느 정도 익숙했지만 그리
스어를 배운 흔적은 없다.
그 무렵 피렌체 사상계에
서는 신플라톤주의가 유
행이어서 그리스어 습득은
마땅한 일로 받아들여졌
던 만큼 기이한 느낌이 든
다. 마키아벨리는 시와 희
극을 지었다. 그러나 예술

마키아벨리(1469~1527)

가 기질과는 인연이 없었던 듯 르네상스의 문예와 예술에 대해서도 그다지 관
심을 갖지 않았다. 그리스어를 배우지 않았던 것은 그럴 만한 여유나 기회가
없어서가 아니라 관심이 없었기 때문인지도 모른다. 어쨌든 아버지 베르나르도
의 《회상록》은 이 부분에서 끝나 있으므로 어린 시절을 더 자세하게 알 도리
는 전혀 없다.

　그러면 청년 시절은? 그것도 전혀 없다. 마키아벨리 연구가에게는 유감천만
한 일이다. 다만 장년 이후 일은 여러 형태로 나타나 있어서 어린 시절이나 청
년 시절 회상 등은 아무래도 상관이 없다. 전기적 사실이 빠져 있지만 피렌체
에서 일어난 사건에서 큰 영향을 받았다는 것만큼은 한 점 의심도 없다. 그렇
지 않으면 마키아벨리가 피렌체 공화정청에 들어갔을 때, 그처럼 확고한 사상
을 가지고 있었을 리가 없으므로.

정치세계에 눈을 뜨다

여기서 앞장에서 살핀 것들을 떠올리기 바란다. 1478년(9세)에 파치 가의 습격 사건으로 동생 줄리아노 메디치는 죽고, 형 로렌초 메디치는 살아남는다. 1480년(11세) 로렌초가 피렌체의 행정개혁을 단행하여 메디치 가의 지배 체제를 굳힌다. 피렌체 내분을 진압하고, 당당히 이웃 나라 넷을 제압한 왕자적 풍모에서 어린 마음에도 강한 인상을 받았을 것이 분명하다. 실제로 뒷날 쓴 《피렌체 역사》에서 로렌초 대목은 남달리 또렷하다. 필치로 미루어 짐작하건대 로렌초와 면식은 물론 없었지만 그를 보고 알았던 것은 분명하다. 1490년(21세)에 사보나롤라가 피렌체에 와서 산마르코 성당에서 예언자적인 설교를 하여 시민에게 경종을 울렸다. 마키아벨리가 사보나롤라의 설교를 들은 것도 의심의 여지가 없다. 1494년 프랑스왕 샤를 8세가 쳐들어와 메디치 가의 피에로가 쫓겨나고, 1495년 사보나롤라의 지도 아래 새로운 정권이 성립한다. 그러나 그도 화형에 처해진다. 이들 일련의 사건을 마키아벨리는 어떻게 생각했을까? 피에로의 낭패에 애처로움을 느꼈으리라. 성공을 거두는 프랑스군의 위풍당당함을 찬탄함과 동시에 그들의 행패에 분개했을 것이다. 사보나롤라의 종교적 정열에는 감동을 받으면서도 '무기 없는 예언자'의 연약함을 통감했을 것이다. 군중에 섞여 사보나롤라의 처참한 화형을 목격했을지도 모른다. 어쨌든 이들 사건이 마키아벨리에게 정치세계를 보는 시야를 열어 주었다고 상상해도 틀리지 않는다.

사보나롤라가 처형(5월 23일)을 당한 지 5일 뒤인 5월 28일 니콜로 마키아벨리는 29세에 피렌체 공화정청 제2서기국 서기관으로 정식 채용된다.

동분서주

서기관 마키아벨리

피렌체 정청에는 2개 사무국이 있어 제1사무국은 외교와 문서를, 제2사무국은 내정과 군사를 담당한다. 제2사무국이 실제로는 중요하지만 격으로는 제1사무국 쪽이 위여서 사무국장은 박사, 공증인, 이름 높은 문인이 맡는 것이 보통이었다. 그 무렵 피렌체 대학 문학교수로서 명성을 떨치던 마르첼로 비르질

산탄드레아 인 페르쿠시나에 있는 산장
《군주론》을 이곳에서 집필했다. 1513년 마키아벨리는 "별장에서 지내고 있다"고 썼다.

리오(1464~1521)가 제1사무국장을 맡고 있었다. 무명의 신인 마키아벨리가 서기관 자리를 얻은 것은 마르첼로의 추천에 따른 것이라고 한다. 전부터 마키아벨리와 사제관계였기 때문이다. 또 다른 이야기로는 전임 제1사무국장인 바르톨로메오 스칼라가 아버지 베르나르도와 친했기 때문에 친구 아들을 추천한 것이라고도 한다. 어쨌든 마키아벨리는 제2사무국 서기관으로 채용되어 같은 해 6월 서기장으로 승진한다. 7월에는 '군사위원회' 사무도 담당했다. '군사위원회'는 정확히는 '자유와 평화에 관한 10인위원회'라고 해서 시뇨리아 관할 아래 있다고는 해도 독자적 사명을 띠고 있었다. 외국에 사절을 보낸다든지 각 국가와 조약을 맺는 외에 군사적인 일에도 관여한다. 마키아벨리는 이런 중대 임무를 띤 10인위원회의 모든 회의에 출석하여 의정서나 훈령 초안을 작성한다. 무명의 청년으로서는 보기 드문 활약이었다.

마키아벨리는 중차대한 책임을 맡아 그것을 충분히 해냈다. 1512년 9월 직위에서 내려올 때까지 14년 동안 공화정부를 위해 헌신적으로 일했다. 현대 이탈리아인은 일반적으로 제도 개혁에 무관심하며 일의 낮은 능률이 두드러진다고 한다. 16세기에도 사정은 큰 차이가 없지 않았을까? 마키아벨리는 피렌체의 내정과 군사제도 개혁의 열의에 불타올라 자주 개혁을 제안했지만 좀처럼 받아들여지지 않았다. 정부 안을 둘러보아도 유능한 관리라는 점에서 그의 손을 들어 줄 사람은 없었다. 공화정부의 낮은 능률의 반증이 될지도 모르겠다. 그가 직무에 힘쓴 증거로 그의 손으로 작성한 보고와 10인위원회 초안은 분량이 엄청나다. "이들 서류는 그의 실험실로서 그 속에서 정치적 세계의 전체를 추론하기 위해 여러 사건 개요를 분석한다. 그는 지배세계에 이르기 위해 자기의 사무 책상을 떠나는 일 따위는 생각지 않는다."(마르크 《마키아벨리―권력의 학파》) 프라이어도 말한다. "그는 어디까지나 관찰자이다. 정치적 인간의 두 부분인 권력의지와 투쟁본능을 지니지 않는다. 권력의지가 아니라 활동욕, 투쟁본능이 아니라 지적 예민함이 그의 고유의 것이다."(《마키아벨리》) 그렇기 때문에 오히려 권력의지나 투쟁본능의 실태를 간파해낼 수가 있었다. 마키아벨리 자신이 정치가가 아니라 사무가였다는 점이 이런 지적 예민함과 관련되어 있을 것이다.

마키아벨리의 생김새

사무형 기질이라는 것 말고 생김새도 성격을 판단하는 재료가 된다. "그의 얼굴의 날카로운 윤곽과 넓은 이마, 크게 휜 코를 보아도 이 인물이 철두철미하고 지성이 지배적임을 알 수 있다. 총명한 눈과 날카롭게 다문 냉소적으로 보이는 입매도 그것을 잘 나타내 준다. 하지만 쑥 들어간 약한 턱은 그가 행동하는 인물이 아니라 생각하는 인물임을 나타내고 있다."(포를렌더 《마키아벨리에서 레닌까지》) 여러 사람의 관상학적 판단은 거의 일치한다. 하지만 '냉소적으로 보이는 입매'라는 말은 거슬린다. 마키아벨리는 처음부터 냉소적인 사람이었던 것일까? 피렌체 베키오 궁전에 있는 그의 장년의 초상화와 흉상을 보면 그런 느낌은 없다. 그것은 오히려 솔직한 한 남자의 모습이다. 그는 인간과 사물을 있는 그대로 보고, 본대로 기술했다. 어째서 후세는 마키아벨리를 냉소적이라고 보았던 것일까?

피렌체 중심부의 팔라초 베키오 마키아벨리는 도미니크회 수도사 사보나롤라의 처형 뒤인 1498년 29세 나이로 서기관으로 취임하고 1512년 43세 나이로 해임될 때까지 여기서 일했다.

　현재 가장 믿을만한 마키아벨리 전기를 쓴 로베르토 리돌피는 말한다. "우리는 마키아벨리 초상화 몇 점을 갖고 있지만 마키아벨리가 가깝게 지내던 레오나르도 다 빈치만이 마키아벨리의 희미하고 모호한 미소의 진정한 의미를 선과 색채로 우리를 위해 재현해 줄 수가 있었을 것이다."《마키아벨리의 생애》 평범한 화가나 조각가는 마키아벨리의 풍모를 그렇게밖에는 그릴 수가 없었다. 만약 레오나르도 다 빈치가, 그 '모나리자의 미소'를 그린 희대의 인간 통찰가가 마키아벨리를 그렸더라면 솔직한 마키아벨리의 인물 됨됨이를 표현할 수 있었을지도 모른다. 하지만 초상이나 용모 등에 얽매일 필요는 없다. 그가 성실한 사무가였다는 것을 알아두면 된다. 그리고 제2사무국 책상에 산더미처럼 쌓인 서류를 살피고 깊이 생각하다가 펜을 움직이는 마키아벨리, 일을 마친 뒤에 공화정청 앞 광장을 빠른걸음으로 집으로 돌아가는 그의 모습을 상상하면 된다.

최초의 외교교섭

공화정부에서 일했던 14년 동안의 사건들 가운데 중요한 것만 살펴보자. 그즈음 피렌체와 이탈리아의 분쟁과 국제분쟁이 어떻게 얽혀 있었는지에 주목하기 바란다.

최초의 사건은 피사공략이었다. 피사는 10세기부터 동방무역으로 번성하여 제노바나 베네치아와 경쟁할 정도였으나 1284년 멜로리아 전투에서 제노바에게 패한 뒤로 쇠퇴의 길을 걷다가 1406년 피렌체에 병합되었다. 그런데 1494년 프랑스왕 샤를 8세가 피렌체를 공격했을 때, 그 무렵 피렌체의 실권자 피에로 데 메디치가 피사 독립을 인정하여 떨어져 나왔다. 물론 피렌체는 피사를 포기하지 않았다. 1496년 이래로 수도 없이 공격했지만 베네치아의 뒷바라지로 완강하게 저항한다. 피사 문제는 피렌체에게 성가시기 짝이 없었다. 1499년 5월쯤에 쓴 《피사 상태에 관한 논책》에서 마키아벨리는 피사가 얕보기 어려운 존재라는 점, 민중을 무기로 삼을 수 있다는 점, 용병이 그다지 쓸모가 없다는 점 등을 상세히 설명한다. 최초의 논문이 군사와 군사제도론인 점에 주목해야 한다. 훌륭한 군대(용병군이 아닌 국민군)와 훌륭한 법이 국가를 유지하기 위해서는 빼놓을 수 없다는 근본사상이 피사공략 경험으로 뇌리에 깊이 박힌 것이다.

1499년 7월 아펜니노 산맥 맞은편의 포를리와 이몰라의 영주 카테리나 스포르차(1463~1509)에게 파견된다. 피렌체 공화정부는 1494년 정변 이래로 친프랑스 정책을 취했고, 피사공략에 즈음해서도 프랑스 원조를 기대했지만 샤를 8세가 죽는 바람에 계획이 어긋났다. 이렇게 되면 자력으로 맞서는 수밖에 없다. 용병대장 파올로 비텔리를 고용하여 피사 공격을 재개하는 한편 마키아벨리를 카테리나에게 보내 용병계약과 무기구입을 교섭하게 하려던 것이다. 카테리나는 밀라노공 루도비코의 조카딸로 작은 국가끼리의 치열한 분쟁 속에서 남편이 남긴 땅을 지키고 있었다. 두 번째 남편과의 사이에서 낳은 아들 오타비아노 아리오가 용병대장이 되어 있었다. 그런 소용돌이 속에 마키아벨리는 카테리나에게 농락당한다. 큰아버지 루도비코에게서도 똑같은 요구를 받고 있었으므로 카테리나로서는 조건이 좋은 쪽을 선택하면 그뿐이었다. 외교교섭을 익힌 마키아벨리를 손아귀에 쥐는 것은 손쉬운 일이었을 것이다. 결국 마키아벨리는 허둥지둥 물러났다. 카테리나와 우호관계를 유지할 약속을 받아낸 것이 그나마 위안이었다. 그러나 그해 말 카테리나 스포르차는 체사레 보르자에게 포를리와 이몰라를 빼앗긴다.

마키아벨리가 피렌체로 돌아왔을 때, 피사공략이 한창이었다. 용병대장 비텔리가 이끄는 피렌체군은 성벽 일부를 허물어 승리는 눈앞에 다가왔다. 불가사의하게도 비텔리는 공격을 멈추고 포위망을 풀었다. 피렌체 공화정부는 노기등등하여 비텔리를 처형한다. 콘도티에리(condottieri)란 본디 그런 존재이다. 마키아벨리의 용병군에 대한 불신감은 차츰 강해져 국민군 창설의 필

카테리나 스포르차 데 메디치(1463~1509)
피렌체 화가 로렌초 디 크레디 작. 포를리 시립미술관 소장

요를 통감한다. 독자적인 힘에 의한 피사공략이 이렇게 실패로 돌아간다면 남은 방법은 강대한 지원, 프랑스의 지원밖에는 없다.

새로운 위협

그즈음에 프랑스왕 루이 12세는 샤를 8세가 죽을 때 남긴 뜻을 받들어 이탈리아 원정을 꾀한다. 베네치아 및 교황 알렉산데르 6세의 양해를 얻은 뒤 밀라노 침공을 시작한다. 루도비코 일 모로는 군대와 시민의 반란을 피해 도망친다. 프랑스군은 밀라노를 점령하고 루이 12세가 입성한다. 북이탈리아 소국은 순식간에 프랑스에게 복종한다. 이런 루이의 기세를 보고 피렌체는 막대한 군사비를 대준다는 약속 아래 루이에게 피사공략에 대한 지원을 구걸한다. 루이는

돈은 받아놓고 약속을 지키지 않는다. 뿐만아니라 체사레 보르자를 부추겨 카테리나 스포르차의 영지를 탈취하게 한다. 아펜니노 산맥을 경계로 떨어져 있기는 하지만 포를리와 이몰라가 속해 있는 로마냐 지방이 교황의 세력범위로 들어가는 것은 앉아서 그냥 보고만 있을 수 없었다.

그럭저럭 하는 동안에 밀라노에서는 시민이 프랑스 총독에게 반항하여 도망가 있던 루도비코가 1500년 2월 밀라노로 돌아온다. 프랑스는 진용을 다시 정비하고 밀라노를 공격해 끝내는 루도비코를 프랑스에 유폐시킨다. 밀라노 공국을 빼앗고, 한때는 이탈리아 전역의 정복마저 꿈꾸었던 야심가의 말로는 처참했다. 이렇게 밀라노 사건을 마무리 지은 피렌체 정부는 새삼 루이에게 원조를 청한다. 스위스 용병을 포함한 프랑스군은 마침내 무거운 몸을 일으키기는 했지만 좀처럼 결말이 나지 않는다. 5월에 피사 전선을 시찰한 마키아벨리는 프랑스군의 군기가 극도로 풀어진 것을 보고 아연해한다. 게다가 프랑스군의 공격이 조금이라도 느슨해지면 피사는 거세게 반격에 나선다. 피사공략은 진흙탕에 빠져든 것과 같았다.

프랑스와의 교섭

이처럼 피사공략은 효과를 내지 못하고 손해만 부풀린다. 끝내 공화정부는 루이 12세에게 직접 사절을 보내 해법을 찾기로 결말을 내린다. 그리고 마키아벨리가 프란체스코 카사와 함께 이 임무를 맡게 된다. 1500년 7월, 두 사람은 프랑스로 떠난다. 어머니 바르톨로메아는 마키아벨리가 공화정부에 들어가기 2년 전인 1496년 10월 세상을 떠났다. 아버지 베르나르도도 같은 해 5월 타계했다. 2명의 누이는 이미 결혼했지만 동생 토트가 아직 남아 있다. 마키아벨리로서는 멀리 프랑스로 여행길에 나서자니 분명 마음이 무거웠을 것이다. 그러나 피사공략에 대한 원조와 부담금 경감이라는 임무는 다해야만 했다. 반년 동안 프랑스에 머물렀지만 여비는 빠듯해 고생의 연속이다. 7월 26일 리옹에 도착했지만 루이는 없다. 8월 6일에야 간신히 만날 수 있었다. 왕은 부담금 경감은 고사하고 프랑스군의 이탈리아 주둔비용까지 요구했다. 힘으로 치자면 피렌체는 프랑스의 상대가 되지 않는다. 결국 요구를 받아들일 수밖에 없었다. 9월에는 함께 간 프란체스코 델라 카사가 병을 핑계로 귀국해서 모든 것이 마키아벨리의 어깨에 달려 있다.

이 첫 번째 프랑스 파견은 마키아벨리에게 귀중한 교훈을 주었다. 이탈리아와 피렌체를 유럽과의 관계에서 파악해야 한다는 것을 배웠을 뿐만 아니라 국민적 기반에 선 절대주의 국가가 이탈리아 소도시 국가에 비해 얼마나 강대한지를 뼈가 사무치게 느낀 것이다. 이것은 1500년 8월 시뇨리아에게 낸 보고서에 잘 나타나 있다. 이 보고서는 또한 실무의 한가운데서 이론적인 고찰을 하는 그의 특색이 잘 드러나 있으며, 12년 뒤에 쓴 《군주론》에서는 한결 뚜렷해진다.

체사레 보르자(1475~1507)
교황 알렉산데르 6세의 넷째 아들. 피렌체 우피치미술관 소장

"이런 이유로 루이 왕이 롬바르디아를 잃은 것은 정복지를 훌륭히 지키려는 군주들이 마땅히 지켜야 할 방침을 하나도 지키지 않았기 때문이다. 따라서 그 상실 자체는 조금도 이상할 게 없고, 오히려 당연한 결과라고 할 수 있다.

그런데 이 문제에 대하여 알렉산데르 교황의 아들 발렌티노 공작(체사레 보르자)이 로마냐 지방을 점령했을 무렵, 나는 루앙의 추기경과 낭트에서 대화를 나눈 일이 있다. 그때 루앙의 추기경은 이탈리아인은 전쟁이라는 것을 모른다고 하기에 나는 프랑스인은 정치를 모른다고 반박하고, 만일 그들이 정치를 알았다면 로마 교회 세력을 그렇게 크게 되도록 하지는 않았을 것이라고 말했다. 또한 경험으로 봐서 명백한 것은 로마 교회와 에스파냐가 이탈리아에서 큰 세력을 얻은 것은 결국 프랑스 때문이라는 것이다. 더구나 프랑스 왕의 몰락은 바로 이들이 야기했다는 것이다.

이런 사실에서 일반 원칙을 발견할 수 있다. 이는 거의 틀림없는 규칙일 것이다. 즉 타인을 강하게 만드는 자는 자기를 자멸시킨다는 것이다. 그 이유는, 강하게 되는 자는 그를 그렇게 만드는 이의 술책과 권력으로 그렇게 되는데, 일단 강하게 된 뒤에는 바로 이 두 가지 수단을 두려워하기 때문이다."《군주론》3)

《군주론》3은 마키아벨리의 제1차 프랑스 파견 체험에 바탕한다. 그즈음 프랑스 루이 12세의 고문이었던 루앙의 추기경 조르주 당부아즈(1460~1510)와 낭트에서 나누었던 대화는 31세의 젊은 외교관 마키아벨리의 면모를 보여주는 삽화이다.

체사레와의 만남

1501년 1월 프랑스에서 피렌체로 돌아왔을 때, 프랑스에 머물던 때부터 느꼈던 불안은 현실이 되어 있었다. 교황 알렉산데르 6세와 체사레 보르자의 질리지도 않는 침략이 그것이다. 1501년 1월 그때까지 피렌체의 지배 아래 있었던 피스토이아에서 민중파와 귀족파 사이에 분쟁이 일어났다. 프랑스에서 돌아와 한시름 놓기도 전에 마키아벨리는 피스토이아로 파견되어 조정에 나선다. 이 피스토이아 소요가 채 진정되기도 전인 1502년 체사레 보르자의 용병대장 비텔로초 비텔리와 파올로 오르시니의 선동으로 알레초와 키아나 계곡 지방에서 피렌체에 대한 반란이 일어났다. 배후에서 조종하는 것은 말할 필요도 없이 체사레다. 그의 마수가 피렌체 가까이까지 뻗쳐 온 것이다. 피렌체는 서둘러 프랑스에게 원조를 요청한다. 이 모습을 본 체사레는 갑자기 피렌체와 화의를 맺고 알레초를 돌려준다. 이때의 교섭도 마키아벨리가 담당한다. 《키아나 계곡의 반란무리의 처치》는 그의 전말을 기록한 것이다.

키아나 계곡 사건을 계기로 마키아벨리는 처음으로 체사레를 알았다. 그들의 만남이야말로 운명적이다. 그도 그럴 것이 권력정치가인 체사레는 마키아벨리의 정치사상에 결정적인 영향을 미치고, 체사레의 풍모는 그의 붓에 의해 오래도록 후세에 전해졌기 때문이다. 두 사람의 첫 번째 만남과 교섭은 1502년 6월 25일에 체사레의 우르비노 궁정에서 며칠에 걸쳐 이루어졌다. 체사레는 강경한 태도를 누그러뜨려(알레초의 반환 등) 일단은 피렌체의 성공으로 끝났다. 고작 며칠의 교섭에서 얼마나 강한 인상을 받았는지는 6월 26일자로 정부에 보

교황청에서 끌려나오는 체사레 보르자　마키아벨리는 그를 이상적인 군주의 모델로 예시했지만 정치권력에 매달렸던 교활하고 야심많고 사악한 기회주의자였다.

낸 편지에 나타나 있다.

"공은 궁정인으로서는 당당하고, 군인으로서는 매우 진취적인 기상을 띤다. 공에게는 아무리 큰일이라도 작은 일로만 보인다. 영광과 권력을 얻기 위해서는 쉴 줄도 피로도 모른다. 어디서 출발했는지 동에 번쩍, 서에 번쩍 신출귀몰한다. 병사들은 충성을 바친다. 이런 모든 것들이 공을 두려운 존재이게 하고, 행운의 연속에 의해 승리하고 있다."

체사레를 보는 마키아벨리의 눈

첫 번째 파견은 짧았지만 두 번째는 1502년 10월 초부터 1503년 1월 말까지 4개월에 이르고 우르비노 궁정에서 머문다. 때마침 중부 이탈리아 여러 나라는 반보르자 동맹을 맺고 피렌체에 지지를 요구했다. 체사레도 그에 맞서려면 피렌체의 지지를 필요로 했다. 그런 정보를 모으기 위해 마키아벨리가 파견된 것이다. 그러나 체사레는 동맹국을 무너뜨려 위험을 없앤다. 마키아벨리가 정부에 보낸 52통의 보고서는 상세한 사정을 전하고 있다. 특히 돌발사건에 처한 체사레의 매우 두드러진 행동에 그는 감탄했다. 체사레 수하의 4명의 용병대장이 페루자 및 볼로냐와 내통하여 돌연 체사레에게 반란을 일으켰다. 그는 궁지에서 벗어났을 뿐만 아니라 눈에 보이지도 않을 만큼 신속하게 그들을 붙잡아 가족까지 몽땅 처형했다. 사경에서 활로를 찾는 그의 행동을 마키아벨리는 《발렌티노 공이 비텔로초 일당을 살해한 전말의 기술》에 적었다. 본디 마키아벨리의 보고는 사무적 보고가 대부분을 차지한다. 개인의 성격 묘사는 드물다. '발렌티노 공'은 예외여서 마키아벨리의 육성을 듣는 느낌이 든다.

마키아벨리는 체사레의 인격을 존경했던 것일까? 프라이어는 단호하게 부정한다《마키아벨리》. 그가 체사레를 범죄자로 보았음은 1494년에서 1504년까지의 사건을 기술한 《최초의 10년사》에 분명히 나와 있다. 체사레가 발산하는 '히드라의 독기'라든가 '적을 함정에 빠뜨리는 독사'라는 말은 여러 차례 쓰고 있다. 마키아벨리는 체사레를 도덕적으로 위대하다고는 전혀 생각하지 않았다. 그러나 '강력한 사람'이라고 생각한 것은 틀림없다. 체사레는 말하자면 '선악이라는 잣대로 평가할 수 없는' 행위적 인간이다. 이탈리아의 분열과 프랑스의 침입이라는 최악의 사태에서 행위적 인간만이 난국을 벗어날 수 있다. 그런 행동력을 지닌 정치가만 있으면 되지 굳이 체사레라는 특정 인간일 필요는 없다. 따라서 체사레의 찬미는 도덕적이 아니라 정치적 관점에서 나온 것이다.

체사레와의 만남은 그에게 하나의 정치적 실험을 의미했다. 실험인 바에야 도덕적으로 선이냐 악이냐를 논하는 것은 의미가 없다. 한참 뒤에 마키아벨리는 체사레에게서 보았던 정치 실험의 결과를 이렇게 보고한다.

"능력으로써 군주가 되느냐, 아니면 운수에 의해 군주가 되느냐에 대해 현대인의 기억에 생생히 남아 있는 실례를 두 가지 들기로 하자. 그것은 프란체스코 스포르차와 체사레 보르자의 경우이다.

프란체스코는 적절한 수단과 자신의 훌륭한 능력으로 평민에서 밀라노 공작이 되었다. 따라서 그가 나라를 차지하기까지는 숱한 고난을 겪었지만 다스리는 단계에서는 조금도 어려움이 없었다.

그와 반대로 발렌티노 공작이라 불리는 체사레 보르자는 아버지 교황 알렉산데르 6세의 덕으로 나라를 얻기는 했으나, 아버지가 세상을 떠나자 그 지위를 잃고 말았다. 하지만 보르자가 비록 프랑스 왕 루이 12세의 군대로부터 지원받아 영토를 얻기는 했지만 사려 깊고 능력 있는 자로서 해야 할 일, 즉 자기 세력의 팽창을 위해 해야 할 일은 모두 했던 것은 사실이다.

앞서 말했듯이 모름지기 인간은 일찌감치 기초를 닦아야지 뒤늦게 기초를 닦으려면 몇 배의 노력이 필요하다. 처음부터 거기에는 건축가의 노고가 필요한 데다 건물 그 자체도 튼튼하지 못하기 때문이다.

여기서 발렌티노 공작이 취한 발자취를 살펴본다면, 그는 장래의 자기 세력을 구축하기 위해 기초를 훌륭히 닦았음을 알 수 있다. 내 생각으로는 새로운 군주로서 그 이상 본받을 만한 실례는 없다고 본다. 그리므로 여기서 그를 논하는 것도 뜻이 있으리라 믿는다. 그의 방침이 성공하지 않았다 해도 그것은 그의 죄는 아니었다. 결국 그것은 악의적인 운명의 일격에 따른 것이었기 때문이다."《군주론》 7)

"예를 들어 체사레 보르자는 잔인한 인간으로 알려져 왔다. 그러나 그의 잔인함은 로마냐의 질서를 회복하고, 그 지방을 통일하여 평화와 충성을 지키는 결과를 가져왔다. 그렇다면 피렌체 시민이 냉혹하다는 악평을 피하려고 피스토이아의 붕괴를 수수방관한 데 비하면 보르자가 훨씬 더 자애로웠다는 것을 알 수 있다."《군주론》 17)

이처럼 마키아벨리는 어디에서도 체사레를 도덕적으로 칭찬하거나 하지 않는다. 과학자가 실험결과를 보고하듯이 사실만을 전한다. 체사레가 몰락해 로마에 유폐되어 있던 즈음에 마키아벨리는 어떤 기회에 체사레를 만났던 듯하다. 그러나 페렌체 정부에 보낸 편지에서 "이 사람은 이제 끝났다. 이미 죽은 것이나 마찬가지다" 이렇게 쓰고 있다. 마키아벨리가 체사레에게 성실해야 할 의무는 없다. 마키아벨리가 감탄하는 것은 떠오르는 해의 기세일 때의 체사레였지 지는 해의 체사레는 아니다. 체사레의 극은 이렇게 어이없게 막을 내리게 된다. 에스파냐에서 전사했을 때, 마키아벨리의 염두에 체사레라는 존재는 이미 없었다.

다 빈치와의 만남

피사 전선, 프랑스, 우르비노로 바쁘게 뛰어다니던 동안에 마키아벨리의 공적 사적 생활에 변화가 없었을 리 없다. 첫째는 1502년 8월에 피렌체 공화정부는 종래의 비효율적인 행정기구를 개혁하고 소데리니를 종신 '정의의 기사'로

선출하고는 매우 커다란 권한을 주었던 것이다. 명문가 출신이기만 했지 이렇다 할 쓸모 있는 인물이 못되었지만 달리 적임자가 없었다. 마키아벨리는 서기관 취임 이후로 소데리니에게 알려져 있었고, 소데리니도 그의 재능을 알고 있었으므로 다른 사람이 '정의의 기사'가 되는 것보다야 나았을 것이다. 다만 극도의 재정난으로 마키아벨리에게 넉넉한 봉급을 줄 수가 없었다. 부모에게서 물려받은 '가난의 신'과 앞으로도 줄곧 가깝게 지낼 도리밖에 없다. 두 번째는 1501년 여름 중산계급 출신인 마리에타 코르시니와 결혼하여 마키아벨리가 로마에 출장 가 있을 동안에 장남 베르나르도가 태어났다. 마키아벨리의 전기를 소설풍으로 쓴 마르크는 이런 이야기를 전한다. 체사레 보르자에게 보내졌을 때의 일이다. 일주일 뒤면 돌아오겠다고 하고 나간 뒤로 감감 무소식이다. 3주째가 되자 남편에게 버림받은 것이 아닐까, 평판 나쁜 체사레 밑에서 무슨 변고가 있는 것은 아닐까 아내는 노심초사다. 그래서 남편 소식을 듣고자 날마다 시뇨리아로 찾아갔다고. 남편으로선 좀처럼 얻기 힘든 기회를 놓칠 수 없었다. 설령 아내가 독수공방을 하는 한이 있더라도.

에피소드 하나가 더 있다. 레오나르도 다 빈치와의 기이한 만남이다. 1502년 여름에 레오나르도는 체사레 보르자의 초청을 받았다. 다만 예술가로서가 아니라 군사기술가로서. 왜냐하면 중부 이탈리아를 병합할 야망에 불타던 체사레에게 군사기술은 매우 중요했거니와 다른 한편으론 레오나르도도 과학기술자로서의 능력을 시험할 기회라고 생각했기 때문이다. 과거 밀라노 공 루도비코 일 모로를 섬기던 시절에도 똑같은 사정이었다. 즉 정치가는 예술가를 존경하기 때문에 대우하는 것이 아니라 정치목적으로 이용할 뿐인데 그것은 예나 오늘이나 다르지 않다. 이리하여 레오나르도는 1503년 3월에 피렌체로 돌아올 때까지 반년 동안을 우르비노 궁정에 머물면서 체사레를 수행하여 여기저기를 여행했다.

마키아벨리도 그 무렵에 체사레의 궁정에 있었으므로 레오나르도와 만났을 것이다. 궁정은 아무래도 좁았을 터이므로 누가 누군지 구별은 했을 것이다. 마키아벨리는 체사레를 수행하는 백발노인(사실은 50을 갓 넘겼을 뿐인데 그렇게 보였다)이 이름 높은 예술가임을 알아보았을 테고, 레오나르도도 열일곱 살 아래의 같은 고장 출신 외교관의 특출한 지적 예민함을 알아챘으리라. 만났다고 가정하고 예술에 관심 없는 사내와 정치에 관심 없는 사내 사이에서 대체 어떤 대화가 오갔을까? 오늘날 최고의 레오나르도 연구가인 케네스 클라크는 레오나르도는 우르비노 궁정에서 마키아벨리를 처음 만나 피렌체로 돌아온 뒤에도 교제를 했다고 쓰고 있다(《레오나르도 다 빈치》).

국민군 창설과 율리우스 2세

체사레 보르자의 실각으로 당장의 위험은 사라졌지만 낙관은 이르다. 새 교황 율리우스 2세가 외국세력을 축출하면서 이탈리아의 대외관계가 시끄러웠고, 피렌체는 당연히 그 여파에 시달린다. 실제로 나폴리를 둘러싸고 프랑스와 에스파냐가 싸우고, 에스파냐가 승리를 거두자 남쪽에서 북상하여 피렌체를 공격할 우려가 생겨났다. 체사레의 몰락으로 무주공산이 된 로마냐 지방을 베네치아가 호시탐탐 노린다. 그러던 1504년 1월 마키아벨리는 니콜로 바롤리와 함께 프랑스로 간다. 리용에서 루이 12세를 만나 어려운 처지를 호소한다. 하지만 프랑스와 에스파냐의 휴전이 이루어져 한동안은 가슴을 쓸어내리고 안도할 수가 있었다. 마음 놓을 수 없는 것은 피사공략이다. 1505년 3월 피렌체는 또다시 피사에 패배한다. 여러 번 말하지만 이토록 애를 먹는 것은 피렌체가 용병에 의존하고 자국군대를 지니지 않은 때문이다. 마키아벨리가 입에 침이 마르도록 국민군 창설의 필요성을 역설해 왔던 바로 그 열의가 마침내 소데리니를 움직인다. 1506년 12월 마키아벨리의 《피렌체 국민군 무장론》에 기초하여 국민군 창설 법령이 나온다. 마키아벨리는 주위의 몰이해와 무관심을 설득하는 한편, 창설에 따르는 성가신 사무, 예를 들면 민병모집과 명부작성에서부터 훈련방법과 장병임명에 이르기까지 모두 떠맡아야 했다. 숱한 노력에도 별 성과가 오르지 않을 뿐만 아니라 소데리니 정부가 쓰러지자 국민군은 해산해 버린다.

국민군의 일에 더하여 외교 사무가 있다. 1505년 4월 페루자 파견, 6월과 5월 시에나 파견, 8월 피사전선 시찰, 1506년 8월과 9월 율리우스 2세에게 파견되었다. 율리우스 2세도 마키아벨리가 성격을 묘사한 몇 안 되는 인물 가운데 하나이다.

"그 뒤 율리우스 교황(율리우스 2세)이 나타났을 때 로마 교회는 한결 융성하게 되었다. 로마냐 지방 전부를 지배하고, 이미 알렉산데르 압제 아래 무력해진 로마 봉건 귀족들과 그 당파 사람들의 세력을 제거했다. 거기다 율리우스는 알렉산데르 치세 이전에는 없었던 축재의 수단인 성직 매매까지 행했다. 율리우스는 이렇게 전임자의 발자취를 따랐을 뿐 아니라 그것을 더 확대하여 볼로냐를 차지하고, 베네치아 공화국을 공략하여 이탈리아에서 프랑스를 축출하는 데 거의 성공하게 되었다. 더구나 율리우스는 무엇이나 자기 개인을 위해서가 아니라, 로마 교회의 세력 신장을 위해 일했으므로 명성이 더욱 드높아졌다."《군주론》11)

동시에 율리우스의 결점도 빼놓을 수 없다.

"마찬가지로 교황 율리우스 2세는 재위 기간 내내 감정이 세차게 일어나는 대로 몸을 내맡겼다(제1권 제27장 및 《군주론》 제25장 참조). 그런 태도라도 시대에 맞는 것이었는지 그가 하는 일은 모두 잘 되었다.

그러나 시국이 변해서 다른 방법이 요구되자 율리우스도 파멸에서 몸을 지킬 수 없었다. 시대의 요구에 맞추어서 여태까지의 태도나 방법을 바꿀 줄 몰랐기 때문이다."《로마사이야기》3-9)

독일인 찬미

1507년 새로운 불안이 생겨났다. 샤를 8세의 원정 이후 프랑스는 북이탈리아에서 세력을 얻었다. 북이탈리아는 중세 때는 독일제국의 세력범위에 들어 있었다. 독일 황제 막시밀리안 1세(재위 1493~1519)는 프랑스의 행동에 반발을 했는지 갑작스레 신성로마 황제의 '중세의 꿈'을 재현하려 했다. 그 때문에 프랑스와의 대립을 새로이 촉발한다. 막시밀리안은 이탈리아 원정에 필요한 군비를 난처하게도 피렌체에게 요구해 왔다. 친프랑스 정책으로 일관하던 피렌체는 호락호락 막시밀리안의 요구에 응하지 않는다. 그렇다고 해서 일축할 만한 힘도 없다. 기껏해야 프랑스와의 관계를 얼버무리고 막시밀리안에게 비용의 경감을 구걸하는 것이 고작이다. 그래서 마키아벨리는 프란체스코 베트리(1471~1539)의 보좌역으로 독일(스위스와 티롤지방)로 간다.

보르차노에서 황제를 만나지만 결말이 나지 않는다. 그러던 차에 황제군은 베네치아군에게 패퇴하여 화의가 이루어지는 바람에 막시밀리안의 이탈리아 진출은 좌절된다. 불안이 사라진 것을 확인하고 마키아벨리는 6월 귀국한다. 그는 이 독일 파견 때에도 막시밀리안의 성정, 스위스와 독일의 상황에 날카로운 관찰력을 들이대 《독일사정 보고》《독일의 상황과 황제에 대한 논고》《독일

피사공략 피렌체 국민군의 활약   바사리 작

사정의 초상화》 등을 썼다. 이탈리아의 휴머니스트는 독일인의 야만성을 경멸
하곤 했다. 이에 반해 마키아벨리는 독일인의 욕심 없음과 타고난 병사적 유능
함을 칭송한다.

"그들에게는 빵과 고기, 방한용 따뜻한 난로만 있으면 충분하다. 시민은 무
장하고 훈련에 힘쓰고 있으므로 병사에게는 한 푼도 들지 않는다. 어느 도시든
풍요롭다. 만약 그들이 일치단결한다면, 그리고 도시가 제후에게 반항하지 않
고, 제후가 황제에게 반항하지 않는다면 독일의 세력은 대항하기 어려운 것이
되리라."

피사공략

독일 황제의 위협은 일단락되었다. 프랑스도 조금은 잠잠해졌다. 이 기회를
놓치면 피사공략은 불가능할 것이었다. 이번에야말로 반드시 공략해야 한다.
1508년 8월, 마키아벨리는 피사공략을 진두지휘한다. 피사의 주변지역을 약탈하여 황폐하게 만들고, 외부 지원을 차단한다. 완강히 저항했지만 보급로를 차단당하고서야 도저히 어찌하지 못하고 1509년 5월 마침내 항복한다. 6월 마키아벨리는 피렌체군과 함께 입성한다. 자기가 편성한 국민군으로 이만한 성공을 거두었으므로 득의만면했을 것이다. 물론 피사공략 15년의 결말은 혼자만의 공적은 아니더라도 수훈감이라 할 만하다. 피렌체로 돌아오자 소데리니는 그를 따뜻이 맞아들이고, 시뇨리아도 공화정부의 이름으로 공적을 치하했다. 사무국은 아르노 강변 요정에서 축하연을 열고 다년간 노고를 위로했다. 피사공략은 마키아벨리의 정치생활의 정점이었다고 할 수 있다.

피사공략은 그러나 현안 하나가 해결된 것에 불과하다. 밖으로 눈을 돌리면 율리우스 2세의 적극 외교 때문에 국제정세는 급박하게 돌아가고 있었다. 마키아벨리는 이탈리아 통일을 방해하는 장본인은 교회국가라며 곱지 않은 시선을 보냈다. 때문에 율리우스의 실행력에는 감탄하면서도 불신감도 감추지 않았다. 피렌체가 교황청과 깊은 관계를 맺었음은 앞에서 말했다. 그러나 메디치 가가 쓰러지고 공화정부가 부활한 뒤에는 프랑스 일변도이다. 율리우스가 적극책을 내세운 상황에서 모호한 태도를 취할 수가 없다. 마키아벨리가 1510년 7월 3번째, 1511년 9월 4번째로 프랑스로 건너갔던 것도 좀더 확실한 태도 결정을 위한 탐색이었으며, 마침내 피렌체 공화정부는 프랑스 쪽에 서기로 결정하지만 이것이 파멸의 화근이 된다.

공화정부 붕괴와 마키아벨리의 면직

1512년 4월 11일, 율리우스 2세의 제창으로 맺어진 신성동맹의 군대는 프랑스군과 라벤나 부근에서 충돌한다. 밀라노 총독으로 천재적인 장군 가스통 드 푸아(1489~1512)는 격전 끝에 승리를 거두고 연합군의 장군과 추기경을 포로로 삼았다. 라벤나는 물론 이웃한 포를리, 이몰라 등은 순식간에 프랑스군에 항복한다. 그러나 가스통이 라벤나 전선에서 전사하자 사기가 떨어지고 영국이 프랑스 본국을 덮칠 기미(1513년 영국은 북프랑스에 침입한다)가 있고, 나아가 프랑스의 스위스 용병이 배반을 하는 통에 프랑스는 어쩔 수 없이 이탈리아에서 물러난다. 그렇게 되자 피렌체는 고립무원 상태에 빠진다. 동맹군인 에스파냐 군대는 8월 프라토를 점령하고 약탈한다. 프라토는 엎드리면 코 닿을 곳. 피렌체 공화정부는 15만 두카텐의 금을 주고 약탈에서 벗어나지만 교황 쪽에 설 것을 강요당한다. 마키아벨리는 필사적으로 국민군 강화를 꾀했지만 흉포한 에스파냐 군대에게는 턱도 없다.

사태가 이렇게 악화일로를 걷자 피렌체 정부 내에서 소데리니를 등지고 메디치 가와 내통하는 자가 꿈틀거리기 시작한다. 율리우스 2세는 진작부터 소데리니 추방과 메디치 가 복귀를 꾀하고 있었다. 그 까닭은 이렇다. 로렌초 데 메디치의 장남 피에로(통풍에 걸린 피에로와 구별하여 피에로 2세라고 한다)는 1494년 프랑스 피렌체 침략에 항복하고는 베네치아로 망명했으며, 에스파냐군과 프랑스군의 싸움이 한창이던 1503년 가릴리아노 강에서 익사했다. 차남 조반니(1475~1521)는 교황청으로 들어가 추기경이 되어 율리우스의 신임을 받고 있었다(뒷날 교황 레오 10세). 3남 줄리아노(1478~1516)가 그즈음 메디치 가의 주인이었다. 이런 곡절로 율리우스는 음으로 양으로 메디치 가를 도왔고, 그만큼 소데리니 정부는 곤욕을 치른다. 에스파냐 군대의 프라토 공략이 소데리니 정권을 뒤집어엎는다. 반 소데리니파는 8월 31일에 소데리니의 책임을 따져 사직으로 몰아간다. 마침내 종신직인 '정의의 기사'를 그만두고 피렌체를 떠난다. 9월 1일에 줄리아노는 시민의 환호 속에 귀환한다. 민중이란 늘 이리저리 옮겨 다니기 쉬운 법이지만 이런 급변은 한두 달 안에 일어난 일이었다.

18년만에 메디치 가가 돌아오자 서둘러 정치기구의 변혁을 시작한다. 소데리니 추방, 종신직인 곤팔로니에레(gonfaloniere)를 1년 임기의 임기직으로 고치고 국민군 해산 등이 그것이다. 그 결과 대부분 과거 피에로 2세 시대 상황으로 돌아갔다. 그러면 소데리니의 심복 부하인 마키아벨리가 새로운 지배자에 의한 마땅한 처단을 기다렸는지, 아니면 새 정권 아래서 계속 일하는 일말의 희망을 품고 있었는지는 상세히 알 수 없다. 한동안 몸을 낮추고 일의 흐름을 지켜보고 있었을 것으로 추측할 뿐이다.

그러나 결국 11월 7일 새 정부는 마키아벨리를 모든 직위에서 해임하고 1월 10일 앞으로 1년 동안 피렌체로부터 추방하며, 명령을 어길 시에는 보증금을 내야 한다는 처분을 받았다. 그래서 그는 근교인 산탄드레아 인 페르쿠시나에 있는 허름한 집으로 옮긴다. 공인으로서의 활동은 이것으로 끝이다. "마키아벨리가 사무국 책상을 서재 책상으로 바꾼 것은 이 드라마의 매우 작은 일화에 불과하다"고 프라이어는 쓰고 있다. 확실히 그의 면직은 하찮은 사건이었다. 이 사소한 사건이 유럽의 새로운 정치를 예언하는 계기가 되는 것을 생각하면 사건은 작지만 의미는 크다.

맑은 날, 흐린 날

악의 없이 순진한 인생관

"마키아벨리의 생김새는 그가 관찰에 아주 예민하다는 것을 나타내고 있지만, 행동가적 능력은 조금도 보여주지 않는다. 그의 성격과 어느 한 가지도 놓치지 않을 것 같은 그의 지성 사이에는 부조화가 존재했다. 그는 셈에 밝은 인물임에도 호인이어서 사사로운 정이나 관계의 일에는 느슨하기 한량없고, 친구에게는 성실하고 사랑스러운 다변가였다. 그는 어디서나 무한한 관찰의 재능을 증명했지만 정치적 행동이 공적인 판단에서 확고한 가치를 얻은 적은 없다. 피렌체 사태에서 보인 성실하고 단호한 공화주의적 기질과, 이탈리아 통일을 위한 군주제에 대한 동경이라는 모순 때문에 그의 정치적 태도의 동요, 즉 처음엔 공화정의 색채였다가 뒤에는 메디치 가의 색채로 외부에 대해 어쩔 수 없이 색깔을 바꿔야 하는 일이 생겨났다. 그러나 그의 정치적 명성을 잃게 만든 것은 그가 가혹한 난국 속에서 보여 준 인격적인 무정견이었다."(딜타이 《르네상스와 종교개혁—15, 6세기 인간의 파악과 분석》)

딜타이(1833~1901)의 말은 세간의 일반적 생각을 집약한 것으로 보아도 무방할 것이다. 이런 생각에는 중대한 오해가 있다.

마키아벨리가 날카로운 관찰가라는 것, 그것은 그의 사무가 기질이나 재능과 떼어놓을 수 없다는 것을 앞에서 살펴보았다. 그렇다고 해서 냉소적인 사람이었던 것은 아니다. 이 점에서 영국의 시인 비평가로 노벨문학상을 받은 T.S.엘리엇(1888~1965)은 마키아벨리의 진수를 가장 잘 파악하고 있다.

"마키아벨리는 견유가(세상을 비꼬고 냉소적으로 보는 것)라고 할 수 있다. 하지만 마키아벨리에게는 견유주의는 전혀 존재하지 않는다. 그의 생활이나 성격에는 그의 견해의 명석한 거울을 흐리게 할 만한 한 점의 약점이나 결점도 없다. 분명 세세한 점에서는 언어의 의미가 조금 달라지면 의식적인 냉소로 느껴지는 것도 있지만 그의 견해 전체는 그런 감정적인 색채로 더럽혀져 있지 않았다. 마키아벨리의 인생관은 순진한 영혼의 상태를 포함한다. 그의 정직성과 일반적으로 인간의 심정이 지니는 허위, 부정직, 변절 등과 비교해 보고 그 차이가 엄청나다는 것을 느낄 때 비로소 우리는 그의 보기 드문 위대함을 깨닫는다."《다른 신을 찾아서》

물론 그의 시대는 도의심이 땅에 떨어진 르네상스 끝 무렵이다. 성인군자가 아닌 단지 한 인간이기 때문에 남들과 똑같이 현세의 쾌락을 맛보았겠지만, 도를 넘었는지 여부는 모르겠다.

딜타이의 설 가운데 마키아벨리의 정치적 무정견에 대한 설을 따져보자. 단순히 겉으로만 보고 변절자라고 치부하는 것은 너무나 단순한 판단이다. 르네상스 시대의 시인, 학자, 예술가는 거의 세계주의자여서 후원자를 바꾸거나 타국으로 망명하는 것을 아무렇지도 않게 생각했다. 하물며 정치 같은 비정하고 잔혹한 세계에서 사는 사람에게 남의 목숨보다 자기의 목숨이, 즉 타인보다 오래 사는 것이 중요한 것은 자명한 일이었다. 그렇다면 마키아벨리만이 비난받아야 할 까닭은 없다. 만약 정견이 없다고 한다면 소데리니 정부가 무너졌을 때, 제2서기관장 마르첼로 비르질리오 등은 재빨리 그만둘 것 같지만 새 메디치 정부 아래서 몸을 보전한다. 공화정부에서 함께 일했던 프란체스코 베트리도 로마주재 공사를 하면서 부끄러워하는 기색이 없었다. 현대인의 관점으로 르네상스 시대를 가늠해서는 안 된다. 그들에 비하면 마키아벨리는 정직하다고 해도 좋았다. 가난한 생활이 그 증거이고 만년에 아들에게 남긴 편지 등에도 잘 드러나 있어 그가 과연 마키아벨리즘의 창시자인가 의심될 정도이다. 그런 선입관을 갖는 것 자체가 잘못이다.

피렌체를 위하여

마키아벨리는 대체 무슨 생각으로 메디치 가에 접근했던 것일까. 그가 열망했던 것은 이탈리아의 통일국가 건설이지만 당장의 애국심은 피렌체를 향해 있다. 만일 피렌체가 예전의 모습을 잃는다 해도 그는 피렌체 사람이다. 피렌체가 공화정으로 번영한다면 만만세다. 하지만 그것이 어렵다면 메디치 가라도 상관이 없지 않을까? 피렌체를 가멸게만 해 준다면. 그럴 경우 과거 정치활동에서 얻은 지식과 경험을 보태는 것은 시민으로서의 의무이다.

프란체스코 베트리에게 썼던 것처럼 "운명은 내가 실크나 의상에 대해서도, 손해나 이득에 대해서도 논할 수가 없게 만들었다. 나는 국가에 대해 논할 수

밖에 없다." 여러 번 말했다시피 그는 단순히 관조하는 관찰자가 아니라 관찰과 사색을 활동과 연결하려는 욕구를 갖고 있었다. 《카말돌레스 논쟁》의 사람들이 그랬던 것 같은 유희가 아니다. 언제나 이론과 실제를 하나로 여겼던 증거는 예를 들면 국민군 창설이 있다. 실패로 끝나기는 했지만 분명 그의 책임은 아니었다. 그의 독자성은 그때그때의 자료를 잡다하게 모으는 것이 아니라 중심사상으로 정리하여 체계화하는, 즉 개별 데이터에서 일반규칙을 세우는 뛰어난 능력을 지녔던 점에 있다. 메디치 가에 접근했던 것이 생계비를 얻기 위해서가 아니었다고 한다면 거짓말이지만 세상에서 말하는 야비한 관직 사냥 운동이 아니었음은 확실하다. 거기에는 보다 깊은 생각이 있었다.

마음 가는대로 붓 가는대로

1513년 2월 반메디치 가 음모가 발각되고, 음모자 명단에 마키아벨리의 이름이 올라 있었다. 가담했다는 의혹으로 투옥된다. 사실무근이었지만 한동안 정계복귀 가능성은 없어졌다. 이해에 율리우스 2세가 세상을 떠나 3월 추기경 조반니 데 메디치가 교황 레오 10세(재위 1513~1521)가 된다. 새 교황 취임에 즈음하여 특별사면령이 내려져 4월 마키아벨리는 석방되고, 소데리니도 추방처분에서 풀려난다. 산탄드레아 인 페르쿠시나에서 유유자적하는 가운데 마키아벨리는 프란체스코 베트리와 자주 편지를 주고받는다. 깊은 의미의 친구는 아니었지만 로마주재 공사라는 직무상 여러 정보를 제공해 주었기 때문이다. 그 편지들 가운데 1513년 12월 10일 것이 널리 알려져 있다. 그 무렵 생활상을 생생하게 볼 수 있다.

"요즘은 아침에는 태양과 함께 일어나서 늘 나무를 하는 산으로 가서 그곳에서 그럭저럭 2시간쯤 어제 일을 정리하거나 나무꾼과 함께 시간을 보냅니다. 숲을 나서면 나는 샘으로 갔다가 전에 장치해 두었던 새 올가미로 갑니다. 반드시 단테나 페트라르카의 시집을, 때로는 티브루스나 오비디우스 그 밖의 시인의 시집에 이르기까지 뭔가를 들고 가서 그들의 연정과 사랑을 읽고, 그리고 나의 경험과 함께 떠올리면서 한동안 즐거운 추억에 잠깁니다. 그런 다음 길가 주점에 가서 길을 지나는 사람들과 이야기를 나눔으로써 그 나라의 진기한 이야기를 듣고, 여러 가지 것들을 알고, 인간의 다양한 취미와 발상을 깨닫습니다. 이렇게 하다보면 어느덧 식사시간이 됩니다. 나는 가족과 함께 이 누추한 별장과 나의 보잘것 없는 재산이 제공해 주는 식사를 합니다. 식사가 끝나면 주점으로 돌아가지요. 해가 저물면 나는 집으로 돌아와 서재로 들어갑니다. 입구에서 먼지와 진흙이 묻은 평상복을 벗고 예복으로 갈아입어 위엄을 갖춘 다음 옛 현인의 오래된 궁정에 들어갑니다. 그 사람들은 나를 맞아줍니다. 그리고 오직 나만의 것이고 나만을 위한, 나에게 익숙한 음식을 나에게 줍니다. 나는 주저하지 않고

마키아벨리 기념비　피렌체의 산타크로체 성당

그 사람들과 이야기하고, 그들이 취했던 행동의 동기를 묻습니다. 그러면 그들은 다시 친절하게 대답해 줍니다. 4시간 동안 나는 전혀 피곤함을 느끼지도 않고 고통도 잊고, 가난을 두려워 않고, 죽음마저도 개의치 않게 되어 이 사람들 속으로 완전히 녹아들고 마는 것입니다."

아무 걱정도 없어 보이는데 과연 그는 무슨 생각이었을까? 전에는 프랑스 국왕, 독일 황제, 로마 교황, 체사레 보르자를 상대로 당당히 의견을 펼치던 사내가 나무꾼과 함께 시간을 보내거나 지저분한 선술집에 붙박이는 것 외에 할 일이 없다? 전성기에 있던 사내가 하릴없는 생활을 강요당하고 있다. 전혀 태평할 리가 없다. 하지만 《군주론》과 그 밖의 주요 저서는 이런 불우한 시절에 탄생했다. 정갈한 서재가 결코 걸작을 만드는 절대 조건이 아닌 것이다.

'올리첼라리 동산' 사교 모임

마키아벨리가 앞으로 살아가는 14년 세월은 밝음과 어둠, 희망과 좌절이 엇갈리는 날들이었다. 이제 공인으로서 피렌체나 이탈리아 정국에서 일하는 일

은 없다. 사건은 곁을 스쳐 지나갈 뿐, 방관자일 수밖에 없다. 다행스럽게도 정치의 사색이 정치의 실제를 맡지 않는다는 손실을 메워 준다. 아니, 메우고도 남는다. 만약 그가 실직하지 않았다면 그의 관찰은—아무리 관찰력이 뛰어나다 해도—죽음과 함께 소멸해 버렸을 것이다. 그러고 보면 마키아벨리 개인의 불운은 후세의 우리에게는 행운이라고 할 수 있을지도 모르겠다.

한편, 이 시기의 피렌체에 '올리첼라리 동산'이라는 사교 모임이 있었다. 피렌체의 부자로 메디치파인 베르나르도 루첼라이(1448~1514)가 시내에 지닌 아름다운 저택을 그렇게 부른 것이다. 소데리니 시대 때부터 베르나르도 일가와 메디치 가 사람들, 문인이 모여서 문학과 철학, 정치를 이야기했다. 1512년 메디치 가가 복귀하자 모임도 한결 활발해졌다. 마키아벨리가 어떤 연줄로 들어갔는지는 알 수 없다. 하지만 1516년 무렵에는 구성원의 하나가 되어 꽤 가까운 교류를 맺는다. 이 모임에 이따금 집필 중인 《군주론》이나 《로마사이야기》를 읽어 들려줄 정도였으니까 마키아벨리는 그들에게서 경제적 도움을 받았다는 생각도 할 수 있다. 이렇게 자신의 저술을 그룹의 작은 무리 속에서 펼치는 사이에 정치이론가로서 이름이 알려지게 된다.

1520년 6월 마키아벨리는 피렌체 정부의 명령으로 루카로 파견 나간다. 대단치 않은 일이었지만 정계은퇴 뒤 첫 번째 일이고, 추기경 줄리오 데 메디치(1478~1534) 같은 유력자가 힘을 써 주었음을 감안하면 메디치 가와 어떤 연고가 있었음은 확실한 것 같다. 나아가 루카 체류 중에 쓴 《카스트루치오 카스트라카니의 생애》가 줄리오의 귀에 들어가 루카에서 돌아오자마자 11월에 피렌체 정부로부터 《피렌체 역사》 집필 의뢰를 받는다. 같은 해에는 그의 희극 《만드라골라》가 상연되어 호평을 받았다. 앞날에 서광이 비치기 시작한 것이다.

1521년 12월 교황 레오 10세가 갑자기 죽었다. 마키아벨리가 가장 기대를 걸었던 사람이 다름 아닌 레오 10세였기 때문에 충격이었을 것이다. 게다가 여러모로 자기편을 들어주던 '올리첼라리 동산' 사교 모임이 차츰 반메디치의 기치를 선명하게 해 줄리오 암살계획마저 세운다. 사전에 발각되어 그들은 도망친다. 커다란 충격이다. 그러나 버리는 신이 있으면 줍는 신도 있다. 레오 10세의 뒤를 이은 하드리아누스 6세가 재위 1년만에 갑자기 죽어 줄리오 데 메디치가 교황 자리에 올랐다(클레멘스 7세, 재위 1523~1534). 그곳에서 마키아벨리는 집필 중이던 《피렌체 역사》를 완성하고 1525년 6월에 로마로 가서 교황에게 헌상

했다.

마키아벨리의 죽음

《피렌체 역사》의 완성에
심혈을 기울이던 즈음에
이탈리아를 둘러싼 국제정
세는 차츰 긴박의 도를 갔
다. 프랑스왕 프랑수아 1세
(재위 1515~1547)―르네상
스 예술 애호가로서 레오
나르도 다 빈치를 귀빈으
로 모시고 편안한 말년을
보내게 했다―는 선왕인
루이 12세의 이탈리아 정
책을 답습했다. 1525년 몸
소 대군을 이끌고 롬바르
디아 평원을 남하하여 독
일 황제군과 싸웠다. 그러
나 2월 24일 밀라노 남쪽
파비아에서 크게 패하고

《군주론》(초판발행 1514) 속표지

왕 자신도 포로가 된다. 1526년 1월 마드리드 강화에서 에스파냐왕 겸 독일 황
제인 카를 5세에게 굴복하고서야 석방되는데 그때까지 북이탈리아를 지배 아
래 넣고 있었던 프랑스로서는 카를의 이탈리아 진출을 보고만 있을 수 없었다.
교황 클레멘스와 결탁하여 카를에게 전쟁을 선언한다. 얼마 전까지만 해도 프
랑스와 교황은 적대시했다. 국가적 이익 때문에 왕이 이렇게 행동한 것이다. 그
리하여 카를은 교황공격에 군대를 출동시키고, 이에 1527년 5월에 '로마약탈'을
촉발한다. 교황은 산탄젤로 성에 갇힌다. 이탈리아 르네상스의 종말을 고한 사
건이다.

이 소식이 피렌체에 다다르자 당장에라도 황제군이 쳐들어오는 것은 아닐까
전전긍긍이다. 메디치 가의 알레산드로(1510~1537) 등은 도망하고, 시민은 공화

정 부활을 선언하고 니콜로 카포니라는 사람이 곤팔로니에레에 선출된다. 메디치 가에 다시 등용될 희망을 품었던 마키아벨리의 꿈은 완전히 무너져 내렸다. 오랜 세월에 걸친 무리는 육체를 갉아먹고 있었던 데다가 깊은 실망이 살아갈 기력을 빼앗았던 것일까? 6월 20일 지병인 위통이 일어나 22일 가족이 지켜보는 가운데 58년 생애의 막을 내린다.

마키아벨리의 위대함은 살아있을 때는 인정을 받지 못하여 누추한 집에서 가난하게 죽었다. 제노바 사람 콜럼버스(1446?~1506)가 '아메리카 발견'이라는 대사업을 이룩하고서도 그 세계사적 의의와 영향을 알지 못한 채 실의 속에서 죽어 간 것처럼. 오늘날 피렌체의 산타크로체 성당을 찾는 사람은 마키아벨리의 묘비에서 다음과 같은 글귀를 읽을 것이다. "명성이 큰 이는 송사 없어도 충분하리니. 니콜로 마키아벨리 1527년에 돌아가다" 생전에 누구에게서도 송사를 받지 못했다는 것이야말로 이 피렌체인에 대한 가장 고귀한 송사였던 것은 아닐까?

저술활동

마키아벨리의 여러 재능

이탈리아 르네상스는 이른바 '만능 천재'를 낳았다. 레오나르도 다 빈치가 가장 대표적이다. 마키아벨리는 천재라고까지는 할 수 없어도 다재다능했다. 정치 저술이 내용과 분량면에서 가장 중요한 것은 말할 필요도 없다. 정치와 관계가 있는 군사에 대해《전술론》같은 독창적인 저서가 있고, 역사에 대해서는《10년사》라든가《피렌체 역사》가 있다. 그뿐인가,《만드라골라》라든가《클리치아》같은 희곡도 남겼다. 르네상스 문화에 대한 무관심을 때때로 밝혔음에도 깊은 밑바닥에선 영향을 받고 있었다.

이렇듯 저술활동은 여러 분야에 걸쳐 있지만 그의 사상이 산만하다는 것을 뜻하지 않는다. 오히려 단순한 근본사상이 있고, 그것을 때와 장소에 따라 다르게 표현한 것이다. 예를 들면《군주론》에서 마키아벨리는 권력사용의 기술자, 얼음처럼 차가운 합리주의자, 목적을 이루기 위해서는 수단을 가리지 않는 타산적 현실가이다. 이에 반해《로마사이야기》에서는 고대 로마 공화정에 뜨거운 관심을 갖고 로마적 비르투(용기, 실행력)의 부활을 바라는 이상가이다. 언뜻 보기에 서로 상반되는 사고의 밑바탕에는 열정으로 가득 찬 애국자의 혼이 깃들어 있다. 그것이 근본이며, 때와 장소에 따라 표현이 다른 것은 15세기 끝 무렵에서 16세기 초에 걸친 이탈리아 피렌체의 정치정세가 임기응변의 처치를 하게 만들었기 때문이다.

이 점을 카시러는 다음과 같이 말한다. 어느 일정한 정치적 사실을 가능한 한 명료하고 정확하게 기술하는 것만이 마키아벨리의 오직 하나의 목적이었다고 하는 것은 잘못이

《로마사이야기》(1531) 속표지

다. 이런 경우에 그는 역사가로서 행동한 것이 되기는 해도 정치이론가로 행동한 것이 되지는 않을 것이다. 이론은 그 이상의 것을 요구한다. 그것은 여러 사실을 통일하고 종합하는 구성원리를 필요로 한다(《국가의 신화》). 마키아벨리는 고대사에서 많은 예를 뽑아내고, 자기의 개인적 견문과 경험도 많이 펼쳐냈다. 그뿐이라면 역사가의 방법을 좇은 것에 지나지 않는다. 그가 포괄적이었던 것은 그런 역사가의 기술 능력뿐만 아니라 갖가지 사실에 대해 논리적 추론과 분석적 능력을 지녔었기 때문이다. 즉 기술적(역사적), 분석적(이론적) 능력을 동시에 지닌다. 그렇기 때문에 역사가로서 인간주의적 역사서술의 높은 봉우리에 서서 새로운 정치학의 수립에 불멸의 공적을 남긴 것이다. 마키아벨리의 저술을 볼 때, 언제나 이 두 가지 능력과 보다 높은 관점에서의 종합에 유의해야

한다. 마키아벨리의 다재다능함은 결코 함량미달은 아니었다.

《군주론》과 《로마사이야기》

주요 저서를 간단히 소개하겠다. 《군주론》과 《로마사이야기》—상세히 말하면 티투스 리비우스 《로마사》 초편 10권의 논의 3권—두 책은 마키아벨리 정치사상의 양대 축을 이룬다. 《군주론》의 집필 시기는 확실치 않지만 1513년 여름쯤으로 추정된다. 왜냐하면 앞에서 인용했던 프란체스코 베트리에게 보낸 편지에서 이렇게 말하고 있기 때문이다.

"전에 단테가 했던 말 가운데 배운 바를 남기지 않는다면 학문의 길은 없다고 했습니다. 나는 이 사람들과 나눈 대화를 글로 써서 남기고 이에 《군주론》이라는 책자를 만들었습니다. 국가의 성격, 종류, 유지 방법, 상실 이유를 논의 탐구하고 이 문제를 가능한 한 깊이 생각했습니다. 이 하찮은 책이 당신의 마음에 든다면 굳이 싫지는 않을 것 같습니다. 특히 새 군주에게는 환영받을 것입니다. 그러므로 줄리아노 전하께 이것을 바칩니다"라고.

이 글을 쓴 것은 1514년 초쯤이다.

이 편지에서 밝혔듯이 줄리아노 데 메디치에게 바칠 생각이었지만 줄리아노가 세상을 뜬 탓에 줄리아노의 조카이자 로렌초의 손자인 로렌초(1492~1519)에게 헌정하려 했다. 그러나 마키아벨리는 이 책을 공간하지 않았기 때문에 로렌초가 사본을 보았는지 여부도 확실하지가 않다. 실제로는 헌정되지 않고 헌사가 쓰이는 것에 그쳤다. 마키아벨리가 죽은 지 5년이 지난 1532년에 인쇄 발행되었다. 그러나 로마 교황청이 서둘러 금서에 올린다. 《군주론》이 겪은 역사는 그대로 유럽정치의 역사였다. 마키아벨리즘을 설명한 악마의 책이라는 오해는 19세기가 되어 비로소 풀린다.

《로마사이야기》의 집필은 시기적으로 《군주론》보다 조금 먼저인 듯하다. 어느 정도 집필이 된 상태에서 군주정을 논한 부분을 떼어내 《군주론》으로 한 것이 아닐까? 《군주론》은 16세기 초 이탈리아의 격동의 정세를 반영해서인지 논조가 매우 격렬하다. 이에 반해 《로마사이야기》는 리비우스 《로마사》를 바탕으로 로마 흥망을 마치 커다란 강줄기를 따라 내려가듯이 유유하게 논한다. 소년 시절부터 친숙했던 리비우스는 역사의 실천적이고 실용주의적인 의의를 중시한 역사가이다. 마키아벨리가 공감한 것도 수긍이 간다. 《로마사이야기》도

지인에게 회람하는 사이에 평판이 높아졌다. 이 책을 헌정했던 코시모 루첼라이와 자노비 본델몬티는 '올리첼라리 동산' 일원이었기 때문에 이 모임을 통해 메디치 가에 접근할 길이 열렸다. 1520년 무렵에 완성했지만 생전에는 햇빛을 보지 못하다가 1531년에 겨우 출판되었다.

《전술론》

1

마키아벨리의 《전술론》은 군주론의 명성에 비해 세상 사람들에게 그리 알려지지 않은 작품이다. 그 이유는 무엇보다 이제까지 좋은 번역이 없었고 《군주론》처럼 간단하고 요령 있는 기발한 내용이 아니기 때문이라고 생각한다. 그러나 마키아벨리 사상을 연구할 때는 《로마사이야기》, 《군주론》, 《전술론》이 삼위일체의 관계라고 해도 좋을 만큼 가볍게 볼 수 없는 중요한 작품이다. 《전술론》은 서간집 등과 함께 앞으로 마키아벨리를 연구하기 위해서는 아주 중요한 위치를 차지한다. 그런데 마키아벨리의 전술론을 이해하기 위해서는 무엇보다 먼저 앞서 살펴보았던 코무네(자치도시) 피렌체의 방위기구 역사를 바탕으로 생각해 볼 필요가 있다.

방위기구는 일반적으로 자치지배 확립이 얼마나 됐느냐에 따라 발전하는 게 역사의 흐름이었는데 피렌체 또한 예외가 아니다. 11세기 끝 무렵 이탈리아, 특히 토스카나에서는 카롤루스 대제 뒤로 독일 황제의 지배가 군사적으로도 또 권위 면에서도 약해졌다. 그러자 자치도시를 확립하려는 시민 세력이 나타나기 시작했는데 피렌체를 토스카나백작 부인 마틸다가 지배하기 시작한 일은 독일 황제의 힘이 얼마나 약해졌는지를 상징적으로 보여준다. 마틸다 시대는 독일 황제가 피렌체를 지배한 마지막 시대이며 피렌체 시민이 자치활동을 시작한 출발점이기도 하다. 피렌체 시민은 마틸다 부인이 세상을 떠나자(1115년) 도시 독립 선언을 발표했는데 이는 물론 독일황제가 승인한 일이 아니라 시민들의 일방적인 선언이었다(1187년 6월 24일 선언문에서 성벽 바깥 6마일(약 9.6킬로미터)까지 피렌체가 스스로 지배하겠다고 선언하자 독일 황제 하인리히 6세가 이를 승인했다). 그러나 피렌체 시민들이 주도한 이런 도시독립 선언은 도시

자치지배를 허락할 때까지 기다리는 게 아니라 시민이 스스로 싸워서 쟁취하겠다는 기본자세를 보여준 사건이기도 하다. 이런 의지는 시민들의 방위기구에도 영향을 미쳤다. 방위목적은 크게 두 가지로 나눌 수 있다. 하나는 도시의 치안유지이며 이는 자치지배를 위해 필요한 일이다. 또 하나는 외부 도시를 정복하는 정쟁이며 자치도시를 확립하기 위해서는 공격이 바로 방어라는 그 시절 사회분위기에서 나온 전술이다. 코무네의 방위목표가 그렇다고 해도 방위주체, 그러니까 코무네 피렌체의 방위조직에는 해결하기 어려운 문제가 많았는데 이는 전투양식과 시민의 신분 불균형 때문이었다.

자치도시는 성벽이 주위를 둘러싸고 있었는데 피렌체는 로마시대의 낡은 성벽 안에서 도시독립 선언을 발표했다. 이미 마틸다 시대에 성벽 4대문 감시인 제도를 갖추었으며 여기서 봉사하는 것은 시민들에게 명예로운 일이었다. 감시인은 코무네 방위의 선구자였다. 마틸다가 세상을 떠나자 독일 황제의 영향력은 거의 형식에 지나지 않았지만 기벨리니(황제파)와 구엘피(교황파)의 투쟁으로 마틸다 시대의 많은 모순이 한층 분명하게 피렌체 사회에 정착하게 되었기에 시민들은 곧 새로운 집정관제도를 만들어 외교권, 사법권과 함께 군사지휘권을 주었다. 이로써 군단은 체계적이고 공적인 의미를 가지게 됐다. 집정관체제 아래 방위조직은 기사집단(societas militum)과 보병집단(societas peditum)으로 발전해 간다. 이 체제에서 시민남자는 모두 어느 한 집단에 참가해야 하는 의무가 있었다. 집정관 시대에는 부유한 시민이라면 누구나 투구, 창, 검, 마구와 기타 필요한 천 등을 모두 가지고 있었다. 바로 밀리테스라는 지배계급이다. 집정관체제 아래 방위조직은 사교(司敎) 영역에까지 영향을 미칠 수밖에 없었기에 사교 자체가 점차 세속적으로 변하고 치외법권을 누리던 측면을 유지하기 힘들어졌다. 이렇게 해서 성벽 안에서도 단순한 도시사회가 아니라 코무네라는 이름을 가진 하나의 정치체계로 자아통일을 이룩하기 위한 강제적인 제도의 역할을 했다. 그렇지만 코무네 지배체제가 확립하는 데 반대하는 세력이 코무네 안팎에서 강력한 저항전선을 형성했으며 기벨리니(황제파)당, 구엘피(교황파)당의 기사 군사력을 외부 세력을 막는데 이용해야만 했고 체제 안에서는 이러한 일이 치안에 혼란을 가져왔다. 집정관 체제는 방위조직에서 기본적인 모순이 되는 이런 혼란을 가지고 있었기에 방위조직은 늘 어려움에 부딪혔다. 예를 들어 사교, 알베르티 집안, 귀도 집안이 코무네 안의 봉건 3대 세력이었는데 앞에서 말했듯이 이미 사교가 교유의 특권을 유지하기 어려워졌기에 남은 2대 문벌이 자신들의 봉건세력을 코무네식으로(사적인 권리를 억제) 바꾸는 데 강하게 저항했으며 밖에서는 프라토, 피에졸레, 시에나, 피사처럼 자치권을 확립한다는 같은 생각을 가진 도시들과의 신경전이 존재했다. 게다가 코무네 안의 봉건세력은 코무네 바깥의 적대도시와 자주 연락을 주고 받았(예를 들어 시에나는 알베르티 집안과 귀도 집안을 지원했다)기에 적과 전투를 하면 늘 기사를 중심으로 한 봉건직업전사와 싸울 수밖에 없

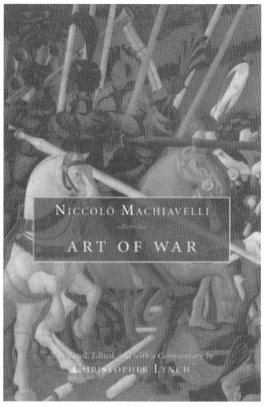

《전술론》(초판발행 1521) 표지

었다. 그래서 집정관체제 아래서는 일반 시민으로 이루어진 보병집단을 충실히 하는 데 노력을 기울이려면 어쩔 수 없이 체제의 봉건직업전사를 중심으로 방위조직을 단단하게 만들어야 했다. 바로 이 봉건특권신분이 집정관체제가 극복해야 하는 문제였다.

1193년 집정관체제에서 포데스타체제가 출현한 뒤에도 방위조직에는 변화가 없었는데 1250~60년 첫 시민지배 시대(Il Primo Popolo)가 찾아오자 큰 변화가 일어났다. 바로 1250년 시민혁명을 바탕으로 한 시정개혁이다. 여기서 다른 나라 사람 둘을 채용했는데 하나는 방위사령관(포데스타)이며 다른 하나는 수비대장이었다. 시민은 도시 안에 20집단, 도시 밖 농촌, 점령비네 66집단의 수비대조직을 형성하고 수비대장이 평소에 수비대를 관리했다. 그러나 다른 나

라의 용병대장을 임용한 일은 용병대로 코무네의 권익을 방위하는 계기를 가져왔다. 이 사실은 1260년 4월에 일어난 시에나와의 큰 전쟁(피렌체 군사는 약 70,000)에서 분명하게 드러났다. 피렌체의 주력은 독일 기병대와 피렌체의 기벨리니 귀족이었는데 몬타페르티 전투에서 피렌체는 패배했다. 이 패배로 기벨리니 세력이 무너지기 시작한 건 마땅한 일이지만 모처럼 일어선 시민지배 체제에는 더욱 뼈아픈 실패가 되었다. 이 전쟁으로 시민체제는 방위에 자신을 잃고 스스로 지배 권한을 내려놓았다. 피렌체에서는 몬테페르티 전투 뒤로 기병대 양성에 힘쓴 결과 1289년 6월 캄팔디노 전투에서 아레초에게 승리를 거두었다. 기병대 승리는 다시 귀족집단의 세력을 강하게 만들었다. 1293년 〈정의의 법령〉은 이런 분위기를 막으려는 시민들의 제동이었다.

14세기가 되자 전쟁에는 점점 돈이 많이 들어갔다. 용병이나 배상금이 전쟁의 중심 과제가 되었기 때문이다. 피렌체는 군사비를 연 수입이 500플로린 이상 되는 시민에게 징수했다. 군마나 무구 조달은 전쟁에 참가하는 귀족들에게 의지해야 했기에 피렌체에서는 1260년(800기), 1289년(600기), 1325년(300기) 이렇게 참가하는 기사가 줄어들었다. 1355년에는 전쟁에 참가하는 기사에게 상금을 50플로린 주기로 했지만 그다지 성과는 없었다. 물론 코무네 내부 귀족세력의 성쇠를 계산에 넣어야만 하지만 그럼에도 코무네 귀족이 전쟁에 참가하는 수가 너무 줄어 용병을 늘려야만 했다. 1336년 루카와의 전쟁은 점차 사무적으로 변했고 군사참사관(Ufficiali della Condotta)에게 병력을 기병 800기, 보병 1,000명으로 한정하고 징집을 맡겼다. 용병은 먼저 6개월 계약을 맺고 필요에 따라 군사참사관의 권한으로 6개월 계약을 더 연장할 수 있었다. 이렇게 해서 시민은 전쟁 자체보다 늘어가는 공채에 더 관심을 가졌다. 그리고 용병과 군사비 문제는 마키아벨리 시대까지 계속 이어진다. 마키아벨리는 이 문제를 해결하기 위해 돈이 들지 않고 코무네에 충성을 다하면서도 기병이 아닌 보병 집단으로 군대를 편성하려고 했다. 전술론의 주제는 바로 이 점이며 로마의 레기온(보병 군단)에서 원형을 찾으려 한 이유도 여기에 있다.

2

마키아벨리의 직업 체험이 《전술론》의 큰 바탕이 되었다. 그래서 우리는 마키아벨리가 어떤 직업을 경험했는지 자세히 살펴봐야 한다.

마키아벨리는 태어나서(1469년 5월)부터 1498년까지 29년 동안 어떻게 생활했는지가 불분명하다. 98년에 코무네 피렌체 중앙행정청 제2 사무처*1에 발령을 받았고(아마도 94~5년 무렵부터 이 사무처에 있었다고 추측하는 경향도 있지만 여기서는 자세히 다루지 않겠다) 1500년 1월 27일에 서기관으로 임명됐다. 그 뒤 1512년 1월 12일까지 이 직무를 맡았다.

주석을 통해 마키아벨리의 직업을 살펴보았다. 그는 자유와 평화를 위한 10인 위원회의 지시에 따라 피렌체의 국방, 군사문제를 해결하기 위한 사절로 여러 나라와 교섭을 했는데 그러면서 다양한 왕후, 귀족, 그리고 그들이 다스리는 나라의 군대 상황을 직접 눈으로 관찰하고 분석할 수 있는 기회를 얻었다.

1499년 7월 포를리에 가다. '포를리로 가라 명령한다. 현지에 도착하면 늘 말했듯이 영부인(카테리나 스포르차 부인)과 아들 오타비아노경에게 면담신청을 하라. 응대할 때는 정중하게 행동하면서 믿음을 담아 쓴 우리의 친서를 전달하라. ……' 이는 마키아벨리가 제2 사무처에 발령을 받은 뒤 처음으로 10인 위원회에서 받은 훈령의 일부분인데 그 뒤에도 파견을 갈 때마다 이와 비슷한 훈령을 받았다. 피렌체는 피사에 대항할 전력을 빌리고 아울러 화약을 손에 넣기 위해 마키아벨리를 포를리로 파견했다. 그때 포를리를 지배하던 스포르차 백작부인은 밀라노에서 제시한 조건과 피렌체에서 제시한 조건을 비교하면서 교활한 태도로 피렌체의 요청을 거부했기에 마키아벨리를 특사로 파견했다. 포를리는 지리상 중요한 도시라 피렌체 입장에서는 돈으로 상대와 우호관계를 유지하려고 했지만 결과는 실패로 돌아갔고 군비 조달에 어려움을 겪는다. 10인 위원회는 마키아벨리에게 말했다. '오늘까지 이번 전쟁에 64,000두카토가 들어갔다. 백성(피렌체인)들은 모두 말라가고 있다. 지금 이렇게 보내는 2,000두카토를 마련하는데 금고란 금고를 모두 탈탈 털었다. …… 우리나라(피렌체)는 곤경에 빠졌다.' 교섭상대가 얼마나 까다로운지, 책략이 뛰어난지, 용병과 전쟁에 군비

---

*1 코무네 중앙행정청 제2 사무처는 1437년 중앙행정청 관리부 서기실을 강화하려는 목적으로 제1 사무처, 제2 사무처를 만들었는데 53년까지는 제1과 제2의 사무를 거의 따로 구별하지 않았다. 59년부터 제1 사무처는 교섭을, 제2 사무처는 국내, 국방을 맡아서 구별했다. 또한 이 시기에 '자유와 평화를 위한 10인 위원회'라는 국방위원회를 제2 사무처에서 만들었다. 이 10인 위원은 군사 문제를 담당했는데 이 임무를 실현하기 위해서 자주 사절을 외국에 파견했다. 마키아벨리는 98년 5월 28일에 선임됐고 6월 15일에 80인회의의 추천으로 19일 대회의에서 채용이 결정됐다. 제2 사무처의 두 서기관보좌 가운데 하나였다.

가 얼마나 많이 드는지, 이러한 현실에 처음으로 그리고 앞으로도 계속 비슷한 경험을 한다.

1500년 6월 피사를 공격하다 큰 실수를 저지른다. 피사의 항복을 받아들이지 않았는데 이로 인해 오히려 용병(프랑스왕이 제공한 가스코뉴 병사, 스위스 병사)들이 전쟁 중에 급여를 지불하지 않았다는 이유로 피사성 안으로 진입하지 않았다. 그래서 피렌체는 피사를 점령하지 못했다. 이 실패는 피렌체를 지원해준 프랑스 왕 루이 12세의 체면을 떨어뜨렸으며 피렌체 정부는 앞날을 생각해 마키아벨리를 루이 12세에게 사자로 파견했다.

1502년 6월 체사레 보르자의 야망은 우르비노까지 손을 뻗었으며 그곳을 점령해 피렌체에 침입하려고 했다. 피렌체는 한쪽에서 프랑스 왕에게 원조를 부탁하면서 다른 한쪽에서는 체사레와 배상금을 걸고 강화를 맺으려 했는데 이는 그 시절 외교 교섭의 기본 자세였다. 어쨌든 이를 위해 피렌체는 마키아벨리를 체사레에게 파견했고 마키아벨리는 뒷날 자신이 재능이 풍부한 인물이라 평가한 괴물 체사레를 만난다.

1503년 1월 피렌체와 피사의 전쟁이 시작되자 피렌체는 눈 깜짝할 사이에 군사비가 부족해졌다. 그래서 리옹에 있는 프랑스 왕에게 원조를 부탁했다. 이를 위해 마키아벨리를 프랑스 왕에게 파견했다.

1504년 9월 교황 율리우스 2세는 독일황제 막시밀리안 1세, 스페인 페르디난도 왕의 야망을 막으려 선제공격으로 주변 도시를 석권하려고 했다. 그래서 피렌체의 용병대장 마르칸토니오 콜로나의 군대를 빌려달라고 피렌체에 요구했다. 교황의 요청을 원만하게 거절하라는 임무를 받고 마키아벨리는 1502년에 이어 두 번째로 교황과 회담을 나누기 위해 여행을 떠났다.

1508년 5월 피렌체는 이미 피사와 십수 년 넘게 교전을 계속했다. 마키아벨리는 피렌체 군대와 함께 피사로 진입했고 6월이 되자 항복문서를 받아냈다.

1509년 11월 교황 율리우스 2세, 독일황제 막시밀리안, 프랑스 왕 루이 12세는 신성동맹을 맺고 베네치아 영토를 침공하려는 계획을 세웠는데, 이 때문에 연초부터 이탈리아는 전쟁터로 변했다. 그러다가 막시밀리안 황제는 군자금이 부족해졌고 이를 피렌체의 공납금으로 채우려 했다. 이 교섭에서 4만 플로린을 4분기로 나눠 지불하기로 합의했다. 마키아벨리는 두 번째로 지불하는 공납금을 가지고 황제에게 갔다. 이는 독일인을 관찰할 좋은 기회였다.

1510년 7월 베네치아 권익분할 문제로 프랑스 왕과 교황의 사이가 나빠졌다. 둘의 대립은 자신에게 불리하다고 판단한 피렌체는 마키아벨리를 프랑스 왕에게 파견했다. 그는 거기서 프랑스군이 얼마나 준비를 했는지 충분히 관찰할 수 있었다.

1511년 9월 피렌체의 요청에도 불구하고 프랑스 왕과 교황은 전쟁을 일으켰다. 교황은 이 전투로 볼로냐 등 많은 거점을 잃었다. 프랑스 왕은 피렌체와 약속을 하고 피사에서 종교회의를 열어 교황을 규탄하겠다는 태도를 밝혔는데 교황은 이를 알자 피렌체 백성을 파문하겠다고 했다. 피렌체는 어쩔 수 없이 피사회의를 연기했고 이를 위해 특별히 프랑스와 교섭을 해야만 했다. 이 임무를 마키아벨리에게 맡겼다.

어쨌든 이렇게 외교사절로 파견된 힘든 과정을 통해 다양한 모습의 인간을 연구하고 여러 나라의 군대 대형, 군사 준비, 그리고 용병 실태를 관찰할 좋은 기회를 얻었다. 하지만 마키아벨리는 어디까지나 문관 또는 시민에 관점에서 관찰했으며 결코 직업군인의 시선으로 관찰한 게 아니라는 점에 주목해야 한다. 이는 《전술론》을 읽을 때 고려해야만 하는 점이라고 생각한다. 그렇지만 이런 경험으로 얻은 지식은 이윽고 《군주론》, 《로마사이야기》, 그리고 《전술론》으로 결실을 맺는다.

3.

다음으로 마키아벨리와 시민병사의 관계를 살펴보자.

1505년 3월 끝 무렵 피렌체군은 오솔레 강 카펠스 다리 옆에서 피사군과 충돌했는데 지휘관이자 용병대장이 너무나 게을러서 도망칠 수밖에 없었다. 피렌체는 용병대장의 진심을 확인하기 위해 마키아벨리를 페르시아에 있는 G.발리오네에게 보냈는데 이 용병대장과 회담을 나눈 결과 마키아벨리는 용병대장이 피렌체가 아니라 오히려 피사에게 호의를 가졌다고 판단한 뒤 서둘러 돌아왔다. 1506년 다시 피사와 전쟁이 일어났지만 이 무렵부터 마키아벨리는 용병에게 너무 의지하면 안 된다는 점, 따라서 피렌체 방어는 시민군에게 의지해야 한다고 생각하기 시작했으리라 추측한다. 더 구체적으로 말하면 (1) 피렌체 공화국 군대 지휘관은 피렌체인이어야만 한다. (2) 군대는 기병과 보병으로 구성하며 기병은 바로 편성하기 힘들고 보병은 근처 농촌과 공화국 소유의 지방 도시에서 징집한다. (3) 그렇지만 자치 시였던 도시들 가운데 전쟁으로 공화국 소유가 된 도시의 시민은 매우 위험하며 그런 지역에서 병사를 모으는 일은 그리 좋은 방법이 아니다. (4) 부대 지휘자는 부대원과 출신지가 같아서는 안 되며, 같은 부대에 일 년 이상 근무하면 안 된다. 이렇게 정리할 수 있다. 이미 마키아벨리는 1505년 6월 피렌체 공화국 시민병사를 자신의 손으로 창설하고 육성하는데 노력을 기울였는데 마침 1506년 피사 성벽을 공격할 때 지휘관 돈 미켈레토가 이끄는 100명의 시민병사가 참가했다. 처음으로 시험해 본 이 새로운 병력은 시민들의 주목을 모았다. 미리 같은 해 2월 마키아벨리가 화려한 제복을 입고 완전군장으로 몸을 감싼 보병대 400명의 퍼레이드를 피렌체 정부청사 앞에서 시민들에게 보여줬기 때문이다. 어쨌든 마키아벨리의 시민병사 사상은 1505~6년에 새로운 길을 열었다고 할 수 있다. 이 시기의 논문으로 '시민군을 편성할 때 피렌체 공화국에 통달해야 한다는 의견', '보병이란', '기병과 보병군단', 기타 지휘관이나 편성을 다룬 몇 편의 단문이 있지만 여기서는 '방위군 편성에 통달하지 못한 주관 없는 사람을 규탄한다'를 소개하는 데 그치겠다.

　'이렇게 말하는 소인의 결론은 누가 뭐라고 하던 이 문제를 아무도 자신의 일이라 여기지 않고 그렇게 생각해보려고도 하지 않는다는 것이다. 그래서 이제까지의 일로 미루어 볼 때 다음과 같은 결과가 되리라 생각한다. 여러분은 이제까지 평균 20,000의 징집병사를 징용했다. 그리고 여러분은 지금 이 방위군을 6,000~11,000으로 축소하기를 바란다. 여러분들의 바람을 실현하기 위해서는 두 가지 정책 가운데 하나를 선택해야만 한다. 하나는 시민군을 여러분들이 원하는 병력으로 만들기 위해 보병을 아주 조금만 줄이고 그 뒤에 다른 종류의 병사를 축소하거나, 아니면 보병을 그대로 두고 다른 종류의 병사들을 줄여야 한다. 앞의 경우 여러분은 보병을 보내준 농촌 사람들을 화나게 만들 것이다. 그리고 그들은 여러분이 앞으로 근심해야 하는 일을 시작할 것이다. 두 번째 경우는 어떤가. 이 경우 여러분이 줄인 부대의 사람들을 화나게 만들 것이다. 그리고 아군과 같은 수의 많은 적을 만들게 될 것이다. 그리고 이 일과는 별도로 여러분은 자신이 지배하는 농촌 전역에서 6,000의 중장비 병사를 편성하고 싶어 하는데 이 경우 여러분은 농촌에 편성한 경보병부대도 생각해야만 한다. 나중에는 마치 버섯을 찾듯이 보병을 긁어모아야만 하는 시기가 와도 좀처럼 모이지 않기 때문이다. 이제까지 다양한 시민군 편성 의견을 많은 사람들이 고민해왔지만 여러분은 이런 사람들 의견의 2분의 1, 아니 3분의 2의 병력조차 인정하려 하지 않는다. 그런데도 여기서 소인이 하고 싶은 말은 만일 여러분이 조직에서 충분히 훈련하고 게다가 무장까지 갖춘 보병을 8,000~11,000 바란다면 여러분은 소인이 뭐라 말하든 25,000~30,000의 상비군을 편성하고 그러면서 3배의 상비군과 병기고를 보유할 수 있는 상황 속에서 당신들이 원하는 병사 수를 선택해야 한다는 사실이다. 만일 여러분이 농민들 지역에서 보병을 줄이는 일을 바라는 것뿐이라면 소인은 다음 두 지역을 삭제하겠다. 베스티아와 에르사의 콜레협곡이다. 여기에 덧붙여 루마니아 여덟 지구, 그리고 루이지애나 두 지구도 너무 멀기에 삭제해도 괜찮다. 그런데 소인은 개인적으로 가능한 많은 징집 지역을 유지하기를 바란다. 즉 22개의 지역이 있으며 이들 지역에서 11 대대를 편성할 수 있다. 병사 수로 말하면 8,000을 넘어야 한다고 생각한다.'

위의 의견서에서는 마키아벨리 자신이 바라는 병사 수가 명확하게 나오지 않는다. 《전술론》에서는 거의 20,000명으로 정의한다. 12세기 피렌체에서는 모든 시민에게 방위의무가 있었는데 마키아벨리는 이 일이 불가능하다는 사실을 깨닫고 오로지 농촌이나 점령지에서 지원병을 모집하는 방법을 생각했다. 이는 마키아벨리의 경보병 중심주의와 관계가 있으며 또한 전쟁이 없을 때 고향으로 돌려보내 본디 직업에 종사하게 하는 제도로 바꿔 급료 절감을 꾀하는 마키아벨리 고유의 군단제도와도 관계있다. 코무네 내셔널리즘에 더해 르네상스 합리주의의 영향을 받았다고 할 수 있다.

4

마지막으로 《전술론》 그 자체를 살펴보자. 마키아벨리가 전술론을 완성한 시기는 명확하지 않지만 마키아벨리 연구의 제1인자인 P. 빌리리는 《전술론》을 1521년 8월 16일에 피렌체에서 출판했다고 한다. 그리고 이 책이 전술을 논리적으로 그러면서도 학문적으로 다룬 첫 작품이라 지적했다. 그러나 실제로는 피렌체에서 마키아벨리보다 먼저 군대를 연구한 사람이 있었다. 이런 점에서 특히 레오나르도 브루니의 민병론(1422)을 평가 해야만 한다. 브루니의 민병론을 이 책에서 언급할 기회가 생겼기에 여기서 민병론의 몇 가지 문제점만 지적하고 넘어가겠다. (1) 민병 창설자로서 군주에 거는 기대가 크다. (2) 그리스 로마 역사를 중시한다. (3) 농부인지 기술자 같은 코무네 하층민을 징용했는지 대조한다. (4) 민병의 정신교육 강조. (5) 민병보다 시민이 늘 재물을 생각한다는 시민 비판. (6) 끊임없이 민병을 공격이 아니라 공동체 방어 수단으로 생각한다. 이런 점은 브루니의 뒤를 이은 몇몇 휴머니스트들의 공통된 입장이라 생각한다. 브루니의 뒤를 잇는 사람으로는 그의 친구 프라비오 비욘드를 시작으로 매튜 파르미엘, 베네딕트 아콜티, L.B. 알베르티, 프란체스코 패트리치, P. 발트로미오 사키 등이 있다. 그리고 생각과 다르게 마키아벨리는 마지막에 등장한다. 마키아벨리의 전술론은 브루니의 민병론보다 훨씬 논리적이며 또한 과학적이다.

이 책은 필립 스트로치의 아들 로렌초에게 헌정했다. 로렌초는 메디치 집안에서도 권위를 평가 받은 인물로 마키아벨리가 메디치 집안의 도움을 받을 수 있었던 것도 이 사람의 추천 덕분이라고 한다. 빌러리는 이 책을 로렌초에게 헌정한 이유를 저자가 자신의 군제개혁 사상에 사회성을 부여하려는 시도였으리라고 말했다. 특히 이 책을 많은 사람들의 대화 형식으로 쓴 이유는 이 점을 노렸기 때문이다. 이 이야기는 1516년 롬바르디아 전쟁에서 파브리치오 콜론나 경이 귀국했을 때 코시모 루첼라이 경의 저택에서 전쟁과 여러 문제를 논의한 일을 복원하는 형식을 취했다. 코시모 루첼라이는 마키아벨리가 매우 존경한 인물로《로마사이야기》헌사를 코시모 루첼라이에게 바쳤다. 코시모 루첼라이는 1519년 그러니까《전술론》을 완성하기 일 년쯤 전에 세상을 떠났다.

빌러리의 말에 따르면 마키아벨리의《로마사이야기》는《군주론》과《전술론》의 뿌리가 들어 있으며 게다가 작품의 중심을 이루는 저자의 정치 요구는 코무네의 자유를 확립하는 데 있었다. 흔히 말하는 코무네 내셔널리즘이다.《군주론》에서는 토스카나, 나아가 이탈리아의 독립을 추진할 수 있는 능력을 가진 사람이 나타나기를 기대했으며 또한《전술론》에서는 이를 위해 피렌체가 중심이 될 경우 피렌체 백성들에게 어떤 방위책임을 기대할 수 있는지를 지휘관의 관점에서 이야기했다. 그렇지만 마키아벨리는 결코 군대지휘관이 아니다. 군대지휘관마저《군주론》을 쓴 P. 발트로미오 사키(1421~81년) 말고는 거의 용병술을 이용해 이익을 얻는 기술을 생각했으며 이탈리아를 구제하는 수준까지 코무네를 끌어올려 군대 문제를 생각한 사람은 없었다. 더욱이 단순한 문인, 휴머니스트 가운데 이 점에 관심을 기울이는 사람은 훨씬 드물었다. 이런 상황

속에서 마키아벨리는 자신의 경험과 지식을 활용해서 《전술론》을 완성해 코무네 내셔널리스트 지위를 확립했다. 그 시절에는 더욱 전쟁을 학문의 대상으로 생각하지 않았고 아직 전술은 학문 영역에 들어 있지 않았다. 마키아벨리는 전쟁을 학문의 대상으로 다룬 첫 과학적인 도전자였다고도 할 수 있다. 물론 앞에서 말했듯이 브루니를 시작으로 하는 많은 군대 연구자들이 있기는 했지만 마키아벨리가 처음으로 전술을 국가 논리와 결합했다고 할 수 있다. 이 일은 마키아벨리의 《전술론》이 국가학(Scienza dello stato) 생성을 자극하고 또한 군주나 최고회의에서 뛰어난 전략가(Politico militare)다운 자질이 필요하다는 사실을 의미한다.

마키아벨리 시대에는 아직 화기가 뒷날처럼 전쟁 형식을 바꾸거나 근대 전술을 만들어내는 원인이 될 만큼 군대 조직에 혁명을 이끌어 내지 않았다. 앞에서 말했듯이 유럽에서는 말을 타고 머리부터 발끝까지 철로 보호한 무장병사, 그러니까 기병이 전력의 중심이었으며 이는 이탈리아처럼 용병을 중요하게 여긴 경우에도 변함없었다. 이탈리아는 물론 피렌체에서도 코무네 사이의 경쟁이나 교황, 프랑스, 독일, 스페인 등 강적의 침입을 막기 위해 이를 군사력에 의존했지만 그러면 기병은 오랜 기간 힘든 훈련을 받아야 했으며 또한 장비와 여러 마리의 말 등 많은 군사비가 필요했으므로 필요한 시기에만 전력을 구입하는 방법, 그러니까 용병대(le Compagine di Ventura)를 이용했다. 앞에서 말했듯이 이 방법에는 문제가 많았기에 마키아벨리는 용병에 의존하는 형식에서 벗어나려고 했지만 피렌체에는 이제까지의 형식으로 코무네를 방위하기를 지지하는 사람이 다수를 차지했다. 마키아벨리는 시민으로 이루어진 징집병사로 보병군단을 편성하고 이 군단으로 용병을 대신하려고 했다. 로마의 레기온(보병군단), 간단한 갑옷과 창을 지닌 스위스 보병집단에 마키아벨리가 주목한 건 마땅했다. 따라서 마키아벨리는 화기를 도입해서 군대편성을 바꾸려고 한 게 아니라 용병대에 의지하는 형식을 바꾸려고 했다.

마키아벨리가 국방의 중점을 보병 강화에 둔 일은 시대 흐름으로 볼 때 한 발 앞선 생각이었다. 실제로 스위스의 보병전법을 독일과 스페인이 도입해서 함께 대성공을 거두었으며 유럽은 보병에 주목하기 시작했기 때문이다. 문제는 다만 마키아벨리는 화기를 중시하지 않았는데 반대로 유럽에서는 화기 기술진보에 순순히 따랐다는 점이다. 왜냐하면 1512년 라벤나 전투에서 에스테 공 알폰소는 대포로 적을 무찌르는데 성공했고 1513년 노바라에서는 스위스 보병마저 포병대의 공격으로 큰 피해를 입었으며 1515년 프랑스 포병대는 마린아노오에서 스위스의 밀집대형에 큰 구멍을 뚫었기 때문이다. 어쨌든 1510년에는 이미 군대의 운명을 보병 공격에 거는 방식은 낡은 방법이 되었으며 특히 소총부대가 가치를 평가받는 단계에 있었다. 특히 이는 1525년 파비아 전투로 확실해졌다고 한다. 마키아벨리가 《전술론》을 집필하기 시작한 시기는 적어도 마린아노오 전투가 있은 뒤이니 그가 화기를 크게 평가하지 않은 점은 비판받아 마땅하다. 마키아벨리는 이 점을 예를 들어 《로마사이야기》에서 대포는 성벽을 부수거나 궁지에 몰린 적을 무찌르는 데는 효과가 있지만 평원에서 벌어진 전투나 공격하며 쳐들어오는 적에게는 그다지 효과가 없다고 말했는데 《전술론》에서도 이와 비슷한 저자의 표현을 찾을 수 있다. 마키아벨리는 피사 전쟁의 피사 성벽 공격으로 기본적인 화기 지식을 얻었으리라 생각한다. 이런 점에서 보면 마키아벨리의 견문이 좁은 데에 원인이 있다고 생각된다. 마키아벨리는 1512년 경험의 토대가 되는 외교서기관 지위에서 쫓겨나 홀로 고향 산에 돌아와 책만 읽으며 지냈기에 그 뒤 일어난 최신 사회정세에 어두워졌고 겨우 친구들의 소식으로 사회 동향을 파악했을 뿐이다. 그럼에도 화기를 낮게 평가했다고 마키아벨리 《전술론》이 가진 의의에 그렇게 큰 타격을 줬다고는 할 수 없다. 또 자주 지적하듯이 건달이나 도박꾼을 민병으로 채용했다는 험담도 억지에 지나지 않는다는 사실을 이 책을 읽으면 이해할 수 있다. 마키아벨리의 문제의식은 코무네 피렌체를 어떻게 방어하면 좋을지에서 출발했는데 점차 군사훈련의 기본적이면서 변하지 않을 형식을 추구하며 나아가 그런 변하지 않는 성질을 지휘관과 병사의 인간관계학 속에서 찾아냈다. 이렇게 해서 마키아벨리는 인간을 지배, 관리, 통제하는 학문을 《군주론》과 함께 로마주의 위에 정립했다. 그리고 마키아벨리의 이런 시도는 시대를 뛰어넘은 의미가 들어 있다고 해도 과언이 아니다. 《전술론》과 《군주론》의 이런 같은 성질은 그가 좋은 군주는 좋은 지배자이며, 좋은 총지휘관이어야만 한다고 바랐던 마음에 원인이 있다. 어쨌든 이 책에서는 전쟁이라는 가장 긴장도가 높은 상황 속에서의 인간관계학을 토로했다. 따라서 이 책을 읽을 여러분에게 노파심에서 하고 싶은 말은 이 책이 결코 군국주의나 군사독재를 노린 글이 아니라는 점이다. 분명 마키아벨리는 코무네 내셔널리스트였다고 단언해도 좋다. 그래서 마키아벨리는 그 시절 코무네 피렌체, 나아가 이탈리아 국제사회 내부 상황으로 독립이 위협을 받는 이유로 늘 코무네 군주나 인민의 역량에 불안을 느끼고 있었다. 마키아벨리의 코무네 내셔널리즘이 불러일으킨 이 바탕이 되는 감정과 로마역사의 연구로 알아낸 공화주의와 로마식 민병론으로 대표되는 학문적, 이념적 방향이 그의 마음속에서 얼마나 다퉜을지는 아무도 모른다. 우리는 그저 마키아벨리의 작품 속에서 때로는 코무네 내셔널리즘이 강하게 나타나고, 때로는 학문적, 이념적 방향이 강하게 나타나며 두 경향이 뒤섞여 있는 모습을 볼 수 있다. 그리고 바로 이 점이 마키아벨리의 이면성으로 연구자들이 가장 관심을 기울여야 하는 점이다. 그러나 마키아벨리는 《군주론》을 썼지만 반드시 군주제 정치제도의 가장 좋으며 변할 수 없는 모델이라고 그가 생각하리라고 우리는 생각하지 않는다. 마찬가지로 《전술론》에서 끊임없이 국방력을 키워야 한다고 주장하지만 반드시 국가에 강대한 군사를 준비해둬야만 한다고 생각한 것은 아니다. 그리고 마키아벨리가 군대가 필요하다고 생각했을 때마저 군대에 대한 기본적인 자세는 늘 방어 위주였지 결코 공격의 성격은 없었다. 이런 점은 《전술론》의 대형배치 등을 잘 검토해보면 쉽게 이해할 수 있다. 그리고 전술은 전쟁이 일어났을 때 사용하는 편법이지 전쟁이 끝난 뒤에도 사령관 등이 권력에 다가가 거기서 전술을 활용하는 짓은 착하고 바른 사람이 할 행동이 아니라고 비난했다. 이점으로도 마키아벨리가 군사독재를 노리는 사람이 아니라는 사실을 이해할 수 있다. 마키아벨리는 필요할 때 발휘할 수 있는 유효한 전투력과 이를 위해 발휘하는 인간의 사람 조정법을 목표로 삼았다. 이점에서 《전술론》은 또 하나의 《군주론》이었다. 적어도 독자가 속된 마키아벨리즘과 진정한 마키아벨리주의의 차이를 이 책으로 이끌어내기를 바란다.

그 밖의 저서

필생의 대작 《피렌체 역사》는 1520년에 쓰기 시작해 1525년에 전체 8권을 완성하여 클레멘스 7세에게 바쳤다. 출판은 1531년이다. '머리말'에 따르면 메디치가가 권세를 얻은 1434년부터 붓을 들 예정이었다. 그 전의 역사는 이미 휴머니스트인 레오나르도 브루니(1369~1444)나 포지오 브라치올리니(1380~1459)가 썼기 때문이다. 그러나 그들은 피렌체인이 외국 군주나 인민과 했던 전쟁에 대해서는 상세하게 기술했지만 국내 분쟁이나 그 원인 결과에 대해서는 아무것도 쓰지 않았다. 이것에 불만을 갖고 처음의 계획을 바꾸어 피렌체를 중심으로 한 이탈리아 흥망사를 쓰기로 한 것이다. 마지막 8권은 1492년 로렌초 데 메디치의 죽음까지를 다룬다. 따라서 이제까지의 역사가보다 시야가 넓다. 휴머니즘적 역사서술의 대표작이라고 하는 것도 다 까닭이 있다.

이상의 저서 외에 문학작품이 적지 않다. 《카스트루치오 카스트라카니의 생애》는 가공의 영웅호걸로 의지할 만한 사람이 아무도 없는 천지에서 일어나 마침내 천하에 용맹을 떨친 인물의 로망이다. 마키아벨리의 뇌리에는 체사레 보르자가 있었는지도 모른다. 시도 많지만 그중에도 희극 《만드라골라》는 문학적 대표작일 뿐만 아니라 르네상스 시대 풍자희극으로 일품이다. 《군주론》이 그 무렵 정치를 숨김 없이 그렸다면 이것은 피렌체의 세태풍속을 그렸다. 목적을 위해 수단을 가리지 않는 정치가는 여기서는 자기의 사랑을 이루기 위해 온갖 수단을 다 쓰는 피렌체의 청년과, 그를 돕는 치기어린 젊은이들의 모습을 그린다. 말하자면 《군주론》의 문학판인 셈이다. 1520년 처음 상연되었을 때, 우레와 같은 갈채를 받았다고 한다. 군주된 자는, 특히 새로이 군주 자리에 오른 자는, 나라를 지키는 일에 곧이곧대로 미덕을 지키는 것은 어렵다는 것을 명심하라고 이야기했던 그의 다른 면이 《군주론》이라는 갑옷 뒤에 감추어 두었(다기 보다는 인정하고 싶지 않았)던 면이 이 작품을 통해서 드러났다고 볼 수 있다.

마키아벨리의 사상

첫 번째 문제점

마키아벨리의 뛰어난 연구가인 리터는 이렇게 말한다.

"마키아벨리의 수수께끼는 사색적 고찰에 늘 새로운 매력을 부여한다. 그의 본질이 모순을 지녔음은 이 피렌체인 스스로 잘 알고 있었다. 이런 모순이 여러 가지로 해석되지만 주로 마키아벨리의 정치적 이론적 저서, 특히 《군주론》과 《로마사이야기》로 시야가 한정되어 있다. 그러나 마키아벨리 사상의 긍정적 동기를 파악하려면 모든 저서로 눈을 돌려야 한다." 《권력의 윤리적 문제》

그의 말처럼 모든 저서를 빠짐없이 훑어 보아야 비로소 마키아벨리의 전체를 알 수 있고, 모순이 사라질 것이다. 그러나 이 작은 책으로 저서 모두를 알아낼 수는 도저히 없는 노릇이고 지나치게 전문적이 될 우려가 있다. 먼저 세 가지 문제점을 지적한다. 그것으로 적어도 마키아벨리 사상의 핵심으로 좁혀 들어갈 수가 있기 때문이다. 마키아벨리가 《로마사이야기》 같은 언뜻 보기에 수지 맞지 않는 책을 썼던 까닭과 다른 저서와의 연관성이 첫 번째 문제점이다.

카이사르와 브루투스

《로마사이야기》는 제1권 '제1장 도시의 기원, 특히 로마의 기원'으로 시작되어 제3권 '제49장 공화국이 자유를 유지해 나가기 위해서는 언제나 시대에 맞는 법률 제도를 고안해나가야 한다. 그리고 퀸티우스 파비우스가 위대한 파비우스라 불리게 된 것은 어떤 공적이 있었기 때문인가'로 끝나는데 3권 모두 공화정 시대 로마에 대한 찬미이다. 마키아벨리는 로마 공화정이 국가정치 일반의 모범이라고 보았다. "나라를 건설하기 위해서는 로마의 조직에서 모범을 찾아야지 그 밖의 국가 사례들은 따를 가치가 없다고 믿는다."(1-6) "내가 고대

로마를 너무 치켜세웠기 때문에, 오늘날의 세계를 비난하는 말을 앞으로의 논의에서 펴기라도 하다가는 나 자신 또한 고대병 환자 축에 들어가 버리게 될지도 모르겠다. 분명히 고대는 역량이 지배하고 있었는데 현대는 악덕이 아무런 거리낌 없이 일어난다는 것이 태양을 보기보다 명백한 사실이 아니라면, 내가 비난한 그 사람들과 같은 실패를 나 자신이 거듭하지 않도록 더 자제해서 이야기를 진행해야 할 것이다. 그러나 이 점은 뚜렷한 사실이므로 이 두 시대에 대해 내가 생각하는 것을 솔직히 말해 두기로 한다."(2-머리말)

'왕국이나 공화국의 창설자는 찬양되어야 하고, 참주정치의 시조는 저주받아야 한다'라는 제목으로 시작되는 장에서 마키아벨리는 카이사르를 혹평한다.

"숱한 사람의 붓으로 가장 많은 존경을 받는 카이사르의 영광에 미혹되지 않는 사람은 없을 것이다. 카이사르를 칭찬하는 무리들은 그의 재력에 매수되어 버렸든지 또는 카이사르의 이름 아래에서 제국이 어디까지나 계속되므로 완전히 위축되어서 카이사르에 대한 것을 마음대로 말할 수 없게 된 사람들이다.

카이사르에 대한 자유로운 논평을 알고자 하는 이는 카테리나를 논하고 있는 대목을 보면 된다. 거기서는 카테리나보다 카이사르가 한결 더 비난받는다. 그것은 나쁜 일을 음모했을 뿐인 카테리나보다 실행에 옮긴 카이사르 쪽이 더 비난의 대상에 해당되기 때문이다. 또한 브루투스에 대한 찬사를 보더라도 잘 알 수 있다. 논자가 카이사르의 권세에 겁을 먹고 도저히 눈앞에 대고 비난은 못해도, 그 보복으로 카이사르의 적인 브루투스를 온갖 말로 칭찬하는 것만 보아도 잘 알 수 있다. 한 나라의 지배적인 지위에 오를 만한 인물이라면, 법을 존중하여 현군이라는 평판이 자자했던 로마 제정 시대의 황제들이 그와 반대의 길을 걸었던 어리석은 군주에 비해 얼마나 칭찬할 만한 존재였던가를 생각해 봐야 한다. (중략) 로마에서는 수없이 많은 잔학 행위가 되풀이되고 고귀함, 부, 과거의 영광, 특히 용기 같은 것은 죽음에 상당하는 대죄로 삼았다. 중상을 일삼는 자는 도리어 칭찬받았고, 노예는 뇌물을 받고 주인을 배반했으며 자유인도 같은 일을 했다. 남에게 원망받을 일을 한 적 없는 사람이라도 친구로부터 파멸당할 만큼 지독한 변을 당했다. 이런 사실을 알아야만 비로소 로마가, 그리고 이탈리아가, 나아가 전 세계가 카이사르 때문에 어떤 파국에 놓이게 되었는가를 똑똑히 알 수 있을 것이다.

만약 카이사르가 다시 한 번 태어난다면 모든 사람들이 카이사르 시대를 흉내내고자 하고 있음을 보고 기겁할 것이며, 세상을 좋은 방향으로 되돌리고자 하는 마음으로 안절부절못할 것이 틀림없다.

사실 전 세계의 영광을 한몸에 모으고자 진심으로 열망하는 군주라면, 카이사르같이 국가를 무너뜨리기 위해서가 아니라, 로물루스처럼 재건하기 위해서 부패한 국가를 다스려야 할 것이다. 사실 신이라 할지라도 인간에게 이 이상 멋진 영예를 초래할 기회는 주지 않을 것이며, 인간 또한 그 이상을 바랄 수 있는 것은 못 된다."(1–10) "이런 경향은 뒤에 카이사르와 폼페이우스 시대에 또 다시 재발했다. 이때 마리우스파의 수령은 카이사르가 되고, 술라파의 두목은 폼페이우스가 되었다. 그렇게 무기를 든 싸움이 계속되다가 카이사르의 승리로 끝나게 되었다. 카이사르가 로마에서 처음으로 참주가 되자, 로마의 자유는 두 번 다시 되살아나지 않게 되었다."(1–37) 카이사르에 의해 공화정이 사실상 끝나면서 제정으로 옮아가고, 로마는 악덕과 타락의 심연으로 빠져들어 갔다는 것이다. 그런 만큼 카이사르를 암살한 브루투스(BC 85~42)를 칭송한다.

"훌륭한 일을 수행했기 때문에 그 철저한 배려와 지혜로움을 높이 찬양받는 인물이라 하더라도, 유니우스 브루투스가 바보처럼 가장하고 수행한 그 행동에는 가까이 따라갈 수 없으리라 생각된다.

티투스 리비우스는 브루투스가 그런 짓을 한 것은 자기 몸의 안전과 집안의 대를 지켜 나가기 위해서였다고 말하고 있다. 그러나 브루투스가 한 행동을 생각해 보면, 그가 바보를 가장했던 것은 자신의 속셈을 눈치 채이지 않으려는 수단이었던 것이 틀림없다. 그는 왕을 타도하고 로마를 해방할 기회를 엿보고 있었다."(3–2).

이처럼 마키아벨리는 로마 공화정을 이상적인 국가정치 형태로 보았다. 로마 공화정의 연구 없이는 그의 사상을 알지 못한다고 해도 과언이 아니다. 그러나 그런 고찰은 단순히 '옛날의 좋은 시절'에 대한 향수에 불과했던 것은 아닐까? 이탈리아 피렌체의 정세에 휜했던 그가 현실을 떠난 회상에 빠질 리 없다. 거기에는 적어도 두 가지 근거가 있을 것이다. 하나는 로마 공화정과 건전한 시기의 피렌체 공화정과의 일체성이다. 피렌체의 장관이었던 사르타티는 "피렌체의 자유는 로마 자유의 정통한 적자(嫡子)다" 이렇게 자랑스럽게 말하고, 시민의 자유와 자치를 위협하는 전제군주를 증오했다. 피렌체 시민의 공화정에 대한 이상이 로마 공화정에 친근감을 갖게 한 것이다. 따라서 로마의 자유를 빼앗은 카이사르를 비방하고, 카이사르를 암살한 브루투스를 칭송하는 것은 피렌체 인본주의자들의 공통점이다. 마키아벨리가 로마 공화정을 예찬한 것은 이치 때문만이 아니라 정서적으로도 자연스러웠다.

로마의 군비와 법

두 번째로 로마 공화정을 고찰하는 것은 그곳에서 현대에 주는 교훈을 찾아낼 수가 있다고 믿기 때문이다. 실제로 그는 여기저기에서 고대 로마와 현대 이탈리아—피렌체를 비교 검토한다. 두세 가지 예를 들어보자. 먼저 군사문제이다.

"용병대 및 외국 원군은 도움이 되지 못하고 위험하다. 어느 군주가 용병대로 국가의 바탕을 이루었다면 장래의 안정은 보장할 수 없게 된다. 이유는 용병은 통솔하기 어렵고, 야심적이며, 규율이 없고, 충실하지 않기 때문이다."《군주론》12) 피렌체도 예외가 아니다. "피렌체 공화국은 무력을 전혀 갖고 있지 않았기 때문에 피사 공략 때 프랑스 병사 1만 명을 불러들였다. 그 결과 피렌체는 말할 수 없는 위험에 처하게 되었다."(13) 그렇다면 로마인은 어땠을까? "로마인이 드넓은 영역을 확보한 것은 실력에 의해서인가? 아니면 운이 좋았기 때문인가?"《로마사이야기》 2–1) 어느 쪽도 아니다. 국가체제를 정비하고 군사력을 지녔기 때문이다. 자국민에 의한 강대한 군사력을 갖추고 있었던 것이 로마가 대업을 이룬 근본 원인이다.

다음은 '훌륭한 법'이다. "그런데 예로부터 군주국이든, 복합형국가든, 신생군주국이든 간에 가장 중요한 토대가 되는 것은 좋은 법률과 훌륭한 군대이다. 훌륭한 군대가 없는 곳에 좋은 법률이 있을 수 없고, 훌륭한 군대가 있어야 비로소 좋은 법률이 있을 수 있다."《군주론》12) 이 일반론은 로마에 가장 잘 들어맞는다. "로마 본래의 법률은 빈틈이 많았지만, 그것을 완성의 영역으로 높여가는 과정에서 한 발도 헛디디는 일이 없었다."《로마사이야기》 1–2) "행운과 군사력이 로마의 국력의 기초였음은 부정할 수 없는 사실이다. 그러나 군사력이 있다는 것은 질서가 유지되고 있기 때문이고, 또 군사력과 좋은 질서가 있는 곳에는 반드시 행운이 찾아올 것이다."(1–4) 더 이상 인용할 필요는 없다. "마키아벨리의 역사적 흥미는 결코 임시변통적이지 않고 언제나 실제적 과제와 연관되어 있다. 로마민족의 역사가 그에게 타당한 것은 생생한 이상을 분명하게 해주기 때문이다."(마이어 《마키아벨리의 역사관과 비르투 개념》)

로마의 비르투

마키아벨리는 인본주의자로 끊임없이 전해지는 공화정 로마 숭배를 이어받았다고는 하지만 실천적 의도에 의해 그들과는 구별된다. 이것을 '로마의 비르투'가 잘 보여 준다. 그에 따르면 비르투는 처음엔 아시리아에 있었고, 이어 메디아로, 다시 페르시아로 옮겨갔다가 그리스·로마가 번영의 중심지가 되었다. 로마제국이 무너진 뒤로는 과거의 로마의 비르투를 강력하게 살려나가려 했던 중세의 많은 나라들(프랑크 왕국, 터키 왕국, 이집트 이슬람교 국가 등)로 퍼져나갔다(《로마사이야기》 2─머리말). 오늘날 이탈리아의 쇠퇴는 이탈리아인이 그런 비르투를 잃었기 때문이다. 비르투의 회복이 매우 시급한 일이다. 그러면 비르투란 무엇인가, 로마의 비르투란 어떤 것인가?

본디 '비르투'(영어의 버튜, 라틴어의 비르투스)라는 말에는 두 가지 의미가 있다. 하나는 덕이라든가 덕행 같은 인간의 윤리를 나타낸다. 다른 하나는 역량, 재능, 용기 같은 인간의 능력을 나타낸다. 이탈리아 인본주의자의 용어법에선 앞의 의미가 차츰 희박해지고 뒤의 의미에 무게를 두게 된다. 마키아벨리는 가장 명백하다. 고대에는 한니발이나 스키피오, 현대는 체사레 보르자에게서 활동력과 정력, 강한 의지, 강인한 신체능력을 볼 수 있다는 것이다. 말은 그렇게 해도 단순히 맹목적인 정열에 휘둘린 행동이라면 야만인과 구별이 되지 않는다. 문화민족의 교육과 조직이 비로소 올바른 방향으로 이끈다. 힘에 더하여 사려가 중요하다. 즉 비르투는 '비르투─오르디나타'(질서 있는 비르투)이어야 한다. 정치가는 이들 두 가지 비르투를 겸비해야만 더할 나위 없는 정치가가 될 수 있다.

이런 비르투 개념의 변화에는 시대의 추이가 반영되어 있다. 중세 때는 덕은 오로지 기독교적으로 해석되었다. 용기라든지 재능 같은 인간적 특성은 문제가 되지 않았다. 하물며 신체능력 따위는 동물적 충동에 비유될 뿐만 아니라 기독교적 윤리에 어긋나는 것으로서 비난받았다. 인간이 기독교적 윤리의 속박에서 벗어나기 시작한 르네상스 시대가 되어 비르투의 이른바 자연주의적인 의미가 인정되기에 이른다. 부르크하르트는 '개인의 발전'을 이탈리아 르네상스의 특색의 하나로 든다. "13세기 말 이탈리아에는 개성적 인물이 우글대기 시작한다. 개인주의 위에 놓여 있던 속박이 이에 완전히 단절되었다. 무수히 많은 하나의 얼굴이 아무런 제한도 없이 저마다 특이한 모습을 띠기 시작한다."《이탈리아 르네상스의 문화》) 생각해 보라. 이탈리아 르네상스의 개인이 개성적인 것이 기독교적 윤리의 소유자이기 때문이겠는가? 오히려 기독교적 윤리에 어긋나지만 어떤 비르투를 드러냈기 때문은 아니었을까? 비르투를 발휘할 수 있다면 출생이나 가문 따위는 따질 필요 없다. 출생이나 가문만 내세우고 변변한 재능도 없는 인간은 경멸당한다. 자기 능력으로 운을 개척해 나가는 인간만이 평가를 받는다. 르네상스인의 자유와 활발함은 여기서 비롯한다. 물론 힘에는 이지(理智)가 따라야 한다. 그것이 다름 아닌 '비르투—오르디나타'이다.

이런 비르투 개념은 마키아벨리에게서 가장 확연하게 나타난다. 하지만 주목해야 할 것은 비르투가 단순히 개인의 특성에 머무르지 않고 역사생활이나 국가생활에도 해당된다는 점이다. 비르투의 유무가 한 국가의 성패를 좌우한다. "비르투는 역사를 재는 잣대이며, 역사의 경과는 비르투의 역사이다."(렘《서유럽 사상에 나타난 로마몰락》) 그는 전에는 로마에 비르투가 활발했지만 이것을 잃음과 동시에 쇠망하여 이제는 각 나라로 뿔뿔이 흩어지고 말았다고 한다. '로마는 비르투'의 부활이 현대 이탈리아인을 구하는 유일한 길이며,《로마사이야기》는 '로마의 비르투'를 현대에 부활하는 것을 최종 목표로 삼고 있었다고 해도 좋을 것이다.

종교관과 로마교회

이탈리아 르네상스가 주로 종교에 관심이 없었다는 통설은 논란의 여지가 있다. 지금 그런 논의로 들어가지는 않겠지만 마키아벨리가 무관심 또는 반종교적인 의견의 선구자쯤으로 생각하는 것도 선입견의 하나이다. 그는 종교를 부정한 것이 결코 아니다. 아니, 종교가 '튼튼한 군대' 및 '훌륭한 법'과 나란히 국가의 세 기둥이라고 굳게 믿는다. "민중이 매우 광포하다는 것을 알아차린 누마는 평화적인 수단으로 그들을 유순한 시민의 모습으로 되돌리고자 종교에 주목했다. 그는 종교를, 사회를 유지해 나가기 위해서는 꼭 필요한 것이라 생각하고, 종교를 기초로 하여 국가를 구축했다. 그래서 몇 세기 지나는 동안에 이 나라의 신에 대한 존경은 다른 어디에서도 볼 수 없을 정도가 되었다. 이 사실이 배경에 있었기 때문에 로마의 원로원이나 유력자가 시도한 계획은 어느 것이나 모두 쉽게 진행되었다.

　로마 민중이라는 집합체로서, 또는 많은 로마인의 개인으로서 수행한 일들을 검토하는 사람이라면, 누구나 로마인들이 법률에 저촉되는 일보다 맹세를 어기는 일을 훨씬 더 두려워하고 있었음을 알게 될 것이다. 이 사실은 그들이 인간의 힘보다 신의 힘을 더 존중했기 때문임이 틀림없다. (중략) 또한 로마 역사를 곰곰이 짚어 보면, 군대를 지휘하거나 민중을 북돋우거나 선인을 지지하거나 악인으로 하여금 부끄러워하게 만드는 데에 종교의 힘이 얼마나 도움이 되었던가를 알게 될 것이다. 로물루스냐 누마냐, 로마가 그 어느 군주에게 더 많이 힘입었는지를 논한다면 나는 누마를 우선적으로 밀어야 한다고 믿는다. 왜냐하면 종교가 골고루 퍼져 있는 국가에서는 민중에게 무기를 잡게 하는 일이 쉬운 데 비해, 군사적 무용에는 뛰어나나 종교가 없는 국가에서는 민중을 종교로써 교화해 나가는 것이 매우 어려운 일이기 때문이다. (중략) 누마가 초래한 종교야말로 로마에 가져온 행복의 첫 원인이라고 결론지을 수 있다. 왜냐하면 종교가 우수한 법률 제도를 로마에 가져온 것이 밑바탕이 되어, 법률 제도가 국운의 발전을 초래하고 그러한 국운의 융성에 따라 어떤 사업을 행해도 잘 맞아들어갔기 때문이다. 종교를 소중히 한다는 것이 국가를 크게 만드는 원인인 것처럼 종교를 무시하는 일이 국가 멸망의 근원이 된다."《로마사이야기》1-11)

　마키아벨리는 로마인의 종교를 모범이라고 간주한다. 그러나 종교를 종교 자체로서 절대적 가치를 부여하는 것은 아니다. 종교를 정치적 관점에서, 바꿔 말하면 법이나 군사와 함께 국가를 유지하고 질서를 세우는 것으로서 정치생활에 영향력을 갖는 한도에서 존중한다. 종교는 수단이지 목적은 아니다. 그렇다면 인간을 유약하게 하는 기독교, 특히 로마교회를 신랄하게 비판한 것은 마땅할 것이다. 다만 아시시의 프란체스코(1181?~1226)라든가 에스파냐의 도미니코(1170?~1221)의 아름다운 신앙에 아낌없이 경의를 표한다. "성 프란체스코와 성 도미니코의 힘으로 본래의 모습으로 되돌려지지 않았던들 지금쯤 기독교는 완전히 소멸하고 없었을 것이다. 이 두 성인은 청빈의 힘과 그리스도의 생애를 거울로 삼음으로써, 사람들 마음속에서 꺼져 가고 있던 신앙의 불길을 다시 타오르게 만든 것이었다."(3-1) 사보나롤라도 마찬가지다. "조야하고 단순한 사람들에게 새로운 법률 제도나 새로운 생각을 불어넣어서 납득시키기는 쉬운 일이다. 문화가 발달되어 스스로 선진적이라고 자부하고 있는 사람들을 같은 방법으로 끌고 간다는 것도 그다지 불가능한 일은 아니다. 확실히 피렌체 사람들은 무지하지도 않고 조야하지도 않은 것 같은데, 수도사 지롤라모 사보나롤라의 신과 이야기를 나누었다는 설교에 넘어가고 말았다.

나는 사보나롤라가 옳으냐 그르냐 하는 것을 여기서 말하려는 것이 아니다. 이 정도의 거물쯤 되면 존경하지 않고서는 말할 수 없기 때문이다.

그러나 나는 다음과 같은 말만은 할 수 있다고 생각한다. 즉 숱한 사람들이 사보나롤라가 한 말을 믿었는데, 그렇게 된 것이 기적을 자기 스스로 체험해서가 아니었다는 점이다. 사람들은 그의 생애의 순수함, 그의 가르침, 그가 설교에 채택한 성서의 내용이 사보나롤라의 설교를 사람들로 하여금 믿게 만드는 데 충분한 수단이 되었다."(1-11) 따라서 이런 사람들보다는 수도사의 길을 밟지 않는 자, 특히 로마 교황과 교황청이다. 로마인에게 종교의 힘에 의지하는 것이 중요했던 데에 반해 이탈리아는 로마교회 이용에 실패하여 자멸했다. "만약 기독교가 기독교 국가 안에서 성립 무렵과 같은 모습을 유지하고 있었다면 오늘날의 여러 기독교 국가는 현재보다 훨씬 질서 있는, 훨씬 행복한 나라가 되어 있었을 것이다. 기독교 교황의 자리인 로마 교회의 바로 곁에서 살고 있는 사람들이 이렇다 할 종교심을 갖고 있지 않다는 현실보다 더한 기독교 타락의 증거는 없을 것이다."(1-12)

이탈리아의 질서가 로마교회에 의해 유지되고 있다는 항간의 설에 대해 마키아벨리는 단호하게 반대한다. "이탈리아의 안녕 질서는 첫째로 로마 교회 덕분이라는 생각이 널리 받아들여지고 있다. 그래서 나는 그 의견에 반대하기 위해서 머리에 떠오르는 몇 가지 이유를 말하고자 한다. 그중에서도 가장 근거 있는 두 가지 이유를 들까 하는데, 내가 생각할 때 이 이유에 대해서 아무도 반박하지 못할 것이다. 그 첫째의 것은, 로마 교황청이 나쁜 데 물이 들어 이탈리아가 완전히 신앙심을 잃어버려서 무한한 재해와 끝없는 대혼란 속으로 끌려들어가고 말았다는 사실이다. 즉 종교가 있는 곳이면 어디서나 반드시 선행이 행해지는 것과 마찬가지로, 종교가 없는 곳에서는 악이 지배한다고 생각해야 한다. 교회나 성직자들 덕분에 우리 이탈리아인은 종교도 제대로 갖지 않고 비뚤어진 생활에 빠져 있다는 것이다. 그뿐만 아니라 훨씬 더 큰 불행을 교회나 성직자들 때문에 겪고 있다. 그것은 이탈리아가 붕괴하는 원인이 되는 것이다. 즉 교회는 예부터 오늘까지 일관되게 이탈리아를 분열시켜 온 것이다.

확실히 공화국의 경우든 군주국의 경우든 프랑스나 에스파냐의 예에서 볼 수 있는 것처럼, 한 정부의 것으로 통일되지 않는 한 어떤 나라든 통합이라든가 행복 같은 것은 있을 리가 없다. 이탈리아가 프랑스나 에스파냐같이 되지 않고, 이탈리아 전체를 통합해서 통치하는 단일 공화국이나 군주국을 출현시킬 수 없는 이유는 첫째로 교회에 달려 있다. 즉 교회가 세속 권력에 안주해서 이를 행사하는 일에 노력하고 있었지만, 국력과 의욕이 충분하지 않았으므로 전 이탈리아를 제압해서 그것을 지배하기까지는 이르지 않았다. (중략) 이와 같이 교회는 이탈리아 전 국토를 정복할 힘은 없으나 다른 나라가 통일을 이루는 것을 방해할 정도의 힘은 갖추고 있었다. 그 때문에 이탈리아는 한 사람의 지배자 아래에서 통일되지 못하고 결국 여러 군후의 지배를 받는 결과가 되고 말았다. 이런 상황은 이탈리아에 내분을 일으키고 힘을 잃게 해, 강력한 외적이 아니더라도 쳐들어오기만 하면 아무 손에나 쉽게 떨어지게 되고 말았다. 이렇게 되어 버린 것도 이탈리아인에 있어서는 교회 때문이지 다른 누구의 탓도 아니다."(1-12)

피렌체에 보내는 만가

공화정체, 군사, 법, 비르투, 종교의 다섯 가지 점에서 《로마사이야기》의 근본사상을 살펴보았다. 결국 로마사의 교훈을 본보기로 이탈리아 피렌체에 활용하려는 것이 목적이었다. 이탈리아 피렌체라고 했지만 당장의 관심은 피렌체로 향한다. 피렌체인으로서 팔이 안으로 굽어서가 아니다. 공화정부에서 일했던 개인적 사정 때문도 아니다. 이탈리아 코무네의 기수, 르네상스 문화의 프린스, 중요한 점은 이탈리아 여러 국가들 가운데 피렌체가 차지하는 지위를 종합적으로 판단한 뒤의 일이다. 그러나 피렌체의 현재 상황을 보면 볼수록 환멸을 느끼지 않을 수가 없다. 모든 면에서 로마의 반대의 길을 가고 있다. 예를 들면 "시민과 귀족의 감정의 괴리야말로 공화국을 분열시키는 분쟁의 근원이다. 똑같은 원인으로 로마에서도 분쟁이 일어났다. 그리고 로마의 경우와 완전히 똑같은 원인이 피렌체에서도 분쟁의 원인이 되었다. 물론 이 두 도시에서는 서로 다른 경과를 보인 것은 말할 것도 없다. 로마에서는 귀족과 평민이 다투게 되어도 초기에는 토론으로 결말이 났다. 그러나 피렌체에서는 결투로 결말이 났다. 로마에서는 하나의 법률로 충분했지만, 피렌체에서는 수많은 시민을 추방이나 사형에 처하고서 나서야 비로소 진정될 수가 있었다. 로마에서는 분쟁이 일어나면 시민이 싸울 뜻이 점점 더 굳어지기만 하였으나, 피렌체에서는 그 의지가 약해지기만 했다."《피렌체 역사》3—머리말)

이런 로마사와 피렌체와의 비교는 빈번히 이루어진다. 철이 들던 무렵부터 마키아벨리는 피렌체 정변을 목격했다. 서기관 시절 및 백수 시절을 통해 여러 번 환멸과 좌절을 겪었다. 만약 현재의 공화정부가 제대로 하고 있다면 고생할 필요는 없다. 그러나 현재의 공화정부에는 왕년의 의지도 기세도 전혀 보이지 않는다. 프랑스의 비위를 맞추고, 로마 교황에게는 위협을 당하는 사면초가의 상황이다. 정책에 일관성이 없고 모든 일이 그날그날 닥치는 대로 살아가야 하는 하루살이다. 로마에 대한 찬가는 이탈리아 피렌체에 대한 만가(輓歌)가 되지 않을 도리가 없다. "마키아벨리는 시대정신과 대립하는 사람이다. 그는 시대의 무자비한 비판자이다. 그의 강직한 눈은 시대의 약점을 통찰한다. 16세기의 슈펭글러는 시민문화가 봄과 여름을 지나 가을로 접어들어 겨울이 닥쳐오는 것을 본다. 이 비극적 순환은 그에게 모든 역사의 법칙이다. 그리스와 로마가 이것을 증명하며, 지금 또다시 르네상스의 경험이 증명한다."(마르틴 《르네상스의 사회학》)

마지막 소원

슈펭글러(1880~1936)는 제1차 세계대전 뒤에 《서양의 몰락》을 써서 일대 돌풍을 불러일으킨 독일 철학자이다. 그렇다면 마키아벨리는 과연 '16세기 슈펭글러'일까? 거듭되는 좌절에도 지지 않고 그는 마지막 소원을 품는다. 다시 말하면 피렌체의 공화정신은 이미 속이 텅 비어 있다. 시민사회 자체가 위태한 상황에 빠져 있을 때, 공화정신을 지켜나가는 것은 무리이다. 한편, 이탈리아 전체가 과거에 없던 위기에 빠져 있다. 마키아벨리는 그런 현실을 알면 알수록 작은 도시국가의 한계와 결함을 깨닫지 않을 수 없었다. 그러면 어떻게 해야 좋을까? 한가롭게 '이탈리아 몰락'을 한탄하고만 있을 수는 없다. 즉각 이탈리아에 통일국가를 세우고, 튼튼한 군대와 훌륭한 법을 갖춰 '로마의 비르투'를 회복해야 한다. 문제는 누가 어떻게 그것을 수행하느냐이다. 힘의 정치로써 여러 나라를 강력하게 통일하여 새로운 국가를 세우는 것인지, 아니면 여러 나라의 연합 같은 조직을 생각한 것인지 이 점에 대하여 마키아벨리의 생각은 반드시 분명하지는 않다. 그러나 어쨌든 공화정 국가가 아니라 군주정 국가가 시대의 필요라고 보았던 것은 의심할 수 없다. 독일이나 프랑스에 사절로 가서 서유럽 여러 나라를 직접 눈으로 보면서 그런 신념을 조금씩 굳혔을 것이다. 과거 체사레 보르자에게 희망을 걸었던 적도 있지만 지금은 아니다. 그렇다면 역부족임은 알지만 결국 메디치 가 말고는 머리에 떠오르는 것이 없다.

《군주론》끝부분에서 그는 메디치 가에게 말했던 사정을 밝힌다.

"이제까지 이방인들의 침입에 괴로움을 받던 이탈리아의 각처 사람들은 얼마나 경모하는 마음으로 이분을 맞이할 것인가! 얼마나 보복에 대한 갈망을 갖고, 얼마나 충성의 일념으로, 얼마나 사랑하는 마음으로, 얼마나 눈물을 흘리며 이분을 맞이할 것인가! 이에 대하여 나는 뭐라 표현해야 할지 모르겠다. 그렇게 되면 군주에 대해 닫혀진 어떤 문이 그 앞을 가로막는단 말인가! 어느 백성이 이분에 대한 충성을 거절한단 말인가! 어떤 질투심이 이분에게 대항한단 말인가! 어느 이탈리아인이 이분을 따르기를 거부한단 말인가. 이 야만족의 지배는 누구에게나 못 견디는 일이다.

그러니 명예로운 당신 가문은 정의의 싸움을 할 때의 그 용기와 희망을 안고 이 책무를 짊어져야 한다. 그래서 당신이 높이 걸어올린 깃발 아래 조국이 고귀하게 빛나고, 당신의 지도 아래 페트라르카의 다음 시구가 현실화되기를 바란다.

> 미덕은 광포한 공격에 대항하여
> 무기를 들고 일어섰노라.
> 싸움은 곧 끝나리라.
> 이탈리아의 민심에
> 그 옛날의 용맹이 아직 사라지지 않았거늘."

마이네케가 결론으로 다음과 같이 말하고 있다. "자유국가를 다시 일으키려면 한 개인의 창조적인 '비르투'가, 즉 하나의 지배 권력, 왕에 버금가는 권력이 국가를 그 손안에 넣고 새로이 활력을 불어넣는 것만이 유일한 수단임을 간파했다. 뿐만 아니라 그는 완전히 부패되어 더 이상 재생능력이 없는 자유국가에게 군주정이야말로 유일하고 나아가 가능한 정치체제라고 믿었다. 이렇게 마키아벨리의 비르투 개념은 공화주의적 경향과 군주주의적 경향 사이에 내적인 다리를 만들고, 이것으로써 그는 주의의 절조를 잃지 않고 피렌체 자유국가 붕괴 뒤의 메디치 가의 공국에게 기대를 걸고, 메디치 가를 위해 《군주론》을 저술할 수가 있었다."《근대사에서의 국가이성의 개념》) 여기서 《로마사이야기》에서 《군주론》으로 가는 길을 열고 있음을 볼 것이다. 추이는 당돌하지 않고 자연스러우며, 내면적으로 통일되어 있다.

마키아벨리즘의 실상─《군주론》의 세계

두 번째 문제점

'마키아벨리즘'이라는 말을 모르는 사람은 없겠지만 정확한 의미를 누구나 다 아는 것은 아니다. 마키아벨리즘은 넓게 해석하는 경우(일상적)와 좁게 해석하는 경우(특수적)가 있다. 넓게 해석하면 경영계에서의 사장의 축출에서 회사의 적대적 인수 합병, 신문 사회면 기사를 장식하는 사건에 이르기까지 다양하다. 좁게 해석하면 정치세계(국내와 국제를 가리지 않고)에서 윤리적인 제약을 무시하고 권력을 획득 유지 또는 키우기 위해 수단을 가리지 않는 권력정치적인 행동양식을 가리킨다. 수단은 반윤리적이었어도 그 수단으로써 목적이 완수되는, 즉 결과가 유효한 때는 반윤리적인 수단을 올바르다고 한다. 권력정치라든가 현실정치, 권모술수(매우 기술적인)도 거의 같은 의미로 쓰인다. 여기서는 마키아벨리를 좁은 의미에서, 즉 정치세계에 한하여 생각하고자 한다.

그런데 《군주론》이 악명 높은 것은 지금 말한 것과 같은 정치의 행동양식을 너무나 노골적으로 드러내고 있기 때문이다. "그러나 군주는 경솔하게 남을 믿거나 경거망동해서는 안 되며, 자기 그림자를 두려워해서도 안 된다. 그리고 상대편을 너무 지나치게 믿어 분별 없이 군다든가 아니면 너무 불신에 사로잡혀 편협되지 않도록 사려와 인간미로써 침착하게 일을 해 나가야 할 것이다.

여기서 또 하나의 문제가 생기게 된다. 즉 사랑받는 것과 두려움의 대상이 되는 것 중 어느 쪽이 좋은가 하는 점이다. 누구나 양쪽을 다 갖추었으면 하는 대답을 할 것이다. 그러나 이 둘을 동시에 구비하기란 어려운 일이다. 따라서 만일 그 가운데 어느 하나를 택해야 한다면 사랑받는 것보다는 두려움의 대상이 되는 편이 훨씬 안전하다."(17) "신의 같은 것은 전혀 개의치 않고, 간계로써 사람들을 혼란케 한 군주가 오히려 위대한 업적을 성취하고 있다."(18) "군주는 짐승의 성질을 적당히 배울 필요가 있는데, 그런 경우에는 여우와 사자의 성질을 배우도록 해야 한다. 왜냐하면 사자는 책략의 함정에 빠져들기 쉽고, 여우는 늑대를 당해 내지 못하기 때문이다."(18) 이런 말들만으로도 이미 사람들은 혐오감을 느낄 것이다. 우리의 윤리의식을 거스르기 때문이다.

그러나 마키아벨리즘과 비슷한 생각은 마키아벨리가 처음 외친 것은 아니다. 정치가 이루어지는 곳에서 마키아벨리즘은 크든 적든 서슴지 않고 그 모습을 숨김 없이 드러내 자행되고 있다. 인간에게서 이기주의와 권력욕이 사라지지 않는 한. 그런데도 어째서 마키아벨리라는 특정 인물의 이름을 관사처럼 쓰게 된 것일까? 마키아벨리즘과 마키아벨리의 정치사상은 같은 것일까? 마키아벨리즘이라고 하는 그의 말의 참뜻은 무엇일까? 이런 것들이 두 번째 문제점이다.

마키아벨리즘의 선구

그리스 철학자 플라톤의 대화편 《고르기아스》에 칼리클레스라는 소피스트가 나와서 소크라테스(BC 470?~399)와 문답을 한다. 칼리클레스는 정의란 강한 자가 약한 자를 지배하고, 약한 자보다 많이 지니도록 결정되어 있다. 그것은 자연의 정의이며 소크라테스가 외치는 정의니 절제니 덕은 '노예의 도덕'에 지나지 않는다고 깎아내린다. 물론 소크라테스는 반박하지만 강자의 권리를 강조하고 힘은 정의라고 한 마키아벨리보다 앞선 생각을 펴고 있음은 주목할 만하다. 중국에서도 순자(BC 298?~238?)는 "인간의 본성은 악이며, 선은 후천적이고 인위적인 교정에 의한다"는 성악설을 폈다. 한비자도 "군주는 형벌과 도덕으로써 신하를 제어하기 마련이다"라는 법가사상을 주장했다. 동서양을 가리지 않고 이런 비슷한 사고가 생겨난 것은 왜일까? 아마도 아테네에서 폴리스적 사회와 윤리가 무너지려는 상황을 보고서 칼리클레스가 반도덕론과 약삭빠른 실리주의를 말했을 것이다. 중국에서도 주나라 왕실의 권위가 떨어진 춘추전국시대에 공자(BC 551~479)의 덕치주의는 더 이상 실정에 맞지 않게 되었다. 그럴 때 순자나 한비자 같은 사고가 생겨났다. 이처럼 실질적으로나 이론적으로 모두 마키아벨리즘의 선구자가 엄연히 있었음에도 어째서 공론화될 수 없었던 것일까?

정치와 도덕의 일치

플라톤의 생각에 따르면 국가는 개개 시민의 집단이 아니라 개인을 넘어선 전체이다. 시민은 이 전체인 국가에 생활의 기초를 갖고, 국가를 통해서만 자기 삶의 의의와 목적을 얻는다. 개인이 제멋대로 자유를 갖지 않는다. 저마다의 터전에서 국가 공동체에 봉사할 때 개인은 살아난다. 그곳에 '정의'가 실현된다. 국가론은 정의론이다. 플라톤의 철인정치는 여기서 구상되었다. 국가는 물론 폴리스이다. 도덕은 폴리스적 도덕을 말한다. 국가와 개인, 정치와 도덕은 폴리스적 성격을 띠며, 그런 성격을 버릴 수가 없다. 그즈음 아테네는 쇠퇴일로를 걷고 있었다. 당쟁도 격렬했다. 더구나 플라톤은 도시국가의 도덕관념에 얽매여 정치권력이나 권력투쟁에 대해, 정치와 도덕의 대립과 모순을 통찰하지 못했다.

플라톤의 뛰어난 제자 아리스토텔레스(BC 384~322)는 이미 헬레니즘 시대의 입구에 서 있었기 때문에 사고방식이 보다 현실적이었다. 그러나 기본적으로는 플라톤과 같아서 "인간은 본성상 폴리스적 동물"이라는 말에서도 알 수 있듯이 국가, 즉 폴리스가 개개 인간에게 완전한 생활의 전제를 이루며, 국가가 있어서 인간의 자연(본성)은 완성된다. 정치학과 윤리학은 서로 떼어놓을 수 없다. 다만 윤리학은 인간을 개인으로 논하는데 반해 정치학은 인간을 사회인으로 논하는 차이가 있다. 윤리학이 끝나는 곳에서 정치학이 시작된다. 그런 생각에서 아리스토텔레스는 국가형태와 기능, 정치의 통합기술 등을 세분하여 말한다. 그에게도 도덕은 어디까지나 폴리스적 도덕이어서 폴리스가 모든 가치기준인 이상 정치와 도덕은 일치하여 대립이나 모순은 일어날 수 없었다.

이상을 요약하여 마이네케는 이렇게 말한다. "다신교와 인생가치의 현세주의가 고대 국가이성의 배양토였다. 최고의 인생가치란 폴리스 국가의 융성기 때는 국가 그 자체였다. 그곳에서는 윤리와 국가윤리는 일치하며, 따라서 정치와 도덕 사이에 상극은 존재하지 않았다. 뿐만 아니라 갖가지 계율로써 국가의 여러 종류의 힘이 자유롭게 지배하는 것을 제한하려 했던 세계종교라는 것도 전혀 없었다." 여기서 세계종교란 기독교를 가리킨다. 그러면 기독교적 중세는 '정치와 도덕'을 어떻게 파악했던 것일까.

종교의 우월

기독교는 본디 정치사상을 강설하는 것이 아니라 그 자체는 비정치적이다. 예수(BC 4?~AD 30?)가 말하는 사랑의 공동체는 현세 국가에 초연하다. 사도에 이르러서는 그것은 더욱 진전하여 신의 권위가 세속권력의 기초를 만든다고 보고 신의 우월을 내세웠다. "사람에게 순종하는 것보다 하느님께 순종하는 것이 더욱 마땅합니다."(《사도행전》 5-29) 고대 말기에 나타난 아우구스티누스(354~430)는 기독교 교의에 커다란 영향을 주고, 중세 기독교의 방향을 정한 사람이다. 잘 알려진 것처럼 그의 저서 《신의 나라》에서 그는 이렇게 말한다. 신의 나라와 지상의 나라가 대립한다. 신의 나라는 선을, 지상의 나라는 악을 나타낸다. 두 나라는 끊임없이 싸우는데 마침내는 선이 악을 이긴다. 그 과정이 인류의 역사이다. 이교도를 반박하기 위한 기독교 호교론이 동시에 웅대한 세계사라고 회자되는 까닭이다. 그는 이런 기독교 사상에서 국가정치를 논한다. 그것에 따르면 국가의 목적 또는 사명은 평화와 질서를 유지하는 것이고 그럼으로써 정의가 실현된다. 지배자는 이를 명심해야 한다. 지배자를 이끄는 것은 기독교의 가르침이다. 자기를 위해서가 아니라 신을 위해, 신하를 위해 다한다면 그 행동은 인정된다. 전쟁도 평화를 지키고 이교도를 굴복시키기 위해서라면 정의로 인정될 것이다. 지배욕이나 명예욕의 발로에서 행동하는 것은 전제군주에 지나지 않는다. 아우구스티누스는 그러나 고대 말기 사람이기 때문에 그의 국가정치관을 곧바로 중세의 그것으로 지레짐작해서는 안 된다. 국가에 대한 교회의 절대 우위는 중세 가톨릭 교회의 융성의 결과로 일어난 것이기 때문이다.

로마 교황과 로마 교회가 종교적 세력뿐만 아니라 사회적 세력을 지니게 된 과정은 이미 알 것이므로 여기서는 12, 3세기에 전성기를 맞이한다는 데서 그치겠다. 황제, 국왕에서 농민, 서민에 이르기까지 교회의 가르침에 따르고 교회에 공경의 뜻을 표했다. 어길 때는 파문의 벌을 받았다. 이 시기에 십자군원정이 일어난 것도 우연은 아니다. 중세 최대의 신학자인 토마스 아퀴나스가 스콜라 철학을 완성한 것도 이 시기다. 아퀴나스는 국가정치관에서는 아우구스티누스보다 훨씬 적극적이었다. 아우구스티누스는 지상의 나라를 신의 나라에 이르는 전단계로 보았던 데 반해 아퀴나스는 지상의 나라 자체가 신의 의지의 출현이다. 교회는 국가에 우월할 뿐만 아니라 모든 것의 중심에 이른다. 대체 세속권력은 어째서 교황권에게 고개를 들지 못했던 것일까? 세속의 국가정치에 약점이 있었기 때문이다.

기독교적 공동체

리터(Gerhard Ritter, 1888~1967)에 따르면 중세 전성기에 대해서는 두 가지 점에 주의할 필요가 있다. 하나는 기독교적 중세는 아직 근대의 주권개념을 알지 못한다. 지배자를 특징짓는 것은 모든 국내세력을 잠재우는 물질적인 힘을 지니거나 국제적 교류에서 법적으로 완전한 독립성을 지니는 것이 아니라 도덕적인 특질을 지닌다는 것이다. 지배자의 물질적인 힘은 봉건제도에 따른 국가권력의 분열 때문에 미미했다. 마땅한 결과로 지배자는 물질적인 힘에 의지하지 못하고 신하의 충성 같은 도덕적인 유대에 의지한다. 기독교의 가르침에 얽매여 있었으므로 지배의 본질은 신의 위임을 행사하는 것이다. 따라서 정치란 기껏해야 평화롭고 영속적인 질서를 만들거나 유지하는 것이다. 두 번째로 중세의 국가세계는 원칙적으로 투쟁적인 외교의 기초로서의 권력이해라는 근대적 개념을 모른다. 중세의 강대국인 독일과 프랑스는 카롤링 제국의 부분 왕국에서 일어나 15세기 말까지 서로 적대시한 적이 없었다. 오히려 양국은 서양 기독교 세계의 로만—게르만적 통일의 중핵을 이루고 있었다. 기독교적 서양은 로마 교황과 독일 황제와의 공동지도 아래서 종교적이고 세속적인 전체를 이루는 것으로 여겨졌다. 이런 전체는 외부를 향해서 더욱 확연하게 나타났다. 이교도나 이단에 대한 투쟁은 공동사업이었다. 그런 의미에서 중세 유럽은 적어도 이념상 '기독교적 공동체'였다. 그러므로 비록 여러 나라 사이에 분쟁이 일어나도 그것 때문에 유럽 공동체가 파괴되는 데까지는 이르지 않았다. 내부적으로는 긴장의 연속이었으나 기독교적 서양은 하나의 민족가정을 형성하고 있었기 때문이다《권력의 윤리적 문제》.

이런 유럽의 통일성과 연대감에 균열이 생기기 시작하면서 중세의 국가세계의 양상은 바뀌기 시작한다. 뒤집어 말하면 근대가 시작되면 균열이 눈에 띄기 시작한다. 유럽에 근대 민족국가가 성립하자 유럽의 통일이나 연대감보다도 자국의 이해가 앞설 수밖에 없어 국가간 분쟁이 일어나게 마련이다. 자국의 이익을 추구하는 경우에 종교라든가 도덕에 의한 속박에서 벗어나 종교나 도덕의 겉치레를 내팽개친다. 근대국가의 출현과 이에 따르는 권력투쟁이 기독교적 중세의 국가정치관을 무너뜨린다. 리터는 다른 곳에서 이렇게 말한다. "부르크하르트는《개인의 출현》에서 시대의 전환을 밝히고 있지만 근대국가 출현 속에서 특징을 찾아야 한다. 중세 때는 모든 생활이 말하자면 대성당의 그늘 아래서 이루어지고, 교회의 종소리로 지워졌던 것처럼 근세기에는 시대를 따라 차츰 더 강대한 정치의 웅성거림으로 지워진다. 십자군 시대의 종교적 열광은 정치적 권력투쟁의 열광으로 해소된다. 이제 교회를 대신하여 국가가 생활을 규정한다"《권력사상사》

근대국가의 원형

고전 고대에서 실제로는 권력투쟁은 끊임이 없었다. 그럼에도 폴리스 국가에서는 정치와 도덕의 일치가 원칙으로 되어 있었기 때문에 정치권력이나 투쟁의 본질을 간파해 낼 수가 없었다. 기독교적 중세 때도 봉건제후의 투쟁은 끊이지 않았다. 그럼에도 종교와 도덕이 정치에 우선한다는 원칙은 무너지지 않았다. 근대 국가정치가 출현하면서 본질이 낱낱이 드러나게 된다. 정치는 어떤 것의 수단이 아니라 자기목적으로 바뀌어 고유의 논리를 갖고 발전해 나간다.

'국가이성'(레종 데타, 라치오 스타토)이란 그렇게 자기목적으로 바뀐 국가와 정치의 행동에 이론을 부여하는 데 쓰이는 말이다. 마이네케의 정의를 빌리면 "국가행동의 기본원칙, 국가의 운동법칙이다. 그것은 정치가에게 국가를 건전하고 강력하게 유지하기 위해 그가 해야 할 것을 알려준다. 또한 국가는 하나의 유기체 조직이며, 더구나 그 유기체의 충실한 힘은 어떤 방법으로든 더욱 발전할 수 있을 때에만 유지되기 때문에 국가이성은 발전의 진로와 목표를 지시한다." 목적을 이루기 위해 법과 종교가 도움이 된다면 수단으로 쓰지만 도움이 되지 않는다면 무시한다. 아니, 짓밟아버리는 것도 마다하지 않는다. 이렇게 일단 국가이성의 목표가 잡히면 고전이나 고대의 정치와 도덕의 일치, 중세시절 종교의 우월은 이제 과거의 유물에 지나지 않는다. '정치와 도덕'에 본래 얽혀 있는 모순이나 긴장이 이때 명료하게 사람들의 의식에 떠오른다. 이 모순과 긴장을 어떻게 해소할 것인가가 근대 정치학에 주어진 과제였다.

근대 국가정치의 원형이 만들어지고 권력투쟁의 처참함이 있는 그대로 드러난 것이 르네상스 시대 이탈리아라고 한다면 이탈리아는 중앙집권 국가이기는 커녕 분열된 작은 나라가 아니었느냐면서 고개를 갸웃할 것이다. 하지만 그런 분열과 말로 나타내기 힘든 혼란이야말로 '있는 그대로 드러난 권력'의 표출이다. "전통적 권력의 버팀목이 되어 왔던 신념과 습관이 겉으로 드러남에 따라 이 권력은 차츰 어떤 새로운 신념을 바탕으로 하는 권력에 굴복하거나, 그도 아니면 있는 그대로 드러난 권력, 바꿔 말하면 전혀 이해되지 않는 권력에 굴복하는 것이다. 권력이 드러난 경우에는 권력획득 방법은 다른 어떤 경우보다도 훨씬 가혹한 것이 된다."(버트런드 러셀 《권력》)

이탈리아의 소전제군주, 도시공화국, 용병대장, 교황 등이 3파전, 4파전을 이뤄 권력투쟁에 광분한다. 이런 의미에서 이탈리아 소국가세계가 근대국가정치의 원형으로 볼 수 있다. 마키아벨리는 그런 이탈리아 소국가세계의 아수라장을 냉엄한 눈길로 바라보았을 뿐만 아니라 그곳에서 이론을 추출함으로써 근대정치학에 부과된 과제에 응답하려 했다.

마키아벨리의 인간관

마키아벨리의 정치사상에 접근하려면 그의 인간관을 아는 것이 빠른 길이다. 고대 이래로 정치학은 특정 인간관에 바탕하고 있다. 고전 고대 때는 폴리스적 인간관(플라톤, 아리스토텔레스), 중세 때는 기독교적 인간관(아우구스티누스, 토마스 아퀴나스), 근대 시민사회 때는 시민적 인간관(홉스, 로크, 루소 등)의 식으로. 정치는 인간 또는 인간집단을 상대로 하므로 인간이란 존재를 먼저 따져야 한다. 마키아벨리는 인간을 어떻게 생각했을까?

"국가를 수립하고 거기에 법률을 정비시키고자 하는 사람이면 다음과 같은 점을 명심해 둘 필요가 있다. 즉 사람이란 모두 사악해서 자유로이 행동할 수 있는 조건이 갖추어지면, 본래의 사악한 성격을 마음껏 발휘해 보려고 틈을 노리게 되는 것이다."(《로마사이야기》 1-3) "사람은 선보다는 악으로 기울기 쉬워서"(1-9) "사람이란 아무리 선량하게 태어나고, 제아무리 훌륭한 교육을 받았다 해도 아주 쉽게 타락해 버리고 또 손바닥을 뒤집듯 그 성격이 바뀌어 버리는 존재라는 것을 알 수 있다."(1-42) "본디 인간은 은혜도 모르고 변덕이 심하며, 위선자인 데다 뻔뻔스럽고, 신변의 위험을 피하려 하고, 물욕에는 눈이 어둡기 때문이라고. 그래서 당신이 은혜를 베푸는 동안에는 모든 사람이 당신 뜻대로 되고, 그들은 피와 재산과 생명과 아이들까지도 당신에게 바친다."《군주론》17) "그러나 인간은 사악한 존재라 당신에 대한 신의를 충실히 지켜주지 않을 것이니 당신도 그들에게 신의에 구속될 필요는 없다."(18)

그러면 악으로 기울어지기 쉬운 인간은 선을 향하는 일은 없는 것일까? 아니다. "인간은 타고난 성질대로 기울기 쉽고, 거기서 헤어나기는 어렵기 때문이다."(25) "마치 하늘·태양·원소·인간은 예전에 있었던 모습과는 운행과 체계와 작용을 바꾸어서 완전히 다른 것이 되어 버린 것 같다."《로마사이야기》1–머리말) 그렇지만 인간은 하늘이나 태양, 원소와 마찬가지로 예나 지금이나 변함이 없다. "과거의 일이나 현재의 일들을 생각해 보면, 비록 도시나 국가는 다르다 할지라도 사람들의 욕망이나 성질은 어느 시대이고 같은 것임을 쉽게 이해할 수 있다."(1–39) 요컨대 성악설에 기초한 인간동형설이다.

"모든 국가이론 및 정치이념은 인간학을 음미하고, 그것들이 의식적이든 무의식적이든 '본성이 악한' 인간을 전제로 하느냐, '본성이 선한' 인간을 전제로 하느냐에 따라 나눌 수 있다. 이 구별은 총괄적이어서 특수하게, 도덕적 또는 윤리적인 의미로 받아들여서는 안 된다. 중요한 것은 그 뒤의 모든 정치적 고려의 전제로서 인간을 문제시하느냐 여부이며, 인간이 '위험한' 존재인지 아닌지, 걱정스러운 존재인지, 아니면 무해하고 위험하지 않은 존재인가 하는 물음에 대한 해답이다"라고 칼 슈미트는 명쾌하게 말한다《정치적인 것의 개념》. 마키아벨리가 앞엣것의 해답을 제시하고 있음은 선각자적 지혜라고 할 수 있다.

리얼리즘과 에고이즘

이렇게 말하면 여러분은 마키아벨리가 성질이 나쁘고 왜곡된 사람이었던 것처럼 생각할지도 모른다. 그는 인간을 보는 그대로 담담하게 이야기하고 있을 따름이다. 그 무렵 이탈리아 정치의 어두운 부분을 똑바로 보고서 아무런 꾸밈 없이 말하고 있을 뿐이다. 철저한 리얼리즘이다. 현대 정치학자 보링은 이렇게 말한다.

"이탈리아가 국민국가로 통일되지 않고 도시국가 내에서 불안정한 정치생활, 지위와 권력을 쉽사리 손에 넣을 수 있기 때문에 정치적 모험가들이 유혹에 곧잘 빠져든 사정은 정치를 인간생활의 구석구석까지 침투하게 하고, 정치와의 연관을 저항하기 힘든 것이게 했다. 그러나 순수하게 정치적인 차원의 행동이 성립되려면 정치가 종교적 세계관에 의해 강하게 속박되어 있는 듯한, 그 이전 시대로부터 계승되어 온 사고양식을 내다버릴 필요가 있었다. 그리고《군주론》이 씌어지기 거의 1세기 전부터 이탈리아의 정치사상에는 속속 '리얼리즘'의 전통이 자라났다. 마키아벨리의 정치사상은 이 잠재적인 가능성을 받아들여 '순수' 정치이론을 만들기 위한 위대한 실험의 효시라 할 수 있다. 그가 새로운 정치학을 위해 했던 선언은 정치현상의 분석이 의미를 가지려면 먼저 그 정치현상들이 과거의 정치사상에 의해 짜여진 갖가지 환영의 주술과 속박에서 풀려나야 한다는 그의 신념을 반영하고 있다."《서유럽 정치사상사》Ⅲ)

그런데 인간이 악으로 기울어지기 쉽고, 더구나 성향이 바뀌지 않는다고 한다면 인간은 선을 향해 노력하기보다는 이기주의를 채우는 쪽을 택할 것이다. 이기주의는 성악설의 필연적 결론이며, 그런 이기주의의 바탕에는 손해냐 이익이냐를 따지려는 심리가 있다. 타산적 합리적 정신은 경제인 특유의 것은 아니다. 정치행동이나 전쟁에도 필요할 것이다. 기업가는 정치행동이나 전쟁에서 이해손실을 따지는 정치가나 용병대장과 같은 줄에 서 있다. 정치란 결국은 계산이다.

리얼리즘을 다룬 유명한 부분을 들어보자.

"상상의 세계보다 구체적인 진실을 추구하는 편이 도움이 되리라고 생각한다. 세상 사람들 중에 현실 속에 존재하지도 않고, 또 알려지지도 않는 공화국이나 통치권에 대해 상상하는 이가 많다. 그러나 사람이 어떻게 살아가야 하느냐 하는 문제 때문에 현재 사람이 살아가고 있는 실태를 허술히 보아 넘기는 자는 자기를 보존하기는커녕 눈 깜짝할 사이에 파멸을 초래하게 될 것이다."《군주론》15) 그는 선악을 구별할 줄 몰랐던 것이 아니라 결과의 유효가 선보다 중요하다고 본다. 선이든 악이든 실제 효과를 발휘하면 그만이다. 따라서 마키아벨리의 정치적 윤리는 실제윤리와 순수윤리로 나뉜다. 실제윤리는 정치와 관련되고, 순수윤리는 개인과 관련된다. 정치처럼 공적인 것과 개인처럼 사적인 것 가운데 어느 것이 중대한가, 국가의 이익과 개인의 이익 중에 어느 쪽이 중대한가? 개인의 이익이 국가의 이익을 위해 자주 희생되거나 유린되는 것은 비극이지만 도리가 없다. 물론 정치는 개인의 이익을 꾀하고 행복을 지키기 위해 힘써야 한다. 하지만 국가의 존망이 걸린 위기에는 아무래도 정치가 개인의 우위에 서지 않을 수 없다. 그리고 마키아벨리가 문제 삼고 있는 것은 조국의 존망과 관계된 일들이다. "어떤 치욕을 당하든 또는 영광을 누리든 어떤 수단을 써서라도 조국은 보호되어야 한다."《로마사이야기》 3–41) "그 이유는, 전적으로 조국의 존망을 걸고 일을 결정할 경우, 그것이 정당하건 도리에 벗어나 있건, 동정심에 넘쳐 있건, 냉혹하고 무참하건, 또는 칭찬에 해당하건 파렴치한 일이건, 전혀 그런 것을 고려에 넣을 필요가 없다. 그런 것보다도 모든 속셈을 버리고 조국의 운명을 구하고, 그 자유를 유지할 수단을 철저히 추구해야 한다."《로마사이야기》 3–41)

대담한 선언

군주가 개인으로서 도덕을 지키는 일에 이의가 있을 리 없다. 그러나 국가의 운명을 떠맡은 군주라면 개인의 도덕에 앞서 조국의 존망을 염두에 두어야 한다. 바꿔 말하면 마키아벨리는 기독교적 도덕이 잘못되었다거나 지킬 필요가 없다는 것은 아니다. 정치는 도덕이나 종교와 다르다, 정치는 정치 선전의 윤리와 법칙을 지닌다, 둘을 혼동하지 말라는 것이다.

카시러는 이 부분을 잘 설명한다.

"마키아벨리는 정치투쟁을 체스 게임처럼 바라보았다. 그는 이 게임의 규칙을 바꾸거나 비판할 생각은 조금도 없었다. 그는 정치적 경험을 통해서 정치 게임이 사기, 허위, 변절, 중범죄가 아니라면 연출할 수 없다는 것을 배웠다. 그는 이런 일들을 비난하거나 장려하지는 않았다. 그의 유일한 관심은 최선의 말의 움직임, 즉 그 게임에서 이기는 수를 찾아내는 것이었다. 이것이야말로 마키아벨리가 그의 눈앞에 펼쳐진 거대한 정치적 드라마의 변화무쌍한 광경을 바라보던 그즈음의 태도였다."《국가의 신화》) 그러므로 《군주론》은 도덕적 책도 비도덕적인 책도 아니라 그저 기술적인 서책에 지나지 않는다. 기술서에서 윤리적 행위나 선악의 준칙을 찾는 것은 산에 가서 물고기를 찾는 격이다. 무엇이 쓸모가 있는지 없는지를 안다면 그것으로 일은 끝난다. 《군주론》의 다음 말은 이상의 것을 확고하게 나타내 준다.

"요컨대 군주는 앞서 말한 여러 가지 좋은 기질을 모두 갖출 필요는 없다 하더라도, 갖추고 있는 것처럼 보일 필요는 있다는 것이다. 아니, 더 대담하게 말한다면, 그런 훌륭한 기질을 갖추고 언제나 존중하는 것은 오히려 해로우며, 갖추고 있는 것처럼 보이는 바로 그것이 더 유익하다. 즉 자비심이 많다든가,

신의가 두텁다든가, 인정이 있다든가, 겉과 속이 같다든가, 경건하다든가 하는 것을 믿게 하는 그것이 바로 필요한 것이다. 그러면서도 만일 그와 같은 태도를 버려야 할 경우에는 전혀 반대 기질로 전환할 수 있어야 하고, 또한 전환의 수단을 알고 있다는 자신감을 늘 갖고 있어야 한다.

군주라 하면, 특히 신생 군주라면 나라를 유지하기 위해서는 신의도 버리고, 자비도 버리고, 인간미도 잃고, 반종교적인 행동도 때로는 취해야 한다는 것을 알아 두어야 한다. 즉 일반인에게 좋은 사람으로 통하려는 생각만을 소중히 여기고 있을 수 없다는 것이다. 그래서 군주는 운명의 방향과 사태의 변화에 따라 자유자재로 행동할 수 있는 태도가 필요하다. 또 앞서 말했듯이 가능하다면 좋은 일도 저버리지 말아야 하며, 그러면서도 부득이 필요한 때는 나쁜 일에도 발을 들여놓을 줄 아는 것이 중요하다.

인간은 주로 직접 만지는 것보다는 보는 것만으로 판단해 버리는 경우가 많다. 그 이유는 눈으로 보는 것은 누구나 할 수 있으나, 손으로 만지는 것은 몇몇 사람들에 한해서만 허용되기 때문이다. 모든 사람들이 겉으로만 당신을 볼 뿐, 실제로 당신을 속속들이 알고 있는 사람은 극소수에 불과하다. 더구나 이 몇몇 사람도, 자기들을 보호하는 나라의 위력이 되고 있는 다수 국민의 의견에 굳이 반대하려 들지는 않는다. 게다가 사람의 행동, 특히 군주의 행동에 대해서는 반박할 수 있는 재판소가 없으므로 다만 결과만을 보게 된다. 그래서 군주는 오로지 전쟁에 이기고 나라를 유지하는 일이 으뜸이다. 그렇게 하면, 그 수단은 훌륭하다고 누구에게서나 칭송받을 것이다."(18)

새로운 군주

여기서 마키아벨리가 머릿속에 그렸던 '새로운 군주'가 확연하게 떠오른다. 그는 새로운 군주의 조건을 다음과 같이 말한다.

"한 군주가 신의를 지키며 기만책을 쓰지 않고 공명정대하게 산다는 것은 얼마나 칭찬받을 만한 일인가는 누구나 다 알고 있을 것이다. 그러나 오늘날에는 신의 같은 것은 전혀 개의치 않고, 간계로써 사람들을 혼란케 한 군주가 오히려 위대한 업적을 성취하고 있다. 결국 그들이 신의에 바탕을 둔 군주들을 압도해 온 것을 알 수 있다. (중략) 그렇기 때문에 현명한 군주라면 신의를 지키는 일이 오히려 자기에게 불리할 경우나, 약속을 했을 무렵의 동기가 이미 없어졌을 경우에는 신의를 지킬 수도 없고, 또한 지켜서도 안 된다. 물론 이런 가르침은 만일 세상에 모두 선한 인간만 있다면 올바른 가르침이 아니다. 그러나 인간은 사악한 존재라 당신에 대한 신의를 충실히 지켜 주지 않을 것이니 당신도 그들에게 신의에 얽매일 필요는 없다. 게다가 군주에게는 신의의 불이행을 합법적으로 내세울 만한 구실은 얼마든지 있는 법이다. (중략) 그리고 군주를 찾아보고 그의 말을 듣고자 하는 사람에 대해서는 군주가 어디까지나 성실하고, 신의가 두텁고, 겉과 속이 같고, 인정미가 넘치고, 신실한 인물이라고 생각하게끔 마음을 써야 한다. 더구나 그중에서도 마지막 요소인 종교심이 몸에 배어 있게 보이는 것만큼 중요한 것은 없다."《군주론》 18) 고전 고대(플라톤 철인 군주)와도 중세(기독교적 군주)와도 전혀 성격이 다르다. "물론 여기 열거한 기질 가운데에서 좋은 점만을 갖춘 군주가 최고로 찬양받으리라는 것은 누구나 인정할 것이다. 그러나 인간이란 하나에서 열까지 다 갖출 수는 없으므로, 한 군주가 좋은 기질을 다 지니고 훌륭히 지켜 나간다는 것은 불가능한 일이다. 그러므로 군주는 세심하게 주의해서 자기 나라를 빼앗기는 수치스러운 악덕의 오명만은 피해야 할 것이고, 가능하면 나라를 빼앗기는 일과는 무관한 오명이라 하더라도 이를 피해야 한다. 후자의 경우가 불가능하다면 너무 신경 쓰지 말고 되는 대로 내버려두는 게 좋다.

하지만 어떤 악덕을 행사하지 않으면 나라를 유지하기 힘든 어쩔 수 없는 경우라면 오명 따위는 생각하지 말고 행사하는 것이 좋다. 왜냐하면 미덕처럼 보이는 것도 그것을 행하다 보면 자신을 파멸로 이끌어 가는 수도 있으며, 반면 악덕으로 보이지만 그것을 행사함으로써 자신의 안전과 번영이 유지되는 경우도 있기 때문이다."(15)

마키아벨리즘적 군주나 정치의 예는 셀 수도 없이 많지만 당대에는 뭐니 뭐니 해도 체사레 보르자이다. "그와 반대로 발렌티노 공작이라 불리는 체사레 보르자는 아버지 교황 알렉산데르 6세의 덕으로 나라를 얻기는 했으나, 아버지가 세상을 떠나자 그 지위를 잃고 말았다. 하지만 보르자가 비록 프랑스 왕 루이 12세의 군대로부터 지원받아 영토를 얻기는 했지만 사려 깊고 능력 있는 자로서 해야 할 일, 즉 자기 세력의 팽창을 위해 해야 할 일은 모두 했던 것은 사실이다.

앞서 말했듯이 모름지기 인간은 일찌감치 기초를 닦아야지 뒤늦게 기초를 닦으려면 몇 배의 노력이 필요하다. 본디 거기에는 건축가의 노고가 필요한 데다 건물 그 자체도 튼튼한 것이 못 되기 때문이다. 여기서 발렌티노 공작이 취한 발자취를 살펴본다면, 그는 장래의 자기 세력을 구축하기 위해 기초를 훌륭히 닦았음을 알 수 있다. 내 생각으로는 새로운 군주로서 그 이상 본받을 만한 실례는 없다고 본다. 그러므로 여기서 그를 논하는 것도 뜻이 있으리라 믿는다. 그의 방침이 성공하지 않았다 해도 그것은 그의 죄는 아니었다. 결국 그것은 악의적인 운명의 일격에 따른 것이었기 때문이다."(7)

마키아벨리는 아마도 다음 기준에 비추어 체사레를 평가한 듯하다. 첫째, 마키아벨리즘적 술책은 정치 영역과 관계된다. 둘째, 그것에 의해 정치목적이 완수될 때 시인된다. 이 시인은 물론 도덕적 의미가 아니라 정치적 의미이다. 효과가 중요하다. 셋째, 책략이 단순히 충동적이고 모험적이어선 안 된다. 넷째, 성공을 거두려면 현재 정세분석을 꼼꼼히 하고 사태에 적합하도록 탄력적으로 수단을 바꾸어야 한다. 다섯째, 질질 끌기만 하고 결말을 내지 못하거나, 망설이지 말고 기회를 재빠르게 포착하는 결단력이 요구된다. 마키아벨리는 이렇게 체사레를 평가하여 결론을 내린다.

"앞서 말한 군주의 기질에 대해 좀더 말을 하자면, 모든 군주들이 잔인하다기보다는 인자하다는 평판을 받기 원한다는 것을 알 수 있다. 그러나 이런 온정도 서투르게 사용하는 일이 없도록 신경 써야 할 것이다. 예를 들어 체사레 보르자는 잔인한 인간으로 알려져 왔다. 그러나 그의 잔인함은 로마냐의 질서를 회복하고, 그 지방을 통일하여 평화와 충성을 지키는 결과를 가져왔다. 그렇다면 피렌체 시민이 냉혹하다는 악평을 피하려고 피스토이아의 붕괴를 수수방관한 데 비하면 보르자가 훨씬 더 자애로웠다는 것을 알 수 있다. 따라서 군주는 자기네 백성을 단결시키고 충성을 지키게 하려면 잔인하다는 악평쯤은 신경 쓰지 말아야 한다. 그것은 자애심이 너무 깊어서 혼란 상태를 불러와 끝내 시민들을 죽거나 약탈당하게 하는 군주에 비하면, 소수의 몇몇을 시범적으로 처벌하여 질서를 바로잡는 잔인한 군주가 훨씬 인자한 셈이 되기 때문이다." (17)

권력의 마신 발견

마키아벨리즘적 술책의 목표는 이탈리아에 '새로운 군주'가 나타나서 분열을 극복하고 외국세력을 몰아내고, 국민 국가를 건설하는 것이다. 하지만 이탈리아의 현 상태는 그의 희망으로부터 한참 동떨어져 너무나도 멀리 있다. 어떤 환상에도 빠지지 않았던 이 희대의 현실주의자는 이탈리아 피렌체의 현 상태를 알게 될수록 깨뜨리기 힘든 벽에 부딪쳐야 했다. 그렇다고 '16세기 슈펭글러'에 머물러도 될 것인가? 비록 실패로 끝나더라도 그런 한계 속에서 전력을 다하는 것이 중요하다. "마키아벨리의 충고가 맨 먼저 예정하고 있는 것은 평화로운 질서 시대가 아니라 위급 존망의 때이다. 정치적 도덕적 해체, 또는 새로운 국가권력 건설이라는 위험한 시기이다. 이런 시대에는 공화주의자의 자유에 대한 모든 바람은 먼저 쇠퇴한 국가와 민족의 재생을 위임하고, 영속적인 질서의 회복을 신뢰할 수 있는 강하고 능력 있는 권위를 만든다는, 안 된다고 말하기도 힘든 필요의 배후로 물러나야 한다."(리터 《권력사상사》) 마키아벨리가 이른바 마키아벨리즘의 창시자인 듯한 인상을 준 것은 그 자신에게 전혀 책임이 없었다고는 하지 않겠다. 그러나 그의 정치사상은 15, 6세기 이탈리아의 정치정세에 따라서 규정되어 있었다. 그 점을 도외시한다면 올바르게 이해할 수는 없다. 세상 사람들은 그런 이해 없이 단지 겉으로 드러나는 언사로 마키아벨리의 모습을 만들어 내고 마키아벨리즘의 창시자라는 딱지를 붙여버린 것은 아닐까?

그것은 그렇더라도 특정의 역사적 한정을 떠맡은 자가 하나의 보편적인 정치원리로 통용되게 된 곳에 마키아벨리가 제기한 문제의 영속성이 있다. 리터도 마키아벨리의 통찰의 영속적 이익을 이렇게 논한다.

"그의 정치학의 위험한 일면성에 대해서는 이제와 새삼 말할 필요가 없다. 그렇지만 이 일면성이 전에는 알지 못했던, 또는 불완전하게 알고 있었던 진리를 밝힌다면 일면성에도 역사적 공적이 있을 것이다. 마키아벨리가 새로이 발견한 것은 권력에 실재하는 마신(魔神)이다. 그렇다면 권력의 마신이란 무엇인가? 권력의 마신은 그것 없이는 제아무리 위대한 권력조직도 성취하지 못하지만, 또한 동시에 위험하고 파괴적인 힘을 지닌다는 이율배반적 성격을 띤다. 권력이 도덕적 가치를 파괴하거나, 법에 어긋나거나, 정치적 투쟁자의 권력의지 속에서 최고의 무아가 최고의 아욕(我慾)과 결합되거나 하는—이런 것들은 모두 권력의 마신이다. 현실의 실질적인 권력의 소유 없이는 어떤 국가도 유지될 수 없다. 권력이 지니는 건설적이자 파괴적이고, 유익하면서도 해로운 성격은 오랫동안 도덕이나 종교의 베일에 덮여 있었다. 마키아벨리는 이 베일을 걷어내고 권

력의 마신을 발견했다. 그럼으로써 근대 국가정치 사상을 개척했다."《권력사상사》

마키아벨리는 정치를 도덕과 종교로부터 해방시켜야만 하는 시대의 과제에 대하여 그만의 방식으로 대답했다. 어려운 시국 속에서 꺾이지 않고 싸웠다.

운명과 필연—역사의 세계

제3의 문제점

이탈리아는 근대역사학의 요람이다. 오스트리아 역사학자 스르비크(Srbik)가 말한 것처럼 "이탈리아는 중세신학 대신에, 또 기독교 및 세속적 권력의, 교회적 및 세속적 질서의 지배적 시점 대신에 근대적인 역사연구와 역사서술, 근대적인 정치이론의 발상지가 되었다. 이탈리아 소국가의 젊은, 전통으로부터 해방된 현실세계가 위대한 전통과 나란히 역사적 정치적 사고를 규정했다."《독일 휴머니즘의 정신과 역사》) 그리고 근대 이탈리아 역사학의 발전에서 앞장섰던 것이 피렌체이다.

근대 이탈리아 역사학을 보통 휴머니즘적 역사서술이라고 칭한다. 퓨터에 따르면 휴머니즘적 역사서술에는 세 가지 원리가 있다《근대사학사》. 첫째는 고대의 수사학적 형식의 채용이다. 리비우스라든가 키케로 같은 고대 로마의 저술가가 본보기가 된다. 둘째는 역사의 세속화이다. 중세의 종교적 역사관과의 연을 끊고 역사의 중심에 인간을 놓는다. 셋째는 정치사적 경향이다. 역사를 주로 정치적 관점에서 파악한다. 이런 원리는 마키아벨리에 이르러 가장 또렷해지는데 그를 휴머니즘적 역사서술의 대표자로 여기는 것은 그 때문이다. 즉 리비우스 같은 로마 역사가에 열중한 것, 인간을 중심으로 하는 역사풍조, 정치사적 경향이 두드러진다. 시문이나 예술에 대한 언급이 보이지 않는다. 마키아벨리 이전의 휴머니즘적 역사가(브루니, 포지오 등)에게도 현대의식이 전혀 없었던 것은 아니지만 마키아벨리에 도저히 견줄 바가 못 된다. 역사를 관조하거나 회고적 감상에 빠졌던 그들에 비해 국가열망과 실제적 오성과의 연결이 두드러진다.

그러면 마키아벨리의 휴머니즘적 역사서술의 특징은 무엇인가? 그의 역사관에 의문의 여지는 없는가? 이런 것들이 제3의 문제점이다.

우쭐한 무관심과 역사지식의 결여

마키아벨리는 역사를 중히 여기고, 역사고찰 위에서 정치학을 펴 올렸다. 《로마사이야기》 첫머리에서 이렇게 말한다.

"고대에 대한 오늘날의 숭배 풍조는 헤아릴 수 없을 만큼 실례가 많으므로 다음의 예만 들어보기로 한다. 때때로 볼 수 있는 일인데 고대 조각상 나부랭이를 거액의 돈으로 사들여서 신변에 놓고 어루만지며 집안의 자랑으로 삼거나 나아가서는 예술가에게 의뢰하여 모조하게 하는 일들에 바쁘다."

마키아벨리는 르네상스 예술에 관심이 없었기 때문에 이 말에는 얼마간 야유가 섞여 있음을 알 수 있다. "이에 대하여 역사가 우리에게 전해주는 저 고대의 왕국이나 공화국이 이행한 거룩한 역할에 대해서는 어떠한가? 현대인들은 고대의 국왕·군인·시민·입법자, 그 밖에 조국을 위해 몸을 바쳐 활약해 온 사람들에 대해서는 그들의 행위를 본받으려 하지 않고 말로만 칭찬할 따름이다. 즉 거기서는 아무도 고대 미덕의 흔적조차 인정하려 하지 않고 매우 가볍게 다루고 있는 형편이다. 나에게는 이 풍조가 의아하게 느껴짐과 동시에 유감스레 여겨져서 견딜 수 없다.

시민 간에 대두되는 민법상의 분쟁이 늘어나고, 또 사람들이 차츰 병에 걸리는 일이 많아지면서 현대인들이 의지하는 것이라고는 고대인에 의하여 내려진 판결뿐이다. 그들에 의하여 조합된 약의 처방인 것이다. 민법은 사실상 고대의 재판이 내린 판결로서 그것을 정리해서 판례집으로 만들어 놓은 것에 지나지 않는다. 그것을 현대의 재판관이 판결을 내릴 때의 안내서로 삼고 있다. 또한 의술도 고대 의사들의 경험에 지나지 않으며, 그것을 바탕으로 해서 오늘날의 의사가 진단을 내리고 있다.

그러나 공화국을 정비하고, 왕국을 통치하고, 시민군을 편성하고, 전쟁을 지도하고, 정복의 결과로 지배 아래 들어온 국민을 인도하고, 나아가 국토를 넓히는 일이 되고 보면 군주에게서도, 공화국에서도, 군인에게서도, 또한 시민에게서도 이런 점들을 해결하는 데 고대의 선례에서 구원을 찾고자 하는 사람은 누구 하나 눈에 띄지 않는 실정이다.

생각건대 이와 같은 고대를 무시하는 현상은 오늘날 교육의 결함 때문에 사회가 무기력해진 데에도 이유가 있을 것이다. 그러나 그보다는 오히려 기독교 국가의 여러 지방이나 도시에 퍼져 있는 교만한 무관심이 일으킨 것이고, 또 참다운 역사 지식의 결여에 따른 것이다. 이것이 없으면 비록 역사를 읽는다 할지라도 거기서 참된 의미를 알아낼 수도 없고 역사 속에 있는 진정한 맛도 이해할 수 없는 것이다.

역사를 읽는 이의 대부분은 역사가 펼치는 사건의 추이에 흥미를 가질 뿐 그것을 본보기로 삼으려는 생각은 잘 하지 않는다. 오히려 역사에서 배우는 건 시간이 걸릴 뿐만 아니라 불가능한 일이라고 단정하고 있다. 마치 하늘·태양·원소·인간은 예전에 있었던 모습과는 그 운행과 체계와 작용을 바꾸어서 완전히 다른 것이 되어 버린 듯하다.

그래서 나는 사람들을 이런 오류로부터 구제했으면 하는 생각으로 티투스 리비우스의 저작 중 오랜 세월 동안 그 일부가 누락되지 않고 완전한 형식으로 우리 손에 남은 것에 따라서 저술하는 것이 적절하다고 판단했다. 그리고 고대와 현대의 일들을 비교해서 올바르게 이해하기 위해 필요하다고 여겨지는 사항만을 덧붙이기로 했다."(1—머리말)

이리하여 《리비우스 초편10권 논의》가 시작되었다. 좀더 절박했던 과제 때문에 썼던 《군주론》이 고대와 현대를 비교하는 것은 마땅하다. 한 가지만 예를 들자면 최근 사건에 대해서이다. 몸이 찢기는 것 같았음이 분명한데도 마치 남의 일처럼 담담한 필체를 고수하고 있다.

"1512년의 일인데, 에스파냐 군은 피렌체에 메디치 가를 복귀시킨 다음 돈을 짜내려고 그 영내로 침입해 들어갔다. 에스파냐 군은 피렌체 내부의 일부 시민의 음모로 들어갔다. 왜냐하면 그들이 에스파냐 군에 대해 '당신 군대가 피렌체 영내로 들어오기만 하면 즉시 무기를 잡고 응원하러 나서겠다'는 약속을 해서 기대를 갖게 했기 때문이다. 그런데 에스파냐 군이 막상 아르노의 평원에 들어와도 원군이라고는 눈에 띄지 않았다. 군사에게 먹이는 식량과 군마에게 먹이는 풀도 부족하고, 아무래도 불안한 생각이 들어서 마지못해 화목을 맺는 수밖에 없다는 생각에서 그 방법을 강구하기 시작했다. 이것을 보고 우쭐해진 피렌체인은 그 신청을 거부하고 말았다. 그 결과 프라토는 빼앗기고 피렌체 공화국 자체도 멸망하게 되었다."《로마사이야기》2—27)

프라토 사건은 피렌체 시민이 에스파냐의 습격에 두려워 떨었던 사건이다.

마키아벨리는 이런 뒷이야기에서 하나의 교훈을 이끌어 낸다. "자기보다 월등하게 강력한 군대에 공격당하는 군주가 저지르는 실수 중 가장 큰 실패는 화목을 거부해 버린다는 것이다. 특히 상대 쪽에서 신청이 있었을 경우는 더더욱 그렇다. 그 이유는 제시된 내용이 아무리 마음에 차지 않는 것이라 하더라도 그 속에는 받아들이는 쪽이 유익한 조건도 반드시 포함되어 있는 법이기 때문이다. 따라서 승리자의 몸의 일부를 내 것으로 만들 수 있는 것이다."

역사는 인생의 스승

이런 살아 있는 교훈을 얻기 위해서도 사람은 역사를 공부해야 한다. "한편 두뇌를 써서 훈련하기 위해서는 군주는 역사물을 읽고, 그를 통해 위인의 행적을 연구해야 한다. 전쟁을 치르는 데 있어서 위인들이 어떻게 지휘했는지를 알아보고, 그들의 승패 원인이 어디에 있었는지를 검토하여 하나의 모범으로 삼아야 한다. 그리고 위대한 인물이 밟아 온 길을 뒤따라야 한다. 그 위대한 인물 또한 그들 이전에, 세상 사람들에게 칭송받고 영광을 누렸던 위대한 인물을 모범삼아 그 행동과 업적을 언제나 좌우명으로 삼았다."《군주론》14) 실로 '역사는 인생의 스승'이다. 정치와 역사가 밀접하게 맺어진 밑바탕에는 인생의 스승으로서의 역사라는 생각이 가로놓여 있다. 프라이어는 말한다.

"정치 이론이 역사의 고찰에서 퍼 올린 것이라고 한다면 마키아벨리의 《피렌체 역사》에서는 반대로 역사연구와 역사서술이 늘 정치이론에 봉사한다. 그에게 역사는 언어의 뛰어난 의미에서 정치과학이라는 것에 주목한다면 역사가로서의 마키아벨리에 대한 잘못된 판단을 피할 수 있다."《마키아벨리》

이론적이고 원리적인 것과 실제 역사가 서로 결합되는 것은 《피렌체 역사》에서도 변함이 없다. 예를 들면 이렇다. "정치가 변화되어 가는 동안에 처음엔 많은 경우 질서 있는 상태에서 무질서 상태로 옮아가고, 다음엔 반대로 무질서 상태에서 질서 있는 상태로 되돌아가기 마련이다. 왜냐하면 이 세상 사물은 결코 일정불변하지 않으며 모든 것은 충분한 상태에 이르면 그보다 더 이상 완전해질 수는 없어서 내리막길로 접어드는 법이다. 마찬가지로 내리막길로 내달려 무질서도 그 바닥에 이르면 더 밑바닥으로 내려가지 못하고 오르막길로 접어든다. 이처럼 사람은 행운에서 불운으로 떨어지고, 또 불운에서 행운으로 올라간다. 실제로 용기는 휴식을, 휴식은 안일을, 안일은 무질서를, 무질서는 파멸을 낳는다. 마찬가지로 무질서에서 질서가, 질서에서 용기가, 용기에서 명성이, 명성에서 행운이 탄생한다. 때문에 문(文)은 무(武)를 좇아 나아가고, 어떤 나라든 먼저 위대한 장군이 나온 뒤에 대학자가 나오기 마련이라고 생각한다. 잘 훈련된 군대가 용기를 발휘해 승리를 얻고, 그 승리에 의해 평화가 찾아오면 이 용감한 정신력은 문약(文弱)으로 흐르는 것 이외에 타락의 길은 없거니와 또한 그 사람들의 도시에 안일의 바람을 옮겨와 가지런했던 도시를 타락시켜 버리기 마련이다."(제5권 '1434년에서 1440년까지'의 머리말)

《피렌체 역사》는 이론만 내세우는 역사, 설교의 나열은 아니다. 중세역사를 개관한 제1권, 피렌체 역사를 살핀 2, 3, 4권, 15세기 콘도티에리의 권모술수를 쓴 5, 6권, 밀라노의 스포르차 가를 중심으로 한 7권으로 각 권에 따라 서술은 생생한 색채를 드러낸다. 그중에서도 '1478년에서 1492년까지'를 기록한 제8권은 자신이 보고 들은 사건을 다룬 만큼 박진감과 현장감이 넘친다. 로렌초 데 메디치에 대해 파치가 펴는 음모의 전말 등이 손에 땀을 쥐게 한다. 책 전체의 압권이다. 소설성이 다분하다. 더구나 애국자의 정열이 행간에 묻어나 있다. 이탈리아 통일을 가로막는 로마 교황에 대해 말을 삼가는 태도는 보이지 않는다. 정정당당하게 피렌체 학파의 자유로운 비판정신이 건재함을 증명한다. 마키아벨리는 이 책을 교황 클레멘스 7세에게 당당히 바치고 있다.

마키아벨리 역사관의 결점과 의의

그렇기는 하지만 그의 역사관에 의문점이 없는 것은 아니다. 첫째로 '역사는 인생의 스승'에 단적으로 나타나는 것처럼 역사를 살피는 목적은 과거와 현재의 역사에서 교훈, 특히 정치적 교훈을 이끌어 내려는 것이지 학문적인 인식을 위함은 아니다. 역사의 교훈적 의의는 일찍이 그리스 역사가 투키디데스(BC 460?~404?)나 로마 역사가 폴리비오스(BC 204?~122?), 리비우스가 이미 말했다. 물론 역사의 교훈적 의의를 모두 부정할 수는 없다. 다만 정치사와 결합하면 천박한 실용주의가 되거나, 도덕적 역사나 애국적 역사가 되기 십상이다. 근대의 과학적 역사가 역사의 도덕화 극복을 중요한 과제로 삼았던 것을 생각할 때, 마키아벨리의 역사관도 완전히 긍정할 수는 없다. 두 번째로 그런 역사관은 역사순환론으로 귀착될 수밖에 없다. "과거의 일이나 현재의 일들을 생각해 보면, 비록 도시나 국가는 다르다 할지라도 사람들의 욕망이나 성질은 어느 시대이고 같은 것임을 쉽게 이해할 수 있다. 따라서 과거의 사정을 찬찬히 검토하는 사람들에게는 어떤 국가든 그 장래에 일어날 듯싶은 것을 예견하여 고대인이 사용한 타개책을 적용한다는 것은 쉬운 일이다. 또한 적합한 선례가 없더라도 그 사건과 비슷한 선례로부터 새로운 방책을 세울 수 있다.

그런데 이런 교훈은 일반 독자들에게는 무시되든가 이해되지 않는 법이다. 비록 이해된다 하더라도 정치를 담당한 사람에게 알려지지 않는다는 식이어서 어느 시대고 같은 소동을 되풀이하기 마련이다."《로마사이야기》1-39)

이런 역사순환론은 자연현상과 마찬가지로 역사를 되풀이되는 것으로 본다. 그러나 역사를 자연과 동일시하는 그것이 마키아벨리를 진정한 역사적인 것의 사고방식에서 멀어지게 했다. 근대 역사관은 역사가 되풀이되지 않는다고 보기 때문에 인간사의 개성과 발전을 중요하게 본다. 이 결점이 있지만 그의 역사관은 획기적인 의의를 지닌다. 같은 나라 사람인 갈릴레오 갈릴레이(1564~1642)가 자연과학에서 그러했던 것처럼. 정치학과 물리학이라는 언뜻 동떨어져 있는 두 학문의 영역은 사실은 공통된 기반에서 태어났다. "갈릴레이의 역학이 현대 자연과학의 기초가 된 것과 마찬가지로 마키아벨리는 정치학의 새로운 길을 열었다. 마키아벨리는 갈릴레이가 정확히 1세기 뒤에 낙하하는 물체의 운동에 대해 시도했던 것과 같은 정신으로 정치의 운동을 밝히고 분석했다."(카시러 《국가의 신화》)

운명과 필연

또한 마키아벨리의 역사관을 특징짓는 것으로 운명(포르투나)과 필연(네체시타)이 있다. '운명은 인간사에 얼마나 영향력을 미치며, 또 어떻게 대처해야 할 것인가?'를 논한 《군주론》 25장은 운명과 필연의 관계를 다음과 같이 말하고 있다. "본디 이 세상일은 운명과 신의 지배에 따르는 것으로, 인간이 아무리 머리를 쓴다 해도 이 세상의 진로를 수정할 수는 없다. 아니 대책조차 세울 수 없다. 또 예부터 오늘날까지 많은 사람들이 이렇게 생각해 왔다는 것을 나도 결코 모르는 바는 아니다. 이런 사람들의 의견을 따르자면, '무슨 일에나 땀 흘려 애쓸 필요 없고, 운명에 맡기는 것이 최선이다'라는 결론이 나온다.

특히 오늘날에 와서는 인간의 생각을 완전히 초월한 대격변을 밤낮으로 보고 있기 때문에 이런 견해는 차츰 허용되는 경향이다. 그리고 이런 사실에 생각이 미칠 때 때로는 나도 어느 정도 그들의 의견에 솔깃하게 된다. 그러나 인간의 자유로운 의욕은 무슨 일이 있어도 잃어서는 안 된다. 예를 들어 운명이 인간 활동의 절반을 주재한다고 해도 적어도 나머지 반은 우리의 지배에 맡겨져 있는 것이라고 생각된다.

운명의 여신을 다음과 같은 파괴적인 강에 비유해 보자. 이 강은 노하면 강물이 들판으로 범람하고, 수목이나 건물을 파괴하고, 이쪽의 흙을 저쪽으로 옮긴다. 누구나 다 그 격류를 보고 도망치고, 누구나 다 저항할 길이 없어 그 앞에 굴복하고 만다." "사람은 운명이 이끌어 가는 대로 몸을 맡길 수는 있어도 이에 거스를 수는 없다. 그리고 사람은 운명이라는 실을 짜 나갈 수는 있어도 이를 찢을 수는 없는 것이다."《로마사이야기》 2-29)

이런 운명은 인간의 능력으로는 어떻게 하지 못하는, 이해를 초월한 '숙명'이기 때문에 필연이다. "'운명'은 초월적인 힘이어서 목적론적인 필연성이 된다. 마키아벨리를 결정론으로 가져가는 것은 계산하기 힘든 힘의 지배에 대한 신앙이다."(마이어《마키아벨리의 역사관과 비르투 개념》) 저항하기 힘든 운명에 대한 굴복은 어떻게 하지 못할 필연임을 앎으로써 인간을 숙명론적인 포기로 몰고 간다. 앞에서 말한 것처럼 마키아벨리는 인간본성과 역사를 변하지 않는다고 생각하고, 그런 되풀이 속에서 '역사생활의 자연학'을 구상했다. 변하지 않는다는 것은 달리 존재할 도리가 없는 것이므로 하나의 필연이다. 필연이기 때문에 인간에게는 외부의 '강제'가 되기도 한다. 이런 생각이 그가 말하는 '네체시타'이다. "사람이란 필요에 강요당하지 않는 한 선을 행하지 않는 것이라는 증거가 된다"《로마사이야기》 1-3)에서 이 '필요에 강요당하지 않는'이 '네체시타'이다. 그러고 보면 '포르투나'와 '네체시타'는 동류항이라고 해도 된다.

비르투의 역할

그러고 보니 마키아벨리가 '운명' '필연' '강제'를 단지 일방적으로 강조한 것처럼 보인다. 그러나《군주론》 25에 나오는 운명론에는 다음과 같은 보류가 나와 있다. "그러나 인간의 자유로운 의욕은 무슨 일이 있어도 잃어서는 안 된다. 이를테면 운명이 인간 활동의 절반을 주재한다고 해도 적어도 나머지 반은 우리의 지배에 맡겨진 것이라고 생각된다." 그리고 운명의 여신을 '파괴적인 강물'에 비유하면서 방비를 함으로써 마음껏 파괴하지 못하게 해야 한다고 주의를 준다. "운명은 아직 저항하는 이 없는 곳에서 힘을 한껏 발휘하며, 또 제방이나 둑이 없어 저지할 힘이 없다고 보이는 곳에서 맹위를 떨친다. 지금 이탈리아는 격변하는 세계의 중심지이자 진원지이다. 이탈리아를 살펴보면 여기가 바로 제방도 없고 둑도 없는 강변이라는 것을 알 수 있다. 만일 이탈리아에 독일이나 에스파냐, 또는 프랑스와 같이 적절한 힘이 준비되어 있었더라면 이런 홍수도, 오늘날과 같은 큰 격변도 일어나지 않았을 것이다. 이상의 예로, 운명에 대한 일반적인 대책이 어떤 것인가는 충분히 알았으리라 생각된다." 운명의 지배력을 설명하는 한편, 이것에 저항하는 인간의 능력도 중요하다고 본다. "인간의 능력이 부족할 때는 운명은 자기가 가진 힘을 마음대로 드러내기 때문이다." 《로마사이야기》 2—30)

그렇다면 운명, 필연, 강제는 절대적 개념이 아니라 상대적 개념이다. 개인의 능력에 따라 그 힘이 약해지고 방향을 바꾸는 것도 가능하다. 이처럼 비르투는 포르투나와 네체시타를 제어할 수 있으며, 그 점에서 커다란 역할을 하지만 과대평가해서는 안 된다. 중요한 것은 인간생활과 역사는 포르투나, 네체시타, 비르투의 상호 역학관계에서 진행된다는 점이다.

시간의 힘

마지막으로 마키아벨리의 역사관에서 '시류의 변화(퀄리타 디 템피)에 주목해야 한다. "어떤 군주가 오늘은 융성했다가 내일은 멸망해 버리는 일이 자주 일어난다. 더구나 이 군주의 성격이나 기질은 그동안 전혀 변한 것이 없어 보이는 데도 이런 일이 일어나는 이유에 대해 말하기로 하자. 이 사태는 앞서 상세히 말한 대로이다.

그것은 운명에 완전히 의존해 버리는 군주는 운명이 바뀌면 망한다는 이유에서 비롯된 것으로 생각된다. 시대와 상황의 변화와 함께 자기가 나아갈 길을 일치시키는 사람은 성공하고, 반대로 시대와 자기가 걷는 길이 일치되지 않는 사람은 실패하리라 생각된다."《군주론》 25) '시류'에 맞느냐의 여부가 성공과 실패의 갈림길이다. "시대와 상황이 변했는 데도 군주가 자기 방침을 바꾸지 않는다면 망하고 만다." 교황 율리우스 2세의 성공은 시류를 탄 덕분이다. 《로마사이야기》에서도 같은 말을 한다. "여기서는 두 가지 중요한 점을 고려해야 한다. 첫째로, 부패한 도시에서 명성을 얻는 것과 우수한 정치 체제 아래 있는 국가에서 이름을 떨치는 것은 다르다는 점이다. 둘째로는, 큰일을 수행할 때는 살고 있는 시대를 잘 생각하여 환경에 맞추도록 해야 한다는 점이다.

선택 방법이 서투르거나 타고난 성격이 화근이 되어 아무래도 시대에 맞출 수 없는 사람은 생애의 태반을 불행 속에서 지내야만 할 것이고 무엇을 하든 한심한 결과로 끝나 버린다. 이와 반대로 시류를 타는 사람들은 무슨 일을 하든지 잘 되어 나가는 법이다."(3-8) "사람의 운과 불운은 시대에 맞추어서 행동하는가의 여부에 달려 있다."(3-9)

마키아벨리의 역사관을 특징짓는 '포르투나' '네체시타' '퀄리타 디 템피' '비르투' 등은 반드시 엄밀한 개념으로는 확립되어 있지 않다. 이곳저곳의 문장에 삽입되어 있는 것을 정리하면 이렇다. 주로 '시류'는 시간이 가면서 변하므로 대응 방식도 사례별로 나설 수밖에 없다. 즉 일반법칙을 세우기가 어렵다. 다만 마키아벨리는 한편으로는 포르투나와 네체시타, 다른 한편으로는 퀄리타 디 템피와 비르투가 있어서 그것들이 함수관계를 유지하고 있음을 살펴본 것은 독창적인 생각이다. 독창적이지만 현대 역사철학자가 말하는 그런 복잡한 이론이 아니라 아주 상식적인 것들이다. 만약 마키아벨리가 서재에서 조용히 생각을 정리한 것이라면 보다 정교하고 치밀하게 이론을 구성하고 분석했을지도 모른다. 공교롭게도 그럴 짬이 없다. 그의 사색은 언제나 현실과 무관하지 않다. 현실과 동떨어진 이론 따위는 관념의 말장난에 지나지 않는다. 그래서 《군주론》 25의 맺음말은 역사관이라기보다는 인생관에 가깝다.

"나는 용의주도하기보다는 오히려 과단성 있는 편이 낫다고 생각한다. 운명의 신은 여신이기 때문에 그 신을 정복하려면 난폭하게 다루어야 하기 때문이다. 운명은 냉정한 생활 태도를 지닌 자보다 이런 과단성 있는 사람들에게 고분고분한 것 같다. 요컨대 운명은 여신이므로 그 여신은 언제나 젊은이에게 이끌린다. 젊은이는 신중함보다는 거칠고 대담하게 여자를 지배하기 때문이다."

시대의 그림자

마키아벨리의 역사관이 관념의 말장난이 아니라 현실과 대결한 결과의 산물인 이상, 시대의 그림자가 그의 역사관 위에 드리워져 있다. 먼저 '운명'인데 르네상스 정치계의 한가운데에 몸담았던 그는 인간의 변덕과 덧없음, 국가의 영고성쇠를 목격했다. 감탄하지 않는 것이 마키아벨리의 두드러진 특색이지만 승자의 허무함, 운명의 불가항력에 때로는 전율하고 두려워했으리라. 다음으로 '필연'인데 그는 사람의 일이나 역사의 진행에 신의 섭리라는 초자연적인 것이 개입한다고는 믿지 않았다. 특히 정치적 행동가는 천우신조 따위를 믿어서는 안 된다. 그 점에서 그는 완전한 근대인이다. 사람의 일이나 역사의 진행에 '필연'이 있음을 알아차리는 것이 중요하다고 본 것이다. 이런 사고방식은 틀림없는 르네상스 시대의 것이다. 마이어가 말했듯이 "사회생활의 메커니즘은 현자에게는 권력의 도구이다. 이것이야말로 자연법칙의 인식에 따른 자연의 지배라는 르네상스 사상이며, 그런 사상이 역사에도 적용되었다."《마키아벨리의 역사관과 비르투 개념》 자연현상은 엄연한 자연법칙에 따라 필연이라고 했던 레오나르도 다 빈치나 갈릴레오 갈릴레이의 생각과 일치한다.

운명과 필연에 제동을 거는 힘을 비르투로 보았던 시대에 비르투를 소유하는 인간은 자기 힘에 의지한다. 정치가가 어떤 도움도 받지 못할 곤란한 처지에 빠졌을 때, 자기의 힘, 물러서지 않는 용기와 결단에 의지할 수밖에 없으며, 운명과 필연에도 행동할 수 있으려면 비르투, 그것도 지혜로운 비르투밖에 없다.

마키아벨리가 끼친 영향

절대주의 시대의 마키아벨리

마키아벨리 전설

"문학사 전체를 통하여 '책의 운명은 독자의 이해력에 달려 있다'는 격언의 진리를 마키아벨리의《군주론》의 운명만큼 여실히 입증하는 것은 없다. 이 책의 평판은 독특하고 이제까지 없던 것이었다. 이것은 학자와 정치학자들에 의해 연구되고 비평받아 마땅한 학자 취향의 단순한 논문이 아니었다.《군주론》은 최초 독자들에 의해 어느새 실행으로 옮겨졌고, 또한 근대세계의 위대한 정치적 투쟁에서도 강력한, 나아가서는 위험한 무기로 사용되었다. 그것이 끼친 효과가 더없이 크고도 뚜렷한 것은 분명한데, 그러나 그것이 지닌 참뜻은 어떤 의미에서는 감춰진 채였다. 이 책이 여러 각도에서 채택되고 철학자, 역사가, 정치가, 또는 사회학자들에 의해 논의된 뒤인 오늘날에조차도 이 비밀은 아직 완전하게는 밝혀지지 않았다. 한 세기마다, 아니 거의 한 세대마다《군주론》에 대한 평가는 달라질 뿐만 아니라 정반대 방향으로 뒤집히고 있다. 그런 사정이 적용되기는 이 책의 저자도 마찬가지이다. 당파적인 애정에 의해 뒤범벅되고, 마키아벨리의 형상은 역사를 통해 수없이 달라져 왔기 때문에 이런 온갖 변화의 배후에서 그 사람의 진정한 모습과 저서의 주제를 파악해 내는 것은 매우 힘든 일이다."(카시러《국가의 신화》)

이상의 서술에서 개략적이지만 참모습과 그 저서의 주제를 파악하고자 했다. 그러나 세상은 그런 실상을 보려 하지 않고, 저서의 진의를 캐내려고도 않고 덮어놓고 악명 높은 책이라고 단정한다. '마키아벨리 전설'이 생겨나지 않으면 그것도 이상한 일이다. 전설이므로 말이 부풀려지고, 제멋대로 해석되어 차츰 참모습에서 멀어져 갔다. 하긴 그런 전설과 제멋대로의 해석에 각 시대의 모습이 반영되어 있다고 한다면 전혀 무의미하기만 한 것도 아니다.

비난의 시작

《군주론》은 마키아벨리가 세상을 떠난 뒤에 출간되었는데, 교황과 로마교회를 통렬하게 비판했기 때문에 로마교회는 1559년 금서목록에 올렸다. 프로테스탄트 쪽에서도 비난했다. 예를 들면 프랑스의 정치사상가 장티유(1538~1588)는 《반마키아벨리론》에서 생바르텔미의 학살(1572)을 《군주론》 탓으로 돌렸다. 이 사건은 사실은 위그노 교도와 가톨릭 교도의 대립에 프랑스 왕가의 집안다툼이 얽힌 것으로 마키아벨리와는 아무런 관련도 연고도 없다. 무관한 사람에게 책임을 뒤집어씌운 것이므로 억지로 갖다 붙인 것도 이만하면 어지간하다. 그럭저럭하는 사이에 《군주론》은 차츰 서유럽 여러 나라로 퍼져 나갔다. 좋은 예는 영국이다.

영국은 일찍부터 마키아벨리에게 주목했다. 《군주론》이 꽤 보급되었음은 엘리자베스 시대의 문예작품을 보면 알 수 있다. 극작가 말로(1564~1593)는 마키아벨리를 등장시키고 있고, 또 셰익스피어(1564~1616) 작품에는 '잔학한 마키아벨리'가 자주 나온다. 《리처드 3세》 등은 마키아벨리즘을 그림으로 그려놓은 듯한 왕이다. 셰익스피어가 왕위 찬탈자라든가 정치적 음모가에게 인간적 흥미를 가졌던 것은 전혀 이상할 게 없다. 철학자 프랜시스 베이컨(1561~1626)도 마키아벨리에게 공감한다. 그는 모든 이드라(환영)를 배제했다. 사물의 현실적인 파악과 윤리적 회의론에 마키아벨리와 일맥상통하는 데가 있었다. 이런 영국의 예에서도 알 수 있다시피 마키아벨리와 《군주론》은 이름이 널리 알려지기 시작했다. 물론 '악마의 글'이라는 낙인이 찍힌 것에는 변함이 없었다. 속으로는 찬성하면서 겉으로는 약속이나 한 듯이 반대했음은 튜더 왕조와 스튜어트 왕조의 국왕이 어떻게 마키아벨리즘을 실행했는지를 떠올리면 금세 알 수 있다.

마키아벨리즘의 변모

17, 8세기 유럽에서는 절대왕조가 널리 퍼져 있었다. 절대주의 군주가 행한 국내외 정치는 마키아벨리즘에 충실했다. 부르봉 가 루이 13세(재위 1618~1643)의 재상이었던 리슐리외(1585~1642)는 안으로는 위그노 교도와 귀족을 억누르며, 삼부회를 열지 않고, 밖으로는 독일의 30년 전쟁에 간섭하여 합스부르크 왕가의 세력을 약화했다. 그의 정책은 마자랭(1602~1661)으로 이어져 귀

족인 프롱드의 난 진압, 베스트팔렌 조약에 따른 영토 확대 등 업적을 올렸다. 이어 태양왕 루이 14세(재위 1643~1715) 때 프랑스 절대주의는 최고 전성기에 다다른다. 왕이 자주 획책한 침략전쟁 등은 마키아벨리즘 이외의 어떤 것도 아니다. 이에 대항했던 영국의 세력균형정책도 영국의 국익을 지키기 위해 모습을 바꾼 마키아벨리즘이다.

한편, 절대주의 시대에 나타난 마키아벨리즘의 양상에 이변이 일어난 것에 주의하기 바란다. 첫째, 마키아벨리즘이 실행되는 무대가 터무니도 없이 커졌다. 이탈리아의 소군주, 교황, 도시공화국끼리의 다툼은 찻잔 속 폭풍이다. 이에 비하면 서유럽 중앙집권 국가에서는 국왕의 권력은 절대적이어서 국가는 차츰 강대해진다. 따라서 국가 간 분쟁도 치열하다. 체사레 보르자의 정치적 범죄는 절대군주에 비하면 어린애 장난이다. 둘째, 절대군주가 마키아벨리즘을 실행하는 수단으로 썼던 군대 또한 규모가 커지면서 전쟁 양상도 달라졌다. 이 시대의 군대는 아직 전국민적이지는 않다. 상비군은 군주의 사병집단이었고, 거의 용병이었다. 이 점에서는 마키아벨리 시대의 연장선에 있다. 그러나 군주가 상비군을 갖고 국내 치안유지라든가 침략전쟁을 일으키는 규모는 르네상스 시대를 한참 웃돈다. 절대주의 시대의 마키아벨리즘은 마키아벨리 시대의 한계를 뚫고 나왔던 것이다.

18세기 끝 무렵 로이센에 나타난 프리드리히 2세(재위 1740~1786)는 계몽 전제군주로 세상에 알려져 있다. 루이 14세가 "짐은 국가다" 호언한 것에 "나는 국가의 첫 번째 종이다"라고 낮추어 말했다. 그리고 프랑스 계몽주의에 감화를 받아 여러 개혁을 단행했다. 그러나 본질적으로는 절대주의자여서 인민의 정치 같은 것은 손톱만큼도 인정하지 않았다. 황태자 시절에 《반마키아벨리론》을 써서 "나는 인간성을 옹호하여 이 괴물, 이 공공연한 인간성의 적에게 맞서 도전하고, 궤변과 옳지 못한 논의에 대해 이성과 공정으로 스스로를 무장하고, 그리하여 독자가 한쪽에서 발견하는 독에 대하여 즉각 다른 쪽에서 해독제를 마련할 수 있게 할 것이다" 했다. 그러나 즉위하자마자 오스트리아 왕위 계승전쟁에 편승하여 오스트리아와 3차례에 걸쳐 슐레지엔 전쟁을 일으켜 마침내 슐레지엔 지방을 빼앗는다. 나아가 러시아 및 오스트리아와 짜고 폴란드를 분할한다. 반마키아벨리론은 임시방편이었다. 프리드리히의 인도주의적 이상과 새로운 국가이성도 마키아벨리즘의 실행을 가로막지는 못했다.

19세기의 마키아벨리

프랑스 혁명과 마키아벨리즘

19세기는 프랑스 혁명과 나폴레옹 시대가 끝나면서 막을 올린다. 그러는 사이에 싹튼 자유주의와 국민주의가 성장하여 열매를 맺고, 세기 말에 열강이 제국주의 정책을 취하기 시작하는 때에 막을 내린다.

프랑스 혁명시대에 자유의 이름으로 얼마나 많은 피를 흘렸는지, 권력의 악령이 어떻게 미쳐 날뛰었는지는 새삼 말하는 것조차 우습다. 프랑스 혁명을 수습한 나폴레옹(1769~1821)은 권력의 화신이었다. 이 혁명의 경과에서 주목하기 바라는 것은 마키아벨리즘의 변화이다. 절대주의 시대에 그것은 잘해야 절대군주 개인이 실행한 것에 지나지 않았다. 따라서 혁명 지도자들은 민중의 이름으로 혁명을 수행하려 한 때문에 언제나 국민의 의지와 바람을 기치로 내걸었다. 겉으로는 국민의 의지와 바람을 내세우지만 본질은 자신의 권력욕을 정당화하기 위한 그럴듯한 말장난일 뿐이었다. 그러나 다른 한편으론 그들은 국민과 민중의 의지와 바람에 제약을 받았다는 것도 빼놓아서는 안 된다. 말하자면 그림자 군중이 지도자들을 대두시켰다가 몰락시키고, 몰락시켰다가는 새로이 떠오르게 했다. 여기서 현대의 대중 마키아벨리즘의 발생을 볼 수 있다. 그것은 현대의 '대중 봉기'(오르테가의 말)의 전조이다.

독일-마키아벨리 재발견

19세기에도 마키아벨리즘은 가차 없이 실행되어 나가는데 마키아벨리에 대한 평가는 과거와 달라지기 시작한다. 그 조짐은 이미 계몽주의자에게서 발견할 수 있다. 《군주론》은 '악마의 책'으로 여전히 고발된 상태였으나, 빠르게 방향을 바꾸어 호의적인 눈으로 보게 되면서 《군주론》 외에 《로마사이야기》에 주의를 기울인다. 예를 들면 프랑스 계몽주의의 총수이자 반가톨릭적인 볼테르(1694~1778)는 반교회적인 비판을 한 마키아벨리에게 공감했다. 루소(1712~1778)는 《사회계약론》에서 "마키아벨리는 국왕에게 가르치는 척하면서 인민에게 중대한 교훈을 주었다. 《군주론》은 공화파의 귀한 전서이다"라는 조금은 엉뚱한 해석을 내렸다. 독일의 헤르더(1741~1803)는 《군주론》을 풍자라든가 정치에 대한 유해한 책이라고 생각하는 것은 잘못이다, 마키아벨리는 성실한 인간,

날카로운 관찰가, 조국의 벗이었다, 그의 의도는 일반적인 정치이론을 제공하는 것이 아니라 단지 그 무렵 관습과 사고, 행동양식을 편 것에 불과하다고 변명했다《인간성의 촉진을 위한 편지》).

마키아벨리에 대한 이런 평가는 독일에서 한결 높았다. 왜일까? 슈미트는 이렇게 말한다. "마키아벨리는 조국 이탈리아가 16세기에 독일인, 프랑스인, 에스파냐인, 터키인 등의 침입에 노출되어 있었던 것과 마찬가지로 방위하는 처지였다. 이데올로기적 방위라는 상황은 19세기 초 독일에서 프랑스 혁명 및 나폴레옹 침입의 시기에 재현되었다. 독일 국민에게 인도주의적 이데올로기와 함께 확장하기 시작하는 적에 대한 방위가 급선무였던 시기에 피히테와 헤겔이 마키아벨리를 다시 영광의 자리에 앉혔다."《정치적인 것의 개념》) 오스트리아는 나폴레옹에게 무참히 깨지고 프로이센도 굴욕적인 화평의 강요를 받았다. 그런 비슷한 위기상황에서 동병상련의 처지였던 마키아벨리를 떠올렸다. 그리하여 프랑스군의 베를린 점령 중에 《독일국민에게 고함》이라는 강연을 하여 독일 민족의 정신적 분발을 촉구한 철학자 피히테(1762~1814)는 마키아벨리를 변호하고, 그의 정치적 현실주의를 칭송하여 도덕적 비난으로부터 구하였다. 피히테에 이어 헤겔(1770~1831)이 《독일헌법론》에서 "냉정하게 생각해서 이탈리아를 구하려면 그것을 결집하여 하나의 국가로 만드는 길밖에는 없다는 필연적 방법을 파악했다. 그는 피하기 힘든 시대의 타락과 맹목적 광란의 까닭을, 또한 구제가 필요한 과정을 엄밀하고 정합적으로 마음에 떠올렸다"면서 온정적인 이해를 보였다.

이처럼 마키아벨리 재발견이 특히 독일에서 열렬하게 이루어진 다른 하나의 이유는 학문적으로, 즉 역사연구로도 고찰하게 되었기 때문이다. 19세기 독일 최대의 역사가 랑케(1795~1886)는 "마키아벨리가 악을 권했던 것은 피렌체 및 이탈리아의 상황에서는 악을 행하는 것이 목적을 이룰 수 있는 이유였기 때문임에 지나지 않는다. 마키아벨리가 바랐던 것은 이탈리아의 구제였지만, 그는 그것에 독을 부어야 할 만큼 그 무렵 이탈리아의 상황을 절망적으로 보았다"《근세사가 비판》)라는 역사가다운 판단을 내렸다. 카시러의 말로 요약하고자 한다.

"19세기 문화에서 역사가 지도적인 역할을 하기 시작했다. 한동안 역사는 다른 모든 지적 관심을 대신하고, 그것들의 그림자를 대부분 지워 냈다. 이 새로운 시각에서 보면 마키아벨리의 《군주론》에 대한 과거 평가는 이제 받아들이기 어렵다. 왜냐하면 그것은 이 책의 역사적인 배경을 완전하게 간과하고 있었기 때문이다. 다른 한편으론 내셔널리즘이 19세기 초 이래로 정치적, 사회적 생활의 가장 강력한 충동과 추진력이 되기 시작했다. 이런 두 가지 운동이 마키아벨리 이론의 진가를 인정하는 것에 깊은 영향을 끼쳤다. 17세기 문학에서 마키아벨리는 악마의 화신처럼 그려지고, 마침내는 기묘하게 과장되어 악마 자체가 때로는 마키아벨리스트라는 이름을 얻고, 마키아벨리의 악마화는 하나의 신격화를 띠고 대체되었다."《국가의 신화》 독일뿐만 아니라 이탈리아에서도 그러했다. "이탈리아 애국자들은 언제나 마키아벨리의 《군주론》 마지막 장을 열광적으로 환영했다. 이탈리아의 시인이자 극작가인 비토리오 알피에리(1749~1803)가 《군주론 및 서한에 대하여》를 저술하던 무렵에 그는 '신과 같은 마키아벨리'라고 말했다."

성스러운 권력

마키아벨리가 정당한 평가를 얻은 것과 마키아벨리즘이 실행된 것은 물론 다른 문제이다. 바꿔 말하면 마키아벨리의 실상이 알려지는 여부와 상관없이 마키아벨리즘이 실제정치에 시행된다. 멀리 갈 것도 없이 19세기 영국의 아시아 정책 등은 변명의 여지가 없을 만큼 마키아벨리즘적이지 않았는가? 그런데 마키아벨리즘의 실행에 즈음하여 다시 독일이 특이한 양상을 보인다. 독일은 그 무렵까지는 서유럽 여러 나라에 비해 확실히 뒤처진 나라였다. 국민적 통일조차도 이루어져 있지 않았다. 그러나 독일이 프로이센의 수상 비스마르크(1815~1898)에 의해 통일되자 돌변하여 권력국가가 된다. 비스마르크는 독일의 후진성을 단숨에 뛰어넘기 위해 내치외교에 마키아벨리즘적 정책을 단행했기 때문이다. 그때 가장 효과를 거둔 것은 군비확장이다. 앞에서 말한 것처럼 절대주의 군주의 용병적 상비군은 프랑스 혁명 및 나폴레옹 시대에 국민적 군대로 개편되었다. 프로이센은 나폴레옹에게 깨진 뒤로 개혁의 하나로 병역의무를 국민에게 부과했다. 다른 나라도 이를 본받아 제각기 국민개병제를 실시했다. 국민군은 처음에는 외적 방어라는 성격을 띠었다. 그러나 여러 나라가 군비확장에 나서자 차츰 공격적 성격을 띠기 시작한다. 국익을 늘리려면 강대한 군비는 필수요건이다. 즉 군국주의는 마키아벨리즘을 수행하기 위한 가장 유효한 수단이 된다. 다만 비스마르크는 냉철한 국가이성의 소유자였기 때문에 군부의 힘이 강해지고 커지는 것과 독주를 막을 수 있었다. 어쨌든 군국주의와 마키아벨리즘의 결합은 독일과 유럽의 미래에 불길한 전조였다.

이런 비스마르크의 정책을 지지한 것이 베를린 대학의 역사학 교수 트라이치케(1834~1896)이다. 그는 《정치학》에서 이렇게 말한다. "우리가 국가를 윤리적 공동체로 본다면 국가는 의심할 것 없이 보편적 도덕률 아래 서야 한다. 그러나 사람은 누구나 '정치와 도덕'의 모순을 말한다. 이런 일반적 현상은 이미 이 관계가 그리 간단하지 않음을 나타낸다." 그리고 마키아벨리에 대해서 말한다. "마키아벨리가 국가를 독립시키고, 그 윤리를 교회로부터 자유롭게 한 것, 특히 그가 최초로 국가는 힘이라고 천명한 것은 영원한 마키아벨리의 영예이다." 그렇지만 "우리가 국가를 교회로부터 억지로 떼어놓으려 해도 일반에게 도덕은 교회적 도덕이라는 관념에서 벗어나 있지 않다" 한 것을 보면 트라이치케에게 마키아벨리는 아직 불충분한 것처럼 보인다. 트라이치케에게 국가는 첫째도 힘, 둘째도 힘이다. "국가에 대한 최고의 명령은 자기와 자기의 권력을 유지하는 것이고, 이것이 국가에게는 절대 도덕이다. 이 최고 목적을 위해 필요하다면 일반의 도덕적 명령에 대한 어떤 위반도 옳다고 인정될 수 있는 강력한 국민국가의 보호 아래서만 국민문화는 영속적으로 번영할 수가 있다."

트라이치케의 마키아벨리론, 아니 그보다는 마키아벨리를 빙자한 자기 주장이 비스마르크 정책의 시인이었음은 뚜렷하다. 따라서 비스마르크의 성공은 자기의 뜻을 이룩하는 것이었으리라. 피히테나 헤겔과는 십 몇 년 차이밖에 나지 않지만 그들의 마키아벨리 논의를 뒷받침했던 정치현실에는 커다란 간극이 있었다. 프로이센 독일이 권력국가로 도약할 때, 트라이치케처럼 권력을 성스럽게 하는 것이 이론상으로도 필요했던 것이다.

현대의 마키아벨리

세계대전 후의 반성

19세기 끝 무렵 제국주의가 시작되자 열강은 일제히 세계정책에 나섰다. 그 결과, 아프리카와 태평양 수역은 눈 깜짝할 사이에 분할되어 아시아와 인도는 완전히 식민지가 되거나, 아니면 중국처럼 반식민지가 되기에 이른다. 유럽에서 시작된 열강의 대립은 전 세계로 확대되었다. 제1차 세계대전은 열강의 정치적, 경제적 대립의 총결산, 또는 국익을 내세운 마키아벨리즘적 정책의 충돌이었다. 따라서 전쟁이 끝난 뒤에 심각한 반성이 일어난 것은 마땅하다.

독일 역사가 마이네케(1862~1954)는 《근대사에서 국가이성의 이념》에서 마키아벨리즘적 근대정치를 비판했다. 그에 따르면 19세기에는 세 가지 힘(군국주의·국민주의·자본주의)이 강대국가의 권력정책에 공헌했다. 이들 힘은 강대국가를 비롯해 이제까지 없던 높은 권력과 능력을 이끌어 냈지만 결국은 저주할 운명이 되었다. 먼저 본래의 방어적인, 강대국에 대한 약소국의 자기방위 수단이었던 국민개병(皆兵)의 이념이 군비경쟁을 촉발하여 정치적 공격수단으로까지 높아진 것이 군국주의의 경우이다. 두 번째로 국민주의는 과열되어 야만적인 정복욕으로 변질되었다. 세 번째로 근대 자본주의는 거대한 물질적 능력을 전개하여 상호 투쟁으로 접어들면서 유럽의 모든 유기체를 붕괴시켰다. 자본주의는 거대 공업을 확장하고, 권력정책에 새롭고 강력한 기술적 전쟁수단을 제공하여 보탬이 되었다. 이상 세 가지 힘이 동시에 합쳐지면서 유럽 열강은 처음엔 높은 권력으로 이끌려 올라가지만 마침내는 파멸로 휩쓸려 갔다.

이런 마이네케의 반성은 조국 독일의 패배가 직접적 동기가 되었지만 그야 어쨌든 그가 양심적인 역사가였음을 증명한다. 그러나 마이네케 같은 석학조차도 통찰하지 못했을 정도로 마키아벨리즘 병의 뿌리는 깊었다. 과연 제1차 세계대전이 끝난 뒤의 약 10년 동안은 세계의 하늘에는 희망의 별이 빛나는 것 같았다. 베르사유 체제라고 불리는 국제협조와 평화주의가 그것이다. 그러나 베르사유는 결국 평화의 허상이었다. 미국 대통령 윌슨(재위 1913~1921)이 내건 '승리 없는 평화'의 꿈은 전승국 영국과 독일에 대한 복수심에 불타던 프랑스의 강경한 반대에 부딪쳐 뼈대가 빠지게 되었다. 베르사유 조약은 '가진 나라'와 '가지지 못한 나라'와의 대립을 없애기는커녕 오히려 격화시켰다. 1929년 미국 대공황이 도화선이 되어 전체주의가 일어나 세계는 제2차 세계대전의 파국으로 내달리기 시작한다. 마이네케가 마키아벨리즘을 반성하는 책을 쓴지 10년 뒤에 독일에서는 히틀러(1889~1945)가 정권을 쥐고 베르사유 체제에 마침표를 찍는다. 이 히틀러와 나치에 군국주의, 국민주의, 자본주의가 최악의 형태로 결합한다.

현대 마키아벨리즘의 특징

1930년대에 다시 일어난 전체주의 국가(파시스트 이탈리아와 나치 독일)에서 마키아벨리즘이 버젓이 통용되었다. 이에 반해 민주주의 국가는 어땠을까? 국제정치에서 힘의 정치를 행한 것은 명분이야 어쨌든 부정할 수 없는 사실이다. 마키아벨리즘이 여전히 바닥을 흐르고 있다. 그러나 현대 마키아벨리즘은 절대주의 시대나 19세기에 비해 훨씬 치열했다. 다음의 세 가지 점에서 지적하고자 한다.

첫째, 대중의 마키아벨리즘이다. 현대는 대중 시대여서 정치는 더 이상 일부 사람의 것이 아니다. 하물며 군주 한 개인의 것은 더더욱 아니다. 이에 따라 마키아벨리즘도 국민 전반의 사항이 되었다. 이미 시사했지만 현대가 되어 확실한 형태를 띠었다. 개인주의적 민주주의를 대신하여 대중 민주주의가 일어난 것도 무관할 리 없다. 민주주의가 상층과 중산계급에서 대중으로 확대되었다. 그러면 민주주의는 도의적이어서 결점이 전혀 없을까? 꼭 그렇지는 않다. 대중이 권력의지를 갖게 된 곳에서 새로운 문제가 일어나고 있다.

둘째, 군국주의이다. 군국주의는 단순히 군사력이 강대하기만 하다고 성립되지 않는다. 물론 군사력이 강대하다는 것은 중대한 조건이다. 하지만 전쟁과 그의 준비를 위한 정책과 제도가 모든 것에 우선할 때, 고유의 의미에서 군국주의라고 일컫는다. 전체주의 시대를 떠올리면 쉽게 알 수 있다. 프로이센—독일이 군국주의의 원산지인 듯한 인상을 준 것은 군국주의 사상과 행동이 특히 두드러졌었기 때문이다. 독일 역사가 리터(1888~1967)는 제2차 세계대전 뒤에 히틀러를 이렇게 비판했다. "모든 군국주의자 중에 가장 극단적인 군국주의자인 히틀러에 의해 저질러진 것보다 모든 생활의 군국주의화가 이토록 과격하게 이루어진 적은 없었다. 히틀러 자신은 프로이센의 프리드리히 2세의 자손이라고 공언하고, 그의 국가사회주의를 포츠담 정신의 혁신이라고 일컬었다. 실제로는 그에게는 프리드리히 2세의 정신적 특징을 이루고 있는 모든 것이 결여되어 있었다. 결국 그는 독일 국방군의 정밀기계를 손에 넣고, 권력정치를 밀어붙이는 저돌적 무사가 되어 갔다."《독일의 군국주의》

셋째, 마키아벨리즘 수행 도구로서의 기술이다. 현대 독일 역사가 시더는 "공업시대 기술문명이 국가행동에 무엇을 의미하는가?"에 답하여 전쟁기술, 통신기관 및 교통기관 발달을 들었다. 전쟁기술에 대해서는 말할 것도 없다. 통신기관 발달은 정보의 전달이라든가 선전을 손쉽고, 또 대규모로 할 수 있게 만들었다. 정치가는 정보기관을 오롯이 가동하여 자기 정견을 널리 알린다. 여론에도 이것을 이용한다. 매스 커뮤니케이션이 오늘날과 같이 발달한 적은 일찍이 없었다. 교통기관도 국가세력이 강해지고 커지는 데 도움이 된다. 시더는 "현대 독재자의 악마적인 것은 실로 권력행사의 합리성과 기술성에 있다"(《현대 변화 속의 국가와 사회》)고 경고한다. 과학기술 사용은 민주주의국가든 사회주의국가든 선택의 여지가 없다. 오늘날 세계 강대국이 군사기술 개발에 부심하고 있는 것, 끊임없는 경쟁에 휘말리고 있는 것은 다 아는 사실이다.

이제까지 현대 마키아벨리즘의 특징을 세 가지 들었다. 이런 현상은 독일뿐만 아니라 세계의 강국이라면 어디에나 나타나고 있다. 마키아벨리 시대의 마키아벨리즘에서 현대의 마키아벨리즘은 얼마나 크게 바뀌었을까? 마키아벨리가 만든 마키아벨리즘은 15세기 끝 무렵에서 16세기 초에 걸친 이탈리아 소국가 세계에서 탄생했다. 그때는 아직은 동정할 거리가 없는 것도 아니었다. 그러나 터무니도 없는 국가권력을 배경으로, 대중을 기반으로, 더욱이 거대과학을 구사하는 현대 마키아벨리즘은 파괴적인 작용을 끼치며, 권력이라는 악령의 부정적인 면만 확대되어 가고 있다. 국가권력도 좋고, 거대과학도 좋다. 문제는 사용하는 목적이 잘못되고 섣불리 운용했을 때 비롯될 수 있는 후폭풍이다.

현대감각과 리얼리즘 정신

시더가 1969년의 마키아벨리 탄생 500년에 즈음하여 기념강연을 했다. 첫머리에서 이렇게 말하고 있다. "거의 500년 동안 정치적 사고는 마키아벨리라는 인물과 관련되어 왔다. 이 사람의 명백한, 그 이상으로 은밀한 영향은 거대했지만 그의 해석은 줄곧 커다랗게 동요하고 있고, 모순에 차 있다. 전문과학적인 의미에서의 마키아벨리 연구는 아직 해결되지 못한 많은 문제에 직면해 있다." 확실히 마키아벨리 해석은 동요했다. 그런 동요가 19세기까지는 주로 마키아벨리에 대한 오해 또는 제멋대로 이루어진 해석에서 유래한다는 것은 여러 차례 말했다. 역사적 평가를 하게 된 것은 20세기에 들어서고부터이다.

그러나 그런데도 여전히 의문이 속출하고, 시더의 말처럼 전문적 연구가 아직 해결되지 못한 문제에 맞닥뜨리는 상황이 되었다. 《군주론》에서 말하는 군주정 사상과 《로마사이야기》에 나오는 공화정 사상의 모순에 대한 해답은 마키아벨리만이 알 것이다.

전문적인 연구, 그것은 아주 좋다. 이제까지 인용했던 많은 전문가는 모두 그즈음 최고의 마키아벨리 연구가였고, 귀담아 들을만한 이야기를 하고 있다. 다만 전문적 연구라는 것이 흔히 사소한 문제까지 후벼 파내기 십상이어서 큰 것을 놓치기 마련이다. 그렇기 때문에 중요하지 않은 점은 내버려 두더라도 커다란 줄기를 놓치지 않도록 주의해야 한다. 그러면 마키아벨리에게 가장 중요한 점은 어디에 있는 것일까? 마키아벨리의 저술활동은 정치, 역사, 시, 희극에 두루 걸쳐 있다. 그러나 근본적인 것은 강렬한 현대감각이고, 깨어 있는 리얼리즘 정신이다. 그에게 역사는 과거의 일들이 아니라 현대와 깊이 관련되어 있다. 《로마사이야기》은 리비우스의 《로마사》에 주석을 다는 체재를 취했다고는 하나 고대 로마를 구실로 현대 이탈리아의 정치를 비판한다. 이런 사실은 《군주론》에 더욱 잘 들어맞는다.

이런 의미에서 시더가 "저술가 마키아벨리는 글을 쓰는 경우에도 정치의 실천가이다. 그리고 그의 이론은 언제나 응용 가능성, 즉 실천과 관계가 있었다. 이리하여 《로마사이야기》, 특히 《군주론》은 헤겔 또는 홉스의 철학적 정치학보다도 어느 정도 비스마르크 또는 처칠의 회고록에 가깝다" 말한 것은 지당하다. 무릇 실천을 떠난 이론은 없으며, 이론을 떠난 실천도 없다. 둘은 언제나 하나의 것으로 받아들여지고, 그것의 근본에는 강한 현대감각이 있다. 이런 것은 마키아벨리에게는 자명한 이치였다. 그러나 현대에는 반드시 그렇지만은 않다. 오히려 둘의 괴리는 매우 심하다. 정치학자는 높고 원대한 이론을 읊으며 자기도취에 빠져 현실을 돌아보지 않기에 공리공론이란 소리를 듣는다. 반면에 정치가는 여전히 당리당략으로 내달려 낮은 차원에서 우왕좌왕하다보니 이상도 아무것도 없는 단순한 정치꾼으로 떨어진다. 이론과 실천의 일치를 몸소 증명했던 마키아벨리의 삶은 현대 정치학자에게나 정치가에게도 반성을 촉구한다.

마키아벨리의 교훈

《군주론》은 정치의 일반론 원칙론이 아니라 이탈리아—피렌체의 위기와 혼미를 해결하기 위한 구체적 대책을 찾은 것이다. 마키아벨리에게 정치는 어디까지나 현실의 인간행동이고, 현실의 인간행동이기 때문에 공론에 빠져서는 안 되었다. 예를 들면 이탈리아 쇠망의 직접 원인은 로마교회의 존재이다. 그러나 그즈음 이런 엄연한 사실을 직시한 사람은 없었거니와 만일 있었다고 해도 마키아벨리처럼 직언했던 사람은 없다. 마음에 없는 빈말을 하거나 속이거나 하지 않고 현실을 보는 것이 마키아벨리의 장점이다. 그런 환상 없는 현실 직시 위에 정치학을 세웠다. 고전 고대나 기독교적 중세의 정치론에서는 찾아볼 수 없는 참신성이 그곳에 있다. 그때 생겨난 이른바 마키아벨리즘은 궁극적으로 그에게는 곁다리였다. 현대 스위스의 역사가 케이기는 교묘한 비유를 들어 이렇게 말한다. "마키아벨리가 실천적 마키아벨리주의의 아버지가 아닌 것은 로베르트 코흐가 전염병 콜레라의 창조자가 아닌 것과 마찬가지이다. 코흐는 바실루스(간균)를 발견했다. 그래서 마키아벨리가 발견한 정치적 질환이 마키아벨리즘이라는 이름이 붙은 것처럼 콜레라가 코흐병이라는 이름을 얻은 것도 전혀 이상하지 않다. 마키아벨리즘과 마키아벨리의 관계는 자연현상과 연구자의 관계이지 작품과 작가의 관계가 아니다. 마키아벨리는 발견자일 뿐 발명자는 아니다."《소국가의 이념》

500년이 지난 오늘날에도 여전히 그가 남긴 교훈은 날카롭고 풍부한 현대감각과 일체의 환상 없이 현실을 바라보는 리얼리즘 정신이라고 생각한다. 그렇다고 해서 마키아벨리를 단순히 합리주의자라든가 현실주의자로 단정하는 것 또한 피상적인 견해이다. '로마의 비르투'의 부활을 바라는 이상주의자, '나보다 조국을 사랑하는' 불타오르는 영혼이 감춰져 있었음을 놓쳐서는 안 되기 때문이다.

이제까지 마키아벨리의 시대, 생애, 사상, 영향을 살펴보았다. 마키아벨리는 정치를 도덕이나 종교와는 뚜렷하게 구분하고, 정치 고유의 이론과 방법을 발견했다. 이 발견은 그의 위대한 공적임에는 틀림이 없다. 그러나 정치가 그것만 가지고 될까? 정치는 결국에는 인간과 인간사회에서 도덕적인 것에 봉사해야 한다. 비록 고전 고대나 기독교적 중세와 같은 '정치와 도덕' 관계가 오늘날 되살아날 수 없다 해도 정치론이 곧 정의론이었던 플라톤의 심원한 지혜에서 배워야 할 것이 있는지를 여러분 스스로 깊이 생각하기 바란다.

니콜로 마키아벨리 연보

1469년 　　5월 3일, 피렌체 시에서 법률가인 아버지 베르나르도 디 니콜로 마키아벨리와 어머니 바르톨로메아 디 스테파노 넬리의 장남으로 태어남.

1476년(7세) 마테오라는 사람에게서 라틴어 초급을 배움.

1477년(8세) 산베네데토 교회의 바티스타 포피에게 라틴어 문법을 배움.

1480년(11세) 수학을 배우기 시작함. 아버지 베르나르도가 전 해부터 유행했던 페스트에 걸렸으나 기적적으로 회복됨.

1481년(12세) 파올로 다 론칠리오네에게서 라틴어 작문을 배움.

1486년(17세) 아버지 베르나르도가 장서인 티투스 리비우스의 《로마사》를 제본함. 니콜로는 이 책을 즐겨 읽은 것으로 보임.

1500년(31세) 5월 9일, 아버지 베르나르도가 죽음. 5월 10일, 전선시찰위원을 따라 피사전선으로 감. 피사전선에서 프랑스 지원군을 관찰하고, 이에 대하여 불신감을 가짐. 이 무렵 《피사 전쟁론》을 씀. 7월~12월 루이 12세와 피사 문제에 대하여 타협하기 위해 프랑스로 감. 당초 프란체스코 델라 카사의 보좌역으로 파견되었으나 그가 병에 걸려 도중에 귀국했으므로, 니콜로 혼자서 프랑스 각지를 돌아다님. 이때 그 무렵 루이 12세의 고문이었던 루앙의 추기경 조르주 당부아즈와 만나서 루이 12세를 비판함.

1502년(33세) 11월 8일, 그가 집을 비운 사이에 장남 베르나르도가 세상에 태어남.

1504년(35세) 10월, 둘째 아들 루도비코가 태어났다. 이 해에 3행시 형식으로 《10년사》를 써서 알라마노 살비아티에게 바침.

1505년(36세) 4월, 페루자에 파견되어 피렌체에서 반란의 우려가 있는 발리오니와 회담함. 경험에 비추어 용병군을 폐지하고 국민군을 창설해야겠다는 생각을 하게 됨.

1506년(37세) 교황 율리우스는 중부 이탈리아 정복을 위해 피렌체에 용병을 제공해 주기를 요구함. 8월 말, 이 문제를 절충하기 위해 교황 율리우스에게 파견됨. 12월, 니콜로가 마련한 초안에 바탕하여 국민군 창설 법령이 비준됨.

1507년(38세) 피렌체 국민군 창설에 전념함. 제노바 내란을 계기로 4월, 루이 13세가 이탈리아로 침입함. 막시밀리안 1세도 대관을 위해 남하하여 이탈리아로 들어가 피렌체에 남하 비용으로 5만 플로린을 요구함. 8월, 피렌체의 부담금을 줄이기 위해 시에나에 파견되어, 황제 사절과 만남. 12월 17일, 다시 황제와의 교섭을 위해 황제를 따라 제노바, 인스부르크, 토렌토 등지를 약 5개월 동안 여행함.

1508년(39세) 막시밀리안과 교섭 결과, 4만 플로린을 4회에 분할하여 부담하기로 타협함.《독일사정 보고》를 씀. 12월 10일, 베네치아에 맞서서 캉브레동맹이 결성됨.

1509년(40세)《독일의 상황과 황제에 대한 논고》를 씀.

1510년(41세) 국민군 일에 전념함. 7월, 프랑스에 사절로 파견됨. 피렌체가 교황 율리우스와 프랑스 왕 루이 중 누구를 따르느냐를 결정하기까지의 시간을 끄는 일이 임무였음.

1511년(42세) 프랑스 왕 루이 12세와 피사에서 종교회의 개최를 계획하고, 교황 율리우스는 신성동맹으로 대항함. 피렌체는 중립을 지킴. 9월 10일부터 44일 동안 프랑스 사절로 파견됨.

1512년(43세) 4월 12일, 라벤나의 싸움에서 프랑스군은 신성동맹연합군을 격파했으나, 가스통 드 푸아가 전사했기 때문에 퇴각함. 이 때문에 피렌체는 위협을 받게 되었음. 8월 29일, 에스파냐군은 프라토를 약탈함. 9월 1일, 피에로 소데리니가 피렌체를 떠나자 공화정이 해체됨. 같은 날, 로렌초 데 메디치의 3남 줄리아노가 귀환함. 11월 7일, 마키아벨리가 장관직에서 쫓겨남.

1513년(44세) 2월 13일, 피에트로 파올로 보스콜리의 반메디치 음모가 발각되고, 니콜로가 이에 가담한 혐의로 스틴케 감옥에 투옥됨. 2월 20일, 율리우스 교황이 죽음. 3월 15일, 조반니 데 메디치가 교황 레오 10세가 됨. 4월 1일, 새 교황취임 사면으로 출옥하여 피렌체 근교 산탄드레아 인 페르쿠시나에서 살았음. 7월~12월, 넉달 만에 《군주론》을 썼음. 《로마사이야기》 앞부분도 이 무렵 함께 쓰기 시작함.

1514년(45세) 11월 4일, 삼남 피에트로가 태어남.

1515년(46세) 루첼라이 토론 모임에 출입하며 피렌체의 지식층에 영향을 미침. 이 해에 《로마사이야기》를 본격적으로 쓰기 시작함.

1517년(48세) 《로마사이야기》 완성함. 이 무렵 루터가 종교개혁의 횃불을 듦.

1518년(49세) 4월 피렌체 무역상의 의뢰를 받고 돈을 징수하기 위해 제노바로 감. 희극 〈만드라골라〉 〈황금당나귀〉(미완, 일설에 따르면 1517년 집필) 등 문학 작품을 씀.

1520년(51세) 6월, 피렌체 정부에서 채권징수 사절로 루카로 가라는 명령을 받음. 루카의 사정을 조사하다 보니, 카스트루치오 카스트라카니에게 흥미를 갖게 됨. 《루카 사정개론(事情槪論)》과 《카스트루치오 카스트라카니의 생애》를 씀. 우화 《벨파고르》가 이 무렵에 완성됨. 11월 8일, 피렌체 정부로부터 피렌체 편년사 집필을 위촉받아 《피렌체 역사》를 쓰기 시작함. 한편, 추기경 줄리오 데 메디치(뒷날의 클레멘스 7세)로부터 피렌체에 적당한 정체에 대한 자문을 받아 《로렌초 사후의 피렌체 사정》을 씀. 피렌체에서 〈만드라골라〉가 상연되어 호평을 받았음. 이 해부터 실각 전 수입보다 반이나 더 많은 수입을 올리게 되어 그의 형편도 어느 정도 나아짐.

1521년(52세) 4월 13일, 소데리니에게서 서신으로 용병대장 프로스페로 콜론나의 비서관이 되어 달라는 부탁을 받았다. 수입이 4배나 되는데도 피렌체를 떠나는 일이 싫어 거절했다. 추기경 줄리오 및 정부의 의뢰로 카르피에게 가서 피렌체의 프란체스코 수도회 독립을 위해 운동했으나 성공하지 못했다. 가는 길에 모데나에서 프란체스코 귀차르디니를 만났다. 12월 교황 레오 10세가 죽음. 1519년~1520년에 쓰기 시작한 《전술론》 완성함.

1523(54세) 9월 14일, 전년에 즉위한 교황 하드리아누스 6세가 죽음. 11월 19일, 추기경 줄리오가 교황 클레멘스 7세가 됨. 그 때문에 피렌체에서의

보호자를 잃고, 거듭 산탄드레아에 들어감. 이 해에 올리첼라리 사교모임의 반메디치 음모가 발각되어 프란체스코 다 디아체토는 처형되고 자노비 본델몬티는 도망침.

1525년(56세) 1월 13일, 희곡 〈클리치아〉를 씀. 주 로마 교황청 피렌체 대사 베트리의 알선으로 클레멘스 7세를 찾아가 국민군 창설의 필요성을 역설했으나 아무런 성과도 얻지 못한 채 귀국함. 6월, 로마냐의 귀차르디니에게 찾아가 군사상의 소신을 밝힘. 8월 19일, 양모조합 의뢰로 베네치아로 감.

1526년(57세) 5월 18일, 새로 설립한 성벽방위위원회 회장이 되어 방위 문제에 전념함. 9월, 로마 귀족 콜론나 가문에서 반교황 폭동을 일으키고 로마 시내를 약탈함. 콜론나 가문을 후원하는 신성로마 황제군의 위협에 대처하기 위해 크레모나·볼로냐를 동분서주함.

1527년(58세) 4월, 피렌체로 돌아옴. 5월 16일, 메디치 정권이 전복되고 공화국이 됨. 그 무렵 치비타 베키오에 있었던 니콜로에게 새 정부로부터 해고통지가 날아와 실의에 차서 귀국함. 6월 22일, 며칠간 병상에 누웠다가 죽음. 산타 크로체 성당에 묻힘.

황문수(黃文秀)

고려대학교 철학과와 동 대학원 졸업. 경희대학교 문리대 교수 역임. 지은책에《실존과 이성》《삶에 대한 책임》《고균 김옥균》《동학운동의 이해》, 옮긴책에 플라톤《소크라테스의 변명》, 모어《유토피아》, 니체《차라투스트라는 이렇게 말했다》, 야스퍼스《이성과 실존》, 프롬《사랑의 기술》. 러셀《행복의 정복》, E.H. 카《역사란 무엇인가》, 듀랜트《철학이야기》, 하이네만《실존철학》, 드레이《역사철학》 등이 있다.

World Book 266

Niccolò Machiavelli

IL PRINCIPE/THE ART OF WAR
군주론/전술론

마키아벨리 지음/황문수 옮김

1판 1쇄 발행/1978. 12. 20
2판 1쇄 발행/2007. 11. 1
3판 1쇄 발행/2017. 6. 20
3판 2쇄 발행/2021. 3. 1

발행인 고정일
발행처 동서문화사
창업 1956. 12. 12. 등록 16-3799
서울 중구 마른내로 144(쌍림동)
☎ 546-0331~6 Fax. 545-0331
www.dongsuhbook.com

사업자등록번호 211-87-75330
ISBN 978-89-497-1642-8 04080
ISBN 978-89-497-0382-4 (세트)